U0648428

ENCYCLOPEDIA OF PRIMARY EDUCATION

小学教育百科全书

【美】丹尼斯·海斯 / 著
王智秋 / 主编　李敏 / 副主编
周琳　张允　等 / 译

天津出版传媒集团
天津人民出版社

图书在版编目(CIP)数据

小学教育百科全书 / (美) 丹尼斯·海斯著；王智秋主编；周琳等译. -- 天津：天津人民出版社，2021.7

ISBN 978-7-201-17410-5

Ⅰ. ①小… Ⅱ. ①丹… ②王… ③周… Ⅲ. ①小学教育—百科全书 Ⅳ. ①G62-61

中国版本图书馆 CIP 数据核字(2021)第 134127 号

Encyclopedia of Primary Education/ by Denis, Hayes/ ISBN: 9780415485180.

著作权合同登记号：图字 02-2020-317 号

小学教育百科全书

XIAOXUE JIAOYU BAIKE QUANSHU

出　　版　天津人民出版社
出 版 人　刘　庆
地　　址　天津市和平区西康路35号康岳大厦
邮政编码　300051
邮购电话　(022)23332469
电子信箱　reader@tjrmcbs.com

策划编辑　武建臣
责任编辑　林　雨
特约编辑　武建臣
装帧设计　明轩文化·李晶晶

印　　刷　河北鹏润印刷有限公司
经　　销　新华书店
开　　本　710毫米×1000毫米　1/16
印　　张　34
插　　页　6
字　　数　680千字
版次印次　2021年7月第1版　2021年7月第1次印刷
定　　价　128.00元

本书编委会

主　编：王智秋

副主编：李　敏

译　者：周　琳　张　允　孟海蓉　杨艺媛

熊艳艳　丁怡萌　李　敏

小学教育的知识基础

——中文版译序

谢维和

提起手上这本《小学教育百科全书》(*Encyclopedia of Primary Education*, 2010),可以说是一个故事。那是2016年6月,我与清华大学教育研究院的年轻老师、牛津大学博士文雯老师应邀去牛津大学教育系参加英国UCL教育学院前院长杰夫·威蒂主持召开的一个国际教育学理论研讨会。会议期间我去逛了牛津大学的书店,就在漫无目的的浏览中,一本《小学教育百科全书》进入我的眼帘。这可是我在很多国内外大学图书馆和书店中搜寻的书啊!我当即决定买下来。实际上,在研究小学教育的过程中,我一直在各处寻找小学教育的辞典、手册或工具书等,但始终未能如愿。记得有一次应许美德教授邀请,在加拿大安大略省与多伦多大学共同举办的世界著名教育研究院(OISE)会议上做讲座后,我专门请约克大学教育学院查强教授带我参观他们的图书馆。尽管这个图书馆在国际教育界也称得上"博存群书",却也找不到一本小学教育的工具书。关于小学教育的词条或者是收集在其他综合性的百科全书中,或者是搁在其他条目内容中,甚至在某些大型教育工具书中,小学教育等方面的词条常常是付之阙如。

我猜想,这本《小学教育百科全书》可能是整个教育领域中的"孤本",至少是形只影单。当然我说这些无非是想表达一个观点:这本《小学教育百科全书》在2010年的问世是小学教育发展的一个新标志,至少表明小学教育的理论和知识已经积累到了足以编辑出版一本百科全书的程度了。它意味着小学教育的一种进步,或者说小学教育已经引起了知识界或教育学术界的广泛关注,以至于各种各样关于小学教育的研究成果已经积累到了相当的水平,而达到了可以编辑出版百科全书的高度。而这也是我作为一个小学教育研究者之所以欣喜的理由。从这个角度来看,我觉得自己有责任将这本书介绍给中国的教育界，尤其是小学教育界的同人们。了解世界，了解世界的教育，应该是中国教育的责任。需要介绍的是，本书的作者丹尼斯·海斯（Denis Hayes）是一位具有非常丰富的小学教育实践经验的教育学家。他曾经在多个小学任教17年之久，并且担任过学校副校长和校长。同时他也有中学教学的经验。此后，他被聘为英国著名的普利茅斯大学教育学院小学教育的教授。他著作颇丰，曾经出版了《小学教育原理》《教与学导读》等著作。他相信，绝大多数小学教师的从业动机是一种利他主义精神及能够积极地影响年轻人的机会，由此教学工作是一种如同召唤般的职业。而他自己的研究兴趣主要是学校中教师与训练者的教学动机。其实，这本《小学教育百科全书》并不是他在小学教育领域的处女作。早在这本书的出版之前，他已经编撰了《小学教育核心概念》（*Primary Education: The Key Concepts*，2006）一书。所以这本百科全书也是他研究小学教育多年积累与沉淀的结果。

这本《小学教育百科全书》是值得翻译和引介的。根据我的阅读与理解，包括在我与李敏老师共同写作《小学教育原理》一书，对这一资源进行借鉴与参考时，这本《小学教育百科全书》至少表现出四个鲜明特点：

首先，内容丰富是它最基本的特点之一。这本百科全书能够将国际上关于小学教育的政策、知识与理论，以及各种书籍材料等完整地收集起来，整理成为一部如此厚重的工具书，仅仅就其规模与容量而言，我们也可以想象出其信息含量是非常丰富的。坦率地说，读过这本《小学教育百科全书》之后，我甚至感觉自己过去积累的有关小学教育的知识是如此的贫乏，进而越来越觉得小学真的不小，而是一个很大的知识领域和学术空间。尽管数量并不是学术评价的核心标准，但没有一定的数量，质量的基础也是比较单薄的。所谓“博览群书”“见多识广”等，讲的都是做学问的数量条件。更重要的是，这种数量也是与它们的覆盖面联系在一起的，换句话说，该书关于小学教育的各种知识与理论等，涉及小学教育的方方面面。从宏观的体制结构，到微观的课堂教学，甚至是教师的表情与学生的心态，等等，无不被其收入囊中。非常有趣的是，有一次我去北京市海淀区的一所国际小学调研时，看到学校为了引导小学生亲近环境和动物，专门豢养了羊驼等各种小动物。而我恰恰在阅读这本《小学教育百科全书》时，看到了其中专门有一条介绍小学校园中豢养动物应该注意的若干问题的词条，我随后就把它发给了这所小学的黄校长。由此说明该书真算得上是小学的“百科全书”了。

其次，这本《小学教育百科全书》反映了小学教育领域近年来新的知识进展与经验变化，包括在小学教育的理论与实践等方面。其中，有不同国家和地区小学教育的体制改革与变化，有小学课程形式与内容的发展和更新，还有对小学教育的许多研究成果的呈现和概括，等等。例如，关于信息技术知识在小学教育中的应用，关于课程流动等新的概念，以及小学五育的有关内容，这些新的知识与经验，以及研究成果一定能够对小学教育工作者有各种不同的启发，也可以极大地拓展人们对小学教育的认识，有助于提升和加强小学教师的专业化水平与教育教学能力。我在阅读、参考和借鉴该书时一个非常深刻的印象是，在关于小学教育的各种知识理论的新发展变化的介绍中，该书十分清晰和鲜明地贯穿与表达一种对儿童或小学生身心健康发展的关爱。这也是近年来小学教育新的发展与变化的基调与核心。虽然智育的内容也是该书的重要内容，但是小学生或儿童的全面发展，特别是身体与心理的变化与研究，以及相关的各种认识与理论，让我进一步认清了小学教育的真谛与责任。在该书的大量词条中，都贯穿和体现了这种关爱。正如在《劳特里奇国际教育百科全书》中关于小学职能所说的那样，小学教育除了知识传授与道德品质的培养之外，很重要的第三个职能是它的福利，是对作为儿童的小学生身心健康发展的关心与呵护。这真的是对我们当前小学教育中过分重视认知发展现象的"当头棒喝"。我与李敏老师在《小学教育原理》一书中曾经非常明确地强调，小学教育能否成功的重要标志并不在于小学生的认知发展，而是他们能够形成一种积极的自我评价、一种初步的自尊，而不会出现埃里克森所担心的"自卑"。这也是发展心理学的基本理论，是小学生身心发展的阶段性特点与成长标志。因此该书所呈现的各种小学教育的新知识与理论的这个特点实际上是告诉我们，小学教育的发展重点应该是进一步注重和完善对小学生或儿童成长规律的认识，尤其是如何能够进一步促进他们的自尊与自信，而不是单纯的提高学习成绩与分数。

再次，该书所呈现的小学教育的各种知识、理论与问题具有一种很强的学术性，而不仅仅是一种经验的堆积。这种学术性主要表现在两个方面：

其一是提出和凝练了小学教育的一系列概念。在这本小学教育的工具书中，编者梳理和概括了一系列小学教育的基本概念，包括能力组、成绩、班级管理、深度学习、游戏，等等。这些概念对许多小学教育工作者来说，可能是耳熟能详的常识，甚至是想当然的。但如果深究一下它们的定义或准确的含义是什么，则很可能又会是支支吾吾，不知所以然了。我阅读该书时也经历了不断反思、澄清自己认识的过程,常常会由此而感到自惭形秽,羞愧不已。这实在是小学教育中必须克服的一种现象。殊不知,它们都是小学教育的基本常识。而这些常识也是小学教育工作者的基本资格所在。这种常识指的是在一个社会环境中人与人之间普遍存在的日常共识,而无论是学术问题或是人与人之间的基本交流都是基于常识上来做进一步探讨的。所以常识就是从事各项工作及进行学术研究所需具备的相关领域内的基础。正如著名管理咨询师拉姆·查兰所说:"常识越丰富的人,获取知识的潜力就越大,判断能力也更强"。社会的发展与科学的进步也往往体现在常识的变化。

其二,该书的编撰本身体现了一种比较严谨的科学态度,它并不是所谓"一边倒"地介绍某一种观点或看法,而是能够比较客观和综合地介绍对某些问题的不同意见和研究成果,包括不同学者的争论和分歧,等等。以全书第一个词条"能力"为例,作者首先介绍了关于"能力"的不同理解与含义,如根据词网(Word Net)的解释,能力是指"能够执行复杂的任务或行动的素质,是一种成就伟业或助力成功的素质";是"具有做某事或者完成某事的素质(尤其是心理素质)"。维基词典(Wiktionary)将此定义进一步扩展:"能够做某事的素质或状况,身体、道德、智力、传统或法律上的执行力,潜能,做事情的技能或水平,有足够的实力、技能、才智……"而上述内容广泛的定义与教育用语中的"能力"一词又形成鲜明对比,比如教育语境中的"能力高"和"能力低",实际上是指学生是否能够成功完成学业任务。如果教育者评价一个孩子"能力强",基本上是说这个孩子的读写和计算能力强;如果教师评价一位小学生"能力超强"(比如,数学能力超强),通俗点说,他们有可能是指这个孩子是班上此门功课学得特别好的。而处在班级另一极端的孩子(比如,能力差的),则常被说成"学困生"。更有意思的是,作者还介绍了反对的观点,有些学者就反对使用"能力"这一标签,认为用天生的能力来解释差异是"不公平,也是站不住脚的,而且教师的教学实践也会丧失其基础;因为教师没有机会对教与学的过程,以及对能左右学习及其成果的校内外影响因素有着更深入、全面、透彻的理解,也无法在此基础上进一步提高教学实践"。在他们看来,能力标签是基于这样一种观点,即教师不能改变现状,因而无力改变儿童先天的智力局限,"无论他们的教学多么生动有趣、激励人心,无论师生关系多么良好,无论他们的解释多么富有启发性"。他们指出,参考学生目前的水平是一种更加合理的衡量能力的方式,因为这种方式不排除学生未来的发展潜力。我觉得这种不同观点的介绍与讨论对提高小学教师的专业水平是非常有益的。显然,无论是概念的提炼,还是学生的讨论,都反映了现代社会和学术领域中小学教育的一个非常重要的特点,即小学教育是一门科学,它有自己的概念、学术问题和知识领域。而这也为小学教育工作者的专业自信与职业尊严提供了十分重要的学术基础。

最后,注重小学教育教学理论与实践的结合,也是这本百科全书的重要特点之一。在有关条目和思想观点的介绍中,作者根据他长期且丰富的小学教育教学经验,十分重视理论与实际的联系,在许多条目中比较详细地介绍了与教育原则相适应的具体的实施步骤与操作方法,包括小学综合课程的设计方式、小学教师教学语言的不同方式与特点、音乐课程的教学方法、体育课中如何重视安全、小学生在学校和班级中发生危险的可能性,甚至是小学教室中课桌椅的安排,等等。这些在一般的百科全书中是比较少见的,而且也是符合小学教育规律的。它们对发展小学教师的教育教学技能与提高小学教育的质量,尤其是保障小学生身心健康发展,都是十分重要的。所以该书称得上是一本小学教师的专业书册。

当然,这本书作为小学教育工具书的一个处女作,也并非尽善尽美。从一个读者和小学教育研究者的角度进行吹毛求疵和挑剔的话,它自身有两个可以进一步完善的地方。一个是小学教育各种知识的系统性问题。本书对小学教育有关知识与理论的各个条目的安排仍然是按照字母的顺序进行罗列,这在一定程度上反映了本书在小学教育领域诸多知识的类型化建设略有不足,以至于在某些地方出现重复的现象。而知识的分类是一个学科进步与发展十分关键的标准,当然这种现象也反映了整个小学教育理论建设存在的差距。另一个比较明显的问题是,本书的材料与研究成果更多的是来源于英格兰、苏格兰和威尔士等地区小学教育的经验,由此受一定的地域性方面的限制。不过,作者在讨论小学教育的概念和知识时也在积极引用各国学者的重要研究结果。

这里,我要特别感谢首都师范大学初等教育学院原院长王智秋教授与李敏教授等教师,帮助我实现了将这本书介绍给中国读者的愿望。她们对小学教育的理论建设有一种专业的敏感性与责任感,非常清晰地认识到这本书对小学教育的学术价值,以及对中国小学教育改革发展的意义,进而精心组织高水平的专业队伍,很快地安排了这本书的翻译工作,并且经过多次细心的打磨,不断地修改完善。同时,我也要特别感谢首都师范大学初等教育学院英语教研室的老师们。她们在非常繁忙的教学科研工作中,能够挤出时间积极参与该书的翻译与校对等烦琐的工作,进而为中国小学教育的改革发展,为小学教育的教师们与小学教育的教研员和研究者送上一份难得的专业性厚礼。因为它并不是一本单纯的小学教育的工具书,而是建构了整个小学教育的知识基础。我觉得,这就是小学教育的学科建设,是一所高水平初等教育学院学科建设的标志性成果,是一所有作为的师范大学为切实提高小学教育的质量,及其小学教师队伍建设所做出的学术贡献。

序　言

与一些自封的“专家”意见相反，小学教育并不是仅仅把儿童集中到教室内，安排他们端坐在地毯上或者课桌后面，告诉他们必须记住的事情。不管这部百科全书还有没有其他目的，它确实强调了这一事实：无论是从理论、实践、研究，抑或是从政策角度来看，小学教育都是一项极为复杂的事业。

单是浏览这些词条便足以让怀疑论者相信，小学学龄儿童教育不光是教给孩子们明确定义的“基本技能”，或者是帮助他们获得达到特定水平的必备应试能力。小学教育比这更复杂，任务也更艰巨。正如这部百科全书所言，小学教育是人际、情感、学术、身体、道德，甚至美学和精神等诸多不同元素的混合体。它涉及的各类棘手问题不仅难以回答，而且问题本身就存在争议：“教育有何目的？何为小学教育之‘本’？我们的文化何种方面值得传授给年轻人？师生应该如何彼此相待？”这部百科全书不惮于提出此类问题，即使它并未声称要给出确切的答案。全书自始至终强调了这一强有力的概念：小学教育是一项关涉道德与情感的事业，同时又是一项实践性的活动。正如作者所言，在其中，“学习深深依赖于关系、动机和欲望，其程度不亚于它对方法、结构和设备的依赖”。

小学教育既使用，也教授众多的概念：不仅仅是像“按能力分组”“促进学习的评价”这样的专业性概念，或者像“自然拼读”这类必不可少且无所不在的概念，还有像“培养”“关爱”“关系”“情感”此类更普遍，也有理由说是更基础的概念。这本书里不仅讨论了大批此类概念，同时还讨论了小学教育领域中更普通但很有必要的方面，比如“休息时间”“课桌”，以及人们长期关注的应对“淘气”的问题。

其他各种词条抓住了日常教学活动的实际，包括其中的欢欣、挫折、惊喜、失望。25 个或更多的人，每天必须在所谓教室的封闭空间内互动五至六个小时，其间会涉及大量复杂的人际关系，这一点显而易见。作者也未忽略小学教师面临的恼人的尴尬困境：他们要强调竞争还是合作？独立还是从众？当前需要还是未来需要？过程还是内容？他们每天必须化解这些困境，但永远不会有一劳永逸的，或者斩钉截铁的解决方式。无论是正在接受培训的教师（一个包含不幸内涵的词语）、正在进修的合格教师、志在进一步发展事业的助教，抑或是竭力应对多重责任的学校董事会成员，这些读者在本书中都不会找到成功教育的制胜秘籍，因为这些方法难以言状，更无须说具体实践。但是他们仍会找到一些有益的见解和信息，帮助其做出明智的专业决策。

30 年前，浩如烟海的书籍和文章不仅未能加深我们对教学的理解，而且实际上模糊了教学所特有的两难处境、不确定性和困难。这些文献描述的是一个有条理、不复杂的世界：一切均井然有序，人人都认同儿童的“需要”，校长和教师们“和谐”地朝着共同的目标努力，教师凭借直觉就“知道什么是最好的”。过去的事实远非如此，现在亦然！鉴于教育本身所具有的争议性，过去 20 年里实施的一系列政治举措更是加剧了这种理论与现实之间的反差。这部百科全书向我们清晰展示，和 30 年前相比，关于小学教育的专著有了多么大的进步。而这一切都得益于在不同词条中被特别提到的那些人的劳动、那些在前言中被提及姓名的人们的劳动（只有我一个小例外）；尤其是作者自己付出的劳动，是他引领一批批学生进入这复杂且神秘的小学教学领域。

布赖恩·西蒙（Brian Simon）教授在其著作（1980）中评论道：“尽管小学教育的历史十分短暂，但始终处于一种几乎持续不断的转型状态。”它还将继续演变。这部百科全书的使用者将在这一演变中发挥作用，但希望你们中的部分人士愿意为将来的小学教育文献做出贡献。谁知道呢？也许在 2030 年新出版的小学教育百科全书中，你们的见解能稳稳地占有一席之地！

科林·理查兹（Colin Richards）
英国坎伯里亚大学名誉退休教授及前皇家督学

前 言

受邀编写这部《小学教育百科全书》让我深感荣幸。编写这本大部头书是一项艰巨但又令人振奋的任务,我十分享受这一过程。小学教育这一概念内涵广泛,因此很难界定。但我已尽最大努力来忠于这一主题,竭力专注于相关的教育问题,避免禁不住诱惑而偏离轨道。百科全书的编写工作面临诸多挑战,其中之一就是:提供足量的信息,确保每个词条在可以“独立存在”的同时,又避免重复。在此过程中,我不得不对读者的相关知识做出一定程度的假设;与此同时,为了阐释清楚,在必要之处,我又酌情添加了简短的解释和定义。大多数词条可以相互参照,以此来向读者指明,还可以在哪里找到与主要话题相关的有价值的信息。

编写百科全书包含的一项关键因素是,编者不仅要决定包括和排除哪些主题,还要确定为每个主题提供的信息的详细程度。有些主题十分宽泛,以至于有的书籍通篇都在讲述此类内容(例如欺凌);其他主题可能看似不太重要,但对教育和培养我们的儿童却有重大意义(例如友谊)。此外,每一位作者都面临着此项挑战:要与当前的法规和教育领域最新的“先进理念”保持步调一致,但是这些内容往往在成书出版之前便被新措施和新要求所取代。选举有时会重塑政治格局,而新政府或立法机构可能会在教育政策上采取有别于前任的方向,他们会修正旧体制,改造现有体制。为了对冲这些无法避免的政策变化产生的影响,我避免过多关注立法问题,并尽可能聚焦它们所代表的教育问题。

我已将过去和现在对小学教育产生影响力的一些人物信息包含在这本百科全书中。甄选小学教育领域中的此类“大人物”是一项尤为困难的任务,特别是要确定将哪一位健在的人物囊括到本书中。我原本可以轻松地在书中满篇详述许多鞠躬尽瘁、尽职尽责的人士对教育领域——特别是对小学教育领域的影响,部分人士我甚至有幸得以谋面。但问题是,此类人物名单该从何处开始,到何处结束。事实上,多数最具影响力的教育思想家都来源于“普通”的小学教师和校长群体。尽管这些名字可能永远不会出现在聚光灯下,但是多年来,他们对成千上万名儿童和教育工作者产生了积极影响。他们是真正的英雄——一直在为儿童的利益无私奉献,并在一种日益政治化的体制中坚守自己的原则。当然也有许多政治家为儿童的利益付出了真诚的努力。但是政府大臣、部长如走马灯般迅速更替,令人很难将真心奉献和政治抱负区分开来。

本书中的一些词条可能会让你感到惊讶,尤其是关于阿尔伯特·爱因斯坦(Albert Einstein)的词条。然而他的入选可能透露出我偏爱那些淡泊名利,但决定为大众利益付出努力的人士。还有一些有影响力的人物,其活动处于小学教育的严格范畴之外,但事实证明,他们的影响力十分巨大;我在此指的是布鲁纳(Bruner)、皮亚杰(Piaget)、杜威(Dewey)等名流。我还用许多篇幅来描述重要的历史事件,如20世纪早期的《哈多报告》(*Hadow Reports*)、1967年的《普罗登报告》(*Plowden Report*),以及1974年威廉·廷代尔中学(William Tyndale Junior School)的彻底失败,因为所有这些事件均能引发人们对教育政策和教育实践的反思。

这部百科全书中提供的大部分信息具有"通用性",因为它们一般都属于小学教育的范畴。但是有些词条基于英格兰、威尔士、苏格兰、北爱尔兰、美国等国家或地区所特有的教育体系。联合王国的政治形态,以及将不同权力下放到各个构成国的现状,大大增加了"政府"一词指代内容的复杂度,因为这个词可以指代整个联合王国,也越来越多地用于指代某个特定构成国(例如,苏格兰)所特有的举措或观点。联合王国内部各国家对同一件事情会采取不同的处理办法,其中最明显的一个实例便是对待考试的方法。在英格兰,人们关于国家课程标准考试(SATs,标准课业测评考试)价值的争论持续不断,观点互相对立;但在其他构成国,则已基本解决这一问题。在这个例子中,以及其他诸多类似的例子中,围绕测试的各类问题呈现普遍性,但其实际做法却因地而异。

和每一位作者一样,我尽力确保自己对采用的每一条信息都标明了来源出处。然而由于本书编写工作过于复杂,在此方面难免存在疏忽和纰漏。因此我对此类失误先表歉意,并欢迎各方予以澄清。我从自己以前出版的书籍中借鉴了大量信息,尤其是《小学教学基础》(大卫·富尔顿出版社)和《小学教育的关键概念》(劳特里奇出版社)。我要由衷感谢维基百科等综合性网站,感谢它们提供了多条信息和各种数据来源的链接。我还在自己电脑一些遗忘已久的文件中,找到了其他的信息片段,但其来源已经无从知晓。

我同意编写这部百科全书的原因是,希望它能帮助到对小学教育感兴趣的广大人群。诚然,试图触及如此多元化的受众难免存在风险,可能会导致本书最终无人问津!但是我认为自己已经避免了这一命运,也相信正在接受培训的教师、正在深造的合格教师、志在进一步发展事业的助教、家长、董事会成员及相关学者,均会从本书中发现对自己有价值的材料。

对我个人而言,最重要的是这部百科全书的编写工作让我意识到两个基本事实:第一,自己这些年到底积累了多少有关小学教育的知识;第二,我深刻地认识到,自己依然还有很多东西需要学习。希望并期待您在使用本书的过程中,也能产生与我类似的体验。

小学教育

自20世纪30年代以来,“小学教育”一词便一直用于描述英国5~11岁“小学生”(pupils)的正规教育阶段,美国用“students”(学生)一词。但是儿童教育的过程始于他们呱呱坠地之时;甚至还有人认为,儿童教育在其出生之前便已经开始。因此父母是儿童最早的教育者;教师和其他专业人员在儿童教育的过程中做出了贡献,并帮助组织学生在教育环境中开展学习,但不能指望他们独自完成此项工作。尽管学校提供的设备和资源超过了大部分家长所能企及的程度,但是学习深深依赖于关系、动机和欲望,其程度不亚于它对方法、结构和设备的依赖。

近年来,小学教育领域发生了许多变化。事实上,自从即将就任的英国首相托尼·布莱尔(Tony Blair)在1997年工党竞选宣言中宣布“教育、教育、教育”是国家的政策核心以来,大量资金便已投入到教育领域。针对3~5岁儿童的早期教育资金已大幅度增加;每所小学均配有支持合格教师工作的教学助理,其中一些人受聘为高级助教,并在监督和教育儿童群组和整个班级的工作中发挥积极作用。退一步讲,这种特殊的创新一直备受争议:怀疑论者将此视作一种提供代课(“供给”)教师的廉价方式;支持者则认为,这一方法可以利用他人的专业知识,并解放教师,使其有时间规划课程和评估学生的进步情况。

在20世纪90年代末,政府出台了被绝大部分教师视作硬性规定的读写和算术指导方针;为了提高英语和数学学业标准,课程结构随之发生了变化。以上两种因素对整个课程实践的影响是根深蒂固的,也让人们禁不住担心小学生学习体验的重复性,以及随之而来的教师和儿童创造力的丧失。在21世纪的头10年,学者们出版了各种各样的报告和研究成果,警告政府注意学校教职工低落的士气,以及小学生(官方文件越来越多地用"学习者"来描述他们)的倦怠,结果引发了一系列鼓励更大灵活性及创新教与学活动的倡议。但小学教师对此的反应喜忧参半:一方面,尽管略带怀疑,他们仍然对放宽外部规定感到高兴;另一方面,他们对教学方法的变革缺乏信心,担心这一变化会对考试结果不利。事实上,我们可以公平地说,关于小学适龄儿童读写、算术、科学学科全国性考试的实用性和价值性的争论,一直是一个政治难题,也是令政府倍感头疼的祸根。在英格兰,他们会公布每所学校在全国性考试中的成绩,这一做法给每个教育工作者都造成了很大压力。在写作本书时(2009年),似乎存在一种强劲的发展趋势,即以一种更灵活的评价方式来取代正规考试(也就是大众通常了解的SATs:标准课业测评考试)。此举本质也是在效仿苏格兰和威尔士,他们在这方面已经做出了榜样。

其他重要的政策决议包括重新强调对"完整儿童"的思考,而非将教育与福利截然分离。"每个孩子都重要"的倡议发挥了超强的影响力,因为英格兰地方政府提供的教育服务已与社会服务部门形成合力,以此来努力确保儿童免受伤害;同时为儿童提供一切机会,帮助他们学有所成。其他政治举措包括:向家长提供更多关于儿童学习进展的信息,扩大正常工作日以外的学校供应,大规模扩展信息技术。

尽管各类层出不穷的新举措令人应接不暇,政治控制在不断强化,但小学教育的核心基本没有改变,尤其是涉及这些方面,包括教师和学习者之间的重要关系、学校儿童工作者之间的同事情谊、家庭与学校之间的动态联系、每日常规、成人和儿童之间成千上万次的互动与对话。在我撰写的《小学教育基础》一书中,笔者尝试通过聚焦两个儿童的经历,来捕捉错综复杂的学校生活的精髓:

> 莫妮卡(Monica)和查利(Charley)走进了学校。两人都脱下外套,和同学一边聊天,一边走向教室门口。他们看到了老师、助教、家长、墙上的图画,以及熟悉的事物。迎接他们的是地板上光剂、电子设备、潮湿的衣服和卫生间所散发出的浓烈的混合气味,刺激着两人的嗅觉。各种偶然混合的声音冲击着他们的意识:喋喋不休的说话声、啪嗒啪嗒的脚步声、嘎吱嘎吱的开门声、大人们兴致勃勃的谈话声。当两人走进教室,瞥见那些熟悉的、使人安心落意的场景时,他们的眼睛顿时亮了起来。他们坐在地毯上,或

站在门口排好队,回应着老师的点名、要求或者命令。教师用孩子们熟悉的声音发出指令,孩子们对音调模式和语调十分敏感,他们能意识到老师的生气、伤心、无聊及假装的情绪,并相应地调整自己的行为。

一天就这样开始了。先是因点名登记和班级晨会造成的屁股久坐而发麻,接下来的是上课时间和各种活动。游戏时间和吃饭时间将他们从辛苦中解脱出来,孩子们消失在游戏、追逐、争吵、密切关系、古怪行为、不可预测的天气等构成的疯狂的世界中。他们对学校生活中的种种矛盾感到困惑:为什么老师坚持让学生在天气不冷的时候穿外套?或者在天气明显阴冷潮湿的时候,津津乐道出去走走会对他们有好处?他们看到老师们消失在温暖、安全的教工休息室,听到了一些奇怪的谈话片段、一阵阵笑声,还闻到了咖啡的味道。

每次游戏时间结束后,总会有几个孩子热切期望能轮到自己去敲开教工休息室的大门,归还茶杯,并告诉失望的老师们“詹金斯老师说时间到了”(只在小学使用的一种表达)。这一天还在继续。如果老师允许的话,大厅休息时间(hall - time)能提供一点娱乐机会。系好鞋带,胡乱扣好扣子,拉紧袜子。下午结束时间的讲故事或分享活动把儿童和教师聚集到了一起。很快,回家的时间到了,预示着又一个上学日的结束。将外套从挂衣钩上扯下来,或扔在地板上互相争抢;单只的手套神秘消失后又重新出现;有关物品归属的指责声和其他争执声在整个走廊回荡。妈妈、爸爸、爷爷、奶奶来到学校接孩子,兴高采烈地问起一天的情况;他们与老师打个招呼,快速做出表达谢意的微笑表情,然后带孩子回家。幼儿推车和一群年轻的妈妈们在大楼前面排成一行。家长们检查着午餐盒,盯着最新的学校通知,赶着他们的小“神兽”奔向出口。高兴的莫妮卡蹦蹦跳跳地离开学校,迫不及待地告诉妈妈她的种种成功表现,并炫耀她的新读物。查利慢吞吞地走出教室,满怀希望地看了老师一眼,然后离开;再接上弟弟妹妹们,领着他们沿着人行道,走到附近的商店去买茶点。老师冲着查利眨了眨眼,给他一个宽慰的微笑:“路上小心,查利!明天见!”查利迫不及待地等着明天的到来。

虽然良好的小学教育无法保证人生获得幸福或成功,但它为这个世界的查利们和莫妮卡们提供了一个机会,让他们能够充分利用自己的能力和良机。学校中的成年人能做的只有那么多，立法只能提供一个框架和支持系统，政策只能提供一个概况，儿童的真正希望在于获得合适的学习环境：①知道有人疼爱和欣赏自己；②成人为他们树立良好的道德榜样；③有人提出明确的行为举止准则；④获得知识和信息；⑤受到鼓励和信任；⑥可以享受学习；⑦看到知识与生活的相关性；⑧有人引领他们进入深层的而非肤浅形式的学习。

什么是受过良好教育的儿童？人们对其构成标准虽然持有不同观点，但大家一致认为，教育绝不仅仅是通过考试，以及成为“优等生”。教育是一种持续性的、足以改变人生的经历，有可能造福全人类。因此情感方面的教育——触及情感，比大多数政客和政策制定者所认为的更重要。所以读者将会发现，除了这部百科全书中涵盖的广泛的信息之外，有关人类与个人的元素大量地穿插于整部书的始终。

目　录

凡 例

一、本书作为丹尼斯·海斯所著《小学教育百科全书》的中文译本，包含原文所有词条和内容。共收录500多个词条，约68万字。

二、“词条总汇”按照英文原文词条顺序排列，即英文字母顺序。

三、本译本中的专有名词，如人名、地名、组织机构名称、专业术语等，较多采用词典里的译法或文献里通行的译法。其中，外国人名在原文词条里按照姓在前、名在后的方式呈现，在正文中按照名在前、姓在后的方式呈现；汉语译文的词条和正文均使用名在前、姓在后的通行译法。

四、原文中有些意义相近词条的概念界限不甚明显，在文中使用时有相互重复、替代的现象。为了区分各个词条，汉语译本特地给它们使用不同的译名，可能和其他某些文献说法不完全一致，如词条 approach，method，pedagogy；topic，theme 等。

五、整体翻译采用直译和意译相结合的方法，既尽量尊重原文的形式，又考虑译文的可读性及术语的互文性。

六、本书资料截至2010年。

词条总汇

A

B

C

D

E

F

G

H

I

J

K

L

M

N

O

P

T

U

V

W

Y

Z

小学教育百科全书

A

Ability 能力

另请参阅：创造力，有天赋及有才能，智力，智商，多元智能，学困生

See also：creativity，gifted and talented，intelligence，Intelligence Quotient，multiple intelligences，slow learners

网上关于“能力”（ability）的定义多种多样。根据词网（WordNet）的解释，能力是指“能够执行复杂的任务或行动的素质，是一种成就伟业或助力成功的素质”；是“具有做某事或者完成某事的素质（尤其是心理素质）”。维基词典（Wiktionary）将此定义进一步扩展：“能够做某事的素质或状况，身体、道德、智力、传统或法律上的执行力，潜能，做事情的技能或水平，有足够的实力、技能、才智……”

上述内容广泛的定义与教育相关用语中的“能力”一词形成鲜明对比。比如，教育语境中的“能力高”和“能力低”，实际上是指学生是否能够成功完成学业任务。如果教育者评价一个孩子“能力强”，基本上是说这个孩子的读写和计算能力强；如果教师评价一位小学生“能力超强”（比如数学能力超强），通俗点说，他们有可能是指这个孩子是班上此门功课学得特别好的。而处在班级另一极端的孩子（比如能力差的），则常被说成“学困生”。

在教育环境中，尤其是在学校，对于能力一词的解读意义重大。因为学校常常以此为依据，把学生分为不同班组进行学习，尤其是在英语和数学课上。如此一来，教师必须意识到，能力强的学生并不像我们臆想的那样一定能掌握所有的基本技能。比如迪恩（Dean，1998）指出，男孩子难以跟上写作的要求，有时候不能发挥潜能；一些能力超强的儿童可能会展示出奇怪的性格特征，从而显得与众不同，并招致其他孩子的戏弄；有的孩子则在所有科目上（包括体育）表现优异，因而能从同伴那里获得极多的赞赏。豪威（Howe，1990）意识到，尽管能力强的儿童不一定会以人们期待的方式表现出其能力水平，但父母的密切参与，加以高期望值，可以带来最好的前景。

近年来，人们对超常学生再次产生研究兴趣。“有天赋”“有才能”这类词语常常代替“能力超强”这个词，用来形容在学校正式考试中成绩排名前5%的学生。事实上，有些作者，如贝特斯和蒙德（Bates & Munday，2005）将能力、天赋和才能合为一个短语，变成“有能力、有天赋、有才能”。教育者常常指出，应当区分“能力”和“潜能”（capability）这两个词，后者指的是儿童也许具有某种可以发展的潜质，只是目前还没有充分形成。这里的“能力”一词指的是本身“达到”或者“没有达到”的状态（颇似智商），而潜能则意味着现有状态能够通过不懈的坚持、良好的教学、机遇和鼓励而改变。能力有时会与创造力联系在一起，因此“创造性能力”是指以全新的方式思考的能力。

哈特等人(Hart et al.,2004)反对使用"能力"这一标签。他认为用天生的能力来解释差异是:

> 不公平,也是站不住脚的,而且教师的教学实践也会丧失其基础;因为教师没有机会对教与学的过程,以及对能左右学习及其成果的校内外影响因素有着更深入、全面、透彻的理解,也无法在此基础上进一步提高教学实践。

几位作者继续解释说,能力标签是基于这样一种观点,即教师不能改变现状,因而无力改变儿童先天的智力局限,"无论他们的教学多么生动有趣、激励人心,无论师生关系多么良好,无论他们的解释多么富有启发性"(Hart et al.,2004)。他们指出,参考学生目前的水平是一种更加合理的衡量能力的方式,因为这种方式不排除学生未来的发展潜力。

事实上,凭借教师的热情投入、教学技能、激发能力,以及亲密的师生关系,我们也许会发现比原先更多的"能力强"的孩子。请参阅加德纳(Gardner,2005)的论文选读。另外请阅读谢勒(Schaler,2006)质疑加德纳理论的13篇批评性文章,涉及多元智能理论、能力特点、发展的U型曲线,以及其他关于精神性、创造力和领导能力的心理学概念。

参考文献

1. Bates, J. and Munday, S. (2005) *Able, Gifted and Talented*, London: Continuum.

2. Cooper, C. (1999) *Intelligence and Abilities*, London: Routledge.

3. Dean, G. (1998) *Challenging the More Able Language User*, London: NACE/David Fulton Publications.

4. Gardner, H. (2005) *The Development and Education of Mind: The selected works of Howard Gardner*, London: Routledge.

5. Hart, S., Dixon, A., Drummond, M. J. and McIntyre, D. (2004) *Learning Without Limits*, Maidenhead: Open University Press.

6. Howe, M. J. A. (1990) *Sense and Nonsense About Hothouse Children*, Leicester: BPS Books.

7. Schaler, J. A. (2006) *Howard Gardner Under Fire*, Chicago, IL: Open Court Publishing.

Ability groups 按能力分组

另请参阅:能力,成绩,核心学科,均等机会,有天赋及有才能,小组活动,混合能力教学,分级与分流

See also: ability, achievement, core subjects, equal opportunities, gifted and talented, group work, mixed ability teaching, setting and streaming

在二战后(结束于1945年),学校将小学生按能力分组非常普遍,但后来不再流行。因为有证据表明,这样的做法会导致一些处于"底层"的学生产生低自尊心理、社会疏离感,而且会给他们的学习成绩带来不确定影响。这些研究符合20世纪后半期教育重心向教育机会公平转变的潮流。但最近在小学,数学和英语学科按能力分组变得

司空见惯,因为大家认为这是一种能提高应试水平的途径;至于这种分组对能力较差孩子的社交和情感的影响,现在似乎更不重要了。

目前存在两种常见的给小学生分组的方式:①分流,这种方式按照学生的综合能力分组,学生所有的课程活动都在这种班组里进行。②分级,这种方式按照学生不同的学科能力分组,比如,某个孩子也许在数学高级班组,而在英语二级班组。许多小学高年级教师喜欢教授按照数学和英语能力分组的学生,因为在这种情况下,他们的教学计划和教学方式可以更加准确地定位,而不需要面对能力千差万别的孩子。小学生通常是按照数学、英语这些核心学科的能力被分配到不同的组群或班级,很少依据其他学科能力;虽然极具讽刺意味的是,像艺术与设计或者体育这样的学科可能存在更大的能力差异。

有些研究调查了孩子们的观点,结果发现大部分小学生希望能分到阅读高级班组中,因为这能提高他们的地位,并带来优越感。然而除了高级班组的学生,大部分孩子更喜欢混合能力的全班课程或者纯粹的个人活动,这样他们才不会感到被排除在外或者“与众不同”。而且没有按能力分组的班级(也就是没分流的班级)似乎表现出更健康的社会适应能力和态度,尤其是对能力稍弱的同学的态度。相比之下,在强调分流的环境中,处在低级班组中的孩子们普遍态度非常消极。此外,某些证据证明,如果未分流学校中的授课教师坚决支持分流,能力中等偏下的小学生会因为教师的无意识反感而处于劣势。但是康德伦(Condron,2003)发现,无法证明按能力分组教学比不分组教学更能加剧学业成绩的不均衡。他认为,分组和不分组学生在一学年中的成绩变化趋势毫无二致。他还声称,分组似乎并不是造成不同班级和种族的学生在学习上存在差异的原因。然而他在后来的论文中也指出,特殊需求、种族/民族、性别和家庭结构造成了阅读班组配置中的明显差异(Condron,2008)。作者总结道,当教师做出有关给低龄儿童分组的决定时,存在着对学术技能、社交技能、行为技能的不均衡分配,而这三方面因素至关重要,也因此导致了他们的成绩不均衡。

塔克和法卡斯(Tach & Farkas,2003)等教育学家注意到,小学阶段的能力分组很可能是小孩子第一次面对的由学校根据学业能力评价而做出的对学习机会划分层级。按能力分组对低龄儿童认知发展的影响同样还不明确。有一些证据证明,阅读能力分组对小学生的成绩和行为会造成影响。综合起来,阅读成绩、学习行为和学年初期开始的能力分组也许能部分解释该学年结束时不同班级、种族和性别的学生在阅读和行为上的差异。

按能力分组是否合理是一个复杂的问题,卡特尼克等人(Kutnick et al.,2005)就此代表英国教育和技能部(Department for Education and Skills)展开了深入的研究。他们得出的结论是,没有证据证明分流、分级的学生平均成绩比混合班级的成绩更好。研究小组发现,虽然班级内分组可能会提高学业水平,但不存在明确的可以让所有小学生学习者都受益的分组方式。他们的研究也显示,有天赋及有才能的小学生在单一的能力班组中进步更大；低能力班组的学生单独放在一起时进步更小，并且会因为较差的教学质量和窄化的课程设置而导致他们丧失学习动机。这个研究总结说，分级教学和混合能力教学在总体学业成绩上不造成显著差异；但总的来说，低水平小学生在混合能力班级的进步更大，而高水平学生在单一水平班级的进步更大。另请参考 DCSF(2008)的信息。

参考文献

1. Condron, D. J. (2003) 'An early start: Effects of ability grouping on reading achievement', Paper presented at the annual meeting of the American Sociological Association, Atlanta Hilton Hotel, Atlanta GA, online at www.allacademic.com/meta/p107314_index.htm.

2. Condvon, D. J. (2008) 'An early start: Skill grouping and unequal reading gains in the elementary years', *The Sociological Quarterly*, 49(2), 363 – 394.

3. DCSF (2008) *Primary Pupils' Experiences of Different Types of Grouping in School*, on-line at www.standards.dfes.gov.uk/research/themes/pupil_grouping.

4. Kutnick, P., Sebba, P., Blatchford, P., Galton, M. and Thorp, J. (2005) *The Effects of Pupil Grouping: Literature review*, Annesley: DfES Publications, ref. RR688.

5. Tach, L. M. and Farkas, G. (2003) *Ability Grouping and Educational Stratification in the Early School Years*, on-line at www.allacademic.com/meta/ p108028_index.htm.

Absenteeism 缺勤

英国规定，从 5 岁开始，所有儿童都必须接受适合他们年龄和能力的教育形式。多数孩子去学校上学，但也有越来越多的孩子在家中接受教育。上学缺勤分为授权的（经过允许的）和未授权的两种。基于以下几个原因，正常到校上学至关重要：第一，很多青少年犯罪就和未经授权而缺勤的逃学分子有关。第二，这种孩子在学习上落后他人，需要额外的成人支持。第三，缺勤的孩子通常在公共考试中成绩不佳，因而更不容易找到满意的、薪酬高的工作。《英格兰和威尔士国家学生出勤方案》(2008)强调儿童的福利和上学出勤之间的关系，强调确保所有孩子都能接受全日制教育的重要性，因为这是他们享有的权利。

缺勤引发了很高的政治热度，学校董事必须制定出勤目标，并呈交给地方当局。有若干父母因为没有保证孩子正常上学而被起诉。一般来说，小学的出勤率较高，登记的出勤人数通常超过 80%。从 2007 年 9 月，一部新的法律，也就是修订的关于学生退学的行政指导性法律文件——《改善行为和出勤：关于退学及学生转介单位的实施条例》在英格兰实施。该法律规定父母要履行以下义务：在他们的孩子退学后五日内，确保孩子在正常上学时间不在任何公共场所出现；法律同时要求学校（为有固定期限退学的学生）和地方当局（为永久退学的学生）从退学的第六个教学日提供合适的全日制教育。

Accelerated learning 加速学习

另请参阅：大脑功能，协作式学习，交叉

课程,深度学习,综合性学习,多元智能

See also: brain function, collaboration in learning, cross-curriculum, deep learning, integrated learning, multiple intelligences

加速学习(AL)是一种调动人的整个身心积极参与的教学和培训方法,课堂训练利用音乐、颜色、情绪、游戏和创造力等加速学习过程。加速学习的相关概念形成于20世纪80至90年代的美国,经由柯林·罗斯(Colin Rose)(Rose,1987,1998)和大卫·梅尔(David Meier)先后发展(Meier,2000)。直到20世纪90年代后期及以后,这个概念才在英国流行,并催生了诸多教师参考书问世(如Smith & Call,2001;Best,2003)。加速学习的方法详细参照了加德纳的多元智能理论(Gardner,1983,1993),并付诸实施,以鼓励和确保儿童能够使用自己偏爱的学习方式,而不是假定所有孩子的最佳学习方式都一模一样。

据估计,当儿童平常跟着书本或者老师学习时,他们使用了不到20%的脑容量。传统学习方法更多集中在大脑的左半球,那里控制着我们的语言、逻辑和排序能力,而右脑处理类型和模式、节奏、空间和想象。通过加速学习(也叫“超级学习”或者“大脑友好型学习”),通过使用全部的脑容量,儿童(实际上,任何年龄段的人)应该能够学习并留存更多的知识。儿童能同时学习很多东西,比如在跟着音乐跳舞的时候学习一首歌的曲调、节奏、歌词。这一事实证明了学习并不局限于大脑的一部分,而几乎可以肯定的是,在左右脑同时有学习发生。研究证明,如果不尽快复习,大脑会忘记加工过的很多信息。因此为了帮助孩子们记住学过的东西,老师会鼓励他们每天谈论要点,并有规律地回顾。

加速学习项目的目标是从身体、心理和精神三方面教授儿童,而不是仅仅培养智力。热衷者宣称,这些方法可以在各种各样的场合使用,具有增强知识存留和技能习得的潜力。加速学习通过创造崭新的实际学习环境,刺激大脑更努力工作,比如将戏剧融入科学学习,或者使用舞蹈和动作来增强对数学的理解(比如交叉课程或综合性学习)。这种学习模式是基于这样的假设:二手经验,也就是别人报告的经验,永远不能代替令所有感官都参与其中的一手经验,包括身体参与,以及与同学合作。此外,协作式学习(也就是作为一个小组去寻找解决方案,而不是依靠个人)是一种联合运用学生们不同脑力的策略,从而比学生独立工作进步更快。

史密斯等人(Smith et al.,2005)强调了教师在加速学习中的重要性,同时强调有意义的学习存在风险,优秀的教师会帮助学习者解决这一难题。相比之下,焦虑会影响成绩表现,因此教师需要给学生提供结构化挑战,并给予适当的成人支持。学习就是在不同的知识领域寻找和建立联系的过程,优秀的教师会利用每个机会帮助和推动这种联系的建立。

参考文献

1. Best, B. (2003) *Accelerated Learning Pocket Book*, Alresford: Management Pocket Books.

2. Gardner, H. (1983, 1993) *Frames of*

Mind: *The theory of multiple intelligences*, New York: Basic Books.

3. Meier, D. (2000) *The Accelerated Learning Handbook*, New York: McGraw-Hill Professional.

4. Rose, C. (1987) *Accelerated Learning*, New York: Dell.

5. Rose, C. (1998) *Accelerated Learning for the 21st Century*, New York: Dell.

6. Smith, A. and Call, N. (2001) *The Alps Approach Resource Book: Accelerated learning in primary schools*, Stafford: Network Educational Press.

7. Smith, A., Lovatt, M. and Wise, D. (2005) *Accelerated Learning: A user's guide*, Carmarthen: Crown House.

Achievement 成绩

另请参阅:奖励,(儿童)自尊心,成功,测试和测试过程

See also: rewards, self-esteem(children), success, tests and testing

成绩是生活中的一个重要方面,有些孩子明显比其他孩子获得更多的成功。成年人很难记得这些事情曾经带给他们的激动与兴奋:在体育课上进了一个球,某幅特别的绘画作品获得奖励,在给老师帮忙之后享受一杯果汁,阅读记录单上因读完另一本书而多了一颗星……正是在这些时刻,儿童的成绩得到了公开认可,并被大家津津乐道。对成人而言,更难的挑战是懂得如何应对成绩不理想的孩子;他们没有体验过什么是完美的成功,只能沐浴在别人成功的光芒下,傻傻地为他人激动。

成绩有时候只是昙花一现,那些需要依靠实实在在的证据来证明自己价值的孩子,可能会因为某些成绩不可企及而同样闷闷不乐。教师对成绩的态度影响着健康的班级气氛,以及儿童积极的学习态度的形成。不能容忍学生成绩差或者成绩落后的老师会造成学生自我概念水平下降,从而导致更差的成绩或者严重的焦虑。成绩是成功的关键要素,孩子们需要用偶尔的失败和挫折来鞭策自己更加努力向前。

政治的压力迫使"成绩"的概念被重新定义为学生在正式测试与考查中的表现。英格兰引进了"学生成绩追踪"(Pupil Achievement Tracker,PAT)系统来跟踪记录小学生在各种测试中的表现;2008 年,PAT 被"Raise-online"系统取代,后者提供关于学校和学生表现数据的互动分析;Raise-online 同时取代了"教育标准局表现与评价"(Ofsted Performance and Assessment,PANDA)报告。尽管政客们冠冕堂皇地宣称珍视个性和特殊教育需求,但令人一直怀疑的是,那些政客认为值得一提的成绩是不是仅仅是学业成绩,以及运动和艺术天才取得的成绩。

Act of worship 礼拜

另请参阅:晨会

See also: Assembly

Active learning 主动学习

另请参阅:发现式学习,探究,干预,问题解决,思考—结对—分享

See also: discovery learning, enquiry, intervention, problem solving, think-pair-share

主动学习和“发现式学习”的概念紧密相关,并在很多教学模式中作为关键词出现:在这些模式中,学习的主要责任落在学生身上,而不是由老师承担。主动学习的方法要求儿童“自己生成意义”,也就是说,自己弄懂学习的内容。因此主动学习具有发展思维能力的潜能,诸如分析、解决问题和评价等。

知名教育学家珍妮特·莫伊蕾斯(Janet Moyles,2007)提出了促进主动学习的八点方法。①实施进入策略,包括起点和引入;②实施探索模式,让小学生参与任务,并得到足够的资源支持和成人指导——请参阅(Johnston,2004);③从儿童要学习的学科、过程、技能等方面考虑学习内容;④明确所有权和责任,尤其是有无成人监督;⑤成人参与干预和互动,确定对儿童支持的水平;⑥评价和分析儿童的学习情况;⑦给孩子们提供反思自己学习的机会;⑧说明完成任务的正当理由和成果形式。如果不能给学生提供这类体验式学习的机会,结果可能是,虽然学生按照老师的要求去做了,但还是不能理解这节课的目的或者他们自己作为学习者的责任。主动学习的批评观点认为,如果缺乏成人的指导、专门知识和干预,这种方法存在效率低、随意性大、不可持续的问题。然而大部分教师认为讨论和“思考—结对—分享”的学习方法(Lyman,1981)是合理的学习策略,这种方法让每个孩子首先独立思考,然后和伙伴比较各自的笔记。

参考文献

1. Johnston, J. (2004) ‘The value of exploration and discovery’, *Primary Science Review*, 85, 21 – 23.

2. Lyman, F. T. (1981) ‘The responsive classroom discussion: The inclusion of all students’, in Anderson, A. (ed.) *Mainstreaming Digest*, College Park: University of Maryland Press, pp. 109 – 113.

3. Moyles, J. (2007) *Beginning Teaching, Beginning Learning in Primary Education*, Maidenhead: Open University Press.

Admissions code 招生准则

另请参阅:董事会,低年级小学生(5 ~7 岁),政治介入

See also: governing body, infant, political involvement

学校招生准则的制定是为了保证所有小学生都能顺利、公平、公正地入学。这些准则和申诉程序,以及相关法律都具有法律效力。招生机构、董事会、地方教育董事会、地方当局、招生论坛、学校仲裁员,以及招生申诉小组,都必须遵守它们。在英格兰和威尔士,有法律规定,幼儿学校招生班级不超过 30 名学生;虽然这条规定也可以有例外,而且目前例外在不断增多。英国的小学生班级规模在欧洲是最大的,尽管总体的政治共识是这个规模需要下降。有些教育工作者抱怨说,关于招生学校的可选择性、多样性等政治浮夸宣传具有误导性,因为实际上家长只能选择一个想去的学校。

Adult behaviour 成人行为

另请参阅:行为示范,关系,(教师)声望,教师信念

See also: modelling behaviour, relationships, reputation(teachers), teachers' beliefs

帕斯卡尔和伯特伦(Pascal & Bertram, 1997)明确指出,成人行为中有三个重要特点可以促使儿童高质量地思考、学习和发展。第一个特点是敏感。比如成人能意识到儿童的感觉和情绪好坏,能够理解和接受孩子的不安全感,并提供支持和鼓励。第二个特点是善于启发。体现为用一种积极向上、令人兴奋和循循善诱的方式介绍某项活动或者资源;给孩子提供额外的信息;成人参与儿童的游戏,以拓展他们的思维或者交流。第三个特点是自主。成人给孩子自由试验的机会,支持他们的决定和判断,鼓励他们表达观点,让儿童参与制定关乎每个人的安全和幸福的规则。儿童以成人为榜样,并在某种程度上复制他们观察到的行为,成人的这些行为主要教会孩子们怎样得体地行动、反馈和说话。

参考文献

1. Pascal, C. and Bertram, A. (1997) *Effective Early Learning*: *Case studies for improvement*, London: Hodder & Stoughton.

Affective dimension of teaching 教学的情感因素

另请参阅:关爱型教师,圆圈活动,情感素养,关系,(儿童)自尊心,学习的社交和情感因素,教师角色

See also: caring teachers, circle-time, emotional literacy, relationships, self-esteem (children), social and emotional aspects of learning, teacher role

课程是关于教学内容的正式方案。教育工作者将课程里面试图改变、修正或者"影响"小学生的价值观和行为的因素称为"情感教育"。兰格等人(Lang et al., 1998)编写了一本涵盖欧洲人广泛观点的综合性著作,书中将情感教育定义为教育过程的一部分,涉及态度、情感、信念和情绪,以及人际关系和社交技能的发展。各种情感教育课程方案都声称,其宗旨是为了增强自尊感、提高记忆力、加强交流技能、肯定个性、提高体谅他人的能力、教授自我责任感。在很多学校,情感教育通过"圆圈活动"中的合作学习而强化:孩子们坐成半圆形,讨论和分享观点。这个过程的重要特点包括按顺序轮流活动、尊重别人的观点,以及互相能够看到面部表情。

麦克内斯等人(McNess et al., 2003)得出重要结论:大部分小学教育工作者都高度关注教与学中的情感教育。他们认为,在儿童教育这种复杂而困难的任务中,有很多方面需要教师考虑和协商。和教师的谈话证明,在教师承担的众多角色中,社交和情感教育方面的考量对他们来说非常重要,特别是教师和学习者之间不断发展的互动和个人关系。换句话说,要想教得好,不仅仅需要拥有学科知识,以及能够系统和清晰地讲解知识,而且还要感同身受地理解儿童,并创造有效的教学条件。

对情感范畴(生活领域)的关注不应该与通过干预课程提升学生自尊感的概念相混淆。后者等同于行为矫正课程,该类课程探究儿童的更深层意识,并诱导其做出回应。实际上,通过使用该种课程提高孩子自尊感的这一做法已经受到了批评。有人指责说,无法证明这些课程有利于改善孩子的情绪或者学业,而且占用了孩子们正式课程的时间。美国学者斯特兰对此类实证文献做出重要回顾(Strein,1988),结果难以证实情感教育课程中的行为或者情绪方法能有效促进小学生的积极转变。史迪威和巴克利(Stilwell & Barclay,2006)总结道,情感教育课程和干预手段对儿童、教师和学校体制造成了不一致的影响。

情感教育的支持者对以上批评提出反驳。他们认为,关注他人的情感会令儿童受益;同样,环境研究让孩子们“和自然融为一体”,有利于他们强烈地意识到个人和集体的责任。实际上,英国学校引进“学习的社交和情感因素”(SEAL)课程和公民教育课程元素,标志着他们承认,全面的教育不仅仅包括通过国家级考试——尽管贝斯特(Best,2003)质疑这种变革是“旧瓶装新酒”。虽然这些关于情感教育的观点各有不同,但其中突出的关键一点是,帮助孩子们认真地反思他们的行为和做事方式是值得推崇的,和儿童打交道的成年人在这方面应该率先垂范。然而课程中嵌入此类正式的学习计划是否有益,这方面的证据还难以令人信服。

参考文献

1. Best, R. (2003) 'New bottles for old wine? Affective education and the citizenship revolution in English Schools', *Pastoral Care in Education*, 21(4), 14 – 21.

2. Lang, P., Katz, Y. and Menezes, I. (eds) (1998) *Affective Education: A comparative view*, London: Cassell.

3. McNess, E., Broadfoot, P. and Osborn, M. (2003) 'Is the effective compromising the affective?' *British Educational Research Journal*, 29(2), 243 – 257.

4. Stilwell, W. E. and Barclay, J. R. (2006) 'Effects of affective education interventions in the elementary school', *Psychology in the Schools*, 16(1), 80 – 87.

5. Strein, W. (1988) 'Classroom – based elementary school affective education programs: A critical review', *Psychology in the Schools*, 25(3), 288 – 296.

Aims of education 教育目的

另请参阅:以儿童为中心的教育,约翰·杜威,受过良好教育的儿童,爱因斯坦,环境教育

See also: child-centred education, Dewey John, educated child, Einstein, environmental education

多年来,有关教育目的的观点层出不穷。比如教育哲学家约翰·杜威(John Dewey,1859—1952)曾经写道,教育不仅仅是为生活做准备,教育即生活。尽管他的话语浮华的成分可能多于启示,但是“杜威”已经成为现在所说的“进步主义教育”的代名词。他们提倡儿童应该学习解决问题,而

不是被告知答案。爱尔兰作家威廉·巴特勒·叶芝(William Butle Yeats,1865—1939)主张,教育不是注满一桶水,而是点燃一把火。他的定义强调了情绪的作用,但他并没有给教育工作者提供关于如何实施教育的真知灼见。作为数学家、物理学家,某种程度上也是哲学家的阿尔伯特·爱因斯坦(Albert Einstein,1879—1955)坚持说,教育就是忘记了在学校所学的一切之后剩下的东西。这个观点刻薄又有趣,而且令人尴尬的是,它和有些小学生的实际情况差不多。爱因斯坦还说道,教师的最高艺术就是唤醒对创造性表达和知识的兴趣,鼓励学生提出问题、看到新可能、从新角度看待老问题。

多年以前,奥康纳(O'Connor,1957)列出如下教育目的:给人们提供能在社会上立足,并能进一步追求知识的最少的必备技能;给人们提供职业培训,使他们能够自给自足;唤醒对知识的兴趣和品味;让人们更有批判能力;让人们接触到人类的文化和道德成就,并培养他们相关的欣赏能力。最近,教育家兼顶级测试批评家阿尔菲·科恩指出,不要试图定义受过良好的教育意味着什么;相反,我们应该问问教育的目标是什么。这要求我们超越学术目标,拒绝接受学校的首要任务是发展智力的陈腐观念,主张教育的主要目的应该是培养有能力、有爱心、可爱的人(Kohn,2003)。

尽管存在这些或那些关于教育目的的定义,并给我们提供了有价值的起点,然而它们并没有定义出小学教育与其他教育阶段有什么不同的特点。二三十年以前,阿什顿等人(Ashton et al.,1975)针对小学教师优先考虑的事情开展了一项综合性研究,研究者将小学教育的一个目的定义为小学生想从教育中获得的东西。他们也注意到,教师很少考虑他们的总体教育目的,他们更关心的是教学内容和教学方法。

艾舒卜和欧唐内(Shuayb & O'Donnell,2008)通过对英格兰、德国、荷兰、新西兰、苏格兰和瑞典小学的调查发现,在21世纪的头几年,小学教育的目的、目标和价值一方面似乎反映了经济和社会的迫切需求,另一方面也反映了个性化的教与学思想。作者得出了几条普遍性的结论,经整理如下(请参考该调查报告的第3页):

(1)小学教育的目的、目标和价值看起来经历了明显不同的阶段。在第一阶段,儿童是焦点,这也极大影响了课程的目的和价值。在第二阶段,社会和经济问题开始成为公众关注的热点;而今天的教育目的注重提高学业标准,注重为儿童在多元文化的社会及不断变化的经济和工作环境中做准备。

(2)各国似乎都认同这一理念:为了在学术、职业、经济、社会诸方面达到优秀,一定程度的个性化教育(尽管这个词的含义可能存在差异)是需要的。

(3)今天的小学教育目的、价值和目标综合两方面的要求:一方面是为儿童在社会上的经济地位做准备,另一方面是确定他们个人的优点和弱势,从而为他们达成目标提供必要的支持。

(4)以瑞典为首的六个国家的政府都赞同,公民教育是全人教育的一个重要目的。

(5)健康、安全和可持续生存问题得到越来越多的关注,同时包括小学教育工作者该如何帮助幼童意识到这些问题。

(6)调查中的六个国家在小学教育目的、价值和目标方面表现出更多的相同点,而不是不同点:主要体现在学业标准,以及经济和社会目标方面,而且都或多或少体现了以儿童为中心的理念。

通过对小学教育目的的深层研究,约翰·怀特(White,2008)提出,21 世纪以来,很多人强调把提升个人幸福感作为一个主要教育目的,"个人幸福感"这个概念被视为比 20 世纪典型的"个人自主"的目的更具包容性。他还注意到,"幸福感"和"自主"的教育目的都和自由民主社会的教育要求明确相关,这一点比过去更加明显。因此其中包含的市民责任、宗教和其他群体权利等问题已经成为大家细致研究和讨论的焦点。当代议题强调可持续发展和全球意识教育的重要性,这些议题已经通过环境教育和大家经常说的"绿色"问题等形式深刻影响着小学课程。

参考文献

1. Ashton, P., Kneen, P. and Davies, F. (1975) *Aims into Practice in the Primary School*, London: Hodder and Stoughton.

2. Kohn, A. (2003) 'What does it mean to be well educated?' *Principal Leadership*, March, 6 – 9.

3. O'Connor, D. J. (1957) *An Introduction to the Philosophy of Education*, London: Routledge & Kegan Paul.

4. Shuayb, M. and O'Donnell, S. (2008) *Aims and Values in Primary Education: England and other countries* (Primary Review Research Survey 1/2), Cambridge: University of Cambridge.

5. White, J. (2008) *Aims as Policy in English Primary Education* (Primary Review Research Survey 1/1), Cambridge: University of Cambridge.

Alexander, Robin 罗宾·亚历山大

另请参阅:教育目的,课程,学习氛围,教学论,《普罗登报告》,政治介入

See also: aims of education, curriculum, learning climate, pedagogy, *Plowden Report*, political involvement

罗宾·亚历山大(Robin Alexander)出生于 1939 年 8 月 26 日,曾在英格兰不同地区的大学和小学任教,后于 1977 年调入利兹大学,并于 1990 年成为教育系教授、教育系政策研究中心副主任。他于 1995 年调到华威大学,担任过教育系教授、小学教育研究中心创始人兼主任、华威大学教育学院研究部主任。从 2001 年开始,他一直在剑桥大学工作,并于 2005 年获得香港教育学院爱德华·尤得爵士访问教授职位。罗宾·亚历山大一直在为保证小学教育受到应有的重视而不懈努力。

亚历山大对小学教育阶段的不同领域进行了一系列研究,包括教师思维和决策、地方当局的管理和影响、课程、评价、学校管理、课堂实践、师生互动和话语。这些研究成果引起了全国性的讨论,并影响了学校实践。1991 年,他撰写了一份关于利兹地区小学教育的报告,并于一年之后出版,叫作

《小学教育政策与实践》(*Policy and Practice in Primary Education*,1992),当时被一些教育专家称为自 1967 年的《普罗登报告》(*Plowden Report*)之后最重要的文件。由于 1991 年利兹报告的直接影响,当时的政府正式任命亚历山大和吉姆·罗斯爵士(Sir Jim Rose)、克里斯·伍德黑德(Chris Woodhead)组成"三智者"小学教育调查团。亚历山大一直强烈批评政府的小学教育政策,尤其是从 1988 年《教育改革法》(*The Education Reform Act*)实施之后到 1997 年布莱尔政府执政期间。

20 世纪 90 年代初,罗宾·亚历山大发起了一项大规模的研究。他们对英格兰、法国、印度、俄罗斯和美国的文化、政策和教学法,从国家、学校和课堂层面进行了比较研究,这项研究还详细分析了师生谈话如何影响课堂文化及儿童学习的性质和质量。基于该研究而出版的著作《文化和教学》(*Culture and Pedagogy*,2001)获得了美国和英国优秀教育图书奖。

从 2006 年到 2009 年,亚历山大负责一项题名为"小学研究"的独立调查(剑桥大学)。该项目由埃斯米·费尔贝恩基金会(Esmée Fairbairn Foundation)资助,调查主题涉及英格兰小学教育的现状和未来。这项研究试图确定小学阶段应该完成的目标、应该支持的价值观、应该提供的课程和学习氛围(即"风气"),以及保证高质量教育、满足儿童和社会将来需要所必备的条件。剑桥大学团队的调查内容广泛,得到了媒体的大量报道。然而该研究(似乎)没有引起政府部门的注意,他们回避了调查里面的很多建议,更倾向于相信《罗斯报告》(*Rose Report*)(Rose,2009)里面关于小学课程的研究发现。亚历山大的一些研究结论包括如下观点:学生学业成绩差与不合格的课堂教学有关,政府政策造成了非人性化的教育,全国性测试对很多小学生造成了压力。

参考文献

1. Alexander, R. (1992) *Policy and Practice in Primary Education*, London: Routledge.

2. Alexander, R. (2001) *Culture and Pedagogy*, London: Blackwell.

3. Alexander, R. (2009) *The Condition and Future of Primary Education in England* ('The Primary Review'), Cambridge: University of Cambridge/Esmée Fairburn Trust.

4. *Robin Alexander*, *Research and Evaluation*, on-line at www.robinalexander.org.uk/research.htm.

5. Rose, J. for the DCSF (2009) *Primary Curriculum Review*, London: HMSO.

6. Wilby, P. (2008) 'Jim will fix it', *Guardian*, 5 August.

Alphabet 字母表

另请参阅:大写字母,书写,小写字母,自然拼读,阅读,触觉型学习者,视觉型学习者,写作

See also: capital letters, handwriting, lower case letters, phonics, reading, tactile learnews, visual learners, writing

英语语言国家常见的字母表包括 26 个字母。我们现在的字母表和罗马(或者拉

丁)字母表几乎相同,后者在公元前7世纪出现,只使用21个字母。罗马人不使用逗号、句号或者空格,只是在连续的一行,一个挨一个地写出每个字母,并且只使用大写字母。小写字母直到8世纪以后才出现。在英国,惯常的做法是,让儿童先熟悉小写字母,只是在专有名称的首字母才使用大写字母。而在美国,很常见的是儿童很早就开始认识字母表中的大写字母。

瓦斯科(Wasik,2001)建议,应该使用儿童熟悉的单词来介绍字母表——特别是孩子们的名字,这是一种建立信心的方法。当孩子们能够较好地辨认自己的名字之后,可以鼓励他们找出自己名字和他人名字或者其他单词里面相同的字母。比如,一个常用的方法是,帮助孩子们找到首字母和他们名字的首字母相同的其他单词(比如 Tome 和 Tina 里的 T)。

教师们发现,除了常用的背诵字母表之外,知道字母表的作用,以及字母表如何与阅读和写作相关,对儿童是大有裨益的。字母表是由一组不同名称和形状的字母组成的,现在确实有很多书籍教你如何向学生演示这方面内容。儿童在书写字母的时候,会在印刷体和口语单词之间建立联系;这样,即使是幼童也有机会通过信手涂鸦,或者用看起来像字母的标记来表达自我。儿童刚开始尝试写字母时,不必要求遵循正式的书写过程或者按照其他印刷材料抄写字母。然而提供机会让幼童利用触觉书写或者描摹字母对他们是有益的(这是"触觉型学习"),包括:在已有字母的基础上描红;先看字母,记住形状,然后书写;偶尔用蜡笔、铅笔、记号笔、钢笔在字母书上描摹字母形状。

马斯柯(Mascle)坚持说,低龄儿童需要通过自己的各种感觉体验世界。虽然他们平时以更加传统的方式学习——尤其是通过看和听,但是儿童往往更喜欢教师或家长通过某种利用他们各种感官的方式,把字母表上的字母变得"栩栩如生"。因此许多教师会给新入学的小学生提供包含3-D字母形状的拼图,让孩子们使用手指感受字母的形状,还让他们用手指在纸上画出大大的字母。大写字母可以用作视觉艺术作品的基础,比如,先在一张纸上画出大写字母,然后在此基础上画一幅画。

参考文献

1. Mascle, D. *Teach Your Child the Alphabet*, on-line at http://TeachYourChildTheAlphabet.com.

2. Wasik, B. (2001) 'Teaching the alphabet to young children', *Young Children*, 56(1), 34-40.

Animals in school 动物进校园

另请参阅:环境研究,健康与安全,健康校园

See also: environmental studies, health and safety, healthy schools

动物进校园会引起各个年龄段学生的强烈兴趣和极度兴奋。然而学校明确规定,儿童在接触宠物前必须包扎好原有伤口,之后必须全面洗手,不要把接触过宠物或者宠物笼子的手指或者物品放进嘴里。实际上,这些健康和安全预防措施限制了老师们把

哺乳动物带进教室,以及在教室里饲养它们的可能性。孩子们直接的动物体验更多来自某位带着挑选的动物访问学校的动物专家,或者来自参观野生动物中心和动物园。主张动物进课堂的观点认为,这能让孩子们感觉放松,还能引发相关讨论和创造性活动。反对者不仅担心可能引发的危险,他们还指出,孩子们可能会对动物不够友好,而且通常都是成人最后负责照顾这些动物。

Annual meeting 年会

另请参阅:董事会,董事会成员,校长,家长对学习的支持

See also: governing body, governors, head teacher, parents supporting learning

学校每年举行一次由董事会成员和家长参加的正式会议。董事们在年会上向家长报告学校的运行状况和将来的规划,讨论在册学生的家长提出的和学校有关的其他问题。虽然实际上只有很少一部分家长参加年会,但这种正式的会议是为了凸显董事会成员在学校生活中的责任和重要性。年会议题里不会涉及教职工个人表现、业绩,或者缺点。一般来说,校长和董事会成员会利用这个晚上来庆祝学校取得的成绩,同时也是为了满足形式上的需要。

Answering questions 回答问题

另请参阅:封闭式问题,知识,开放式问题,小学生视角,问题和提问,反思,思考

See also: closed questions, knowledge, open questions, pupil perspectives, questions and questioning, reflection, thinking

很多教学方法的使用都需要儿童能够快速提取知识。某位教师也许用问与答的形式引出学生的已知:老师每次问一个问题,某个孩子都会高高地举手;另一个孩子则呆若木鸡,眼睛低垂,希望老师不要叫她。我们有理由由此得出结论说,那个热情高涨的孩子比她腼腆害羞的同学掌握了更高层次的知识。实际情况并不一定就是这样。第二个孩子也许已经储备了相关知识,只是这一刻因为紧张,不能从记忆库中提取出来。她也许正在衡量其他选择,而非这个明显的答案;或者因为害怕出错,她就是不喜欢公开回答问题。

教师需要注意的是,既要问封闭式问题,也要问开放式问题;前者检测快速记忆力,后者各种答案都可以接受。擅长快速记忆的孩子也许能够,也许不能给出经过深思熟虑、更加周密的答案;能力强的往往是那些能非常成功地回答开放式问题的孩子。但是给出思考的时间对所有孩子都有好处。优秀的老师会轻松自如地向全班抛出封闭式问题(单一答案),但同时也会用推断式问题测试学生的反思能力,问题中也许隐藏着意想不到的可能和答案。几乎总会有这样的情况发生:如果给出让孩子们思考的时间,他们会提供出人意料、新颖独特的视角,来解决那些对成人来说也许平淡无奇、相当简单的问题。

Assessing Pupils' Progress 学生进步评价

另请参阅:读写能力,《国家课程》,计

算能力,《国家小学教育战略》

See also: literacy, *National Curriculum*, numeracy, *Primary National Strategy*

学生进步评价(Assessing pupils' progress, APP)是一套从《国家小学教育战略》(*Primary National Strategy*, PNS)引进的材料,用于支持教师按照《国家课程》(*National Curriculum*, NC)水平做出准确的评价。它根植于"促进学习的评价"(Assessment for learning, AFL)的整体策略,而促进学习的评价的一个目的是为了推广与小学读写和计算(数学)框架息息相关的宽泛类课程。

学生进步评价基于这样的基本思路:教师收集一系列关于学生在阅读、写作和数学方面的成绩证据,从而能够分阶段地评价和记录孩子们学业上的强项和弱项。评价标准依据《国家课程》;当考察学生的表现是否达到目标时,该标准可以改变成教师更易操作的形式。评价结果是为了帮助教师计划学生下阶段的学习。

学生进步评价可能带来的一个影响是,学校需要准备相当复杂的系统来跟踪学生的进步。比较常见的做法是,由一位资深员工负责核对这些统计数据,并用表格呈现出来;但这项工作复杂而艰巨。

要了解更多关于学生进步评价的信息,可以通过在线访问 www.standards.dfes.gov.uk/primary frameworks。

Arithmetic 算术

另请参阅:数学,错误与误解,计算能力,教育标准局

See also: mathematics, mistakes and misconceptions, numeracy, Office for Standards in Education

算术(arithmetic)这个词在英国小学现在用得很少,在北美用的更多;英国更喜欢用计算能力(numeracy)这个词。算术基本上就是围绕数字进行,比如,包括加减乘除运算法则。算术的一个重要方面就是记住乘法表。根据教育标准局(OFSTED)1996年的一份报告,相对于花在这方面的数学教学时间,学生的算术成绩不甚理想。这份报告强调说,因为教师往往过于强调重复性的数字活动,而没有指出学生的基本错误或者误解之处。此外,太多的学生缺少流畅的心算能力,无法判断自己的答案是否正确。这些批评意见引发了全国对数学教学方法的讨论。安耶莱瑞(Angheleri, 2001)提出,小学中的算术教学传统上一直关注标准算法,但是这种方法现在受到质疑(注:算法是一种推理结果或答案的步骤描述)。目前,强调加快发展心算策略,以及提供更多机会让儿童发展自己的解题方法,正在取代单纯的算法步骤。

参考文献

1. Anghileri, J. (2001) *Principles and Practices in Arithmetic Teaching*: *Innovative approaches for the primary classroom*, Maidenhead: Open University Press.

Art and design 艺术与设计

另请参阅:艺术,公民身份,创造力,信息技术,科学,触觉型学习者,视觉型学习者

See also: arts, citizenship, creativity, information technology, science, tactile learners, visual learners

英格兰和威尔士要求儿童按照《国家课程》(*National Curriculum*)学习艺术与设计;教师必须教完所有课程,响应在艺术与设计课程中融入信息与通信技术(ICT)的法定要求,且每年向家长和同事报告课程进展情况。艺术与设计课程具有激发创造力、想象力的潜能,并给儿童提供视觉、触觉、感觉的体验,让他们能够通过使用颜色、质地、形状、图案,以及不同的材料和过程,来交流他们的所见、所感和所思。孩子们能学会如何做出有根据的判断,并有机会通过研究艺术家和设计大师的作品来探索各种思想和意义。该课程还给孩子们提供和专业艺术家一起做事的机会,以发展个人技能,以及完成小组/个人项目的能力。

阿狄森和伯吉斯(Addison & Burgess, 2003)研究了艺术成绩测量、视觉素养、艺术与设计课程在公民教育中的作用、多元文化的艺术史等相关问题。在艺术与设计课程中,通常教授儿童如何设计、制作和评价手工艺品,以及让他们体验用织物、食物、木头、循环材料做项目。艺术项目往往和其他科目相联系,例如,制作灯塔属于科学课中关于能量来源和电能的部分内容(Callaway et al.,1999)。

参考文献

1. Addison, N. and Burgess, L. (2003) *Issues in Art and Design Teaching*, London: Routledge.

2. Callaway, G., Kear, M. and Leach, A. (1999) *Teaching Art and Design in the Primary School*, London: David Fulton.

Arts 艺术

另请参阅:艺术与设计,交流,戏剧,视觉型学习者

See also: art and design, communication, drama, visual learners

艺术在小学以舞蹈、戏剧、音乐和视觉艺术(包括绘画、油画、印刷制作、制作模型、纸工、雕塑、数字艺术/摄影、丝绸和织物)为代表。在《英格兰和威尔士国家课程》(*National Curriculum for England and Wales*)中,戏剧要素本来是英语课程的一部分。从20世纪晚期一直到21世纪早期,学校教学重点放在读写和计算上面,艺术课程被降级到微不足道的地位。唐宁等人(Downing et al.,2003)对小学艺术课程的地位和目的做了广泛的研究,研究结果总结如下(本文稍做修改):

(1)国家和地方政府的压力导致了艺术的重要性降低。

(2)艺术活动的增多主要得益于教职员工的热情投入和熟练技能。

(3)艺术活动的减少归因于外界因素,尤其是只关注核心课程。

(4)家长和董事会对艺术的支持力度低于学校内部的支持,但是强于地方和国家政府的支持。

(5)认可度最高的艺术教学的目的是培养创造力、思维能力、交流和表达能力。

(6)艺术与动机、行为、出勤和自尊直

接相关。

(7)艺术是提高学校办学标准的核心。

(8)在有大量学生能享受免费午餐的小学,艺术教学带来的社会效益最为突出。

他们注意到,在大约1000所受调查的学校中,大部分小学把音乐、舞蹈和视觉艺术作为独立的课程教授,而只有不到一半的学校把戏剧作为独立的学科开设。视觉艺术的课程时间比其他艺术学科分配的时间要多;教师报告说,视觉艺术是他们教学时最感到得心应手的课程。

在影响现代人对艺术教育的认识方面,贡献力最大、影响力最强的一个文献是《古尔本基安报告》(*The Gulbenkian Report*)(Robinson,1982)。作者在这里明确了艺术对儿童教育大有裨益的6个主要方面:

(1)全面发展人的智力;

(2)发展创造性思维和行动能力;

(3)情感和鉴赏力教育;

(4)价值观探索;

(5)理解文化变迁和差异;

(6)发展身体和构思技能。

布卢姆菲尔德(Bloomfield,2000)认为,美学和创新教育是每个儿童的权利。她把艺术作为第四个重要的技能,和基本技能教育中的阅读、写作、算术齐头并进,构建成一种儿童能够得以吸收和表达思想、情感和态度的学习融合模式。艺术与其他学科的融合赋予了舞蹈、戏剧、音乐和视觉艺术在小学教育中共同的核心、关键地位。布卢姆菲尔德还提道,沉浸在这种艺术体验中能够补充和丰富人文、科学、技术、读写和计算方面的学习。

参考文献

1. Bloomfield, A.(2000) *Teaching Integrated Arts in the Primary School*, London: David Fulton.

2. Downing, D., Johnson, F. and Kaur, S.(2003) *Saving a Place for the Arts? A survey of the arts in primary schools in England* (LGA Research Report 41), Slough: NFER.

3. Robinson, K. (1982) *The Arts in Schools: Principles, practice and provision, the report of a national inquiry*, London: Calouste Gulbenkian Foundation.

Assembly 晨会

另请参阅:受津贴民办学校,道德发展,宗教教育,学校氛围,唱歌,心灵教育

See also: voluntary aided schools, moral development, religious education, school climate, singing, spiritual education

晨会就是学校集体或者部分人群聚集在一起,分享日常生活,探讨诸如信仰、关系、分享、容忍、正直之类的话题。晨会也是人们通过故事、实例、经历见证等交流重大事情的途径。在英格兰,根据1944年通过的《教育法》(*Education Act*)的要求,集体礼拜应该作为晨会的一部分举行,但是各地执行情况大不相同。为了避免冒犯那些持有不同宗教信仰或者没有宗教信仰的家长,礼拜的内容并不是关于平常的宗教教义,大部分学校从不同的信仰传统中汲取内容。按

照1988年制定的《教育改革法》(*Education Reform Act*)的要求,从1989年8月开始,英格兰和威尔士的所有公立学校每天都必须举行基督教礼拜(晨会),并提供基督教教育。其结果是,所有的在校儿童现在都必须参加礼拜,除非父母专门写信给校长说明他们不希望自己的孩子这样做。苏格兰的学校也有类似安排,主要参照传统的做法。虽然法律没有要求每天都要进行集体礼拜,学校经常委派苏格兰长老会和其他教派的牧师来领导礼拜活动。学校一般在当地的堂区教堂举行礼拜仪式。北爱尔兰要求所有的拨款资助学校都要参加集体礼拜。

霍克斯(Hawkes,2000)提出,晨会中谨慎使用重要圣经事件可以创造合适的氛围和基调。比如,以基督降临为主题的舞台设计有助于创造一种平静和沉思的心境。实际上,小学的晨会往往被用来庆祝学生的成绩,以及通过使用"情调音乐"和发布信息来提供反思的时间——偶尔由校长或者晨会领导者给出警告或者行为指导。霍克斯还提道,尽管晨会的模式,以及参与学校的类型各有不同,大家都认为,只要给小学生提供探索"内心"的机会,辅以感觉、情绪、共鸣和对世界的好奇,他们的礼拜体验将会是精神的洗礼。

在对威尔士乡村校长的一次调查中,戴维斯(Davies,2000)发现,他们对礼拜的观点高度一致,尽管在某些问题上意见各异,比如教师是否可以不参加学校礼拜,儿童是否应该唱赞美诗,以及做祈祷。具有宗教背景的学校,尤其是那些"受资助"的学校必须严格按照教会领导的期望去做,包括那些代表教会"基金会"的董事会成员。对建立宗教基金会的英国圣公会学校的督导检查(参阅词条:督导)就包括集体礼拜对学校群体的影响这一项。

组织晨会需要考虑是否有足够的空间,以容纳所有的学生就座。在规模特别大的学校,也许不可能同时照顾到所有的学生。为了解决空间不足的问题,学校经常组织以班级为单位的晨会,老师作为领会者。小学生往往通过这些方式积极参与晨会,包括演唱歌曲、反复吟诵、附和领会者的话语、贡献自己的观点和经历。这种参与形式有利于保持儿童的注意力,让孩子们相信这种晨会和他们的需要是有关系的。

有些学校会利用晨会时间把小学生挑出来进行额外的辅导(比如辅导阅读),这样就剥夺了他们参与晨会的机会。这种做法是否合法尚不明确,所以学校会尽量保证晨会中提前退场的孩子至少参加一部分的晨会活动;可能的话,至少参加集体思考、祈祷、冥想这些环节。

有些教师苦于找不到适合晨会使用的材料。为了满足教师的需求,每年都有大量的相关书籍出版。有一本书叫《一年讲给小学生听的90个晨会故事》(Jackson,2003),就属于这类书籍。作者在简介里写道,这本晨会故事集采用对话的方式讲述各种各样的故事,包括寓言、神话、幻想故事、民间故事、传奇故事、真实故事、世界主要宗教故事、专门编写的故事,以及互动晨会表演活动。领会者在使用这种资源时,其中面临的一个挑战就是,当面对年龄、背景、性格千差万别的孩子时,如何阐明这些寓言、神话、传奇故事和(尤其是)"真实"故事的意义。因为对于一个5岁的孩子来说,那些毋庸置疑的真实的故事,也许在年长的哥哥、姐姐眼里就是想象的故事。相比之下,史蒂芬·科特雷尔(Stephen Cottrell,2008)这类作者采用了专门的基督徒的视角,创作了《调皮的诺拉历险记》,描述了一个调皮女孩每天的各种闯祸经历。她的历险故事是为小学生编写的,隐晦表达了日常生活中存在上帝的恩典这样的寓意。与之相类似,杰瑞米·西尔斯(Jeremy Sears,2006)为小学低龄儿童编写了《和蒂莫西小熊度过一整年》,其中包括24个短篇故事,旨在帮助幼儿工作者通过讲故事向5~7岁儿童传授圣经教义和道德原则。

参考文献

1. Cottrell, S. (2008) *The Adventures of Naughty Nora*, Abingdon: Barnabas (BRF).

2. Davies, G. (2000) ' Worship in the primary school: A survey of head teachers' attitudes in rural west Wales', *Research in Education*, 64, 20 – 35.

3. Hawkes, N. (2000) *Living Values Education*, on-line at www.livingvalues.net/reference/assembly.html.

4. Jackson, J. L. (2003) *Round the Year: Ninety stories for the primary school assembly*, London: Religious and Moral Education Press.

5. Sears, J. (2006) *Through the Year with Timothy Bear*, Abingdon:Barnabas(BRF).

Assessing children's learning

儿童学习评价

另请参阅:形成性评价,学习,终结性评价,测试和测试过程

See also: formative assessment, learning, summative assessment, tests and testing

儿童学习评价近年来变得非常重要,主要是因为在英格兰,每个小学学龄儿童都必须参加国家课程考试(就是大家熟悉的SATs)。苏格兰、威尔士和北爱尔兰没有实行这种集中管理的体制,评价对学校和教职员工没有太大的影响。而在英格兰,考试结果被编入了学校名次表;与此同时,关于评价对儿童个人、教师、家长和学校的影响,引起了广泛的争论。

长期以来,教师们一直把课堂上不断进行的对儿童学习的评价称为"形成性评价",把对最终结果的评价(通过分数和对作品的评议)称为"终结性评价"(请参阅Wiliam & Black,1996)。然而最近几年,人们越来越多地把形成性评价称为"促进学习的评价"(Assessment for learning,AFL);终结性评价则被称为"关于学习的评价"(Assessment of learning,AOL)。两者的区别在于,评价强调的是"促进"还是"关于"。尽管存在这种细微的差别,AFL不可避免地会与AOL产生重叠,反之亦然。这是因为,要评价小学生目前的学习情况,就不可避免地要评价他已经学习的内容(最终结果);同样的道理,要了解儿童已经学习的内容,就必须参照教师制定的儿童学习计划:哪些内容是将来需要学习的,哪些内容是需要巩固的。反应评价结果的证据既可以是直接的,比如作品分数;也可以是间接的,比如完成任务的时间(Hall,2007)。

小学教师一直有自行设计评价模式的

传统(Gipps et al.,1996),大部分学校也都有自己的“内部”试题:从大家熟悉的拼写题、乘法题,到更复杂的文字推理题和问题解决类试题。然而那种认为评价及其对学习的影响完全是教师的责任的观点,受到了以布莱克和威廉姆(Black & Wiliam,1998,2006)为代表的教育学家的挑战。他们提出一个著名的说法,那就是把课堂当成一个“黑匣子”,一些外界的“输入”装入其中,并产生特定的需求。比如,这些需求可能来自学生、教师、其他来源、管理规则和要求、家长的焦虑,以及给孩子带来高分压力的测试。两位作者提出,作为一个完整的模式,某些“输出”也不可避免地会出现。比如,学生的知识增加、能力增强,测试结果更好;教师感到某种程度的满意,或者教师出现不同程度的疲惫感。

从最初尝试使用形成性评价提高学习效果到现在,关于此类话题已经出现众多的争议,包括最近出现的用电子系统追踪教师对小学生的评价。比如,怀特洛克(Whitelock,2008)提倡开发新的电子评价方式,但他同时坚持认为,最重要的因素是合理的教学方法,而不是引进最新的科技手段。

可以围绕三个要素来描述复杂的评价过程:证据、判断和结果(Drummond,2003)。教师利用证据判断儿童的进步,包括学习的强项和弱项;在做出那些判断之后,他们必须决定采取什么样的行动是合适的(这就是“结果”)。先对小学生的学业强项和弱项进行诊断,然后依据诊断结果调整教学;而在这两者之间建立因果关系的结果是:学校越来越多地使用曲线图、点状图、目录单等形式,来制作关于小学生成绩表现的详细数据表格。在许多小学,常见的做法是,由一位资深教师负责整理这些数据,并用数据来评价儿童的进步,同时隐晦地评价教学质量。

除了因给年幼的儿童“贴标签”可能带来负面影响之外,一些学者从两个层次挑战“教—学—评—教”这一循环模式概念。第一,他们担心要提供一个量身定做的教学课程来满足每个儿童的需要是否可能;第二,他们怀疑是否有可能准确了解儿童掌握的知识。他们的第二个关于知识的观点具有重要意义,因为评价儿童的概念是建立在这样的认识上的:即儿童的知识和理解程度是可以确定的;更重要的是,是可以量化的。那些赞同正式测试的人反驳说,测试能帮助教师和家长深刻了解孩子的潜能,否则他们的潜能可能会被埋没。

一旦小学生的学习任务完成,教师就可以集中关注对孩子的最后评价。评价可以采用多种形式,取决于孩子正在参与的任务或活动:写作任务、写和听、创造视觉作品,等等。评价还得考虑另外三种因素:①儿童是单人、双人还是小组活动。因此,如果儿童是集体完成一项活动(比如,科学调查),教师需要了解每个孩子对最后成果的贡献——这远不是一件容易的事情。②成人为完成这项任务/做这项活动提供的支持程度。所以,如果儿童严重依赖支持,可能意味着他们思路不清楚,或者信心不足,或者两者兼有。③这项工作的难度和要求。

当教师评价小学生自己整理的或者和老师一起整理的手工作品(过去的作品示例)时,会注意这项作品开始做的时间、完成所需的时间、是否独立完成,以及成人提供的评论。老师有时会邀请或者要求大一点的孩子评价自己的作品或者同学的作品(比较少见)。这些手工作品是证明小学生的进步和理解程度的确凿证据,包括深入了解儿童学业成功或者成绩薄弱的可能原因;这是简单的分数或成绩所无法比拟的。

高效的教师会尽量鼓励小学生管理和评价自己的事情,这会提高儿童对自己学习的主人翁意识。如果谨慎对待,这种主人翁意识可能会提高学生完成任务的期待值和动机,从而提高做事质量。然而预计孩子会学到什么并不是一件可靠的事情,因为课堂、儿童和学习太复杂了,无法归纳在一个简单的"计划—教学—评价"框架之中(Kelly,2007)。

参考文献

1. Black, P. and Wiliam, D. (1998) *Inside the Black Box: Raising standards through classroom assessment*, London: NFER/Nelson.

2. Black, P. and Wiliam, D. (2006) 'Developing a theory of formative assessment', in Gardner, J. (ed.) *Assessment and Learning*, London: Sage.

3. Drummond, M. J. (2003) *Assessing Children's Learning*, London: David Fulton.

4. Gipps, C., McCallum, B. and Brown, M. (1996) 'Models of teacher assessment among primary school teachers in England', *The Curriculum Journal*, 7(2), 167 – 183.

5. Hall, K. (2007) 'Assessing children's learning', in Moyles, J. (ed.) *Beginning Teaching, Beginning Learning*, Maidenhead: Open University Press.

6. Kelly, P. (2007) 'The joy of involving pupils in their own assessment', in Hayes, D. (ed.) *Joyful Teaching and Learning in the Primary School*, Exeter: Learning Matters.

7. Whitelock, D. M. (2008) *Accelerating the Assessment Agenda: Thinking outside the black box*, Luxembourg: Office for Official Publications of the European Communities, Luxembourg.

8. Wiliam, D and Black, P. (1996) 'Meanings and consequences: A basis for distinguishing formative and summative functions of assessment', *British Educational Research Journal*, 22(5), 537 – 548.

Assessment for learning 促进学习的评价

另请参阅:关于学习的评价,错误与误解,终结性评价

See also: assessment of learning, mistakes and misconceptions, summative assessment

促进学习的评价(Assessment for learning,AFL)是最近出现的一个术语,是指教师在课堂上持续参与儿童的学习。教师对这种评价更常见的说法是"形成性评价",表明儿童的思想和理解力正在被塑造成型。

Assessment of learning 关于学习的评价

另请参阅:促进学习的评价,形成性评价,终结性评价,错误与误解

See also: assessment for learning, formative assessment, summative assessment, mistakes and misconceptions

关于学习的评价(Assessment of learning,AOL),也叫"终结性评价";尽管前者一般用来表示关于具体几节课的评价,而后者指的是评价学生较长时期的成绩。如果教师基于适合某项任务的评价标准,对学生的学习进行评价,那就是关于学习的评价。比如,做一组计算题可能会得到一个分数,完成一篇写作任务可能会得到一个成绩、书面评语或者教师其他形式的评价(比如一张小贴画)。在理想状态下,关于学习的评价应该是学生在场时进行的;但在实际中,教师也许需要独立评价,而后再通知学生评价结果。关于学习的评价能提醒教师注意,将来上课时可能要专门提到某些问题、学生错误的想法和错误的理解。对艺术与设计作品的评价一般是语言形式的,且不做好坏评判;也就是说,每个孩子的努力都会受到称赞,不管其作品质量如何。在高年级小学生中,更强调关于学习的评价;对于低年级小学生,教师花费更多的时间进行即刻的"形成性评价"(也就是"促进学习的评价")。

Assessment types 评价类型

另请参阅:促进学习的评价,关于学习的评价,形成性评价,终结性评价

See also: assessment for learning, assessment of learning, formative assessment, summative assessment

小学教师常常采用两种方式来评价学生的学习。第一种类型就是"形成性"评价,现在更多地叫作"促进学习的评价"(Assessment for learning,AFL):是指在课堂上成人监控儿童的进步,并提供即时反馈来指导学生、改变他们的努力方向,或者澄清错误的思想。第二大类型的评价涉及"终结性"评价或者"关于学习的评价"(Assessment of learning,AOL):是指在任务或者活动结束后,评价和决定儿童学习的最终结果。这两种评价类型在很多方面有所重合,因为如果不是同时对儿童当时的理解做出即时评价(属于关于学习的评价),教师不可能提供有关学生学习的反馈(属于促进学习的评价)。同样的道理,教师在准备将来的教案时,只采用关于学习的评价而不考虑评价结果也是愚蠢的。因此,有些评价维度重合了促进学习的评价和关于学习的评价的内容,我称之为"关于和促进学习的评价"(Assessment of and for learning,AOFL)(Hayes,2009)。

参考文献

1. Hayes, D. (2009) *Primary Teaching Today*, London: Routledge.

Asthma 哮喘

另请参阅:健康与安全,学校医疗

See also: health and safety, medication

儿童哮喘是一种常见的儿童慢性疾病。它由一种阻塞性呼吸系统疾病引起,特点是出现反复发作的喘息、气短、呼气延长、刺激性咳嗽。在英国,每 13 个成年人中就有一个人受这种常见病症的困扰。这就意味着,在一个五口之家,至少有一个家庭成员患有

哮喘。根据“国家哮喘运动组织”(The National Asthma Campaign, NAC, www.asthma.org.uk)的调查,每8个儿童中就有一个在人生某一阶段曾经得过哮喘病。尽管这种疾病在婴儿期就能发作,但是在幼儿中诊断哮喘往往是很困难的。哮喘发作可能非常短暂,也可能会持续很多天。它无法治愈,但是可以通过药物得以控制,还要避免接触环境“诱因”,包括花粉、香烟烟雾、香水和家庭喷剂的气味。英国哮喘网站给出的大致意见是,尽可能避免发作。但如果真正发作,请患者遵循以下5个步骤:

(1)立即使用缓解性吸入器(一般是蓝色的)。

(2)坐下,并确保所有紧身衣物都松开,不要躺下。

(3)如果症状没有立刻缓解,继续每一分钟使用一次吸入器,持续时间为五分钟,或者直至症状缓解。

(4)如果症状没有在五分钟内缓解,或者你心存疑问,立即拨打急救电话或者联系医生。

(5)继续每一分钟使用一次吸入器,直至援助到达。

公共服务改革办公室(Office of Public Services Reform, ORSR, 2004)给出的建议是:教师需要尽量深入了解哮喘,包括什么是哮喘、导致哮喘的因素,以及它的影响。学校里的成年人需要学会如何帮助儿童,包括能够分辨出哮喘发作的迹象,并在儿童咳嗽、喘息时提醒他们使用吸入器,从而防止严重的哮喘发作。在哮喘发作时,教师需要询问这个孩子需要什么。但是他们只需在孩子疾病严重发作时才电话通知家长,或者要求外部医疗救助。在条件允许的学校,每一个患有哮喘的孩子在疾病发作时,都需要配备一个“伙伴”陪伴他们前往急救室(同时有一成年人陪同)。教师有时会怀疑某个孩子是假装哮喘发作,尽管经验证明这种行为非常少见。然而万一儿童确实是在假装哮喘发作,这种事件会被严肃处理,并上报给学校辅导员或者护士,细节均记录在学校日志里,同时通知家长。患有哮喘的儿童可能需要额外的时间去适应体育课和游戏,需要更缓慢地参加有挑战性的体育运动。特定的天气和环境状况可能会影响儿童全面参与体育活动的能力,例如,新修剪的草坪或者来自附近篝火的烟雾可能会给他们的健康带来危害。

英国哮喘新闻网(www.asthma-uk.co.uk)负责收集整理英国和爱尔兰最新的哮喘新闻和信息,英国哮喘网站(www.asthma.co.uk)宣称致力于为不断增加的哮喘病患者提供服务。

参考文献

1. OPSR (2004) *Managing Childhood Asthma in Schools*, London: Cabinet Office.

Attendance 出勤

另请参阅:缺勤

See also: Absenteeism

Attention-deficit hyperactivity disorder 注意力缺陷多动障碍

另请参阅:注意广度,行为,大脑功能,

注意力缺乏儿童，性别，学校医疗，成见

See also：attention span，behaviour，brain function，distractible children，gender，medication，stereotyping

注意力缺陷多动障碍（Attention-deficit hyperactivity disorder，ADHD）是一种发育障碍。据说世界上患病人口占3%～5%，但丘利（Kewley，1999）认为更接近2%。这种病症经常在儿童期出现，病症特点是持续的注意力不集中，兼有/或者活动量过多（过度活跃），还包括健忘、很难克制冲动、容易被干扰。丘利把ADHD定义为一种国际上公认的大脑功能失调病症，表现为个人难以抑制不恰当的行为，以及无法控制冲动，从而造成教育、行为和其他困难。注意力缺陷多动障碍现在被认为是一种持续性的慢性病症，目前没有可治愈的医疗手段，虽然医生可以开具药物。大约60%诊断有注意力缺陷多动障碍的儿童到成人后依然存在这种症状。

过度活跃儿童的一个特点是，有些人似乎无法"关闭"大脑，也许需要一个熟悉的安慰源，比如抱一个毛绒玩具（年幼儿童），或者拿一个吉祥物或者奖品（年龄较大的儿童）。在极端情况下，必须有额外的课堂助教支持——一位成熟、镇定、真心喜爱这种挑战的助教确实是难能可贵的。

真正的多动（相对于纯粹调皮）并不是任性的行为。比如，当一个严重多动的儿童感到疲惫时，其自我控制往往出现障碍，多动也许变得更加严重。这种行为不能完全根除，但是恰当的策略和意志力可以在很大程度上帮助其进行行为管理。多动障碍的治疗可以综合药物、行为矫正课程、生活方式改变（比如鼓励养成一些长期、稳定的习惯）和专家咨询等各种方法，同时需要成人帮助儿童了解他们自己的情况和学习需要（可以参考Nadeau et al.，2004）。但令人遗憾的是，在那些患有注意力缺陷多动障碍的儿童中——大部分是男孩，尽管欧雷根（O'Regan，2002）的专著里有一部分是针对女孩需求的——有些人的治疗方式是靠药物控制其行为。现在有人担忧，这种治疗方法也许会造成长期的伤害。

并非所有的不易安静的小学生都有注意力缺陷和多动症。有些儿童难以集中注意力（属于"注意力缺陷"），有些是停不下来（属于"多动"），还有些是综合这两种情况，并引发不可避免的问题行为。在他们背负的无法控制的情绪压力之下，多动儿童的脆弱的世界很容易崩溃。如果成人特意表现出善意和愿意帮助对方，儿童有时会利用成人，或者不知道如何恰当地反馈，从而让成人感到被辜负和失望。

海斯（Hayes，2009）提出，很多成人需要注意避免一种本能倾向，不要偶尔因为同事的闲言碎语就把有上述那些问题行为和捣乱的儿童叫作"不良分子"或者"怪胎"。这种儿童很可能会被同伴或者有些成人叫作"讨厌鬼"或者"捣蛋虫"，这点也可以理解；但教师需要尽量说服自己的是，这些悲观消极的标签是无济于事的。

教师的责任包括安排学校生活、提供纪律框架、帮助躁动不安的儿童渐渐培养可接受的行为。坚定说服孩子比严格要求花费的时间更多，但被证明长期效果更好。可以参阅里夫（Rief，1993）关于提高注意力的实操管理技能。延长注意广度的专门干预可以用来提高倾听能力,以及鼓励孩子完成任务。因此,安静的环境有助于思考和倾听,默读这种活动能集中儿童的注意力,可预测的日常事件和不断的安慰是有益的。对于多动的孩子来说,拥有一位宽容、耐心、善良、幽默的老师就是最有效的帮助。

多动儿童被抑制的精力不能依靠实施严格的措施来压制。精力发泄需要一个出口,在学校的日常生活中也许难以找到,但像跑步、球类运动、野外散步这样的常规户外活动是有益的。遇到自由选择的情况,限制异常活跃儿童的可选择活动范围是有效的,因为太多的选择会让他们无所适从。由于小学生在使用设备时非常粗野,他们的设备应该安全,并且相对不易毁坏。

极度活跃的小学生有时候非常想和某个专门的同学一起学习,有的因为没有"特别的朋友"作伙伴就不能安定下来。遗憾的是,多动症儿童对伙伴提出的这种强烈的,甚至强迫性的要求可能会让被选择的同学难以接受,该同学会寻找新的伙伴;而这甚至会让多动症儿童更加孤立,更加急切地想找到另一个同伴。尽管尽量避免多动症儿童的攻击性行为很重要,成人还是不要轻易使用无法达到的标准。比如坚持让多动症儿童坐姿直立,这种要求超过了孩子的遵守能力。

在英国,国家"注意力缺陷障碍信息和支持服务组织"(Attention Deficit Disorder Information and Support Service, ADDISS)是一个向患者、教师和健康专业人员提供关于注意力缺陷多动障碍信息和资源的国家机构(www.addiss.co.uk)。同样,在美国,"注意力缺陷障碍协会"(Attention Deficit Disorder Association, ADDA)是一个向患有注意力缺陷多动障碍的成人和专业人员提供信息、资源和关系网的非营利组织(www.add.org)。劳埃德等人(Lloyd et al.,2006)的编著提供了关于注意力缺陷多动障碍问题的全面的、国际性视角。

参考文献

1. Hayes, D. (2009) *Primary Teaching Today*, London: Routledge.

2. Kewley, G. D. (1999) *Attention Deficit Hyperactivity Disorder*, London: David Fulton.

3. Lloyd, G., Stead, J. and Cohen, D. (eds) (2006) *Critical New Perspectives on ADHD*, London: Routledge.

4. Nadeau, K. G., Dixon, E. B. and Beyl, C. (2004) *Learning To Slow Down and Pay Attention: A book for kids about ADHD*, Washington DC: Magination Press.

5. O'Regan, F. (2002) *How to Teach and Manage Children with ADHD*, Whitestone NY: LDA Publishers.

6. Rief, S. F. (1993) *How to Reach and Teach ADD/ ADHD Children*, San Francisco CA: Jossey-Bass.

Attention span 注意广度

另请参阅:注意力缺陷多动障碍,大脑功能,注意力缺乏儿童,学习困难(根源),学习动机,奖励,电视

See also: attention-deficit hyperactivity disorder, brain function, distractible children, learning difficulties (origins), motivation for learning, rewards, television

注意广度是指儿童对分配的任务和活动所表现出的持续关注程度，尤其是在学校（Gottfried，网络资源）。集中注意力需要具有排除干扰、延迟满足、控制冲动和情绪化反应等能力。足够的注意广度是课堂学习的重要部分，使得儿童能够整理和巩固所学学科的要点。大部分儿童在正常的学校生活中能够发展预期的注意力水平，但是那些注意力持续时间短暂的儿童，有时候会出现学习问题。我们经常能见到关于学习能力低下的儿童出现注意力问题的报道，比如那些诊断有注意力缺陷障碍（Attention-deficit disorder，ADD）和注意力缺陷多动障碍（Attention-deficit hyperactivity disorder，ADHD）的儿童。

在9~12岁之间的儿童，注意力水平不断提高，大脑继续发育。此阶段儿童的动机明显增强，能够一步一步完成某个项目（参阅Essortment，2002）。但儿童面临的一个挑战是，他们成长在一个被快速的视觉媒体连续轰炸的社会，不利于发展健康的注意力持续能力。据说，过多接触电视和电脑游戏会导致大脑系统的注意力偏离，而不是集中。有少部分儿童属于多动儿童（"过度活跃"），可能会对外界刺激做出冲动的反应，比如其他儿童的评论、强烈的视觉形象，或者有吸引力的物品。儿童有必要接受关于思维和学习的积极训练，从而建立起越来越强的神经（大脑）关联。原因很简单：成熟的大脑造就成熟的注意力持续能力（Healy，1991）。

注意广度在很大程度上取决于从外界刺激获得的"程序"类型，比如大人谈话、图画书、五颜六色的画面。有研究表明，儿童的平均正式注意力持续时间（以分钟计算）大约和他们的年龄一样长；换句话说，正常情况下，5岁的孩子只能保持5分钟不受干扰的集中注意力状态。这种说法也许会让有些父母深感意外，因为他们经常看到自己的孩子沉浸在视觉上引人入胜的电视节目中。然而这些电视节目和电子游戏很少能激发儿童的思维或鼓励思考，也无法帮助他们考虑各种选择、做出决定、形成观点、评价优点等。为了一直吸引观众的兴趣，节目制作者提供了快速、易理解的电影片段，还使用大量的摄影场景，再加上多媒体手段的打造。有些孩子对这些强烈的刺激变得非常习惯，而学校那种需要专注于教学内容，且以语言为主导呈现形式的"一维"课堂被认为是枯燥乏味的。其结果就是，教师要很费力气才能保证这些孩子的思想不开小差。教育工作者无法和多媒体技术一争高下，但是他们可以注重提供丰富而有意义的成人—儿童言语互动。鲁夫（Ruf，2005）提醒我们，天资不凡的儿童往往注意力集中时间长于他人，男孩子尤其更有可能注意倾听他们感兴趣的话题。

将内外两方面控制手段进行比较颇有意思：一方面是从外部控制媒体，利用视觉刺激来轰炸儿童的感官；另一方面是儿童通过参与（比如）自导的戏剧或者合作式问题解决任务，来体验内在控制和纪律。在第二种情况下，由于时间和教师指导均受到限制，儿童需要自己决定将花多长时间在个人任务上；他还会和别人讨论任务推进的方式，并适应当时的社交环境。相比之下，不断的干预(尤其是视觉吸引)打断了内心的对话,也就是儿童头脑中发生的对话。其结果是,专注和持续性注意变得越来越支离破碎;小学生从一个活动跳到另一个活动,不停地寻找下一个"毒品式"刺激,不能或者不愿意坚持完成一项任务。教师们在保持孩子的兴趣方面往往捉襟见肘,他们不得不承认,有限的注意力也许是注意力障碍导致的,而不是行为问题。

参考文献

1. Essortment (2002) *Children and Concentration*, online at www.essortment.com/all/childandconcen_ rzps.htm.

2. Gottfried, N. W. *Attention Span*, online at http://social.jrank.org/pages/60/Attention-Span.html.

3. Healy, J. (1991) *Endangered Minds: Why our children don't think and what to do about it*, New York: Simon and Schuster.

4. Ruf, D. L. (2005) *Losing Our Minds: Gifted children left behind*, Scottsdale AZ: Great Potential Press.

Auditory learners 听觉型学习者

另请参阅:信息技术,动觉型学习者,学习风格,听力,说话方式,话语清晰度,视觉型学习者

See also: information technology, kinaesthetic learners, learning styles, listening, speech, speech clarity, visual learners

儿童从很多不同的来源获得信息,最重要的是听觉来源。有些孩子光靠听就能轻松学习,而不是特别需要视觉刺激或者亲身体验,这些孩子有时候被描述为"听觉型学习者"。或者更确切地说,他们更喜欢通过耳朵接收信息、指导和解释,而不是通过眼睛(视觉)接收,或者手指(动觉/触觉),或者通过调查。因为听觉型学习者倾向于从传统的教学方法中受益,很多教师使用讲授的方式,通过直接和学生谈话提供基本信息。如果指令和指导语被大声读出,要求口头反馈或者口头呈现信息,听觉型学习者会从中受益。

为了通过话语传递意义,教师不仅需要考虑他们使用的词汇和表达,而且还要特别注意语调、语速和音量。比如"你在做什么"这个简单的问题,可能意味着你被深深吸引住了或者要提出警告,这取决于重音的位置。教师有时会因为儿童不能抓住他们说话的内容而沮丧;实际上,孩子们也许更感兴趣的是老师的说话语调,而不是老师真的说了什么。此外,说话的速度、频率、停顿的长度、犹豫的次数都可能对话语传达的主要信息产生不利影响。听觉型学习者除了能对口头话语有积极的反应,他们也能从视觉型帮助、思想探索的机会、使用支持性材料(比如数学用具)和信息技术中有所受益。他们也许能,也许不能确切地记录自己听到的信息并有所发现,因为擅长倾听的人不一定善于总结要点。

Autism 自闭症

另请参阅:注意力缺陷多动障碍,注意广度,行为,大脑功能,交流,想象,行为不端

See also: attention-deficit hyperactivity disorder, attention span, behaviour, brain function, communication, imagination, misbehavior

自闭症(Autism)或者自闭症谱系障碍(Autism spectrum disorder,ASD)是一种影响终身的发育障碍,影响一个人与周围人的交流、交往和互动方式。自闭症谱系障碍是指广泛意义上的自闭症,是一个相对较新的名词,包括自闭症的各种症状。关于学龄儿童自闭症发病率的估计数据各不相同,但一种估计认为,大约1000人中有8人(也就是大约0.8%)患有某种程度的此类障碍。阿斯伯格综合征(Asperger's syndrome)是自闭症的一种,该病症影响一个人与他人交流和沟通的方式。患有阿斯伯格综合征的人群会出现社交困难、交流困难,在社会想象力和创新性游戏方面存在局限性。

要诊断为自闭症,病患儿童必须显示出三个方面的发育问题:①语言和交流困难;②社交理解和互动困难;③思维和想象的灵活性存在困难。这三个因素有时被称为"障碍三组合"。患有自闭症的儿童可能会出现不同程度的此类障碍,该情况可能包含很多症状(Wing,2003)。

自闭症会造成一长串的难题,包括在社交互动、回应言语和非言语提示、使用"社交语言"等方面的障碍。这些问题也许也意味着他们对幽默或者讽刺没有反应;同样地,使用挖苦对他们也没有任何影响。这些儿童也许仅从字面理解指令,而不能理解言外之意;他们的行为也许看起来隐约有点要小聪明,而被老师理解为故意调皮捣蛋、行为不端。他们很难领悟很多"不成文的"校规。

和那些能通过观察学习(比如何时举手、何时列队走路)的儿童不同的是,自闭症儿童需要直接的指令和专门的指挥。像在不同的选项和事件中做选择此类情况(比如关于坐公交车上学这种事情),会对自闭症儿童构成特殊的挑战。他们需要成人帮助他们了解哪种行为是合适的、可以接受的,还需要多次提醒什么是正确的行为方式。请参阅诺波姆(Notbohm,2007)的建议。

有些教育工作者提倡使用艺术、运动和音乐等创造性的方式刺激儿童。塔布斯(Tubbs,2007)认为,不寻常的儿童需要不寻常的治疗方法,我们需要通过提供各种各样的有趣而有效的运动、活动和游戏,来平衡儿童的身体、心理和精神。令人印象深刻的是,作者坚持认为,某个孩子也许看起来有点固执,难以接近,但那并不意味着他就不聪明,没有好奇心和创造力。

孩子们也许会在课堂上思想开小差,和老师的教导方向不一致,有些思想可能会有潜在的危险。比如,小孩子可能会故意改变探索性作业的条件,来看看如果他们做了极端的事情,到底"会发生什么"。许多小学生会表现出着迷的行为,完全沉浸于某个特定的话题,或者对某件事穷追到底。

有迹象表明,经诊断患有某种形式自闭症的儿童数量正在增加,而且越来越多的学前儿童被诊断患有自闭症谱系障碍。因为全纳教育政策的实行,有越来越多的教育资源正提供给主流学校。然而在主流学校生活中,即使是有专业人员的支持,患有严重自闭症的儿童在一般情况下也无法得到足够多的注意,他们仍然需要特定小组或者其他独立学校的特殊资源。对于什么是适当的资源供给、优先资助什么项目和教育机构,家长和地方政府存在不同的观点,这种分歧导致他们关系紧张。

自闭症研究院(The Autism Research Institute,ART,www.autism.com)是一个关于自闭症诱因、诊断、治疗的研究和宣传的非营利组织,本部设在加利福尼亚。英国国家自闭症协会(The National Autistic Society)捍卫自闭症人群的权利和利益,旨在给患者个人和家庭提供帮助、支持和服务。同样地,美国自闭症协会(The Autism Society of America,www.autism-society.org)致力于改善每个受自闭症侵扰的个人的生活。

参考文献

1. Notbohm, E. (2007) *Ten Things Every Child with Autism Wishes You Knew*, Arlington TX: Future Horizons Incorporated.

2. Tubbs, J. (2007) *Creative Therapy for Children With Autism, ADD and Asperger's*, New York: Square One Publishers.

3. Wing, L. (2003) *The Autistic Spectrum: A guide for parents and professionals*, London: Robinson Publishing.

Awe and wonder 敬畏感和好奇心

另请参阅:心灵教育,教学法

See also: spiritual education, teaching approach

有人说,感觉到好奇、美好和敬畏是我们与生俱来的潜能,也是使得人类灵魂高于其他动物的地方。勒纳(Lerner,2000)坚持认为,敬畏感和好奇心应该是教育的一个首要目标。哈特(Hart,2003)声称,儿童可以教给成人的最了不起的一课就是敬畏的能力。因此,"好奇心和敬畏感不仅描述了一种心灵的体验,更是一种心灵的态度"。在一些学校,停下来给儿童反复灌输敬畏感和好奇心,以及学习处理挑战性问题的机会,都被日常事务和重复性事务所取代。孩子们唯一的常规性安静思考,甚至冥想的机会就是晨会时间,因为那个时间会有礼拜活动。在课堂上,小学老师可能会情不自禁地告诉孩子们他们应该知道的内容,而不是给予儿童去探究、游戏和调查的机会;教师还会严密地规定学习的内容。其结果是,好奇心、提问题和花时间思考可能的影响等愿望都被彻底打消了。然而正如塞奇威克(Sedgwick,2008)在引言中对哲学和思维教学的基础所做的睿智评论:"每个人都必须相信,儿童具有好奇心,而且他们能感觉到,未经审视的生活是不值得过下去的。"在一个永不停歇的世界,充斥着从多种不同的源头获得的事实和信息。越来越多的人已经看到,培养敬畏感和好奇心——活着的纯粹乐趣对每个孩子都意义重大。

参考文献

1. Hart, T. (2003) *The Secret Spiritual World of Children*, San Francisco CA: New World Library.

2. Lerner, M. (2000) *Spirit Matters*, Charlottesville VA: Hampton Roads Publishing.

3. Sedgwick, F. (2008) *So You Want to Be a School Teacher?* London: Sage.

B

Basic skills 基本技能

另请参阅:英语,读写能力,数学,运动技能,阅读,写作

See also: English, literacy, mathematics, motor skills, reading, writing

每一个小学教育工作者都强调儿童掌握基本技能的重要性,但是关于这个名词的含义却存在各种各样的阐释。一个普遍的观点是,基本技能包括用英语(或本土语言)阅读、写作(及书写)和会话的能力,具有能够满足工作和社会需要的计算和解决问题的熟练水平。英国基本技能委员会(The Basic Skills Agency)——现在叫作国家成人继续教育学院(The National Institue of Adult Continuing Education, NIACE)——建议,基本技能只包括用英语阅读、写作、会话的能力,以及能够使用数学大致满足工作和社会基本要求的能力(NIACE,2008)。威尔士议会政府采取了一个类似的新举措,他们从2008年4月起,开始监管"单词会话—数字计算"基本技能方案的实施。

基本技能素养的习得,比如如何正确拼写常用单词,如何十个、十个地数数,如何使用剪刀,需要尽可能地植根于小学生的所有日常经历中,使学习变得有趣,且与他们相关。《初等教育评论》(Alexander,2009)得出的一个结论是,过度强调教学读写和数学的基本技能,以及国家关于这些学科的测试,导致了小学课程的其他方面被弱化和忽视。

参考文献

1. Alexander, R. (2009) *The Condition and Future of Primary Education in England* ('The Primary Review'), Cambridge: University of Cambridge/ Esmée Fairburn Trust.

2. NIACE (2008) *Literacy, Language and Numeracy*, on-line at www.niace.org.uk.

BECTA 英国教育传播与技术署

BECTA代表英国教育传播与技术署(British Educational Communications and Techonology Agency)。这个政府机构引领国家的新举措,以确保在学习过程中能有效和创新地使用技术。这个缩略形式也代表"把教育创新带给所有人"(bringing educational creativity to all)的意思。

Behaviour 行为

另请参阅:纪律,家庭背景与学习,行为不端,规则,赏罚,师生互动

See also: discipline, home background and learning, misbehaviour, rules, sanctions, teacher-pupil interaction

小学生的行为是几乎每一个教师都关心的问题,尤其是缺乏经验和信心不足的教师。说到术语,儿童的"行为"来源于他们

的行动和决定,成人通过行使“纪律”来帮助儿童做出有关自己行为的恰当决定。关于这个问题,德雷屈尔等人(Dreikurs et al.,1998)强调了帮助儿童对自己行为负责的重要性。他们以一个在课堂上不断大喊大叫的男孩为例:教师因为无法找到解决办法而非常失望,后来她征求了这个男孩自己的建议,由男孩对自己实行惩罚(每次违规将失去两分钟的自由时间),而后这个问题在一周内得到解决。

“行为”这个词并不仅仅包括儿童表现良好或者调皮捣蛋,它还包括其他方面,比如表现害羞、从主流活动中退缩,以及行为懒散。这些也是老师和越来越多的助教(Derrington & Groom,2004)在课堂中看到,并必须应对的行为,他们也希望能够帮助孩子们朝好的方面改变。现在,大家已经能够接受小组合作的概念,以及在实施行为管理时保持方法的一致性,同时还有对家校合作的强调(Ravet,2007)。

赖特(Wright,2006)提出,可能会出现这种情形:某位教师“似乎天生招人喜欢或者富有魅力”,结果学生们都想去讨好她/他;然而这样做的话,孩子们也许就“不会对自己的行为承担责任”。其结果是,如果有其他老师负责管教他们,那些在第一个老师面前表现好的小学生在第二个老师那里就会一反常态。

需要给儿童提供一个可执行的规则框架,并理智而连贯地执行,因为通过这个框架能够逐渐强化孩子们的自我控制力。当教师面对新学生时,特别需要明确规则,并耐心执行,因为有些儿童缺乏遵守规则所需的自我控制力或者社交素养(Roffey & O'Reirden,2001)。纽威尔和杰弗瑞(Newell & Jeffery,2002)强调了教师给孩子们示范良好行为的重要性。相关策略包括:愿意说道歉的话;解释老师和儿童一样拥有自己的权利;对学习表现出浓厚的兴趣;教学目的明确;向学生展示不良行为也可以克服。查普林(Chaplain,2006)特别强调:“规则本身并不能保证良好的行为,它们需要和后果相关联——也就是说,不断奖励那些遵守规则的孩子,惩罚那些违反规则的孩子,以示震慑。”

如果教师承认,儿童不可接受的行为有时候是由于他们头脑中不清楚界限在哪里,那么学会应对儿童行为的变化无常是有益的。麦克菲力米(McPhillimy,1996)因此提出警告说,教师需要调查清楚问题的原因,而不是表象:“因此,行为不端本身主要是一种问题的表征,而不是问题本身。如果背后的问题解决了,那么症状可能就会消失。”

儿童调皮捣蛋往往是出于自己的选择。他们了解规则,但是决定忽视规则;他们也意识到可能的后果,但是希望自己侥幸逃脱,或者对实施的惩罚印象不深。幼童调皮更有可能是由于不理解规则和学校常规,或者弄不明白成人的期待,或者天生的顽皮(“顽皮”在教育界不是一个受欢迎的字眼,但在某些情况下很恰当)。有些儿童不能遵守规则,或者是因为他们不明白这样做的必要性,或者因为他们缺少遵守规则的成熟心智。大部分情况下,这种情形可以通过耐心、不懈的解释,以及使用同伴压力得到改观。新入学的儿童也许只是没有意识到具体的要求;大一点的孩子也许是源于以自我为中心的习惯,或者来自那种偏执、反对规则的家庭/文化背景。针对后一种情况，最好是和家长商量，确定关于儿童恰当行为的家校统一意见。

《行为很重要》是一个免费提供班级管理建议的电子周报，由"教学专家意见"提供支持(www.teachingexpertise.com)。

参考文献

1. Chaplain, R. (2006) 'Managing classroom behaviour', in Arthur, J., Grainger, T. and Wray, D. (eds) *Learning to Teach in the Primary School*, London: Routledge.

2. Derrington, C. and Groom, B. (2004) *A Team Approach to Behaviour Management*, London: Paul Chapman.

3. Dreikurs, R., Grunwald, B. B. and Pepper, F. C. (1998) *Maintaining Sanity in the Classroom*, New York: HarperCollins.

4. McPhillimy, B. (1996) *Controlling Your Class*, Chichester: John Wiley.

5. Newell, S. and Jeffery, D. (2002) *Behaviour Management in the Classroom: A transactional analysis approach*, London: David Fulton.

6. Ravet, J. (2007) *Are We Listening? Making sense of classroom behaviour with pupils and parents*, Stoke-on-Trent: Trentham.

7. Roffey, S. and O'Reirden, T. (2001) *Young Children and Classroom Behaviour: Needs, perspectives and strategies*, London: David Fulton.

8. Rogers, B. (2006) *Classroom Behaviour: A practical guide to effective behaviour management and colleague support*, London: Paul Chapman.

9. Wright, D. (2006) *Classroom Karma*, London: David Fulton.

Beliefs, teaching and learning
信念、教与学

另请参阅：关爱型教师，关系，教学法，教师信念

See also: caring teachers, relationships, teaching approach, teachers' beliefs

教学方法包括教师用来帮助小学生有效学习的方法和策略，反映了教师持有的关于学习本质的信念。因此，一位教师也许会认为，小学生学习效果最好的时候，是给机会激发他们以小组为单位去探究思想；而另一位教师可能确信，学生独立完成根据个人需要量身定制的任务对学习最有利。同样地，一位教师可能会使用大量的直接教学方式，采用问与答的形式，辅以重复事实；而另一位教师可能采用问题—解决的方法，鼓励儿童自己提问和寻找解决方案。一位教师的风格可能是不拘礼节，互动性强，机智幽默，妙语连珠；另一位教师则可能采用更加冷静的方式，回避亲近感。

教学并不总是像上面描述的那样充满互动，因为教师在提供信息、解释过程、发出指令、组织活动，甚至在使用问与答的方法时，都可能会采用一种忽视成人和儿童关系的方式。换句话说，一个完全陌生的人也可以走进教室，有效组织这个过程(很像考试中的监考人员)，而不用和学生建立任何关系。然而教授小学生很大程度上依靠在成

人和儿童之间创造和保持一种互相信任和尊重的关系。如果教育工作者希望建立一种能够促进学习和保持良好关系的有效交流网络,他们需要深刻理解那些儿童认为有意义的事情。儿童欣赏处事公平、对他们个人感兴趣、做法透明、目的明确、解释有益、不持批判态度、面对困境毫不退缩的老师。乐于认真倾听儿童诉说的老师会让孩子们受益匪浅,能够提高他们的自尊感、动机和学业成绩。

Bereavement 丧亲之痛

另请参阅:儿童,宗教教育,心灵教育

See also: children, religious education, spiritual education

Bereavement(亲人去世,丧亲之痛)的字面意思是被剥夺了希望(BBC,2008)。关系亲密的亲属的死亡对儿童的影响当然非同一般,尤其是主要照顾者(通常指妈妈或者爸爸)的死亡,会引发儿童思考死亡的意义,以及死亡产生的即时和长期的影响等问题(请参阅 Black,1998;Brown,1999)。在某种情况下,丧亲之痛对儿童的影响可能会比成人想象得要长(Holland,2001)。如果他们没有机会公开谈论或者表现出悲痛之情,感觉周围亲人不能体会到他们的情感,这种痛苦会更加强烈。

对于非常小的幼童,死亡被理解为一种长眠或者进行一场旅行,其间死亡和生命相互重叠和关联。在儿童经历幼年期的时候(5~8 岁),死亡变成一种更加可怕的存在,他们相信不幸的人被死神“俘获”,精明的人能避开死亡。幼年期小学生对死亡仪式产生一种强烈的兴趣(比如,殡葬仪式礼仪,人死是怎么回事)。从 9 岁以上,死亡意味着肉身生命的结束;死人永远都无法再活过来,死亡不可避免,是生命的终结,无人幸免。

年龄大一点的小学生对于死亡的看法和成人大致类似,都会经历震惊、迷茫、气愤和愧疚。然而儿童可能不会公开流露情感,导致家长和其他人误认为他们不受死亡的影响。亲人去世之后,常见的行为改变包括性格变得孤僻、尿床、注意力不集中、缠人、欺负别人、撒谎、具有攻击性。所有这些行为都可以说明他们的真实情况。他们也许还会表现出筋疲力尽的状态,因为需要那么多情绪能量来应对家庭变故带来的失落和压力。有些孩子也许还存在其他方面的恐惧,例如,假如死亡被称为“睡着了”,或者“被带走了”,孩子有时会害怕睡觉,以防可怕的事情发生在自己身上(来源于 BBC,2008)。年纪小的孩子可能还会产生幻觉,并将此解释为父母“还魂”,或者在孩子想象中,是由于自己的缺点而招致已死父母鬼魂的迫害。

失去一方父/母的儿童经常对另一方的生死感到紧张,其结果是,他们可能不让那一方父/母知道自己的忧虑,或者“缠着”那方父/母,或者和父/母不论分开多短的时间都会变得极度不安。据估计,在长达两年的时间里,亲人去世的儿童比没有失去亲人的儿童会经历更高水平的情绪干扰和症状,高达 40% 的失去亲人的儿童在一年之后依然会表现出情绪干扰。

任何行为的改变都可能表明,儿童正在默默地承受痛苦,他们需要专门的帮助,需

要有人承认他们的痛苦(可参阅 Bomber, 2007)。丧失亲人的儿童所能回忆起来的最严重的一个伤害,就是感觉没有人承认他们的丧亲之痛,就像一堵"沉默的墙"阻挡了公开的交流。达菲(Duffy,2003)强调了这些问题的严重性:"我们如何在儿童丧亲期间帮助他们,会对他们将来如何继续自己的生活产生深远的影响,甚至影响他们将来如何面对自己的死亡。"关于学校工作的实际建议、指导和支持,请参阅基利克和林德曼(Killick & Lindeman,1999)的文献。

一些儿童在学校需要一个私人空间作为避难所,当悲伤袭来时,他们可以在那里躲避一下。现在确实有很多关于死亡的小说,适合不同年龄段的儿童阅读。但是教师在使用这类书籍时要格外小心,特别要注意,如果在不恰当的时机朗读,可能会引起无法控制的悲伤之情。

亲人逝去的悲痛会持续很长时间,每年的忌日和纪念时间对儿童来说尤其难以应对。比较有益的做法是,将重大的日期和时间记下来,和重要的成人(比如同事、家人,甚至隔壁学校的老师)分享。成人也需要记住,失去亲人的男孩或女孩的亲密朋友也会经历不同程度的情绪反应(Compassionate Friends,2007)。

"儿童丧亲信托"(The Child Bereavement Trust)提供保密性的电话支持和在线论坛,同时还有对丧亲家庭和儿童专职工作人员的培训(www.childbereavement.org.uk)。

参考文献

1. BBC (2008) *Coping with Grief: Bereavement*, on-line at www.bbc.co.uk/relationships/coping_with_ grief/bereavement_effects-children.shtml.

2. Black, D. (1998) 'Coping with loss: Bereavement in childhood', *British Medical Journal*, 316, 931 – 933.

3. Bomber, L. (2007) *Inside I'm Hurting: Practical strategies for supporting children with attachment difficulties in schools*, Brighton: Worth Publishing.

4. Brown, E. (1999) *Loss, Change and Grief*, London: David Fulton.

5. Compassionate Friends (2007) *When a Pupil in your School is Bereaved*, on-line at www.tcf.org.uk/leaflets/leschools.html.

6. Duffy, W. (2003) *Children and Bereavement*, London: Church House Publishing.

7. Holland, J. (2001) *Understanding Children's Experiences of Parental Bereavement*, London: Jessica Kingsley.

8. Killick, S. and Lindeman, S. (1999) *Giving Sorrow Words*, London: Paul Chapman/Lucky Duck.

Bloom's Taxonomy 布鲁姆分类学

另请参阅:儿童发展理论,知识,学习,理解

See also: child development theories, knowledge, learning, understanding

布鲁姆分类学(Bloom's Taxonomy)发展于20世纪50年代(Bloom,1956),在21世纪初期重新流行。它最初是作为不同教育目标的"分类学"出现的,但往往被看作是看待学习形式和层级的方式。这个分类学

理论是由来自芝加哥的五人小组共同负责发展的,本杰明·布鲁姆(Benjamin Bloom)是其中一个主要作者。因为布鲁姆的姓氏恰巧在字母表中最靠前,结果他的名字便和这个分类学理论紧密相连。

这项研究宣称,其目的是提供一个关于教育系统的目标分类,教师可以据此开设一门课程。这个分类学是时代的产物,当时行为主义心理学是主导范式(“盛行的理论”),学习目标必须根据可测量的学习终极成果得以明确说明。除了作为测试学生的框架,另一种建议是,用这个分类学作为分析教师教学是否成功的工具。

威廉森(Williamson,2001)指出,这个小组原本把这个分类学设计为三大领域:认知(关于思维)、情感(关于情绪)、动作技能领域(关于动作)。然而布鲁姆等人从来没有完成动作技能领域的研究,尽管戴夫(Dave,1970)曾经提出一个相关版本。认知领域与知识、智力和技能有关,据说也包括“行为”,比如记忆、推理、解决问题、形成概念和创造性思维。情感领域描述的目标包括兴趣、态度、情绪、价值观等方面的变化,以及欣赏和适应能力的发展。情感领域的层级没有那么分明,先是意识和感知到价值观方面的问题,到做出反应,到进行价值判断,然后到组织和形成价值观概念。关于动作技能领域的研究在逐步完善:从基础水平上的模仿和反射动作开始,下一步到控制,然后到技能熟练、表达清晰、精准到位的高水平动作。

这个小组的工作重心放在了认知领域。他们这样做的其中一个原因是,认知据说涉及高水平的感觉和意识;相比之下,情绪则涉及低水平的感觉和意识。随着人们对情感智能和情感素养此类概念的认识增强,这种观点在今天会受到更多的批驳。这个分类学的认知领域包括六个主要类别,从简单到复杂如下排列:①知识;②理解;③应用;④分析;⑤综合;⑥评价。阿瑟顿(Atherton,2005)对此做出了有益的总结(下文有所修改):

知识主要是关于记忆和回忆事实:专门的名词和事实;通过组织、判断、批评观点和现象来处理具体事情的方式和方法;常规;过程及时间带来的改变;原因和结果;诸如文学体裁的分类;测试或者判断的标准;探究的方法;原则、规律、解释和理论。

理解包括:总结观点;简化问题;用简单易懂的语言表达事物;举例说明或者例证抽象的观点;阐释数据;从大量的数据或者证据中区分合理和不合理的结论;得出结论;做出推断;预测趋势和结果。

应用涉及把规律、理论、规则或者原则运用到特定的、往往是实际的情形中,并通过使用已获得的技能和知识解决问题。

分析涉及的活动包括:识别模式,确定主要成分,剖析论点;区分事实和假设;分析相互联系的思想之间的关系;区分因果和其他类型的关系;发现某个论点的逻辑谬误;分析组织原则(比如文学或者艺术作品里的形式和模式);意识到作者在历史记录中的倾向性,或者在广告或政治演讲这类劝说性文体中的浮夸之词。

综合涉及融合观点、从旧思想中创造新思想、合并和联系不同领域的知识、得出结论和归纳陈述。

评价涉及对某个假设、理论或论点的评估、判断、评定、权衡、批评和辩护，被放在这个理论的最高层级，因为评价据说涉及前面提到的所有其他“行为”。

有意思的是，这个20世纪50年代的分类学至今仍然被教育工作者使用，并在关于“高阶思维”的讨论中被广泛提及。这个理论也因为强调可测量的结果和特定目标，以及缺乏关注情感领域而受到批评。也存在其他合理的疑问：比如，这些水平是否形成线性的发展？它们是不是逐渐累积增长的（也就是说，高级水平是否可以不需要前面的水平就能达到）？不管怎样，布鲁姆的分类学对教师还是有价值的：当他们考虑学习的形式时，当他们在制定课程计划或者评价小学生的作业时，这个分类学能确定儿童当前处在或者有能力达到哪一类水平。很多小学教师都有这样的体会：如果对学生进行思维指导，并给予鼓励，即使是年幼的儿童也能够积极参与涉及分类学中更复杂因素的活动（比如分析和评价）。

参考文献

1. Atherton, J. S. (2005) *Learning and Teaching: Bloom's Taxonomy*, on-line at www.learningandteaching.info/learning/bloomtax.htm.

2. Bloom, B. S. (ed.) (1956) *Taxonomy of Educational Objectives: The classification of educational goals – Handbook I: Cognitive Domain*, New York: McKay.

3. Dave, R. H. (1970) 'Psychomotor levels', in Armstrong, R. J. (ed.) *Developing and Writing Behavioural Objectives*, Tucson AZ: Educational Innovators Press.

4. Williamson, D. (2001) *Bloom's Taxonomy of Educational Objectives in the Cognitive Domain*, on-line at www.duncanwil.co.uk/bloomcog_files/frame.html.

Body language 体态语

另请参阅：交流，注意力缺乏儿童，互动，说话方式，教学技能

See also: communication, distractible children, interaction, speech, teaching skills

那句流行的格言——“行动胜于空谈”，在小学教育领域比任何其他领域都更有道理。使用体态语是指，一个人使用手势、姿态、面部表情来展示身体、心理和/或情绪状态，并用非言语形式（不用说话）和他人交流；这里是指成人和儿童的交流。因此，头部和手的运动、眼神接触、身体位置和语调，可以表达一个人的情绪、感情和态度（Bolton，1979）。然而如果儿童把成人夸张的体态语理解为离奇古怪的表现，那就可能会导致纪律问题。

体态语在教育中具有重要的作用，因为教师的非言语交流能够对小学生的表现和行为产生影响，从而对学习质量产生影响。罗伯逊（Robertson，1996）在他富有创新性和视觉冲击力的著作里提道，只要不是用得太多，教师的手势是有价值的，因为它们是构建教师和学生关系的不可缺少的一部分，并

有助于阐明被传达的信息。作者认为,教师是表演者——虽然和那些想得到观众喝彩的舞台艺术家不完全一样——但是他们的表演是为了提高教学水平。不断变换体态语可以提高学生的反应速度,激发他们的热情,有助于创造出更有活力的学习环境。在小学,性格阳光、活泼好动的老师最受孩子们的喜爱,这一点当然毫无疑问。

研究表明,当和一群儿童说话时,如果教师保持目光平视(而不是盯着地面或者天花板),尽量面向正前方说话,交流效果就会增强。然而很多教师发现,轻微地移动头部位置可以起到很好的效果,比如偶尔低下头,手臂交叉在胸前,其传递的信息是你在沉思,这可能会增强儿童的好奇心。面部表情严肃,盯着前方几秒钟,不看任何人,这可以用来传递一个事实,即老师在等着孩子们集中注意力。轻轻地点头,辅以柔和的目光交流和肯定的声音,这表明老师对小学生说的内容很感兴趣,很高兴、也有耐心听孩子们把话说完。相比之下,盯着天花板意味着某种程度的不耐烦,以及不愿意忍受这种情形。

老师们会在各种教学情形中,多次使用眼神和儿童建立联系,传达潜在的意义和影响。例如,睁大眼睛表示热情、惊奇或者怀疑,眯起眼睛则意味着集中注意力,或者心里对事实产生疑问。为了阻止儿童的愚蠢行为,很多教师都会用“狠狠地瞪眼”这一招,而无须使用任何言语。另外,老师们也发现,通过眨眨眼、微笑一下、赞许地点头等方式来传达赞许、愉悦、确认,能够改变儿童的学习态度和热情。因为用抚摸表示赞成已经在学校引发了更多的问题,所以用眼神表示确认变得更加重要;如果教师希望和班级同学积极沟通,他们必须充分使用眼神交流。

由儿童传递给成人的体态语也很有意义。成人学会在行为举止上遵循文化礼仪,儿童却很少能保持这样不失尊严的风度。如果儿童感到厌倦无聊,他们看起来就是很倦怠;如果他们不能集中注意力,他们看起来就不专心;如果不喜欢什么事或者什么人,他们就立即表现出来。优秀的教师能学会“读懂”这些信号,尽管有时候某个孩子大声哈欠是由于疲倦而不是厌烦。不专心的行为,例如左顾右盼,椅子向后仰,可能是儿童在思考问题,而不是表达不满的情绪;一张不高兴的脸也许是因为胃疼,而不是脾气古怪。还存在一些容易误解的文化常规,比如在一些文化中,盯着说话人的眼睛看是不礼貌的,所以如果教师坚持让小学生这样做,可能会给孩子带来很大的不适感。

库克和戈尔丁-麦德(Cook & Goldin-Meadow,2006)研究了课堂上解决问题的情形。他们发现,当教师用手势发出指令时,儿童可能会使用带有手势的解决问题策略。作者得出结论说,教师在教学中使用手势会鼓励儿童使用自己的手势,而这会导致更有效的学习发生。他们还尝试性地断言,儿童能够使用手势这种方式来改变思想和指导思考。

参考文献

1. Bolton, R. (1979) *People Skills*, New York: Simon & Schuster.

2. Cook, S. W. and Goldin-Meadow, S. (2006) ‘Role of gesture in learning: Do chil-

dren use their hands to change their minds?' *Journal of Cognition and Development*, 7(2), 211 - 232.

3. Robertson, J. (1996) *Effective Classroom Control*, London: Hodder and Stoughton.

Boredom 倦怠

另请参阅:行为,欺凌,纪律,学习情感,学习动机,游戏时间

See also: behaviour, bullying, discipline, emotions of learning, motivation for learning, playtime

作为教育工作者,我们都记得自己上学时曾经经历过的无聊厌倦的感觉,非常想让我们的孩子避免同样的命运。因此,教师们一直都在各显神通,尽量保证教学活动引人入胜,趣味横生。要出现这样的结果,就需要学生有强烈的学习动机和学习爱好。柯礼柯夫(Kyriacou,2007)认为,倦怠可能产生于各种情形,包括:①活动不适合;②活动太易或者太难;③儿童被要求专心于同一件事的时间太长;④儿童更想做另一项活动;⑤教师感到倦怠。成人需要意识到以上这些因素,并尽量多给学生提供更加激励人心的系列体验。然而现代生活存在的一个挑战是,如果大家都争着去创新越发复杂、引人入胜的刺激性活动——不管是技术方面的或者其他形式的,则意味着儿童也许没有机会体验和应对短时间无活动的情形。

尽管让儿童一直忙着参与活动是明智的做法,仍然存在需要他们安静的时候。比如让孩子们静静地坐着,反思说过的话,控制想动的冲动。安静对于帮助儿童发展内在动机,较好地利用他们的创造性潜能,发展集中注意力的能力,以及发挥他们的聪明才智和创造力,都是必不可少的。就其本质而言,成长和成熟是缓慢而稳步的,还需要儿童能够应对无活动的情况,以及具有自我管理的能力。因此,教育工作者应该在活动中大胆留出短暂、有益的沉默期。体验倦怠甚至能激发儿童去探寻如何更充实地利用时间。贝尔顿和普里亚德哈希尼(Belton & Priyadharshini,2007)回顾了近几十年关于倦怠的研究和理论。他们得出结论说,倦怠是一种合理的人类情感,对学习和创造力至关重要——是时候承认这一点了。

儿童协会(Children's Society/Royal Bank of Scotland,2007)研究了超过1000名儿童,他们在报告里提出的关于倦怠影响的观点不同寻常,却又令人不安:四分之一的小学生曾经是操场欺凌的对象,他们将问题归结于无聊的下课时间。很多学校已经加强了操场监管,缩短了下课时间(结果自由游戏的时间随之损失),并提供更多有用的设备作为让小学生发泄被压抑的精力的出口,但各种问题似乎依然存在。

参考文献

1. Belton, T. and Priyadharshini, E. (2007) 'Boredom and schooling: A cross-disciplinary exploration', *Cambridge Journal of Education*, 37(4), 579 - 595.

2. Children's Society/ Royal Bank of Scotland (2007) 'Learning through landscapes', *Good Childhood Inquiry*, Interim Report.

3. Kyriacou, C. (2007) *Essential Teaching Skills*, London: Nelson Thornes.

Boys 男孩

另请参阅:男孩教育,(小学生)性别

See also: Boy' education, Gender(pupils)

Boys' education 男孩教育

另请参阅:《每个孩子都重要》,失败,反馈,性别,学习动机,(儿童)自尊心,写作

See also: *Every Child Matters*, failure, feedback, gender, motivation for learning, self-esteem (children), writing

教师们一般都会同意,男孩子在学校比女孩子更难教育,不管是学业成绩还是行为表现方面。在那些男生和女生都同样重视智力、文化和美学成绩的学校,男生保持稳定的进步。在充满正面刺激、尊重和鼓励的环境中,如果男孩子可以追求自己的兴趣,他们的学业成绩进步最明显。这些因素也有助于阻止"年轻人冒失的"反智主义文化流行开来。如果鼓励男孩子广泛阅读,鼓励他们即使是在规定好形式或者体裁的情况下自己选择写作内容,鼓励他们在可能的时候面向真正的读者写作,那么这样的男孩子就有可能发挥他们全部的潜能。对男孩的作业,尤其是书面作业,如果经常采取形成性评价(也就是通过建设性的反馈和指导来评价进步),则能使他们对作业成果引以为豪。如果男孩们有机会接触非文学类文本、诗歌和故事,教与学的效果则会进一步增强。

有些男孩擅长通过言语和视觉手段进行有效交流,但因为不愿意把思想诉诸文字,他们意识到自己并不受教师喜欢。这种小学生往往具有很强的动机,并专心于完成实际的任务。然而他们会寻找一切借口避开写作,或者对待写作敷衍了事。也许这些孩子在无意中传达了一个重要的讯息,即积极主动的学习形式并不总是需要伴随读写任务。小学教育读写中心(The Centre for Literacy in Primary Education, www.clpe.co.uk)公布了一份由萨福德等人(Safford et al., 2004)撰写的报告。他们得出结论说,政府关于帮助小学阅读和写作成绩落后男生的政策受到了有误导性的模式化印象的影响,即把男孩子贴上不愿学习、抗拒学习,或者学习能力差,甚至孺子不可教的标签。这些作者还提出了很多帮助小学"被边缘化的男孩"提高读写技能的策略。

那些在阅读、英语及其他方面一直不及格的男孩,在很多能有机会获得教师和同学青睐的日常课堂活动中往往被边缘化。由于他们存在学习困难,很可能会有成人,一般是助教,向他们额外提供小学技能方面的支持。因此他们有时候不能参与更有吸引力的实践性、创造性的任务。这种双重剥夺(丧失因学业成功而获得赞赏的机会,更少参与有意思的活动)可能会导致沮丧、憎恨和对学校持消极的态度。因为不知道如何应对这些桀骜不驯的少年儿童,倍感头疼的教师们有时候会采取强硬的控制手段,或者得出结论,认为学校现有的专业水平管不了他们,需要外界专家的支持。在教育绿皮书《每个孩子都重要:为了孩子而改变》的巨大影响下,这样的孩子也许能得到合适的针对薄弱学科的一对一辅导,也许还会有家长和外界专门机构(比如社会工作者)的参与。但是不应该把此举看成处理复杂问题的简单解决方案。在必要的时候,对教师构

成最大挑战的学生必须接受纪律约束，但是也需要理解他们在学业和人际关系方面出现困难的根源。

虽然对学校的督导显示，在几乎每项学业成绩方面，女孩都比男孩表现优异，但有些学校和教师似乎更有能力帮助男孩子发挥他们的潜能，尤其是关于写作这个突出问题。近年来，男孩的教育问题得到了教师的高度重视，但是“快速修复”的方法仍然是无济于事的（Skelton，2001；Epstein et al.，1998）。

“提高男孩成绩”项目调查了一系列小学、中学和特殊学校关于提高男生成绩的有意思的创新做法。通过和英格兰 60 多所学校合作，研究团队确定和评价了专门有助于激发男孩子学习动机的策略。有意义的因素包括：清晰说明学校的价值观，并关注个人；提供友好、有爱心的环境；构建平等的文化，不允许被某个人主导；注重自尊和自信。有些证据表明，通过优点奖励、奖章、成果汇总、“选择时间”（自由地从一系列选项中选择要做的事情）、强调守纪律的环境、给予奖励和表扬，加上对每个孩子的高期望值，也有助于他们提高成绩。清晰明确的常规似乎能提供一种安全感，有助于减少冲突。关于激励男孩子的实际建议，请参阅福特（Ford，2009）的研究。

参考文献

1. DfES (2005a) *Every Child Matters: Change for children*, London: HMSO.

2. DfES (2005b) *Raising Boys' Achievements*, on-line at www-rba.educ.cam.ac.uk/report.html.

3. Epstein, D., Elwood, J., Hey, V. and Maw, J. (1998) *Failing Boys? Issues in gender and achievement*, Maidenhead: Open University Press.

4. Ford, C. (2009) *Practical Advice on How to Inspire Boys*, London: Optimus Education.

5. Safford, K., O'Sullivan, O. and Barrs, M. (2004) *Boys on the Margin*, London: Centre for Literacy in Primary Education.

6. Skelton, C. (2001) *Schooling the Boys: Masculinities and primary education*, Maidenhead: Open University Press.

Brain function 大脑功能

另请参阅：儿童发展理论，情感智能，学习，学习动机，空间—时间推理

See also: child development theories, emotional intelligence, learning, motivation for learning, spatial-temporal reasoning

了解大脑功能是认识儿童学习方式的重要因素。我们对这一点越来越明确：小孩子在子宫里的成长和最初几年婴幼儿期的生活，是大脑发育最为关键的时期。大部分儿童在 12 岁之前大致完成这个过程。在大约 4 ~ 12 岁之间，大自然似乎赐予儿童大脑“第二次”的机会。这就意味着，父母和小学教育工作者有责任通过利用各种启迪心智和激发动机的学习机会，确保给予大脑最好的、可能的机会，使其发育达到潜力水平（Call，1999）。

有研究充分证明，在正常情况下，每个人的大脑有一侧处于主导位置。如果某个

人大脑的左侧主导,这个人很可能体现分析型的特点;如果右侧主导,这个人更偏向体现全面型的特点。因此左脑主导型的小学生更喜欢一步步按顺序走的学习方式,他们一开始就注重具体的细节,再慢慢地向整体理解靠近。这种方法可以称之为"归纳法",也就是说,通过收集大量的细节证据来生成一个基本原则。相比之下,右脑主导型意味着小学生喜欢从基本原则开始学习,然后推导出具体的细节。这种方法可以称之为"演绎法",也就是说,不同情境下的知识是根据主要原则"推断"出来的。具体说来,右脑型倾向的人会比左脑型倾向的人更随意,更凭直觉,更主观,更喜欢看整体,而不是看个别部分。左脑或者右脑主导理论,以及相应的研究结果表明,儿童倾向于使用不同的思考和学习方式。其结果是,在任何一个小组或者班级,都会存在各种各样的学习特点,因为小学生大脑的发展和培养是基于他们的经历和所接受的信息(Garnett,2005)。尽管关于左右大脑主导型模式还存在争议,但大家基本认可的是,它存在一定的合理性。

儿童在小学之前和整个小学阶段都在习得语言。在他们的大脑形成时期,听到成人说话、唱歌、给他们朗读,都会大有裨益;公开支持儿童尝试使用和创造不同的语言形式也是有益的(特别是说和写,请参阅Eke & Lee,2008)。"空间—时间推理"指的是大脑控制数学、下棋此类有难度、复杂性任务的功能。有了这种推理能力,你就能够想象比例和形状。例如,推理能力可以帮助幼童理解:形状不同但容量相同的容器,它们能盛的水是一样多的。

如果儿童在学龄前就缺失了和大人,以及同伴之间的亲密关系,他们在以后可能很难顺利建立合适的亲密关系,也许会在交友和小组合作方面出现困难。因为调节情绪的那部分大脑受到早期生活经历的影响,并通过校内外与他人经常性的互动而改变,所以所谓的"情感智能"——从容接纳自己,以及和他人恰当相处的能力,对于成功的生活至关重要(Gardner,1983)。理想的学习环境是:将儿童的压力程度降到绝对最低值,而同时保留高水平的动机。

参考文献

1. Call, N. J. (1999) *Brain-based Learning in Practice*: *About the brain*, on-line at www.acceleratedlearning.co.uk.

2. Eke, R. and Lee, J. (2008) *Using Talk Effectively in the Primary School*, London: David Fulton.

3. Gardner, H. (1983) *Frames of Mind*, New York: Basic Books.

4. Garnett, S. (2005) *Using Brainpower in the Classroom*, London: Routledge.

Break time 休息时间

另请参阅:欺凌,自由游戏,性别,游戏时间,安全

See also: bullying, free play, gender, playtime, security

休息时间指的是作息表上正式安排的大约持续15分钟的时间段,开始于上午十点左右和/或下午三点左右。恶劣天气除外,其间允许儿童由成人监督(教师或者助

教）走出教室，到达指定的户外区域。休息时间往往和英国的“游戏时间”相类似，给儿童自由游戏的机会。教师们会将休息时间作为停下来喘口气的机会，用来和同事联络，以及为下节课收集资源。午间休息是正式上课之外最长的休息时间，虽然也有很多学校为儿童举办社团活动和专门的活动。通常情况下，有人充当操场管理者，一般是管理几个助教的工作。在美国和其他地方，休息时间被称为“课间休息”。在20世纪末期，据称在休息时间发生了不良行为和校园欺凌，其数量之多引起了大家的高度关切（例如 Whitney & Smith，1993），并引发了一些学校教职员工和教育管理者关于如何提升相关经验的深刻反省。

根据一项对一组学生从小学到中学的历时研究，布拉奇福德（Blatchford，1998）提出，休息时间在儿童的社会化发展方面具有重大的作用，能给儿童提供以下时间：游戏，发展友谊，建立社交网络，发展社交技巧和能力，独立于成人，学习处理冲突、侵犯和小组间的关系。作者提出了几个重要的问题：除了学校的休息时间之外，儿童在哪里还能学到这些重要的技能？如果这些技能无法得到发展，未来社会将会怎样？尤其是考虑到父母对儿童在公园和其他户外公共场所安全问题的担心。

布拉奇福德的研究显示，休息时间和午饭时间占据了相当长的在校时间，幼童（7岁以下的小学生）在休息时间上平均花费近四分之一的在校时间。绝大多数小学生对不上课的时间持积极态度，大部分人期待着能够走到外边去。他们清楚地知道，休息时间的最大好处是，能名副其实地结束上课；儿童年龄越大，他们的这种观点就越明确。第二个明确的好处是，能有机会和朋友聊天及自由玩耍。令人毫不意外的是，儿童主要讨厌的是站在寒冷的室外不知所措，以及害怕来自其他孩子的身体或语言上的攻击。

布拉奇福德的研究还发现，和小学生对休息时间的积极评价相比，因担心出现严重的欺凌、种族辱骂和戏弄问题，大部分教职工的观点是消极的。教师们还认为，现在的小学生不像过去的小学生那样擅长玩有意义的游戏了。他们举例说，有的孩子在操场上无所事事，有的在为琐事争吵，有的在模仿电视上的攻击性游戏。与此同时，学校教职工认为，传统的操场游戏正逐渐走向衰落，他们还得把这些游戏“教”给孩子们。全国性的调查也显示出一个趋势，那就是午餐时间在逐渐减少，下午的休息时间也在取消。到目前为止，学校给出的关于这种决定的最常见理由是：为了增加教学时间。提高考试成绩的压力似乎对学校传统休息时间的边缘化负有责任（请参阅伦敦大学，1998）。这项调查也透露出另一个趋势：对于学生在休息时间的行为，学校趋向更有意识的管理和更加认真的督导。

毕肖普和柯蒂斯（Bishop & Curtis，2001）编辑了来自澳大利亚、加拿大、法国、以色列和英国等多国的研究文集，他们一反众人关于儿童游戏质量下降的普遍性担忧，提供了大量的学生在学校操场自主活动的实例——他们的游戏丰富多彩，充满活力，创意非凡。这些案例研究展示了儿童游戏传统的各个方面：使用操场空间、儿童在多元文化和单一文化环境中学习和改编游戏和韵律的方式、儿童的创造性及对普通物体的颠覆性使用、游戏的性别特点——男孩子更喜欢小打小闹的活动。

参考文献

1. Bishop, J. C. and Curtis, M. (eds) (2001) *Play Today in the Primary School Playground*, Maidenhead: Open University Press.

2. Blatchford, P. (1998) *Social Life in School: Pupils' experiences of break time and recess from 7 to 16*, London: Routledge.

3. University of London (1998) *Caution Urged Against Further Reductions in Break Time*, *Institute of Education*, on-line at http://ioewebserver.ioe.ac.uk.

4. Whitney, I. and Smith, P. K. (1993) 'A survey of the nature and extent of bullying in junior/middle and secondary schools', *Educational Research*, 35(1), 3-25.

Breakfast clubs 早餐俱乐部

另请参阅:健康饮食,健康校园

See also: healthy eating, healthy schools

很多学校现在都在设立早餐俱乐部。这被视为一种可以吸引更多儿童有规律吃早餐的方式,还可以给他们提供一种积极的社交环境,促进健康饮食。俱乐部意在吸引成人、儿童和广大社区的参与,希望他们尽可能参与俱乐部的日常管理。俱乐部也负责照管儿童,并提高儿童按时到校上课的可能性。2007 年 9 月,关于午餐之外的所有学校食品,国家采用了新的标准。“早餐俱乐部 +”(Breakfast Club Plus)是全英国范围的支持早餐俱乐部的网络,他们给新俱乐部提供指导,给已有的俱乐部提供信息和最佳方案。“格雷格斯早餐俱乐部”(The Greggs Breakfast Club)项目开始于 2000 年,其目的是给特定的社会弱势地区小学生提供免费的营养早餐。

Bruner, Jerome 杰罗姆·布鲁纳

另请参阅:教学指令,学习,学习风格,教学法

See also: instruction, learning, learning styles, teaching approach

教育心理学家杰罗姆·布鲁纳(Jerome Bruner,1915 年出生于纽约)提出,儿童学习有三种方式,也就是经历表演式、映像式、象征式三个阶段(Bruner,1966,1968)。表演式阶段的特点是,儿童积极参与做事情;映像式阶段的特点是,儿童使用形象和图画;在象征式阶段,儿童可以进行推理和抽象思考。即使是在一节课中,有时候也有必要让低龄儿童先经历表演式阶段,然后再进入映像式或者象征式阶段。举个例子,在一个由 8 岁儿童组成的班级,也许需要先给他们提供一个机会,让其任意探索一系列数字关系,然后再教给他们适用的数学法则。同样,10~11 岁的孩子用这样的方式也许更受益:先给他们留出时间,使其能够使用各种乐器创造出声音,然后再接受专门的教学指导。这种积极的参与可以帮助儿童探寻意义,尤其是帮助他们理解后来在活动中使用的符号的意义,比如地图标识、数学命名法和修辞手法。教师需要做出决定,明确在期望学生参与抽象的任务之前(没有学习辅助工具的支持),允许他们使用多长时间的表

演式(探索式)和映像式(视觉再现)策略。

参考文献

1. Bruner, J. (1966) *Toward a Theory of Instruction*, Cambridge MA: Belknap Press of Harvard University Press.

2. Bruner, J. (1968) *Processes of Cognitive Growth: Infancy*, Worcester MA: Clark University Press.

Bullying 欺凌

另请参阅:行为,关爱型教师,纪律,操场,赏罚

See also: behaviour, caring teachers, discipline, playground, sanctions

"欺凌"一词用于描述使儿童的安全与健康处于危险之中的一系列情形。家长和学校的成人因此需要对此保持警觉,了解一些常见的表明儿童是欺凌牺牲者的迹象。此类征兆包括经常性头疼、胃疼、紧张,以及令人费解的易怒现象。如果父母怀疑自己的孩子正经受欺凌,他们需要立即联系学校。

欺凌是儿童生活中最艰难的经历之一。此类有意伤害行为的影响是,在反复经历一段时间之后,那些遭受欺凌的儿童很难实施自我保护,而正是这一点让所有的成年人和教育工作者感到担心。欺凌的形式一般被归为以下三种:①身体欺凌,包括拳打、脚踢和偷窃;②言语欺凌,包括辱骂和种族歧视言论;③间接欺凌,比如传播谣言。有时候,很难区分他们到底是激动过头了,还是属于欺凌行为。所有的孩子都曾有过为琐事而争吵的经历,可在成人眼中,那看起来比实际情况要严重得多。但转眼之间,敌意忘记了,两个冤家对头变成了最要好的朋友!另外,也存在可能造成儿童长期痛苦和不快的情况。里格比(Rigby,2001)呼吁,应对欺凌很重要,因为欺凌有三种潜在的有害影响:第一,损害心理健康;第二,导致社交障碍;第三,引发身体疾病。桑德斯(Sanders,2004)给出这样的评论:"大部分关于欺凌的定义,都把它归为一种目的在于伤害他人的攻击性行为……欺凌不仅表现为身体的形式,还可以表现为不易察觉、难以描述的形式。"桑德斯继续警告说,情绪骚扰更难确认和证明,但依然应该包含在欺凌的定义之中。巴顿(Barton,2006)关于欺凌的定义更加宽泛:"对人或动物造成身体或情绪伤害的任何行为,或者导致财产损失或破坏的行为。它可以是言语的,或者行为的形式。"

劳森(Lawson,1994)提出,有三种类型的欺凌者:攻击型欺凌者、焦虑型欺凌者、被动型欺凌者。攻击型欺凌者是最严重的类型,因为可能会导致弱势儿童身体受伤。攻击型欺凌者在学校往往表现很差,一整天都需要严密管理和监督。要想控制攻击性的欺凌行为,必须要求所有的教职员工参与,以确保欺凌者严格遵守行为规则。家长参与设定孩子的改进目标也是必要的。

焦虑型欺凌者把自己看作是失败者,并通过说不友好的话和贬低他人的成绩,把自己的沮丧发泄到其他孩子身上。年幼、脆弱的儿童(不会反击)往往成为他们嘲笑的对象。对于这种类型的攻击者,需要通过把他们放在可以成功的位置,来帮助他们获得自尊。自相矛盾的是,这些小学生在有成人管

理、组织有序的环境中经常和幼童相处很好,因为大人能随时监督情况,并提供鼓励和指导。值得庆幸的是,焦虑型欺凌者在小学比较少见。但是这种类型的行为一旦出现,便很有可能会被小学生继续带到中学,并给受害者制造一种恐惧和不确定的气氛。

被动型欺凌者是欺凌团伙的“支持”成员,而不是主要的参与者。“被动型欺凌者”这个名词并不是百分之百贴切,因为它意味着这种类型的欺凌者比他们的领头者过错要小。然而也许这样说也没错,因为很多被动型欺凌者并不是特别喜欢他们的角色,而更喜欢用其他的方式打发时间。但是这些孩子无法挣脱这个团体,因为他们害怕失去欺凌者的信任,害怕如果不跟随更加强势的同伴,自己也许会成为受害者。成人需要给儿童提供积极的选择,确保他们的日程表填满有意思的活动,尤其是在休息时间,从而帮助他们建立新的友谊。无须多言,任何帮派的主要人物都需要严厉处置。

根据儿童协会和苏格兰皇家银行(2007)关于“美好的童年”的调查报告,25%的小学生曾经成为操场欺凌的受害者;他们抱怨说,无聊的休息时间是这个问题的罪魁祸首。报告还声称,在英格兰,很多操场欺凌是源于对孩子们的正面激励不够而导致的。超过一半的妈妈担心孩子在上课之外的时间会发生不好的事情,10%的家长害怕在校外存在危险。虽然担心会发生操场欺凌,但如果学校不允许孩子到操场去体验老式的娱乐活动,家长也会因此而忧虑。超过半数的被采访父母一致认为,儿童在操场活动时被过度保护了。然而这个历时一年的调查显示,在英国的学校,欺凌普遍存在,影响着儿童的学业成绩,并给他们带来情绪上的不适——如果没有身体不适的话。在威尔士(47%)和苏格兰(34%),被报告的欺凌比例最高。操场欺凌数量似乎在8岁儿童中达到最高值,并随着他们长大而有所下降。但是在被调查的最小年龄组(6岁)中,欺凌现象依然很普遍,因为16%的6岁儿童声称曾经受到欺凌。为公平起见,需要补充说明的是,幼童的关于欺凌的定义也许包括大孩子不理睬他们的经历,这种情况在学校也是司空见惯。

伦敦大学和美国研究者实验了一种新型应对学校欺凌的心理动力学方法,叫作CAPSLE,是“创造一个和平的学校学习环境”(Creating a Peaceful School Learning Envrionment)的首字母缩拼词(Fonagy,2009)。这项研究涉及美国9所小学1300多名8~11岁的儿童,历时三年多。他们最后得出的结论是:鼓励所有的小学生在一天结束时,反思不愉快的或不寻常的事件,这是一种解决冲突的更有效的方式。像这样,教育工作者并不是把有攻击性的儿童作为目标,而是开发了一门培养小学生和教职工相关技能的课程,旨在阻止事态恶化成为欺凌,以及出现受害者、迫害者和欺凌者。实际上,除非绝对必要,他们并不鼓励教师惩罚攻击者,而是让学生在每天结束的时候花15分钟反思一天的活动。研究发现,在相同的情况下,小学生对自己的要求比教师的要求更严格。这项研究并不尝试给予欺凌者或者受害者任何特殊的待遇,过了一段时间,研究者发现,欺凌者渐渐地丧失了霸气。研究者将CAPSLE方法实验学校和没有接受欺凌干预的学校进行了对比,结果发现,尽管在所有被监控的学校，欺凌都变得越来越多，而在 CAPSLE 学校，儿童受到伤害的比例大大降低。另请参阅网络在线总结，网址为：www.ucl.ac.uk/media/library/bullying。

沃尔克等人（Wolke et al.,2009）对来自伦敦北部和赫特福德郡的 663 名公立小学儿童进行了研究。他们发现，女孩受到操场欺凌折磨的时间长于男孩。因此，一半数量的在 6～9 岁之间受到欺凌的女孩，在 10 或 11 岁时依然受到欺凌，而只有 30% 的男孩遭受同样的痛苦经历。然而男孩似乎更容易成为欺凌受害者，因为有 25% 的男孩承认，曾经至少每周一次，自己被人踢过、打过或者戏弄；相比之下，女孩的数量是 20%。男孩和女孩欺凌呈现不同的形式：女孩欺凌者更有可能传播关于同班同学的谣言，并有意地排斥她们；而男孩欺凌者倾向于使用暴力，或者进行言语威胁。沃尔克同时发现，在 8～11 岁之间的儿童更少使用身体欺凌，而更多使用心理欺凌。可以证明这个趋势的是，研究发现，大约 10% 的 6～9 岁儿童声称，有人散布关于他们的谣言，或者他们被人有意地排斥出社交团体；而当他们长到 10 或 11 岁时，这个数字已经上升到 25%。

教师面临的一个问题是，欺凌变成了一种可以学得的行为，最终变得像兴奋剂一样——简而言之，欺凌对迫害者来说变得令人愉悦。处理欺凌宜早不宜晚，否则它就会变成一种习惯行为，而阻止重复性欺凌的干预措施则变得更加困难。虽然极其恶劣的欺凌和经常性的不良行为会给别人带来痛苦，且令我们难以容忍，但是也必须让参与其中的儿童看到，善良、关心和自我牺牲带来的好处是恃强欺弱的人体会不到的。对有些欺凌者而言，这个教训很难学到。

种族主义欺凌是不愉快的学校生活的一个方面，近几年来受到了很大的关注。所有学校都必须明确表态，他们不仅制定了反对这种行为的政策，而且也在积极保证这项政策得到实施和监督。父母在帮助自己的孩子反抗欺凌方面起着尤其重要的作用，建议父母采取下列行动：第一，告诉孩子，他们自身没有任何问题，有问题的是欺凌者。第二，鼓励儿童立即通知成人。如果这个成人忽略了孩子的抱怨（比如说他或者她应该停止撒谎），应该鼓励孩子转而告诉另一个成人，直到采取行动。第三，告诉孩子回避可能出现欺凌的地方和场合，比如隐蔽的地方和偏远的小路。第四，建议儿童不要通过提供钱或物来平息欺凌。第五，如果问题不能完全解决，父母应该坚持尽快面见校长或者校区教学主管，制定出一个行动方案（参阅 Tattum & Herbert,1998）。

教师逐渐意识到儿童友谊的力量，以及复杂的儿童关系所带来的害怕、沮丧和快乐。他们发现，不管结果怎样，注意欺凌带来的不利后果是至关重要的。虽然儿童上学并不只是为了发展友谊，但是要想创造一个良好的教学和学习环境，注意儿童关系好坏可能产生的影响是很重要的（Mosley & Sonnet,2006；Hewitt,2007）。欺凌是个难以解决的问题，尤其是因为儿童会担心，小题大做会更加疏远他们和同伴的关系，并招致不好的结果。然而不管在什么情况下，被欺凌的儿童都会出现成绩不良的情况；他们不但在学校经历痛苦，在一般生活中也是如此。他们值得、期待、应该得到成人的保护，包括帮助他们变得更加坚定自信。

参考文献

1. Barton, E. A. (2006) *Bully Prevention*, London: Corwin Press.

2. Children's Society/Royal Bank of Scotland (2007) 'Learning through landscapes', *Good Childhood Inquiry*, Interim Report.

3. Fonagy, P. (2009) 'A cluster-randomized controlled trial of child-focused psychiatric consultation and a school systems-focused intervention to reduce aggression', *Journal of Child Psychology and Psychiatry*, 32, 159-173.

4. Hewitt, S. (2007) *Bullying*, London: Franklin Watts.

5. Lawson, S. (1994) *Helping Children Cope With Bullying*, London: Sheldon Press.

6. Mosley, J. and Sonnet, H. (2006) *Helping Children deal with Bullying*, Cambridge: LDA.

7. Rigby, K. (2001) *Stop the Bullying*, London: Jessica Kingsley.

8. Sanders, C. E. (2004) 'What is bullying?' in Sanders, C. E. and Phye, G. D., *Bullying: Implications for the classroom*, Amsterdam: Elsevier.

9. Tattum, D. P. and Herbert, G. (1998) *Countering Bullying*, Stoke-on-Trent: Trentham.

10. Wolke, D., Woods, S. and Samara, M. (2009) 'Who escapes or remains a victim of bullying in primary school?' *British Journal of Developmental Psychology*, on-line at http://dx.doi.org/10.1348/026151008X383003.

Busyness 忙碌状态

另请参阅：有效性，思考，思维能力，时间管理

See also: effectiveness, thinking, thinking skills, time management

我们有可能会把忙碌状态误认为是有效学习。斯密特（Smidt，2006）评论说："我们都知道，各个地方的儿童都是像这样发展一系列的问题解决策略的——他们做出假设，试验假设，分析情况，识别模式，生成规则，使用类比，得出结论，继续前进。"然而在忙乱的计划、教学和评估学生的过程中，教师有可能陷入繁重而无聊的重复性活动和紧张的专注状态中，从而忽略了斯密特的明智的评论。其结果只能是累了孩子，累了自己。虽然儿童喜欢有节奏、有活力的课堂，但他们也需要有机会暂停下来，能够思考和消化信息。像这样的话，他们需要给出专门的问题去思考。如果只是要求儿童去"思考"，他们中的大部分人有可能只会做白日梦，或者一脸茫然地坐在那里。正好相反，如果要求他们思考什么是最好的选择、改善某件事情的方法是什么，或者某个故事如何结尾，他们就会找到一个思考的基石和焦点，支撑他们的思考充满创新和想象。像这样，忙碌状态就变成了有意义的学习。

参考文献

1. Smidt, S. (2006) *The Developing Child in the Twenty-first Century*, London: Routledge.

C

Calculators 计算器

另请参阅:数学,计算能力,特殊教育需求

See also: mathematics, numeracy, special educational needs

儿童通常很喜欢使用计算器。但是人们一直心怀忧虑,认为计算器是一种“作弊”工具,而且担心它们会妨碍儿童用自己的大脑来计算(“数学心算”)。事实上,计算器有各种功能,包括位值制(比如,“百、十、个”等)、符号,以及数学思想,如十进制计数法和负数(小于零的数)。计算器在帮助儿童探索数字和数字规律、通过执行重复添加来理解乘法、处理超大数字,以及验证计算结果等方面有特别大的作用。有证据表明,计算器可以帮助有特殊教育需求的儿童理解加、减、乘、除等数学符号。

Capital letters 大写字母

另请参阅:字母表,小写字母

See also: alphabet, lower case letters

大写字母就是字母的大写形式(A B C D E F G H I J K L M N O P Q R S T U V W X Y Z)。一句话的首字母都用大写字母,星期、月份都含有一个大写字母,专有名词——人名、地点、组织或者事件也是大写的。尽管大写字母会出现在故事书中(尤其是在北美),会出现在每个孩子名字的首字母中,但是人们倾向于一开始教儿童小写字母而不是大写字母;所以,老师有必要花时间介绍大写字母。一旦孩子开始写句子,大写字母的使用就变得更重要了。

Caretakers 大楼管理员

另请参阅:学校管理员,安全

See also: janitors, security

在英国的学校,大楼管理员是一个广泛使用的名词,是指那些负责看管和维护学校建筑和场地的人。根据教育机构的性质,大楼管理员的职责范围包括教室、走廊、办公室、体育设施和(如果是住宅中心)居住场所。在人们早上到达学校之前,他们会打开建筑的大门,晚上再锁好大门。在学校和社区中心,大楼管理员也负责安排那些因社团和夜校在学校租房子的人进入学校。尽管大多数时间里,大楼管理员都是一个人在工作,但他们要和各种各样的人打交道,包括员工、孩子、老师、现场工作的承包商、来访者。他们还很有可能要负责管理其他员工,比如管理员助理、清洁工、园艺工。所有的大楼管理员都要完成一些常规性工作,不过他们的具体工作取决于所看管建筑的大小和类型。这些大楼管理员负责管理来到学校现场的人,并对大楼的安全负责。他们的职责可能涉及监控闭路电视和其他监控设备,以防他人的故意破坏及偷窃行为;他们

的工作还包括和警察联系。大楼管理员网站(www.thecaretakers.net)创建于2001年,是一个非营利性个人网站,专门给学校的大楼管理员提供帮助。

Caring teachers 关爱型教师

另请参阅:教学的情感因素,教学成就感,健康与安全,教学动机,培养儿童,关系

See also: affective dimension of teaching, fulfilment in teaching, health and safety, motivation for teaching, nurturing children, relationships

关爱型关系的基本形式就是,不论年龄和地位如何,两个人之间的联系或者交汇是为了使接受者受益。在成人—儿童的关系中,可以确定的是,成人扮演着"关爱者"的角色,儿童则是接受关爱的一方。即便如此,要保证一段真正的关爱型关系的存在,双方都必须以一定的方式做出自己的贡献;这意味着成人必须主动表现出关爱,而儿童一定要愿意接受这份关爱(Noddings,1992)。关爱型关系需要成人和儿童之间逐渐形成情感纽带,如果他们相互信任和尊重,这种情感纽带还会继续加强。

所有的研究都表明,人们之所以成为教师,是因为他们喜欢和孩子打交道。严格地说,他们几乎毫无例外地非常喜欢那些自己负责照顾的孩子;就像负责任的父母一样,愿意尽其所能地保证每个孩子的安全和健康。小学教育是一个以女性为主的职业,在传统上,教师认为自己和儿童的父母一样,对孩子们负有道德教育责任。小学教师实际上非常关爱自己的学生,从这一点可以看出:他们提到学生时,经常会说"我的"孩子们(Nias,1989)。这种关爱并不仅仅局限于工作时间,而是每天晚上被带到家里,占据着他们的身心。随着时间的推移,学生对关爱的情感需求,再加上教师体力上的付出,以及长时间的工作,这些积累到一定程度就会使教师筋疲力尽。请参阅尼亚斯(Nias,1997)的一篇发人深省的文章,主要探讨关爱对有效教学的启示。

同理心、同情心、奉献精神、耐心、不做作,以及倾听能力,都和信任紧密相关,而信任是课堂上构建关爱型关系的必要条件。因此,教师对所教学科的热爱并不是影响小学生学习的充分因素,尽管热情和喜爱很重要。与此相反,通过教会儿童所谓"充满爱心地接受和回应",而不是不为他人着想的习惯;通过让儿童勇敢地接受学习的挑战,容忍自己的不足和弱点,教师就能帮助大家创造一个宽容、和谐、有爱心的社会(O'Quinn & Garrison,2004)。

最近,"福利"(welfare)一词已经超越了对别人孩子代尽父母责任这个概念,而是包含了法律问题和刑事责任。事实上,尼克松等人(Nixon et al.,2007)也曾告诫我们:随着父母和其他监护人越来越强烈地意识到自己的法定权利,万一有导致学生受到伤害或者更严重后果的恶性事件发生,为了判定谁的行为存在过失,教师、学校董事,以及地方政府都要接受调查。尽管界定"福利"这个概念绝非易事,但儿童的首要监护人必须确保已经根据孩子的年龄特点,采取了一切合理的预防措施,以保护和保障儿童的安全和健康。

参考文献

1. Nias, D. J. (1989) *Primary Teachers Talking*, London: Routledge.

2. Nias, J. (1997) ‘Would schools improve if teachers cared less?’ *Education 3 – 13*, 25(3), 11 – 22.

3. Nixon, J. (2007) ‘Teachers’ legal liabilities and responsibilities’, in Cole, M. (ed.) *Professional Attributes and Practice*, London: David Fulton.

4. Noddings, N. (1992) *The Challenge to Care in Schools*, New York: Teachers College Press.

5. O’Quinn, E. and Garrison, J. (2004) ‘Creating loving relations in the classroom’, in Liston, D. and Garrison, J. (eds) *Teaching, Learning and Loving*, London: Routledge.

Centre for Literacy in Primary Education 小学教育读写中心

另请参阅:读写能力,专业发展

See also: literacy, professional development

小学教育读写中心(The Centre for Literacy in Primary Education, CLPE)创建于1972年,一开始被称为“小学教育语言中心”。该机构在2002年成为一个独立的慈善信托公司,同时更名为“小学教育读写中心”。小学教育读写中心是为学校、教师、家长、助教和其他教育工作者开设的教育中心,它在语言、读写及评价等领域享有很高的声誉。小学教育读写中心致力于为伦敦及整个英格兰的学校、教师、助教及其他教育工作者提供服务、培训课程和咨询(www.clpe.co.uk)。

Child advocates 儿童权益倡导者

另请参阅:关爱型教师,决策,健康与安全,培养儿童

See also: caring teachers, decision-making, health and safety, nurturing children

在许多学校和社区,比如教堂,我们都能看到儿童权益倡导者。这些人主要起着保护和培养儿童的作用。他们认为,重视青少年的想法和感受,能帮助他们体会到参与感,并帮助他们做出更加明智的行动和行为决策。美国制定的儿童权益倡导体系尤其完善,构成了儿童保护措施的重要组成部分。“权益倡导”作为一个概念,同样意味着将儿童和青少年的观点、愿望和需求传达给决策者,帮助孩子们明白什么目标是可能实现的。如果儿童参加该类组织的活动,在合理的情况下,儿童权益倡导者会随时为他们服务,和他们讨论问题,或者提供关于某个问题的信息,疏解他们在与教职工关系或者小组成员关系(比如班级或青年俱乐部)方面的焦虑。当然,儿童权益倡导者的存在并不能免除其他成年人的责任,这些责任包括阻止儿童和青少年受到身体、性及情感方面的虐待,以及在发现或怀疑存在任何虐待情况时及时报告。

Child-centred education 以儿童为中心的教育

另请参阅:基本技能,约翰·杜威,探

究,《普罗登报告》,教学法

See also: basic skills, Dewey John, enquiry, *Plowden Report*, teaching approach

以儿童为中心的教育是一个广义的概念。尽管不太准确,但它经常和美国哲学家、教育家约翰·杜威联系到一起。这是一种让儿童通过自由活动来探索外部世界,从而在这个过程中主动建构知识的教学方法。以儿童为中心的教师,会创造出一种能激励儿童自己去探索新技能和新知识的环境;教师并不是把事实传递给被动接受的学生,而是帮助儿童探索那些对他们来说趣味盎然的知识。教师可能会在教室里划分出不同的区域,让学生参加不同的活动,或者让学生通过小组合作来完成选定的项目。相对来说,全班性的教学活动较少,教师也很少使用系统性的、直接的教学方式(一步一步地)来帮助儿童掌握基本技能。相反,儿童通过自由活动和探索,自己发现问题,成人仅为他们提供信息和指导。

计算机技术的广泛应用——也许无意间——促进了以儿童为中心的理论体系的发展,因为儿童能够在互联网上探索。支持者声称,在这种环境中学习的儿童,比其他儿童展示了更强的社会竞争力和创造力。反对者认为,以儿童为中心的教学理念是不可靠的;他们指出,需要先教给儿童基本的技能,然后他们才能够创造性地运用那些技能。政治家通常会嘲笑那些以儿童为中心的教育的支持者,认为他们孤陋寡闻,与研究证据相脱离。怀疑论者在提及强调"以儿童为中心的学习"所带来的坏处时,依然在普遍借用《普罗登报告》(*Plowden Report*)里的说法。但是该报告早在1967年就发表了,而且这种指责也禁不起仔细推敲。

Child development theories 儿童发展理论

另请参阅:行为,协作式学习,学习情感,学习,社会化发展,特殊教育需求

See also: behaviour, collaboration in learning, emotions of learning, learning, social development, special educational needs

儿童发展是指儿童从出生到长大成人阶段的发展。在大部分历史时期,人们在很大程度上都忽略了对儿童发展的理解。儿童经常被当作是成人的缩小版,人们很少注意到孩子在认知能力、语言使用和身体发育等方面的诸多进展,而这些特征代表了他们在日趋成熟。在20世纪早期,人们开始对儿童发展领域产生了浓厚兴趣,并倾向于关注儿童表现出来的异常行为。学者们提出了若干重要理论,其中包括西格蒙德·弗洛伊德(Sigmund Freud)的理论。弗洛伊德强调童年事件和经历的重要性,但仅仅局限于关注它们对精神障碍的影响,而不是对正常功能的影响。相反,埃里克·埃里克森(Erik Erikson)相信,每个阶段的发展都集中于克服一个冲突,因此处理冲突的成功或失败经历会影响整体功能。像沃森(Watson)、巴甫洛夫(Pavlov)和斯金纳(Skinner)这样的理论家,只研究可观察到的行为,而不研究导致这种行为背后的思维和推理;因此,发展被认为是对奖励、惩罚、刺激及其他强化(比如表扬)的反应。约翰·鲍比(John

Bowlby)认为,儿童与照顾者早期的关系对儿童发展起着重要作用,并且对他们一生中的社交关系存在持续影响(About.com,online)。

然而当提到儿童发展时,大多数小学教育工作者都会想到让·皮亚杰(Jean Piaget,1896—1980)这个名字。皮亚杰认为,儿童和成人具有不同的思维,他还提出了儿童认知发展阶段理论。他首次提出,儿童在获取外部世界知识的过程中起着积极的作用;他认为,在儿童认知发展中,最重要的因素是儿童与同伴的互动。皮亚杰的观点是认知理论学派的主要内容,被称为"认知建构主义"。阿瑟顿(Atherton,2005)指出,尽管皮亚杰是一个科班出身的生物学家,但在儿童完成设定练习的过程中,他一开始是通过观察、谈话、倾听来研究儿童的理解力是如何发展的。皮亚杰特别强调,成熟过程(简单来说,就是长大)对儿童日渐增强的认识世界的能力起着重要作用。他还提出,儿童的思维发展并不是平稳进行的,当它发展到一定程度时,就会进入全新的领域和能力阶段,大致如下:

(1)从出生到18个月/2岁,是感知运动阶段;

(2)从2岁到7岁,是前运算阶段;

(3)从7岁到11岁,是具体运算阶段;

(4)从11岁以后,是形式运算阶段。

人们这样理解该理论,即在儿童未达到这些年龄之前,他们无法以某种方式来理解事物。这个理论已经成为学校课程组织的理论基础。同时,正如伍德(Wood,1998)所言,父母或教师所教课程产生的影响,也会随着儿童成长阶段的不同而有所不同。因此,"该理论的一个主要启示就是,教学的效果和有效性从根本上受到儿童智力结构的限制"。然而有证据表明,皮亚杰的理论结构划分太过严格,因为有很多孩子(显然)在该理论模式提出的年龄之前就能达到具体运算阶段。同样,有些人从未达到形式运算阶段的水平,或者他们并没有被要求使用形式运算。

虽然皮亚杰和建构主义密切相关,而理论家维果斯基(Len Vygotsky,1896—1934)和布鲁纳(Jerome Bruner,1915年出生)却被称为著名的"社会建构主义者"。因为在促进儿童学习方面,他们更关注语言的作用,以及他人的影响。因此维果斯基认为,成熟的心理活动包含自我调节,这种自我调节是通过社交活动实现的。其结果是,成人指导和学校教育在帮助儿童探索如何集中注意力及有效学习方面起着核心作用。维果斯基的理论提出一种观点,即更有经验的同伴,如另一个儿童或者一个成年人,可以通过智力支架的形式来帮助知识不足的同伴;如此一来,经验较少的学习者就能完成他无法独立完成的复杂任务。和维果斯基一样,布鲁纳断言,构建关于世界的知识并不是个人孤立完成的过程,而是在社会环境中进行的。他认为,"并不存在适用于所有学习者的唯一的顺序,在任何特定的情况下,学习的最佳效果都取决于各种不同的因素,包括过去的学习、发展的阶段、学习材料的性质,以及个体差异"(Bruner,1996)。

参考文献

1. About.com, *Child Development Theories*, on-line at http://psychology.about.com/od/developmental psychology/a/childdevtheory.htm.

2. Atherton, J. (2005) *Piaget*, on-line at www. learning andteaching. info/learning/piaget.htm.

3. Bruner, J. S. (1966) *Toward a Theory of Instruction*, Cambridge MA: Belknap Press of Harvard University Press.

4. Wood, D. (1998) *How Children Think and Learn*, London: Wiley-Blackwell.

Child welfare 儿童福利

另请参阅:欺凌,关爱型教师,圆圈活动,《每个孩子都重要》,身体舒适,小学生视角,师生互动

See also: bullying, caring teachers, circle-time, *Every Child Matters*, physical comfort, pupil perspectives, teacher-pupil interaction

所有教师都必须真正了解他们的职业责任、法律责任和义务,同时也要意识到自己对学生所尽义务的范围和限度。英国儿童受到《儿童法》(*the Children Act*,颁布于1989年,修订于2004年)的保护。该法案规定,成年人不能向儿童施加不合理的心理压力,比如冲着他们大喊大叫、恐吓、使用体罚和暴力。这条法案也提到了一些明显的例外情况,比如大声喊叫可能是防止孩子跑到马路上的唯一做法,身体限制可能是防止一个孩子伤害另一个孩子的唯一办法。该法案的一个重要深层意图是,鼓励为儿童提供综合性的服务规划、服务安排和服务传递,同时改善不同领域间的合作效果(尤其是教育和社会服务之间的沟通),加强地方政府内个人督导和联合督导之间的协调。这些意见在《每个孩子都重要》(*Every Child Matters*)这项法规里表达得非常清楚(DfES, 2005)。

尽管人们努力保护儿童,并培训教师去发现"危险信号",但令人遗憾的是,在生活中,由于大人的冷漠、无视和无情,导致一些孩子的生活充满痛苦,甚至更糟。联合国儿童基金会(UNICEF)的一份报告(2007)指责英国辜负了本国的儿童,因为英国在21个工业化国家的儿童福利联合排行榜中排名垫底。联合国儿童基金会研究了2000—2003年间的40项指标,包括贫困、家庭关系和健康状况。该报告的一位作者评论说,投资不足和"自相残杀"的社会现状,是导致英国在儿童福利方面表现糟糕的原因。毫无疑问,部分原因是为了回应这些批评,英国公布了新版的《儿童计划:创造更美好的未来》(DSFE,2009)。作为一项战略规划,其目的是为了推动英国成为世界上儿童和青少年成长的最佳之地。该计划强调了儿童的信任对构建协作伙伴关系的重要性,以及提高综合服务水平、显著改善所有儿童和青少年教育的重要性(另请参阅 Roffey, 2006a)。然而在2009年,英国约克大学的研究人员代表贫困儿童行动小组(CPAG),发布了一份关于青少年福利状况的报告。根据该报告,英国在29个欧洲国家(加上挪威和冰岛)的排行榜中排名第24位。

反欺凌联盟(The Anti-Bullying Alliance,ABA,www.anti-bullyingalliance.org.uk)成立于2002年,由全国防止虐待儿童协会(The National Society for the Prevention of Cruelty to Children,NSPCC)和国家儿童局(National Children's Bureau)共同建立。该联盟将50多个组织汇聚成一个单一的网络,目的是减少欺凌,创造能够有利于儿童和青少年生活、成长、游戏和学习的更安全的环境。《美好的童年研究》(发表于2009年2月,受儿童协会委托,由莱亚德勋爵主持)报告了一些关于儿童童年经历的明显的、真实的发现。其中一个重要的发现就是,需要用一套新的价值体系来代替极端个人主义和对个人成功的疯狂追求;在这个新体系中,人们通过帮助他人来获得满足感——这也反映了上文提到的联合国儿童基金会(UNICEF)的批评。在英国,个人、社会和健康教育(PSHE),以及学习的社交和情感因素(SEAL)课程的发展,已帮助儿童形成了积极的态度,解决了对儿童具有重要意义的各种问题,并激发了儿童对社会和公民身份的积极兴趣。

在很多情况下,教师会把孩子们聚集到规定的小范围内,让他们舒适地坐在一起;通过这样的方式,教师可以创造一种更亲密的氛围。孩子们和老师坐成一圈,可以讨论关键问题,分享观点,庆祝重要事件(例子请参阅 Roffey,2006b)。在孩子们离开之前,一些教师会站在门口,对每个孩子说声再见;其他老师会有一些小的仪式,比如吟唱一首歌谣,或者唱一首告别歌。

英国政府在"政府直通车"(www.direct.gov.uk)这个网站上给出以下建议,包括:学校的急救、医疗需求和安全;联系学校及申诉程序;为孩子上学存在困难的父母提供帮助;处理欺凌;学校纪律和开除规定;学校在保护儿童免受虐待方面承担的职责;关于学校出勤的法律;学校和地方当局在支持儿童医疗需求方面所承担的责任。

参考文献

1. DCSF (2009) *Children's Plan: Building brighter futures*, London: HMSO.

2. DfES (2005) *Every Child Matters: Change for children*, London: HMSO.

3. Roffey, S. (2006a) *School Behaviour and Families: Frameworks for working together*, London: David Fulton.

4. Roffey, S. (2006b) *Circle time for Emotional Literacy*, London: Paul Chapman.

5. UNICEF (2007) *The State of the World's Children*, on-line at www.unicef.org/sowc07.

Children 儿童

另请参阅:行为,儿童福利,儿童早期,幸福感,记忆力与记忆,学习动机,游戏,小学生视角,社会化发展,教师信念,价值观

See also: behaviour, child welfare, early years, happiness, memory and memorizing, motivation for learning, play, pupil perspectives, social development, teachers' beliefs, values

在小学教师中流传着一个经久不衰的笑话:如果没有这些孩子们,这份工作可就太棒了!但事实上,每一项关于教师动机的调查都清楚地表明,能和孩子们打交道是教

师们最重要的工作动机。这对每个家长和学生来说都是好消息。尽管和中学生打交道的人经常称学生为“年轻人”,和小学生打交道的成年人则更喜欢用“孩子”这个词。英国政府倾向于把任何年龄的学生都称为“学习者”,但很少有教师选择用这样的称呼。二三十年以前,人们经常听到小学教师说,他们的工作是教孩子,而不是教什么学科。但是21世纪的教育战略家和政治家极其讨厌这种说法。尽管如此,现今大多数小学教师都透露说,在私下里,他们仍然坚持前辈们所持的原则,即认为“全人”教育应该比关注狭隘的学科目标更重要。

斯密特(Smidt,2006)提醒我们,一直到20世纪末,把儿童看作是社会成员——看作是自己生活的主宰——这种观点才开始被人们当作一种原则所接受。她引用了《联合国儿童权利公约》中的一句话,声明应该鼓励儿童自由表达自己的观点,并给予儿童被倾听的机会,特别是涉及与儿童相关的重大决定时。然而我们的经验表明,在每个家庭,甚至在每个班级,人们并不是理所当然地接受这种观点。仍然有很多人支持“儿童应该被看见,而不是被听见”这种官方观点;尤其是涉及幼童的时候,成人认为他们根本没有能力提出深思熟虑的观点。然而科里沃等人(Corriveau et al.,2009)根据他们对学龄前儿童的研究得出结论:三四岁的孩子已经有了自己的观点,他们能够接受和信任一致性的意见。兰开斯特和布罗德本特(Lancaster & Broadbent,2003)指出,倾听儿童意见的重要性正逐渐得到人们的认可;近年来,儿童服务在教育、健康、社会福利方面的发展也强化了这一价值观,而且政府和服务提供者已把这种价值观置于基本的人权当中。为了倾听那些得到社会服务者照顾的年幼儿童,克拉克等人(Clark et al.,2005)认真研究了如何理解和实施这一理念。研究者们探讨了成人是如何倾听年幼的儿童的、儿童对于不同倾听方式的看法,以及倾听给幼童带来的风险。然而基于一项题为“受照管儿童”的案例研究,利森(Leeson,2007)提醒人们要注意,因为没有机会为自己的生活做决定,儿童会产生无助感、低自尊和不自信。

绝大多数小学生喜欢上学。因为在学校能有机会见到朋友、经历各种挑战、摆弄能让他们活力大增的设备、为合作性活动做贡献、与各种关心他们的成人亲密接触。成年人很难记住这些感受:一些特别的学校活动带给儿童的兴奋感;与特殊的气味、景象和声音有关的刺痛感;父母来学校面见老师或者听一场汇报;生日那天有人让你感觉自己很特别……随着年龄的增长,我们的童年幻想会被更多的实用想法,以及拼命与时间赛跑、争分夺秒,但最终徒劳无功的努力所取代。然而如果教师想创造一种有目的的课堂环境,那就值得回忆一下童年时期特有的一些情绪、理想和不确定的事情。杰克逊(Jackson,1987)认为,为了了解学校,儿童会用到过去的经验,以及自己的理解。她提醒我们,儿童对学校的认知与教师对学校的认知也许不一定一样,因为儿童在学校学习和在家里学习是截然不同的。

我在自己的一本书里(Hayes,2009)提到了一种方法能让儿童对触动他们心灵、激发其才智的事物产生极大的热情。他们大量积累的观点、兴趣、深层次的愿望等待被释放；他们的头脑中充满了关于自己及他人生活的幻想、想象和夸张的想法；他们很容易感到惊讶，内心充满好奇，渴望解开身边的谜团；他们会喋喋不休地谈论自己的爱好、朋友和娱乐活动；他们为别人说过的话斗嘴、争论，尽力去理解未知的事物，努力去弄清自己在世界中的位置。每个成年人的工作，就是捕捉儿童身上的这种原始能量，利用每个孩子体内悄悄积聚的激情之火，燃起他们的学习动机。

小学教育工作者也普遍认为，应该让小学生表现得像个孩子，而不是像个小大人。因此，如果儿童有机会和朋友们交往，有机会欢笑、歌唱、游戏，且自我感觉良好，这种机会有助于形成一种目标明确的学习环境，促进创造力，激发愉悦感（Jones & Wyse，2004）。与孩子们打交道的成年人也意识到一个事实：儿童在学校之外与父母、兄弟姐妹、亲戚朋友接触的经历对他们有着直接的、重要的影响，他们在学校里的经历也是如此。有些孩子到学校时，如果身体或情绪处于不良状态，他们就不可能充分利用学习机会；因此需要老师谨慎对待，即使他们无法与他人合作，或者出现不当行为。同样，当一个孩子过生日或者遇到特殊事情时，他一定会比平常更兴奋，还可能会表现得不符合他自己的性格特点。疾病和失望也会给儿童带来不良影响，因为他们很难集中注意力，让自己投入学习中。成绩的突然下降可能是由于孩子们没有足够努力，但也可能是由于一些他们无法控制的外在因素。聪明的教师会对这些可能性保持警觉。

萨洛（Salo，2002）研究了成年人关于学校时光的记忆。结果发现，他们能回忆起的那些对成人来说似乎是微不足道的小事，却深深地融进了孩童的意识里。受访者能回忆起这些关键时刻的细节，包括老师的衣服、脸上的表情，甚至是老师身上的气味。尤其是那些屈辱的、内疚的时刻，更是深深地刻进了他们的脑海中；那些快乐的时光也同样令人难以忘怀。

教师要确保为儿童提供一个安全的学习环境，这是他们的一项重大责任。如果出现必须惩罚或训诫学生的情况，教师也要表现出适度的耐心、宽容和克制。17世纪的基督教牧师托马斯·布雷（Thomas Bray）说过，我们永远不要担心让孩子太快乐会宠坏孩子，因为快乐是一切美好情感成长的源泉。奥戴尔（Eaude，2006）从儿童发展的角度出发，强调了成人的语言和手势在鼓励和关心儿童方面所起的作用。因此，“在安慰孩子或者与孩子分享重要时刻的时候，无言的信息，比如触摸或者微笑，往往和明显的言语一样重要”。

儿童可能不会公开向老师表达自己的观点，但对于影响他们学习态度的学校生活，他们的确有着自己的见解，因为他们会理解或曲解一些情况。卡林福德（Cullingford，2008）评论说，儿童最看重洞察力这种天赋，因为它“确保孩子能明白，自己不需要去猜测人们对他的期望是什么，自己也不会因为无意间做了错事而感到措手不及和羞愧”。有些老师习惯让孩子们表达自己的观点，这些观点的洞察力及准确性往往让教师料想不到。

每个孩子都会对一些事情感到焦虑，而这些事对成人来说也许是微不足道的，因为成人对正在发生的事情会有更全面的把握。

以下这些因素都会使儿童感到烦恼和担心，比如交友模式、粗野的孩子带来的焦虑、害怕在全班同学面前丢脸、在体育课上因身体的变化而感到尴尬、游泳时怕水、害怕被贴上“迟钝”的标签，等等。年龄大点的孩子害怕丢脸，极力想加入多数派团体当中；这种融入团体的强烈愿望可以部分地解释为什么“帮派”文化会出现在青少年人群中。年幼的儿童总希望有人和他们一起玩耍，尽管偶尔会有孤僻的或者自闭症的孩子坚持自己一个人玩。

不管年龄大小，所有的孩子都希望得到重视、尊重和公平对待。英国政府已经认识到这些社交、身体及情感因素的重要性，并在学校推行《每个孩子都重要》(*Every Child Matters*)法规。基于此项法规，每个孩子在学校都应该得到必要的支持，从而能够保证他们身体健康、人身安全、生活快乐、实现目标、做出积极的贡献、获得经济福利(这一条相当奇怪)。人们重视对“有天赋及有才能”的儿童的认可，反映了这样一个事实：这些儿童不仅以与众不同的速度取得进步，而且拥有特殊的、独一无二的能力；这些能力需要培养，需要展现出来。要实施综合性课程的教师，就必须考虑到儿童的差异性和异常现象。

令人感到悲哀的是，越来越多的儿童正在各种压力环境中备受煎熬。一项由儿童协会所做的《美好的童年调查报告》显示，超过一百万名儿童存在心理健康问题；这些问题小到抑郁、焦虑，大到厌食症。这是此类调查中第一项由英国独立进行的调查。伦敦国王学院精神病学研究所在2006—2008年间进行了一项研究，由儿童健康和行为方向教授斯蒂芬·斯科特(Stephen Scott)主持。该研究发现，许多儿童会因为想拥有最新款的玩具和衣服而感觉有压力，如果跟不上潮流，他们就会感到焦虑和沮丧。在随后出版的一本基于该调查的著作中(Layard & Dunn, 2009)，作者认为，对儿童最大的威胁是当前对极端个人主义的关注，以及成年人信奉的那种专门利己、毫不利人的价值观。这些研究发现与联合国儿童基金会(UNICEF, 2007)的一份报告——《合理评价儿童贫困：富国儿童福利概览》大致吻合。该报告比较了世界上最富有的21个国家儿童的生活质量：尽管拥有巨额财富，英国却成为最不适合儿童成长的地方。报告显示，儿童贫困是英国存在的一个问题。因为金钱分配不公，很多孩子买不起基本的生活用品，而其他人却理所当然地拥有一切。在涉及与家人、朋友的关系这一项调查中，英国青少年排名垫底，而且他们也最不可能发现身边存在其他善良、乐于助人的同龄人。36%的英国青少年表示最近遭受过欺凌；接近44%的青少年则在一年里打过架；超过20%的英国青少年声称，他们的健康状况仅仅一般或者属于糟糕，这个比例高于其他任何一个国家。

参考文献

1. Clark, A., Kjorholt, A. T. and Moss, P. (2005) *Beyond Listening: Children's perspectives on early childhood services*, Bristol: Policy Press.

2. Corriveau, K. H., Fusaro, M. and Harris, P. L. (2009) ‘Going with the flow: Preschoolers prefer nondissenters as informants’, *Psy-*

chological Science, 20(3), 372 – 377.

3. Cullingford, C. (2008) 'A fleeting history of happiness: Children's perspectives', *Education 3 – 13*, 36(2), 153 – 160.

4. DfES (2005) *Every Child Matters: Change for children*, London: HMSO.

5. Eaude, T. (2006) *Children's Spiritual, Moral, Social and Cultural Development*, Exeter: Learning Matters.

6. Hayes, D. (2009) *Primary Teaching Today*, London: Routledge.

7. Jackson, M. (1987) 'Making sense of school' in Pollard, A. (ed.) *Children and Their Primary Schools: A new perspective*, Lewes: Falmer Press.

8. Jones, R. and Wyse, D. (2004) *Creativity in the Primary Curriculum*, London: David Fulton.

9. Lancaster, Y. P. and Broadbent, V. (2003) *Listening to Young Children*, Maidenhead: Open University Press.

10. Layard, R. and Dunn, J. (2009) *A Good Childhood: Searching for values in a competitive age*, London: Penguin.

11. Leeson, C. (2007) 'My life in care: Experiences of non-participation in decision making processes', *Child and Family Social Work*, 12(3), 268 – 277.

12. Salo, U. (2002) 'What a teacher! Students write about teachers', *BERA Conference*, September 2002, Exeter, England.

13. Smidt, S. (2006) *The Developing Child in the 21st Century*, London: Routledge.

14. UNICEF (2007) *Child Poverty in Perspective: An overview of child wellbeing in rich countries*, Innocenti Research Centre, Report Card 7.

Children and Young People's Workforce Strategy 2020《儿童和青少年教育工作者战略(2020 年)》

另请参阅:《每个孩子都重要》,外部机构,生活技能

See also: *Every Child Matters*, external agencies, life skills

2008 年 12 月,英国政府颁布了《儿童和青少年教育工作者战略(2020 年)》(*Children and Young People's Workforce Strategy*)。该战略制定了一个前景规划,要求每一个儿童和青少年教育工作者都应该达到:①渴望儿童和青少年成功;②在实践中表现优秀;③致力于伙伴关系和综合性(跨机构)工作;④得到专业方面的尊重和重视。这个战略的目的是为了保证教育工作者具有必要的技能,能够帮助儿童和青少年得到发展,实现《每个孩子都重要》(*Every Child Matters*)法案中提到的五个目标:保证安全、保持健康、快乐生活和实现目标、做出积极的贡献、获得经济福利。

Children's questions 儿童的提问

另请参阅:学习氛围,问题解决,小学生视角,问题和提问

See also: learning climate, problem solving, pupil perspectives, questions and questioning

所有儿童都是生来就具有解决问题的能力,部分涉及提问的能力。他们发展了各种各样的策略:做出假设,提出想法,尝试解决问题,分析发生了什么或者没发生什么,辨别问题模式,生成规则,使用类比,最终得出结论,再次尝试,或者尝试不同的方法(Smidt,2006)。一些能激发儿童兴趣的问题,对成年人来说可能没有同样的吸引力。孩子们会感到好奇:为什么雨滴从那么高的天空掉下来不会受伤?为什么汽车刹车会嘎吱嘎吱响?一棵树上到底有多少个苹果?他们也会问一些深刻的问题,比如:人们高兴的时候为什么会哭?有些年幼的孩子有时候甚至会问一些深刻的哲学问题,比如:为什么有些人是好人,而有些人是坏人?

低龄儿童教育工作者很难意识到:儿童在学前阶段或待在家里时,会不断地问一连串问题,而一旦开始上学,他们却很少有问题要问;他们在家里提问的次数与在学校提问的次数比例大约为 10∶1(Tizard & Hughes,1984)。此外,孩子们在学校问的问题往往是为了明确他们该干什么,或者为某一行为寻求教师许可(比如去厕所)。与此相反的是,教师和助教每天都会问小学生许多问题。

教师需要创造一种鼓励提问的环境,而不是用消极的环境压制孩子们急切想问的问题。如果儿童尊重、相信成人,并在学习中被鼓励勇于冒险,他们就会问更多的问题。一些老师会创造机会,让孩子们与同学讨论他们感兴趣的事情(比如爱好),然后接受提问,回答问题。这类常规性活动可以逐渐帮助儿童提高自信,也能创造一种学习氛围:将提问看作是帮助理解问题的一种方法,而不是评估工具,或者是羞辱孩子的把柄(请参阅 Baumfield & Mroz,2004)。

参考文献

1. Baumfield, V. and Mroz, M. (2004) 'Investigating pupils' questions in the primary classroom', in Wragg, E. C. (ed.) *Reader in Teaching and Learning*, London: Routledge.

2. Smidt, S. (2006) *The Developing Child in the 21st Century*, London: Routledge.

3. Tizard, B. and Hughes, M. (1984) *Young Children Learning*, Princeton NJ: Harvard University Press.

Children and testing 儿童与测试

另请参阅:关于学习的评价,(儿童)自尊心,终结性评价,测试和测试过程

See also: assessment of learning, self-esteem (children), summative assessment, tests and testing

教师要对学生投入时间和精力,而不仅仅是对所教学科,这一点非常重要(Pollard & Filer,2001);而学生对学习过程的投入也很重要。雷伊和威廉姆(Reay & Wiliam,1999)揭示了儿童对当前评价体制的反应。他们指出,意识到自己的不足(即一个孩子对自己的负面总结和评价:我将一事无成),以及成功带来的意外社交后果(显而易见,能力太强的儿童会受到同伴欺凌),会给儿童的自尊造成伤害。他们的批评及时提醒了我们:儿童的价值不能,也不应该由其笔试反应能力来决定。

参考文献

1. Pollard, A. and Filer, A. (2001) 'Learning and pupil career in a primary school: The case of William', in Collins, J. and Cook, D. (eds) *Understanding Learning: Influences and outcomes*, London: Paul Chapman/Open University.

2. Reay, D. and Wiliam, D. (1999) 'I'll be a nothing: Structure and construction of identity through assessment', *British Educational Research Journal*, 25(3), 343 – 354.

Circle-time 圆圈活动

另请参阅:欺凌,小学生视角,(儿童)自尊心,教师角色

See also: bullying, pupil perspectives, self-esteem (children), teacher role

圆圈活动起源于“儿童哲学”,这一方法最初是由马修·李普曼(Matthew Lipman)倡导的,旨在促进提问、推理和对话。珍妮·莫斯利(Jenny Mosley)等教育工作者普及了这种圆圈活动:让孩子们坐成半圆形,大家讨论问题、探索思想、庆祝成绩,或者做出决定。老师也是圆圈的一部分,和其他人一样,坐在同样的椅子上或者垫子上。这样有利于向学生表明,正在进行的是一种特殊的课堂活动,在这个活动中,教师是引导者,而不是主导者。为了使圆圈活动顺利进行,需要每个人提前同意实施步骤(比如每次只允许一个人说话)和行为方式(比如说话要友好)。圆圈活动开展的基础是:它不具有威胁性(儿童只有在真的想分享思想的时候才发言),它的目的是有可能正面加强合作,从而提高每个孩子的自我形象。在其他场合,圆圈活动可以用来全班分享书籍或者大声朗读,或者只是分享孩子们看过和做过的有趣的事情。例如,最近有一个有意思的电视节目可以极大激发孩子们的热情,提高其演讲和倾听技巧。与其他任何方法一样,为了确保孩子们在圆圈活动结束后能真的提高信心,必须对其活动价值进行监控和评估。反欺凌网站已经对圆圈活动的几个关键方面及使用该活动的可能效果做了有意义的总结(www.antibullying.net/circletimeinfo.htm)。

Citizenship 公民身份

另请参阅:交叉课程,道德发展,小学生视角,学习的社交和情感因素,话题式学习

See also: cross-curriculum, moral development, pupil perspectives, social and emotional aspects of learning, topic work

1992年9月,英格兰和威尔士引进了一门关于公民身份的课程。但这门课程在当时存在争议,主要是因为有人怀疑这是一种巧妙的政治化教育手段。伯纳德·克里克(Bernard Crick)教授于1998年向政府做了关于公民身份教育和学校民主教学的报告(Crick,1998),而他定义的公民身份教育包含三个主要方面:①社会和道德责任;②政治素养;③社区参与。

5~11岁儿童的公民身份教育并不是法定的课程,但是该课程已被纳入几乎所有的公立小学(即通过一般税收维持的学校)课程方案中。教师网(Teachernet)(DCSF,2007)建议:公民身份可以作为一门独立的

科目;或者在理想情况下,可以融入历史、地理、艺术和科学等传统学科,也可以融入设计、媒体、信息与通信技术(ICT)等课程中,从而使这门课程充满生机和活力。在小学阶段,积极的公民身份教育可以涉及关于某些问题的辩论,比如友谊、忠诚、文化,或者熟悉的生活情境中的陈旧观念等。黛安娜·海因兹(Diane Hinds)在校园空间网站上(www.schoolzone.co.uk)声称,就发展小学生的道德观而言,公民身份教育其实就是很多优秀的小学一直在做的工作:比如鼓励学生为自己的行为承担责任、对他人要表现出关心和尊重。

儿童、学校和家庭事务部(Department for Children, Schools and Families, DCSF)制定了一项基于12个不同单元的公民身份教育计划,包括各种各样的主题,比如选择、帮助我们的人、年轻公民的地方民主理念。在个人、社会和健康教育(PSHE)和公民身份教育的大旗下,《国家课程》(NC)的非法定性指导准则为KS1(二年级)和KS2(六年级)阶段提供了一个划分为12个单元的框架。该准则是根据两个维度来组织的:①知识、技能和理解;②学习的广度。其中第一个维度又包含以下四个子领域:

(1)培养自信心和责任感,最大限度地发挥他们的能力;

(2)准备着发挥一个公民的积极作用;

(3)形成一种健康、安全的生活方式;

(4)和他人建立良好关系,并尊重人与人之间的差异。

他们还推荐了公民身份与其他学科领域的交叉课程,比如科学、设计和技术、信息技术、体育和历史(Claire,2001,2004)。年龄大一些的小学生有机会通过活动来学会承担责任,比如,协助管理设备或者帮助低年级学生,也可以制作高质量的实用性产品(例如,设计技术),或者做一个关于课外兴趣的简短报告。该课程也让学生有机会通过与受邀的客人(比如,团体中的老成员)见面和谈话来做出选择和决定。10~11岁小学生的教师通过公民身份教育课,帮助学生为他们人生中的重大改变做好准备,包括进入新学校。

要成为知情的公民,大部分儿童需要具有什么样的知识和水平?这是评估儿童在公民身份方面是否进步的依据。年幼的孩子应该能够回答简单的问题,解释自己的观点,倾听他人的观点。大一点的儿童应该培养以下的必备技能:参与讨论和辩论、谈论并写出自己的观点、提出及回答问题、理解不同的观点。

也许有人觉得,如果在这门课中完全遵循这些非法定性指导准则,那么就没有时间做其他的事情了。其实,像这样想也是可以理解的。在实践中,公民教育的很多要素都包含在晨会时间、特殊项目中(如关于邻里问题的项目,参阅Hicks,2001),也包含在受行为政策和人际关系约束的学校日常生活中的方方面面。更多关于儿童权利的内容请参阅安德森(Alderson,1999)。

李和福茨在2005年编辑了一部论文集(Lee & Fouts,2005),其中有学者研究了美国、澳大利亚、英国、俄罗斯和中国的教师关于社会公民身份教育的观念。研究者指出,包括教师认同的公民身份教育中的重要内容,以及他们的观念如何促进或者阻碍良好公民的培养,在这些方面全球都存在不同,而这些差异与社会主流规范和政治影响有关。

美国公民身份研究院(www.citizen.org.uk/about.html)是一个独立的慈善信托机构,其目的是通过社区项目、调研、教育、讨论和辩论等综合活动,来促进培养知情的、积极的公民,以及让更多的人参与到民主和社会活动中。

参考文献

1. Alderson, P. (1999) *Young Children's Rights: Beliefs, principles and practice*, London: Save the Children/ Jessica Kingsley.

2. Claire, H. (2001) *Not Aliens: Primary school children and the Citizenship/PSHE curriculum*, Stoke-on-Trent: Trentham.

3. Claire, H. (2004) *Teaching Citizenship in Primary Schools*, Exeter: Learning Matters.

4. Crick, B. (1998) *Education for Citizenship and the Teaching of Democracy in Schools*, London: QCA Publications.

5. DCSF Standards Site, *Citizenship at Key Stages 1 and 2*, on-line at www.standards.dfes.gov.uk/schemes2/ks1-2citizenship.

6. DCSF Teachernet (2007) *Active Citizenship*, on-line at www.teachernet.gov.uk/teachingandlearning/ library/activecitizenship.

7. Hicks, D. (2001) *Citizenship for the Future: A practical classroom guide*, Godalming: World Wildlife Fund.

8. Hinds, D. in Schoolzone, *Making Good Citizens*, on-line at www.schoolzone.co.uk/resources/ articles/Good_citizen.asp.

9. Lee, W. O. and Fouts, J. T. (eds) (2005) *Education for Social Citizenship: Perceptions of teachers in USA, Australia, England, Russia and China*, Hong Kong: Hong Kong University Press.

Class control 班级掌控

另请参阅:行为,纪律,期待

See also: behaviour, discipline, expectations

用于班级掌控类的术语各种各样,但“行为”一词倾向于指向儿童的行动,而“掌控”和“纪律”则指向教师的行动。也就是说,教师尝试通过有效的纪律来影响儿童的行为,并相信这是最有效的实施掌控的方法。实际上,掌控一个儿童或者一组儿童依赖多种因素,尤其是关系密切程度和相互间的尊重,还包括明确的期待、对作业的兴趣程度,甚至时间或者季节。自我控制是目的,但是与此同时,成人需要强制推行规则和实施常规,以辅助儿童逐渐学会什么是合适的行为。

Class management 班级管理

另请参阅:纪律,健康与安全,组织学生学习,身体舒适,计划(教学),规则,课堂时间分配

See also: discipline, health and safety, organizing for learning, physical comfort, planning, rules, time allocation in lessons

如果组织是促进有效教学和学习的结构,管理则是实现有效教学和学习的手段。英语中的“管理”(management)这个名词来源于动词词根“manage”,这个动词可以在各种不同的表达中使用,强调不同的结果。比如在下面的评论中:“如果我准时到那里”,“她没有完成好第二个问题”,“如果一切顺利,他会成功的”。通过使用以上这些表达,我们传达的意思是:一项任务完成了、没有完成,或者完成得不理想。雷格(Wragg,2001)提出,成功的小学教师的工作方式千差万别,但是他们有一个共同点,那就是都具备有效管理课堂的能力。如果没有熟练掌握有效管理课堂的必备技能,不管是多会激励启发、多么学识渊博的教师都会以失败而告终。埃弗森等人(Evertson et al.,2005)从美国的视角,强调了教师管理自我决策的重要性,包括安排物理空间,创造一个积极的氛围,确立期待、规则和程序,计划和实施教学,鼓励合适的行为及处理问题,使用良好的沟通技巧。

当教师在负责管理一个小组或者一个班级的孩子时,他们会考虑三种形式的管理:①时间管理;②信息管理;③人力管理。每种管理形式都存在暗含的假设:

时间管理:这个人原来负责的任务按时完成了。

信息管理:这个人见识广博,做事井井有条。

人力管理:这个人曾经成功应对一整班孩子带来的挑战。

对于那些需要按时完成任务(比如按时结束课程)、需要具备渊博学识(尤其是很好掌握学科知识)、需要成功应对小学生(建立和保持秩序)的教师而言,这三种管理因素至关重要。良好的时间管理可以确立起一个工作框架,不管是涉及每节课的时间,还是一整天的时间。它允许课堂活动出现不同寻常之处,并考虑到意外发生。这种灵活性并不意味着把每一点时间都计算到计划过程中,或者小学生不得不下苦功夫把“铁棒磨成针”,它意味着要有目的地利用时间。良好的信息管理保证教师具备较高水平的学科知识,并知道如何获得所需的其他信息(比如通过借助网络,通过求助同事)。善于信息管理的教师就会有自信与学生分享观点,对学生的发现表现出兴趣,同时监控他们的理解,鼓励他们积极主动地发现更多的内容。人力管理涉及找到与小学生及其他成人有效建立关系的方法,并鼓励他们参与到教学和学习的过程中。可以通过以下方式促进人力管理,包括向小学生明确行为界限、使用有启发性的教学方法、采用可理解的形式提出观点等。优秀的人力管理者尊重人们的切身利益,允许他们失败,从而使学习环境充满幸福感、高期望值,且大家互相尊重,可以不加掩饰地庆祝进步。

在设计小组任务时,教师必须保证儿童理解教师的要求,他们可以持有自己的观点,有机会阐释对任务的理解。学习目标必须和小学生的能力相匹配,活动时间要长短适中,既允许他们完全参与,但又不能让他们感觉到泄气或者厌倦。在小组合作活动中,必须决定小组中的哪个孩子处理资源,哪个孩子负责记录结果,哪个孩子做最后的汇报。在每一种情况下,都存在一个基本的班级管理部分,那就是适当控制噪音水平,并控制儿童在室内的行动。

必须注意设备的放置、安全因素和资源的维护,还应该有充足的空间和光线,以保证小学生能舒舒服服地参与到任务活动中(Hayes,2003)。注意实际的细节有助于课堂顺利进行,比如一盒没削尖的蜡笔会令孩子们沮丧。还应该实行公平的制度,给予每个孩子平等的机会,让他们都能使用设备,都能参与到激动人心的课堂活动中。

一节课结束的时候,小学教师都很擅长使用直接、高效的程序顺利结束课堂,包括清理教室和有序地离开。拉斯利特和史密斯(Laslett & Smith,2002)强调了关于班级管理的四条规则:①引导小学生进入教室,顺利开始上课;②考虑一节课的结束环节,准备好顺利结束的策略,有秩序地解散学生;③保证课堂变化多样,从而保持学生的兴趣、好奇心和动机;④建立相互间的信任和尊重,意识到每个儿童都是独立的个体。

参考文献

1. Evertson, C. M., Emmer, E. T. and Worsham,M.E.(2005) *Classroom Management for Elementary Teachers*,Needham Heights MA: Allyn & Bacon.

2. Hayes, D. (2003) *Planning, Teaching and Class Management*, London: David Fulton.

3. Laslett,R. and Smith,C.(2002) 'Four rules of class management', in Pollard, A. (ed.) *Readings for Reflective Teaching*, London: Continuum.

4. Wragg, E. C. (2001) *Class Management in the Primary School*, London: Routledge.

Clegg, Alec 亚历克·克莱格

另请参阅:小升初考试 11 +,《哈多报告》,全纳教育,《普罗登报告》

See also: eleven-plus, *Hadow Reports*, inclusion, *Plowden Report*

亚历克·克莱格(Alexander Bradshaw Clegg,亚历山大·布莱特肖·克莱格)生于1909年6月13日,于1986年1月20日去世。克莱格在四十多岁时,曾担任西瑞丁(West Riding)的首席执行官,并在两位20世纪初期表现杰出的教育总监——伯明翰的彼得·英尼斯爵士(Sir Peter Innes)和柴郡的F. F. 波特(F. F. Potter)手下任职,而后成为伍斯特郡的副总裁,再后来成为西瑞丁的A. L. 宾斯(A. L. Binns)的副手。在20世纪50年代后期,他在西瑞丁担任教育总监,后来十几年一直连续担任此职。当时由于克莱格的名声,以及他对所有西瑞丁教育保障的影响,据说其他各地的教师都很羡慕克莱格所在郡的老师们。作为西瑞丁的教师、校长或者地方教育局(LEA)的顾问,克莱格被大家普遍认为是处在教育实践最前沿的人物。克莱格还将伯明翰斯图尔德大街小学的工作编撰进教育部的宣传手册,取名为《一所学校的故事》。该手册于1949年出版,并附有教育部部长的推荐,鼓励小学教师效仿这所学校的先进做法。这个手册变成了连接《哈多报告》(*Hadow Reports*)和

《普罗登报告》(*Plowden Report*)的桥梁:前者发表于20世纪30年代,其梦想中的可能在这个手册中变成了现实;发表于1967年的《普罗登报告》将这个现实作为最佳做法来庆祝。

克莱格认为,小升初考试11+的选择过程是存在瑕疵的。一所特殊教育研究机构证实了克莱格的观点。他们实施了一项重要的新举措,就是所谓的“莱斯特郡试验”。从1957年开始,东米德兰地区摸索着实施一种新体制:某个特定地区的所有儿童在11岁时都转到一个三年制的“初中”学校,最聪明和最优秀的学生到14岁时转到文法学校两年制的普通水平课程班,而大多数学生在初中完成最后一年义务教育。中学的崛起在很大部分上要归功于克莱格对教育形势敏锐的理解。他还把自己的思想传递给其他的地方教育当局,告诉他们,全面重组这种政治性的紧要任务并不一定会和中学生的教育权益相矛盾。

亚历克·克莱格爵士在1974年退休。正好那时西瑞丁郡议会因为地方政府重组而被废除,当时的中学似乎依然前景大好。更多的地方教育当局都在忙着制定三个层次的重组方案,英国中学的整体数量继续攀升,直到20世纪80年代初期达到顶峰(Crook,2008)。

克莱格最高兴的事情就是参观学校,而且他能够极其敏锐地发现那些真正优秀的做法。在接受爵士身份之后,他于1980年出版了自己最负盛名的一部著作——《关于我们的学校》。他在书中明确指出,如果学校要避免此类“愚蠢”的行为——仅仅关注那些容易测量的学习成绩——那么重视融洽的人际关系并制定相关课程是至关重要的。例如,他强调了儿童在演讲和写作中表达自我情感的重要性,他也是第一批认识到体育这类学科实行“全纳教育”(也就是说,保证所有的儿童都参与教学活动,不管是不是有残疾)的重要性的高层人物。有些运动、舞蹈和戏剧课程,儿童只是模仿或者表演教师训练过的技巧,他对这些课程则印象平平。

克莱格非常渴望儿童能从户外活动和“给学习加油”的游学中有所受益,他将“超越教科书”作为提高小学生动机的一种方法。他非常重视优秀的教学方法,没有什么比发现出色的教学方法而无人认可更令他痛心的了。他鼓励对课程和教学的合作性创造,这成了西瑞丁的一大特色。

参考文献

1. Brighouse, T. (2008) ‘Sir Alec Clegg’, *Education 3 – 13*, 36(2), 103 – 108.

2. Clegg, A. (1980) *About Our Schools*, London: Blackwell.

3. Crook, D. (2008) ‘The middle school cometh …and goeth: Alec Clegg and the rise and fall of the English middle school’, *Education 3 – 13*, 36(2), 117 – 125.

4. Newsam, P. (2008) ‘What price hyacinths? An appreciation of the life and work of Sir Alec Clegg’, *Education 3 – 13*, 36(2), 109 – 116.

Closed questions 封闭式问题

另请参阅:失败,开放式问题,问题和提问,成功,思考,理解

See also: failure, open questions, questions and questioning, success, thinking, understanding

封闭式问题是指可以用一个词或者一个短语回答的问题,也就是说,只有一个或者数量有限的正确答案。封闭式问题一般涉及的是基本的事实,而不是引发可以长篇大论、滔滔不绝表达的观点。因此在正常情况下,它们是最容易提出和回答的问题。教师在抛出有关计算的"连珠炮式"问题时,会经常使用这种提问方式(比如乘法计算)。如果问题被用来测试孩子的理解,而小学生回答问题时存在出错的风险,那么这种情况就会阻止不够自信的儿童参与回答。封闭式问题也可以在寻根究底的情形之外使用,比如,问题可以是一种无恶意的询问的形式(例如,"你知道这些积木是放在哪里的吗?")或者用一种确认的形式(例如,"如果……对不对呢?")有研究表明,教师在提问中会使用大量的封闭式问题,部分是为了确定小学生的理解水平,部分是为了和儿童互动,部分是为了控制课堂进度。

Coaching 辅导

另请参阅:同侪指导

See also: Peer coaching

Code of Practice《实施条例》

另请参阅:儿童学习评价,课程,差异化,全纳教育,家长参与,家长对学习的支持,教育记录,特殊教育需求协调员,特殊教育需求

See also: assessing children's learning, curriculum, differentiation, inclusion, parental involvement, parents supporting learning, recording, SENCO, special educational needs

在英格兰,与特殊教育需求相关的《实施条例》(*Code of Practice*),以及于2002年1月开始生效的《特殊需求和残疾法案》(*The Special Needs and Disability Act*, SENDA, 2001)明确规定了学校和教师的职责。在威尔士也有相应的法规,但程序不同;苏格兰则没有任何法规。《实施条例》勾勒了确认、评价儿童需求并提供保障的框架,但实际使用的评价和教学方式则留给教师个人和学校设计。该条例只关注学校正常提供的差异化课程之外的补充类干预措施,或者不同的干预措施。

《实施条例》描述了更加聚焦评价和保障的真正实施的两个阶段,分别叫作"学校行动"和"学校行动补充阶段"。在"学校行动"水平,教师决定如何与某个特定的学生密切合作,以及如何告知家长,这个孩子在学习上要取得令人满意的进步,仍需要进一步的支持(可参阅 Beveridge,2004)。学校的特殊教育需求协调员(The Special Educational Needs Coordinator, SENCO)可以建议,这个孩子的情况适合寻求来自外部机构的短期支持,比如某位教育心理学家或者语言治疗师。学校会集中收集关于这个学生的学业成绩的信息,以及以前采用的教育措施的证据,所有的信息都记录在这个孩子的个人档案中。就这样,一份针对这个学生下一阶段教育策略的个别化教育计划(Individual Education Plan, IEP)产生了。"学校行动补充

阶段”(School Action Plus)需要外界机构长期的支持。先由特殊教育需求协调人和教师们做出决定,同时和家长商量;其结果是,一系列的专家可能会和他们接触,并参与其中,这取决于孩子特殊需求的性质;然后,一个新的个别化教育计划(IEP)就产生了。在个别化教育计划被审核和监测期间,如果有情况显示,基于重要原因这个小学生需要得到特殊关注,学校也许会要求当地教育部门进行法定评估。这个评估过程也许会产生一个关于特殊教育需求的正式声明,具体说明需要的额外帮助;或者在某些情况下,说明需要提供的校外专家(请参阅 Farrell,2003)。在这个阶段,有必要更加明确地界定儿童特殊需求的性质,以便决定什么水平的帮助是最合适的安排。不过,关于学前儿童的识别和评估应该能够提醒教师们,要注意到那些最有风险的孩子(Spencer,2004)。

北爱尔兰和英格兰的特殊教育需求保障体系具有共同性,但是北爱尔兰教育部(Department for Education Northern Ireland,DENI)是制定教育政策的政府机构。针对所有存在学习困难的小学生的需求,北爱尔兰有条例明确规定,只要学生的需求不断,保障就会不断,而且保障可以是各种形式的。其结果是,学生可以要求最大可能得到的内容广泛的平衡式教育,包括课程。不管有没有法定的评估,北爱尔兰要求大部分小学生的需求尽可能在主流学校得到满足,同时要考虑家长的意愿。从程序上看,北爱尔兰对特殊教育需求儿童的支持取决于一个五阶段体系。其中,1 ~ 3 阶段是由学校负责的;而到了 4 和 5 阶段,则由董事会负责提供支持。有些儿童也许要经历所有的阶段,而其他人也许会停留在某个特定的阶段。孩子们可以跨越这些阶段,从任何节点开始接受帮助;也可以继续进入下一个阶段,或者返回到前一个阶段。儿童在某个特定阶段花费的时间没有固定限制。

《威尔士特殊教育需求实施条例》(*The SEN Code of Practice for Wales*)强调每个孩子的个性,而不是对他们进行死板的分类。然而特殊需求可以归类为下面四大领域中的一项或多项:

(1)交流和互动:说话、语言和交流障碍;

(2)认知和学习:从中度到深度的学习障碍;

(3)行为、情绪和社交:这包括一系列不同的行为,比如孤僻、捣乱、多动、注意力缺乏、社交技能缺乏;

(4)感官、身体或者医疗方面:包括与视力、听力损害及其他身体残疾相关的障碍。

2005 年 11 月 14 日,在苏格兰,一项新的法律《教育法(2004)》——《对学习的额外支持》[*Education (Additional Support for Learning) (Scotland) Act 2004*],代替了特殊教育需求相关的法律。该法令推行《支持儿童学习——2005 实施条例》(*Supporting Children's Learning - Code of Practice 2005*),标志着在支持儿童方面的一个重大转变;其目的是保证所有的儿童和青少年都能得到必要的支持,从而帮助他们实现最大的潜能。这项法令同时旨在促进所有支持儿童和青少年的各方之间的合作。根据这项新的法律，任何需要更多支持或者需要不同于学校或者幼儿园正常提供的支持的儿童，都属于具有“额外的支持需求”。即使有的儿童不被认定具有特殊教育需求，如果下列情况影响他们的教育，他们依然可以获得额外的支持：

（1）社交或者情绪障碍；
（2）行为障碍；
（3）家庭问题；
（4）欺凌；
（5）天资超人；
（6）感官功能障碍或者交流问题；
（7）身体残疾；
（8）学习困难；
（9）需要看护别人；
（10）频繁搬家；
（11）把英语作为其他语言学习（EAL）。

参考文献

1. Beveridge, S. (2004) *Children, Families and Schools: Developing partnerships for inclusive education*, London: Routledge.

2. Farrell, M. (2003) *The Special Education Handbook*, London: David Fulton.

3. Spencer, C. (2004) *Handbook for Pre–School SEN Provision: The code of practice in relation to the early years*, London: David Fulton.

4. Talking Point, SEN *Provision in Scotland* and SEN NI, both accessed via www.ican.org.uk/talking point.

Cognitive mapping 认知绘图

另请参阅：概念，交叉课程，学习

See also: concepts, cross – curriculum, learning

概念构图（concept mapping）是一个通过视觉来表征思想的过程，以便帮助记忆和理解，帮助儿童明白知识是如何跨越学科界限而相互联系的。这种方法帮助儿童组织思想，从而能够更好地理解当时的世界。康奈尔大学的约瑟夫·D. 诺瓦克（Joseph D. Novak）是第一批正式研究概念构图方法的学者。他们的研究以戴维·奥苏贝尔（David Ausubel）的理论为基础，该理论强调先前知识对学习新概念的重要性（Ausubel, 1963）。这里的概念被定义为：被感知到的事件或者事物的规律性，或者可以明确定性的被记录事件或者事物的规律性。主要研究这一科学领域的诺瓦克（Novak, 1991）得出结论：有意义的学习涉及将新的概念和命题同化于既有的认知结构中，导致一个概念图出现；概念图由图形化表征组成，其中节点（点或者顶点）代表概念，连接（弧线或者直线）代表概念之间的关系。概念间的关系可以是单向的、双向的，或者非定向的。概念和连接可以进行归类，概念图可以展示概念之间的时间或者因果关系。关于一些关键问题，诺瓦克还提供了一个有益的在线总结，网址是：https://www.msu.edu/~luckie/ctools。另请参考普洛特尼克的文献（Plotnick, 1997）。

这种认知绘图也叫概念构图、语义构图、知识图谱、词网、网络、聚类、思考连接、思想分支、结构化概述、组织图（Fisher,

1995)。组织图包括关键词或者图片的顺序、维恩图(Venn diagrams,即包含关键词的多个重叠圆,其中某些部分是重叠的,其余部分不重叠)、词或者图片的位置、术语的排序(比如考虑它们的大小、重要性或者频率)。因为"头脑风暴"的使用,认知或概念构图在学校里流行起来。在"头脑风暴"的过程中,儿童关于某个话题或者主题的思想,通过带有物理连接(线条、箭头)的图形展示开来,慢慢地产生一种蜘蛛网效果。但"头脑风暴"这个词有些不受欢迎,因为它有可能会冒犯患有大脑类疾病的人。

参考文献

1. Ausubel, D. P. (1963) *The Psychology of Meaningful Verbal Learning*, New York: Grune and Stratton.

2. Fisher, R. (1995) *Teaching Children to Learn*, Cheltenham: Stanley Thornes.

3. Novak, J. D. (1991) 'Clarify with concept maps', *The Science Teacher*, 58(7), 45-49.

4. Plotnick, E. (1997) *Concept Mapping: A graphical system for understanding the relationship between concepts*, ERIC Identifier: ED 407938, on-line at www.ericdigests.org/1998-1/concept.htm.

Collaboration in learning 协作式学习

另请参阅:圆圈活动,建构主义,探究,小组活动,听力,问题解决,谈话,思维能力

See also: circle-time, constructivism, enquiry, group work, listening, problem solving, talk, thinking skills

协作式学习是指学生们一起学习,以达到具体的、预定的学习目标的过程。它源于社会建构主义理论,倡导者包括利维·维果斯基(Lev Vygotsky)和杰罗姆·布鲁纳(Jerome Bruner)。尽管协作(collaboration)与合作(co-operation)紧密相关,但两者并不相同。合作是一种带有礼貌和善意倾向的笼统概念。因此,孩子们可能看起来很合作,但并没有真正的协作表现——尽管有效的协作依赖于学生之间的高度合作。然而即便是协作分组,也可能会导致某些孩子被排除在外;因为他们的安全感不够,缺乏作为小组成员的经验,或者因为他们受制于那些能力强的孩子。协作通常与调查类、探究类任务有关;而合作则是孩子们独立学习,或者结对学习,但他们在学习时能互相提供支持。这些要素之间的关系如下:

(1)调查类任务/协作分组/共同的结果;

(2)独立的任务/合作分组/不同的结果。

教师有时会在一开始把孩子们分为两人一对或者一个小组,让他们在活动一段时间后在课上做汇报,并要求每组挑选一名发言人做总结。如果任务的目的在于促进孩子间的自由讨论,并可以让他们随时提出自己的想法,老师则会说明参与活动的规则,然后尽量一直严格执行这些规则:比如,要等到别人发言完毕再提出不同观点。

费希尔(Fisher,2005)指出,协作学习会让儿童在五个方面受益:①相互学习;②参

与探索性讨论，以加深或拓宽他们的理解；③发展解决问题的能力和策略；④学会遵守秩序、与他人协商、理解他人的观点、为自己的观点辩护；⑤与更多的人建立关系。他补充说，大家都认为学生们共同学习比独自学习会获得更多，但如果想要协作学习获得成功，小组的活动则需要有计划、有监控、有支持。协作任务需要每一位学生的积极参与，以期获得希望的学习结果。一个小组内的学生需要展示一系列的技能，主要包括推断、预测、辩解、评价和概括等能力。共同的活动并不排斥每个孩子都要为自己的学习负责这一原则，因为没有人可以替代别人学习。然而协作可以帮助他人形成和拓展他们的理解；与此同时，协作者也可以加深自己的学习。这种参与过程有时可以称为一种"学习共同体"（例子可参阅 Watkins，2005）。

协作学习可以有多种形式。教师们可以创设一个与目前所学课程相关的实际的问题解决情境，让儿童去解决问题。比如可以给孩子们提供三种可能的方法来改善操场的清洁状况。教师也可以创设一个与目前所学课程理论上相关的问题解决情境，让小组内的学生讨论各种选择，最后得出一个大家都同意的解决方案或者关于这个问题的观点。在这种情况下，教师简要介绍相关问题，请孩子们做出初步评论，并让4～5 个学生组成一个小组，讨论这个问题。比如在公民身份方面，讨论的问题可以与平等分配有关。或者孩子们可以提出一个他们与老师认同感比较强的问题，之后老师帮助孩子们把他们的想法形成一个命题，最后每个小组就这个命题展开讨论。比如，儿童对友谊模式、校规、家庭作业、儿童电视节目、操场上的表现，以及相关话题都持有坚定的观点，这些都可以为探索重要的道德准则提供丰富的材料。教师们也需要考虑采用一定的方法，从而不排斥有特殊教育需求的孩子们（请参阅 Jelly，2000）。

儿童最难形成的态度之一，就是具有开放的心态。如果有了开放的心态，他们就不会草率地排斥他人的观点，或者对与众不同的建议嗤之以鼻，也不会把小组里的其他孩子边缘化。我们需要向孩子们展示：对于各种问题，持有不同的见解绝对是可以接受的，只要有证据来支持他们的观点。教师有必要向孩子们强调，在结对或者小组活动时，他们需要心怀尊重、认真地倾听他人的观点。作为准备工作的一部分，可以教给孩子们如何在倾听的时候总结他人的发言，并针对他们的思想提出理智的问题。在小学生发表自己的观点和建议之前，需要精神上先投入某个话题中；这是孩子们应该预先培养的相关技能，从而能让他们对协作活动做出实质性的贡献。要允许儿童有机会与他人交谈，这能使他们从自己的狭小世界中走出来，认识到生活的丰富多彩，获得自信，并能通过与他人分享思想学到知识，能评价各种观点，以及找到支持同伴的方法。

参考文献

1. Fisher, R.（2005）*Teaching Children to Learn*, Cheltenham：Stanley Thornes.

2. Jelly, M.（2000）*Involving Pupils in Practice*, London：David Fulton.

3. Watkins, C.（2005）*Classrooms as Learning Communities*, London：Routledge.

Collaboration（staff）（员工）协作

另请参阅：共治，课程领导者，决策，同侪指导和评议

See also：collegiality，curriculum leadership，decision-making，peer coaching and review

所有教师的工作中都包含协作（“以团队的形式共同工作”）的成分。当教师通过与同事的联系来讨论教育问题、做出决策时，擅长协作是非常关键的技能。协作可以帮助教师探索和反思实践中的想当然的问题，或者可能给他们提供挑战主流正统观念的机会。在日常的层面，教师经常因为相对次要的程序性事务而联系，以确保课堂和学校基本上顺利运行。在常规的教师学期会议中，通常会做出关于如何实施某项决议的决定，该决议可能会影响课堂教学实践和教师在职培训优先考虑事项。在汇报新的想法（比如关于某项技术的使用）和组织教职工进一步培训之前，学科领导和协调员往往会咨询校长和其他同事。近年来，使教职工直接参与决策的理念被称为“分散的领导权”，意思是说，做决策不是属于一个人的事情；相反，我们可以在不同的时候吸引很多教职工参与决策。例子可以参阅哈里斯的文献（Harris，2008）。

教师协作应该是真实可信的，而不是虚假牵强的（Hargreaves & Dawe，1990；Hargreaves，1994）；应该在一致认可的专业界限内实施，在教学方法上要合理。也就是说，教师协作一定是可以实现且有利于教学的。有许多所谓的协作可能缺乏严谨性，而且当协作有可能改善学校教育资源供给的时候，就会出现低级的争论。甚至可能会出现这样的情况：一群教师源于循规蹈矩的念头，以及对恼人的同事、校长或家长的担心，可能无法产生更富创造性的即兴教学思想，也无从对协作式决策框架下的创新实践提出建议。在实践中，牵强的共治和协作文化这两种特点共存于大多数学校和其他教育环境中。

克兰斯顿（Cranston，2001）跟踪了澳大利亚的两所小学，他们的教师和学生家长都深度参与了协作式决策。尽管关于这些学校的研究发现都是相对正向的，但是这些证据无法确切地证明，家长和教师对学校事务的大量的协作式参与是否能提高学习和教育质量。克兰斯顿指出，在未来，继续研究两者之间的关联非常重要，因为教师和家长都在努力平衡不断增长的时间和精力上的需求。

大卫（David，2008）提出，有越来越多的证据表明，当教师通过协作的方式，依据自己学生的相关信息来提出和回答问题时，他们的知识得到了增长，实践也发生了改变。作者也强调，教师协作不会自然而然地发生，因为它与目前盛行的教师孤立的、特立独行的工作方式截然不同。如果没有经过专门的训练，教师往往缺乏必要的协作技能，也不懂如何收集数据、分析信息，以及如何搞清楚信息对行动的启示。尽管这些担忧存在合理性，哈里斯和缪斯（Harris & Muijs，2004）认为，教师对教与学的质量具有独特的影响力，他们是决定发展和改变的重要守门人。因此，“如果教师能结成有意义的伙伴关系一起工作，学校和在读小学生都会受益匪浅”。教师与教师间的同伴互助

同样有利于协作活动。

参考文献

1. Cranston, N. C. (2001) 'Collaborative decisionmaking and school-based management: Challenges, rhetoric and reality', *Journal of Educational Enquiry*, 2(2), 1 - 24.

2. David, J. L. (2008) 'What research says about collaborative enquiry', *Educational Leadership*, 66(4), 87 - 88.

3. Hargreaves, A. (1994) *Changing Teachers, Changing Times: Teachers' work and culture in the postmodern age*, London: Cassell.

4. Hargreaves, A. and Dawe, R. (1990) 'Paths of professional development: Contrived collegiality, collaborative culture, and the case of peer coaching', *Teaching and Teacher Education*, 6, 227 - 241.

5. Harris, A. (2008) *Distributed School Leadership: Developing tomorrow's leaders*, London: Routledge.

6. Harris, A. and Muijs, D. (2004) *Improving Schools Through Teacher Leadership*, Maidenhead: Open University Press.

Collaborative problem solving 协作式问题解决

另请参阅:讨论,小组活动,问题解决,教学法

See also: discussion, group work, problem solving, teaching approach

在组织和管理儿童学习时,许多教师支持在如下领域采用协作式的问题解决和调查方式:科学、信息技术、数学、设计技术,以及解决道德相关问题。有时候,教师会给小组成员指定好专门的角色,比如主席、秘书、记录员、计时员。但是通常情况下,应该让孩子们自己分配角色,或者轮流充当不同的角色;这种形式会更成功。在讨论和辩论方面,教师有责任鼓励所有的孩子都参与活动,并限制某些孩子主导整个发言;要激发孩子们足够的热情,让他们觉得自己的努力是值得的。还应当给出反馈的时间,请每个小组选出的孩子做出反馈,并在恰当的时候提出问题和给出评论。教师的智慧,加上教师为确保活动公正和平等所做出的道德选择,是决定师生关系质量的主要因素。

Collective worship 集体礼拜

另请参阅:晨会

See also: Assembly

Collegiality 共治

另请参阅:(员工)协作,决策,有效性,校长,小学生视角

See also: collaboration(staff), decision-making, effectiveness, head teacher, pupil perspectives

"共治"(collegiality)这个概念表示一个学者群体或者一群志同道合的人组成的团体,该词来源于简单词"大学"(college)。共治已经成为学校生活必不可少的一个特色。从20世纪80年代早期开始,法律已经规定,在帮助决定优先考虑事项和确定教育方

向等方面，家长和学校管理者/董事会成员承担各自的角色。那种认为校长应该为小学的所有决定担负全部责任的想法已经过时了。事实上，领导学校成功发展是一项复杂的任务，校长迫切需要，也在积极寻找尽可能多的帮助（例子参阅 Bragg & Fielding，2005）。在高效的学校里，团队合作精神和教职工的忠诚渗透在校园的每一个角落，体现在所发生的每一件事情上；因此，教师需要极度重视团队努力和合作精神，就像极度重视教学能力一样。学校同事对你表现出真诚的赞赏和关心，你投桃报李，积极回应，从而创造出一种充满善意和深情厚谊的氛围。这种情谊对高效的团队合作至关重要。

任何组织的最终成功都取决于员工的奉献、积极性和满意度。与过去相比，现在有更多的成年人投入小学教育事业之中；他们每个人都心系未来，并做出自己独特的贡献。他们在保持员工之间的和谐关系，以及促进共治中，扮演着重要的角色，这是由教师的身份决定的。但是如果他们越忙，他们用来帮助和鼓励同事的时间就越短。新成员和缺乏经验的成员也是团队的一分子，他们的工作需要不断接受细致的检查和评价，所以必须学会将接受同事建议看作是提高自己整体能力的有益方式。关于如何积极地包容学校的同事，尼亚斯等人（Nias et al.，1989）、米尔斯（Mills & Mills，1995）和文森特等人（Vincett et al.，2005）提出了各自不同，却都有借鉴意义的观点。

共治并不仅仅是建立制度和等级。它主要根植于员工的积极参与：分享权力让他们感觉到自己关于学校优先考虑事项的看法受到了欢迎和重视。并不是每一名员工都要参与讨论和肯定每一个决定，这是不切实际的，也是不可取的。然而在那些真正支持共治的小学，领导们能保证所有的重大决策都得到了所有人或多数人的支持。如果教师感觉到，自己的看法不仅被需要，而且在做决定时受到了重视，那么他们就会对这种共治的方式非常满意。如果校长宣称，他希望每个人都能参与共治，但实际上他还是单独做出了决定；教师们对这种情况会不屑一顾的。哈格里夫和达维（Hargreaves & Dawe，1990）将这种情况称为“虚假的共治”。可以参考海斯（Hayes，1996）关于小学的个案研究，其中就揭露了这种现象。

关于一系列与学生息息相关的问题，大多数学校还采用了征求学生意见的方式，包括通过建立论坛、学校委员会（由学生代表组成）或者课堂讨论来提供反馈。

参考文献

1. Bragg, S. and Fielding, M. (2005) ‘It’s an equal thing–it’s about achieving together’, in Street, H. and Temperley, J. (eds) *Improving Schools Through Collaborative Enquiry*, London: Continuum International.

2. Hargreaves, A. and Dawe, R. (1990) ‘Paths of professional development: Contrived collegiality, collaborative culture, and the case of peer coaching’, *Teaching and Teacher Education*, 6, 227 – 241.

3. Hayes, D. (1996) ‘Taking nothing for granted: The introduction of collaborative decision–making in a primary school’, *Educational Management and Administration*, 24 (3), 291 – 300.

4. Mills, J. and Mills, R. W. (1995) *Primary School People: Getting to know your colleagues*, London: Routledge.

5. Nias, D. J., Southworth, G. W. and Yeomans, R. (1989) *Staff Relationships in the Primary School: A study of school cultures*, London: Cassell.

6. Vincett, K., Cremin, H. and Thomas, G. (2005) *Teachers and Assistants Working Together*, Maidenhead: Open University Press.

Communication 交流

另请参阅:互动,学习,口语能力,《国家小学教育战略》,话语清晰度,教师角色

See also: interaction, learning, oracy, *Primary National Strategy*, speech clarity, teacher role

交流、语言的发展与运用是低龄儿童学习的核心部分。听与说的学习出现在非言语交流的过程中,这种非言语交流包括面部表情、眼神交流、侧头倾听、手势和轮流等待等肢体语言。当婴儿和幼童要表达自己的需求和感受时,当他们与他人互动时,当他们确立自己的身份、形成自己的性格特点时,这些技能就在发展之中。随着儿童听说技能的发展,他们逐渐构建了阅读和写作的基础。在发展这些技能的过程中,儿童需要很多机会与他人进行互动,需要利用广泛的资源,以便在阅读、痕迹创作和写作方面得到早期发展。

每一位从事小学教育的成年人都需要具备很强的人际交流和沟通能力,并使该种能力得以耐心、灵活、可靠地发挥。有效沟通者的特点是:能够自信地做出决定,在需要时愿意寻求帮助,乐于接受别人的建议和想法。学校的教师要不厌其烦地与小学生和同事进行互动交流,并在交流的过程中善用支持性和礼貌性的评语;要敏感地对待他人的观点,以避免冲突;即使不同意某种立场,也要对其表露出理解;要意识到,我们给人留下的印象是不断地借助声调、手势和对所说内容的态度而形成的。

要实现这一目标,一个有效的策略是:教师要尽快记住孩子们的名字。因为使用名字是与每个人建立和保持紧密联系的强有力工具。在和小学生交流思想时,教师需要考虑使用与孩子们年龄和成熟度相符合的词语,平和、细心地解释问题,并鼓励他们提出疑问。《英格兰国家小学教育战略》(*The Primary National Strategy in England*)指出,有效沟通暗含的原则包括:与儿童建立良好的交往关系;对儿童的得当行为表示赞赏;进行意义明确且没有"隐含信息"的沟通交流。当大人与孩子们交谈时,使用"归属性语言"(language of belonging)和"选择性语言"(language of choice)是非常有效的。有效的策略示例包括以下内容:

(1)赞美(真诚地说声"做得好!")

(2)肯定("你做的事是对的!")

(3)正面地陈述期望("我希望你这样做。")

(4)归属性语言("我们都希望成功。")

(5)选择性语言("你要对你自己的行为负责。")

(6)眼神交流(直接,但不具有攻击性)

(7)安全的肢体接触(避免不当的触摸)

(8)适当的肢体语言(站立、手势、面部表情)

(9)音调(平和而坚定)

如果教师和助教希望创建有效的沟通网络,以提高学习效果和维持良好的人际关系,他们就需要了解什么是儿童视为有意义的事情。研究发现,在师生交流的过程中,教师有主导谈话的倾向,他们总是忘记让学生表达自己的观点、提出问题或议题。事实上,这一领域的先驱之一道格拉斯·巴恩斯(Douglas Barnes)曾警告说,如果他所描述的传统的教师主导式讨论出现过多的话,这"往往会阻碍许多儿童主动地进行知识重构"(Barnes,1975)。他提出建议,小学生应该对自己的谈话和写作(包括潜在的受众)掌握更多的决定权,并同时能得到乐于提供帮助的成人的支持。

无论交流活动的性质或目的如何,如果密切关注一系列实际的因素,那么所有的教师都会从中受益。第一个因素就是声音清晰度。含混不清的话语和糟糕的发音方式都会降低声音清晰度,教师必须仔细斟酌说话的语速、停顿的频率和长度,以及话语的流畅性。在这一方面,他们需要记住,说话语速快不等于说话有自信,它们可能代表着不同的含义。快速的话语可以用来掩盖成人的不安全感,因为他们不希望被打断,同时用滔滔不绝的话语将学生淹没;而自信的话语是平稳、有趣和充满个性的。优秀的教师会改变他们说话的语速,并在与学生目光交流时做出有意识的停顿。在与学困生或低龄儿童交流时,这些技巧尤为重要。可以参阅莱森和迈尔斯(Lathan & Miles,2001)关于低龄儿童英语水平(交流和读写能力)发展的研究。

通过改变语速来强调要点,通过改变语调来说明某一结论(降调)或引起猜测(升调),这样同样可以产生很好的效果。选择性地使用停顿能够让学生有机会思考,如果与正常话语混合使用,还可以有效地抓住学生的注意力。然而过度地使用停顿或表现犹豫的词语,如"嗯……""就像是……""你知道",则会令孩子们感到烦躁。还有一项更必要的技能,那就是将热情注入这些活动中:借助身体和精神上的活力传递你的热情,同时使用恰当的手势和动态动词。要特别提及的是,使用"闪亮"的眼神交流可以吸引学生,表现出你对他们个人的兴趣,想邀请他们参与活动;采用笔直的站姿和端正的坐姿,可以展示出你自身机敏和坚定的性格(Hayes,1998)。

与家长沟通交流也是教育者角色中重要的一个方面。双方的交流可以是正式的:通过有计划的会面,讨论学生的进步情况,提供有关所提议事情的信息。交流也可以是非正式的:通过双方在上学前、放学后偶然的碰面进行交流。低年级小学生的家长、监护人、亲属,由于要接送孩子上下学,他们最有可能与教师或者其他管理服务类职工进行定期的非正式交流。高年级小学生家长更容易受到自己的工作的限制。家长评价学校教职工的一个方法是,依据老师对他人建议的接纳程度、是否有令人愉快的举止,以及是否愿意对孩子的进步情况提供有益的评价。

为了探索与"交流"相关的更广泛的概念,沃尔夫冈·多斯巴赫(Wolfgang Donsbach,2008)编辑了一部涵盖多个不同领域的著作,包括交际理论和哲学、人际沟通、新闻、跨文化和群际讨论、媒体的影响、策略性沟通、媒体法律和政策、世界媒体系统,以及信息通信技术。此外,哈吉和迪克森(Hargie & Dickson,2004)的著作提供了关于在人际交流中如何获取和使用技巧的全面概述。

参考文献

1. Barnes, D. (1975) *From Communication to Curriculum*, Harmondsworth: Penguin.

2. DfES (2005) *Primary National Strategy: Classroom communication*, London: HMSO.

3. Donsbach, W. (ed.) (2008) *The International Encyclopaedia of Communication*, London: Blackwell.

4. Hargie, O. and Dickson, D. (2004) *Skilled Interpersonal Communication: Research, theory and practice*, London: Routledge.

5. Hayes, D. (1998) *Effective Verbal Communication*, London: Hodder & Stoughton.

6. Lathan, C. and Miles, A. (2001) *Communications, Curriculum and Classroom*, London: David Fulton.

Community cohesion 社区凝聚力

另请参阅:家庭与文化,家庭背景与学习,教育标准局,家长参与

See also: family and culture, home background and learning, Office for Standards in Education, parental involvement

自2007年9月以来,英格兰的学校开始承担起加强社区凝聚力的义务。作为其职责的一部分,为了保持并提高学校的教育标准,教育、儿童服务与技能标准局(Office for Standards in Education, Children's Services and Skills, OFSTED)这个监察机构必须报告他们是如何加强社区凝聚力的。英国儿童、学校与家庭部(The Department for Children, Schools and Families, DCSF)将社区凝聚力的关键因素定义为:为建立一个所有社区成员都拥有共同愿景和归属感的社会而努力,为建立一个普遍欣赏和重视人们的不同背景和环境的社会而努力,为建立一个所有人都可以拥有相似生活机会的社会而努力,为建立一个在工作场所、学校和更广泛的社区中能够存在和继续发展密切、积极的人际关系的社会而努力。学校联结网(The Schools Linking Network, SLN)于2007年10月建立。作为一个全国性的网络,它的目的就是为了促进学校之间的联系,同时帮助学校履行其加强社区凝聚力的责任(www.schoolslinkingnetwork.org.uk)。

Community schools 社区学校

英格兰和威尔士的社区学校是完全由当地教育部门开办的一种学校。教育部门负责学校的招生,拥有学校的资产,并雇佣员工。在美国,社区学校是一种公立学校(通过税收维持)。作为社区的中心,它通过利用社区资源来提供一系列的现场课程和服务,从而支持小学生及其家人走向成功。

Compassion 仁爱之心

另请参阅：关爱型教师，幸福感，培养儿童

See also: caring teachers, happiness, nurturing children

仁爱之心通常可以有效定义为：因对他人遭受的痛苦感同身受，所以引发牺牲和无私的行为，从而用作缓解他人困境的一种方法。然而仁爱不应该与怜悯或同情混为一谈，后者是一种缺乏行动的情感。仁爱甚至也不同于利他主义，后者是一种帮助他人的行为，但不一定是出于对他们的爱心。由于内疚或文化影响（例如每年同一时间向某个慈善机构捐款，因为每个人都这样做）而帮助不幸的人是一种责任，而不是仁爱。在小学教育中，仁爱的特殊意义源于对教师动机的研究。各种研究表明，帮助孩子培养仁爱之心这一愿望是教师职业的主要驱动力之一，也是教师个人满足的巨大源泉。

家长和教育工作者用来培养儿童仁爱之心的策略就是将了解信息和具体行动结合起来。了解信息很可能包括了解世界贫困地区儿童的困境、讨论自然灾害中幸存者的需要；而重要的一点是，与当地慈善机构进行联系。如果能有机会谈论充满爱心的善举如何能给关心者和被关心者同样带来快乐，孩子们就会从中受益匪浅。在这一过程中，通过示范什么是仁爱之心，比如通过参与社区服务，成年人就为儿童提供了一个行为榜样。若干年前，克里夫（Cleife, 1973）就提出："一定要引发儿童的责任感，以及成熟、理性的人群普遍具有的各种情感，例如仁爱之心、同情心、尊重规则、尊重他人。"然而作者承认，这些目标虽然非常令人向往，但并不容易在儿童中培养，尤其是那些家庭中缺失令人满意的社交环境和道德环境的孩子们。

作为培养关爱心态的课程的一部分，教师经常会讲一些扣人心弦的故事，寻找宣扬积极价值观的民间传说，或者谈论行动中彰显仁爱情怀的英雄。教师也经常使用当代或历史上并不久远的人物，来说明什么是"身体力行的仁爱"原则。但是他们很可能也会提到一些杰出人物的例子，比如伊丽莎白·弗莱（Elizabeth Fry，监狱改革者）、弗洛伦斯·南丁格尔（Florence Nightingale，护士）和威廉·威尔伯福斯（William Wilber Force，政治家，废除奴隶制）。德鲁（Drew, 2002）坚持认为，表现仁爱是一种宽宏大量的行为，这要求我们超越自己的需求，向他人敞开心扉。贝兰（Beran, 2003）很好地总结了这一观点。他说，教师因有仁爱之心而眼光变得更加敏锐，他们会唤醒学生的自我修养意识，使学习者在此过程中发展自身的天赋和潜能。

参考文献

1. Beran, M. K. (2003) *Conservative Compassion versus Liberal Pity*, New York: City Journal, The Manhattan Institute.

2. Cleife, D. H. (1973) 'Authority', in Lloyd, D. I. (ed.) *Philosophy and the Teacher*, London: Routledge.

3. Drew, N. (2002) *Hope and Healing: Peaceful parenting in an uncertain world*, New York: Kensington.

Competition 竞争

另请参阅：家长参与，奖励，体育运动，运动会，成功，测试和测试过程

See also: parental involvement, rewards, sport, sports days, success, tests and testing

无论是学校内外，学生之间总是存在竞争；而且毫无疑问，竞争将会继续下去。家长有时候可能会为这种竞争推波助澜。例如，家长问自己的孩子正在读什么书，以及和班上其他学生相比，孩子的阅读情况怎么样；与其他家长对比成绩报告单；浏览学校排行榜，确定某所学校处于成绩排行榜的哪个位置，并督促自己的孩子努力学习，以获得更好的成绩；运动会期间，家长会为孩子喝彩，并使劲敦促自己的孩子跑得更快、跳得更高，或者超过其他孩子。可以参阅麦克马洪（McMahon，2007）的著作，书中批判了强制性教育方法对孩子成绩的破坏性影响。年龄稍大的儿童可能会极度看重获胜结果，例如小学生会对团队比赛兴致勃勃，充满热情。刘易斯等人（Lewis et al.，1999）研究了152名5～6岁的儿童：孩子们在四周时间内进行了单独或小组活动，活动既有合作，又有竞争。研究者指出，个人主义与集体主义的冲突是一个关键因素。虽然竞争是一个激励学生实现更多目标、追求更高学业或运动成绩的重要因素，但孩子们也需要放松和玩乐的时间。比奇洛等人（Bigelow，2001）强调了让儿童在学习各种运动的同时享受乐趣的重要性。

为了取得更高的学业成绩，竞争已经在加剧。在学校，开设额外课程来精练、重复和强化知识变得司空见惯；包括放学后的课外班，其目的是为了使孩子们掌握英语和数学的薄弱环节，帮助他们提高全国统考成绩。此外，大多数小学生从正式入学的那一天起，就会收到常规性的家庭作业。在校外，还有些家长鼓励或者哄骗孩子参加额外的学习活动，以确保他们比同班同学领先一步，并有优势在最好的中小学和大学里抢占一席之地。即使是低龄儿童也能很快发现，获得大人认可的一种方法就是在班上成绩名列前茅。尽管过度的竞争可能并不令人满意，但同样的事实是，竞争性激励的缺失往往会导致学生无法获得智力上的成就感，无法竭尽全力发挥潜能；相比较而言，善用竞争能增强自尊，疏于竞争则有损自尊（Davies，1998）。良性的竞争和对胜利的渴望是值得提倡的，因为它们为成人世界的现实生活提供了重要的训练。然而过度的竞争则会损害儿童的幸福感，因为他们需要时间去奔跑、跳跃、舞蹈、欢笑、游戏，以及享受作为孩子的乐趣。

参考文献

1. Bigelow, B., Moroney, T. and Hall, L. (2001) *Just Let the Kids Play: How to stop other adults from ruining your child's fun and success in youth sports*, Deerfield Beach FL: HCI Publishers.

2. Davies, N. (1998) 'Teaching for self-esteem versus behaviourism and competition', *Prospero*, 4(1), 18－27.

3. Lewis, A., Simonds, L. and Maras, P. (1999) 'Elephants, donuts and hamburgers: Young children co-operating to co-operate and cooperating to compete in two primary

schools', *Educational Psychology*, 19(3), 245-258.

4. McMahon, R. (2007) *Revolution in the Bleachers*, New York: Gotham Books.

Compliance 服从

另请参阅:纪律,受过良好教育的儿童,政治介入,综合式自然拼读,教师信念,教师职业

See also: discipline, educated child, political involvement, synthetic phonics, teachers' beliefs, teaching profession

英国政府希望对教育进行严格控制,不仅控制教学的内容,而且控制教学的方法。由此导致了一种情况:教师的专业特性正从一种自主的状态转变为一种服从的状态(Hayes,2001)。然而试图把所有的教与学情况都压缩成一种孤立的模式是有悖常理的。学校与学校、班级与班级之间的情况千差万别,很难证明这项如此功利主义的政策是合理的;因为它几乎没有考虑到,所有教师在每天工作的时候都必须立即做出选择和决定。正如瑞格利(Wrigley,2003)所言:"自上而下的命令型改进政策,致使其在宏观实施方面出现问题;因为教师感觉,他们无法提出质疑,甚至无法对其进行细微的调整。"最近,政府又成立了两个工作小组,建议如何有效保证学校的纪律,以及是否所有小学都应该"大力倡导"使用一种被称为"综合式自然拼读"的阅读教学方法——这一方法(可能)已经被整理成新的正统教学法。印刷精美的小册子、组织相关会议、动员培训教师,在短短时间内,每个教师都学习了这种新的教学方法。鉴于存在"广泛咨询""专家意见",以及"为了21世纪的教育"这些说法,反对意见被抛到了一边。

学校很难避免被这场"服从的漩涡"所吞噬。这种漩涡拒绝信任教师会根据学生的最佳利益行事,因此可能会打击教师的主动性,同时限制教师的专业自主性。弗罗威(Frowe,2005)解释说,尽管教育投资需要进行责任追究和实践监督,但是"对教育职业的过度控制,是对教育中那些最具价值的元素的破坏"。因此,如果政治家们更愿意相信教师专业化思想体系的可靠性,就能达到更高的教育标准;而不需要通过目前自上而下的尝试,通过不受欢迎的改革来强迫营造教育得到改善的假象。评估将被用作一种庆祝成功的手段、一种纵情享受未知领域带来的兴奋刺激的手段。儿童是否具备了遵循设定好的路径来学习的能力,这不会成为判断教育进步的依据;相反,教育进步被看成是儿童对从未发现的"新大陆"的探索。

出现服从倾向的一个后果就是,关于教学法的自由争论受到压制。原因很简单,为了达到政客们优先考虑的结果,他们坚决主张实施能够实现这些目标的教学法。在人们意料之中的是,由于有大量财力投入很多课程改革中,政府为不同年龄段的学生设置的成绩目标基本上正在达成——尽管有人对阅读标准感到担忧。由于这一成功,政府宣称,他们的干预策略是有效的。这会增加政府进一步实施改革,并忽视反对声音的可能性。与此同时,评判学校的标准仍然是他们响应政府号召的能力,而抗拒则会引起督学的严密监控。如果检查结果不如人意,学校则会被当作是不合格的学校,并被列入

"特殊措施学校"之中;在极端情况下,学校还可能被关闭。可以理解的是,校长和董事会成员不愿意冒这样的风险;为了避免处罚,他们会继续服从政府的意愿。

毫无疑问,有许多符合政府标准的成功的学校,在任何情况下都能做得很好,不管政治形势如何。然而问题的关键是,在现存体制下,学校为了满足法定的要求及维持现状而在苦苦挣扎,这种状况无法营造一种创新的氛围,也不能引发关于教育优先事项的深度讨论。

参考文献

1. Frowe, I. (2005) 'Professional trust', *British Journal of Educational Studies*, 53(1), 34 - 53.

2. Hayes, D. (2001) 'Professional status and an emerging culture of conformity amongst teachers in England', *Education 3 - 13*, 29 (1), 43 - 49.

3. Wrigley, T. (2003) 'Is school effectiveness antidemocratic?' *British Journal of Educational Studies*, 51(2), 89 - 112.

Comprehension 理解力

另请参阅:理解

See also: Understanding

Computer suite 计算机房

另请参阅:计算机在学习中的应用

See also: computers in learning

在英国,几乎每所学校都有一个计算机房。它是一个房间,或者房间的一部分,专门用来放置计算机。有相当一部分国家教育预算资金被用于此,以确保所有学校的师生都能使用计算机房。一般情况下,电脑放置于适合儿童高度的桌子上。这些电脑桌在房间内对称摆放,可以让管理员有足够空间走动,以及提供指导。孩子们经常两两坐在一起,轮流使用键盘。在一些计算机房的控制系统中,教师可以从主控制台监控孩子们的使用情况。各组和各班的孩子都被分配在机房课程表的特定位置;也就是说,在实际使用中,机房上课时间被用来练习电脑操作技术,或者使用特定的软件,而不是用于完成需要大量时间来广泛探索的任务。

计算机房只提供了整个学校电脑资源的一部分,与在教室内或教室附近的计算机相比,机房资源存在一些不足。学生和教师可以在需要时,自由使用教室中的计算机;相比之下,计算机房的可用性较小,只能在一天的特定时间内使用。教师也很难能利用机房将信息通信技术与其他学习活动结合在一起,因为机房与邻近教室的资源离得较远。然而教师可能需要使用更多的常规教室无法提供的技术资源,而且可能没有足够的空间合理放置计算机。此外,计算机很快就会过时,或与其他教学设备不兼容;软件必须适合教学,而保持一切设备正常运转也是一项技术活。

Computers in learning 计算机在学习中的应用

另请参阅:计算机房,建构主义,创造力,性别,信息技术,交互式白板,动觉型学

习者,读写能力,社会化学习,教师信念

See also: computer suite, constructivism, creativity, gender, information technology, interactive whiteboard, kinaesthetic learners, literacy, social learning, teachers' beliefs

计算机是现代生活中不可或缺的一部分。如果学校没有考虑在教学和学习课程中使用计算机技术,那将是令人难以置信的。有许多资金被分配到学校,用于推广和资助购买计算机。英国的几乎每一所小学都拥有大量的计算机和小装置,且至少有一个具备专业知识的人——教师或助教,来为他们提供指导。大多数学校也有专门建造的计算机房,里面配有足够的机器设备,供一大组或整个班级的儿童使用。

教师们对待将计算机技术合理用于学习的热情,在一定程度上取决于他们所教学生的年龄范围。如果小学低年级的老师更倾向于使用动觉型的教学方法(即"动手操作"),那么与高年级的老师相比,他们会认为没有必要将计算机纳入日常教学中。当然也存在这样的情况:小学高年级的学生更好地掌握了基本的计算机技能,甚至可能比教他们的老师更厉害。赫曼斯等人(Hermans et al.,2008)还发现,小学教师对计算机在教学中使用的态度存在很大差异,这取决于他们的教育信念。研究结果表明,关于课堂使用计算机的态度,持有建构主义思想(即学习者需要在别人的帮助下,通过讨论、反思、尝试、分享等方法来理解观念)的教师,比持有传统教学信念(即喜欢使用直接讲授式教学方法)的教师态度更积极。

计算机似乎对一定群体的儿童具有很大的吸引力。它们似乎特别能吸引男孩、学困生,以及那些难以应付传统课堂常规的人。尽管可能存在这种风险,即教师将使用计算机上课作为对动机不足的孩子提供的"看护服务",但计算机可以为他们提供有效的激励,并成为强大的学习工具。《泰晤士报教育增刊》(TES,2008)有一篇文章,报道了使用一种奇幻冒险游戏来激励小学生的事情。尤其是不愿写作的男孩们,这个游戏似乎对他们的读写能力产生了显著的影响。这个游戏也可以利用绘画、写作、讨论等方法来提高创造力。据报道,学生能够写出更长的文章了,词汇水平也有所提升,并学会了运用更富想象力的写作风格。

蒙塔兹(Mumtaz,2001)在一项针对8岁和10岁孩子的研究中发现,他们在家里比在学校更频繁地使用计算机。孩子们最喜欢用家里电脑做的事情就是玩游戏,而在学校电脑上最频繁的活动则是文字处理——许多学生认为文字处理活动没有吸引力。蒙塔兹还指出了有趣的性别差异:男孩花更多的时间玩电脑游戏,女孩则花更多的时间给朋友发邮件。这项研究得出的结论是,学校应该从家庭计算机的使用中得到启发,让儿童能够做他们认为有价值、能激发干劲和值得一做的事情。

人们已经开始对电脑产生的不良影响表示担忧,包括对视力的影响、对社交互动的影响(尤其是男孩,可能会变得孤僻),以及对身体姿势的影响。伯恩斯和克鲁赛尔(Berns & Klusell,2002)指出,由于教师和学校其他相关工作人员对人体工程学知识掌握有限,这导致了两个特别的问题。(人体工程学研究如何改善劳动者与环境之间的

C

关系,从而提高生产效率,并将疲劳和不适最小化。)第一,儿童在使用电脑时的身体不适,是由于工作场所的设计不佳导致的;第二,儿童没有认识到工作场所设计中人体工程学知识的重要性。显然,教育工作者需要认真对待此类问题,但他们无法通过立法保护儿童在自己家中免受这种伤害。

此外,人们还担心的是,儿童在标准电脑屏幕上的阅读速度,只能达到等量传统纸质材料阅读速度的一半,而且理解程度也降低了。有传闻说,在威尔士,虽然学校的计算机数量大幅度增加,但学生在课堂上的表现并没有得到改善;尽管有迹象表明,交互式白板(Interactive Whiteboards,IWBs)的问世有助于激发那些叛逆的学生。

参考文献

1. Berns, T. and Klusell, L. (2002) *Computer Workplaces for Primary School Children: What about ergonomics?* Human Factors and Ergonomics Society Annual Meeting Proceedings, Musculoskeletal Disorders, 415 – 418.

2. Hermans, R., Tondeur, J., van Braak, J. and Valcke, M. (2008) 'The impact of primary school teachers' educational beliefs on classroom use of computers', *Computers and Education*, 51(4), 1499 – 1509.

3. Mumtaz, S. (2001) 'Children's enjoyment and perception of computer use in the home and the school', *Computers and Education*, 36(4), 347 – 362.

4. TES (2008) 'Computer game helps to raise primary pupils' literacy skills', 25 April.

Concepts 概念

另请参阅:错误与误解,理解

See also: mistakes and misconceptions, understanding

一个概念就是一个有意义的单词,并可以在脑海中想象成一幅画。老师有时会要求儿童选择一个普通的概念(例如,树),然后以个人、双人或小组的形式,尽可能多地想出和这个词有关的其他单词。几分钟后,孩子们说出一些短语和句子来说明树木的用途,讲述与树有关的故事,围绕保护树木进行辩论。他们的想法可以通过列表、图表、图片或网状图直观地呈现出来,然后由成年人把它们整理得更有序。下面的情况可以接着实施与上面类似的教学过程:老师介绍完一个话题,或者学生已经讨论了关于这一主题的各个方面,需要最后总结出关键点。老师通常是基于孩子们所做的事情来评估他们的理解,注意他们的逻辑思维中不一致的地方,并纠正他们的错误看法。

Concluding lessons 课堂小结

另请参阅:交叉课程,学习目标,教学组织,教学计划,教案,课堂复习,教学总结

See also: cross-curriculum, learning objectives, lesson organisation, lesson planning, lesson plans, lesson review, plenary

和教师的其他工作一样,课堂小结也需要足够的重视和仔细的考虑。它的顺利进行是成功地完成一节课的必要条件。课堂小结,普遍称为"教学总结"(the plenary),

至少有四个目的。首先,用来完成任务和活动,或者把它们停在合适的节点,以便下一步继续进行。经常存在这样的情况:教师设置的任务不能完全与这一节课预留的时间相吻合,课堂教学需要停留在合适的阶段,这样学生可以在接下来的学习中继续进行或完成这些任务。

其次,课堂小结是一个整合学习思路的机会。教师会鼓励小学生弄懂他们的学习内容,了解当前任务的目的,掌握它在更广泛的情境下可能带来的影响。教师可以将一节课的几分钟小结时间有效地利用起来:讨论相关问题,分享彼此的发现,为成功欢呼,换个角度看待失望和挫折(比如强调还未成功并不意味着失败)。

再次,小结是保持课堂井然有序的机会。如果这节课的学习内容已经完成,不需要进一步学习或练习,在这种情况下,学生这节课的作业(如书面的、计算的、绘画的或其他形式)一定要上交批改。如果这节课还没有完成学习内容,老师就要从可行性方面考虑,决定是否收集这些作业。如果作业是通过电脑完成的,老师在以后空闲的时候将其打印出来也是有益的。如果涉及精致的3D物品或绘画作品,作业收集显然更麻烦。教师们发现,也有一个有效的应急办法,那就是让学生在作品上写下自己的名字或贴上标签,以证明那件作品是自己的。

最后,这个小结提供了一个回顾所学的机会。对教师而言,可以利用这个机会回顾主要学习目标、次要学习目标,以及课堂意外生成(即非预期目标)。教师还可以考虑教学计划的后续步骤,以及这节课的所学和其他领域的联系——不限于当前学科领域,更理想的状态下,还包括与其他学科之间的联系(交叉课程)。教师对本节课学生的学习情况把握得越精准,他们对后续环节的准备就越充分,教学计划也就越有效。

Constructivism 建构主义

另请参阅:讲授式教学,小组活动,学习,问题解决,教学法,理解,最近发展区

See also: didactic teaching, group work, learning, problem solving, teaching approach, understanding, zone of proximal development

建构主义理论与让·皮亚杰(Jean Piaget)的著作相联系,是教育领域的主要理论之一,对教师怎样教和学生怎样学具有重要的影响。不是教师通过讲授的形式,将信息和知识直接灌输给学生,建构主义提倡的是,学习者与教师共同协作,更积极主动地参与学习,创建(即“建构”)对知识的理解。强调以学生为中心的学习,是大家最熟悉的建构主义所倡导的思想,也是其在小学教育中最重要的贡献之一。通常情况下,儿童以小组的形式活动,讨论问题,解决问题,调查现象。社会建构主义理论起源于利维·维果斯基(Lev Vygotsky)和杰罗姆·布鲁纳(Jerome Bruner)的研究,与建构主义密切相关,但强调文化和社会背景对认知发展的重要性。在这一过程中,教师要积极参与,并扮演重要的角色,为学生提供指导和知识。社会建构主义最著名的理论是维果斯基的“最近发展区”(zone of proximal development)理论。

Consumables 消耗品

教师用“消耗品”一词来指儿童课堂上需要的物品。但当它们被用完、损坏或丢失的时候，则需要定期更换。这些物品包括纸张、书写工具、绘画颜料和练习本。其他资源一般称为“非消耗品”，例如，游戏和科学设备。

Context 环境

另请参阅：学习氛围，学习环境，身体舒适，学校氛围

See also： learning climate, learning context, physical comfort, school climate

环境指的是影响学生学习和发展能力的现有的物质、现实和情绪条件。最重要的环境因素是教授这个班级的教师，他们的影响遍及课堂生活的方方面面。一位教师的方法可以激发和鼓励整个班级的学生，而另一位教师则可能会在同一间教室引发同一班级的学生出现焦虑不安的行为（Kershner & Pointon，2000）。很显然，教师们都对如何能创造一种促进学习而非损害学习的氛围很感兴趣。

除了人和设施这两个因素，学校系统中最重要的环境构成因素是学校的组织结构、课程、教学材料和教学技术。有关时间的使用、教室和人员的分配等决定，都是为了有益于学生的学习。然而学生的学习同样也会因为这些决策无法实施而受到限制。因此，每一位教师试图营造的环境都会直接受到整个学校决策的影响（例如，如何制定时间表、如何分配空间、如何实施政策等），受到资源获得途径的影响（学习材料和成人的帮助），以及教学技术的影响（IT 支持）。由于每一种情境的特殊性，要找出促进或阻碍有效学习的环境因素是很困难的。环境还包括教室的大小和结构、照明、供暖、可用空间里的学生数量，以及一些看似不起眼的因素，如墙壁的颜色、天花板的高度。事实上，任何事情都会对学习的质量产生或积极或消极的影响。

参考文献

1. Kershner, R. and Pointon, P. (2000) ‘Making decisions about organising the primary classroom environment as a context for learning: The views of three experienced teachers and their pupils’, *Teaching and Teacher Education*, 16(1), 117 – 127.

Core subjects 核心学科

另请参阅：课程，英语，信息技术，数学，《国家课程》，科学

See also： curriculum, English, information technology, mathematics, *National Curriculum*, science

在《英格兰和威尔士国家课程》（*The National Curriculum for England and Wales*）中，核心学科包括英语、数学、科学和信息通信技术。而最后这门课既是独立的一门学科，也可以设置为交叉课程（即融合几个学科）。苏格兰和北爱尔兰没有国家类课程，但他们的课程也是基于广泛的课程领域组织起来的（请参阅 Hamilton & Weiner，2003）。几乎所有的小学都开设英语、数学

和科学课。信息技术既是小学中的一门课程(教授计算机技能,并进行实践练习),同时也被用来在合适的时候自然地为学习提供支持。教育部门每年都会正式测试学生们关于核心学科的知识和理解。值得注意的是,英国政府在 2010 年把科学课的评估权归还给了教师,只对英语和数学进行外部的检查和判定。

英格兰资格与课程委员会发布的《2005 年 6 月小学材料汇编》(*The Qualifications and Curriculum Authority 'Primary Dossier' for 2005 – 6*, QCA,2006)提出:大家普遍感觉,单纯地从学科的角度设计和讲授课程,往往对提高学生的进步并无帮助。校长和教师们表示,小学课程的安排过于密集;大家一致认为,这三个核心学科占据了大约 60% 的课时。许多学校都希望能够按照学习领域的形式,更好地建立学科之间的联系,而且他们也有信心这样实施课程。

英国科学教育协会(The Association for Science Education, ASE, 2008)认为,由于科学自身注重探究性、客观性和严谨性,所以从儿童早期开始,科学就对他们的认知发展做出了特殊贡献,这也充分捍卫了它在整个课程体系中的核心学科地位。此外,该协会还坚持认为,科学是在适宜的情境中发展和运用读写和计算能力的有力工具。因此,如果要保证其核心学科的地位,科学应该在以下方面拥有真正的平等地位:地位和权重、课程时间、支持力度、持续的专业发展机会、资金支持。

每个科目的教学都需要教师投入大量的时间,用来安排教学计划、制定教学策略、评价学生的进步、评估学习的质量。此外,教师还要与其他学科、主题领域,以及校外学习机构建立联系。关于核心学科教学问题的有用建议,可以参阅海斯(Hayes, 2007)以及博伊和斯平克(Boy & Spink, 2008)的著作。

参考文献

1. ASE (2008) *Independent Review of the Primary Curriculum*, Submission of Evidence from the Association for Science Education for the 'Primary Review', chaired by Sir Jim Rose.

2. Boys, R. and Spink, E. (eds) (2008) *Teaching the Core Subjects*, London: Continuum.

3. Hamilton, D. and Weiner, G. (2003) 'Subject, not subjects: Curriculum, pathways and pedagogy in the UK', in Pinar, W. (ed.) *International Handbook of Curriculum Research*, New York: Lawrence Erlbaum.

4. Hayes, D. (ed.) (2007) *Joyful Teaching and Learning in the Primary School*, Exeter: Learning Matters.

5. QCA (2006) 'Monitoring curriculum and assessment: Primary Report 2005 – 6' *Primary Evidence Dossier Section 5*, Annersley: QCA Publications.

Courage (children)(儿童)勇气

另请参阅:儿童发展理论,儿童,个人、社会与健康教育,(儿童)自尊心

See also: child development theories, children, personal, social and health education, self-esteem (children)

儿童需要理解什么是勇气。尽管这个话题的各个方面在个人、社会与健康教育(PSHE)中都有所涉及,但成年人仍然需要在一些独特的地方给他们率先垂范。施密特(Schmidt,2007)认为,如果想增强儿童身上的勇气、毅力、诚信和活力,我们就必须通过四种方式将泄气变成鼓励(“鼓起勇气”)。第一,通过让孩子们负责一些事情,表达出对孩子们的信心;同时询问孩子们的想法或建议,先让他们有机会依靠自己的能力解决问题,要抑制住过分保护或从困难中解救他们的想法。第二,关注儿童的长处,认可他们做得好的地方,使他们的优势向积极的方向改变。集中注意孩子们的改进而不是追求完美,为他们的进步喝彩。第三,珍视每一个儿童,将他们看作是正沿着特定轨迹向前发展的独一无二的个体,将个人价值与最终结果(成功或失败)区分开来。第四,帮助儿童学会自己做事情,鼓励养成独立的个性。

小学教师通常借助榜样人物来探讨勇气的内涵。这些榜样既有历史上的,也有当代的,他们身上都展现了非同寻常的勇敢和坚韧品质。例如,《圣经》里的人物丹尼尔(Daniel,《在狮子的巢穴里》)和大卫(David,《与歌利亚战斗》)都被用于宗教教育,以说明什么是非凡的勇敢行为。同样地,古代历史上伟大的将军和君主,他们的勇敢事迹频繁地出现在《名人录》中。当代人物也许包括尼尔·阿姆斯特朗(Neil Armstrong,第一个登上月球的人)、纳尔逊·曼德拉(Nelson Mandela,政治领袖)和残奥会运动员。孩子们也了解过一些克服逆境、最终功成名就的历史人物的事迹,比如海伦·凯勒(Helen Keller,聋哑人)。近年来,人们已经认识到,英雄来自各行各业、各个国家,勇气并不仅仅属于来自西半球的人。

参考文献

1. Schmidt, M. (2007) *Teaching Courage*, Welches OR: Kids Talk; on-line at www.shininglight reading.com/kidstalknews.

Courage (teachers) (教师)勇气

另请参阅:学习氛围,(教师)声望,教学法,教师信念,价值观

See also: learning climate, reputation (teachers), teaching approach, teachers' beliefs, values

当我们想到小学教育工作者的时候,“勇气”一词可能不会立即出现在脑海中。但实际上,它是小学教师需要拥有和探索的一项基本品质。勇气是积极心理学领域公认的核心美德之一,它包括了四种性格优点——勇敢、坚持、诚信和活力。勇敢是这样的一种能力:即使冒着受伤、牺牲的危险,也要去做你认为正确的事情。在生活中,我们每天都以一种能够反映我们的价值观、性格和抱负的方式来践行勇敢。坚持是一种在一次次被击倒后,比其他人更多次地重新站起来的能力。当我们的言行与自己的个人信念和价值观一致时,我们就有了诚信。诚信的人对自己的生活负责,不会因为失望或挫折而责怪他人。那些有活力的人会把热情和精力放在他们正在做的任何任务上,不管这些事情多么琐碎,他们都对其表露出积极的期待(Schmidt,2007)。

帕尔默(Palmer,1990,2007)认为,有的教师教学效果不好,不是因为他们的技能不足,而是因为在其心中恐惧占据了上风。教师的勇气不同于士兵在战斗中表现出来的勇敢,也不同于救生艇上的船员,或太空中的宇航员。他们这些人的勇敢体现为,某项特殊的任务需要付出巨大的个人代价才能完成。教师需要一份"韧性",才能在孩子们坐立不安的时候坚持下去,才能直接正视自己的缺点,才能拒绝在核心信念上妥协,才能为了照顾学生的利益而愿意完全改变原有的计划。

教师们往往不能坚持尝试营造积极的课堂气氛。他们往往采用威吓手段,布置超量的需要"加班加点埋头苦干"的任务,或采取抑制创新的强硬措施,而不是磨砺自己作为学习中介者或鼓励者的技能。教师们也更容易采取讲授式的(直接的,讲座风格)教学方式,而不是给学生提供协作、探索和解决问题的机会,因为后种方式会带来更大的偏离任务的风险和无法预料的结果。当然,勇气不应与鲁莽混为一谈。

参考文献

1. Palmer, P. J. (1990) *The Active Life: A spirituality of work, creativity and caring*, New York: Harper & Row.

2. Palmer, P. J. (2007) *The Courage to Teach: Exploring the inner landscape of a teacher's life*, San Francisco CA: Jossey-Bass.

3. Schmidt, M. (2007) *Teaching Courage*, Welches OR: Kids Talk; on-line at www.shininglight reading.com/kidstalknews.

Creative writing 创意写作

另请参阅:创造力,幻想,书写,想象,诗歌,拼写,写作,写作框架

See also: creativity, fantasy, handwriting, imagination, poetry, spelling, writing, writing frames

"创意写作"这个短语用来描述小学生用书面语的形式记录思想(往往是故事)的机会。这个机会必然需要儿童有能力把思想转变到纸上,会拼写和书写。对幼童而言,成人可以充当记录员;也就是说,儿童大声说出自己的想法,成人把它们写下来。这个过程绝对会耽误时间,增加成人负担,因此使用技术有助于记录儿童的话语。

顾名思义,"创意写作"是鼓励儿童表现出创造力,而不是强加给他们某种风格。然而实际的情况是,如果没有具体指导,只是让他们在一张空空如也的白纸上写作,大部分孩子都会感觉困难。因此,即使这种写作是来源于儿童的想象,通常的做法是围绕一个给定的主题,或者由教师给出写作建议。这种写作可以是几乎完全自由式的,也可以是使用自由诗体的诗歌语言改编一个熟悉的故事(比如一个童话故事),或者创作个人的或者小组的诗歌。这种写作可以和某个专门的课程领域相关联。例如,历史研究课可以要求学生利用他们的知识,从各种真实或者虚构的人物角度,想象地描述一个事件:比如从士兵的视角描写拿破仑战争中的长途行军,或者描写在1664—1666年伦敦大瘟疫事件中一个孩子的经历。

教师们不仅热衷于发展小学生的写作技能,而且希望能够提高他们的创作和编写

剧本的能力,同时还有分析、阐释、评价在内的高阶思维能力。如果教师想创造一个可以促进写作的环境,则需要给学生提供创编故事的资源、时间和机会,不论是单人还是协作的形式。有人对现在的写作教学提出了担忧。因为严格规定的课程,以及在读写课中使用的写作框架,已经压制了创意写作的机会;取而代之的循规蹈矩的写作系统,则排斥天马行空的想象式写作。

Creativity 创造力

另请参阅:协作式学习,协作式问题解决,想象,户外教育,问题解决,思维能力

See also: collaboration in learning, collaborative problem solving, imagination, outdoor education, problem solving, thinking skills

创造力是一个很难定义的术语。这个词词根的意思是“使生成”,涵盖各种不同的意思:与农业相关的术语,如萌芽、生长、培育、生产、种植等;与变化相关的术语,如建造、实验、设计等;与精神相关的术语,如激发、自发、启示等。然而正如克拉夫特(Craft,2005)所言,经常有人问她这个词是什么意思。作为回应,她提出,创造力涉及人、过程和范畴。她认为,创造性的过程“也许相互关联,以产生一种创造性的生活方式”。克拉夫特提出的四种创造性的方式包括:有创新冲动;无意识地进行、相信直觉、重精神追求、情绪丰富;充满想象力;不断冒险和不断创新。比特史东(Beetlestone,1998)提出了一个稍微更加细化的六部分结构:①创造力作为一种学习的形式;②利用多种方式表达思想和情感;③利用想象力;④颠覆与创造;⑤问题解决;⑥个人与环境之间的情感交流。

费希尔(Fisher,2004)提出了创造力的四个关键要素:动机、灵感、酝酿、协作。动机的来源是,感觉努力是值得的;灵感依赖于好奇,以及参与找到解决的办法;酝酿给予时间,使思想产生,以及有意、无意地把事情想透;协作需要找到志同道合的人,并培养与他们之间的伙伴关系,以帮助他们实现潜能。以上例子说明,关于构成创造力特点的要素,大家存在松散的共识,尽管创造力经常与艺术活动(绘画、素描、模型制作、陶艺,等等)和其他非核心学科领域相联系。非核心学科是指除了数学、英语、科学之外的学科领域。由于这些领域的工作是以问题解决和实践活动为特征的,创造力似乎更自然地适合在这些非纸上谈兵的学科中出现。因此,儿童在戏剧中表达情感,在科技课上制作实验模型,在体育课中解决问题,通过绘画抒发内心意识。

对于创造力到底是不是一种天赋才能,抑或一种可以通过后天发展、获得、教授、精炼的技能,大家一直以来都争论不休。两个关键问题构成了相关研究的基础:第一,一个有创造力的孩子,是否会在某些特殊的情境下表现出创造性的一面,而在另一些情境下则不会;第二,一个看起来毫无创造力的孩子,是否能在某一时刻发现未曾被大家(包括这个孩子自己)意识到,却存在于他身上的创造力宝库。罗宾森(Robinson,2001)声称,每个人都有创造的潜能,因为创造力可能存于任何有人类智力积极参与的活动中。他坚持认为,在20世纪90年代末,政府主导实施的在计算(数学)和读写

(英语)领域的改革,以及以这两门学科全国性统考的成功为基础的高风险测试体制,导致了众多学校一心痴迷于教学计算能力和读写能力,而牺牲了其他培养学生想象力的教学方法。与之相反,创造力是将学生从固定的工作方案的死板限制中释放出来,使他们积极参与真实事件和自己感兴趣的事情,从而进行探索和发现。

如果完全是为了乐趣,而不是为了完成一份作业单或者写作任务,任何年龄的小学生都会对听故事感兴趣;如果学生能遇见诗人或者作者本人,而不仅仅是看到他们作品的复印片段,或者听别人谈论他们,孩子们就会获得相当大的进步。观看戏剧,参观文化长廊、博物馆、展览馆,听音乐会,都能帮助学生点燃热情,促进有意义的交流,激发他们的情感,拓展他们的视野。定期去户外领略四季的变化、悉心照料花园、互相协作完成项目,小学生能够通过这些活动培养好奇心。因此,富有想象力地利用学校的操场,紧密地参与当地社区的活动,重视儿童获得关于人物、地点、事件的直接体验,都是创造性地教学和学习的途径。简而言之,如果学生能享受自己所做的事情,他们就能从中获益良多(Jones & Wyse,2004)。

教育工作者应该思考,如何通过鼓励学生多样性思维、参与冒险和创新实践来培养学生的创造力;这是至关重要的(可以参阅Starbuck,2006;Best & Thomas,2007)。鲍凯特(Bowkett,2005)认为,创造力"既是一种态度,又是一种心理过程。它包含童心、好奇心、敏感、自我意识、独立等意味"。有关学校创造力的督查报告似乎认可这样一种说法:如果教师感觉自己没有被正统的教学方法所束缚,而是利用跨学科主题,投入时间去创造一个充满活力的物质环境,则最有可能体现创造力。

如果仅仅给予儿童时间和空间去"创造事物",那是无法产生创造力的。只有在积极寻找和鼓励新思想、注重自我表达的文化中,通过激发热情、成人为其提供适当的帮助,儿童才能迸发出创造力。格兰杰(Grainger,2003)认为,如果要在儿童的学习中给他们提供"解释、交流、为自己创造意义"的机会,老师应该投入更多的时间,用来讨论文学、口头讲故事、表演诗歌、即兴表演话剧等。她强调说,如果愿意冒险尝试创造性的艺术性活动,则能增强教师的信心,调动学生丰富的想象力。慷慨激昂、全身心投入读写课程的老师,更有可能与学生交流学科中的乐趣和神奇,而不是枯燥无味地传授事实。

教师有时候被分为"富有创造力的"和"缺乏创造力的"两类,但是在定义创造力时,这种简单的极端化分类无法辨别情况的复杂性。老师们也许会发现,在一种学校环境中,他们能轻松地将创造性融进教学;而在另一种学校环境中,则是行不通的,因为该学校现有的环境会减弱或抑制他们的创造性欲望。在教育专家中普遍存在这样一种观点:教学中的创造力不是一个固定不变的实体,而是依靠判断力、洞察力、自信心来创造出崭新的原创性思想。因此,创造力不是在真空中出现的,而是依赖于一个由理解、技能习得和知识组成的框架,该框架帮助和支持形成一种问题解决、调查和实验的氛围。真正的创造力具有以下特点:在教学中考虑到每个孩子的兴趣、学习风格,并鼓励他们在新的情境中运用自己的能力。创造力因此和思维紧密相连,而思维又和自由的机会相关;因为思考可以在任何时间开始,可以指向多种方向。如果环境适宜,没有外部的要求和规定的限制(例如准备国家级统考),创造力能够在任何学科领域蓬勃发展。

最优小学教育的根本是在以下两者之间保持合理的平衡:掌握基本的技能、推进允许儿童积极探索与求知的活动。英国有两位在创造力领域最著名的教育学家:安娜·克拉夫特(Anna Craft)和鲍勃·杰弗里(Bob Jeffrey)。他们认为,不仅教师有必要进行创造性的教学,教学要以培养学生的创造力为目的,而且学生也要创造性地学习(Jeffrey & Craft,2004;Craft & Jeffrey,2008)。也就是说,可以允许儿童自由地按照自己的偏好和直觉来进行学习。这个问题尤其和男孩子相关,他们中有相当一部分人很乐意参加讨论、做实验、计算,但也许不愿意系统地研究,以及笔头记录自己的发现。

在日复一日的小学数学和读写的教学工作中,对教师而言,最大的挑战就是支持和鼓励创造力。第一,最重要的是,教师要确保活动是有趣的,甚至是鼓舞人心的。第二,教师要给学生提供清晰的学习方向,而不是过度地抑制他们的热情和求知的渴望。第三,教师要为儿童深入思考、迎接挑战、利用才智解决问题开启可能性。系统的教学方法并不排斥在教学内容中融入想象;相反,这种方法能激发表达能力,有助于儿童意识到其他可能性。

在众人一直都在遵循外界强加的种种期望的时代,如果某位老师敢于冒险,违背传统的教学方法,那的确是勇气可嘉。然而教师的成功部分取决于是否处在一个提倡创新的学校环境。杰弗里和伍兹(Jeffrey & Woods,2003)生动地描述了一个充满活力的学校。正如他们所言:

教学本身是创造性的,从来就不刻板。教学的目标是创造性的学习,主要体现在:学生逐渐拥有自己的知识和技能,在这个过程中产生热情和改变,并对学习过程形成某种掌控,但仍处于教师的指导之下。

在之后的一本书中,同是这两位作者,向我们展示了为了创造性地学习,学生如何可以成为同伴和教师的一种有效的资源(Jeffery & Woods,2009)。优质的教学,不但能为学生提供探索和利用创造性潜能的机会,还能够提高他们的成绩。如果学生仅仅是被给予机会去实验他们的想法,而没有掌握基本的技能,又缺乏成人的干预,这可能会导致混乱出现:太少的成人指导会造成毫无目标的局面,太少实验的机会则毫无疑问会令学生气馁。然而下面这种局面甚至就更棘手了:因为太多的干预会降低自我满足感,而太多的自由会让学生误以为学习就是一个随意而为的过程。

创造力通常和积极的改变、解决问题,以及在自由的文化环境中探索新思想相关联。然而无限制地赞誉创造力所带来的好处,也是值得进一步商榷的。例如,在一个合作团队中,过度地强调创造力可能会引发紧张的局面,甚至是一场灾难。因此,如果一位登山者过度热衷于创新思想,试图攀登垂直岩石的表面,他会因没有遵照原先约定的行动而最终危及其他队员的安全。同样地,如果一位老师对学生的需要和喜好有求必应,为了顺应学生的兴趣而背离课程计划,这样可能会招致教授平行班的同事们的批评。如果由于教师采取了创新性教学和学习方式,导致考试结果不甚理想,这种做法必然会招致家长的抱怨——不管创新在其他方面被认为给学生带来了什么好处。不管如何定义创造力,都不能将其和现存的社会情境相隔离,例如,利益相关者的期望、既定目标的实现、共同承担的责任。毫无约束的创造力可能会令个人满意,但在其他方面会适得其反。

参考文献

1. Beetlestone, F. (1998) *Creative Children, Imaginative Teaching*, Buckingham: Open University Press.

2. Best, B. and Thomas, W. (2007) *The Creative Teaching and Learning Toolkit*, London: Continuum.

3. Bowkett, S. (2005) *100 Ideas for Teaching Creativity*, London: Continuum.

4. Craft, A. (2005) *Creativity in our Schools: Tensions and dilemmas*, London: Routledge.

5. Craft, A. and Jeffrey, B. (2008) 'Creativity and performativity in teaching and learning: Tensions, dilemmas, constraints, accommodations and synthesis', *British Journal of Educational Research*, 34(5), 577 - 584.

6. Fisher, R. (2004) 'What is creativity?' in Fisher, R. and Williams, M. (eds) *Unlocking Creativity*, London: David Fulton.

7. Grainger, T. (2003) 'Creative teachers and the language arts', *Education 3 - 13*, 31(1), 43 - 47.

8. Jeffrey, B. and Craft, A. (2004) 'Teaching creatively and teaching for creativity: distinctions and relationships', *Educational Studies*, 30(1), 77 - 87.

9. Jeffrey, B. and Woods, P. (2003) *The Creative School*, London: Routledge.

10. Jeffrey, B. and Woods, P. (2009) *Creative Learning in the Primary School*, London: Routledge.

11. Jones, R. and Wyse, D. (eds) (2004) *Creativity in the Primary Curriculum*, London: David Fulton.

12. Robinson, K. (2001) *Out of Our Minds: Learning to be creative*, London: John Wiley.

13. Starbuck, D. (2006) *Creative Teaching: Getting it right*, London: Continuum.

Cross-curriculum 交叉课程

另请参阅:建构主义,课程,课程流动,多元智能,主题式学习

See also: constructivism, curriculum, curriculum flows, multiple intelligences, thematic learning

交叉课程教学,也称为课程融合,其大部分的定义强调如何在项目式或主题式教学中综合使用多个学科。此类教学涵盖各种资源、不同概念和灵活的课程安排。课程融合运动来源于倡导建构主义学习观的学习理论专家们的思想,也就是说,通过体验来发现结果——通常与其他学生一起合作,而非通过被动地接受知识。福格蒂(Fogarty,1995)描述了课程融合的十个层次:

(1)支离破碎的:各自独立、截然不同的学科;

(2)相互关联的:某一学科内的话题有所关联;

(3)嵌套式的:关于社交、思维和内容的目标技能制定,局限于某一学科领域;

(4)按顺序安排的:尽管学科不同,类似的观点一起教授;

(5)共有的:涉及两种学科的团队计划及/或教学,关注共有的概念、技能或态度;

(6)呈网状的:主题式教学使用某一主题,作为多个学科教学的基础;

(7)贯穿型的:思维技能、社交技能、多元智能和学习技能,贯穿于所有的学科;

(8)融合型的:多种学科相互重叠的重点内容,被作为共同的技能、概念和态度来探讨;

(9)沉浸式的:学习者的融合方式是,通过自己感兴趣的某一领域的视角,来看待所有的学习;

(10)网络式的:学习者通过选择专家和资源网络,来指导融合过程。

交叉课程教学与跨学科教学、主题式教学和协同教学(“协同”的意思是“联合互动”)紧密相关。融合因素强调将不同学科领域的思想和概念与更广泛的生活经历相结合,意在促使教育与儿童更相关,变得更有意义。这一理论强调,通过将课程作为一个融合的整体来教学,学生们的学习观会更加全面。但如果教师们强调学科的区别和独立性,可能会在幼童的头脑中建立起人为的屏障,孩子们可能难以把各个知识模块牢固地联系起来。

交叉课程教学被视作是一种在学科之间建立联系的方式,比如人文学科之间(历史、地理、宗教),或者是自然科学与数学之间、音乐和艺术之间(例子可以参阅 Lake,1994)。关于如何在课程设计与教学中将公民身份教育融入不同的学科领域,克莱尔(Claire,2004)为教师提供了相应建议。

课程融合思想和大家所熟悉的加德纳(Howard Gardner)的多元智能理论相关(Fogarty,2007)。学生在某一学科学习和应用的知识和技能,被用来加强和扩展其他领域的学习,从而消除学科间的壁垒,将每个科目的相关部分融入一个综合的整体。比如理解某一地区的地理,也许有助于解释为什么历史上一次重要的战役会发生在某个地点;同样,玩积木可以提供介绍三维图像的名称和属性的机会。

反对交叉课程教学方法的人认为,学习需要在单一学科教学中提供描述清晰的学科界限。他们提出,交叉课程学习是不严谨的,尤其是无法保证儿童能有集中的、常规性的机会来掌握关键学科中的基本技能。他们坚持认为,过多的选择会让学生逃避自己感觉困难的学习领域,因此会形成不良的学习习惯和态度。

值得一提的是,爱尔兰的《小学现代语言倡议书》(*The Modern Languages in Primary Schools Initiative*,MLPSI,2008)建议,应该尽可能把现代语言课教学与小学课程其他领域的课程方案联系起来。这种观点背后的思想是,这等于向那些习惯于学科联系的孩子们发出一个积极的信号。有了这种联系,语言就可以更多地融入普通的课程中,而不会被看作是不重要的"附加"学科。在实践过程中,逐渐地在交叉学科之间建立联系,已更多地变成了学习者和教师本能的思维方式。

参考文献

1. Claire, H. (2004) *Teaching Citizenship in Primary Schools*, Exeter: Learning Matters.

2. Fogarty, R. J. (1995) *The Mindful School: How to integrate the curricula*, French's Forest NSW: James Bennett Publishers.

3. Fogarty, R. J. (2007) *Integrating Curricula with Multiple Intelligences: Teams, themes, and threads*, Thousand Oaks CA: Corwin Press.

4. Lake, K. (1994) 'Integrated curriculum', *School Improvement Research Series*, North West Regional Education Laboratory, on-line at www.nwrel.org/scpd/sirs/8/c016.html.

5. MLPSI (2008) *Cross-Curricular Links*, Kildare Education Centre, Ireland, accessible on-line through http://mlpsi.ie.

Curiosity 好奇心

另请参阅:戏剧,户外教育,科学,推断性问题

See also: drama, outdoor education, science, speculative questions

所有的儿童天生就具有好奇心。好奇心是学习的一个先决条件,我们这样说的确是合乎实情的。如果学习是以解决问题的形式呈现,附以需要积累的知识点,儿童的好奇心则可以得到极大的满足。因此,为了拓展孩子们的视野和思想,使他们看到其他的可能性,非常有必要运用一系列的开放性和推断性问题。当孩子向成人讲述他们的生活情况时(比如去朋友家玩),当孩子向成人展示一张珍贵的照片(比如去主题公园游玩)或个人物品时(比如一件生日礼物),成人一定要表现出惊奇之感,这是他们需要扮演的重要角色。在此方面,教育工作者必须学会像孩子一样纯真,并从学习者的角度来看待生活。

佩里(Perry,2001)将好奇心称为发展的动力,因为只要有好奇心,儿童就会继续探索和发现。遗憾的是,有的孩子已经失去了好奇心和发现未知的欲望。其结果是,他们的新朋友越来越少,他们参加的社交小组活动越来越少,他们读的书越来越少,他们越来越不愿意去户外探索。此外,好奇心不强的孩子更难教育,因为更难去鼓舞、感染和激发他们。佩里警告说,在三种常见的情况下,大人会限制甚至破坏好奇的儿童所进行的积极探索:①担忧;②反对;③缺席。相比之下,一个关心、投入和支持的大人的出现,会给儿童提供一个安全的平台。借此平台,孩子们就可以开始探寻新的事物,尽情享受因与他人分享自己的发现而带来的乐趣和成长。

根据学生年龄的不同及学科内容的不同,小学教师可以有多种利用儿童好奇心的办法。在户外学习中,比如可以鼓励孩子们从自然界收集标本,用来仔细观察、描述和绘制。这些初步的活动为以后的活动打下了基础,他们可以利用书本和电子资源做进一步的调查。同样地,给儿童讲述一个故

事，但不告诉他们结局，这样可以引发孩子们自己的想法。这种续写故事结尾的活动不仅满足了儿童的好奇心，而且激发了关于其他选择和可能的讨论。许多低年级教师在介绍教学内容时，故意隐藏了一些特别的物品（比如有历史意义的艺术品），然后再向兴高采烈的孩子们展示它们。与此类似，在戏剧和角色扮演中使用面具和化装，可以增强孩子们的期待感和兴奋感，也一定会增强他们的学习动机。

2008 年发布了一份由威康信托基金会（Wellcome Trust）赞助、彼得・蒂姆斯（Peter Tymms）教授领衔负责的报告。该报告认为，虽然小学科学教学的目的应该是培养幼童的好奇心和积极的态度，但是现在全国小学的科学教学方法却对儿童的科学思想和好奇心造成了负面的影响（Tymms et al., 2008）。

参考文献

1. Perry, B. D. (2001) ‘Curiosity: The fuel of development’, *Early Childhood Today*, 15, 22 – 24.

2. Tymms, P., Bolden, D. and Merrell, C. (2008) *Science in English Primary Schools: Trends in attainment, attitudes and approaches*, CEM Centre, Durham University.

Curriculum 课程

另请参阅：英语作为附加语言，基础阶段，《哈多报告》，全纳教育，学习，学习困难（根源），组织学生学习

See also: English as an additional language, foundation stage, *Hadow Report*, inclusion, learning, learning difficulties (origins), organising for learning

关于“课程”一词，除了描述学生需要学习的全部内容，很难找到一个一致性的定义（Ross，2001）。广义的课程指的是儿童在教育环境中所做、所见、听闻或所感的一切，包括计划内的事情和计划外的事情。课程这个词源于拉丁语，意思是比赛的战车；在赛道这个概念的基础上，后来逐渐演变为学习的课程。实际上，在过去的一个世纪里，人们给出了关于课程的各种定义，包括 100 多年前提到的一个定义。1904 年出版的《教师行为准则建议》这本书提出，小学课程应该提供如下训练：英语语言；既保证速度又保证字迹清晰的书写；包括实际测量的算术；写生、默画和毛笔画；地理、历史、音乐、卫生和体能训练；直接和间接进行的道德教育。

在 1931 年之前，哈多咨询委员会（Hadow Consultative Committee）一直建议，课程应该从活动和体验方面全面考虑，而不是只关注那些需要记忆存储的事实。半个世纪之后，到 1985 年，英国皇家督学团（Her Majesty’s Inspectorate of Schools）给出了一个笼统的定义，认为学校课程包括在其组织框架内设计或鼓励的所有活动，这些活动都是为了促进学生在智力、个人、社交和身体方面的发展。西尔库克和布伦德里（Silcock & Brundrett，2002）说过：“学校决策应该以促进学生的心灵、道德、社交和文化的发展为目标，帮助所有学生为生活中的机会、责任和经历做好准备。”

二三十年以前，教师大体上是非常自由

的,他们可以自行决定教什么,以及怎么教。事实上,教师可以自由地在课堂上组织适合班级情况的学习活动,这种自由被认为是教师专业自主中必不可少的一部分。自1989年以来,《国家课程》(NC)已经在英格兰、威尔士和北爱尔兰(通过北爱尔兰教育部DENI)的所有公立学校和许多私立学校中实施。1999年公布的《基础阶段课程》(*Foundation Stage curriculum*),适用于4~5岁上托儿所和学前班的儿童。《国家课程》对小学教育的总体目标和价值具有明确的定位,它指出:学校课程应该旨在为所有的小学生提供学习和实现目标的机会,促进学生在心灵、道德、社交和文化方面的发展,帮助所有学生为生活中的机会、责任和经历做好准备。

课程需要教师充分考虑全纳教育原则,为所有的学生提供适合的挑战,让他们都能够体验到成功。这一过程需要教师对儿童多样化的需求做出反应,促进孩子个人和小组的学习与评估。那些在学习上有困难的孩子,以及把英语作为附加语言的孩子,也有权利享受适宜、全面、平衡的课程。因此,来自不同社会背景、性别、种族的儿童,不管他们的身体和精神状况如何,都必须接受高质量的教育。

斯科特(Scot,2008)综述了16位来自教育学、哲学、社会学和心理学领域中有影响的课程理论专家、思想家和分析人员的重要评论,提供了看待课程的广泛视角:包括从英国、美国到欧洲等不同地域,从激进的保守主义到自由主义、社会主义、自由意志论等各种政治观点。布兰金和凯莉(Blenkin & Kelly,1983)在其经典著作中,提供了关于课程决策如何转化为课堂实践的独特见解和启示。

参考文献

1. Blenkin, G. M. and Kelly, A. V. (eds) (1983) *The Primary Curriculum in Action*, London: Paul Chapman.

2. Ross, A. (2001) ‘What is the curriculum?’ in Collins, J., Insley K. and Soler J. (eds) *Developing Pedagogy: Researching practice*, London: Paul Chapman/Open University.

3. Scott, D. (2008) *Critical Essays on Major Curriculum Theorists*, London: Routledge.

4. Silcock, P. and Brundrett, M. (2002) *Achieving Competence, Success and Excellence in Teaching*, London: Routledge.

Curriculum flows 课程流动

另请参阅:交叉课程,课程,地理,历史,技能

See also: cross-curriculum, curriculum, geography, history, skills

在一个课程结构中,如果重点强调知识与系统中的关系和模式,这种课程结构则被称为“课程流动”(curriculum flow,请参阅Cremin et al., 2006)。借助该种课程流动,学生能够利用从整套课程中获得的一系列技能和其他体验。例如,从地理课中获得读图技能,从历史课中学会如何衡量证据来源。当他们在各种情况下运用所学知识时,可以引导自我进行更深层次的学习。因此,在以上所举的地理和历史两个例子中,可以使用读图技能来理解历史上的战争为什么

会发生在某些地方,而证据来源可以用于有关可持续性和能源供应的讨论。在这些情况下,教师不仅仅是一个教授者,更多的是引导者和促进者:他们通过建议学生探索众多的领域,以及尽可能地建立读写与计算之间的联系,从而为学生提供学习的重点。这种融合型的课程流动已经开始在学校广泛应用。尽管含有清晰的目标和结构,但它允许即兴发挥的空间,允许发展学生的主动性、想象力和创造力,因而给予儿童更多的学习自主权。

参考文献

1. Cremin, T., Burnard, P. and Craft, A. (2006) 'Pedagogy and possibility thinking in the early years', *Thinking Skills and Creativity*, 1(2), 108 – 119.

Curriculum history 课程历史

另请参阅:课程,低年级小学生(5 ~ 7 岁),信息技术,中高年级小学生(7 ~ 11 岁),关键阶段,读写能力,《国家读写战略》,《国家课程》,新生,计算能力,《国家计算战略》,《初等教育评论》,学习的社交和情感因素,教学方法

See also: curriculum, infants, information technology, juniors, key stages, literacy, *Literacy Strategy (the National)*, *National Curriculum*, new entrants, numeracy, *Numeracy Strategy*, *Primary Reviews*, social and emotional aspects of learning, teaching methods

在 20 世纪六七十年代,英格兰和威尔士的小学课程设置是不一致的。课程在很大程度上取决于每位教师的专业知识、地方政府顾问的积极性,甚至取决于学校能否得到一套合适的已出版的教科书。只有宗教教育是一门必修课,该规定被写入 1944 年的《教育法》(*Education Act*)。北爱尔兰也采用了类似的课程框架。然而在北爱尔兰,学校可以开发额外的课程元素,来表达他们独特的精神特质,满足学生的个人需求和情况。在爱尔兰的学校,课程还包括爱尔兰语。由于苏格兰没有采用《国家课程》(*National Curriculum*),也没有设置学制阶段,所以他们的教育体系与英国其他地区的教育体系有所不同。苏格兰的义务教育包括小学和中学,从 5 岁开始上小学,12 岁进入中学。

在 20 世纪 70 年代,人们开始提出关于"物有所值"和教育问责问题。一些教育历史学家指出,1976 年 10 月 18 日,当时的英国首相詹姆斯・卡拉汉(James Callaghan)在牛津大学罗斯金学院(Ruskin College)举行的奠基仪式上,发表了一次明智的、总体上属于安抚性质的演讲。当时的教育已被公开政治化,这次演讲当然把教育放在了政治舞台的中心。它打开了所谓课程的"秘密花园",并对非正式的教学方法产生了质疑。这次演讲表明,有关国家课程标准的诸多基础建设工作,已在幕后悄然进行。

与此同时,确立一个标准课程(即"国家"课程)的呼声正在获得支持和推动。英格兰和威尔士的《国家课程》于 1988 年成为法律,在接下来的两年里,所有的公立学校都实施了此标准。麦克卢尔和埃利奥特(MacLure & Elliott, 1993)总结道,《国家课程》明确规定了英格兰和威尔士公立教育体制中所有学生的课程结构和(部分)内容

(私立学校不受其限制),同时还包括对 7、11、14 和 16 岁学生的国家评价体系。韦伯和乌利亚米(Webb & Vulliamy,1977)认为,《1988 年教育改革法案》(*1988 Education Reform Act*)开启了自《1944 年教育法》以来英国教育体系中最为深刻的变化,而 1944 年的法案首次确立了国家免费的中小学教育体制。

《1988 年教育改革法案》旨在为义务教育阶段的学生提供最基本的教育权利,确保每所学校的课程都是平衡而广泛的,并能促进学生在精神、道德、文化和身心方面的发展,为他们成人生活中的机会、责任和经历做好准备。《国家课程》中的一个优先事项是:提高国家读写标准,并给予所有学生适当的发展信息技术能力的机会。信息技术的应用将贯穿新学制的所有关键阶段,应用于各种情况中。因此,关键阶段 1(KS1)取代了"幼儿"这个词,关键阶段 1 被定义为学前班(新生)、一年级和二年级;同样,关键阶段 2(三至六年级)取代"小学生"这个词。后来引进的基础阶段包括了学前班,因此,目前的关键阶段 1 只包括一年级和二年级。

一些教育工作者质疑国家课程标准的合法性和有效性,因为它限制了教师对学生的直接需求进行自主判断的权利;而且他们认为,像这样建立的国家驱动式体制会让人想起极权主义政权。然而提供一种有可能消除不同学校之间不必要的差异的课程,这一基本主张最初还是受到了教师们的欢迎。只是在《国家课程》实施之后的几年里,当小学教师面对大量的文件和密密麻麻的教学大纲时,他们才充分意识到它的影响令人不胜其烦,因为他们需要花费大量时间来应付额外的需求。不管从哪方面看,在 20 世纪 80 年代初,教育是政治选举中相对鲜为人知的议题。但是在新千年期间,教育将成为政治抱负和政治野心的晴雨表。

1992 年的竞选活动再次把教育变成了政治辩论的核心。他们随即对现行的《国家课程》进行了多次审核,对不同的课程科目和评价进行了无数次改动,给小学教育工作者造成了困惑和烦恼。诸如"课程负担过重""创新疲劳"和"达到饱和"等说法变得司空见惯,关于小学教师精疲力竭和道德败坏的故事在圈子里流传得有根有据。

20 世纪 90 年代超负荷的小学课程,连同在《国家课程》实施过程中引入的相关评价和记录程序,引起了大家的严重担忧:儿童教育和教师福利是否会因此而受到影响?1993 年 4 月,当时的教育大臣组织了一次对《国家课程》的全面审核。该审核由罗恩·迪林(Ron Dearing)爵士主持,对《国家课程》的整个构建和实施进行了异常广泛的评估(Dearing,1994)。到 2000 年,英格兰和威尔士的学校已经引入了《国家课程》的修订版。人们普遍认为,它比以前的版本更易于实施。然而其他方面的课程创新正迅速取得优势:20 世纪 90 年代末,英国实施了《国家读写战略》和《国家计算战略》,使政府的注意力从《国家课程》转移到"提高"英语水平(后来的读写能力)和数学科目上来。随着新战略的实施,教师分配给其他课程科目的时间和精力开始减少。

在 21 世纪初期,政府提出了许多新倡议。其中,他们大张旗鼓宣传的一条就是,小学教育课程需要包含新的优先事项,比如加强创造力、倡导健康的生活方式、利用户外环境、公民身份和现代外语教学(从 2007 年 8 月开始)、小学性教育(从 2009 年开始)。

在 2009 年,英国出版了两份关于小学教育状况和未来政策建议的评价报告。第一份报告是关于一项为期三年的研究,就是大家所知的《初等教育评论》(*Primary Review*,PR),正式题名为《英格兰初等教育的现状和未来》(*The Condition and Future of Primary Education in England*);它明确了为满足儿童和社会需要的小学教育的目标和价值(Alexander,2009)。第二份报告是《初等教育课程评论》(*Primary Curriculum Review*,PCR),建议小学课程应该如何改变,以达到下列目的:确保所有儿童都能打下良好的基础;为学校提供一定程度的关于课程内容和实施的选择权;为学习一门外语留出时间;强调个人发展;支持从游戏性学习向正式学习转变;鼓励创造力(Rose,2009)。

参考文献

1. Alexander, R. (2009) *The Condition and Future of Primary Education in England* ('The Primary Review') Cambridge: University of Cambridge/ Esmée Fairburn Trust.

2. Dearing, R. (1994) *The National Curriculum and Its Assessment: Final report*, London: SCAA Publications.

3. MacLure, M. and Elliott, J. (1993) 'Packaging the primary curriculum: Textbooks and the English National Curriculum', *Curriculum Journal*, 4(1), 91 – 113.

4. Rose, J. for the DCSF (2009) *Primary Curriculum Review*, London: HMSO.

5. Webb, R. and Vulliamy, G. (1997) *A Comparative Analysis of Curriculum Change in Primary Schools in England and Finland: Final report*, York: University of York.

Curriculum leadership 课程领导者

另请参阅:艺术与设计,(员工)协作,核心学科,课程,设计与技术,英语,地理,董事会成员,历史,信息技术,读写能力,数学,音乐,宗教教育,科学

See also: art and design, collaboration (staff), core subjects, curriculum, design and technology, English, geography, governors, history, information technology, literacy, mathematics, music, religious education, science

课程领导过去是中学教师的职责,他们担任"部门主任",并负责一门科目的教学。今天,人们期望小学教师也能扮演同样的角色。其中,许多角色都与在特定的课程领域内提供领导有关,例如,读写领导者、数学领导者。学科领导者需要掌握扎实的学科知识、专业知识,以便为同事提供建议,为课程的实施和教学提供思路和资源,并记录小学生在整个小学阶段的学习进度。如果负责的是核心学科(英语、数学、科学)之一,课程领导者还会建议同事,如何通过保存适当的记录来评估学生的成绩,以及跟踪他们的学习进度。

课程领导者会与教师、助教保持联系,既通过非正式的形式,也通过员工会议的正式形式,来介绍和宣传有关该学科某个方面的信息,或者近来的创新,或者新的要求。当某个课程领域发生重大变化时,课程领导者通常会为董事会成员和家长做好总结;也

许还会有目的地组织公开会议,向他们正式提交总结。课程领导者的作用还包括协调各种活动(例如整整一年或整个学校的科学周)、抽时间检查设备、订购新资源或置换资源、监督健康与安全(尤其是在设计与技术、信息技术、体育这样的实践类科目中)。

学科领导者最重要的挑战之一,是成为同事们的教学"示范"。对于担任基础学科教学(历史、地理、体育、音乐、设计与技术、艺术与设计、宗教教育)的课程领导者而言,和同事交换班级上课是很常见的,尤其是体育或音乐课。这种"交换"体制会让儿童从课程领导者的专业知识中受益。但是如果这种交换是无规律的,就会影响到课程安排和"学习的连续性"。此外,在相关课程方面薄弱的教师,需要通过积极的教学提高他们的知识和技能,而这种交换不可能改进他们的状况。

课程领导者也需要说服同事们,去相信某种特定的教学法的好处。关于这一点,德等人(Day et al.,1998)注意到,专业发展基于这样的原则,即人们更喜欢被领导,而不是被管理。而这种领导素质,同样适用于和课堂教学教师及资深教职工打交道。对于优秀领导者的评价,不仅依据他们的做事效果,而且包括他们的远见卓识、人际关系、计划和政策,以及他们为儿童和员工的成长与成就所做的贡献。

要战胜怀疑论者和那些特别反对改变发展方向的人,则需要有一定的技巧和说服力。例如,读写课程的领导者也许会建议对阅读教学方法做出重大改变,但可能无法令同事们信服。卡多纳(Cardno,2006)通过对一所新西兰小学的案例研究,发现课程领导者不一定非得以某个人为代表,而是可以体现为一个高级管理团队。这个团队会分析某个定义不清的问题,然后设计和实施改变策略,逐渐让全体员工都参与进来。

伯顿和布伦德里特(Burton & Brundrett,2005)提供了关于课程领导技术和策略的建议,涉及小学教师在创建和管理课程时所面临的理论、实践和技术问题。对于那些严肃的读者,帕克等人(Parkay et al., 2009)提供了详细的阅读资料,呈现了从幼儿到成人的各级教育阶段,课程规划者和教师所需要的知识、技能,以及可供选择的策略。

参考文献

1. Burton, N. and Brundrett, M. (2005) *Leading the Curriculum in the Primary School*, London: Paul Chapman.

2. Cardno, C. (2006) 'Leading change from within: Action research to strengthen curriculum leadership in a primary school', *School Leadership and Management*, 26(5), 453 – 471.

3. Day, C., Hall, C. andWhitaker, P. (1998) *Developing Leadership in Primary Schools*, London: Sage.

4. Parkay, F. W., Hass, G. and Anctil, E. J. (2009) *Curriculum Leadership*, London/Upper Saddle River NJ: Pearson Education(US).

Curriculum plans 课程计划

另请参阅:课程,教学计划,(合作)教学计划,教案

See also: curriculum, lesson planning, lesson planning (joint), lesson plans

学校通常制定长期、中期和短期计划，来安排和覆盖必要的课程内容。长期计划提供话题领域的基本概要，以及整个学年的学习单元。中期计划基本上是为半学期制定的，包括具体的资源、活动，以及衡量学生进步程度的评价标准。短期计划是具体的每周或者两周计划，由教师个人或者教师小组为其学生小组或者班级制定。每位教师也会保留关于每节课，或者系列课时的专门计划，这取决于校长的要求。

D

Dance 舞蹈

另请参阅：戏剧，音乐，体育，故事

See also： drama， music， physical education， stories

舞蹈是小学生体育课程的一部分。舞蹈通常与其他课程的构成元素相关联，常见的有体操、戏剧与音乐。大部分低学段儿童的舞蹈课都与身体感应、合作和富有想象力的故事相关。一些学校聘用舞蹈专家专门为中高年级的小学生授课，少部分学校开设舞蹈社团作为课外活动。

Daydreaming 走神

另请参阅：注意广度，倦怠，大脑功能，注意力缺乏儿童

See also： attention span， boredom， brain function， distractible children

由于走神而开小差的儿童经常受到训斥，他们的行为会让人觉得古怪，甚至被贴上“缺乏专注力”的标签。然而根据研究（Chang，2006），走神有一些益处，例如，让人放松，帮助解决个人矛盾冲突，有助于积极看待他人，能提高工作效率，能增强信念或价值观，帮助达成目标，能缓解倦怠情绪。梅森（Maison，2007）甚至宣称，当外部环境缺乏有趣且发人深省的问题时，大脑反复思考其他不即时相关的重要事件，就出现了走神。另一种有争议的观点认为，在大多数时间，人们会陷入一种非直接、无意向的思索活动（比如走神），这种状态会被有目标导向的思考活动（如在课堂中完成一项任务）常规性打断，而不是与之相反。

参考文献

1. Chang， L.（2006）‘Why does daydreaming get such a bad rap?’ On-line at WebMD， www.webmd.com/balance/features/.

2. Mason， M. F.（2007）‘Wandering minds： The default network and stimulus-independent thought’， *Science*， 315（January）， 393 – 395.

Debating 辩论

另请参阅：讨论，情感智能，家庭作业，信息技术，口语能力，小学生视角，问题与提问，谈话

See also： discussion， emotional intelligence， homework， information technology， oracy， pupil perspectives， questions and questioning， talk

对相关事件进行辩论是培养儿童听说能力的重要途径。辩论遵循一些预制的规则，不同于常规的讨论，并且辩论更具结构性。辩论要求有正式的组织，因此更适合在高年级学生中开展。辩论前，学生需要花时间做辩题相关的调研，进行非正式的相互讨论，或者将他们的发现记录在表格中，以便

之后通过信息技术等媒介进行共享。信息的搜索页可以拓展为家庭作业。辩论中，自愿发言的儿童可以有一段发言时间（如2分钟），在这期间不允许打断。班里其他同学必须耐心地坐在椅子上，听完同学的总结发言。然后每位同学有大约1分钟的时间去思考一个有建设性的问题或做出评论。辩论中的一个重要规则是，任何人不允许在评论中以“是的，但是……”或者类似的否定含义的言辞作为开场。一旦问题和评论完结，另一名发言者可以利用同样的时间来呈示相关信息，表达自己的观点。理想的状态是，发言者提出对立的观点，以便让发言、提问和评论的互动过程更加尖锐化；在这过程中，学生学会应对矛盾冲突的观点和进退两难的处境。有些教师可以使用更加中立的辩题，如“假如我是一名教师”，或者“接下来会发生什么？”这些辩题也适合低年级的小学生。

这部分结束时，教师还有一个重要的角色：梳理不同的争论意见、感谢主要参与者、从整体学习目标的角度重申辩论的意义。尽管辩论中的这种听说（口语能力）训练本身是一种好方法，可以激发兴趣，培养儿童成熟的思维方式，以及对不同或相似意见的包容观念；然而对于辩论是否可以直接促进长期教学目标的达成，这一点仍然是有疑问的。例如，辩论是否能够培养学生从大量信息中总结提炼主要观点的能力？一旦教师与孩子建立起一种轻松的、彼此尊重的关系，教师就可以询问主要参与者在辩论前后过程中的感受，以此提醒儿童情感因素的重要性，及其对自信心和精神面貌的影响。

Decision-making 决策

另请参阅：差异化，纪律，有效性，基金学校，董事会，教学管理，学生理事会，特殊教育需求，（儿童）目标设定

See also: differentiation, discipline, effectiveness, foundation schools, governing body, lesson management, school councils, special educational needs, target setting(children)

教师每天需要做上百次的决策，例如，如何分配课时，如何给学生上课，如何介绍新的理念，如何传授新的技巧，等等。他们必须决定使用何种教学策略，将资源存储在何处，何时帮助学生，何时该放手，如何处置不听话的孩子等。此外，还要做其他的决策，包括给学生分级打分、教室布置管理、课程实施、任务分层、学生测评等。

小学的决策一般分为两大类：一类是关于如何贯彻法定的要求（包括健康和安全法规）；另一类是学校内部事务的处理（比如安排课程或学校每天的日程安排）。负责对小学区域相关事宜做出主要决策的，是地方当局（LA）或对等部门支持的董事会/校董事会和主管教师/校长；如果是教会资助的学校，则是指派的宗教代表。门特等人（Menter et al.,2006）指出，让教师进入学校领导层参与决策在很多国家都很普遍，如加拿大、澳大利亚；尤其是美国，那里的领导层规划都会考虑提升教师在课堂之外的发展和决策力（Menter,2006）。因此，教师在不同时期，可以在领导与被领导之间变换角色，齐心协力，解决问题，提升效能。

教师基于自己关于教育服务和职业行为的信念和价值观，在课堂上做出大部分决

定，涉及课堂组织、教学内容、学习的管理、纪律问题。教师首先需要确定，他们的决策是否反映了自己的教育信念。其次，他们的决策是否有实证的支撑。例如，学生的测验成绩数据有没有增长，孩子们的自信心有没有增长，以此来验证他们的教学方法是否有效。最后，他们的决策是否有效达成了外在的要求，尤其是政府导向的教学目标。

许多小学提倡，让学生参与制定和他们生活直接相关的程序类和实践类决策，比如学校的花园应该设置在什么方位，如何监管早到校的孩子，什么样的游戏更适合在课间玩等。由各个班级选出的学生代表构成“学生理事会”，往往能提高学生的参与度（详见 Deuchar，2004 年关于品德的讨论）。雪夫林和罗斯（Shevlin & Rose，2008）指出，在他们所做的关于英格兰和爱尔兰小学生参与制定决策的综述中，教育政策也倾向于让学生多参与；他们回顾了政策制定者和教育工作者共同面临的关键挑战，以确保儿童和有特殊教育需求的年轻人真正参与到决策制定中来。

参考文献

1. Deuchar，R.（2004）‘Reconciling self-interest and ethics：The role of primary school pupil councils’，*Scottish Educational Review*，36（2），159 – 168.

2. Menter，I.，Mahony，P. and Hextall，I.（2006）‘What a performance！The impact of performance management and threshold assessment on the work and lives of primary teachers’，in Webb，R.（ed.）*Changing Teaching and Learning in the Primary School*，Maidenhead：Open University Press.

3. Shevlin，M. and Rose，R.（2008）‘Pupils as partners in education decision-making：Responding to the legislation in England and Ireland’，*European Journal of Special Needs Education*，23（4），423 – 430.

Deep learning 深度学习

另请参阅：注意广度，探究，记忆力与记忆，学习动机，问题与提问，浅层学习

See also：attention span，enquiry，memory and memorizing，motivation for learning，questions and questioning，superficial learning

深度学习发生的情况有以下几种：学习者将先前的知识与新知识相关联，将理论的观点与每天的实践相关联，将论据与论点相关联并区分，将分散的内容组织并构架成连贯的整体。相反，浅层学习者很可能主要是出于一种对失败的恐惧感，所以想努力获取知识以达到教师的要求。浅层学习一般是指与记忆毫不相关的碎片化知识，学习者缺少将原理从具体事例中分离开来的能力；浅层学习者是为了完成任务而完成任务，而非源于自发的动机（Atherton，2005，引自 Ramsden，1988）。

所有的儿童都需要得到机会，从而将已有知识迁移到新情境，因为这是对深度学习是否发生的重要检测。即使每个组员或者班上每个学生看上去都已掌握某个具体学习目标要求的原则或观点，一些孩子会记住所学的知识，而另外一些则需要不断地提醒和巩固。然而如果孩子看到知识之间的关联越多，他们越有可能热情地参与课堂学

习;并在不同情境下应用知识的过程中,不断地巩固学过的知识。更常见的情况是,孩子们在某天学了新的知识,过了一段时间就完全忘记了,尤其是当他们学过的知识与自己的亲身经历不相关或完全脱离时。

教师对于创设深度学习可能发生的条件起着关键作用。无论是策划、组织材料、教学或评价学生的表现,教师必须密切关注每一个细节,以及它们对引发深度学习的意义。特别要注意,教师必须高质量、积极地引导学生参与学习,这样才能关注到学生提出的重要问题点,才能运用适当的词汇提供准确的评价,才能通过重复、将学习置于多种情境、提出探究性问题等加深学生的理解和知识发展。

教师必须竭尽全力避免沉闷乏味的课堂出现:热身环节与主要教学内容毫无关联;问答环节只是个别厉害学生在重复他们早已知道的知识;任务环节仓促导入,又草率结束;总结环节只对一小部分学生大加赞赏,而将大部分学生忽略为旁观者。

凯莉(Kelly,2007)提出,儿童在被当成"手工匠学徒"对待时才能学得更好,而不是"技能生疏的劳工"。凯莉反对生产流水线式的教学,即教师"通过提供合适的任务,监控并评价学生的学习,同时教师控制整个预先包装的知识的传输过程"。在这样一种缺乏想象力的方法下,儿童的学习动机仅限于完成教师布置的任务,并在考试中取得好成绩。相反,深度学习创设的条件是:教师让孩子们作为初级合作者参与到课堂中;教给他们必要的技能,以培养其独立性;提升他们思考和探索观点的智能;允许学生探究主题;而不是堆积一项又一项的任务,徒劳无功地希望能将知识和理解灌输到学生的头脑中。

其他促进深度学习的策略包含:给学生提供选择的权利,允许他们自己做决策,问他们一些探究性问题,并提供活动材料,辅助探究性活动。同样,使用小测验、智力游戏、团队游戏,以及在社区走路寻宝,都可以促进学生发展稳定的注意广度,增强学习兴趣。另外一些常见的活动在促进孩子记忆力和专注力的发展上也有帮助,如多米诺骨牌、扑克牌、掷色子游戏、图片搭配游戏等。对于高年级的学生,一些序列游戏,如跳棋、国际象棋等,可以引入课堂中,从而鼓励学生事先思考、采取有效策略,而不是依赖直觉。

参考文献

1. Atherton, J. S. (2005) *Learning and Teaching*:*Deep and surface learning*, on-line at www.learningandteaching.info/learning/deepsurf.htm.

2. Kelly, P. (2007) 'The joy of enhancing children's learning', in Hayes, D. (ed.) *Joyful Teaching and Learning in the Primary School*, Exeter: Learning Matters.

3. Ramsden, P. (1988) *Improving Learning*: *New perspectives*, London: Kogan Page.

Design and technology 设计与技术

另请参阅:有效性,均等机会,健康与安全,信息技术,非核心学科

See also: effectiveness, equal opportunities, health and safety, information technology, non-core subjects

因为设计与技术是一门非核心学科，英格兰和威尔士的小学依据政府颁布的指导方针，要求遵循《国家课程》（*National Curriculum*）要求。《国家课程》的学习方案分为 24 个规划，可以用作学校的纲领；所有的学校都必须证明，他们在教授与此学科相关的知识、技能和概念。本学科也是北爱尔兰课程的一部分，在苏格兰，这门学科又叫作“手工与设计”。

设计与技术（DT）本质上是一门实践性的学科，通过这门课，小学生可以发展技能、培养创造力、学会创新。设计与技术规划给孩子提供机会学习和应用知识，理解物质的材料和成分、体系、结构和产品；学生在这门课上，通过使用卡片、木头、布料和一些天然资源，规划和生产出产品，以此提升对技术流程的理解。这门课教给学生具体的技能，如精确裁剪、零部件修理、介绍实际任务中的可行性方案；也教给学生做出预测，并实施通常意义上的“公平测试”；还教他们精确测量、绘制和解释图表、通过使用数据库或信息技术的电子表格处理信息、探究质地和颜色。因此，设计与技术课提供大量与数学、艺术和科学等学科相关联的跨学科和主题式的链接。更多细节可以参考瑞奇的著作（Ritchie，2000）。更早的文献，如顿和拉森（Dunn & Larson，1989）强调如下元素的重要性：合作学习、整体语言读写教学、科学和数学中基于探究的教学等。

一般到 7 岁时，大部分孩子应该能够使用一些材料来设计并制作简单的产品；能够选择材料、工具和技术，并解释他们选择的理由；能够理解简单的机械和构造；能够安全地使用基本工具，对不同的材料进行不同方式的测量、组装、合成或合并；还能够研究并测评简单的产品。大部分低年级的作业包含制作一些实用的产品，例如，孩子们可以设计书的封皮、做一个铅笔架，或者糊一个风筝。

到 11 岁时，大部分孩子能够运用知识和对材料、成分和技术的理解，去设计和制作一些优质的产品，并对产品的设计过程做出评估；如果有必要，提出可替代设计方案。他们能够提供产品制作过程中不同步骤的设计和方案，选取合适的工具和材料；能够对不同材料进行精确测量、标记、切割、联合和合并；能够意识到制作过程中应该规避的对自己和他人的可能危险，做到安全生产。能力强的学生也能理解电子和机械系统的使用，以及更复杂的构造，并能评估产品中哪部分效能好、哪部分不好（更多细节可以参考 DCSF/QCA，2008）。

设计与技术学科的规划，就是让信息技术程序协助产品设计在小学变得更加普遍。政府极力鼓励每所学校都制定这门课的规划，通常由学科带头人和/或校长起草该规划，并提交给学校董事会，因此其他同事、家长和督学可以总览相关的活动。和国家课程里的每一门学科一样，教师需要对学生的学习过程进行监督、测评和报告，同时提供平等的机会，满足特殊教育的需求（Hope，2004）。

学科相关的建议和指导，请咨询设计与技术联合会（The Desiqn and Technology Association），地址：16 Wellesbourne House,

Walton Road, Wellesbourne, Warwichks, CV35 9JB,邮箱:www.info@ data.org.uk。

参考文献

1. DCSF/QCA (2008) *Design and Technology at Key Stages 1 and 2*, London: QCA.

2. Dunn, S. and Larson, L. (1989) *Design Technology: Children's engineering*, London: Routledge.

3. Hope, G. (2004) *Teaching Design and Technology 3 – 11*, London: Continuum.

4. Ritchie, R. (2002) *Primary Design and Technology: A process for learning*, London: David Fulton.

Desks 课桌

另请参阅:身体舒适

See also: physical comfort

二三十年以前,通常每个小学生都有一个单独的课桌,包含一个储物空间、铰链悬挂的桌板和座位。桌子的结构很坚固,经常是钢铁的框架、漆面的橡木或类似的硬质木材的桌面。每张桌子的成本很高,但经久耐用。单人课桌的使用突显个体学习的本质,但是课桌的形状不方便摆放在一起,不适合用于小组合作、互助类活动,比如科学探究或实践类活动。而今天,一小部分学校的学生(通常是高年级的学生)可以选择用固定桌面的课桌,桌子里面有桌斗用来装书、纸和其他的书写用具;通常椅子是单独的,而不是和课桌的结构合在一起。在现今大部分小学,孩子们两人一组坐在一张课桌后,他们的物品单独放在教室一侧的储物隔断里。这样孩子们如果需要从储物箱里拿东西,就不得不在教室里走动,有时候会引起课堂的中断。

Detention 留堂处罚

另请参阅:校长,家校沟通,惩罚,赏罚

See also: head teacher, parent communication, punishment, sanctions

"Detention"(留堂处罚)这个词的词根是"detain",意思是"扣留一段时间"。这种做法在小学并不是很常用,因为正式的留堂处罚通常是发生在放学后,如果是低年级的孩子会招致一些管理问题。小学最常见的留堂形式是一种惩罚,比如课间活动时班主任不允许其走出教室。然而出于纪律的考虑,校长有权利在学校的某个活动结束时让学生多留一会——通常是高年级的学生;前提是这种惩罚行为在学校的章程和纪律文件中有明确的规定。在所有的惩罚中,留堂处罚必修有明确的理由,并且不能超过一定的比例。如果是放学后留校,学校必须给家长至少提前 24 小时的书面通知;通知应该解释清楚为什么要让孩子留校,以及具体安排的细节(房间、监管、任务等)。家长有权反对留校处罚。事实上,小学放学后留校处罚是极少见的。

Dewey, John 约翰·杜威

另请参阅:以儿童为中心的教育,道德,教学论,反思,思维能力

See also: child-centred education, morality, pedagogy, reflection, thinking skills

约翰·杜威(1859 年 10 月 20 日—1952 年 6 月 1 日)是一位美国哲学家、心理学家和教育的先驱者,他的思想在世界范围内已经具有并将继续发挥巨大的影响力。杜威是机能主义心理学流派的创始人之一,此流派将精神生活和行为看作是对环境的主动适应的过程;他也是 20 世纪前半叶进步主义教育运动的主要代表。人们经常把他与以孩子为中心的教育相关联,也许不太准确。史密斯(Smith,2009)提出,杜威的思想对教育者有四重意义:①教育必须与经验相关联,并将其扩大;②思维和反思的重要意义;③学习中的互动和学习环境为实践提供不断延续的框架;④教育民主的核心性。杜威在教育、品德、认识论(学习知识)、逻辑、科学哲学、社会学和政治学理论等领域,与所有时代最伟大的思想家齐名。他的教育学专著包括:

(1)Dewey, J. (1902) *The Child and the Curriculum*, Chicago: University of Chicago Press.

(2)Dewey, J. and Dewey, E. (1915) *Schools of Tomorrow*, London: Dent.

参考文献

1. Smith, M. K. for Infed (2001, 2009), *John Dewey*, on-line at www.infed.org/thinkers/et-dewey.htm.

[illegible]

另请参阅:辩论,对话式学习,讨论,口语能力,谈话

See also: debating, dialogue for learning, discussion, oracy, talk

对话涉及两人或多人之间的会话,对话双方都需要贡献话语,以维持交流的进行。除了社交对话("寒暄"),小学教育中一般涉及两种形式的对话:第一种是"批评性对话",用于询问某些问题;第二种是"创新性对话",用于寻找解决问题的方法。师生之间的对话形成了学习的最基本要素,但是在大多数课堂,大部分的谈话是由成人发起并维持的,小学生只是对教师所说的话做出反应,而不是交谈中另一个平等的参与者。在小学生之间的对话中,有些学生天生健谈,可能会成为会话的主导,但会妨碍其他孩子的深入思考。有些学生感觉要表达自己很困难,甚至有些孩子宁愿保持沉默而不愿意暴露出自己对所谈论话题的了解不足。教师在设计教学策略时必须全盘考虑这些要素,从而鼓励以学习为目的的谈话发生。

Dialogue for learning 对话式学习

另请参阅:交叉课程,对话,讨论,小组活动,学习氛围,读写一小时,《国家读写战略》,口语能力,《国家小学教育战略》,小学生视角,阅读,写作

See also: cross-curriculum, dialogue, discussion, group work, learning climate, literacy hour, *Literacy Strategy (the National)*, oracy, *Primary National Strategy*, pupil perspectives, reading, writing

[illegible]家一般都赞同,当小学生有机会谈论自己的功课、表达自己的情感、对事物做出评价的时候,他们的学习效果会更好。美国的一项研究表明,早期的口语语篇能力能够预测后期读写技能的发展。葛瑞芬等

人(Griffin et al., 2004)开展的这项研究,调查了学前儿童的口头表达与他们后期读写技能的关系。32个孩子在5岁时参与了口语能力测评,8岁时参与了阅读理解和写作能力测评。研究发现,孩子在5岁时对于给定事件意义的口头论述能力,预测了其8岁时的阅读理解能力;孩子5岁时在解释说明事件的任务中对内容的概括能力,也预测了他们8岁时的阅读理解能力。

英格兰和威尔士的学校从1999年起,强迫执行所谓的“读写一小时”策略,经历了几年的沉闷之后,2006年对话式学习的理念又重新流行。官方支持把“对话式教学”或者“对话式交谈”作为一种教学方式,让教师和学生能够通过持续性对话分享并借鉴观点。这一点已经在英格兰和威尔士的《国家读写战略指南》(*National Literacy Strategy Guidance*)中给以明确说明,它是《国家小学教育战略》(*Primary National Strategy*)(DfES,2006)的一部分。亚历山大(Alexander,2006)提出,他所谓的“对话式教学”,是利用谈话的影响力来刺激和拓展孩子的思维,并促进他们的学习和理解。这种方式也让教师能够更加精确地进行诊断和评价。

在讨论的环节,教师一般先导入一个主题,邀请学生就此话题进行谈论。教师对学生的反应做出肯定的回应,并进一步评价,或提出问题。学生再对问题做出回应,然后教师确认或提出其他不同的意见。表面上来看,有时候会产生积极的对话,尤其是如果教师邀请学生提出不同的观点,举另外的例子或提出建议。然而即使是这种明显很丰富的学习环境,学习效果未必有表面看上去的那么好;因为从始至终一直在提供话题并提出问题的是教师,评价学生反应的也是教师。实际上,在有时间限定的课堂教学中,这些问题几乎是不可避免的,因为课程必须在规定时间内完成。另外,这种明显的教师主导的方式认定了所有的观点来自成人,而儿童只有在成人的精心指导下才能学习。

海恩斯(Haynes,2007)评论道,尽管小学的课程标准是共通的,“但是每个小学是由不同的学生个体组成的,他们通过自己的经历和彼此之间的谈话,努力诠释和感知世界的意义”。克里克(Killick,2006)甚至认为,幼童“具有很强的组织能力、协商解决问题的能力,和洞察他人情感、动机和焦虑的能力”。他们能够提供信息,解释事情发生的过程,并提出不同的建议。换句话说,孩子的洞察力和提供知识来源的能力是有待于挖掘的丰富源泉。事实上,综合使用询问和对话的方式,小学生能够成为“小小哲学家”(Haynes,2008)。

如果只是简单地将孩子进行分组并提供一个话题,对话式学习没有也不会自动发生(Grugeon & Hubbard,2006)。和其他学习技巧,如科学质询、操控数学图形或陶艺一样,它需要一个发展的过程。首先,要形成一个适当积极的学习氛围,用以提供支持和鼓励。其次,给孩子反复灌输一种理念,即主动思考自己的学习,而不是被动从成人那里接受学习。再次,教给孩子轮流提供意见的策略。最后,也是最重要的,教给孩子如何倾听彼此。对于大多数孩子来说,倾听很显然是一种自然的能力,但是这种技能是可以不断提高和改善的。

尽管互动式教学在师生交流中体现得更明显，但小学教学中的拓展性对话却未见增长；因为教师需要保持课堂教学的节奏，备课时每个环节有具体的时间限制，尤其是在读写环节。因此，有些教师感觉课堂上没有时间给学生就某个话题进行争论、探讨某个事件，或者表达某种观点，除非这些能够严格地在教学目标规定的范围内利索地完成。

要想让对话在教学中使用的效率最高，不得不考虑几种实践的方法。首先，教师发现，同质分组（即能力强的孩子一组，弱的一组）的效果比混合分组更好。在混合小组中，能力强的孩子倾向于主导所有的谈话。尽管成人在某种程度上可以监控，但缺乏自信的孩子经常只是坐着听而不参与。其次，学生会受益于从低年级开始就某个话题进行谈论的教学方法。随着孩子的阅历和自信的增加，教师可以允许和鼓励他们提出自己的话题，当然是限定在一定的范围之内（比如跟他们正在学习的其他学科相关的主题或话题）。有时候课程本身的内容就会自然引出一些话题；有时候一些国内或国际时事会引发学生的兴趣，教师可以"就事论事"（教学随时要抓住学生的兴趣点）。最后，如果鼓励孩子在发言前思考并组织观点，他们会做出积极反应。孩子在重要讨论开始之前，可以在草稿纸上写下大致的观说的内容在头脑中先有声地过一遍，这对于缺乏自信的孩子尤其有帮助。

参考文献

1. Alexander, R. J. (2006) *Towards Dialogic Thinking: Rethinking classroom talk*, York: Dialogos.

2. DfES (2006) *Primary National Strategy*, London: HMSO.

3. Griffin, T. M., Hemphill, L., Camp, L. and Palmer Wolf, D. (2004) 'Oral discourse in the preschool years and later literacy skills', *First Language*, 24, 123 – 147.

4. Grugeon, E. and Hubbard, L. (2006) 'Learning through dialogue', in Arthur, J., Grainger, T. and Wray, D. (eds) *Learning to Teach in the Primary School*, London: Routledge.

5. Haynes, J. (2007) 'Thinking together: Enjoying dialogue with children', in Hayes, D. (ed.) *Joyful Teaching and Learning in the Primary School*, Exeter: Learning Matters.

6. Haynes, J. (2008) *Children as Philosophers: Learning through enquiry and dialogue in the primary school classroom*, London: Routledge.

7. Killick, S. (2006) *Emotional Literacy at the Heart of the School Ethos*, London: Paul Chapman.

另请参阅：建构主义，辩论，讨论，记忆力与记忆，直观教具

See also: constructivism, debating, discussion, memory and memorizing, visual aids

“讲授式”一词指教师通过运用讲授式的教学方式（成人讲话，儿童听），直接向学生呈现知识和信息。建构主义的教学提倡儿童通过相互合作来讨论、争辩和研究问题，而讲授式教学与此相反，有些儿童尤其受益于讲授式教学。这些儿童有能力聚焦教师所说的话语，并且不需要借助直观教具及实践活动的辅助，就能够理解讲授的内容。从这个角度讲，讲授式教学更加适合于年龄较大的儿童，因为他们更能够集中精力、获取并记住接收到的信息。

Differentiation 差异化

另请参阅：能力，课程，期待，小组活动，教学计划，教案，数学，分级与分流

See also：ability，curriculum，expectations，group work，lesson planning，lesson plans，mathematics，setting and streaming

无论多么仔细地按照学生能力对其进行分组，每组都会包含各种不同类型的学生；所以在备课和教学时，必须要考虑学生不同的学习和学业需求。英国的法律要求所有儿童都能获得包含广泛性、平衡性和差异性的课程。这就表示，“儿童有合法权利来获得差异化的课程，来满足他们各自的需求”（O'Brien & Guiney，2001）。差异化的概念基于一种认同，即每名学生吸收信息、理解概念，以及投身于任务的程度有所不同，因此教学中需要对不同学生有不同的要求，教师的期望值也有所不同。鉴于每个教学情境中都存在学习能力和学能的多样性，教师在做教学设计时面临着两种选择来实现差异化。第一种是学习成果差异化，即让学生使用相似但包含不同概念水平的教学材料。比如当学生独立完成或配对完成任务时，根据能力的不同，他们完成的进度也会有所不同；这种情况比较适合学习成果差异化，教师也会根据学生不同的学业能力而对每组形成不同的期望。第二种则是任务差异化，即让不同能力的学生使用不同的教学材料。比如在数学课上，教师针对能力不同的小组，分配适合其能力的不同任务。在这种情况下，每组的任务和活动都将大不相同，以便于每个学生都有机会跟上同组其他同学的步伐。

对于高年段的小学生，教师经常采用促进学习的组织形式，以便使不同班级但能力相似的同学一起接受教学，并被放到相近能力的小组中。无论是班级内还是班级之间，按照能力分组的方法可以更有针对性地满足特定学生的学习需求，并减少差异化，尽管在同一组成员之间，能力也有可能存在相当大的差异。

一些教师认为，恢复二三十年前的旧体系有相当大的优点（特别是数学领域），每个学生因而能够按照自己的节奏来完成任务和问题，成人只在必要的关键时刻给予专业指导；对于那些更有能力、学得更快的学生，可以派发一些额外的任务，让他们在指定时间内完成。然而如戴维斯（Davies，2006）所建议，额外任务的目的并不是让学生有事可干，而是要进一步拓展学生学习，以及丰富学习体验。

麦德威尔（Medwell，2006）认为，差异化会影响教学计划和教学实施的各个方面，包括如下几点（经修订）：

(1)演示:借助各种媒体来呈现观念、词汇及视觉表征等,包括信息技术的运用。

(2)内容:确保内容适合所有儿童,并给更有能力的学生提供额外内容。

(3)资源:利用写作框架(模板结构)、单词库,选择其他的更简单的词汇给英语为非母语的学生学习。

(4)分组:将能力相似的儿童分在一组,或将一名能力较差的儿童与一名能力较强的儿童或成人结对。

(5)任务:任务要尽可能地与学生的能力相匹配。

(6)帮助:成人应在需要和恰当的时候给予帮助。

(7)时间:给予要完成任务所需要的大致时间。

由于针对个人量身定制课程的不切实际,更多的课程制定还是面向某个班级,因此差异化的教学规划必须建立在合理的分组之上,使得小组内每一名成员都能应对需要完成的任务。更多相关内容可参阅麦克纳马拉和莫尔顿(McNamara and Moreton, 1997)及爱德华兹(Edwards, 2003)的实践建议及实例。

参考文献

1. Davies, S. (2006) *The Essential Guide*

abilities: Differentiation', in Jacques, K. and Hyland, R. (eds) *Professional Studies*, Exeter: Learning Matters.

3. McNamara, S. and Moreton, G. (1997) *Understanding Differentiation*, London: David Fulton.

4. Medwell, J. (2006) 'Approaching short-term planning', in Arthur, J., Grainger, T. and Wray, D. (eds) *Learning to Teach in the Primary School*, London: Routledge.

5. O'Brien, T. and Guiney, D. (2001) *Differentiation in Teaching and Learning*, London: Continuum.

Dilemmas for teachers 教师困境

另请参阅:均等机会,互动,道德,教学激情,专业化,关系,教师信念

See also: equal opportunities, interaction, morality, passion in teaching, professionalism, relationships, teacher's beliefs

教学中的困境并不是新鲜的概念。很多年前,伊芙琳·罗杰斯(Rogers, 1946)提到教师面临的挑战——"在40分钟内,让主题适应40个不同学生的需求",以及在遵循既定的教学模式和回应每个学生个人兴趣与热情之间的矛盾关系。在她的文章《实践中的进步理念:教师的两难境地》中,罗杰斯特别指出,一些能力较差的孩子对于可预测的教学形式会感到更加舒适,这样可以最大限度地减少思考,并集中于做事;而能力较强的孩子,可以在强制动脑的活动中获得更

《柯林斯简明英语词典》(1991)将 dilemma 定义为具体的一个位置点或者一种观点,在这个点上有两种选择,但均不受欢迎。而小学教师每天都会面对很多这样两

难的境地。尽管教师在处理学生的问题上要尽可能做出公平的决定，但他们还需要在保持公平公正的同时，考虑到学生个体之间的差异。一方面教师需要对儿童保持一致的待遇；另一方面孩子们都希望得到比其他人更温柔的对待。教师并不是法官——无论庭下是谁都要依法做出判决；他们必须要在人际关系的处理上运用智慧。然而教师对儿童的观察并不是来自基于性别或是其他特征（比如家庭背景、运动能力，甚至身高）而产生的刻板印象。教师此时面临这样的困境：要么忽视个体差异，对所有儿童一视同仁；要么摒弃平等原则，用不同的方式对待每一名儿童。要摆脱困境，就是要从好的方向处理每件事，多用常识经验来做决定，并且对相关人员解释该决定的理据。

教师需要发展的重要技能之一，就是能够快速对情况做出评估，并给出合理的回应，至少相关的儿童也认为是合理的。蒂里（Tirri，1999）通过探索教师遇到的道德困境及教师的解决策略，来探讨职业道德在教师日常工作中的重要性。他发现教师解决道德两难问题并不按照既定的或绝对的标准，每一种困境的解决办法都是不同的。事实上，在所有类型的问题中，教师将儿童的利益当作思考和决策中最重要的决定因素。

教师的另一个困境是，政客和媒体提出了重要提案，涉及教师和学校如何应对雇主和公众日益增长的需求。通过适应各种改革措施，小学教师已经表现出良好的建设性意愿以实现其对职业的承诺，具体体现在不断改进教学方法、改善公共服务。另外，教师的个人权益和职业评判有时候与法令的规定会有所不同，从而会造成令人紧张的局势，特别是因为学校督导期待教师去拥护和执行一些外部强加的“建议”。

教学的核心，旨在希望教师能够积极面对每天面临的困境，特别是那些与儿童福祉相关的难题。弗莱德（Fried，1995）在其著作的序言中提出了“富有激情的老师”的概念：

> 要成为一名充满激情的老师，既要成为一个爱上专业知识的人，又要好奇于挑战世界的问题和想法，还要关注每一天来上课的年轻人的困难和潜力，或者以上兼顾。
>
> （序，重点已加注）

参考文献

1. *Collins Concise Dictionary* (1991) London: Harper and Row.

2. Fried, R. (1995) *The Passionate Teacher: A practical guide*, Boston MA: Beacon Press.

3. Rogers, E. G. (1946) ‘Progressive ideals in practice: The teacher’s dilemma’, *Educational Research Bulletin*, 25(7), 178 – 182.

4. Tirri, K. (1999) ‘Teachers’ perceptions of moral dilemmas at school’, *Journal of Moral Development*, 28(1), 31 – 47.

Disability 身体与学习障碍

另请参阅：学习困难（根源），身体舒适

See also: learning difficulties (origins), physical comfort

“障碍”通常表示儿童有身体残疾，但

也可以与“学习”一词一起使用，即学习障碍。近些年来，条件允许的地方已经采取行动将残障儿童纳入主流学校。“有缺陷”一词现在用来表明现行情况阻碍小学生的发展。此类缺陷通常与资源提供有关，如因为缺乏设备、设备损坏或不适合等，限制了学生的进步。然而缺陷也有可能是由于缺乏实践、学习条件差（如不通风的屋子），或教学不到位所致。有些存在障碍的儿童，如果得到适当的支持，可能会获得受教育的机会和发展；另外一些儿童，如果先天性问题强烈地影响了他们的学习能力，则需要专家的支持和干预。

Discipline 纪律

另请参阅：注意广度，行为，倦怠，公平，幸福感，淘气，问题与提问，赏罚，说话方式

See also: attention span, behaviour, boredom, fairness, happiness, naughtiness, questions and questioning, sanctions, speech

对不恰当的行为做出回应，对所有教师来说都是挑战，而纪律则是维持有序的教学环境并促进学习的有效手段。纪律需要耐心及坚决地执行，尤其是在全新的环境中。即使在几乎相同的环境中，对一群学生适用的策略很可能不适用于另一群学生。纪律对于在一所新学校刚任职的教师来说，是一

行为准则和办事程序（Neill and Caswell，1993）。“纪律”一词，通常指权威人士（教师、家长或助教）为了改变从属者（儿童）的行为而采取的行动，尤其是教他们学会自我控制。然而纳尔逊（Nelson，2006）坚持认为，良好纪律的关键不是惩罚，而是相互尊重。他认为，父母和老师应该既严厉又友善；这样任何一个孩子，无论是三岁还是叛逆期，都可以在不失尊严的情况下学会有创造性的合作和自律。

大多数孩子喜欢上学，大部分时间表现良好，并且希望和大人及同学建立积极关系。有些孩子则是难以琢磨并且焦躁不安；有些孩子天生比较闲散；有些好像（或就是）无法静坐并集中精力；还有一小部分人，会以为难老师为乐趣，并以是否能够侥幸逃脱惩罚作为对个人的一种挑战。情况就是如此，即使老师尽最大努力使课程关联而且有趣，并创造一个积极的学习环境，仍然会有孩子坚持不恰当的行为。对于这个麻烦的少数群体，有时可以采取处罚措施；虽然这一过程花费时间和精力，但确实是必要的。所有教师都想要建立一个有秩序、激励人心的课堂环境，面对学生的不良行为时，采取适当行动就是教师要面临的挑战之一。对于一些不太严重的不可接受行为的一时容忍，有可能会造成将来更恶劣的情况。另外，教师必须要做出公正的判断，妄加干预而打乱课堂节奏也是无益的，僵化的气氛会使胆小的孩子感到不安。

一些教师常常后悔，他们在任课初期表现得“太温柔”，或在接任新班级时表现得

迎合他人，情感脆弱，难以接受批评”。有些老师，本来比较温和的举动就足够应付情况，却采取毫无必要的强硬措施，从而导致孩子反感和沮丧。此类教师，非常有可能对

每次轻微的违规都采取冲动回应，这会给孩子和教师双方都造成压力。

根据《黑·麦克伯报告》(*Hay McBer Report*, *DfEE*, 2000)，就有效教学而言，避免干预和安定的课堂气氛，是影响学生学习和进步的两个最重要的因素。大多数时候，学习应该是愉快的，而且每时每刻都应该让学生沉浸其中。如果学习枯燥乏味，并被视为无关紧要，学生很快就会通过无精打采的态度和坐立不安的方式让大人知道；他们也许会用各种不良的行为来表示自己的不满，比如大声打哈欠、摆弄衣服、跟朋友说话、发出怪叫、看着窗外发呆、涂鸦或者瘫坐。把每一次的学习经历都变得妙趣横生是不可能的，但是教师可以通过以下方式来增加学生积极合作和响应的可能性：给课堂环节注入一些新鲜刺激的元素，向学生解释内容的重要性和相关性，维持一种欢快的氛围。

海顿(Haydn, 2007)认为，因为未能认识到情况的复杂性，政客们试图找到纪律问题的直接解决办法。因此，“现实情况是，学校和教师总是要努力通过积极主动和随机应变的办法，来尽量减少不守纪律的行为。想要通过几项新政策来彻底解决纪律问题，是一厢情愿的想法”。

每个老师都想受到孩子们的喜爱，但如果这种愿望过于强烈，教师则有可能变得不够果断、明确和坚持；教师还会产生一种试探孩子反应的倾向，而不是正确地维持课堂秩序，并明确告诉孩子必须做什么。孩子们喜欢处事公正的教师，把学生当成大人来看待，处理问题清晰透明，做事目的明确，解释令人受益，不随意评判，必要时坚定无畏地直面困难。在哪种类型的教师最受欢迎的调查中，坚定并且公正的类型总是高居榜首。造成学生这种态度的原因很简单：孩子们想知道他们应该站在哪一边，以及谁说了算。如果孩子觉察到大人不讲理、讨厌或者冷漠，他们几乎不会理会这些人。因此，教师可以用一种自信幽默，并且有分寸的方式对待学生的违纪行为，以提供安全的学习氛围，使学生可以自由地探索、表达和进步。

教师尝试通过以身作则来规范学生行为是明智的(Newell and Jeffery, 2002)。如果教师性格专横、大惊小怪、虚张声势，很有可能会在课堂中体现出来；如果教师为人热情、头脑冷静、态度和善，这些品质同样也会在班级中扩散。事实上，大多数教师都希望尽可能避免对学生实施严格的制度，他们更愿意通过劝导、说服、鼓励、帮助设立目标等方法，让孩子保持中规中矩。这种行为在大部分孩子身上几乎都是有回报的，那就是课堂环境有可能会更加轻松，目标更加明确；尽管这种回报通常不是即时的，教师需要不懈的坚持以达到目标。英国教师与讲师协会(The Association of Teachers and Lecturers, ATL网络资源)向新手教师提供了大量切实可行的建议，包括使冲突最小化的方法，有如下几点：

(1)合作：帮助儿童和青少年学会与人合作、相互信任、互相帮助和与他人分享。

(2)沟通：帮助孩子学会仔细观察、有效交流，以及相互倾听。

(3)尊重：帮助孩子学会尊重并欣赏人与人之间的不同，摒弃偏见并理解原因。

(4)积极表达：帮助孩子学会表达自己的感受，特别是愤怒，但不是通过破坏性的方式;学会自我控制。

(5)解决冲突:帮助孩子们学习如何通过谈话解决矛盾冲突。

如果教师在应该发出指令时用陈述的语气说话,孩子们就会感到困惑。比如"你能把书收起来吗?"与"把书收起来"是完全不一样的,孩子们可能会有不同的理解。前者是一个问题(意味着孩子有一定程度的选择权);后者则是一个指令(表达坚持的含义)。虽然儿童能够逐渐意识到此类问题其实就是要求,但年幼的孩子要搞清楚这件事情需要一定的时间;在这之前,教师不得不一次又一次地应付不可避免的破坏规则的情况。

尽管教师通常需要保持语句流畅,讲课有趣,但很多情况下,有意停顿及肢体语言(面部表情、手势等)的变化也是有用的。例如,教师在说话的时候可以深沉地注视着孩子们,做一些小动作(如轻触下巴,或是在纸上轻敲铅笔),然后再继续讲课。这样做有三个好处:第一,允许自己有一些思考时间;第二,在说话期间提供了一个间歇,使孩子们能重新集中注意力;第三,短暂的沉默让儿童对教师接下来要说的话感到期待。如果教师在暂停后的第一句话故意缓慢地说出来,并借此期间扫视课堂,通过与学生的眼神接触达到心理学上所谓的"凝聚

并且传达了教师对课堂的一种强烈掌控的感觉。

如果违纪行为严重到必须使用惩罚和制裁,最好尽可能迅速地执行。当儿童不停地故意违反规则时,可以将他/她隔离在椅子上或者屋子里进行反省,不用大人监督。孩子几岁便将其隔离几分钟,例如,一个8岁的孩子最多被隔离8分钟。然而阿诺尔(Arnall,2007)认为不能混淆纪律与惩罚,并向家长提供建议:"如果使用面壁、禁足、承担任意后果、打屁股、训斥,以及取消特权等手段,仍不能达到你想要的目的,那就该采用新的方式了。"她还说到,"你还可以不用惩罚措施,而通过设定限制、提供指导来纠正不当行为"。无论是哪种方法,要管束不安分及缺乏持续注意力的儿童,有效的做法都与意在促进所有孩子学习的组织形式密切相关。尤其是活泼的孩子,需要大人做出榜样,让他们明白什么是控制和冷静;所以教师在必要的时候,用轻松的语调来维持纪律总是有益处的。

参考文献

1. Arnall, J. (2007) *Discipline Without Distress*, Berkley CA: Discipline Without Distress Publishing.

2. ATL: *Pupil behaviour: Building positive learning relationships with pupils*, on-line at www. new2 teaching. org. uk/tzone/Students/placement/behaviour.asp.

3. DfEE (2000) *Research into Teacher Effectiveness* (Report by Hay McBer to the De-

4. Haydn, T.(2007) *Managing Pupil Behaviour*, London: Routledge.

5. Neill, S. and Caswell, C.(1993) *Body Language for Competent Teachers*, London: Rou-

tledge.

6. Nelson, J. (2006) *Positive Discipline*, New York: Ballantine Books.

7. Newell, S. and Jeffery, D. (2002) *Behaviour Management in the Classroom: A transactional analysis approach*, London: David Fulton.

8. Wright, D. (2006) *Classroom Karma*, London: David Fulton.

D

Discovery learning 发现式学习

另请参阅:建构主义,探究,自由游戏,小组活动,信息技术,学习,学习动机,问题解决,主题式学习,话题式学习

See also: constructivism, enquiry, free play, group work, information technology, learning, motivation for learning, problem solving, thematic learning, topic work

发现式学习是用开放的形式来解决问题:教师提供主题相关的引导活动或刺激来吸引学生的兴趣,激发他们的好奇心,提高孩子的热情和积极性。然后学生有足够的自主权,决定如何进行探究。当孩子们在规定时间内有尽可能多的发现时,他们可以决定如何呈现自己的发现——用口头、书面或者图表的形式。对于年龄较小的儿童,他们通常用口头或者绘画的形式来呈现他们的发现。

发现式学习与法籍心理学家让·皮亚杰(译者注:皮亚杰是法籍瑞士人)的研究成果,以及建构主义理论密切相关,旨在让学习者关联已有的知识和经验,来发现一些事实、联系及见解。罗布森(Robson,2006)在参考佩恩(Penn,2005)研究的基础上提出,在19世纪50年代之前,皮亚杰的理念就已经在世界范围内传播,尤其是在幼儿教育领域;“通过‘自然’或‘自由’游戏的模式(不直接受大人影响)来学习,占据了幼儿园传统教学方式的很大一部分”(Robson,2006)。发现式学习的倡导者认为,这种方式具有许多优点,比如鼓励学生积极参与,提升自主性、责任感和独立性,发展学生的创造性及解决问题的能力,提供个性化的学习体验。另外,发现式学习的反对者指出其缺点,例如,认知负荷的产生(即短时间内有太多的东西需要思考),误解的可能性(即产生错误的观点),教师无法监测和纠正错误和误解(基于 Learning-Theories.com 的网络资源)。

在小学,发现式学习通常由两人搭档或者小组完成,然后将成果向全班进行汇报。学习资源由老师事先提供,或者由孩子们在调查时制作。信息技术的运用(主要是通过电脑)十分重要,尤其是涉及事实类发现,而不是基于材料操作的实践性应用知识(动觉学习)。近年来,随着固定课程表开始启用,以及课程内容的增加,使教学进度难以按时完成,发现式学习的实施愈加困难。小学教育工作者们似乎达成一个共识:在知识渊博的成人的指导下,如果与更熟悉的直接教学方法结合运用,则发现式学习的效果最好。

参考文献

1. Learning-Theories.com, *Discovery Learning (Bruner)*, on-line at www.learning-theories.com/discoverylearning-bruner.html.

2. Penn, H. (2005) *Understanding Early*

Childhood, Maidenhead: Open University Press.

3. Robson, S. (2006) *Developing Thinking and Understanding in Young Children*, London: Routledge.

Discussion 讨论

另请参阅：圆圈活动，交流，辩论，对话式学习，倾听，思考—结对—分享

See also: circle-time, communication, debating, dialogue for learning, listening, think-pair-share

当儿童和成人就一个话题从各种不同的立场发表意见、贡献观点时，讨论便发生了。费希尔(Fisher, 2005)认为，讨论这个词通常有两种用法：一种是一般的概念，指各种非正式场合下人与人之间发生的谈话；另一种是特定的概念，指一种特定形式的群组互动，群组的成员联合起来谈论大家共同关心的问题，在此期间他们交换不同的观点，以期达到更好的理解。费希尔将第二种用法定义为“探究群体”，并强调辅助讨论需要应用到七项道德原则，即条理性、合理性、真实性、言论自由、机会平等、尊重他人，以及开放的心态。

想要参与讨论的学生需要对这个领域有充分的了解，才能够提供意见、选择性建议和总结。像其他所有口语活动一样，讨论 [illegible] 表达意见的时间和机会，并加以引导，是可以达到的。教师面临的挑战之一是，帮助孩子们认识到讨论不仅仅是表达自己的观点，还要接受和承认他人的观点。即使是大人也会觉得，在讨论中做到自律十分困难，更不用说孩子们了。为了保证有效的讨论，教师必须确保儿童能够做到：①清楚表达自己的想法，并且认真听取他人的观点；②积极回应他人说的话；③认可各种观点的存在；④有学习和理解的决心。狄龙(Dillon, 1994)对讨论的定义可以帮助大家进一步理解这个概念：

> 讨论是一种群体互动的形式，人们彼此来回交谈。人们谈论的是一个问题，以及围绕这个问题产生的一些话题。在交谈中，人们推进并分析有关这个问题的不同建议。

根据狄龙的定义，讨论的独特之处在于，人们按照一定的规则共同谈论一个问题。狄龙不提倡教师在讨论的过程中向学生提问，他建议教师运用陈述、标记、沉默，以及学生的提问，来激发学生的思维，并推进讨论。

讨论依赖于对话式或“多维逻辑式”的推进，在这期间，成人和儿童的想法都需要表达出来，有助于更好的理解。布莱克和瓦利(Black & Varley, 2008)注意到，当小学生在讨论时，用“我们”比用“我”明显地让学生与班集体有更密切的关联，从而更积极地回应讨论。全班讨论提供了一个公共空间和归属感，从而体现出教师想要通过讨论达 [illegible]

学生们更愿意去讨论那些他们认为值得思考或者感兴趣的东西。比如某项工作的价值、某项决定的正确性、某个争议性问题的伦理性等，都为学生交换意见提供了丰

富的素材。年幼一些的孩子可能会讨论如何看好他们的零食，怎样分享玩具，或者是否应该在街上跟陌生人说话；年龄较大的学生可能会讨论公平、平等或者课堂处罚等问题。所有年龄的儿童都可以参与有关当地事务（比如道路规划方案）、国家问题（比如如何照顾老人），甚至世界问题（比如环保）的讨论。讨论也可以在个人、社会和健康教育（PSHE），以及公民身份等正规课程中开展。

高声朗读一首与众不同的诗歌、一个幽默的故事或是一篇有趣的选段，都能激发人们交换想法的冲动。弗拉特和拉多克（Flutter & Ruddock，2004）强调，要让教师和学生有机会就学校和课堂情况表达看法和观点，这一点是很重要的，否则这些情况也无从被大家了解。因此：

> 当我们请教师和小学生谈论有关教学和学习的问题时……我们还希望更多了解到他们在课堂和学校的经历，及其他们对这些经历的看法和态度……这能帮助我们发现教师和小学生所关注的问题，以及对小学生成功学习的机会有重大影响的问题。

想要进一步推进讨论，教师需要确保讨论的环境相对稳定，没有压力，而且目标明确；讨论中需要保持高度集中的注意力，因此要避免噪音和干扰。对年龄较大的孩子，教师有时发现，将学生分成四到五人的小组，或是两人搭档（思考—结对—分享），讨论问题的效果更好；讨论之后，每组选择一名学生汇总组员的想法，并进行报告。年龄较小的孩子通常更适合全班讨论（如圆圈活动），教师可以在讨论进行中发挥更直接的影响，并要确保胆小的孩子也参与到讨论中来。讨论的效果很大程度上取决于教师的参与程度。如果教师干预的太多，讨论就会受到遏制；如果教师干预得太少，讨论则有可能跑题，或者观点过于零碎，甚至与主题不相干。有经验的教师发现，在进行干预之前需要耐心，因为有时候在回归正题之前，孩子们需要一些简短轻松的谈话来调节气氛。

参考文献

1. Black，L. and Varley，D.（2008）'Young children's perspectives on whole class discussions'，*Education* 3 – 13，36（3），207 – 221.

2. Dillon，J. T.（1994）*Using Discussion in Classrooms*，Maidenhead：Open University Press.

3. Fisher，R.（2005）*Teaching Children to Learn*，Cheltenham：Stanley Thornes.

4. Flutter，J. and Ruddock，J.（2004）*Consulting Pupils：What's in it for schools?* London：Routledge.

Displays 教室布置

另请参阅：学习环境，学习动机，（教师）声望，（儿童）自尊心，故事，助教，写作

See also：learning context，motivation for learning，reputation（teachers），self-esteem（children），stories，teaching assistants，writing

尽管现代小学校园生活的属性是目标驱动式的，强调可测量的学业成绩，但许多教师仍然主张将教室布置得多彩多样，力求

学生的学习成果可以展现。低年级的教师经常将教室划分成不同的区域，来刺激学生的想象力：贴满了童话故事人物图片的故事角；挂满学生完成的故事和图片作品，并用隔帘隔开的书写角；摆放各种不寻常物件的神秘角；放满家居用品的家庭角。同一个教室可能会用几张桌子来放置户外活动收集的物品、数学用具，以及小型建筑材料，供学生使用、玩耍和鉴赏。这些展示品旁边还会放置一些带有精心设计的问题或挑战的卡片，促使学生在使用这些物品与同学交谈时进行思考。学生希望家长能来到教室欣赏他们的作品。设置一间梦幻的教室，会使教师在整个学校受到瞩目。

布置展示品需要大量的时间和精力(Beasley & Moberley，2000)，但是如果展示品包括孩子们自己的作业成果，而不是孩子们不感兴趣的东西，这就更能够激励学生，并且增强他们的自尊心。展示品也可以作为一种学习工具(参见 Cooper et al.，1996)，特别是三维的立体摆设。例如，将垂直的黑板与相邻的桌子结合，黑板上张贴海报、图片和作文，桌子上放置与张贴主题相关的模型、信息和问题——以激发孩子的兴趣，鼓励他们提出问题并进行交流。许多低年级的老师喜欢将儿童的素描、图表和彩绘纳入展示中。如果效果足够好，教师还可以将它作为教学辅助，加强视觉形式的学习。例如，在展示板上放置学生的各种正式或随意

他们最喜欢的食物和动物清单；旁边的桌子上放置他们小时候用过的物品——喂食杯、受洗名册及衣服等。

虽然教室布置的任务常常是由教学助理来负责，但教师必须考虑到，某些助理可能掌握不好布置的技巧，或者无法摆设出教师想要的那种效果，所以与助教积极的沟通是必不可少的。尽管如此，包含大量儿童作品的丰富互动的摆设，仍然是小学校园的常规。这种教室布置能给教职员工带来声望，也会得到相关人员的肯定，包括儿童、家长、董事会成员及其同事。

参考文献

1. Beasley, G. and Moberley, A. (2000) *Seasonal Displays*, Pittsburgh PA: Scholastic.

2. Cooper, H., Hegarty, P. and Simco, N. (1996) *Display in the Classroom: Principles, practice and learning theory*, London: David Fulton.

Distractible children 注意力缺乏儿童

另请参阅：注意力缺陷多动障碍，注意广度，行为，友谊，家庭作业，奖励

See also: attention-deficit hyperactivity disorder, attention span, behaviour, friendship, homework, rewards

注意力缺乏的孩子很难在任务或活动上集中注意力，过几分钟后就会感到无聊。但是像所有孩子一样，他们在做自己真正喜

乏的儿童，完成家庭作业特别困难，因为他们很有可能会忘记记录一些作业的细节、把作业落在学校、忘记把书拿回家，或者拿错书。即使作业最终完成，也经常是错误百

出、乱涂一气，从而使大人和孩子都感到沮丧。有些孩子天性活泼、精力充沛，而且在学校始终保持这种状态。然而真正患有多动症的孩子总是不断地在动，并且影响到周围的人；他们看到任何东西都会触摸或者玩耍，并且不停地说话。对于大多数这样的孩子来说，安静地坐着吃一顿饭、上一节课，或者听一个故事，都是十分艰难的任务。他们会在座位上扭动身体、坐立不安，或者在教室里瞎晃荡、抖抖脚、摸摸脸，或是用铅笔或格尺敲桌子发出噪音。

教师必须要确保这些注意力分散的学生保持忙碌的状态，并且要意识到，他们更倾向于同时做几件事情，通常都是浅尝辄止、完成度不高，最终导致沮丧，偶尔还会愤怒。越是冲动的孩子越无法抑制他们的即时反应，无法做到在行动之前进行思考；所以他们会脱口而出一些不合时宜的话，毫无掩饰地发泄自己的情绪，做事完全不考虑后果。他们的冲动会使他们很难耐心等待自己想要的东西，或者在游戏中排队等着轮到自己。因此他们可能会从其他学生那里抢夺自己喜欢的玩具，甚至在不开心的时候动手打人。典型的注意力容易分散的孩子，会选择做那些能够立即得到一些、哪怕是很小的奖励的事情，而不是那些需要付出很多努力，并且在很久之后才会得到回报的活动，即使回报很大(参见美国国家精神健康研究所的官方网站)。

参考文献

1. National Institute of Mental Health (USA), on-line via www.nimh.nih.gov/health/publications.

Drama 戏剧

另请参阅：艺术，晨会，布鲁纳，建构主义，创造力，交叉课程，英语，幻想，历史，全纳教育，互动，读写能力，计算能力，口语能力，科学，歌唱，说话方式

See also: arts, assembly, Bruner, constructivism, creativity, cross-curriculum, English, fantasy, history, inclusion, interaction, literacy, numeracy, oracy, science, singing, speech

戏剧是英格兰、威尔士和北爱尔兰《国家课程》中英语项目的指定课程，是听说技能的四个方面之一。戏剧侧重于制作、表演及评估的过程。为了加强学生的听说能力(口语)，以及促进他们参与戏剧活动，小学生在关键阶段1(5～7岁)学习运用语言和动作来探索和表现情境、人物和情感，学习创造及把握角色，并对他们观看过和体验过的戏剧提供有建设性的评论。在关键阶段2(7～11岁)，学生学习创造、改编和保持不同的角色；在设计和创编戏剧时，运用角色的动作和对白来表现主题、情感和思想；用戏剧性的技巧来探索人物和事件；评价自己和他人为整台戏剧所做的贡献。

低年级的学生被要求学习角色扮演，能在自己班级或其他场合将戏剧或故事展示给其他孩子(比如作为晨会的一个活动)，并能够对看过的戏剧表演做出评论。高年级的学生被要求不仅能够对表演做出反馈，还要能够即兴表演和扮演角色，继而能将自己融入剧本中的角色进行写作和表演。在苏格兰，《国家表现性艺术课程5～14岁纲要》中明确了小学戏剧课程的目标。该纲要

隐含表明了这样的理念:表现性艺术课程的四门学科是相互支撑的,因为它们有相似的原则,学生参与的过程也相类似。戏剧课程的具体目标,要求学生应该:

(1)通过戏剧性和想象的经历,了解自己和他人;

(2)在真实和虚幻的情景下,使用语言、表情和动作来交流观点和感受;

(3)在与他人的关系中建立自信和自尊,学会体谅他人;

(4)发展戏剧的技能和技巧。

戏剧作为一种艺术形式,赋予了生活及各种关系重要的意义;戏剧让孩子去探索和理解有序与无序、和谐与嘈杂、意料之中与意想不到等的意义。约翰逊(Johnson,2004)认为,戏剧提供了丰富、无限的语境,使学生有足够的机会深入某一个情景内部去思考,并反思它的意义,从而更加深刻地体会他们自己的创作过程。在《开始玩戏剧 4 ~ 11 岁》一书的介绍部分,温斯顿和坦迪(Winston & Tandy,2001)强调了戏剧的游戏取向。作者认为,我们每个人在幼童时就学会了如何区分游戏惯例和日常生活惯例。此外,“戏剧活动之所以能够开展起来,是因为儿童天生具有表演能力,而且能够从参与表演中获得对戏剧的理解力”。

博尔顿(Bolton,1992)参考布鲁纳(Bru-

会,用叙述的方式呈现语篇,而戏剧就是非常适合的一种途径。博尔顿强调这种叙事方式的交流能够帮助孩子理解并感受不同的情境。通过戏剧对一些虚构的事件(比如历史事件)进行探索,虽然是一种虚构的表演,然而要想成为戏剧,必须将这种即兴的、富有想象力的表演转化为公开演出。但同时作者也提出,过于取悦观众,以及即兴表演的减少,会造成适得其反的效果。

教师将复杂事件(如一个完整的故事)分解成小的部分,让学生分组创设场景,并鼓励他们讨论如何呈现这些场景,以及定格住关键时刻,这时候教师使用的是建构主义的教学法。比如学生们要描绘 1666 年伦敦大火的相关事件,一组同学可能描绘一场死亡的惨剧,另一组同学可能描绘人们试图通过救生艇逃生的情景,还有一组同学可能描绘消防员努力阻止火势蔓延的场景。

迪金森和尼兰兹(Dickinson & Neelands,2001)坚持认为,戏剧有超越其内在价值的价值,并能够与其他领域的课程建立联系(交叉课程)。通过对一所学校戏剧教学的案例研究,作者提出了各种策略,来展现戏剧如何有助于解决行为、全纳教育、多元文化等问题,以及提升整所学校的办学理念,吸引家长和董事会成员的参与。类似的还有阿克罗伊德和博尔顿(Ackroyd & Boulton,2001)提供的许多实例,说明戏剧在大多数课程中可以发挥作用,其中包括英语(特别是听和说)、历史、科学和计算。

参考文献

1. Ackroyd, J. and Boulton, J. (2001) *Dra-*

don: David Fulton.

2. Bolton, G. (1992) *New Perspectives on Classroom Drama*, Hemel Hempstead: Simon and Schuster.

3. Bruner, J. (1990) *The Relevance of Meaning*, *London*: *Harvard University Press*.

4. Dickinson, R. and Neelands, J.(2001) *Improve Your Primary School Through Drama*, London: David Fulton.

5. Johnson, C. (2004) 'Creative drama: Thinking from within', in Fisher, R. and Williams, M.(eds) *Unlocking Creativity*, London: David Fulton.

6. Winston, J. and Tandy, M.(2001) *Beginning Drama 4 - 11*, London: David Fulton.

Dress code 着装规定

另请参阅:决策,家长参与,体育,专业化,校服

See also: decision-making, parental involvement, physical education, professionalism, uniform

小学生的着装规定通常包括穿正规的制服,允许低年级的儿童在纽扣、蕾丝等小细节上稍有变化。有调查(主要针对初中)显示,制服能够带来秩序感,并且减少班级的差距感;因此英国有一种强化着装规则的趋势。然而有些学校,特别是农村地区,对此持有更加宽松的看法,允许多样性的存在。例如,学生可以只穿带有学校标志的外套,其他可以自由选择。大多数家长更愿意让孩子们穿制服,尽管与普通的衣服相比,制服的价格比较高;这也使得很多二手制服商店得以产生,家长在这里可以用较低的价格买到质量较好的旧制服。

学校里的成人着装规定是一个更有争议的问题,在美国也产生了很大的争议。瓦戈纳(Waggoner,2008)发现,着装规定能使学校领导者平衡合理的外观标准,并给学生树立榜样,但个人也即失去着装的选择权。关于什么样的着装是合适的,存在意见分歧,这引起大家对更加标准化的着装规范的呼吁,以消除不必要的争论。然而达成共识远比想象得要困难得多,因为要在职业标准与个人喜好之间寻求平衡。

参与体育活动的教师,需要在上课时穿正式的衣服,但可能没有时间、条件或机会在运动服和正式服装之间来回倒换。在小学有一个趋势是,允许穿着比较保守的教师上游戏课或者体育课时穿运动服,然后一整天都不用再换衣服。

低年级的教师经常会参与体育活动,需要弯曲、翻滚及跑动;而高年级的教师要意识到学生进入了青春期早期,并对人体有了意识,所以要各自相应着装。在英国,教职员工遵守正式的着装规定并不普遍,通常会存在一些不言自明的规则(例如男士打领带,女士不穿高跟鞋);这样,即使没有相关政策规定,这些规则也会在一段时间内使教工着装达到一定程度的一致。

参考文献

1. Waggoner, C.(2008) *What Teachers Wear to School*: *The administrative dilemma*, on-line at http://cnx.org/content/m15787/latest.

Dyslexia 读写障碍

另请参阅:大脑功能,智力,干预,读写能力,自然拼读,阅读,特殊教育需求,写作

See also: brain function, intelligence,

intervention, literacy, phonics, reading, special educational needs, writing

“读写障碍”一词来自希腊语,意思是“有言语困难”,被大多数教育工作者视为学习障碍。大约4%的人口具有严重的读写障碍,另外有6%的人有轻度到中度的读写障碍问题。这就意味着,在一个有30名孩子的班上就有大约3名读写障碍的学生。有证据表明,读写障碍是由于大脑处理书面语和/或口语的方式存在差异而造成的(MacNair,2008)。大多数患有读写障碍的人都有写作、阅读和拼写困难,这种困难与视力和听觉障碍,以及教学匮乏没有关系。读写障碍不能被归类为智力障碍,因为它在各种智力水平的人员身上都得到过确诊,甚至包括很有能力的学者。佩维和哈珀·琼斯(Pavey & Harper-Jones,2007)参考英国读写障碍协会(British Dyslexia Association, BDA, www.bdadyslexia.org.uk)的资料,将读写障碍定义为:“如果不能完全准确、流利地朗读和/或拼写单词,或者存在很大困难,显而易见就是存在读写障碍。这种障碍主要体现在单词层面的读写学习,意味着尽管这种孩子有适当的学习机会,但是他们的问题仍然很严重,并会持续下去。”作者指出,越来越多的人都不倾向于将读写障碍视作“缺陷”,并强调解决这个问题需要整个学校的努力,而不应该留给老师自己解决。

将“rat”读或写成“tar”,或是将“now”读或写成“won”。他们可能会很容易迷失方向,并会很费劲地区分左和右、东和西。另一个常见现象就是发音省略,例如,某个孩子会将“care”读或写成“car”。阅读时非常缓慢和犹豫,不能流利地逐字读出来,或者时常找不到读到哪里,这样的孩子都可能存在读写障碍相关的问题。再比如:儿童可能会尝试发出这个单词的字母音,却不能正确读出这个单词,如他们可以读出字母“t-a-p”,但是不能正确读“tap”;孩子可能会按照错误的顺序拼写单词,如“felt”拼成“left”;或者将音节弄错顺序,比如将“enemy”拼成“emeny”;或者将单词弄错顺序,比如将“he is”变成“is he”。其结果就是,有读写障碍的儿童会对内容的理解有困难,并且很少能记住阅读的内容。拼写对他们来说也是一个挑战,通常他们会根据读音来拼写单词,例如将“right”拼成“rite”。另外一个典型的特征就是,书写很差,并且很慢(参考Audiblox网络资源)。

读写障碍的改善取决于其严重程度。如果这种障碍与视觉差异相关,在书面上覆盖彩页和使用染色镜片可能会有所改善,因为颜色可以阻止读写障碍儿童常常抱怨的“字母在书页上跳舞”的现象。弗罗斯特和艾梅瑞(Frost & Emery,2000)认为,教师可以通过多种方式对患有读写障碍的儿童进行干预,其修订版本如下:

水平持平或高于平均水平,但其阅读水平比同龄的孩子差一年或几年。读写障碍者常见的一个问题就是会将字母“b”和“d”混淆,无论是阅读时还是写作时。他们有时会

(1)让儿童学会分辨,对于同一个事物,如何说与如何写的相似与不同之处。

(2)直接教授语言分析和字母编码的方法。

(3)提供语音分割与合并的显性教学，帮助儿童逐渐学会处理更大的词块。

(4)通过技巧，使音素的概念(即能够区分意义的读音的最小单位)具体化。例如，呈现单词时可以挡住一些音素和音节，教儿童如何添加、省略、替代和重新排列音素和音节。

(5)在不同的语篇中给儿童提供阅读技巧的示范；回顾之前的阅读内容，并与当前的课时教学相关联。

(6)讨论每节阅读课的具体目的和总体目标。

(7)定期做阅读练习，阅读材料的内容要尽量贴近儿童熟悉的语境，并且包含大量孩子们可以解码的单词(以建立自信)。

(8)在核心高频词汇掌握之后，让孩子们接触更多的不符合发音规则的单词，以提高阅读的精确度。

(9)为帮助儿童理解阅读内容，首先讲解语篇中一些概念上很重要的词汇，然后再进行阅读；随后让他们复述故事，并回答一些很容易找到答案的，或者隐藏在文字之间的有关内容的问题。

(10)告诉孩子们故事的主要构成(即角色、场景等)，以及如何识别和利用这些元素来记住故事的内容。

(11)将读音和拼写教学相结合，教授拼写和读音的关系，以及如何将读出的单词正确拼写出来。

(12)提供积极、显性和纠正性反馈；同时表扬孩子的努力和取得的进步。

英国读写障碍协会(BDA)将其愿景设定为："促成建立一个对读写障碍人士友好的社会，使所有读写障碍者能够发挥他们的潜能。"英国读写障碍协会敦促对读写障碍儿童的尽早发现，以及学校支持，以确保读写障碍者的学习机会。瑞德(Reid,2007)和霍尔(Hall,2009)提供了课堂与学校具体实施层面的建议，可供参考。

参考文献

1. Audiblox, *Dyslexia in Children: Symptoms, cause and treatment*, on-line at www.audiblox2000.com/dyslexia_dyslexic/dyslexia015.htm.

2. Frost, J. A. and Emery, M. J. (2000) *Academic Interventions for Children with Dyslexia Who Have Phonological Core Deficits*, on-line at www.kidsource.com/kidsource/content2/dyslexia.html.

3. Hall, W. (2009) *Dyslexia in the Primary Classroom*, Exeter: Learning Matters.

4. MacNair, T. (2008) *Dyslexia*, *BBC Health*, on-line at www.bbc.co.uk/health/conditions/dyslexia2.shtml.

5. Pavey, B. and Harper-Jones, G. (2007) *The Dyslexia-friendly Primary School: A practical guide for teachers*, London: Sage.

6. Reid, G. (2007) *100 Ideas for Supporting Pupils with Dyslexia*, London: Continuum.

Dyspraxia 运动障碍

另请参阅：注意力缺陷多动障碍，注意广度，欺凌，交流，操场，规则，(儿童)自尊心

See also: attention-deficit hyperactivity disorder, attention span, bullying, communication, playground, rules, self-esteem (children)

运动障碍是一种发展性障碍，它可能与其他类似情形有重合的部分，如读写障碍、注意力缺陷多动障碍(ADHD)和社交沟通障碍(包括阿斯伯格综合症)。运动障碍会影响6%的人，其中男孩约是女孩的3倍。在过去，运动障碍被称为“笨拙儿童综合症”，但现实情况其实相当复杂。运动障碍没有办法治愈，但早期的诊断是至关重要的。有运动障碍的孩子，在学校学习或者与其他同伴玩耍时，在焦虑、专注度和理解规则方面可能存在问题。比如他们会比大部分孩子更难掌握传球的技巧，或者在试图控球时经常被球绊倒。《优秀学校指南》(*The Good Schools Guide* 2008)指出，运动障碍儿童在学校表现出的典型问题包括：

(1)在遵循较长的指令、规划和组织活动，以及个人事务方面存在困难；

(2)抄写书上或黑板上的文字时有困难；

(3)能力时好时坏，有时候能力很强，有时候又很容易感到疲劳；

(4)自我评价偏低，容易感到沮丧，有时会导致破坏行为；

(5)在球类运动上有困难；

(6)写作速度慢，画画不能保持整洁；

(7)游戏课上不能灵活应变。

家长和学校必须意识到，运动障碍儿童如何应对其他孩子的嘲笑是一个重要的问题，因为这不仅会损害个人的自信，而且还可能导致他们被欺负和排斥。例如，在组队参加竞赛时，患有运动障碍的孩子很有可能是同学们最不愿接受的。然而他们完全可以在其他领域获得成功，例如，游泳、棋盘游戏或者信息技术(其他实用性的建议请参见Macintyre, 2009)。运动障碍基金会(The Dyspraxia Foundation, www.dyspraxiafoundation.org.uk)为学校和教师提供课堂指南，旨在帮助教师为所在班级的运动障碍儿童提供更舒适和更有效的课堂生活。

参考文献

1. *Good Schools Guide* (2008) ‘Dyspraxia’, Liverpool: Lucas Publications.

2. Macintyre, C. (2009) *Dyspraxia 5–14*, London: David Fulton/NASEN.

E

Early years 儿童早期

另请参阅:幼儿园教师,学习情感,基础阶段,《国家课程》,观察儿童,游戏,《国家小学教育战略》,成长基石

See also: early years teachers, emotions of learning, Foundation Stage, *National Curriculum*, observing children, play, *Primary National Strategy*, stepping stones

儿童早期用来描述没有到正式入学年龄(在英国大部分地区,指 5 岁以前),但在幼儿园、幼儿游戏班及学前教育中心接受了公认教育形式的儿童。大部分与这些最年幼儿童相处的工作人员为女性。《儿童早期基础阶段教育框架》(*The Early Years Foundation Stage*, EYFS)(DCSF, 2007)正在努力构建一种连贯灵活的看护和教育方式,以确保无论父母选择哪种教育规划,他们都可以确信自己的孩子能接受到很好的教育。在英国的大部分地区,人们意识到学龄前儿童需要接受一种特殊的教育,以便为其之后的正规学校教育奠定基础。EYFS 课程正是基于此发展起来的。大量资金注入此阶段的教育,因为大家相信,早期教育的干预会引发孩子后期更大的学术成就,并增加社会稳定性。瑞雷(Riley, 2007)指出,EYFS 文件的要求与《国家课程》及教授读写能力和数学的《国家小学教育战略》框架都有关联。

《儿童早期基础阶段教育框架》建议了六种促进儿童学习的发展性“启动机制”。第一,鼓励儿童探索周围环境;第二,成人密切参与和协助儿童的基本的智力与社会训练;第三,对儿童获取新知识的行为要予以赞扬;第四,不断练习与拓展新技能;第五,保护儿童在向前发展的过程中不受嘲笑;第六,推动语言与交流。据此,正规的早期学习目标确定为以下六个领域:

(1)个人、社会与情感发展;
(2)交际、语言与读写能力;
(3)问题解决、推理与计算能力;
(4)对世界的知识与了解;
(5)身体发育;
(6)创造性发展。

这些法定的早期学习目标,明确了早期教育阶段结束时大部分孩子被期望达到的目标。此外,因为这些目标为整个《儿童早期基础阶段教育框架》提供了规划的依据,所以也为将来的学习奠定了坚实基础。到《儿童早期基础阶段教育框架》结束时,一些儿童会超越目标;而另外一些儿童,尤其是一些幼童,或者学习有困难、残疾及将英语作为附加语言的孩子,根据自身的需要会朝着其中一些或所有目标努力。关于早期学习目标及怎样和儿童共同达到目标的详细指导,已在《早期儿童基础阶段教育实践指南》(*Practice Guidance for the Early Years Foundation Stage*)(以下简称《指南》)中列出。这些目标所涉及的范围非常广泛,当教

师与助教试图评估与记录孩子们的进步时，这些目标也给他们带来了相当大的挑战。例如，关于个人、社会与情感发展的目标包括：

(1)持续对学习感兴趣、感到兴奋，并且有动力；

(2)有信心去尝试新的活动，产生新的想法，并在熟悉的群组中发言；

(3)保持注意力和专注力，在适当的时候静坐；

(4)对有意义的经历做出回应，在恰当的时候表达感受；

(5)对自身需求、观点与感受，有不断发展的自我意识；

(6)对他人的需求、观点与感受具有敏感性；

(7)逐渐形成对自己与他人的文化和信仰的尊重；

(8)与成人及同伴形成良好关系；

(9)作为团队或班级的一部分，轮流贡献，公平分享；

(10)明白哪些是对的，哪些是错的，并知道原因；

(11)考虑自身言谈举止为自己与他人带来的后果；

(12)独立穿脱衣服、管理个人卫生；

(13)独立选择、利用活动与资源；

(14)理解需要尊重人们不同的需求、[illegible]、[illegible]别人尊重自己的[illegible]、文化与信仰。

《指南》对其他领域都有相应的具体目标列表，如交流、语言与读写能力，问题解决、推理与计算能力，对世界的知识与了解，身体发育，以及创造性发展等。另外，《指南》还规划了一系列的成长基石，包含儿童要达成早期阶段目标所需要的知识与技能、理解与态度等。《指南》中给出“儿童行为示范”，以帮助教师等专业人员掌握儿童重要的发展情况，并为其制定下一步学习计划。此外，《指南》也给出了专业人员的行为示范，以支持与巩固儿童的学习，帮助儿童朝着早期学习目标迈进。

在努力满足幼儿教育具体课程需求的早期尝试中，布兰金和怀特黑德（Blenkin & Whitehead，1987）坚持认为，早期课程方案应当包括给儿童提供展示及表达情感的机会，尤其是在他们遇到难以完成的任务或感到害怕时。作者认为，此类表达情感的机会可以通过交谈、素描、彩绘、模型展示、动作、体育，以及童话戏剧来促进。近期，布罗德黑德（Broadhead，2004）又为专业人员提供了观察与评估儿童游戏所需的“工具箱”（一套策略与技巧）。作者还提供了一个框架，用于反思和发展面向 3～7 岁年龄段儿童的传统的教育保障，更加突显了智力发展、语言成长与健康情绪之间的联系。

如有读者希望进一步探讨早期教育问题，可以参考帕克·里斯和威兰（Parker-Rees & Willan，2005）编辑的一部论文集。该书为 8 岁以下儿童教育的研究者提供更[illegible]朗等人（Nutbrown et al.，2008）通过汇集对当前早期教育实践有重大影响的主要历史人物，及其著作中反映出来的思想，回顾了早期儿童研究的精彩历史。

参考文献

1. Blenkin, G. and Whitehead, M.(1987) 'Creating a context for development', in Blenkin, G. and Kelly, A.V.(eds) *Early Childhood Education: A developmental curriculum:* London: Paul Chapman.

2. Broadhead, P.(2004) *Early Years Play and Learning*, London: Routledge.

3. DCSF, Sure Start, on-line at www.surestart.gov.uk——(2007) *The Early Years Foundation Stage*, London: HMSO.

4. Nutbrown, C., Clough, P. and Selbie, P.(2008) *Early Childhood Education: History, philosophy and experience*, London: Sage.

5. Parker-Rees, R. and Willan, J.(eds) (2005) *Early Years Education: Major themes in education*, London: Routledge.

6. Riley, J.(2007) *Learning in the Early Years*, London: Sage.

Early years teachers 幼儿园教师

另请参阅:交流,儿童早期,基础阶段,观察儿童,社会化发展,社会化学习,转班及转学

See also: communication, early years, Foundation Stage, observing children, social development, social learning, transitions

幼儿园教师(early years teachers)有时叫作 nursery teachers,一般在 3～5 岁儿童所在的幼儿园和学前班工作。幼儿园教师在培养儿童的学习热情方面起到重要作用;同时根据基础阶段课程的要求,负责制定和实施工作规划和教学方案。这些教师大部分时间与同一个班的孩子在一起。除了课程规定的比较正式的学习,例如发展阅读技能,幼儿园教师还要培养儿童的社交与沟通技能。他们将大部分工作重点放在与家长及看护者建立与维持关系上,家长及看护者是“合作教育者”。对儿童成长与发展的密切关注与记录,有助于儿童成功地从幼儿园过渡到小学教育。

Educated child 受过良好教育的儿童

另请参阅:互动,读写能力,道德发展,计算能力,问题与提问,关系,社会化发展,心灵教育,成功,测试与测试过程,思考,思维能力

See also: interaction, literacy, moral development, numeracy, questions and questioning, relationships, social development, spiritual education, success, tests and testing, thinking, thinking skills

儿童在学校接受教育,但“受过良好教育的儿童”一词的含义并非如此简单。虽然政治家提倡好的教育是让孩子准备好通过公共考试,但对很多教育者而言,教育的任务远比通过考试更重大(另请参阅 Kohn, 2004 提出的观点)。当然,让儿童掌握读写能力和计算能力是很重要的。无论他们选择何种人生道路,这些基本技能可以武装他们,并带给他们努力实现理想与抱负的信心。然而真正受过良好教育的儿童是有能力持续发展的,也就是继续在生活的各个方面建构自身的身体、社交、精神及情感上的

幸福。这样的儿童希望开发自己的全部潜力,并对自己的能力与局限性有清晰的认知;他们通过和周围的人建立有效的关系及适当的行为举止,体现出对自己和他人积极的态度。基于课堂的知识与学科内容可以为丰富的生活提供基础,但真正受过良好教育的儿童会希望继续拓展对校外知识的探究。他们需要理解,并且能够将在学校课堂中学到的知识与技能,运用到更广泛的社会环境中。

受过全面良好教育的儿童会欣赏并理解教育的重要性,并且愿意表达与分享自己的想法。他们对课程的观察与钻研更加深入,而且他们乐于付出额外的努力;无论是在学业上还是在社交上,他们对学校的学习总是抱着乐于接受的态度。这样的儿童会通过学习展示他们的热情,有能力在他们擅长的领域取得成功,并持有积极的态度去发展不擅长的方面。

受过良好教育的儿童可以通过口头或书面来表达自己的想法,并且愿意坚持不懈地实现目标。布兰金和凯莉(Blenkin & Kelly,1983)在其具有里程碑意义的著作《行动中的小学课程》(*The Primary Curriculum in Action*)中指出,一个受过良好教育的人会重视事物本身的价值,能超越当前的情境去思考,能批判性地审视问题,能正确地看待问题,最重要的是会独立思考,以及质疑想当然的问题。作为独立的学习者,受过良好教

事物的理解与看法,并且意识到自己不一定在所有事情上立即取得成功。作为寻求理解的一部分,儿童也应该意识到问一些有意义的问题是可以接受的,因为这可以加强并加深学习。

还有一种精神元素成就了真正受过良好教育的人。由于儿童在不断地进行着自我发现之旅,所以知道自己是谁比知道自己能够达到学业上的目标更为重要。近几年,发展"个性"的概念几乎已经过时了,但是赖安(Ryan,2008)从天主教的观点阐明,个性发展是教育的基本要素,教育工作者有责任提供指导与榜样来帮助孩子塑造个性。他认为,儿童不会自然形成良好的性格,他们需要接受教育,明白好人的含义,并且通过训练与机遇,培养好人所应具有的习惯或美德。从赖安的观点推断,缺乏有爱心的指导,自己从生活中摸索成长的儿童,或者会遭受身体虐待,或者长成以自我为中心的人。因此培养良好性格所应具有的习惯与气质,需要花费时间与精力。关于如何做到公平、尊重他人、富有同情心、值得信赖与信任他人,受过良好教育的儿童不仅需要具备这些意识,还要能够了解不同的德育途径和这些途径背后的依据,以及参与实施这些方法的机会。

伴随着小学阶段的成长,孩子们必须学会如何识别特定的社会情形,凭直觉考虑如何应对与行动,包括与成人和同龄人建立恰当的相互尊重的关系。希望小学生会意识到,他们在课堂中学习的内容是怎样与他们之后的生活相联系的。他们会了解社会的道德价值观,并且能够整体地看待周围的世

可以参考皮特森和塞里格曼(Peterson & Seligman,2004)的文献。

综上,一个受过良好教育的儿童是一个高度复杂和全面的个体,对于自己和他人能

够从情感、才智、精神与社会方面给予理解，并且能够与不同年龄、不同种族的人进行互动。这样的儿童能够形成自己的想法与感受，并与他人进行交流；能够适应不同的环境，接受建设性的批评，以此来反省自己的行为及该行为对他人的影响。受过良好教育的儿童思考的是需要做什么，而非仅仅是对情况做出反应。他们具有钻研精神，以及在学业环境之外继续学习的渴望。

参考文献

1. Blenkin, G. M. and Kelly, A.V.(1983) *The Primary Curriculum in Action*, London: Paul Chapman.

2. Kohn, A. (2004) *What Does It Mean to Be Well Educated?* Boston MA: Beacon Press.

3. Peterson, C. and Seligman, M. (2004) *Character Strengths and Virtues*, New York: Oxford University Press.

4. Ryan, K.(2008) ‘Character education walks again’, *Catholic Culture*, Melbourne: New Media Foundation.

Educational vistis 教育考察

另请参阅：交叉课程，健康与安全，学校医疗，户外教育，计划（教学），关系，话题式学习

See also: cross-curriculum, health and safety, medication, outdoor education, planning, relationships, topic work

孩子们喜欢外出考察的活动，其中许多人称这是他们一学年中最兴奋的部分。大多数学校都有秩序井然的参观计划，学生们会对博物馆、标志性建筑物、古代纪念碑及探险路线进行常规的考察。考察是一项非常艰苦但有益的事情，也是提高学生社会发展水平，以及帮助成人了解每个孩子的性格、兴趣、强项及弱项的一种手段。孩子们也可以更好地了解大人，以加强（有时会破坏）与大人之间的关系。

学校旅行、教育考察及其他田野活动虽然非常有趣，但也存在风险或潜在的危险；因此确保考察的安全，同时又具有教育性，这是需要全面规划的（Salaman & Tutchell, 2005）。除了检查场地是否适合学生年龄群，是否有妥善的管理，组织参观的人员还须将详细行程寄到学生家里，收到学生父母的许可回执，安排交通，确认保险，并与学生可能缺席课堂的授课教师进行联络。

教师要确保详细考虑到考察活动所涉及的各个因素。伦敦教育与就业部（DfEE, 1998）编辑了《教育考察活动中小学生的健康与安全》（*Health and Safety of Pupils on Educational Visits*）一书，可以作为一本“很好的实践指南”，用来帮助校长、教师、学校董事会成员及其他人，以确保学生考察时的健康与安全。此外，教育部（DfES, 2002）对这部指南做了一些补充，如：

> 地方政府标准规定了学校教育考察活动协调员的职责，以及适用于地方政府和学校的风险管理等级。探险活动标准针对的是那些带领青少年学生参与探险活动的教师或青年工作者。
>
> 带队组长手册针对的是带领青少年参与任何形式的教育考察的带队组长。它在监督、持续风险评估及应急程序方面提供了

良好的范例。

河沿地区群体安全针对靠近水域或在水中区域组织的教育考察活动，例如，沿着河边或海边行走，从池塘或溪流中采集样品，在平缓的浅水中跋涉等学习活动。

(www.teachernet.gov.uk/wholeschool/healthandsafety)

2001年发放到学校的《健康与安全：责任与权力》(*Health and safety: Responsibilities and powers*)这一文件，为学校教学考察的健康与安全问题提供了全方位的官方指导，包括儿童的医疗需要、紧急情况与学校安全等。

韦特和雷(Waite & Rea,2007)认为，如果穿戴合适的衣物，采取合理的预防措施，以最低的成本进行户外学习的机会是数不胜数的。大一点的场馆(例如动物园)一般都会设立一个教育部门，并为其配备适当的人员与资源。

为了考察活动的安全与顺利进行，明确参与其中的不同成年人的作用是非常重要的。强烈建议成年人随时携带手机和重要联系人的电话号码清单。教学助理在活动准备、监控设备、监督孩子与支持学习方面有着重要的作用。因此，必须随时与他们联络，以确保他们得到适时的通知。年龄小的孩子比年龄大点的孩子需要更多的监督，5岁以内的孩子需要一位成人在场(一个成人

人的经验与能力也必须考虑进去。

教育考察经常与话题式学习或者某一学科的某一具体领域相关(例如科学或历史)，最后形成一些展示活动及其他艺术成果(例如在晨会上表演一场简短的戏剧)。许多教师将教育考察作为创新教学、交叉课程学习(涉及好几个不同的学科领域)及具有启发性的展出和重要事件产生的起点。

参考文献

1. DfEE (1998) *Health and Safety of Pupils on Educational Visits*, London: HMSO.

2. DfES (2002) *Health and Safety: Responsibilities and powers*, London: HMSO. On-line at www. teachernet. gov. uk/wholeschool/healthandsafety.

3. Salaman, A. and Tutchell, S. (2005) *Planning Educational Visits for the Early Years*, London: Paul Chapman.

4. Waite, S. and Rea, T. (2007) 'Enjoying teaching and learning outside the classroom', in Hayes, D. (ed.) *Joyful Teaching and Learning in the Primary School*, Exeter: Learning Matters.

Effectiveness 有效性

另请参阅：成绩，关爱型教师，期待，好教师，幽默，行为示范，学习动机，教学动机，观察儿童，教师信念

See also: achievement, caring teachers, expectations, good teachers, humour, modelling behaviour, motivation for learning, motivation for teaching, observing children, teach-

“好教师”与“有效的教师”这两种表达方式经常互换使用；然而“好”含有强烈的道德成分，而教育的有效性已经等同于从业

人员达到预定的表现目标,体现为小学生在正式考试中的成绩(参阅 Hayes et al.,2001; Campion, 2004)。对于正式教师,有效性对他们的薪水与晋升前景有重要意义;对于实习教师,有效性可以通过他们的小学实习成绩来衡量。有效的教师擅于与同事、家长和学生沟通,并且可以成功地让每个儿童感到自己的价值、快乐与自信。他们在对儿童表现出真正关怀的同时,会运用技巧维持纪律和激励孩子,会调整自己的教学方法来适应和满足孩子们的不同需求。从美国的角度,有学者(Wong & Wong,2009)对课堂组织与管理提出了实际建议,可供参考。

有效的教师喜欢与孩子在一起工作,他们对鼓励、帮助孩子学习非常有耐心。他们可以通过学生的当前能力看到孩子的潜能;他们会在课堂上观察和倾听孩子的话语,无论是个人还是小组形式;他们会评估每个孩子的学业需求;他们会在组织学习中,给每个孩子取得成功的机会。他们帮助和鼓励孩子成为独立的思考者和自我激励的学习者,为学生的学习提供必要的资源与支持。有效的教师不仅需要具备扎实的学科知识,还要擅长以学生可理解的方式呈现知识,便于学生记忆,并激发学生的热情去了解更多内容。

有效的教师会有意识地让学生喜欢自己,而非讨好自己,因为孩子们从自己敬佩和尊重的老师那里能够学得更好。此外,有效的教师会建立起明确的课堂常规管理规定,并附上孩子可以理解的操作程序,以使孩子不再害怕接近老师,放心向老师寻求学业与其他方面的支持。最终,最好的教师会成功地让孩子进行独立思考,而非被动地接受信息,并由此扩展学生自身对新知识的驾驭能力。他们鼓励学生参与活动,努力营造一个轻松但有目的的学习环境。在这里,学生有足够的时间进行建设性的思考,而非匆忙地被给予"正确"答案——并且通过幽默的方式带动交流。学校中的成人都会面临如何促进和保持集体凝聚力的挑战,同时又不压制孩子们真正持有的信念,并帮助儿童调和彼此的差异。同时成人需要为学生树立起拥有积极的学习态度与正确看待失败的榜样。

许多教育家指出,教师有可能通过激励家境贫困并且考试成绩差的学生来实现奇迹。在创建一个文明、和平社会的进程中,(不可衡量的)道德与社会因素是极其重要的;尽管这是一个不证自明的事实,各届政府还是做了大量的工作,使公众相信,值得认真考虑的唯一成功标准是可以衡量的。家长很想看到,自己的孩子受到了重视,教师为孩子们付出了最大的努力,自己的儿女非常快乐、适应和满足。

教学的有效性最终会归结为这样一种信念:所有的儿童都应该在各自的理解水平上拥有取得成功的机会,并且获得成就感和满足感。在促进有效学习时,教师需谨慎使用一些老套的借口来应付孩子们不理想的成绩,类似"小孩子不懂事""那种孩子从不努力"或者"你别再指望什么了"等。对儿童的高期待必须伴随着成人的热情与信念。教师作为指导者,要尽可能多地向学生展示,学习是一件多么令人兴奋、有价值的事情,从而促进学生的探索精神;教师要引导学生开拓新领域的知识;要通过设置问题和挑战,积极鼓励孩子在完成挑战中进行横向思考。

戴等人(Day et al., 2007)认为,不一定年龄越大或经验越丰富的教师才是教育有效的教师。首先,它受职业生涯阶段的影响。老教师的教育有效性高,可能是由于平时他们在学校拥有更大的责任,他们可能努力在工作与生活中维持一个令人满意的平衡。其次,有效性受教师的职业认同感的影响。教师的职业认同感会受到教师所经历的两种不同理念的矛盾程度的影响,一方面是教师自身的教育理念,另一方面是政府、董事会、校长、同事及家长等外在强加的教育理念。最后,教师在处理个人、工作与其他专业因素之间的关系上的能力,强烈影响着其有效性。换言之,有效性在教师的内心与头脑中同样重要。

参考文献

1. Campion, H. (2004) 'Teachers' values and professional practice in primary schools', in Browne, A. and Haylock, D. (eds) *Professional Issues for Primary Teachers*, London: Paul Chapman.

2. Davis, A. (2001) 'Can we pick out good teachers by discovering what they have taught their pupils?' *Education 3 - 13*, 29 (3), 33 - 38.

3. Day, C., Sammons, P., Stobart, G. Kington, A. and Gu, Q. (2007) *Teachers Matter*:

enhead: Open University Press.

4. Hayes, L., Nikolic, V. and Cabaj, H. (2001) *Am I Teaching Well?* Exeter: Learning Matters.

5. Wong, H. K. and Wong, R. T. (2009) *The First Days of School: How to be an effective teacher*, Mountain View CA: Harry Wong Publications.

Einstein, Albert 阿尔伯特·爱因斯坦

另请参阅:发现式学习,受过良好教育的儿童,数学,科学,测试与测试过程

See also: discovery learning, educated child, mathematics, science, tests and testing

阿尔伯特·爱因斯坦这个名字似乎不太可能被列入一本初等教育的参考书。实际上,他为我们对哲学与教育方面的关键问题的理解做出了一些重要贡献。阿尔伯特·爱因斯坦于 1879 年 3 月 14 日出生于德国乌尔姆市,他的父亲赫尔曼(Hermann)与母亲波林(Pauline)均为犹太人。他于 1955 年 4 月 18 日在美国新泽西州的普林斯顿去世,享年 76 岁。爱因斯坦是公认的世界上最具有科学头脑的伟大人物之一,是历史上几乎无人比拟的天才。然而他的成功是来之不易的。他经历了一个困难重重的童年,并对当时的教育制度彻底失望。尽管他从小就对数学与科学产生了浓厚的兴趣,但他对自己的学业感到非常厌烦,以至于停止了学习,并被贴上差生的标签——包括数学!人

可夫斯基(Herma[illegible]nkowski)由于他对课堂缺乏兴趣而对他非常愤怒,并称其为"懒狗"。

事实上,爱因斯坦的性格特点之一,便

是他只研究自己感兴趣的东西，拒绝遵从他人的预期。甚至当爱因斯坦上了大学，他也常常感到沮丧；因为他发现，教授们只教当时所谓的“旧物理”，而他渴望学习新的理论。对于那些认为有效的教育依赖于学习者是否遵从的人来说，爱因斯坦的态度是傲慢且不负责任的；但他的态度对于重视创新与横向思维的人来说，却是有勇气、有决心的。可以肯定的是，爱因斯坦不会适应如今的教育系统——这种以目标驱动型课程为主，甚至创新也不得不证明是有助于“提高标准”（如国家考试分数）的教育系统。事实上，爱因斯坦曾经评论说，所有可以计量的东西不一定都是有价值的，所有有价值的东西也不一定都是可以计量的。

爱因斯坦这种“一根筋”式的学习方法，以及拒绝被动接受信息的特点，曾经是他学生时代的绊脚石；但是当他潜心琢磨那些高度复杂的现象时，这种特点却成为他巨大的财富。爱因斯坦设想了一种情形，其中空间与时间是相对的，光的速度是恒定的。后来，他写了一篇名为“论运动物体的电动力学”的论文，之后被命名为“狭义相对论”，于1905年6月30日发表。

爱因斯坦又花了十年的时间进行学习与实验，直到1915年，他发表了另一篇名为“广义相对论”的论文；这篇论文引起了比“狭义相对论”更大的争议。反对者数量如此众多，甚至当爱因斯坦被授予诺贝尔奖时，委员会也明确指出，该奖项是由于他对物理学所做的其他贡献，而不是对理论的发展。然而到了20世纪20年代末至30年代初，随着技术的进步，他的相对论才逐渐被人们所接受，并认为是正确的。自此，爱因斯坦名垂史册。

这些荣誉确实是爱因斯坦生命中的重大转折点。当他获得盛誉后不久，便远离科学界，把精力转向社会改革与世界秩序相关的问题上。他于1931年在《论坛与世纪》第84卷193～194页发表了名为“我所看到的世界”这一文章，此为“生活哲学”论坛系列的第13篇。在这篇文章中，他阐述了他的人生观、人际关系及实现和谐的思想。尤其值得注意的是，文章中谈到了神秘感、惊奇感及理解世界所需要的谦卑之心。

到爱因斯坦1955年去世前，他不仅确立了自己作为权威物理学家与学者的身份，还成为少数认识到真正的成就并非仅仅建立在出色的学业基础上的人。他渐渐倾向于认同一种完整的“生命教育”模式，这种模式并不仅仅包括以老师期待你学习的方式去学习老师期待你学习的内容。在第二次世界大战期间，他公然反对少数受过良好教育但被欺骗的科学家，运用他们的技能创造出导致大规模毁灭并且让人类遭受伤害和痛苦的武器。

参考文献

1. Hayes, D. (2007) ‘What Einstein can teach us about education’, *Education 3－13*, 35(2), 143－154.

Elementary education 初等教育

另请参阅：算术，《哈多报告》，中学，阅读，斯坦纳－沃尔多夫学校，写作

See also: arithmetic, *Hadow Report*, middle schools, reading, Steiner Waldorf, writing

1870 年,《初等教育法》(*The Elementary Education Act*)确立,英国开始以前所未有的规模向国民提供教育。学校董事会被引入,并且被赋予创建新学校的权利,以及承担最贫困儿童的费用。董事会可以坚持要求 5～13 岁的儿童入学。在 1931 年《哈多报告》以后,学校系统按照现在大家熟悉的初等(primary)和中等(secondary)教育体系进行了组织,传统意义上的小学(elementary schools)逐渐消失。

北美的"初等教育"(elementary education)大致相当于英国的小学教育(primary education),它是指儿童从幼儿园时期(5 岁或 6 岁)到五年级(10～11 岁)或六年级(11～12 岁)所接受的正规教育。在美国的有些州,五年级是作为初中的第一年。传统上,小学的最后一年是六年级。在美国和加拿大,六年级经常作为中学的第一年,但有时也作为小学的最后一年,还有时也能作为中学的第二年。北美的"小学教育"(primary education)通常只指初等教育(elementary education)的前三年,即一年级到三年级。在斯坦纳-沃尔多夫(Waldorf-Steiner)学校,初等教育从儿童 7 岁左右开始。

初等教育在基础学科的教育中具有更一般化的定义,即指教小学生阅读、写作与算术。从这个意义上讲,尽管有些发展中国家的儿童通常由于缺乏资助,在接受了"初级阶段"(primary phase)的教育之后无法继

式的初等教育。

Eleven-plus 小升初考试 11 +

另请参阅:英语,数学,家长参与,测试与测试过程

See also: English, mathematics, parental involvement, tests and testing

11 + 考试作为小学最后一年给学生的测试(英格兰六年级、北爱尔兰七年级),通常用于判断学生是否达到了进入文法学校接受教育的学业水平。考试的形式因地而异,但通常由文字论述试卷、非文字论述试卷、数学试卷与英语试卷组成,或者从这四种类型中选择组卷。11 + 测试的结果决定孩子是否能在父母为其选择的文法学校就读,当然还要看学校是否有名额。自 20 世纪 70 年代初开始,英国大部分地区便不再使用 11 + 考试,而是实行非选择性综合教育制度。很多反对 11 + 考试的人认为这是一种社会分化,在儿童还小的时候便对其进行区别是错误的。如果小学所在学区的文法学校是重点中学,那么小学最后一个年级的教师经常会受到来自家长的很大压力,因为他们要辅导学生在 11 + 考试中取得好成绩,以便升入这所中学。

Emotional intelligence 情感智能

另请参阅:情感素养,智力,智商,成功

See also: emotional literacy, intelligence, Intelligence Quotient, success

谈到什么是智力,一般人可能会想到一

钝"。当被问及情感智能(EI)时,这些人可能会感到茫然。专业教育工作者无疑非常熟悉这个术语,不过他们仍会有不同的视角和见解。实际上,对情感智能的研究是从加

E

德纳(Gardner,1983)、威廉姆斯和斯滕伯格(Williams & Sternberg,1988)等理论家的著作中发展起来的,因为他们提出了更广泛的视角去理解智力。然而将情感与智力结合而创造出“情感智能”这个词的学者是萨洛维(Salovey)与梅耶(Mayer),他们结合了加德纳的自我及人际的构成,形成了情感智能的概念。1990 年,他们发表了两篇关于情感智能的文章。第一篇文章(Salovey & Mayer,1990)回顾了心理学、精神病学、人工智能等领域的文献,得出这一结论:人类可能存在一种称为“情感智能”的能力,致使有些人比其他人的情感更为理智。同期发表的文章(Mayer et al., 1990)提出了情感智能的第一种能力模型,指出情感智能不仅可能存在,还可以作为一种真正的智力形式被测量。情感智能可以作为情感智力商数被测量,用来描述一个人感知、评估和管理自己、他人与群体情绪的能力或技能。有些学者,如斯坦纳(Steiner,2000)认为,“情感素养”一词用来描述提高情感智能的训练项目;尽管有时这两个术语可以互换使用。

戈尔曼(Golema)将情感智能作为商业成功及有效团队表现的重要组成部分,强调其重要性,从而将情感智能在商业领域进行了推广(Goleman,2005)。值得注意的是,戈尔曼的理论还没有被普遍接受,而且该领域的一些教育家对他的某些主张表示怀疑。例如,艾森克(Eysenck,2000)认为,把几乎任何一种行为都归结为“智力”是一种荒谬的倾向,而戈尔曼对情感智能的理解正是一个典型的例证。保罗(Paul,2000)认为,戈尔曼将拥有情感智能的人描述为拥有一些诸如友善、热情、友好等品质的好人,这明显曲解了萨洛维与梅耶为了更多关注情感与智力间的相互作用而建立的模型。保罗还指出,戈尔曼将情感智能的范围扩大到包含诸如热情和毅力等品质,而这些本来与情感是无关的。戈尔曼将高情感智能等同于成熟与个性(这也是萨洛维和梅耶坚决反对的),认为情感智能比智商更能预测人们的成功。

参考文献

1. Eysenck, H. (2000) *Intelligence: A new look*, Dexter MI: Transaction Publishers.

2. Gardner, H. (1983) *Frames of Mind*, New York: Basic Books.

3. Goleman, D. (2005) *Working with Emotional Intelligence*, New York: Bantam Books.

4. Mayer, J., DiPaolo, M. and Salovey, P. (1990) ‘Perceiving affective content in ambiguous visual stimuli: A component of emotional intelligence’, *Journal of Personality Assessment*, 54, 772 – 781.

5. Paul, A. M. (2000) *Promotional Intelligence*, Salon Books, www.salon.com.

6. Salovey, P. and Mayer, J. D. (1990) ‘Emotional intelligence’, *Imagination, Cognition, and Personality*, 9, 185 – 211.

7. Steiner, C. M. (2000) *Emotional Literacy: Intelligence with heart*, Fawnskin CA: Personhood Press.

8. Williams, W. M. and Sternberg, R. J. (1988) ‘Group intelligence: Why some groups are better than others’, *Intelligence*, 12, 351 – 377.

Emotional literacy 情感素养

另请参阅：圆圈活动，情感智能，关系，学习的社交和情感因素，社会化发展

See also： circle-time, emotional intelligence, relationships, social and emotional aspects of learning, social development

情感素养（EL）是克劳德·史坦纳（Claude Steiner）于 20 世纪 70 年代创造出来的短语，广义上可以理解为“你了解自己和别人的情绪”。之后他不断发展关于 EL 的观点，后来将其定义为“心性智力”（Steiner，1997，2000）。有时候情感素养经常与情感智能交替使用（参阅梅耶等，1990 年第一次明确使用这一术语进行实证研究的详细资料）。

海因（Hein，2008）认为，情感素养简单来说就是用特定的情感词汇表达情感的能力，一般是用三个词组成的句子，例如，我感到被拒绝了（I feel rejected）。因此海因认为，发展情感素养的目的在于准确地识别并交流我们的情感。能做到这一点，我们就是在实现情感的自然功能。

情感素养也被描述为与他人互动的实践活动，互动的渠道是建立在对自己及他人情绪的理解上，然后用这种理解支配我们的行动。情感素养目前在教育界是一种普遍说法，尽管有不同的表达，包括“做事更努力，不如做事更聪明”[illegible]

[illegible]素养课程以孩子感受情感的方式与他们的思维方式相互影响为前提，旨在帮助孩子建构情感、思维和行为之间的联系。

例如，美国的“情感素养运动”组织（www.feel.org）大力宣扬情感素养的益处，并将其描述为构成人类情感语言及涉及所有关系的语言的字母、语法和词汇。情感素养的支持者将其作为治愈一系列社会弊病，如暴力、疾病、抑郁的解毒剂，认为它是健康和重要人际关系的关键因素。上述运动组织的宣传语明确表明，我们需要给孩子这些工具，让他们能够将恐惧转为慈悲，将愤怒转为激情，将失落转为热爱。同样苏格兰柯科迪（Kircaldy）的情感素养学校（School of Emotional Literacy）也提供了类似的视角：

> 情感素养包括感知和理解，并运用来自自身与他人的情感信息来做出有根据、有效的决定，从而引导我们的行动。情感素养既包含技能训练，又包含个人意识的发展。它是我们参透和理解情感状态的能力，最重要的是它引导我们对其采取相应的行动。
>
> （www.schoolofemotional-literacy.com）

除了情感素养及情感智能，第三种表达方式“情感教育”也逐渐流行。情感教育网站（www.emotional-education.co.uk）将其定义为提供能够更深层地理解自己与他人的方式。作为情感智能的主要支持者，科学记者丹尼尔·戈尔曼（Daniel Goleman）甚至想将他的第一本书命名为《情感素养》，直到他偶然发现了萨洛维与梅耶对情感智能的概[illegible] & Mayer, 1990, Goleman, [illegible]

程度的概念混淆，实际上，他们可能只是不同名字的相同概念。

在英格兰和威尔士，情感素养通常与学习的社交和情感因素（SEAL）的主动性联系

在一起；因为人们相信，通过帮助孩子主动与同龄人及成人表达情感和沟通，孩子更容易积极投入学习中。曼彻斯特大学 DCSF 项目的一个研究团队（Humphrey et al.，2008）进行了深入的调查。他们对一些在社交和情感技能的发展上需要额外支持的儿童进行了简单和早期的干预，发现这种干预引起了这些学生小部分的积极变化。如果儿童在日常的课堂环境中得到精心的、有组织的支持，这些变化将会在干预结束后持续下去。对于年龄较小的学龄儿童，使用“圆圈活动”可以促进这种支持（Roffey，2006）。

参考文献

1. Bocchino, R. (1999) *Emotional Literacy: How to be a different kind of smart*, Thousand Oaks CA: Corwin Press/Sage.

2. Goleman, D. (1997) *Emotional Intelligence*, New York: Bantam Books.

3. Hein, S. (2008) Emotional Literacy, accessed through http://eqi.org/elit. ht.

4. Humphrey, N., Kalambouka, A., Bolton, J., Lendrum, A., Wigelsworth, M., Lennie, C. and Farrell, P. /DCSF (2008) *Primary Social and Emotional Aspects of Learning (SEAL): Evaluation of small group work*, Research Report DCSFRR064, University of Manchester.

5. Mayer, J. D., DiPaolo, M. T. and Salovey, P. (1990) 'Perceiving affective content in ambiguous visual stimuli: A component of emotional intelligence', *Journal of Personality Assessment*, 54, 772 - 781.

6. Roffey, S. (2006) *Circle Time for Emotional Literacy*, London: Paul Chapman.

7. Salovey, P. and Mayer, J. D. (1990) 'Emotional intelligence', *Imagination, Cognition, and Personality*, 9, 185 - 211.

8. Steiner, C. (1997) *Achieving Emotional Literacy*, London: Bloomsbury.

9. Steiner, C. M. (2000) *Emotional Literacy: Intelligence with heart*, Fawnskin CA: Personhood Press.

Emotions of learning 学习情感

另请参阅：互动，学习，生活技能，学习动机，社会化学习

See also: interaction, learning, life skills, motivation for learning, social learning

情感会对儿童的学习产生影响。有些学生害怕失败，担心做错事导致陷入麻烦。另外一些学生，要么在面对挑战时不愿意坚持，因为他们没有能力应付这种状况；要么避免付出更多努力来获得满意的结果。这些消极反应都是情感上缺乏安全感的结果，所以教师要花费大量时间寻找并试图理解导致这种行为的根源，以增强每个孩子的幸福感。教师一般会鼓励学生坚持努力，不害怕犯错。他们也积极地利用孩子所犯的错误，寻求其他的解释，并利用这个机会加深孩子对概念的理解。

希森（Hyson，2003）认为，要实施她所描述的“以情感为中心的课程”，需要达成六个目标：①创造一个安全的情感环境，②帮助孩子理解何为情感，③示范真实、恰当的情绪反应，④支持儿童调节情绪，⑤意识到并尊重儿童的表现风格，⑥将儿童的学习与积极情感相结合。希森还提供了证据，以证

明当缺乏适当教学时，儿童的情感发展会受到损害。例如，当课程没有充分解决情感问题时，孩子们的压力和焦虑会有所增加，尤其是男孩子及贫困的黑人孩子。

麦科勒姆（Macklem，2007）引用了“情绪调节”一词，认为如果在课堂上、家里和同龄伙伴之间采取有针对性的训练，可以让孩子们更好地获得人生中社会交往所需的重要技能。生活平静而有序的教师会把相关情感带入课堂，使孩子受益。这些教师对孩子的责任感是超越了学业范围的。

参考文献

1. Hyson，M.（2003）*The Emotional Development of Young Children*，New York：Teachers College Press.

2. Macklem，G. L.（2007）*Practitioner's Guide to Emotion Regulation in School-aged Children*，New York：Springer.

Emotions of new teachers 新教师情感

另请参阅：新教师入职教育，试用期，学校氛围

See also： induction of new teachers，probationary year，school climate

情感是每位教师工作的中心。这个事

实，因为他们刚刚进入一个无论是理念、人际关系还是行为模式都比较陌生的环境。作为“通过仪式”的一部分（Clandinin，1989），这些新手教师必须学会适应现行的规章，与其他工作人员建立与维持人际关系，学习常规，并适应学校的工作重点，其中有些可能比较隐蔽、难以理解。奥弗兰与肯尼迪（O'Flynn & Kennedy，2003）提出了一些生存与工作的成功之道，包括：①在日常生活中定期锻炼身体；②每天规划一些安静、放松的时间；③寻求支持，并帮助需要帮助的人；④白天保存精力，保持冷静，调整自己的工作节奏；⑤目标足够好便可，不需完美。

在许多先进国家，新教师都会经历“入职第一年”或“一年试用期”。在此期间，会有同事作为导师给他们反复灌输学校的惯例。然而重点不在于理解“我们这里的做事方式”，以及特定教育机构中的一些潜在的“不成文的规则”，更多地在于加强与教学计划、班级管理、教育记录等相关的教学能力。

参考文献

1. Clandinin，D. J.（1989）‘Developing Rhythm in Teaching：The narrative study of a beginning teacher's personal practical knowledge of classrooms’，*Curriculum Inquiry*，19（2）122－141.

2. O'Flynn，S. and Kennedy，H.（2003）*Get Their Attention*，London：David Fulton.

Emotions of teaching 教学情感

另请参阅：体态语，有效性，情感素养，

话方式

See also： body language，effectiveness，emotional literacy，fulfilment in teaching，Intelligence Quotient，motivation for teaching， reflection, relationships, speech

小学教师会从工作中体验到一系列的情感,从强烈的热爱、对个人地位与成功的几近痴迷这一极端,到另外一个极端,包括从利他角度出发、为学生服务的愿望,以及为满足政府、同事、家长与当地社区的不同期望而付出各种业务上的努力。在"绩效管理"的推动下,教师也会感受到关于他们的课堂表现的种种焦虑,因为他们的教学能力及(在某些情况下)学生的成绩会经过评估,评估结果会影响教师的晋升前景。教学的情感代价是精神与情感的疲劳、持续的自我反省,以及逐渐扩散的自我怀疑。然而他们也获得了各种补偿作为回报,包括见证了学生的进步,在个人努力下成为成人与儿童的共同体不可分割的组成部分;同时作为团队努力的一部分,拥有创造与成功的机会(Nias,1989)。

戈尔曼一直在提醒教育工作者,在决策与行动方面,情绪扮演着重要的角色(例如Goleman,2005)。他认为,像自我意识、自律、毅力和移情等这些人类能力,要远比智商更重要,而人们却经常忽视这些能力。关于对教师要求的研究表明,教师的情绪状况对他们是否能够轻松处理压力起主要作用。因此对教师与小学生来讲,理解与管理自己的情绪、学习如何有效交流,并从一些生活经验中获得深刻见解是很重要的。"情感智能"提升转化为"情感素养",这包括倾听与反思别人所说的话、关注讲话者的非语言线索(体态语)、理解某人话语的影响,以及清晰的沟通(参见Corrie,2003)。

教师的情感敏感性对学生的影响在课堂中最容易显现,因为有效教学的基础是通过关心、信任学生、师生相互尊重及与学生建立融洽关系,实现与学生的沟通和关联。存在于教师与儿童之间的情感纽带,以及他们为完成一些有意义的事情的合作意识,为教师提供了一种目的感与成就感。教师喜欢帮助儿童并从中获得满足感。很多教师描述,自己第一次看到学生掌握了某些东西时,就像看到"灯亮起来了"一样。在尼亚斯(Nias,1996,1997)的文章的第二节中,她提醒我们警惕一个事实,即教师可能会受到某些情感的支配而忽略学生的学业进步。

感情比较敏感的教师努力在两个层面上与儿童接触。首先,他们试图了解孩子的想法,从而表现出对孩子的真诚兴趣及关心。其次,在孩子的学习过程中,他们通过提供各种可能的建议与替代方案给孩子指明方向。情绪敏感性也提醒教师注意学生行为暗含的动机。例如:一个学生扭曲的面部表情可能表明他正在尝试弄清楚一个问题;与成人缺少眼神接触的孩子可能是感到惊慌、内疚或不自信;一个学生讲话语速快表明他的热情、投入或者困惑,而讲话犹豫或缓慢表明他困惑、心理负担过重和疲劳。

教师所面临的众多挑战之一是,迅速判断何为真实的、何为不自然的情感。要获得这种洞察力,教师需要逐渐熟悉儿童的性格与背景,确定儿童的个人需求,并对他们的不同行为做出适当反应。要做出这种即时判断,教师需要具有高度的情感敏感性。哈格里夫斯(Hargreaves,2009)在其专著中全面探讨了与教学情感有关的问题,可供参考。

参考文献

1. Corrie, C. (2003) *Becoming Emotionally Intelligent*, Stafford: Network Educational Press.

2. Goleman, D. (2005) *Working With Emotional Intelligence*, New York: Bantam Books.

3. Hargreaves, A. (2009) *Emotions of Teaching*, San Francisco CA: Jossey–Bass.

4. Nias, D. J. (1989) *Primary Teachers Talking*, London: Routledge.

5. Nias, D. J. (1996) 'Thinking about feeling: The emotions in teaching', *Cambridge Journal of Education*, 26, 293 – 306.

6. Nias, D. J. (1997) 'Would schools improve if teachers cared less?' *Education 3 – 13*, 25(3), 11 – 22.

Encouragement and praise 鼓励与表扬

另请参阅：能力，促进学习的评价，体态语，反馈，形成性评价，奖励，（儿童）自尊心

See also: ability, assessment for learning, body language, feedback, formative assessment, rewards, self-esteem(children)

区分鼓励与表扬是有益的。陶伯（Tauber, 2007）认为，表扬是成人为成功完成任务的孩子提供的奖励，而鼓励是对儿童

[illegible]实现了成人的[illegible]待，而[illegible]是帮[illegible]童评价自身的表现与成就。鼓励可以提升学生的自尊，促进尊重与接受，因此可以无条件的给予。最后一点（无条件给予鼓励）很重要，因为我们经常听到教师鼓励或表扬孩子，却是为了接下来指出其缺点。我们需要给儿童提供反馈与指导（称为"形成性评价"或"促进学习的评价"，AFL），但是为庆祝儿童取得的成绩所进行的鼓励型评价不算是发展性评价。

最有效的教学氛围是，教师认可与表扬所有的学生，而非仅仅限于表现最好的学生。聪明的成人会捕捉到儿童所做的值得表扬的事情（无论事情有多微小），并且默默地表达他们的认可；因为他们知道，教师的人品与鼓励所带来的温暖比冰冷的威胁能够让孩子学到更多的东西。然而科恩（Kohn,2004）警告说，教师需要小心，不要成为所谓的"表扬瘾君子"，即将鼓励作为一种算计的策略来控制儿童的行为，而不是真心地赞扬儿童。同样，澳大利亚心理学家格里尔·罗宾（Robin Grille）对主导我们教育系统的"表扬—奖励"的理念持有强烈的怀疑态度。格里尔（Grille,2005）认为，当表扬不被有意操纵使用时是美好的，因此他建议成人减少表扬儿童，而应开始更多地欣赏他们。格里尔还认为，孩子天生就有巨大的学习欲望，以及诚实、有同情心与体贴的能力。这些品质需要成人的引导、榜样的示范，以及我们对儿童的欣赏而逐渐展示出来。对好的行为或好的表现进行奖励或表扬，会妨碍儿童品质的形成。更多细节可以参考格里尔刊登在自然儿童网（www.natural

[illegible]》。

有时，当"走神"的学生发现成人往往注意学习努力的同学时，他们可能被拉回到学习状态中（Dix,2007）。这样，鼓励不但能

够给予特定的孩子以帮助他们更加努力完成一项困难的任务，或者集中精力达到更高的标准；鼓励也可以激励其他同学，让他们同样地努力。教师会使用各种表达方式来鼓励孩子，如劝导、敦促、激励与提供支持，伴随着闪亮的眼神接触、拍手、微笑、坦率的面容及亲密的体态语。教师可以在学生取得某种成绩之后，热情洋溢、大张旗鼓地表扬他们：高质量完成作业、踏实努力、体谅他人、有责任感。

孩子们不会接受那些不尊重他们的老师的鼓励或表扬，反而将这些视为一种微妙的胁迫形式。有经验的教师发现，在最开始与班级接触时，耐心地等待与温柔地赞同比大量的表扬效果要更好。经验不足的老师很快会发现，实际上学生对于他们起初喜爱的事情所投入的努力与成果会低于他们实际的能力水平。因此教师需要先发现学生先前的成就，并对每个学生的潜力有清楚的认识，然后再谨慎地对学生做出明确的判断。

当儿童意识到教师是在试图理解他们，而不是找碴批评的时候，他们更有可能告诉教师，为什么他们的任务完成质量低于预期。只有这种表现出同情但又坚定的方法才能打开孩子紧紧关闭的心门，而对那些采取严厉方式、含有不赞同与责备的强烈暗示的教师而言，这扇门是永远关闭的。对于那些信任和爱戴教师的孩子而言，没有什么比收到教师真诚的表扬更能令他们满足、更能激励他们继续坚持努力的方法了（Kelly & Daniels，1997）。

参考文献

1. Dix, P. (2007) *Taking Care of Behaviour*, Harlow: Pearson.

2. Grille, R. (2005) *Parenting for a Peaceful World*, Sydney: Longueville Media.

3. Kelly, F. D. and Daniels, J. G. (1997) 'The effects of praise versus encouragement on children's perceptions of teachers', *Journal of Individual Psychology*, 53, 1 – 11.

4. Kohn, A. (2004) *What Does It Mean to Be Well Educated?* Boston MA: Beacon Press.

5. Tauber, R. T. (2007) *Classroom Management: Sound theory and effective practice*, Orlando FL: Harcourt Brace College Publishers.

English 英语

另请参阅：交流，创意写作，课程，戏剧，书写，读写能力，口语能力，大声朗读，拼写，故事，写作

See also: communication, creative writing, curriculum, drama, handwriting, literacy, oracy, reading aloud, spelling, stories, writing

英语在小学中不仅作为一门独立学科，还与其他学科的课程进行了整合。总体上讲，英语课程包括说和听（口语能力）、戏剧、阅读与写作——包括拼写、语法和书写。在 2003 年 2 月，为了促进关于 21 世纪英语未来发展方向的讨论，英格兰的资格与课程委员会（Qualifications and Curriculum，QCA）发起一项名为"21 世纪英语"的倡议，产生了一系列提议，包括：

(1)将诗人、作家、演员与记者请进教室来提升创造力；

(2)提高对创意写作的重视；

(3)口语与听力优先；

(4)教授8～9岁的学生打字技能；

(5)促进文化理解；

(6)使用来自不同文化的文本；

(7)通过屏幕阅读与书写文本。

小学英语旨在培养语言各方面的意识，鼓励儿童沉浸于丰富多彩的口头与书面交流，并且提升他们作为讲话者、倾听者、阅读者及写作者的自信与能力。学生在英语课上学习计划、起草、修改与编辑作品的技能，以及为各种目的和不同读者进行写作练习。加德纳(Gardner,2009)敦促教师在教授《国家小学教育战略》(NPS)中规定的主要部分内容的同时，即记叙文、非故事类文本，以及诗歌，还要在教学中大胆创新。

有人担心英语课会被边缘化，被更有体系的“读写”所取代，致使孩子失去阅读自己喜欢的书籍或者以书面形式随意表达自己思想的自由。这些指责主要在于，孩子们阅读了太多的摘录而非整本书，这就导致他们对读书本身的热爱逐渐消失。在节选的文章中，部分语言经过了“深加工”；因为编者认为，这部分语言一旦被加工，便可以让孩子们在写作中独立运用。部分的总和是否能创造出全部？相关讨论仍在继续。实[illegible]的需要，将文章不同部分的学习与写文章的乐趣相结合(包括大声朗读故事)。

克雷明(Cremin,2009)探究了创新性实践的核心要素与发展专注的阅读者、写作者、讲话者与倾听者的关联，以及与主流文学、科普读物、视觉和数字文本探究方式的关联，供读者参考。

参考文献

1. Cremin, T. (2009) *Teaching English Creatively*, London: Routledge.

2. Gardner, P. (2009) *Creative English, Creative Curriculum*, London: David Fulton.

E

English as an additional language 英语作为附加语言

另请参阅：个别化教育计划，学习目标，少数族裔学生的低学业成就，问题解决，触觉型学习者，教学策略

See also: individual education plan, learning objectives, minority ethnic group underachievement, problem solving, tactile learners, teaching strategy

英语作为附加语言(EAL)，也就是过去常常说的英语作为一门外语(EFL)。加德纳(Gardner,2006)总结了提高所有儿童学习质量的方式，包括将英语作为附加语学习的儿童。这些儿童应该“以自然的方式了解一些解决问题相关的因素，以提高学习的效果。他们能够在先前知识的基础上进行建构，而不是被某一节课的大量目标而压倒；[illegible]成一项任务”。加德纳还建议，[illegible]儿童结对玩的文字游戏、角色扮演、韵文与故事，以及视觉、触觉资源，都是促进学习与创造丰富语言环境的策略。斯科特(Scott,

2008)聚焦新转入的大一点的孩子(7～11岁),为非专家教师及助教提供了结构化的培训项目,以更好地教授这些英语作为附加语言的早期学习者,并理解他们的语言发展需求。

有的儿童可能使用自己的母语能力很强,但对于英语的使用却很难应付。我们可以降低对孩子们的期望值,并且假设他们的能力远比实际表现要差。考虑到某些孩子的英语水平有限,教师可以分配给这些孩子更简单的任务以照顾他们,但教师要限制这样做的时间长度。原因有两个:首先,儿童可能由于任务简单,成为同班同学取笑的对象;其次,儿童很快变得缺乏动力,并且由于任务要求不高而失去上进心。教师要采用什么样的策略才能确保儿童得到恰当的任务,这取决于成人语言支持的程度及儿童的年龄。教师通常采取不同的方法,设计一些能够调动孩子积极性及高期待值的实践活动。例如:

(1)考虑到儿童在读写部分的特殊需要,实施个别化教育计划(IEPs),并在整个课程中充分利用机会,提高学生的语言水平。

(2)通过定期在班里举行互动活动,促进学生对不同文化、语言、少数民族、宗教团体、旅行者、寻求庇护者与难民的尊重与理解,并提高学生对(例如)文化多样性及特殊场合应对的兴趣。

(3)邀请来自不同社区团体的家长参与非正式的或者经过计划的正式活动。

(4)确保展示作品反映了种族的多样性。

(5)与儿童讨论有关偏见的问题,注意不要无意引起偏见。

理想情况下,将英语作为附加语言进行学习的儿童,应该由会讲与儿童相同语言的成人进行评价,这样才能对儿童的能力提供更全面的评估。如果未能找到这样的人,评估过程会花费更长的时间,或者让双语儿童参与评价是另一个较好的选择。如果没有成人或儿童充当翻译,可能需要父母或家庭的帮助,因为至少要有一个人有足够的英语能力来解释新转入孩子的需要、长处及局限性。

有一些组织可以给第二语言使用者提供帮助。教授母语为非英语学生的英语教师组织(TESOL,www.tesol.org)于1966年建立。这是一个全球性的英语教学专业人员协会,总部设在美国弗吉尼亚的亚历山大市。

全国课程领域语言发展协会(National Association for Language Development in the Curriculum, NALDIC, www.naldic.org.uk)是旨在提高双语学生将英语作为附加语言的学习成绩的专业机构。

参考文献

1. Gardner, J.(2006)'Children who have English as an additional language', in Knowles, G.(ed.) *Supporting Inclusive Practice*, Exeter: Learning Matters.

2. Scott, C.(2008) *Teaching Children English as an Additional Language: A programme for 7－12 year olds*, London: David Fulton.

Enjoyment 愉悦

另请参阅：艺术，行为，（员工）协作，有效学前及小学教育，课外活动，动觉型学习者，学习，教学动机，学校教务秘书，思考

See also: arts, behaviour, collaboration (staff), EPPE, extra-curricular activities, kinaesthetic learners, learning, motivation for teaching, school secretary, thinking

政府一直热衷于提倡这样一种理念，即学习可以令人愉悦，并且这种愉悦与严格的标准是可以兼容的。为此，政府还出台了一些文件，其中一份最具影响力的文件名为《卓越与快乐》（*Excellence and Enjoyment*）。在这种情况下，学生可以通过学习扩展自己的思维，提高自己的创造性。因此，孩子们会很享受学习的多元化，不仅是呈现给他们的活动主题的多样性，还有学习方式的多元化。例如，以小组形式进行的艺术类和一些其他的课外活动（在正式课程时间外），父母与朋友可以参与进来的家庭活动。有人认为，一些愉悦是从学习的互动性和相互合作及发现带来的兴奋中获得的。年龄小的孩子们喜欢一起解决问题及进行探索性的任务，既动手又动脑。相比之下，太多的正式活动会导致陈旧、死气沉沉的学习环境。

愉悦有两种主要形式：学习本身的愉悦与学习过程中的愉悦。前者包括找到及发现[illegible]各具特色，但可以构成一枚硬币的两面。因为那些享受学习本身的儿童，可以通过任何必要的方式找到实现目标的满足感；同样地，对于所做的事情乐在其中的儿童，可能会学到更多。

学习的愉悦不能与随意或随机的教学方法相混淆。这种混淆可能会导致一些政客及家长产生一种普遍的观点，即孩子不是去学校"玩"的，而是去认真学习的。虽然吸引人的课程内容与有说服力的教学方法相结合会创造出最佳的学习环境，但并非所有内容本身都有乐趣；所以每位教师所面临的挑战是，如何找到可以鼓励及调动学生积极性的呈现知识的方式。然而正如卡尔（Carr, 2003）的明智建议，尽管教师希望他们的学生可以在学习中体验到自信、愉悦及满足，但这些结果并不是教学的目的。因此，"家长会有理由抱怨，使自己孩子快乐或者自信的教师，并没有教给孩子任何东西"。

伦敦大学的研究人员对 7 ~ 11 岁儿童所处的关键阶段 2 的教育进行了一项纵向研究，调查英格兰学前与小学教育对儿童认知与社会/行为发展的影响；这一项目也叫"有效学前及小学教育"（EPPE 3 – 11）。调查结果显示，（在很多其他因素中）最喜欢小学阶段教育的学生，不一定是那些成绩优异的学生，这些学生的愉悦感与通行行为标准有关（Simon et al., 2008）。如果学生认为教师对他们感兴趣，并要求他们坚持良好行为，他们似乎就会更高兴。该研究的结论是，在学校里感到安全及得到成人的支持，是影响儿童在学业与社交方面进步的最重要因素，而不是愉悦。

[illegible]多数学校的教职员工都觉得工作是令人愉快和满足的，除非遇到那些似乎无法解决的纪律问题，或者在专横的校长手下工作。教师、行政人员（例如学校教务秘书）及辅助

人员，都认同他们的工作在社会中的重要性，并且表示享受与同事间的伙伴关系，以及在小学共同努力工作的感觉。对于小学教师工作动机的研究，大都得出这样的结论：教师最大的愉悦来自与一群反应积极的孩子一起工作，并与互相支持的同事一起成为学校团队不可分割的一部分（Troman & Raggi，2008）。

参考文献

1. Carr, D. (2003) *Making Sense of Education*, London: Routledge.

2. DfES (2003) *Excellence and Enjoyment*, London: HMSO.

3. Sammons, P., Sylva, K., Melhuish, E., Siraj-Blatchford, I. and Taggart, B. (2008) *The Effective Pre-School and Primary Education 3-11 Project (EPPE 3-11): Influences on children's development and progress in key stage 2*, London: DCSF/Institute of Education, University of London.

4. Troman, G. and Raggi, A. (2008) 'Primary teacher commitment and the attractions of teaching', *Pedagogy, Culture and Society*, 16(1), 85-99.

Enquiry 探究

另请参阅：深度学习，发现式学习，学习氛围，学习目标，问题解决，话题式学习

See also: deep learning, discovery learning, learning climate, learning objectives, problem solving, topic work

教学没有完全以教师为中心或以学生为中心的模式，它是一种不同学习经验的混合体，位于这两种模式之间的连续体上。探究式学习可以让学生根据所提供的不同类型的信息，通过自己的思考，投入对某个情景或问题的积极、仔细的分析活动中，进而概括总结或得出结论（Kellett，2004）。儿童能够在这种对其有意义的方法及形式中积极地生成知识。另请参考联合国教科文组织网站（www.unesco.org）。根据不同的学科范围或主题、孩子们的已有能力及教师所设置的学习目标，基于探究的学习（或简称为“探究式学习”）有很多种不同的方法。

在探究式学习中，教师作为辅助者，要鼓励学生确定自己想要探究的议题或问题。孩子们要考虑他们在探究主题及获得必要的知识时所需要的资源。探究式学习的提倡者认为，学生会很容易获得这些知识，因为在亲自体验研究自己真正感兴趣的问题的过程中，他们已经自然而然地获得了知识。探究式学习与问题解决和调查研究的过程非常相近。两种方法都涉及寻找方案，以解决未知或有问题的知识，但二者可以根据得出方案所使用的研究方法与解决方案的多样性进行区分。当只有单一解决方案时，常常使用问题解决；而当出现多种可能的结果时，往往使用调查研究。然而两者都涵盖在“探究”这一术语之中。这两种形式的探究通常包含五个步骤：

（1）给儿童呈现需要解决的议题或问题。

（2）学生在成人的建议下，弄清楚需要调查什么。

（3）着手进行探究。

（4）核对结果，以帮助解决议题或问题。

(5)复核过程及取得的成果。

虽然单个学生也可以进行探究,但一般是小组共同努力的效果会更好。因为学生合作解决问题会有助于他们的学业进步、社会化能力的发展,以及自尊心的提高。与同龄人互动,可以营造一种更为自然的学习氛围,促进学生对问题的积极讨论。而且讨论中分歧的存在会迫使孩子们关注他们独自思考时可能会遗漏的方面。在基于探究的学习中寻求问题的澄清与真理,能够让学生重建他们对于问题的当前的理解,并调整他们的观点。

为发挥探究式学习的积极作用,教师会提出需要学生集中思考甚至不能立即找到答案的问题。例如,让孩子们选择自己最喜欢的午餐盒的图案是可以的,但是为了鼓励更深层次的思考,他们需要考虑选择的原因、为何男生与女生似乎有不同的偏好,甚至为什么盒子会有图案等。深度学习涉及的学科内容较少,但是要做到综合全面地完成,而不是试图在表面上覆盖更多内容。

探究式学习受到规定的工作计划和时间安排等因素的限制。然而如果使用非固定化时间,强调任务的主题性或"项目"性,而非单一的学科任务,并放宽时间表,这样的探究式学习可以让学生更自由地调查和探索不同领域的知识(Katz & Chard,2000,第三章)。

参考文献

1. Katz, L. G. and Chard, S. C. (2000) *Engaging Children's Minds: The project approach*, Stamford CT: Ablex Publishing.

2. Kellett, M. (2004) 'Just teach us the skills, please, we'll do the rest: Empowering ten-year-olds as active researchers', *Children and Society*, 18(5), 329-343.

3. UNESCO, *Approaches to Learning*, accessed on-line via www.unesco.org.

E

Environmental education 环境教育

另请参阅:环境研究,自然体验学习

See also: environmental studies, nature study

当前,关于环境教育的许多争论都是老生常谈。许多当今的政策和实践都可以追溯到维多利亚与爱德华时期(19世纪下半叶与20世纪前十年)。当时成立了一些环境教育相关的组织,例如,"学校旅行协会";此外,"自然体验学习"是课堂实践的基本要素。在过去的三十年左右的时间,环境教育已日益被视为应对与可持续性发展相关挑战的最重要组成部分(全国教育研究基金会NFER,网络资源)。环境教育委员会(the Council for Environmental Education, CEE, www.cee.org.uk)是一个全国性会员机构,面向英格兰的集体组织和个人,致力于环境教育与可持续性发展教育。要进一步了解环境教育实际工作的详情,请参阅下面

参考文献

1. NFER, *Environmental Education*, online at www.nfer.ac.uk/research-areas/environ-

E

mental-education.

Environmental studies 环境研究

另请参阅:环境教育,地理,历史,人文学科,宗教教育,科学

See also: environmental education, geography, history, humanities, religious education, science

环境研究,顾名思义,主要涉及人类与环境的相互作用。这是一个广泛的兴趣领域,包括自然环境、人造环境、社会环境(人们聚集的地方)、组织环境(例如工作场所),以及它们之间的联系。过去的环境研究主题几乎完全集中在植物与动物身上,现在像可持续性等问题构成了该研究的一个关键因素。因此,英格兰的学校要求培养学生理解、尊重他们的居住环境的意识,以及鼓励他们从个人、地方、国家与全球层面为可持续发展做贡献。环境教育主要可以在科学与地理两个学科中开展,但也有机会在其他学科与学习领域得以发展,包括"全球研究"与"户外教育"。目前的环境问题已经演变为一个涉及生态(生态学是关于动植物与环境之间的关系的科学——《柯林斯词典》)、政治、经济、社会,以及物理和生物等因素的复杂的跨学科问题。现代环境研究包括城市环境(与城镇和城市相关)及自然环境两类研究。其他定义强调了人类在环境管理中的作用,以及生态系统恶化可能导致的经济、社会、健康问题。

在大多数小学教育的课程设置中,课程内容包括动物及栖息地研究、为自然植物群与动物群的生长创造"野生"和开放的空间(例如校园里的小花园)、气象系统研究(例如水循环及风速)、爱护地球与保护环境(例如食物链)。环境研究通常镶嵌于科学领域的研究和对当地名胜古迹的教育访问——包括学校的特殊场地,以及像林地、农场等偏僻的地方,这些是形成学习规划的重要因素。有些学校扩大了环境研究的范围,将历史、地理,甚至宗教教育(经常综合称为"人文学科")纳入研究的项目当中。在以科学为导向的学习中,孩子们专注于诸如调查池塘生物、在栖息地观察微小的生物及研究树木(例如 De Boo,2004)等方面。无论是在田野还是在教室,老师都会鼓励孩子们通过对所研究的物体、事件或者环境的特定部分进行科学调查,找到自己问题的答案(Elstgeest & Harlen,1990)。

参考文献

1. De Boo, M. (2004) *Nature Detectives: Environmental science for primary children*, Hatfield: Association for Science Education/ Woodland Trust.

2. Elstgeest, J. and Harlen, W. (1990) *Environmental Science in the Primary Curriculum*, London: Paul Chapman.

Environmental studies (Scotland) (苏格兰)环境研究

另请参阅:公民身份,环境教育,环境研究,健康饮食,道德发展

See also: citizenship, environmental education, environmental studies, healthy eating, moral development

在苏格兰,对环境研究的态度与《苏格兰课程》包含的3～18岁所有学习者达到的关键目标有关,这些目标包含专心学习、尊重和关怀自己与他人,以及对社会与环境的责任。核心的思想是从科学、社会和技术变革的角度思考道德和伦理。这种看待世界的方式始于合理的态度的发展,而这种态度是基于一种信念,即对环境的道德、伦理方面的关注来自社会、科学和技术变革的知识。据称,这种视角使得知识与技能的焦点从属于这些态度的发展。儿童学习有关环境研究的知识,主要是为了成为更有责任感的世界公民,而不是为了达到某个范畴的知识素养的预定水平(Peacock,2005)。近年来,环境研究已经与健康饮食、安全教育及公民身份等课程领域建立了关联。

参考文献

1. Peacock, A. (2005) ‘Science in the Scottish primary school curriculum’, *Primary Science Review*, 87, 30－31.

EPPE 3－11 project 有效学前及小学教育研究项目(3～11岁)

另请参阅:有效性,愉悦,性别,行为不端,唱歌,测试与测试过程

See also: effectiveness, enjoyment, gender, misbehaviour, singing, tests and testing

“[illegible]效学前及小学教育研究”(EPPE 3－11),是由英国儿童、学校和家庭事务部(DCSF)资助的一个2003—2008年的五年项目。这个项目是欧洲最大的纵向调查研究项目“学前教育的有效供给”的五年延伸,主要调查学前教育对儿童在小学初始阶段的发展的影响。EPPE 3－11由伦敦大学教育学院负责管理,对3000名儿童从学前开始到11岁为止进行追踪。项目扩展是为了继续探索四个相关主题:

(1)学前教育的效果能否延伸到第二关键阶段的教育?

(2)“有效”的小学课堂和学校的特点是什么?

(3)在EPPE的调查对象中,哪些儿童适应性强?哪些比较容易受伤害?

(4)“校外学习”(家庭、社区、网络)对儿童发展有哪些贡献?

EPPE的研究为幼儿园和小学在塑造儿童后期发展的综合效应方面提供了新证据。一个意料之中的研究结果便是,家庭学习氛围、学前及小学教育越好,孩子越能取得更好的成绩。有关“更好的”家庭环境的定义,是根据父母与孩子进行的七种活动的频率来确定的:①阅读,②去图书馆,③玩数字游戏,④绘画,⑤教字母,⑥教数字,⑦唱歌。随着孩子逐渐长大,研究团队发现,家庭学习氛围不再与母亲的学历或者社会阶层强烈相关——因为有一些相对贫困的家庭进行了大量的此类亲子活动,而另一些更为富裕的家庭反而缺少这些活动。

随着孩子年龄的增长,家庭学习氛围变得不那么重[illegible]研究发

[illegible]是女孩的两倍多。5岁时,女孩在阅读方面的水平比男孩更高,但是到了10岁,大多数男孩就会赶上女孩。造成这一现象的原因除了性别外,还有其他因素——例如,家庭

与学校的种类，这些因素似乎已经对学生的成绩造成很大的影响。

儿童对学校的喜爱程度会影响到他们在学校的行为举止，然而儿童所认为的成人对他们感兴趣的程度及对学生不当行为的控制能力也是重要的影响因素。在学校具有安全感，以及得到教师们的支持，这对孩子在学业与社交方面的进步产生了很大的积极影响。项目团队总结提到，与父母共同学习，以及提供高质量的学前教育具有潜在的长期益处。研究摘要可以参见《泰晤士报教育增刊》(TES，2008)，也可以参考布拉奇福德等人对童年早期的观点(Siraj－Blatchford，et al.，2008)。

项目研究结果显示，一旦儿童进入了主流小学，整体教学质量会影响他们的社会行为，以及智力的发展。尤其是五年级的课堂(10 岁左右)，教学质量存在很大差异，这对儿童学业进步的影响力似乎要比他们的性别或者他们是否来自贫困家庭更大(Sammons et al.，2006)。一个微小但有趣的实用性发现是，在课堂上坚持使用教学总结的方法，即带领学生聚在一起讨论他们学习的关键特征的教师，他们的总体教学质量会更高。可以预见的是，在第二关键阶段(7～11 岁)，在教学质量更高的小学上学的学生，与同等能力的在一般小学上学的学生，尤其是能力不足的儿童相比，在国家测试中会取得更高的成绩和更大的进步(Sammons et al.，2008)。

参考文献

1. Sammons，P.，Taggart，B.，Siraj－Blatchford，I.，Sylva，K.，Melhuish，E.，Barreau，S. and Manni，L.(2006) *Effective Pre－school and Primary Education 3－11 (EPPE 3－11) Summary Report：Variations in teacher and pupil behaviours in Year 5 classes*，Research Report no. 817，Nottingham：DfES Publications.

2. Sammons，P.，Sylva，K.，Melhuish，E.，Siraj－Blatchford，I. and Taggart，B.(2008) *The Effective Pre－school and Primary Education 3－11 Project (EPPE 3－11)：Influences on children's development and progress in key stage 2：social/behavioural outcomes in Year 6*，London：DCSF/Institute of Education，University of London.

3. Siraj－Blatchford，I.，Taggart，B.，Sylva，K.，Sammons，P. and Melhuish，E.(2008) 'Towards the transformation of practice in early childhood education：The effective provision of pre－school education (EPPE) project'，*Cambridge Journal of Education*，38(1)，23－36.

4. TES (2008) article by Helen Ward，'Preschool learning holds the key to children's success in later life'，5 December. Accessible on-line via www.tes.co.uk.

Equal opportunities 均等机会

另请参阅：成绩，体态语，欺凌，受过良好教育的儿童，期待，性别，家庭背景与学习，特殊教育需求，成见

See also： achievement，body language，bullying，educated child，expectations，gender，home background and learning，special educational needs，stereotyping

在任何情况下，学校不允许出现儿童或成人受到歧视的现象。教师对学生持有的有意或无意的偏见，如果被视为歧视，教师就会被指责行为不够专业。因此，教师在处理儿童问题时，始终尽可能保持不偏不倚是非常重要的。此外，所有符合资格的教师必须认识到并有效回应机会均等问题，拒绝欺凌与骚扰事件。教师不仅要给予所有学生同样的机会、支持及鼓励，而且不能因为学生的家庭背景或外貌等教师不可控制的因素，而给学生贴标签。教师对学生的外表或家庭背景的一时不经意的玩笑，给儿童带来的伤害比成人想象得更严重。教师还有责任营造儿童相互尊重的环境氛围。每个人都有权利接受良好的教育，这一原则在官方文件中有所体现。例如，英格兰与威尔士2000年的《国家课程》中规定：

> 在规划教学时，教师应该设置较高的期望值，并为所有学生提供实现目标的机会。这些学生包括所有的男生与女生、有特殊教育需要的学生、有残疾的学生、不同的少数民族群体，如游客、难民、寻求庇护者，以及拥有不同语言背景的学生。

孩子们喜欢管控始终如一，以及公平对待每个人的教师，所以教师的公正对营造稳定的学习氛围也有好处。认真的教师会定期审视自己对待学生的态度是否[illegible]

[illegible]的反应、[illegible]体语言[illegible]语调是否有显著变化。教师对抗歧视态度的有效方法是对学生的成绩持有积极的态度，并且营造一种“你能做到”的学习氛围，让所有的孩子都能发挥潜力。

曾经有一个时期，男孩们被教导去学习能为他们将来的工作、生活打下基础的技能与学科，而女孩们相应地被期待成为家庭主妇（参阅 Myers，2000 年的历史视角）。如今，教师必须意识到，无论女孩还是男孩，他们都在工作场所与家庭中起到重要作用。所以教师将每个孩子视为独立的个体很重要，而不能仅凭性别便对其性格、能力和生活机会做出全面假设。教师也有相当大的责任运用一些教学方法，既能吸引活泼的孩子，又能让顺从的孩子也喜欢。

虽然期望与角色定位完全融入了社会结构中，并且难以区分，但仍有一些实例可能会揭示更深层次的关于性别角色的假设。例如，在登记簿上将所有男孩的名字登记在女孩名字的上面，这可能只是一种记录方式，但也可能反映了一种信念，即男孩更重要。类似的例子，比如，在选择小组长或者给孩子安排排队顺序时，或者选择重要位置时（比如给家长做展示汇报），教师有必要根据学生的能力、公正性及学校优先权做出决定，而非根据学生的性别或者妄加决定。诺尔斯（Knowles，2006）警告说，“一种持久的性别成见是，男孩天生聪明，但不愿意努力；而女孩所获取的任何成功，往往归咎于她们的努力，而非聪慧”。同样，相比于一个永远皱着眉头的邋遢男孩，一个迷人的女孩[illegible]可减轻其不当行为导致

[illegible]性别不同，导致相同行为有不同的解释。她举例说，教师将行为不端的女孩形容为“一种坏影响”，或者“心怀叵测的小姐”，而对男孩则简单描述为“胡闹”。

当处理儿童问题时,无论是男孩还是女孩,教师要尽可能做出公正的决定,但这种公平不应该与在幼儿园和学前班考虑个体差异的需要混为一谈。教师旨在为每个学生提供在学习中体验成功的机会,为他们设定远大但明智的目标,包括每个男孩、女孩、有特殊教育需要、残疾、来自不同社会文化背景、少数民族、难民与寻求庇护的学生。

机会均等的本质是,从三个方面为尽可能多的儿童提供包容性更强的课程:①设定适合学生的相关学习挑战,②回应他们多样化的学习需求,③克服可能妨碍学习进步最大化的潜在障碍。一方面,教师对待儿童必须始终如一;另一方面,在相同情况下,某个孩子对待轻轻"触碰"的反应比另一个孩子强烈。教师不是法庭上的法官,不是要对站在他们面前的任何人做出判决;他们必须运用智慧处理所有的人际交往。然而教师对学生的洞察力,并不等同于基于学生的性别或任何其他特征(例如背景、运动,甚至身高)得出的对儿童的成见。教师做出公平决断的关键是,要看到每个事物的优点,以及运用大量的常识。每位教师必须发展的关键技能之一,便是迅速评估状况,并做出即使从儿童的视角看也是公平的反应。

基于种族或宗教的成见,可能是影响教育者对学生的学业成就或行为有不同期待的因素。多个研究表明,教师对黑人(美国,"非裔美国人")男孩的期待较低。例如,梅杰斯(Major,2001)提到,在美国与英国的某些地方,会出现黑人儿童遭到排斥与驱逐的现象。这些问题超出了教师个人或学校的范围,《泰晤士报教育增刊》(TES,2008)的调查指出,英国各地区对少数民族学生考试成绩的期望值有很大的差异。

参考文献

1. Knowles, G. (2006) 'Gifted and talented', in Knowles, G. (ed.) *Supporting Inclusive Practice*, Exeter: Learning Matters.

2. Majors, R. (2001) *Educating Our Black Children: New directions and radical approaches*, London: Routledge.

3. Myers, K. (ed.) (2000) *Whatever Happened to Equal Opportunities in Schools?* Maidenhead: Open University Press.

4. TES (2008) article by Helen Ward and William Stewart, 'Divided on the setting of targets', 27 June.

Every Child Matters《每个孩子都重要》

另请参阅:关爱型教师,儿童福利,儿童,健康校园,家长参与,确保良好的开端,助教

See also: caring teachers, child welfare, children, healthy schools, parental involvement, Sure Start, teaching assistants

英国政府倡议,为儿童及19岁以下的青少年发布"联合"条文,即《每个孩子都重要:为孩子而改变》,这引发了英国《儿童法》的出台。立法与随后的转变带来了一套全新的议程和理念,直接或间接地涉及每一所学校、教师、助教、辅教,以及教育支持服务部门。《每个孩子都重要》还包括对家长与看护者的支持性政策的变化,要求更早的

干预、更多的问责、服务部门的整合,以及加强劳动力改革(Reid,2005;Cheminais,2008)。发布该条文的目的在于,对所有儿童而言,无论其背景或环境如何,他们的健康与安全、获得成功、为社会做出积极贡献、学习如何处理个人财务等方面均能得到支持。因此,为了保护和赋予儿童与青少年自主的权力,向儿童提供服务的组织(医院、学校、警察局、志愿团体等),需要共享信息、共同努力。2005 年 3 月,第一个被任命的英格兰儿童事务专员(Children's Commissioner for England)负责专门收集与宣传那些弱势群体的意见。《每个孩子都重要》列出了五个对儿童与青少年最重要的结果:

(1)保持健康:享受良好的身心健康,拥有健康的生活方式。

(2)保证安全:避免受到伤害与忽视。

(3)愉快成长:从生活中获得最大的乐趣,发展成人的技能。

(4)有所贡献:参与社区活动,但不参加反社会或犯罪活动。

(5)经济福利:不被经济困境所阻碍,能在生活中充分发挥自己的潜力。

作为《每个孩子都重要》的一部分,“确保良好的开端”项目儿童中心提供了与健康和家庭支持服务相结合的早期教育,并为“成功扫清障碍”项目制定了策略,以提高

兰、威尔士与北爱尔兰的校外教育机构(苏格兰“综合社区学校”)计划将其服务进行重组,并在同一个地点协同工作,旨在帮助推进儿童和青少年取得的成果。在张伯伦等人(Chamberlain et al., 2006)的研究中,学校需要就《每个孩子都重要》所带来的变化发表评论,超过 80% 的学校回应,并且大都在评论中描述了学校生活标准的改进或积极发展。小学汇报的主要变化是学校改进/发展计划的改变,以及对课程和学校实践现状的回顾。到 2010 年,所有的小学,无论是在原址,还是与其他学校或当地服务部门合作,都必须全年早上八点到晚上六点义务为儿童提供幼托服务。舍米奈(Cheminais, 2009)与诺尔斯(Knowles,2009)探索了关于在教育环境中建立与维护有效的多元机构合作的建议,供读者参阅。

参考文献

1. Chamberlain, T., Lewis, K., Teeman, D. and Kendall, L.(2006) *Schools' Concerns and their Implications for Local Authorities: Annual survey of trends in education 2006* (LGA Research Report 5/06), Slough: NFER.

2. Cheminais, R. (2008) *Every Child Matters: A practical guide for teaching assistants*, London: David Fulton.

3. Cheminais, R. (2009) *Effective Multi-Agency Partnerships: Putting every child matters into practice*, London: Sage.

4. DfES (2004) *Every Child Matters: Change for children*, London: HMSO.

5. Knowles, G. (2009) *Ensuring Every*

6. Reid, K. (2005) 'The implications of Every Child Matters and the Children Act for schools', *Pastoral Care in Education*, 23(1), 12 – 18.

E

Excellence and Enjoyment 卓越与快乐

另请参阅：创造力，卓越教师，期待，家长对学习的支持，《国家小学教育战略》，成功，测试与测试过程

See also：creativity，excellent teachers，expectations，parents supporting learning，*Primary National Strategy*，success，tests and testing

英国教育与技能部时任部长查尔斯·克拉克（Charles Clarke）在 2003 年 5 月发表了《国家小学教育战略》文件之《卓越与快乐》一文，声称“卓越的教育可以给孩子们应有的生活机会”。克拉克在文章的前言中写道：

我们的制度绝不能辜负任何孩子。高标准——尤其是读写能力与计算能力——是学习和生活中成功的支柱。我们的小学教育系统绝不能借助低期望值而小看任何孩子。快乐是每个孩子与生俱来的权利。

该文件部分回应了教师与教育者对教学与学习变得过于系统化且扼杀孩子创造力的担忧。《卓越与快乐》是《国家小学教育战略》的主要支撑，旨在重振教学，使学习更加有趣，以及促进教师为每个孩子量身定做课程——尽管这是看似不切实际的期望。学校可以利用现有课程的优势，更多地利用考试数据来为教学与学习提供反馈信息。该文章也强调了父母与孩子一起学习的重要性，以此来“扩充社会经验，增加对其他观点（包括不同文化）的容忍度，增加家庭学习机会”。

Excellence in Cities “追求卓越的城市教育”计划

另请参阅：注意广度，交流，儿童早期，情感素养，家庭背景与学习，家长参与

See also：attention span，communication，early years，emotional literacy，home background and learning，parental involvement

从小学开始便在语言与交流、注意力、阅读与写作、社交技巧等方面有障碍的孩子，可以通过“追求卓越的城市教育”计划获得额外的支持。该计划是英国政府致力于与家长密切合作的项目，有四个主要目标：

（1）以最需要帮助的儿童为目标，以“确保良好的开端”项目（见下文）的工作为基础，尽可能让家长参与进来。

（2）通过向需要帮助的儿童提供额外的支持，架起从早期阶段到小学、从基础阶段到关键阶段 1（年龄从 5 岁多到 7 岁的儿童）过渡的桥梁。

（3）充分利用经验丰富教师的专门知识与技能，对早期教育的其他教职人员进行培训。

（4）为了支持家长发展孩子的技能，为家长提供录像，解释孩子在学校所学的内容，以及家长如何帮助孩子在家学习。

“确保良好的开端”项目旨在通过增加

面向所有儿童的保育可能性,以及改善幼儿的情感发展,以便让儿童、家长与社区取得更好的成果。该项目还有一个目的,就是通过发展贫困地区的扶持服务,以及为父母提供儿童保育的费用支持,帮助父母实现就业愿望。到2010年,每一个社区都应由“确保良好的开端”项目儿童中心或其对应机构提供服务。

Excellent teachers 卓越教师

另请参阅:基本技能,有效性,课外活动,音乐,体育,成功,教师信念,测试与测试过程,最近发展区

See also: basic skills, effectiveness, extracurricular activities, music, physical education, success, teachers' beliefs, tests and testing, zone of proximal development

“卓越教师”是一个能够唤起人们头脑中许多不同教师形象的词,其中大部分是过去教过自己的老师,而且是“优秀”的老师。传统的观点认为,卓越的教学是指教师有能力帮助学生在正规的测试与考试中取得好成绩。2004年,英国政府在英格兰与威尔士推出了“卓越教师”(ET)计划;在该计划中,卓越教师是指在帮助其他教师提高有效性方面具有独特作用,并对提高整个学校学[illegible]的成就产生重[illegible]影响的教师。学校[illegible]

个岗位要求的工资较高,预算紧张的学校会受到一些限制。然而通过卓越教师支持并帮助同事的原则已列入正式条文(DCSF, 2008)。

调查显示,杰出的小学教师愿意花时间去了解学生,并对学生的校外生活、希望和梦想、爱好与课外活动感兴趣。这些教师热切地希望孩子们可以在正规教育部分,尤其是读写与数学方面做得好。但是他们也意识到,全面的教育不仅仅是拥有基本技能与通过考试。他们会鼓励学生成为独立而非冷漠、善良而非压抑、自信而非傲慢的人。此外,他们还会促进合作学习与团队关系,并向孩子保证,成功既关乎最终成就,也关乎毅力和决心。

成为一名卓越的小学教师,还需要探索如何以清晰、明确的方式,向孩子们呈现知识、解释事物,通过缩小差距的方式扩展他们的学习——这个差距就是所谓的“最近发展区”,即学生当前能够独自理解的水平,与通过教师的帮助所能理解的水平之间的差距。最优秀的教师不仅在教学中发挥积极作用,而且工作专心、勤奋;他们使用一系列言语的、示范的策略与技巧讲解知识点,帮助学生理解任务(Gipps et al., 2000)。他们鼓励儿童反思自己的学习,通过练习基本技能,并将其应用于各种情景的方式,反复体味思想和巩固新知。卓越的教师要向学生展示课程不同领域之间的联系,并使用一系列问题,来激发与测试学生已掌握的知识(封闭式问题)、扩展他们的思维(开放式问题)、让学生做出决定与选择(推断类问题)。

秀,且他们在不断努力地提高自己。例如,一位教师在体育教育方面可能很擅长,但却很难教授音乐;一位教师可能在数学课的交互活动中,很善于把握整个课堂,但在帮助

孩子发展高级阅读技能时仍需要接受建议。尽管很少有小学教师在每个方面都很杰出，但那些可以教任何学科的教师，比擅长教一些学科而不擅长教其他学科的教师更为珍贵。

卓越的教师不需要自夸自己的过人之处或者丰功伟绩，他们似乎更关心别人，而非自己的幸福。这种利他的态度并不是利用反向心理学来让别人欣赏他们，相反，这种态度使教师的素质自然为众人了解，而不用大肆宣传。这样的教师，充分利用他们所拥有的天赋与能力，不是将其视为不体面的事情隐藏起来，但也避免给人留下高人一等的印象。关于这一问题，更为全面的讨论可以参阅瓦兰斯（Vallance，2000）的论文。

参考文献

1. DCSF（2008）*Excellent Teacher Scheme*, London：HMSO，on-line at www.teachernet.gov.uk.

2. Gipps，C.，McCallum，B. and Hargreaves，E.（2000）*What Makes a Good Primary Teacher?* London：Routledge.

3. Vallance，R.（2000）'Excellent Teachers：Exploring self-constructs，role，and personal challenges'，*Paper presented at the Australian Association for Research in Education (AARE) Conference*，Sydney，December 2000.

Exercise books 练习册

另请参阅：书写，家庭作业，学习成果，（儿童）目标设定

See also： handwriting，homework，learning outcomes，target setting（children）

练习册最初是为了让小学生练习书写、拼写和理解力而设计的小册子，里面包括问题或留有空白、需要写出答案的书面练习。在许多现代的小学，练习册不包含任何预先印刷的材料，而是有很多空白页。孩子们先在备用纸上完成草稿，然后在空白页上写出或画出他们作业的“最佳复制品”。练习册的另外一个用途，是记录数学计算题（“计算”）与图表，还可作为作业记事和目标设定本——记录学生个人的学习目标或成果。

Expectations 期待

另请参阅：儿童早期，鼓励与表扬，性别，学习氛围，学习动机，（儿童）目标设定，写作

See also： early years，encouragement and praise，gender，learning climate，motivation for learning，target setting（children），writing

期待，与其初始的意义相比，在教育学中是一个更为复杂的概念。期待是由教师与学生的愿望、实现教学目标的努力、对于学生个人进步目标的考量、时间限制、成人的支持，以及资源因素组成的一个综合体。“高期待”很难有明确的定义，但它反映了一种“能做”，而非“怀疑你是否能做”的对待学习的方法。它并不与不切实际的期待相混淆。后者是告诉孩子他/她“能够做到这点”，但随后孩子却在困难中挣扎，这种期待让孩子感到了不可避免的困惑，并失去动机。教育者在帮助学生发挥自己的潜力时，必须在鼓励（“是的，你能达成这个目标”）、扼杀（“按我说的做”）与撤离（“你可以自己试一下”）之间小心行事。当然，高期待要

与教师适当的行动相配合，否则便是无意义的。

如果师生间相互尊重，学习者会对教师的期待有较好的回应；如果学生怀疑或不喜欢教师，那么他们不会在意教师的期待。然而教师的期待经常会在学生的产出中反映出来，应验了“自我实现预言”这个说法（另请参阅如，Tauber，1997，第一、二章）。换言之，如果教师对孩子有较低的期待，他们从孩子那里得到的也较少；同样，如果他们对学生有很高的期待——并且营造恰当的学习氛围，他们会得到更多回报。

对教师的其中一个要求是，对所有学生都表现出高期待，尊重他们的社会、文化、语言、宗教和民族背景，并且致力于提高标准。有人提出，需要关注某些教师是否会基于学生的性别（例如，持有“女孩数学差”的态度）或民族（例如，“亚裔父母热衷于儿女的教育”），而对学生抱有不同的期待——更多细节请参阅本书中“均等机会”的词条解释。

教师还必须考虑到这样一种可能性，即对一个独自学习的学生的高期待，不如对两个学生结对或涉及四个或五个学生合作小组的高期待更具可控性。因此，期待取决于任务的需要、完成任务所需时间，以及可提供的支持程度。

期待可能与学习的某一特定方面相关，这取决于教师对教学重点的确认（主要是学

能在故事情节的发展；或者使用预定的框架，以规定的方式构建作品；或者书写工整、插入创意元素、吸引读者、语法准确；或者是以上几点的结合。

教师有责任解释清楚他们的期待，并且让孩子们决定，哪些方面对促进自身学习非常重要。因此，在同一篇作文中，一个孩子可能在意思传达上有问题，需要集中精力纠正不足；另一个孩子可能有很多好的想法，但不能连贯地将其写出来；其他的孩子可能需要提高他们的书写水平。因此，在一节课中，教师可能不仅对全体学生有一般要求，也可能对个别学生有具体目标，使其能够成功完成学习任务的某一特定方面。

卡西迪（Cassidy，2004，2005）指出，如今在苏格兰，几乎所有3岁和4岁的孩子都会在升入小学前接受某种形式的学前教育。因此，学前教育的经历对儿童是否准备好升入小学的影响，已经成为义务教育早期阶段的一个重要问题。早期教育的教师需要了解每个学生在学前教育背景中的经历与成绩，这样可以使学生在进入主流教育的过程中，学习的知识尽量衔接紧密，并对他们的学习抱有适当的期待。

期待不仅适用于学业成就。例如，基里亚库（Kyriacou，1998）认为，学校中普遍存在的纪律问题，不仅会受成人态度与行为的影响，“还有学生的期待对其的影响”，并且这种期待不受教育者的影响。为了帮助学生形成积极的价值观，小学强调学生必须自律，对自己的行为负责（参阅Wrigley，2003，第五章）。尽管教师努力让儿童对自己的行为抱有高期待，但他们的要求有时会受到一

[illegible]定[illegible]童数量的增加，[illegible]社会[illegible]多[illegible]的道德规范的存在。

参考文献

1. Cassidy, M. (2004) 'Fitting in? Scottish primary teachers' expectations of school entrants', *Scottish Educational Review*, 36(2), 191 – 205.

2. Cassidy, M. (2005) 'They do it anyway: A study of Primary 1 teachers' perceptions of children's transition into primary education', *Early Years*, 25(2), 143 – 153.

3. Kyriacou, C. (1998) *Essential Teaching Skills*, London: Nelson Thornes.

4. Tauber, R. T. (1997) *Self-Fulfilling Prophecy: A practical guide to its use in education*, London: Praeger.

5. Wrigley, T. (2003) *Schools of Hope*, Stoke-on-Trent: Trentham.

E

Extended schools 校外教育机构

另请参阅:儿童福利,儿童,《每个孩子都重要》,家庭作业,督导,家长对学习的支持,性教育,特殊学校

See also: child welfare, children, *Every Child Matters*, homework, inspections, parents supporting learning, sex education, special school

在英格兰、威尔士及北爱尔兰,存在一些校外教育机构——在苏格兰,叫作"综合社区学校"。他们提供一系列的服务和活动,以满足儿童、家庭及社区的需要(DfES,2005a)。家长们希望,主流学校与特殊学校能够全年提供上午8时至下午6时高质量的儿童在校看护,一些学校正在考虑这种服务规划(DfES,2006)。诸如课前与课后俱乐部的活动,不仅可以帮助儿童发展新的兴趣与技能,还能通过提供更多的儿童看护备选方案,来支持父母重返工作岗位。

校外教育机构存在的理由在于,有证据表明,儿童的早期经历会对其以后生活的成就与机会有很大影响。校外教育机构可以有助于提高学生的成就感、自信心、动机及参与度,降低儿童被开除的概率,使教师更好地注重于教学,提升儿童与家庭获得服务的机会。尤其是儿童在教育方面的收获,外加安全感与关爱,为摆脱贫困与劣势提供了途径。儿童更广泛的需求也可以通过以下方式解决:寻求在校园工作或者到校园访问的多种机构团队(例如社工、社区人员、医务人员)的支持。校外教育机构没有固定的模式,每所学校都必须与其他相关方合作(例如社区团体等),来决定校外教育机构所需要制定的规章,并规划如何最好地实施这些规章。然而校外教育机构服务可能包括以下几方面(OFSTED,2005;DSCF,2008):

(1)全年在学校或其他当地服务机构提供儿童看护服务。

(2)活动可包括家庭作业俱乐部,以及学习支持、体育、音乐教学、舞蹈和戏剧、工艺、象棋、急救课程。

(3)提供家长支持服务,包括针对关键转折点的咨询会(特别是学生从小学升入中学)、在其他儿童服务机构的支持下开办的家长课程、孩子与父母可以一起学习(例如数学方面)的家人参与课程。

(4)提供广泛的专家支持服务,例如,言语治疗、儿童与青少年心理健康服务、家庭支持服务,以及强化行为支持。

(5)通过社区，提供成人学习、信息与通信技术、体育与艺术设施的支持。

(6)性健康服务，尤其针对青少年。

校外教育机构是《每个孩子都重要》计划的核心，该计划旨在促进儿童与青少年学业成就和提高学业成绩标准。英国政府很重视校外教育机构，政府对学校的督导工作包含了评估这些服务机构对促进儿童与青少年取得成就所起的作用。然而虽然校外教育机构被视为解决儿童贫困与改善其家庭条件的工具，《每个孩子都重要》计划初始阶段的证据表明，服务机构之间的沟通正在改善，但贫穷仍是一个严重的问题。

校外教育机构的观念并没有受到普遍欢迎，人们依旧关心父母均为全职工作者对家庭生活的影响，以及政府教育供给替代正常父母养育的意义。反对这一计划的观点是围绕着父母离开子女的时间长短，以及家庭负担能力的问题。此外，一些学校难以找到合格的校外教育机构工作人员；而且由于督导计划中含有这项规定，这就意味着，即使整个学校所有被检查的其他方面都是值得高度赞扬的，但仍会因为这一项而被判定为“不合格”。

参考文献

1. DCSF (2008) *Extended Schools*, Teachernet, on-line at www.teachernet.gov.uk/

2. DfES (2005a) *Extended Schools: Access to opportunities and services for all*, Nottingham: DfES Publications, on-line at www.teachernet.gov.uk/extendedschools.

3. DfES (2005b) *Every Child Matters: Change for children*, London: HMSO.

4. DfES (2006) *Schools for the Future: Designing schools for extended services*, Nottingham: DfES Publications, on-line at http://publications.teachernet.gov.uk/eOrderingDownload/DFES-2092-2005.pdf.

5. OFSTED (2005) *Inspecting Extended Schools*, London: HMSO.

External agencies 外部机构

另请参阅：儿童福利，《儿童和青少年教育工作者战略(2020 年)》，健康校园，听力障碍，生命教育，教育标准局，体育，体育运动

See also: child welfare, *Children and Young People's Workforce Strategy 2020*, healthy schools, hearing impairment, life education, Office for Standards in Education, physical education, sport

一直以来，总有少数儿童需要得到从外部机构获得支持/建议的保障，从而满足其学习需要(即“机构间合作”)。根据特殊教育需求的实践准则(“与其他机构合作”)，外部机构(机构间合作)旨在根据儿童需要，为他们提供综合性、高质量、全方位的支持。在英格兰，政府决定将提供教育和社会服务结合起来，以促进它们之间更密切的合

或区域当局的安排，儿童可以获得多方支持，包括保健专业人员、心理服务部门、特殊需求教学服务部门、早期教育支持教师，以及视力或听力受损儿童的特殊教育。有些

学校与外部机构积极合作，共同支持体育教育及学校运动。据教育标准局（OFESTED）报道，那些在学生的健康教育和幸福感培养方面做得好的学校，都非常有效地利用了外部机构，特别是有关毒品、性和人际关系的教育。诸如“生命教育”这样的组织会与学校和家长合作，来帮助孩子们选择健康的生活方式。

Extra-curricular activities 课外活动

另请参阅：早餐俱乐部，校外教育机构，健康与安全，音乐，体育运动

See also： breakfast clubs，extended schools，health and safety，music，sport

“课外”一词指的是学生在学校参与的活动不在规定的课程范围内。小学教师一直致力于为儿童的课余时间提供教育与娱乐的机会，这使上一代人的课外活动在大多数小学中扮演了重要的角色。然而近年来教师的工作条件受到严格规范，他们需要对自己的工作保持详细的记录，对学生实施广泛的评估过程，并对学生学习的每一个方面都提供证明，这逐渐导致了课外志愿活动的普遍缩减（Byard，2003）。另外，由于健康与安全问题、儿童保护问题，以及诉讼的增加，也使得教师对于超过常规教学的活动更为谨慎。

近年来，为减少课外活动数量的下降，相关部门为承担了额外责任的教师提供奖金，增加了课外活动辅助人员的数量，以及课前、课后的活动机会（“校外教育机构”倡议）。因为有些学校与其所在的居民区有密切联系，并将其校舍提供给当地居民办理各种活动，因此被指定为“社区学校”。“课外”一词现在包括为儿童与成人提供的一系列活动与机会，超出人们所熟知的课后足球练习、午餐广播俱乐部等。根据学校的规模、儿童的年龄，以及工作人员的数量，学校提供了包括音乐、体育、学术，以及涉及更广泛兴趣的活动。那些在课外活动中，在艺术、音乐与戏剧方面崭露头角的人才，有时也会在学校的展示，以及季节性庆祝活动中派上用场。

在课外活动的规定范围内，学校会开办“辅导班”和额外的课程，例如，为儿童开办正常上课日以外的家庭作业班，以提高学生的学习成绩。所有学校都必须与社区建立更为密切的联系，例如，开放校舍；如果有可能，要与其他社会机构一起为学生提供学习的机会。有一部分学校早晨提早开放为儿童提供早餐，并聘用辅助人员提供直至傍晚的儿童照看服务；尽管这些服务引发了一些实际问题——特别是官方的督导会对 3～5 岁儿童的学习条件进行评估。

ContinYou 作为一个英国学习慈善机构，在发展校外学习与教育学习支持运动中发挥了重要作用。此机构努力确保课外活动处于教育与政策议题的中心。他们通过早餐俱乐部等项目，支持与推广课外活动的机会（也叫作“课余时间”）。目的是为了丰富儿童与青少年的生活，并提供新的学习机会，使他们能够发展新技能，在已有保障的基础上继续发展。许多教育家认为，课外活动有助于提高学业成就、改善出勤率、树立远大理想、建立自信，以及重新激发叛逆学

生的积极性。

参考文献

1. Byard, K. (2003) ‘Where have all the clubs gone? The decline in extra–curricular activities’, *Education 3 – 13*, 31(2), 60 – 63.

2. ContinYou: on-line at www.continyou.org.uk.

F

Failure 失败

另请参阅：走神，友谊，习得性无助，学习氛围，学习动机，成功

See also： daydreaming, friendship, learned helplessness, learning climate, motivation for learning, success

罗布森（Robson，2006）参考德维克（Dweck，2000）的理论指出，儿童的自我胜任感从他们很小时便开始发展，并对其学习态度有很大的影响。德维克认为，当面对困难或潜在的失败时，儿童会在这两种方式中选择一种做出反应。第一种方式是儿童表现出“掌握导向”（mastery－orientated）的态度，特点是付出更多的努力；第二种方式是儿童表现出一种“无助模式”（helpless pattern）的行为。掌握导向的孩子不会责怪自己做得不好，而无助的孩子会觉得自己负有责任，并且不愿意再坚持任务。根据德维克的观点，掌握导向的孩子会进行自我激励、自我指导与自我监控；他们对成功充满信心，并从失败中吸取教训；他们不会让自己对自身的能力失去信心。相比之下，无助型儿童会贬低自己的能力，很快失去信心，将注意力集中在失败而非成功身上，很快丧失勇气，甚至放弃成功的策略（参阅 Robson，Dweck）。

对成年人来说，了解孩子对感知到的失败或真实失败的反应是非常重要的。我们很容易想象，一直处于落后位置的孩子的感觉是什么样子：无法与更有能力的同学竞争，听到的只有愤怒的大人的批评，费劲地给别人留下一点点印象，为提高某一学科成绩而被好意的大人送到“辅导班”上课。随着时间的推移，他们开始怀疑自己在学业上的挣扎是否反映了自己作为一个人的本身缺陷。在经过几年后，一些儿童会单纯地认为努力满足大人的要求再也不值得；因此他们会把自己的努力投入更令他们满足的活动中，如扰乱课堂、打扰别人学习，或者用最少的努力在最短的时间内完成既定的任务。其他幻想破灭的孩子，会选择上课走神，或者采取满不在乎的学习方式，并因此可能被诊断为“注意力缺陷”。然而把同样的孩子放在他们自己选择的环境之中（例如电脑游戏），他们注意力的持久度显然是无尽的。

大多数小学生都对成为教育系统的一部分持乐观态度，这种教育体系迎合了他们的个人和友谊的需要，并得到成人的支持——成人愿意花费时间与努力去帮助他们学习，并且给他们机会，让他们做令人兴奋的事情。然而如果学生来自不太重视学校教育的家庭，很有可能他们的兄弟姐妹会表现出类似不服从的倾向，教职员工可能会消极地看待整个家庭。许多这类不安稳的孩子，虽然享受学校所提供的陪伴及各种非正式的机会，但他们可能会回避正规的学习过程，会质疑是否需要完成看起来与他们不太相关的任务，到最后失败则是必然的结果。多年前，派伊（Pye，1987）在其所著的

《被遗忘的孩子》(*Invisible Children*)一书中,对幻想破灭这一问题提出了具有挑战性与可读性的见解。同样的问题可以参阅梅金斯的专著(Makins,1997)。

如果连成人都发现失败很难对付,那么如果儿童想要避免对学校的功课及教师采取的消极态度,很自然需要他人的帮助。道尔顿与费尔柴尔德(Dalton & Fairchild,2004)对于保持积极的教学氛围提供了有益的评价:

> 教师最好的教学,自然而然地产生于自身最深刻的直觉。在其核心,教学是一种艺术,它创造的经历引导人们产生更深刻的意识。教师在了解所教学生的心情、需求和期待的同时,保持对自身的充分意识也是一种艺术。

教师如果关注学生的个人需要,有理解力并且有爱心,就不会令学生沮丧、失去学习的动力。霍顿与麦克科根(Houghton & McColgan,1995)认为,成人可以通过以下途径帮助减轻孩子的焦虑:处理孩子们恐惧的事情时保持冷静,尽量避免给孩子一种要责备他们的感觉,耐心鼓励孩子"去接近他们所害怕的东西"。格罗斯曼(Grossman,2003)强调,教师要有真诚的品质,因为学生很快就能发现某个大人是否可以信任。如果教师持有以下观点,这种信任才更有可能建立:成功不是终点,失败不是毁灭;真正重要的是,要有坚持不懈的勇气。

参考文献

1. Dalton, J. and Fairchild, L.(2004) *The Compassionate Classroom: Lessons that nurture wisdom and empathy*, Chicago: Zephyr Press.

2. Dweck, C. S.(2000) *Self-Theories: Their role in motivation, personality and development*, Hove: Psychology Press.

3. Grossman, H. (2003) *Classroom Behaviour Management for Diverse and Inclusive Schools*, Lanham MD: Rowman and Littlefield.

4. Houghton, D. and McColgan, M.(1995) *Working with Children*, London: Collins Educational.

5. Makins, V. (1997) *The Invisible Children: Nipping failure in the bud*, London: David Fulton.

6. Pye, J.(1987) *Invisible Children: Who are the real losers at school?* Oxford: Oxford University Press.

7. Robson, S.(2006) *Developing Thinking and Understanding in Young Children*, London: Routledge.

Fairness 公平

另请参阅:儿童学习评价,均等机会,数学,行为不端,行为示范,小学生视角

See also: assessing children's learning, equal opportunities, mathematics, misbehaviour, modelling behaviour, pupil perspectives

感到不满的孩子,最常发出的咕哝便是:这不公平!(Pelo & Davidson,2000)尽管成人不能指望、也不应该试图安抚孩子,但他们很有必要解释做出决定的原因,安慰那些尽管努力但没有取得好成绩的孩子,并为那些没有选上的孩子许诺有更多的竞选机

会。教师必须努力确保他们对每个学生的态度都是积极有效的,他们会设法称赞孩子们的行为,并表扬学生们创造的成果。不可否认的是,最受欢迎的老师经常努力去发现每个孩子身上的闪光点,并且总是能够成功地找到(参阅 Griffiths & Davies,1995)。一贯的公平并不意味着以同样的方式对待所有的孩子,而是指成人示范的品质,如乐于助人、愿意倾听与解释,并且对性别、背景、种族、身体技能和外貌方面持非歧视性态度。

公平会影响对儿童的行为与学业的评估。在两个孩子起争执时,成人会理所应当地认为,那个有不良记录的孩子一定是有过错的一方。同样当物品受损或丢失时,有不良记录的儿童往往是主要嫌疑人。其他试图"帮忙"的孩子,也会建议某个孩子负主要责任,尽管他们也没有证据。在这种情形下,教师面临的问题就是,一方面要做出判断,另一方面还要抵制住诱惑,避免过早地指责或严厉地审问这个孩子。同时成人一定要避免产生偏见,即认为平时乖巧的孩子就不会违反纪律;或者如果乖巧的孩子犯了跟淘气的孩子同样的错误,成人可以给他们更轻微的惩罚,除非这个孩子已经受到过几次警告。

儿童对成人公平性的感知是与一定因素高度相关的。米勒等人(Miller et al.,2000)对11岁学生做团体访谈时表现的态度做了因子分析,结果表明,在校生行为不端的归因有四个方面:①教师行为的公平,②学生的弱点,③不良的家庭环境,④严格的课堂制度。在调查中,学生们认为,前两种因素比后两种因素更易导致学生不良行为的发生。作者指出,学生对课堂行为的归因与教师研究中的归因有很大的不同。

在评价学业成绩时,与那些取得类似成绩却不那么合作的学生相比,教师很有可能对认真的学生显示出不合理的偏好。沃森(Watson,2000)在她对数学教师的研究中发现,教师们对判断公平的看法明显不同。一个极端是,教师相信唯一的公平评价是,对同样年龄的所有学生实施同样的正式测验;另一个极端是,教师认为唯一的公平评价是,教师自己凭借对学生个人的了解及对他们学习状态的定期观察而做出的判断。根据沃森的记录,这些信息依赖于教师个人判断的视角,并没有将个人判断与一些其他的证据进行权衡。公平是学业评价的一个重要因素——不仅从道德角度,还对学生的将来、学校的声誉,以及教师的职业前景具有重要的影响。

参考文献

1. Griffiths, M. and Davies, C.(1995) *In Fairness to Children: Working for social justice in the primary school*, London: David Fulton.

2. Miller, A., Ferguson, E. and Byrne, I.(2000)'Pupils' causal attributions for different classroom behaviour', *British Journal of Educational Psychology*, 70(1), 85-96.

3. Pelo, A. and Davidson, A.(2000) *That's Not Fair! A teacher's guide to activism with young children*, St Paul MN: Redleaf Press.

4. Watson, A.(2000)'Mathematics teachers acting as informal assessors: Practices, problems and recommendations', *Educational Studies in Mathematics*, 41(1), 69-91.

Faith schools 教会学校

另请参阅：英语作为附加语言，家庭—学校，私立教育，宗教教育

See also： English as an additional language, home-school, private education, religious education

教会学校（或“教区”学校），其最简单的形式便是由宗教组织支持的小学或中学。教会学校或宗教学校的另一个定义是，由宗教团体资助或支持的学校，为孩子们提供通识教育（Answer.com 网络资源）。在英格兰，大约三分之一的公立学校是教会学校（其中90%是小学，10%是中学），绝大多数是基督教支持的。在非基督教的学校，大部分（总计约40所）是犹太教的学校，不到10所是穆斯林学校，还有极少数是锡克教学校。在美国，这样的学校由一些宗教团体支持，包括路德会、基督复临安息日会、正统犹太教会，以及福音派新教教会。然而更多的学校依附于天主教教区。

2005年，10个致力于社区凝聚力的宗教团体发表联合宣言，同意以四种方式进一步履行其共同承诺：

（1）所有学校都要倡导卓越标准；

（2）使所有儿童都能充分发挥自己的潜能；

（3）激励大家有所成就，重视每个人的价值；

（4）在家庭、学校与更广泛的社区之间，建立有效的伙伴关系。

（Teachernet，网络资源）

2007年，英国政府同意与宗教组织共同努力，消除不必要的障碍，以创建新的教会学校，并鼓励独立（私立）的学校进入公立系统。在英国将国民教育推广至少数宗教团体的计划下，成千上万孩子可以在新成立的公办教会学校接受教育；因为政府担心这一代孩子由于父母不太会讲英语或者很难融入英国社会，可能会在隔离的社区长大。这一举动也使英国政府对教会学校有了更大的控制权，因为当时有人质疑，这些学校是否能为学龄儿童在英国的生活做好充分准备。2008年，第一所国家资助的印度教会学校在伦敦北部成立。学校所在区域，几乎有三分之一居民是印度教徒。该学校遵循国家课程，提供基于当地宗教价值观与信仰的教育。在英国，几乎三分之二来自犹太家庭的儿童上了犹太学校。

对于教会学校扩张持批评态度的人认为，这些学校不仅增加了孩子们的种族隔阂，同时持有某种宗教信仰家庭的孩子都去上教会学校，从而减少了附近非教会学校生源的多样性（参阅《泰晤士报网络资源》，2007）。然而有相当令人信服的证据表明，教会学校具有更为稳定的学习氛围，能宣扬受家长（无论有无宗教信仰）欢迎的积极的价值观，并能让学生取得更好的学业成就。教会学校的反对者，则表达了对分裂的可能性、宗派主义（信仰立场带来的社会分裂）及宗教灌输等危险的担忧。不过，由于教会学校受到家长的欢迎，并迫于宗教团体的压力，未来几年，教会学校的数量可能还会增加。具体信息可以参阅凯恩斯等人（Cairns et al.，2005）对宗教教育的争论及热点问题和实践的综述，包括教会学校不同发展路径

所面临的挑战与机遇,以及家长所面临的各种选择与决定。

参考文献

1. Answers.com, *Parochial School*, on-line at www.answers.com/topic/parochial-school.

2. Cairns, J., Gardner, R. and Lawton, D. (2005) *Faith Schools: Consensus or conflict?* London: Routledge.

3. Teachernet, *Faith Schools: Working for cohesion*, on-line at www.teachernet.gov.uk/wholeschool/faithschools /statement.

4. Times On Line (2007): 'More faith schools are planned in an effort to integrate minorities', 8 September, on-line via www.timesonline.co.uk.

F

Falling out 冲突

另请参阅:行为,体态语,友谊,性别,幸福感,同伴调解

See also: behavior, body language, friendship, gender, happiness, peer mediation

尽管教师尽力阻止孩子之间发生冲突,但总会有冲突发生,这时候成人起到重要的作用。教师要保持心平气和地安抚状态,尽管这个过程并不简单,尤其是当孩子已经进入过度兴奋或极为生气的状态。女孩通常会有两三个亲密的朋友,而男孩通常有更多的朋友,更换得也更频繁。虽然男孩之间的友谊中断通常是短暂的,并且很快能得到解决,但女孩(尤其是年龄大一点的女孩)之间友谊的破裂,往往由于感情更强烈而持续很久。随后这种紧张的关系可能会干扰她们的课堂活动,例如,正常的合作会被敌意所取代。在一些极端的情况下,尤其是如果高年级孩子出现言语挑衅,在别人说话时不予理睬,或者极个别情况下攻击他人,教师此时必须做出快速而合理的判决。教师关键是要遏制住"初始"行为(例如第一次起冲突),保护孩子不受伤害;不要过分担心"二次"行为(例如在第一次的基础上又产生的冲突行为),例如脏话、谩骂或挑衅的身体语言。这些问题可以在情况平静后处理。许多学校鼓励"同伴调停"系统,由相互支持的全校范围的体系组成,被挑选出来的学生将接受培训,成为调解人与仲裁员,与教师共同合作,以期消解冲突、调和差异。

Family and culture 家庭与文化

另请参阅:家庭—学校,少数族裔儿童,家校沟通

See also: home-school, minority ethnic children, parent communication

一些文化强调维持密切家庭关系的重要性,有时几代人共同居住在同一个屋檐下,或彼此住得很近。因此,来自这些家庭背景的孩子,习惯于家庭成员一直在家中;在他们入学之前,几乎没有离开家人的经历。此外,许多西方人所珍视的完全隐私的概念,在某些特定背景的儿童中是鲜为人知的。这些因素可以解释为什么一些孩子对独自上洗手间感到不安,或者不愿意在男孩面前换衣服。同样,不同的文化对男女角色有着不同的标准与期待,这使得学校有必要与家长讨论,尤其是关于孩子对待女性教职员工的态度。如果有语言障碍,则需要中间

人进行翻译，以便将误解降至最低。无论学校的类型、地点，以及当地学生的构成比例如何，与过去相比，家庭与学校的紧密联系已经成为学校生活中一个更为重要的因素。

Fantasy 幻想

另请参阅：儿童，创造力，想象

See also：children，creativity，imagination

儿童经常通过成人给他们阅读的童谣、童话，以及民间故事进入充满幻想的世界。这使得他们能够超越自己的世界，想象那些看似不可能的事情。他们可以到遥远的地方旅行，遇到他们从未想到的令人惊奇的人物；他们直面自己的恐惧，努力克制并战胜"头脑中的怪物"。高普尼克（Gopnick，2005）认为，认知科学表明，孩子之所以爱幻想、有超强的想象力，是因为他们可以一心一意地寻找真相；并且为了允许自己这么做，他们会幻想自己的生活是受到保护的。蒂勒尔（Tyrrell，2001）坚持认为，幻想与想象力的发展是成长过程中不可缺少的一部分。换而言之，如果被剥夺了探索奇幻领域的机会，则意味着儿童没有得到充分受教育的权利。虽然幻想通常与年幼的孩子相关，但它可以唤醒与激发每个孩子的想象力。

参考文献

1. Gopnik，A.（2005）*The Real Reason Children Love Fantasy*，on-line at www.slate.com/id/2132725.

2. Tyrrell，J.（2001）*The Power of Fantasy in Learning*，London：Routledge.

Feedback 反馈

另请参阅：促进学习的评价，对话式学习，期待，形成性评价，学习目标，数学，错误与误解，（儿童）自尊心，成功

See also：assessment for learning，dialogue for learning，expectations，formative assessment，learning objectives，mathematics，mistakes and misunderstandings，self-esteem（children），success

有经验的教师对学生学习的优点和局限性进行评估，为孩子提供建设性的评价，这种过程通常被称为"反馈"，最近则更多地被称为"促进学习的评价"（AFL）。任何反馈都具有一定的偏见，因为每一种情况都需要教师对每一个反馈的性质、内容及语气做出专业的判断。高质量的反馈允许学生调整任务的优先度、纠正误解、增长他们的知识，从而增强自信，继续学习。质量差的反馈让学生不满、对任务要求不清楚，以及不确定下一步如何进展。有效反馈的核心在于学生参与学习的方式、学生知晓对他们的期待、知道他们哪里做得好、接下来应该做什么（Clark，2003）。做标记和其他形式的课堂反馈有助于学生增强自尊心、学习动机，并积极促进学习。然而负面的、带有指责性的反馈会让孩子消沉，甚至远离学习。英国资格与课程委员会（QCA，网络资源）提供了关于有效反馈的如下建议（稍做调整）：

（1）能够确认学生是否在正确的轨道上，并激励学生改正或改进的反馈是最有效的。

（2）改进的建议应该对学生学习起到

"脚手架"的作用,能帮助他们主动思考问题,而不是在他们不确定该做什么的时候给他们提供完整的解决方案。

(3)如果再三解释同一解决方案没有效果,应该帮助学生找到其他替代的解决方案。

(4)对学生的一系列尝试过程做出的反馈,比孤立地对一次尝试的反馈更为有效。

(5)反馈中的对话质量很重要。

(6)学生需要具备寻求帮助的技能,学校(与教师)的理念也应该鼓励学生这么做。

给予学生的反馈类型一般分为三大类:指令性、程序性和咨询性。指令性反馈是指教师给予孩子明确的命令,说明需要做什么可以改善、补救或促进学习。程序性反馈是指教师明确告诉学生如何、为何及何时完成任务,与任务的质量不直接相关。咨询性反馈是指为儿童提供建议,帮助他们在不同的选项中做出选择,最终是学生自己做出决定,并采取最适当的行动。教师要确保孩子明白,给予自己的是哪种类型的反馈,否则他们可能(例如)将方法过程性的建议理解为指令,而不加思考地去遵从。

教师对学生的反馈内容取决于五个因素。第一,学习目标需要作为教师提供建议与指导的检验标准。第二,师生关系影响反馈的语气。师生关系越亲密,交流和反馈才有可能越放松,才有更多的互动。第三,反馈的情境很重要。因为一些正式的情境(例如需要沉默的测试或者一个特定任务)会限制反馈的范围,这种反馈可能更倾向于程序性而不是指令性。第四,任务的性质会影响反馈的特征。开放型任务(尤其是调查或者解决问题类型的任务)要求教师"退到幕后",让学生在没有过度指导的情况下持之以恒;而特定的、有唯一答案或解决方案的情况,便需要教师密切监督,以确保学生遵守指令。第五,学生的自信心与他们在学习领域的经验会影响反馈的构成。因此,自信的、在应对学习要求方面有着良好记录的学生,会受益于教师的提问,因为这会拓展学生的思维,使他们更加深刻思考与任务相关的问题。胆小的孩子,以及缺少任务经验的孩子,需要更具体的指导,直到他们增加了自信。有趣的是,乔克与比佐(Chalk & Bizo,2004)的一项关于 9 岁儿童上数学课的研究发现,具体的表扬(例如强调孩子学习的某一具体方面)比积极的表扬(一般祝贺性的表扬)能够更好地促进任务的表现(专注于手头的任务),以及显著提高学生的学业自我概念("感觉良好的因素")。

反馈的目的是,帮助学生对自己的学习质量进行评价,鼓励孩子反思自己的进步,并对其提出改进的策略。成人的指导和认可因此成为学生的支持,而不是依赖(Gipps et al., 2000)。不过许多教师普遍发现,缺乏自信的学生更倾向于直接从教师那里得到应该做什么的反馈,而非相信自己的判断。因此,教师在为孩子的学习成果与努力提供反馈时,必须做出精准的判断。一方面,他们需要向孩子解释事情应该如何完善。另一方面,教师迫切需要对孩子进行鼓励、表扬,并庆祝他们所获得的,哪怕是很小的成就,尤其是对有较少学业成功经历的孩子。

参考文献

1. Chalk, K. and Bizo, L. A. (2004) 'Specific praise improves on-task behaviour and numeracy enjoyment: A study of year four pupils engaged in the numeracy hour', *Educational Psychology in Practice*, 20(4), 335-351.

2. Clarke, S. (2003) *Enriching Feedback in the Primary Classroom: Oral and written feedback from teachers and children*, London: Hodder & Stoughton.

3. Gipps, C., McCallum, B. and Hargreaves, E. (2000) *What Makes a Good Primary Teacher?* London: Routledge.

4. QCA, *Characteristics of Assessment for Learning (AfL)*, on-line at www.qca.org.uk/qca_4337.aspx# feedback.

Festivals 节日

另请参阅:晨会,宗教教育,主题式学习

See also: assembly, religious education, thematic learning

对节日的庆祝,尤其是具有宗教意义的节日,是小学生活的重要组成部分。有许多不同的资源可以给教师提供帮助。教师可以把节日作为晨会的基本内容(例如 Cox, 2007; Peirce, 1992),或者将节日作为宗教教育或者交叉课程的主题,例如"世界庆典",让学生去探索。

参考文献

1. Cox, M. (2007) *Assemblies for Autumn Festivals*, Abingdon: Barnabas (BRF).

2. Peirce, E. (1992) *Active Assemblies for Multiracial Schools*, London: Routledge.

First and middle schools 一贯制学校

另请参阅:小学,测试与测试过程

See also: primary school, tests and testing

1968 年 9 月,英格兰建立了第一所中学,创造了三层教育体系的中间层。孩子们从 5 岁到 8 岁或 9 岁进入"初级"学校(first school),也就是说,孩子们首先上的是"5~8 岁初级"学校,或"5~9 岁初级"学校。随后,他们转入"中级"学校(middle school),一直上到 12 岁或 13 岁。换言之,"中级"学校是为 8~12 岁("8~12 岁中学")或 9~13 岁("9~13 岁中学")的学生而准备的。在这之后,学生进入中等教育(secondary education)。在英国部分地区,中学(middle schools)包含学生的年龄段为 10~13 岁或 10~14 岁(例如"10~13 岁中学"或"10~14 岁中学")。有部分学校将"初级"与"中级"学校结合起来,成为让学生从 4~5 岁一直上到 12~13 岁的"一贯制"学校。一些地方当局,废除了初级、中级学校体系,取而代之的是小学低年级部(infant school)(5~7 岁儿童)、小学中高年级部(junior school)(7~11 岁儿童),或者是为 5~11 岁儿童建立单独的小学(primary school)。关于哪种学校体系更可取的教育争论,在很大程度上已被 11 岁学生小升初考试的主导地位所掩盖。

F

F

Forest schools 森林学校

另请参阅：健康与安全，自然体验学习，户外教育，（儿童）自尊心

See also：health and safety, nature study, outdoor education, self-esteem (children)

森林学校的理念是，通过积极的户外经验，鼓励和启迪任何年龄阶段的人。这个概念起源于斯堪的纳维亚，在那里，人们坚信大自然与运动对儿童的发展是至关重要的。通过在林地环境中参与生动有趣、有启发性、可实现的任务与活动，每个参与者都有机会发展内部动机，增强情感与社会技能。老师教导孩子们密切地观察自然界——这种学习被称为“自然体验学习”，但也会教孩子们更多冒险的技能，例如，在适当考虑健康与安全的问题下，就地取材来搭建庇护所，并燃点篝火。孩子们也能够了解到一些危险因素，例如刺荨麻、湍急的水流、悬挂的树枝。森林学校的拥护者坚持认为，这些经验可以发展每个参与者的个人潜能，增强他们的自我意识，提高其自信，并在成人与孩子中构建合作身份（www.forestschool.com）。森林学校的目标是，利用加速学习技术创造一个学习环境，鼓励个人、社区团体和更大的组织，利用当地的开放空间，开展互动游戏，以及健康、娱乐和个人发展的活动。所有森林学校的组织者都必须接受户外环境的训练，想要运营森林学校的人也可能获得“三级森林学校领导者奖励”。“森林教育计划”（the Forest Education Initiative，简称FEI）旨在增加对树木、林地和森林能够带来的环境、社会和经济潜力的理解和欣赏，以及了解树木和日常木材产品之间的联系。更多详情请参阅奈特（Knight，2009）与勒夫（Louv，2006）的文献。

参考文献

1. Knight, S. (2009) *Forest Schools and Outdoor Learning in the Early Years*, London: Sage.

2. Louv, R. (2006) *Last Child in the Woods*, New York: Algonquin Books.

Formative assessment 形成性评价

另请参阅：促进学习的评价，学习动机，成功，终结性评价

See also：assessment for learning, motivation for learning, success, summative assessment

“形成性评价”是指在课堂教学过程中进行的评价，旨在帮助儿童提高完成任务的质量。它与课堂生活纵横交织，不可分割（例如 Torrance & Pryor, 1998；Drummond, 2003；Lord & Slinn, 2007）。近几年，形成性评价“重新命名”为“促进学习的评价”，并且重点强调“促进”一词。其关键特征包括：

（1）让学生明确学习目标，并规定成功的标准。

（2）学习（而不是任务结果）在一节课或几节课后需要复习。

（3）通过口头与书面反馈，使学生能够了解他们已经取得的成就，以及如何进展下一步的学习。

（4）学生要参与到同伴评价及自我评价中。

（5）教师与学生要共同努力，在课堂中

营造利于成功的氛围。

(Bates & Munday,2005)

柯顿等人(Kirton et al., 2007)在16所苏格兰小学和2所初中进行了关于形成性评价的研究报告。他们总结说,有证据表明,形成性评价的使用会"引导学生对自己的学习更负责,尤其对于学困生来说,他们的动机、自信及课堂成就感会有所提高"。作者警告说,积极的形成性评价与终结性评价("最终结果")之间的紧张关系很难平衡;理由很简单,即通过测试进行的正式评价对教师与学生均具有重要意义。"终结性评价与形成性评价之间的这种紧张关系需要加以缓解。这样,即使是在问责制评价主导的情况下,这种促进学习的评价仍然有自己存在的空间"。

参考文献

1. Bates, J. and Munday, S. (2005) *Able, Gifted and Talented*, London: Continuum.

2. Drummond, M. J. (2003) *Assessing Children's Learning*, London: David Fulton.

3. Kirton, A., Hallam, S., Peffers, J., Robertson, P. and Stobart, G. (2007) 'Revolution, evolution or a Trojan Horse? Piloting assessment for learning in some Scottish primary schools', *British Educational Research Journal*, 33(4), 605 – 27.

4. Lord, L. and Slinn, K. (2007) *Curriculum Planning and Assessment for the Foundation Stage*, London: Sage.

5. Torrance, H. and Pryor, J. (1998) *Investigating Formative Assessment*, Maidenhead: Open University Press.

Foundation schools 基金学校

另请参阅:招生准则,董事会,《国家课程》

See also: admissions code, governing body, *National Curriculum*

在英格兰和威尔士,基金学校是指基金或信托对学校运行有直接影响的学校。在英格兰的公立学校中,只有大约2%的小学是基金学校,并且这些学校几乎都是非教会学校。基金学校是根据1998年出台的《学校标准和框架法案》建立的,旨在取代由政府拨款维持的学校。基金学校是由中央政府通过地方教育局提供资金的,但学校的土地和建筑通常归属于慈善信托机构,该机构可以任命四分之一的学校董事会成员。董事会雇用工作人员,并负责学校的招生工作。基金学校的学生必须学习《国家课程》。

Foundation Satge 基础阶段

另请参阅:关于学习的评价,课程,读写能力,数学,《国家课程》,幼儿园,观察儿童,游戏,阅读,关系,成长基石

See also: assessment of learning, curriculum, literacy, mathematics, *National Curriculum*, nursery school, observing children, play, reading, relationships, stepping stones

基础阶段是《国家课程》的第一部分,重点关注3岁至学前最后一年(到5岁)的儿童。基础阶段课程的哲学基础是,学习应

该是有计划的、有结构的，应该强调乐趣性、相关性和激励性的活动。2000 年 9 月，基础阶段作为一个独特的教育阶段被提出来。课程指南于同年 5 月分发到所有设有幼儿园及学前班的学校，以及接受幼儿教育补助金的儿童早期教育机构。该指南列出了构成基础阶段课程的六个基本的学习领域：

(1) 个人、社会与情感发展。儿童要学会自信，对事物感兴趣，知道自己需要什么，能够分辨对与错，能够自己穿脱衣服。

(2) 沟通、语言与读写能力。儿童要学会自信、清晰地交谈，喜欢故事、歌曲及诗歌，能够听到并发出声音，并将其与字母表相联系。学会阅读并且书写一些熟悉的单词，学会使用铅笔。

(3) 数学发展。儿童通过故事、歌曲、游戏，以及想象游戏发展对数学的理解。逐渐熟悉数字及诸如“比什么重”或“更大”之类的概念。形成对形状和空间的意识。

(4) 对世界的认识与理解。儿童将探索与发现周围的世界，并且提出疑问。学会用不同的材料建造东西，了解日常技术，并知道它们的用途。发现自己的生活和家庭生活中过去发生的事情。发现不同的文化及信仰。

(5) 身体发育。儿童学会自信地行动，能够控制身体，以及搬运设备。

(6) 创造力发展。儿童探索颜色和形状、尝试跳舞、制作东西、讲故事，以及创作音乐。

各个领域的学习均有一套相关的早期学习目标。课程指南的目的是，帮助教师为满足所有儿童的不同需求而做计划。其中，大部分计划能够实现，而有一些则会在基础阶段结束时才能超越早期学习目标。成长基石（非法定）展现了儿童为“实现”早期学习目标所需要的知识、技能、理解，以及态度。法定的早期学习目标确立了对大多数孩子在基础阶段结束时的期望。2002 年的《教育法》将基础阶段纳入《国家课程》之中，学习的六大领域成为法定。该法案还规定，每个领域都应明确早期学习目标。

2002 年秋季，国家对早期学习目标的内容进行了咨询。早期学习目标及课程指南的使用在 2002 年 3 月成为法定。《教育法》还为基础阶段建立了专门的国家评价体系，以取代之前的基础评价方案。《幼儿基础阶段纲要》在 2002—2003 年下发到了学校及其他机构中，该文件包括 13 个终结性评价标准，覆盖了每一个儿童在基础阶段结束时所需完成的六大学习领域。对大多数儿童而言，评价归档在小学阶段的学前班最后一年进行，但任何机构必须在儿童基础阶段结束时，基于教师对儿童在所有六个学习领域的持续观察和评估，完成归档工作。每个孩子的典型发展及成果，都会被记录在来自成长基石及早期学习目标的评价量表上。

修订版的《英国早期教育纲要法定框架》(*EYFS Statutory Framework*)和《实践指南》(*Practice Guidance*)于 2008 年 5 月出版。此版本借鉴了一些可能有帮助的反馈，对学习领域进行了调整和进一步明确（QCA，2008）。重点突出了四个方面：①儿童的独特性：每个儿童都是天生有能力的学习者，他们有韧性、能力与自信；②积极的关系：儿童从与父母和/或关键人物之间充满爱与安全的关系中学会坚强与独立;③有利的环境:环境在支持与拓展孩子的发展与学习中起着关键作用;④学习与发展:儿童以不同的方式、不同的速度成长与学习,学习与发展的所有领域都是同等重要、相互关联的。详细请参阅英国儿童、学校和家庭事务部的信息(DCSF,2008)。儿童早期机构的教育从业者(教师、助教及其他辅助者),通常强调通过儿童自发的与成人计划的游戏活动来促进学习。而随着儿童年龄的增长,全班活动——例如,唱歌或数数——和正规的小组活动(由成人负责),会使用的越来越多。也有针对特定学科的活动倾向(例如数学可以参阅Gifford,2005,Haylock & Cockburn,2008;读写课可以参阅Browne,2004,Clipson-Boyles,2007,和Bradford,2009)。

威廉姆斯与麦金尼斯(Williams & McInnes,2005)描述了儿童在一天内不同的时间如何以不同的方式学习与游戏、疲劳与饥饿如何影响孩子集中注意力与完成任务的能力、日常学习的时间与地点发生改变对儿童产生的负面影响,以及考虑到这些因素的影响,教师在组织学习时所需要的灵活性。对儿童早期教育规划的深入了解也可参阅斯密特与格林的研究成果(Smidt & Green,2009)。

参考文献

1. Bradford, H. (2009) *Communication, Language and Literacy in the EYFS*, London: David Fulton.

2. Browne, A. (2004) *Developing Language and Literacy 3 – 8*, London: Paul Chapman.

3. Clipson-Boyles, S. (2007) *Supporting Language and Literacy 3 – 8*, London: David Fulton.

4. DCSF (2008) *The Early Years Foundation Stage* (EYFS), Annesley: DCSF Publications, on-line at www.teachernet.gov.uk/teachingandlearning/EYFS.

5. Gifford, S. (2005) *Teaching Mathematics 3 – 5: Developing learning in the foundation stage*, New York: McGraw-Hill.

6. Haylock, D. and Cockburn, A. (2008) *Understanding Mathematics for Young Children*, London: Sage.

7. QCA (2008) *The Foundation Stage: Education for children aged 3 to 5*, London: HMSO, on-line via www.qca.org.uk.

8. Smidt, S. and Green, S. (2009) *Planning for the Early Years Foundation Stage*, London: David Fulton.

9. Williams, J. and McInnes, K. (2005) *Planning and Using Time in the Foundation Stage*, London: David Fulton.

Foundation Satge assessment
基础阶段评价

另请参阅:创造力,初等教育,知识,读写能力,数学,个人、社会与健康教育,阅读,写作

See also: creativity, elementary education, knowledge, literacy, mathematics, personal, social and health education, reading, writing

在英国,如何进一步形成和深化对3~

5 岁儿童在基础阶段的评价，相关的讨论正在进行。例如，促进包含个人、社会与情感发展的评价框架的使用；通过激发思维，提高儿童的语言与读写能力；通过将发音与字母相关联，获得阅读与写作的技能。数学方面的发展，包括使用数字作为标签，发展计数、计算、形状、空间和测量的能力，认识和理解世界的能力，身体发展和创造力发展。教授学习困难儿童的教师，必须以百分比的形式展示儿童取得的成就，可以使用以下量表范围：0—3，低于目标；4—7，在目标范围内；8—9，达到或超过目标。

Foundation Satge Profile《幼儿基础阶段纲要》

另请参阅：关于学习的评价，基础阶段，基础阶段评价，学前班，教育记录

See also: assessment of learning, Foundation Stage, Foundation Stage assessment, reception, recording

2003 年 1 月，《幼儿基础阶段纲要》出版，旨在修订之前已有的课程指南，强调熟练的、有计划的观察为幼儿提供可靠的评价信息所起的关键作用，并设置了在基础阶段结束时总结幼儿所获得的成果的方式。这些数据为 5 岁儿童（学前班）的父母与教师提供信息。纲要文件包括了教师如何制定宽泛的课程、灵活应对儿童的需求，并对他们的进步进行跟踪。文件还概述了不同学习领域、评价尺度，以及如何以纲要的形式记录儿童的发展。

Foundation subjects 基础学科

另请参阅：艺术，课程，设计与技术，英语，地理，数学，音乐，《国家课程》，非核心学科，宗教教育

See also: arts, curriculum, design and technology, English, geography, mathematics, music, *National Curriculum*, non-core subjects, religious education

基础学科是英格兰及威尔士《国家课程》中，除英语、数学、科学及宗教教育以外的课程学科。近年来，确切地说这些学科领域被称为“非核心”学科。基础学科最初设置了以下六门：

（1）历史
（2）地理
（3）设计工艺
（4）艺术
（5）音乐
（6）体育

宗教教育没有被列为基础学科，但仍然是必须教授的学科，尽管其内容、重点及课程安排会根据学校的类型而有所不同。艺术目前被纳入“艺术与设计”中，但设计工艺现在被称为设计与技术。信息技术（IT）是后来对基础学科的补充，但近年来越来越重要。从 2009 年起，信息技术被列为核心学科之一。

Free play 自由游戏

另请参阅：主动学习，基本技能，行为，

发现式学习，儿童早期，探究，互动，游戏，教学策略

See also: active learning, basic skills, behaviour, discovery learning, early years, enquiry, interaction, play, teaching strategy

一些教师认为，游戏只有在摆脱了成人的操控之后，才是真正的游戏。他们认为，即使成人试图介入游戏情景，他们也只会受到那些坚定自信的年轻人的漠视。对于这些教师来说，模拟游戏情景破坏了它的目的，并产生了一个人工学习环境。他们认为，儿童应该自由探索，并毫无障碍地提出自己的想法。在这样的课堂中，你会发现孩子们忙于各种活动：沙子和水的游戏、建筑工具箱与玩具、穿衣打扮游戏。噪音水平有时会变得很高，而教师也许正在密切关注个别学生，或正与一群人一起学习基本技能，可能会选择忽略自由游戏的活动。在这种情况下，允许孩子自由游戏可以作为完成任务或者行为良好的奖励。然而还有一些教师认为，游戏的程度应受到教师的密切控制与监督。例如，教师提供游戏的特定范围，并故意限制某些资源的提供，或排除其他资源的活动。

一般游戏成果与社会和谐、尊重财产、宽容等有关。游戏被看作是提供给儿童的机会，用来处理各种情况、解决问题、借用想象应对新的或令人兴奋的情境，以及在混乱的环境、令人困惑的悖论或令人担忧的不确定性中发挥权威作用。教师会利用这个机会与孩子们互动，倾听他们的诉求，并确定他们理解的程度。

Friendship 友谊

另请参阅：欺凌，关爱型教师，竞争，公平，冲突，性别，幽默，低年级小学生（5～7岁），新生，幼儿园，游戏，师生互动，助教，转班及转学

See also: bullying, caring teachers, competition, fairness, falling out, gender, humour, infants, new entrants, nursery school, play, teacher-pupil interaction, teaching assistants, transitions

从最幼稚的幼儿园时期，到最鲁莽的青春期，友谊都是学校生活的重要环节。年幼的孩子与最好的朋友在一起时会感到更安全；而年龄稍大的孩子，则渴望成为团体帮派的成员之一。通常在课堂外进行的活动中，我们能看到关于亲密关系的最明显的例子，例如，在选择搭档或团队成员时，或者分享玩具时。有些孩子是被大家争抢的对象，选上时受到热情的欢呼；但另外一些孩子经常被忽视，直到最后才被选上，或勉强被小组接受。基础阶段（4～5岁）和5～7岁儿童的老师面临的共同挑战包括，安抚那些因与依赖的朋友分开而感到忧虑的孩子，或因想要结交的朋友没有选择自己而难过的孩子。被孤立的孩子有时候会将老师或助教作为朋友的替代。

友谊的模式和偏好的程度从孩子很小就显现出来，但是在小学阶段得到强化。高年级的老师面临的挑战是，有些孩子愿意独自工作并拒绝与他人合作；有些孩子只选择朋友喜欢的活动；有些孩子学习上过度依赖朋友；有些孩子试图进入一个朋友圈子却被拒绝；还有些孩子在新学年开始时因升级被

F

迫与朋友分开。伴随着几年的联盟与较量，年龄较大的儿童会对某些人有根深蒂固的看法，有时候这种敌意会蔓延，并导致攻击。虽然大多数学前班的孩子都会接受分配给他们的搭档，但随着年级升高，他们逐渐会对与大部分人“不同”的儿童持有偏见。这时候就需要教师进行坚决且妥善的处理。消极的种族刻板印象在年幼时期是不常见的，但如果不加以留意，可能会随着年龄的增长变得严重。

科尔萨罗（Corsaro，2003）认为，教育工作者不应该从自己的角度来阐释儿童的友谊，而应该努力从孩子的角度来看待。他尤其坚持，有必要去领会友谊的复杂性，了解友谊知识和技能发展的社会情况。例如，性别结构、群体规模、孩子在一起的时间、群体中普遍认同的文化价值、更广泛的社会影响，甚至学校课程等因素都有助于塑造友谊模式。作者反对儿童是被成人塑造的被动者这一观点，并解释说，儿童会故意选择去创造一种“在自己的小世界”的情景。科尔萨罗还认为，成人应该花更多的时间来观察孩子间的互动，以避免没有证据的假设。

帮助孩子发展友谊不是小学教育的主要目的，但是对寻求积极的教学环境来说，关注良好的关系所产生的影响是非常重要的。佩利（Paley，2000）描述了幼儿如何通过接受、叙述和演绎故事中的善良和其他善行来转变自己和他人。她阐述了孩子如何理解传递给他们、但是没有明确说出来的信息，同时他们可以创造一个没有任何孩子会被拒绝的安全港。孩子们非常重视与朋友一起游戏和学习，所以教师有责任去发现和加强这样的群体。伍兹（Woods，1990）指出，友谊和伴随着友谊的大部分幽默和笑声“具有很实用的目的，在某些情况下也是情感的纽带……友谊能够保护、增强和约束自我，是开始学会应对他人的基本要求”。

新入学者尤其需要尽快建立友谊，他们很有可能从学前阶段（幼儿游戏班，幼儿园）就已经认识了一些同伴，但新的环境往往会使他们重新调整关系，并可能导致一定程度的变化。不过，彼得斯（Peters，2003）指出，大多数儿童在升入“正式的”学校时所拥有的友谊经历是积极和肯定的。任何转班或转学时期的孩子都面临着类似的挑战，而不仅仅是从幼儿升入小学，或小学升到中学的时候。

童年的流失越来越受到关注，这反映在儿童与家长共同度过的时间越来越少、大量媒体冲击对儿童思想的渗透，以及儿童预期形成成人的视角和习惯的速度。在这方面，哈里斯（Harris，1998）认为，孩子同伴之间的友谊团体——并非是父母或其他成年人——是影响儿童性格发展的最重要的环境；尽管这种观点是有争议的。另外，成人与儿童之间的真诚友谊可以让儿童大受裨益，甚至远超即时的情景，还可以为儿童提供希望和安全感。虽然学校里的成年人没有必要，也不一定心甘情愿地与学生成为亲密的好朋友；但对成年人来说，保持友好、热情和平易近人是很重要的。教师努力与孩子建立融洽的关系，从而使自己在影响学生的态度和行为上更有分量。因为如果孩子们从情感上排斥他们，他们对孩子的影响程度将大打折扣。曾经有一段时间，人们怀疑教师是否真正关心儿童的权益，但积极的师生关系可以为那些将关爱视为自己角色中关键因素的教师提供保证。

参考文献

1. Corsaro, W. A. (2003) *We're Friends Right? Inside kids' culture*, Washington DC: Joseph Henry Press.

2. Harris, J. R. (1998) *The Nurture Assumption: Why children turn out the way they do*, New York: Free Press.

3. Paley, V. G. (2000) *The Kindness of Children*, Princeton NJ: Harvard University Press.

4. Peters, S. (2003) 'I didn't expect that I would get tons of friends! Children's experiences of friendship during the transition to school', *Early Years*, 23(1), 45 – 53.

5. Woods, P. (1990) *The Happiest Days?* London: Falmer.

Friendship benches 友谊长椅

研究表明，操场经过改造的学校，欺凌现象几乎下降了三分之二，破坏行为下降了四分之一以上。对操场的改造措施之一包括所谓的"友谊长椅"，孤独的孩子可以从操场的"好友"那里得到帮助。孩子要学会如何倾听伙伴的顾虑，发现那些不开心的朋友，并且知道如果发生争吵该如何处理。教授或鼓励孩子进行一些传统游戏，在游戏中每个人都能自信地参与，这对增进友谊也是有帮助的。这些令人鼓舞的统计数字在未来几年是否能够保持仍有待观察。

Fulfilment in teaching 教学成就感

另请参阅：有效性，董事会成员，校长，督导，家校沟通，关系，学校氛围，师生互动，实习教师

See also: effectiveness, governors, head teacher, inspections, parent communication, relationships, school climate, teacher-pupil interaction, trainee teachers

人们选择当老师有很多理由，相当重要的是因为一群志同道合的人可以和孩子们一起，朝向共同的"教育"目标迈进，并从中获得乐趣；尽管很难定义什么是"教育"。这并不奇怪，教师有时会因为需要满足学生、家长、同事、校长、董事会成员，以及社区和教育督导的不同需求而感到如履薄冰。当事情进展顺利时，这些群体代表的认可会令人振奋；相反，他们的不满可能会导致教师感到困扰和失去信心。

教师的大部分成就感，依赖于与学生建立安全和谐的关系；同样，一条来自某个重要人物（如家长）的批判性评论，可能会打乱教师的平衡感，对他或她的教学能力和创新能力产生不利影响，因为批评通常会导致教师采取"安全第一"的做法。有学者（Ho & Au, 2006）对 220 名中小学教师进行的调查结果显示，用教学满意度量表（TTS）测量的教师教学满意度与自尊心呈正相关，与心理焦虑和教学压力呈负相关。换句话说，身心放松是拥有教学成就感的必要条件。对个人能力的怀疑会束缚教师的想法，降低士气，限制创新实践。因此对能力不足的人来

说，平和的心态不是一个舒适的选择，而是确保教师以最佳效率运作、敢于超越预期的重要必需品。

在大多数工作中，员工在被老板严厉训斥之后，会团结起来表现得更好，并且“加速运转”；然而老师的提升则需要各方面的参与。虽然学校中可能会有个别人懒惰、行动缓慢，但绝大多数人非常勤奋，并全心全意地为工作付出（Troman & Raggi，2008）。即使是实习教师，要求也不会降低；尽管缺乏经验意味着实习教师想要大展身手的愿望有时会受挫，毕竟他们对学校的运作缺乏了解，对于有效教学的具体细节感到无从下手。

从美国的情况来看，施耐德（Schneider，2003）认为，学校设施对教与学有着直接的影响。比较差的学校条件（“学校气氛”）使得教师难以向学生提供适当的教育，不利于教师的健康，增加了教师离开学校和教学工作的可能性。教师会在工作带来的沮丧和愉悦中寻找平衡。例如，看到学生理解了一个难懂的概念，教师会感到无与伦比的欣慰；与抵制其他成人的儿童建立信任关系，会令教师感到一种特殊的喜悦。

教师一旦选择或被迫选择了在有挑战性的环境中工作，他们很有可能会通过友情来寻求工作满意度。他们享受与同事一起“艰苦的奋斗”，并且愿意在艰难的条件下坚持用自己的知识帮助有困难的学生，使他们在学校感到安全（参阅 Bluestein，2001）。对那些工作时间长、能够承担大量责任的老教师来说，教师成就感是持久和真实的。

参考文献

1. Bluestein, J. (2001) *Creating Emotionally Safe Schools*, Deerfield Beach FL: HCI Books.

2. Ho, C. L. and Au, W. T. (2006) ‘Measuring job satisfaction of teachers’, *Educational and Psychological Measurement*, 66 (1), 172 – 185.

3. Schneider, M. (2003) *Linking School Facility Conditions to Teacher Satisfaction and Success*, Washington DC: National Clearinghouse, on-line via www.edfacilities.org/pubs.

4. Troman, G. and Raggi, A. (2008) ‘Primary teacher commitment and the attractions of teaching’, *Pedagogy, Culture and Society*, 16(1), 85 – 99.

G

Gender (pupils) (小学生) 性别

另请参阅:行为,男孩教育,大脑功能,欺凌,儿童发展理论,交流,竞争,儿童早期,失败,记忆力和记忆,行为不端,奖赏,学习的社交和情感因素,社会化发展,交谈,写作

See also: behaviour, boys' education, brain function, bullying, child development theories, communication, competition, early years, failure, memory and memorizing, misbehaviour, rewards, social and emotional aspects of learning, social development, talk, writing

"性别"一词是指在社会和教育领域将学生区分为男生和女生,该词暗含生物的、遗传的、文化的、教育的和终身的影响,不管这种影响来源于客观事实,还是人们的感觉。最近的证据表明,男孩和女孩之间普遍具有神经和代谢差异,这些差异影响了他们在幼儿和小学阶段不同学习领域(如语言)的智力发展速度,这在很大程度上对男孩不利(威斯敏斯特教育研究所,2001;另见 Gurian et al., 2002)。贝内特等人(Bennett et al., 2005)研究了为什么男人比女人更容易违法,得出的结论是:女性犯罪率较低的原因之一是,受各种因素影响,女性比男性在生活中更早获得了社会认知技能。这些因素包括,女性大脑不同部位之间有更好的关联,额叶损伤较少(额叶位于大脑前部,与奖励、注意力、长期记忆、规划和驾驶有关);此外,受家长和同龄人的影响,女性还有更强大的语言能力和差异化社交能力。

20 世纪后期有一段时间,一些热衷于机会均等的教育家认为,男孩和女孩之间"没有什么区别",但因为教师给予女生的关注度较低,以及她们享受的特权较少,所以女孩在教育上处于不利地位(另请参阅,例如 Whyte, 1983)。通过了解男性和女性胎儿在子宫中的发育方式、环境因素,以及对男孩和女孩在玩耍时的观察,人们对性别差异的复杂性已经获得更多有启发性的认识。例如,女孩比男孩更快速地掌握语言,几乎所有的女孩都可以在 3 岁以前说话,男孩则要多花 12 个月的时间。

加内特(Garnett, 2005)声称,女性的大脑使得女孩对表情和姿势的细微差别更敏感,并能更准确地判断人的性格。男孩往往更争强好胜,有时会急于快速完成书面作业,而常常忽略整洁性和准确性;他们更倾向于喧闹,难以管教。女孩一般喜欢协同工作,而且坚持不懈;她们会更精心地准备做报告,而且通常比男同学更服从管教。总之,男孩和女孩在可想象的每一个维度都并不相同。

小学教师的经验证实,女孩不太会在课堂上搞破坏,或出现不好的行为,而且在小组中似乎比男孩更具有自我意识。儿童、学校和家庭事务部(The Department for Children, Schools and Families, DCSF)网站上的"性别和成就"一栏中指明,女孩成绩更优越的部分原因在于,女孩通常更成熟,学习

策略更有效,而男孩普遍害怕失败。当然,这些都是一般现象,也会有例外。然而男孩的一些性别特征确实会对他们的教育产生影响,比如男孩在玩耍时会占用更大的空间,他们比女孩开始阅读的时间更晚,他们对小组的新成员适应得更慢,而且往往擅长进行实践性和空间感强的活动。同样,女孩也有女孩的特点,比如她们能够更早地开始阅读,具有更精准的言语能力,更善于社交,很少玩竞争性游戏,有更持久的注意力,并且比男孩更擅长听觉学习。这意味着成人在规划、组织和管理教学时必须考虑这些因素。因此,教师可以适时地鼓励女孩参与健康的竞争,教导男孩更多地考虑其他孩子的感受和想法。

教师还需要鼓励女孩积淀天生的读写素养,并在相关课程中发挥优势,特别是在女孩传统上就不太擅长的领域(例如数学中的解决问题);同时教师需要鼓励男孩发展梳理故事情节和言语逻辑的能力,从而作为增强理解的手段。在技术性活动中,女孩需要得到帮助,以确保她们不逊色于那些更具优势的男孩。男孩需要有人教授如何解决潜在的冲突,以及认真倾听别人的观点。

教师必须谨慎,不要让他们的偏好被孩子们看出来。比如有的教师会喜欢更有合作精神的女孩;或者灌输"男孩就是男孩"的哲学,容忍那些不被女孩接受的男孩子的行为。另外,教师必须意识到,如果创设一种既动手又动脑的积极环境,并确保教学内容不被言语和写作主导,许多男孩也可以在课堂上表现得很好。男孩在课堂上通常喜欢主动与老师互动、提出想法和完成实际任务,但是一到写总结的阶段,就失去了活力。相反,女孩在课程开始阶段可能会一筹莫展,但是能在提交书面作业时出色发挥。

有时候性别似乎是决定一个人的学术潜力和进步的控制性因素,而不是个人能力或潜力。然而国家级测试的结果表明,情况更加复杂,女孩在大多数工作领域都比男孩要出色,特别是在语言和话题活动方面。许多学前班老师的经验表明,大多数女生都坚持阅读,每天晚上都要把书带回家,很容易掌握必要的阅读技能和策略,而男孩的情况则是各不相同。许多男孩阅读速度较慢,不能像女孩一样控制自己;与趴在书桌上做练习相比,他们更容易被电脑游戏、建筑工具包、实践活动和竞赛吸引。同样具有讽刺意味的是,尽管女孩社交能力比男孩更强,但是与阅读相关的这些独立任务却使女孩更有成就感。此外,矛盾的是,男孩们经常标榜的独立形象,与越来越多的男孩对独立完成工作的不安和对合作实践工作的偏爱背道而驰。教师们的普遍经历是,在学校表现出反社会行为的男孩经常被基本学习技能所困扰。此外,奥戴尔(Eaude,2006)提到,男孩会感觉自己的社会性发展尤其困难。他指出:

> 原因十分复杂,但由于性别认同至少部分上是社会建构的,所以女孩和男孩都面临着要符合家庭、同伴和社会对自己的性别期望带来的压力。粗略地说,男孩往往被教导不要轻易流露出自己的感情,要慎重亲密行为,要么通过诸如体育运动类等情感"安全"的活动进行互动,要么减少对关系的依赖;而女孩则更多地通过发展亲密关系进行互动。

当使用“社会建构”这种表达时，奥戴尔的意思是，女孩和男孩之所以表现出这样的行为方式，是由于我们（即“社会”）期望他们这样做。这意味着，如果我们持有不同的期待，他们的行为可能会有所不同。然而请注意，奥戴尔（上文）在其声明中用了“部分上”一词；因为最近的研究表明，基于性别的成就模式，可能是“由于激素、染色体或大脑构造的不同”所造成的性别自然差异（Francis & Skelton，2005）。弗朗西斯和斯克尔顿的观点就是一个有趣而恰当的例子。因为两位作者中一位（斯克尔顿）承认，脑结构研究对“为什么有更多的男孩患有自闭症或有特殊需要，以及为什么男孩的读写能力一般弱于女孩”提供了一些可能的解释，而另一位作者（弗朗西斯）则支持“性别差异完全是由社会构建所造成的观点”。

在北爱尔兰，每年都有一项由贝尔法斯特女皇大学和阿尔斯特大学发起的“儿童生命与时代”（Kids' Life and Times）的调查评估。调查对象是北爱尔兰所有七年级，即11岁的儿童，调查的内容是关于他们对学校，以及其他对他们而言至关重要的问题的看法。2008年的调查（www.ark.ac.uk/klt）发现，在七年级中，只有超过四分之一（26%）的男孩感到上学非常开心，而女孩的比例为44%。对于写作、阅读、拼写、单独完成任务和上学这些事情，男孩比女孩感到更不开心。调查还发现，有超过一半的小学七年级学生认为，自己的学校中存在欺凌现象。

参考文献

1. Bennett, S., Farrington, D. P. and Huesmann, L. R. (2005) 'Explaining gender differences in crime and violence: The importance of social cognitive skills', *Aggression and Violent Behaviour*, 10(3), 263–288.

2. DCSF: *Gender and Achievement*, on-line via http://nationalstrategies.standards.dcsf.gov.uk.

3. Eaude, T. (2006) *Children's Spiritual, Moral, Social and Cultural Development*, Exeter: Learning Matters.

4. Francis, B. and Skelton, C. (2005) *Gender and Achievement*, London: Routledge.

5. Garnett, S. (2005) *Using Brainpower in the Classroom*, London: Routledge.

6. Gurian, M., Henley, P. and Trueman, T. (2002) *Boys and Girls Learn Differently: A guide for teachers and parents*, Hoboken NJ: Wiley.

7. Queen's University (2008), *Kids Life and Times Survey*, *Girls Are Happier Than Boys At Primary School*, *Science Daily*, on-line via www.science daily.com.

8. Westminster Institute of Education (2001) *Primary Launchpad 7: Gender issues*, Oxford: Oxford Brookes University.

9. Whyte, J. (1983) *Beyond the Wendy House: Sex role stereotyping in primary schools*, York: Longman for Schools Council.

Gender (staff)（教职工）性别

另请参阅：数学，行为示范，少数族裔群体，教学动机，专业发展，专业化，师生互动，测试与测试过程

See also: mathematics, modelling behaviour, minority ethnic groups, motivation for teaching, professional development, professionalism, teacher-pupil interaction, tests and testing

长期以来,小学教师在公众心目中是与女性有关的工作,男性只有在无法胜任其他工作时才成为小学教师。绝大多数小学教师,无论男性还是女性,都来自经济有保障的背景,很少来自劣势环境或贫困家庭。与全国人口数量相比,来自少数民族的教师占有的比例很小。据英格兰教学委员会 2008 年公布的数据显示,在编的小学教师中,男性只占 13%。由于英国普遍缺乏男性小学教师,甚至许多小学完全没有男老师,这引起了关于改善小学教育条件和提供财政激励的广泛讨论。

2008 年,舆观调查网站(YouGov)为培训和发展局(Training and Development Agency, TDA)对 600 名 8~11 岁儿童进行了一项调查,结果显示,许多男生更欢迎男性教师在学校。调查发现,39% 的男生现在没有男性教师授课,12 个人中有 1 个从未上过男老师的课;48% 的男生认为男性教师为他们树立了榜样,28% 的男生认为男性教师更了解他们。一半以上(51%)的男孩说,男教师的存在使他们表现得更好;很大一部分男生认为,男教师让他们更喜欢学校生活(44%),而且自己感到更加自信(37%)。近年来,投身儿童教育的男性比例有所增加,但男老师总人数比例仍然很低。

瑞德尔等人(Riddell et al., 2005)在苏格兰做的关于教职员工性别平衡的一项研究发现,出于家庭责任心,女生比男生更有可能将教书视为理想职业;更多的女性比男性认为,小学教学比中学教学更有吸引力。尽管受访男性对未来的教师职业前景表示不乐观,但作者指出,大多数晋升机会仍然被男性所占据,即使教师行业中男性的绝对人数呈下降趋势,他们晋升的机会仍然比女性要高。

盖内路德(Gannerud, 2001)在瑞典采访了 20 名有经验的女教师,发现了她们日常工作中一些重要的主题。第一,她们认为教师的职业是不分性别的,但同时也觉得女性的身份影响了她们的日常工作。第二,成为母亲的经历与教学工作和职业态度都是相关联的。第三,有必要平衡私人生活和工作生活,两者共同的特点是,都包含与性别相关的责任感和爱心。第四,情感上的需要使人精疲力竭,而且耗费时间,但对于工作满意度和个人动机也很重要。第五,与同事的非正式(非等级的)交流,提供了情感支持及专业知识的发展。第六,人们将教学视为一种社会地位较低的职业,因此认为女性更适合当老师。桑顿和布里切诺(Thornto & Bricheno, 2000)认为,许多女教师职业发展受限的原因是多方面的,除了包括男老师的高比例晋升,还有工作—家庭观念上的传统性别差异,以及妇女在学校中的角色期待。

布里切诺和桑顿(Bricheno & Thornton, 2002)在英格兰随机选取了 846 所小学,对男女教师的人数及校长的性别进行了调查。结果表明,学生的测试结果并没有受到男老师教学或者女老师教学的影响;但是有男校长的学校可能会有更多的男教师。调查结果也显示,男教师更喜欢在较大的学校教书。在样本中,男校长带领的小学数学测试结果要略好一些。

关于学生在多大程度上需要男教师或

女教师作为榜样的争论持续进行，但单亲家庭（通常是母亲）的比例高涨，这让争论偏向于认同男教师对于孩子的教导与女教师同等重要。

参考文献

1. Bricheno, P. and Thornton, M.(2002) 'Staff gender balance in primary schools', *Research in Education*, 68, 57 – 63.

2. Gannerud, E. (2001) 'A gender perspective on the work and lives of women primary school teachers', *Scandinavian Journal of Educational Research*, 45(1), 55 – 70.

3. Riddell, S., Tett, L., Burns, C., Ducklin, A., Ferrie, J., Stafford, A. and Winterton, M. (2005) *Gender Balance of the Teaching Workforce in Publicly Funded Schools*, Moray House School of Education, University of Edinburgh.

4. Thornton, M. and Bricheno, P.(2000) 'Primary school teachers' careers in England and Wales: The relationship between gender, role, position and promotion aspirations', *Pedagogy, Culture and Society*, 8(2), 187 – 206.

General Teachin[illegible]
教学委员会

另请参阅：董事会成员，董事会，行为示范，计划（教学），专业化，特殊教育需求，教师职业，实习教师

See also: governors, governing body, modelling behaviour, planning, professionalism, special educational needs, teaching profession, trainee teachers

为了促进整个教学的合作和一致性，教师必须遵守业内正式的和潜在的规则，这些规则规定教师如何履行教育的职责和义务。随着英格兰和威尔士《教学和高等教育法（1998）》）的出台，普通教学委员会（GTCs）得以成立，它的存在很大程度上取代了以往对教学专业行为进行界定的尝试。北爱尔兰普通教学委员会是以北爱尔兰《教育法（1998）》为依据而成立的；新成立的普通教学委员会，以 1965 年以来一直存在的苏格兰普通教学委员会为蓝本。普通教学委员会是法定的教师自治专业机构，旨在从教师、学生和公众的利益出发，通过维护和提升教师专业行为和实践的最高标准，达到提高教学质量的目的。依据法律要求，合格的教师必须到各自的普通教学委员会进行注册登记，实习教师和海外教师有资格进行临时注册。虽然教学委员会在全国范围内进行监督，但如果教师出现不合适的行为，首先是由校董事会成员决定教师的行为是否可以接受，并做出裁定。

普通教学委员会的职能之一是，通过纪律委员会调查和听取针对在编教师的投诉。虽然不是在法庭上给老师定罪，但教师在校内外[illegible]认定为不具有教师专业能力，而不适合当正式的在编教师。教师具有如下任何不良行为时，可以上报委员会：多次不向校长提交监督性规划和评估文件；对有特殊需要的儿童表现得无动于衷；在学生和同事面前使用不适当的语言。除非是在极端情况下，委员

会一般不会注销教师的注册信息。被取消注册的教师,在经过一段时间后可以向委员会申请恢复注册,尽管这种要求不一定能够得到准许。

General Teaching Council (England) 普通教学委员会(英格兰)

另请参阅:普通教学委员会,公立学校,特殊学校,教师职业,实习教师

See also: General Teaching Councils, maintained schools, special school, teaching profession, trainee teachers

英格兰普通教学委员会(GTCE)(www.gtce.org.uk)是英格兰授予教师资格证书(QTS)的机构,并对每一名合格教师进行登记。公立学校、学生转介单位和非公立学校的所有教师,都必须在GTCE进行注册;其他机构的老师可以自行选择是否注册。自2008年9月以来,实习老师也要求在GTCE进行临时注册。GTCE宣称的工作目标是,为了维护公共利益,提高教学标准和学习质量。也就是说,教委会是代表儿童的利益和教师打交道。

General Teaching Council (Northern Ireland) 普通教学委员会(北爱尔兰)

另请参阅:普通教学委员会,专业化,教师职业

See also: General Teaching Councils, professionalism, teaching profession

北爱尔兰普通教学委员会(GTCNI)(www.gtcni.org.uk)是教学行业的法定独立机构,致力于改善教学状况、促进达到职业教学行为和实践的最高标准。1998年的《教育法(北爱尔兰)》规定了委员会的职责,其中第34—41条包括:教师注册、制定教师职业价值观和实践准则、对职业不端行为的纪律处分、就一系列问题为教育部和用人单位提供咨询意见。

General Teaching Council (Scotland) 普通教学委员会(苏格兰)

另请参阅:普通教学委员会,专业化,教师职业

See also: General Teaching Councils, professionalism, teaching profession

苏格兰普通教学委员会(GTCS)(www.gtcs.org.uk/Home/home.aspx)是苏格兰教师的专业监管机构,旨在维护和提高苏格兰教师的专业水平,并为新教师提供支持。第二次世界大战后,教师的入职要求有所下降,一些资历不够的教师进入苏格兰学校工作。为此,1965年,《教学委员会苏格兰法案》出台,苏格兰普通教学委员会随即成立。该委员会宣称的目的是,为苏格兰构建世界一流的教育体系,维护校际交流合作,提升中小学教师和大学教师的专业标准,并作为教学行业的倡导者为大家所公认。

General Teaching Council (Wales) 普通教学委员会(威尔士)

另请参阅:普通教学委员会,专业化,教

师职业

See also: General Teaching Councils, professionalism, teaching profession

威尔士普通教学委员会(GTCW)(www.gtcw.org.uk/about.html)在威尔士语中被称为 Cyngor Addysgu Cyffredinol,是威尔士教学行业的法定自治机构。威尔士普通教学委员会在“职业价值观与实践声明”中宣称,委员会致力于提高教学标准和教习质量,维护和提高符合公众利益的教师职业标准。该委员会还旨在通过让更多的公众了解教学来提高教师的职业地位。

Geography 地理

另请参阅:课程,讨论,信息技术,《国家课程》,科学,直观教具

See also: curriculum, discussion, information technology, *National Curriculum*, science, visual aids

地理是英格兰和威尔士《国家课程》中的“非核心”学科之一。1998 年,资格与课程委员会(Qualifications and Curriculum Authority, QCA)制定了旨在帮助教师“实施”学习项目的规划。这些规划包括:5 ~ 7 岁的小学生调查了解当地的环境和居民情况,并与英国国内或国外的另一个地区进行对比。他们也开始了解更广阔的世界,并在课堂内外开展地理探究。在此过程中,教师鼓励孩子询问与居民、地点和环境相关的地理问题,并使用地图和图片等地理相关技能和资源。

7 ~ 11 岁的学生探索英国国内和国外的不同居民、地点和环境的相关问题,并开始在世界各地之间建立联系。他们研究人们如何影响环境,以及如何受到环境影响,并在课上和课下开展地理探究。他们学习提出地理问题,并学习使用地图、地图册、航空照片和信息技术等地理相关的技能和资源。这些规划是非强制性的,只是用来说明如何将地理课程在课堂上实施。他们鼓励教师自行调整规划的内容以满足学生的需求,以及学校或部门的优先要求。详细情况请参阅马丁(Martin,2006)及凯特灵和威力(Catling & Willy,2009)的文献。

大多数小学能够有效地组织对所在地区的研究,并将这项工作扩展到与经济发展中国家特定地区的对比调查。田野调查、地图绘制教学、天气研究,以及环境地理学方面的考察是常用的教学话题。最好的地理学习方式,是与儿童的日常经验建立有效联系,以促进他们的学习,特别是对当地的研究。这有助于他们(比如)对地图和环境问题的理解,特别是在儿童研究学校和当地目前大家关注的事件和问题时,例如,提出关于新建筑物、垃圾回收和路标设置问题的建议。

地理学从本质来说是一种视觉学科,依赖于图像。这些图像可能直接来自城市及农村的环境、城镇风景或乡村风景。图像可能是一手资源([illegible]),或二手来源,例如,手工艺品、视频、照片、图表和不同类型的地图。教师必须帮助学生“阅读”这些视觉辅助工具,并通过复现,学习如何解读和理解它们。儿童从谈论和讨论他们学习地理的经历中获得很大的满足感,而这是在讲授式教学和二维活动所主导的课

G

程中得不到的；因为这些课程只是为了完成任务，而不提出或引发问题。教师有责任为儿童提供适当的词汇，帮助他们从描述最初的所见、所感和所闻，到对两个或更多的地方进行案例对比（Mackintosh，2007）。

一些小学教师对地理学科中的关键问题认识有限，所以很难组织孩子们探寻理据并做出概括。这样的学习有时候会仅仅局限于描述所看到和发现的东西，而不会拓展到对证据之外的分析。这种限制反映了教师对地理学科理解的局限性。这并不奇怪，因为该学科要求小学教师理解和应对不断更新和修订的课程，并比其他所有学科都更强调读写、计算和信息技术（Catling，1999）。

“本地研究”是一个可用于关键阶段 2 的包含地理、历史和环境测绘的整套项目。该项目允许学生绘制自己的背景地图、从互联网下载，或使用地形测量图。使用拖放地图符号、跟踪图层、文本、图片、视频热点等工具都可以增强视图效果，并用于一系列的项目，包括绘制从某地到学校的旅程图。

由于需要证明自己的教学覆盖了课程内容，并且必须使用可证实的资源来评估学生的进步，教师倾向于坚持让孩子们运用笔头形式来记录他们的经历、所获得的知识和完成的任务，而不只是仅仅通过讨论或视觉呈现。这样的方式也许可以在一定程度上解释为什么地理课程与其他实践性学科（如科学）一样，被简化为读写课程的翻版，而遗憾地成为小学最不受欢迎的学科之一。

参考文献

1. Catling, S. (1999) ‘Geography in primary education in England’, *International Research in Geographical and Environmental Education*, 8(3), 283 – 286.

2. Catling, S. and Willy, T. (2009) *Teaching Primary Geography*, Exeter: Learning Matters.

3. Mackintosh, M. (2007) ‘The joy of teaching and learning geography’, in Hayes, D. (ed.) *Joyful Teaching and Learning in the Primary School*, Exeter: Learning Matters.

4. Martin, F. (2006) *Teaching Geography in Primary Schools*, Cambridge: Chris Kington Publishing.

Gifted and talented 有天赋及有才能

另请参阅：能力，艺术与设计，创造，舞蹈，设计与技术，地理，历史，想象，数学，音乐，体育，宗教教育，科学，学困生

See also: ability, art and design, creativity, dance, design and technology, geography, history, imagination, mathematics, music, physical education, religious education, science, slow learners

“天赋”和“才能”这两个术语有很多定义，但它们常常合起来作为短语，表示“有天赋及有才能”。然而一般认为，“有天赋”是指在文学、数学、科学、历史、地理、设计和技术，以及（很少见）宗教教育方面的特殊能力。另一方面，“有才能”仅仅是指在其他课程领域表现出特殊能力的儿童，其中有更多的公共表演元素，包括艺术与设计、音乐、体育、舞蹈和戏剧。贝特斯和蒙德（Bates &

Munday,2005)将有天赋的儿童定义为“在某个或更多学术领域表现出高素质的孩子”;而有才能的孩子是“擅长某一个特定学科领域的儿童,要么是社会性才能——与领导才能相关,要么是体育、表演艺术或设计与技术方面”。然而诺尔斯(Knowles,2006,参考 Sternberg & Davidson,2005)提出了不同的观点。他声称,天赋是一个孩子在任何特定的人类活动领域可能拥有的潜力,它的特征是,有天赋的孩子比其他同龄组的孩子在此领域有更快的学习能力;而才能,按照诺尔斯的观点,是“天赋的实现;事实上,是天赋的表现”。无论我们如何定义天赋和才能,这样的儿童一般可以占到班级的5%~10%。换句话说,在 30 个孩子的班级中,可能会有 2~3 个有天赋及有才能的儿童。

有天赋及有才能的孩子,都具有创造力和想象力、敏锐的洞察力和直觉,以及可以独立工作的能力。他们通常具有良好的幽默感,也许不是一般人能理解的幽默;并且有很高的驱动力(特别是在自主选择的任务中),在解决问题时显示出超常的批判性思维能力。他们通常会有广泛的兴趣、超强的推理能力、强烈的好奇心、广泛的关注度和超大的词汇量。其他特征包括:

(1)能够高度聚焦于任务;

(2)为探索和澄清概念,提出见解独到的问题;

(3)看到一般解决方法之外的更多可能性;

(4)在应对挑战和错综复杂的问题中愈发强大;

(5)在信息碎片中建立抽象的关联;

(6)提供原创的不寻常的解决办法;

(7)提出超越任务即时范围的问题。

有天赋的儿童能运用先进的阅读策略(如扫读文本的能力),在解决问题时拥有超强的观察力和独创性。他们倾向于对新观点做出快速回应,并能快速记忆事实。他们可能表现出超越自身年龄的成熟,表现在他们对人及各种情况相互关联的方式感兴趣。然而在学术上超越同龄人的孩子,可能只具有同龄人平均水平的个人成熟度(译者注:personal maturity,个人成熟度,是指对自己和自己所处社会环境各个方面的认识和把握的程度),并且可能拥有低于同龄人的社交技能。

这些天赋或才能不应该被看作是天生就有或没有的,即孩子是否“本身具有”。尽管超常儿童(即具有先天特殊能力的孩子)通常很容易从大多数孩子中脱颖而出,但学习环境也可能影响天赋和才能的后天形成(具体的观点和建议,请参阅 Hymer & Michel,2002 的文献)。贝特斯和蒙德(Bates & Munday,2005)提醒说,“根据家庭和学校的影响不同,孩子们以不同的速度发展,他们的成功潜力可能在青少年时期一直隐藏着,未被发现或开发”。帮助有天赋的孩子学习核心学科,特别是数学和英语,往往对教师而言更容易,因为这些课程在小学阶段占用相当多的时间。而发现儿童在科学方面的天赋相对更加复杂,可能这种天赋直到中学才变得明显。

教师必须对学生学习成果的评估方式保持敏感性和灵活性,因为有天赋和才能的

G

儿童的一个特征是,他们会学习预期和计划之外的事情,而对教师事先准备的学习内容印象并不深刻。教师们现在越来越擅长提前干预,为这些儿童量身定制适合他们需求的教育。鲁夫(Ruf,2005)提出警告,有天赋及才能的儿童可能会"落后",因为他们的独特性"使得他们特别脆弱,并且需要在家庭教育、学校教育及咨询方面做出调整,以使他们朝着最佳方向发展"。没有一套适合所有天才儿童的课程和教学方法,每个案例都要根据个人的不同优势予以处理。

迪金森(Dickinson,1996)发现,非常有能力的学生希望通过与老师的积极对话来寻找成就感,并且"在课程范围内得到挑战,而不是通过课外的特殊任务"。也就是说,有能力的学生并不想孤立于常规的任务和活动之外,而是希望有机会来扩展他们的思维和创新性(另请参阅如 Smith,2005)。更多有能力的孩子,是被老师的评价而不是成绩所驱动,他们希望获得真诚、实际和有挑战性的反馈。相比之下,有才能的孩子(按艺术或体育方面的特殊才能定义)可能不擅长(比如)数学和读写,因此,他们就要花费更多的时间在这些学科上,这就减少了他们在自己天生擅长的领域展示创作能力的机会。为了让教师努力帮助孩子们挖掘潜力,现在每所学校都要求设立有关天才儿童的政策(另请参阅如 Eyre & McClure,2001)。

经验表明,教师有时候倾向于让聪明的学生自主学习,或者给他们额外的任务,使他们保持忙碌,而教师更多的关注学困生。事实上,如果教师与学生进行互动,鼓励他们掌握深奥的概念、提高理解水平,学生才能产生最好的学习效果。有能力的儿童并不受益于"特殊待遇",或与常规任务和活动相隔离,但是给他们探索和创新的机会,会让他们更加闪亮。

参考文献

1. Bates, J. and Munday, S. (2005) *Able, Gifted and Talented*, London: Continuum.

2. Dickinson, C. (1996) *Effective Learning Activities*, Stafford: Network Educational Press.

3. Eyre, D. and McClure, L. (eds) (2001) *Curriculum Provision for the Gifted and Talented in the Primary School*, London: David Fulton/NACE.

4. Hymer, B. and Michel, D. (2002) *Gifted and Talented Learners*, London: NACE/David Fulton.

5. Knowles, G. (2006) 'Gifted and Talented', in Knowles, G. (ed.) *Supporting Inclusive Practice*, Exeter: Learning Matters.

6. Ruf, D. L. (2005) *Losing Our Minds: Gifted children left behind*, Scottsdale AZ: Great Potential Press.

7. Smith, C. (2005) *Teaching Gifted and Talented Pupils in the Primary School*, London: Paul Chapman.

8. Sternberg, R. J. and Davidson, J. E. (2005) *Conceptions of Giftedness*, Cambridge: Cambridge University Press.

Girls 女生

另请参阅:(小学生)性别

See also: Gender (pupils)

Good teachers 好教师

另请参阅：（员工）协作，交流，有效性，卓越教师，学习动机，专业化，说话方式，教师角色，教师职业

See also： collaboration（staff），communication，effectiveness，excellent teachers，motivation for learning，professionalism，speech，teacher role，teaching profession

虽然对教师的评价会分成“好”和“差”两个极端，但事实是每位教师都是在某些工作领域表现出色，而在其他方面表现欠佳。所有成功的老师都显得十分自信，即使他们自己不觉得，但是好教师不会让他们的自信心滋生出傲慢和自大。摩尔（Moore，2001）声称，存在一种用个性和个人魅力来形容老师的倾向。这意味着，好教师是“天生的”，而不是“塑造”的。摩尔（Moore，2004）在后来出版的著作中提到，简单地用“好教师”这个词是不够的，并提供了三种描述：①称职的匠人——这种说法目前得到政府的偏好；②反思型实践者，这种说法会继续得到教师培训者和教育专家的广泛支持；③充满个人魅力的教师，这种说法在电影和其他教学媒体中经常出现。摩尔提出了一个重要的观点，即在某些解释中，反思不会通向进步，而是会导致自责。因此，摩尔倡导将反[illegible]因缺点而自责的一种方式，继而认识到，人们的行为方式受到生活和经历的制约。另请参阅达林－哈蒙德和巴拉茨－斯诺顿（Darling－Hammond & Baratz－Snowden，2005）从北美的视角所做的阐述。

督导报告中使用的词语表明，对教师能力的评估基于效率和效果两个方面。因此，教师因为下列方面而受到表扬：全面规划、构建课时教学、设置差异化任务、明确学习目标、保持教学记录，等等。然而好教师和高效率的教师之间还是有一些差异的。高效的教师是勤勉的、组织有序的，其教学能够达成目标，学生能够达到教师的预期。而好教师除了满足以上的条件之外，还能激发和鼓励孩子们爱上学习。一位好老师能够建立起与孩子之间的联系，让孩子们在有问题或困惑的时候，毫不犹豫地、主动愿意并且能够寻求老师的帮助。好老师会让学习变得有趣并且有效，在维持纪律和帮助孩子高质量完成工作的同时，他们能够考虑到不同孩子的需求。好教师会仔细观察儿童，认真倾听每一个孩子的心声，评估每个人的需求，为他们提供适当的任务，帮助和鼓励孩子成为独立的思考者和自我激励的学习者。

美国浩瀚中学（the Excelsior American School）主任沙利尼·纳姆比埃尔（Shalini Nambiar，2008）认为，良好的教学同时关乎于激情和理性。好教师不仅要激励学习者，而且还要用相关联的、有意义的，并且难忘的方式教会他们如何学习。良好的教学要跟上最新的发展，教师要尽可能地掌握最前沿的知识，激发学生的回应，发展他们的口语沟通技巧，特别是不爱发言的学生。即使[illegible]和乐观的教学方法也可以改变孩子的态度，并且给他们带来迫切的希望。帕尔默（Palmer，1998）指出，“良好的教学是对年轻人的热情款待，而这种款待行为总会使主人比客人更加受益”。

好教师会尽力做到讲话清晰流畅，因为

这种谨慎说出却又很自然的话语会使幼儿、学困生和英语作为附加语言的儿童学起来更加容易。好教师在说重要的话时会减慢速度，在与孩子们交流时使用符合他们年龄和经验的语言，这样的沟通会让每个孩子都觉得老师是在与他们进行单独对话。

每个老师都必须能够进行团队合作，帮助别人及接受别人的帮助，因为无论多么有经验的老师都不可能在工作的每个方面都一帆风顺。好教师能够认识到，通过合作做出的决策，往往比独自做出的决策更加明智。

参考文献

1. Darling-Hammond, L. and Baratz-Snowden, J. (2005) *A Good Teacher in Every Classroom: Pre-paring the highly qualified teachers our children deserve*, San Francisco CA: Jossey-Bass.

2. Moore, A. (2001) *Teaching and Learning: Pedagogy, curriculum, and culture*, London: Routledge.

3. Moore, A. (2004) *The Good Teacher: Dominant discourses in teaching and teacher education*, London: Routledge.

4. Nambiar, S. (2008) *Teaching is a Passion*, on-line at www.razz-ma-tazz.net/2008/04/09/teaching- is-a-passion.

5. Palmer, P. J. (1998) *The Courage to Teach: Exploring the inner landscape of a teacher's life*, San Francisco CA: Jossey-Bass.

Governing body 董事会

另请参阅：董事会成员

See also: governors

英格兰、威尔士和北爱尔兰的每所州立学校都有一个董事会。小学的董事会成员以前被称为“管理者”。每个董事会都由一定的成员组成，具体取决于学校的类型和规模。所有的董事会成员都没有薪水，但他们支出的费用会得到补偿。董事会成员按以下标准选择：

(1)家长董事：家长(孩子通常在该校就读)

(2)职工董事：学校教职人员

(3)地方董事：由地方当局进行提名

(4)社区董事：当地社区成员(由董事会其他成员任命)

(5)基金会和赞助商董事：赞助机构的代表

成员类型的比例根据学校的类型而有所不同。然而董事会成员人数最少有9人，最多有20人——赞助商董事不包括在内。在通常由地方政府管治的社区学校中，家长董事应至少占董事会总人数的三分之一，职工董事有2个名额，地方董事应占董事会的20%，社区董事至少占20%。董事会成员的任期最多为四年，但可再连任一届。

家长董事可以由该学校孩子的家长选出，如果家长人数不足，则由董事会任命其他成员填补空缺。这些被任命者可以是之前学生的家长，或任何学龄儿童的家长——这样委任的家长，也可以经由董事会的投票卸任。职工董事(校长除外)从学校工作人员中选出，必须是在学校工作、有工资的正式职工,并且不包括外部代理工作人员(如清洁人员)。至少有一名职工董事必须是老师,如果有三名或三名以上的职工董事,则至少有一名必须是后勤人员。如果其中某个类别的董事不赞成选举,可由其他类别的当选董事填补空缺。准会员可由董事会任命为委员会成员,可以包括学生、学校职员,或董事会认为有助于其工作的任何人。

董事会全体成员通常每半学期开一次会议,对委员会、董事会和学校正在进行的业务进行讨论、汇报,并对需要决议的事项进行投票表决。每所学校的校长都会自动成为职员董事,但他/她可以拒绝担任。如果校长决定不担任董事会成员,那么这个职位就可以空缺。

在苏格兰,与董事会等同的机构是1988年推出的“校董会”(board),作为鼓励家长参与学校决策的一种方式。校董会负责促进学校、家长和社区之间的良好关系和信息流通。校董会成员由家长、教师和当地企业或社区推荐的人选构成,家长占多数。《2006年苏格兰学校法案》进一步加强了家长委员会的作用。

Governor shortage 董事会成员短缺

另请参阅:社区凝聚力,董事会,董事会成员

See also: community cohesion, governing body, governors

在英国,整个国家的学校董事会成员都严重短缺,特别是在社会剥夺地区。(译者注:social deprivation,社会剥夺,指因为某种原因而采取强制性手段不让儿童接受正常社会刺激的现象,包括自幼父母过分保护或自幼生活环境过分孤立,剥夺儿童的社会交往及其对人和客体进行认知、评价等的机会。又称为社会隔离。)儿童、学校和家庭事务部(DCSF)的一份研究报告发现,董事会中有些特殊群体的成员代表不足,包括黑人、少数民族、残疾人、年轻人、单亲家长、低收入者、失业者和商人(DCSF,2008)。通过对三个不发达地区的案例研究,迪恩等人(Dean et al., 2007)发现,董事会缺乏履行管理职能的能力,并且没有将管理视为其主要职能。董事会的成员构成不能完全代表当地社区,也没有与当地的活动群体或地方政策合作团体进行联系。

参考文献

1. DCSF (2008) *What Does the Evidence Tell Us about School Governors? DCSF Research Report*, London: HMSO.

2. Dean, C., Dyson, A., Gallannaugh, F., Howes, A. and Raffo, C. (2007) *School, Governors and Disadvantage*, York: Joseph Rowntree Foundation.

Governors 董事会成员

另请参阅:核心学科,课程,校长,健康与安全,道德发展,家校沟通,特殊教育需求,测试与测试过程

See also: core subjects, curriculum, head teacher, health and safety, moral development, parent communication, special educational needs, tests and testing

在英格兰、威尔士和北爱尔兰，校董事是学校董事会成员，构成国家最大的志愿者力量。在公立学校，为了提高办学标准，学校董事有责任发挥以下三个关键作用：①制定战略方向，②确保问责制，③监督和评估学校的表现。苏格兰学校的董事会成员在学校董事会任职，承担与家长和当地社区紧密联系的特别责任。

近年来，学校董事会成员的作用发生了很大的变化（Doust & Doust，2001；Adams，2002；Adamson，2007）。到20世纪80年代，初级校董事被称为学校管理者。虽然在理论上他们拥有相当大的权力，但事实上他们对学校的影响相对较小。校长决定大部分的学校政策，教师在很大程度上决定他们如何教育孩子。在当时，没有国家统一的课程或外部强制的命令要求教师使用特定的教学方法。20世纪80年代和90年代的《教育法》大大改变了董事会的职责和地位，现在的董事会必须包括教职工、家长和当地社区的代表。董事会的组成通常包括以下成员：

（1）地方当局董事若干名
（2）同事推选的教师董事若干名
（3）后勤人员推选的董事一名
（4）学生家长推选的家长董事若干名
（5）由董事会其他成员推选的董事一名
（6）校长（通常）
（7）宗教学校的教会代表若干名

大多数人加入董事会是因为他们真诚地渴望帮助学校及社区，也有少数人当选的目的是想扩大其代表的某一特定群体或宗教事业的影响力。虽然董事会成员可能没有教育背景，但他们通常拥有其他技术和能力，能够就某些问题提出各种不同的观点。董事会成员可以为教职员工提供足够的支持，但过多的支持反而会变成一种干涉，这两者之间的界限很难把握。但总的趋势是，更多的成员将会参与到董事会中来（Dean，2001；Sallis，2007）。

董事会成员就学校的表现向家长和社区负责，并协助规划学校的目标和政策，预约包括与校长的面谈。他们有法律责任确保学校为所有学生，包括为需要特殊教育的学生提供服务。董事也对学校的预算有决策权，他们负责监督课程，决定学校如何鼓励学生的精神、道德和社会发展。当督学来校视察时，他们的检查报告最先发送给董事会成员，以确保学校采纳他们的建议，并改正他们提出的缺点。

董事会成员还有一项烦琐的责任，就是确保学校的政策和决议符合近年颁布的许多强制性法令，具体工作包括管理课程、为家长出版一本学校资料手册。小册子包含学生测试结果，以及其他与学校相关的信息：教职工、健康和安全、特殊需求保障、聘用合同、纪律执行、学校建筑，以及学校生活的许多其他方面。在英格兰和威尔士，校董事会还需要参与建立和监督核心学科（英语、数学、科学）国家课程测试（SATs）的“目标设定”，并需要每年进行完善。

董事会成员有权随时进入学校，考察学校生活和工作的各个方面，尽管按照一般的惯例和礼节，这应该首先得到校长的允许。如果董事会成员想观摩课堂，也需要得到相关老师的同意。董事会成员还有重要的决策权，负责职工内部晋升、校长工资，确保教师能够在工作职责和家庭责任之间达到平衡。董事会成员无权干预课程的设计和实施，但如果他们了解课程的情况，他们可以更好地争取一些额外资源。所有公立学校都应该安排一位董事，专门负责监督特殊教育需求(SEN)政策的落实情况。

参考文献

1. Adams, J. C. (2002) *Local Delivery of a National Agenda: Citizenship, rights and the changing role of school governors in England and Wales*, Hertford-shire: University of Hertfordshire.

2. Adamson, S. (2007) *Start Here: What new school governors need to know*, ·Norwich: Adamson Publishing.

3. Dean, J. (2001) *The Effective School Governor*, London: Routledge.

4. Doust, S. and Doust, R. (2001) *Governor's Hand-book: A comprehensive guide to the duties and responsibilities of school governors in England and Wales*, London: Advisory Centre for Education.

5. Sallis, J. (2007) *Basics for School Governors*, London: Continuum International.

Group work 小组活动

导读条目：艺术，协作式学习，戏剧，友谊，互动，读写能力，数学，监控，计算能力，学校氛围，科学，(儿童)自尊心，主题式学习，话题式学习

See also: arts, collaboration in learning, drama, friendship, interaction, literacy, mathematics, monitoring, numeracy, school climate, science, self-esteem (children), thematic learning, topic work

将班内的学生分成小组，是组织学习活动的一个重要部分。分组的类型通常包括基于儿童数学、科学和英语的学业能力分组；或者是基于不同创意活动(特别是体育和艺术)的友谊小组；或者是根据其他学科合作能力和友谊的混合因素分组。例如，老师可以根据学生的不同能力，建立三个数学小组(高、中、低)，六个戏剧友谊小组，以及一个人文学科内与项目、主题或话题式学习相关的混合小组。皮特·卡特尼克带领的研究小组发现，在英格兰的小学高年级和中学低年级(14 岁以下)，学生课堂分组活动的效果往往受到几对矛盾冲突的限制，包括小组的规模与小组构成之间、学习任务的分配与人际互动之间。研究者得出结论，只有很有限的证据表明学生或教师曾经接受过培训或支持，能够帮助他们在课堂分组中有效活动(Kutnick et al., 2005；另见 DfES, 2006)。

在确定小组活动的模式时，对教师的要求与分组的数量和复杂程度成正比，所以与做不同话题任务的小组相比，教师更容易掌控做相似任务的小组。此外，课堂分组时必须考虑到一些较难控制的过程，如监督、记录儿童的进度，以及给活动做一个令人满意的总结。

小组活动不会凭空生成，教师需要首先提供相关知识和信息，学生才能有目的地参与任务和一些开放性问题的解决活动。因此，在让学生分组探索关于计算机程序系统的潜能之前，教师要先对计算机程序系统做出解释。同样小组合作进行戏剧创作，也要

以老师提供原创作品的案例为前提。教师还必须提供必要的结构和支持,让孩子可以探究理念并进行调研,这个功能有时被称为"脚手架"。如果孩子们得到适当的知识、引导和资源,可以作为提出观点和创新的基础,孩子们就会发现属于自己的东西,并进行更深入的学习。大人创造安全的学习环境,并提供资源,孩子们在由此创建起来的"空间"自由探索。

G

需要考虑的一个关键问题是:小组活动是为了加强合作,还是只用作组织学习的工具?也就是说,将孩子们分组坐在一起,是为了达成一个共同的学习目标(合作),还是为了让老师更容易管理进程和分享资源。经验表明,虽然孩子们坐在一起,但并不一定会合作。原因有三条:①他们从心底里认为,互动是一种欺骗行为,②他们缺乏与小组其他成员友好沟通的必要技能,③他们喜欢单独做事,不喜欢被迫考虑他人的意见和偏好。

当孩子们一起合作时,他们会经历一系列的情感体验和挑战。这些情感和挑战不仅与如何解决问题和探寻观点有关,还与学习如何与小组成员相处有关。拜恩斯等(Baines et al., 2008)强调,通过发展所有学生的社交、沟通和小组合作技能,从而创建一个有包容性和支持性的课堂很重要。拜欧特和伊森(Biott & Easen,1994)评论说,如果儿童感觉可以与伙伴们在达成共识后采取行动,做到既有合作,又有自主,混合分组则给他们提供了学习社交技能的机会。然而小组合作总面临着一种风险,那就是学生本应该专注于手头的活动,但有些小伙伴会浪费太多时间"思想开小差",谈论与任务无关的事情。小组合作必须要衡量这种风险是否会与通过相互支持追求共同目标的优势相互抵消(Street,2004)。

即使在助教的帮助下,如果孩子们对任务不清楚,很快也会出现各种需要控制的问题。因此,在设计小组任务时,必须考虑到一些重要的因素,特别是基于探究的任务(不管是实践类,还是文本类任务):

(1)确保孩子们明白他们需要做什么;

(2)提供资源,并明确儿童可以自主使用资源的程度;

(3)决定好谁掌控资源,包括谁负责记录结果、谁进行报告,以及每个孩子如何参与;

(4)使任务与学生能力相匹配,并确保给出足够长的活动时间,使儿童能够充分参与,但又不会因为时间过长而让孩子感到沮丧或疲劳;

(5)适当控制活动噪音水平;

(6)规范学生在房间内的移动。

哈勒姆等人(Hallam et al., 2004)进行了一项关于按能力分组的调查,主要针对小学生对于这种分组的目的和实践的看法、他们的实践经验,以及他们的态度、行为、自尊、社会互动和对学校的感受如何受到分组的影响。结果表明,学生们能够意识到按能力分组的目的,并且大多数人支持这种分组。孩子们认为,按能力分组的主要优点是将他们的任务设置在适当水平上;他们认为主要的缺点是会伤害到能力较低小组学生的自尊心。调查显示,有超过40%的学生因为能力水平而在课堂上被取笑,或者见到过别的同学因此被戏弄。研究结果表明,对小学生来说,重要的不是是否按能力分组,而是学校能否给他们提供一种支持性的价值理念。

参考文献

1. Baines, E., Blatchford, P. and Kutnick, P. (2008) *Promoting Effective Group Work in the Classroom*, London: David Fulton.

2. Biott, C. and Easen, P. (1994) *Collaborative Learning in Staffrooms and Classrooms*, London: David Fulton.

3. DfES (2006) 'Pupil grouping strategies and practices at key stage 2 and 3', Brief no. RB796, Annesley: DfES Publications.

4. Hallam, S., Ireson, J. and Davies, J. (2004) 'Grouping practices in the primary school: What influences change?' *British Educational Research Journal*, 30(1), 117 – 140.

5. Kutnick, P., Sebba, J., Blatchford, P., Galton, M. and Thorp, J. (2005) *The Effects of Pupil Grouping: Literature review*, Nottingham: DfES Publications.

6. Street, J. (2004) *Welcome to Friendship*, Bristol: Sage/Lucky Duck.

G

H

Hadow Reports《哈多报告》

另请参阅：协作式学习，课程，课程历史，发现式学习，初等教育，小升初考试11 +，全纳教育，低年级小学生（5 ~ 7 岁），中高年级小学生（7 ~ 11 岁），学习，幼儿园，教学论，计划（教学），学校图书馆

See also：collaboration in learning，curriculum，curriculum history，discovery learning，elementary education，eleven-plus，inclusion，infants，juniors，learning，nursery school，pedagogy，planning，school library

在六个《哈多报告》中，最著名的可能是 1931 年题为《小学》的报告。其他五个报告分别是：

1923 年《男生和女生课程的差异化》；
1924 年《可教育能力的心理测试》；
1926 年《青少年教育》；
1928 年《公立小学的图书》；
1933 年《小学低年级部和幼儿园》。

这些报告中的内容和建议涉及各种问题，非常具有时代性，包括提供相关的课程、教学风格、特殊需求、书籍和阅读、组织学生学习、评价与测试、通知家长，以及早期学习的重要性。1926 年的《哈多报告》是第一部建议使用“初等（教育）”和“中等（教育）”两个术语的官方出版物，依此规定，初等教育应该到 11 岁为止，所有 11 岁以后的“正常儿童”继续接受某种形式的中等教育。该报告既强调课程整体规划的重要性，也强调确保各个学科相互关联授课的重要性。

1928 年的报告考查了学校图书的功能，评估了各个课程相关领域所提供的课本的总量、质量和特点。该报告还特别披露了地方政府所提供各种图书馆的规模，评估了指导教师的参考书资源，以此督促每个学校建立图书馆。在注重读写方面，该报告比现代教育提早了约 80 年。

影响力较大的 1931 年版《小学》报告聚焦于 7 岁后儿童的小学教育发展史，并描述了 7 ~ 11 岁孩子的身心发展。这个报告得出结论，7 ~ 11 岁应该是小学教育的高段（此后被称为“中高年级小学生”阶段，即近年来在英格兰和威尔士毫无生气的称谓——关键阶段 2）。虽然 1931 年报告的作者赞同尽可能地将小学低年级部（infant schools）分离出去（译者注：infant schools，英国 5 ~ 7 岁低年级小学生学校，类似我国低年级校区），但他们也力促小学低年级部和小学中高年级部之间紧密的合作。他们强调通过合理的安排，满足特别聪明的儿童与智力迟缓儿童（指学困生）的需求。他们指出，好学校不是一个强制教学的场所，而是一个社区，孩子无论大小，都可以通过合作尝试的方式参与到学习中。他们还提出了众所周知的主张，即小学的课程设置应该基于活动和体验，而非获取知识、储存事实（Gillard，网络资源）。对活动和体验的重

视在1967年的《普罗登报告》(*Plowden Report*)中得到了响应。与小学分科教学主张相反,1931年的《哈多报告》赞成用"项目"式学习来鼓励学生自己解决问题、发现问题(即"发现式学习"),这比《罗斯报告》(*Rose Report*,2009)中的建议提出得更早。有趣的是,鉴于对测试价值的不断争论,1931年的报告建议7岁的孩子应该通过测评进入小学,但是它提醒人们,评估后的分类应该看作是临时性的结果,且要常常修订。与教育领域最新观点相似,1931年报告建议对每个孩子的进步进行持续地记录,家长应该每学期或者每年提交孩子进步的记录。

六份报告中,最后的1933年《哈多报告》以幼儿教育史为开端,回顾了7岁以前儿童身心发展的现有知识。作者强调,初等教育阶段应被视为一个持续的整体,这一理念与同时代课程指导中贯穿始终的"学习的连续性"思潮遥相呼应。该报告还推荐合理使用看与说、自然拼读、句子整体认读等方法,认为每个方法都强调了阅读学习中的重要元素。大多数教师能够从每个方法中得以借鉴来应对当前的需要或不同儿童的特殊困难。报告作者强调发现"智力延缓儿童"早期信号的重要性,但他们不赞同已经被诊断为智力迟缓的儿童在很小的时候就在不同的学校上学——这又是一个现代全[illegible]给孩子提供实验和探索的开放环境,主张应该把孩子们置于自学的境地,使其从"有教育意义的环境"中,而非正式的教学中获取知识。作者还呼吁对教师进行幼儿教育相关培训,以及提供"帮手"。40年后,1967年的《普罗登报告》指出,自1944年以来,只有5岁以下年龄组的儿童没有接受额外的教育服务,幼儿教育在很大程度上依旧未完成预期目标。这个情形在21世纪初得到了大幅度的改善(Kogan,1987)。

该委员会主张依据项目学习重构小学课程,要注重孩子的兴趣,运用发现式学习方法,要重视合作式学习,许多建议理当在随后的20世纪付诸实践。然而高尔顿等人(Galton et al., 1980)指出,在《哈多报告》之后的几年中,源于小升初考试11+的实施,大多数学校仍保留着初等教育体制的全部印记:质量低下,经费紧张,班级偏大,建筑老旧、不足。如今,该报告所坚持的为避免教学陷入机械常规的危险,教师必须自由地计划、安排工作的主张已被否决,取而代之的是强制实行、严格管理的课程和严密指导的教学法。

参考文献

1. Galton, M., Simon, B. and Croll, P. (1980) *Inside the Primary Classroom* (The ORACLE Report) London: Routledge and Kegan Paul.

2. Gillard, D. 'The Hadow reports: An introduction', *The Encyclopaedia of Informal Education*, on-line at www.infed.org/schooling/hadow_reports.htm.

3. Kogan, M. (1987) 'The Plowden Re[illegible] *cation*, 13(1), 13–22.

4. Plowden, B. H. (1967) *Children and their Primary Schools: A report of the Central Advisory Council for Education (England)* ('The Plowden Report') London: HMSO.

5. Rose, J. for the DCSF (2009) *Primary*

Curriculum Review, London: HMSO.

Handwriting 书写

另请参阅:字母表,基本技能,课桌,基础阶段,信息技术,左利手,读写能力,(儿童)自尊心,拼写,写作

See also: alphabet, basic skills, desks, foundation stage, information technology, left-handedness, literacy, self-esteem (children), spelling, writing

书写是一项基本技能,就像阅读和拼写一样,它影响整个课程的书面交流(Tibertius, 网络资源)。只要通过有效的授课,书写可以被7~8岁的大多数学生所掌握,通过练习能够使他们的手部技能发展得更快、更成熟,进而为中学和成人生活做准备。巴奈特等人(Barnett et al., 2006)指出,书写多年来一直是学生读写能力中的"灰姑娘技能"(被忽视的技能),但是除非学生学会字迹清晰地快速书写,否则他们在教育方面的成就可能会在相当程度上降低,自尊心也会受到影响。作者认为,书写字迹清晰的能力不是一个可选择的额外技能,而是每个孩子必须具备的基本技能,即使是在信息技术时代也是如此。

麦德威尔等人(Medwell et al., 2007)对三所学校将近200名学生的书写速度和书写能力进行了测试。作者指出,不能流畅书写的孩子会花费更多脑力将文字写在纸上,这就影响了他们生成观点、选择词汇或计划书写内容的能力,字迹一般或较差的学生只有40%的概率达到11岁学生测试(小升中考试)的国家标准,尤其是男孩会受其影响,这就可以解释为什么他们会落后于同龄女孩那么远。麦德威尔等人强调,书写不仅可以锻炼手,而且可以锻炼记忆力与手的协作,在脑海中产生并纠正字母的形象,并最终毫不费力、自动地将其转换成动态的字母形式。

学习书写不必遵循既定的方法,然而许多学前班教师会按照书写的字母结构,分组教授字母。例如,起初教 c a d g o s,是因为这些字母笔画都是来回的;接着教 r n m,这些字母笔画是上下走向的。其他学校使用与以下顺序相似的教学模式:

c a d g o q

r n m h b k p

i l t u y j

v w x

s f z e

为了避免书写练习变得冗长枯燥,大多数教师会采用"短时高频"的策略,而不是次数少、课时长,他们也利用故事和故事中的人物来代表字母的形状。无论采用哪种方法,孩子需要保持轻松,又能集中注意力,(对右利手而言)学会把笔握在大拇指和食指中间,并搭在中指上。整个学校的政策强调以多重感官运用的方法,发展基础阶段学生(处于4~5岁的孩子)的书写技能。以下是基础阶段课程指导:

(1)使用大肌肉活动来画线和圈(例如,在大张纸上的粉笔画)。

(2)开始使用逆时针运动、重描竖线(例如,在体育课上的旋转臂运动)。

(3)发展需要手/眼紧密协作的活动(例如,扔和接垒球)。

(4)使用一只手可以控制的工具和器械(例如,扔骰子,用镊子夹小物)。

(5)操控难以控制的物体(例如,穿珠子)。

(6)运用正确的动作写出可识别的字母(例如,在湿沙子上写字)。

(7)使用铅笔,且有效握笔,写出可识别的字母。

小学低年级儿童(5~7岁)容易获得成长和进步,教师要鼓励他们养成自信、有效的握笔方式,并正确地书写小写字母,以便以后能熟练地连写字母。书写练习可在拼写和独立写作时进行,并特别注意确保正确的字母笔画走向、形状和比例。当教师认为时机合适时,孩子开始运用和练习这四个书写“连笔位置”,它们分别是:

(1)没有上行字符字母的对角线连笔,例如,ai ar un;

(2)没有上行字符字母的水平线连笔,例如,ou vi wi;

(3)上行字符字母的对角线连笔,例如,ab ul it;

(4)上行字符字母的水平线连笔,例如,ol wh ot

(参见 Developing Early Writing, DfEE,2001)

学校的政策倡导如下观点,即书写在课程的所有活动中是不可或缺的,因为坏习惯很难后期根除,所以学生在练习时需要尽可能被密切监督,直到书写的字母形状稳定。必须每天给学生时间,使其不受拼写和写作的干扰,针对准确性、流畅性和速度进行练习。

贾曼(Jarman,2002)声称,在西欧有12条规则适用于所有连笔/连体/草写体的书写方案:

(1)良好的书写基于椭圆形和平行线构成的图案(例如,oioioi)。

(2)所有的小写字母从字母的顶部开始写(例如,abmcs)。

(3)所有的落笔都是平行的(例如,mhnadft)。

(4)所有相似的字母都在相同的高度(例如,onceu, lhbkd)。

(5)所有的落笔都是等距的(例如,minimum)。

(6)词间距和小写字母“o”的宽度是一样的。

(7)上行字母和下行字母的高度不超过小写字母的两倍,最好更少(例如,hglpd)。

(8)大写字母不能比上行字母高,最好低点(例如,Ch Br Ph)。

(9)书写时行距要足够宽,以防上下行相接触。

(10)在顶部结尾的字母水平连笔(例

(11)在底部结尾的字母对角线连笔(例如,acdehl)。

(12)落笔向左移动的字母,书写时最好不要连笔(例如,bgjpsy)。

在教左利手孩子书写的时候需要特殊

考虑。吉恩·阿尔斯(Jean Alston)通过写信给左利手俱乐部(Left-Handed Club)(www.anythingleft-handed.co.uk),提出左利手儿童最常见的三个问题:

(1)左手成"钩子"形状握笔,尝试和右利手相同的角度书写,造成手臂和身体扭曲,处于一种难受的位置,使得书写非常别扭和缓慢。

(2)左手用力不当,造成书写不整洁。

(3)握笔过于用力,导致书写不流畅,字母不漂亮、不稳定,也使孩子感到疲倦。

阿尔斯通为左利手孩子推荐了以下十个方法,来克服这些问题(详情请见网页):

(1)学生握笔时手离笔尖至少2厘米,从而不会造成模糊不清的书写。

(2)年级偏小的孩子应该用软铅笔,不会戳破或撕扯纸张;较大的孩子应该用可以流畅书写的笔。

(3)把纸张放在身体中线的左侧,页面顶部顺时针倾斜最多45度,将手放到书写线下正确的位置。

(4)在页面左边的空白处画一颗有色星星,提醒年级较小的孩子从哪里开始写。

(5)孩子应该坐在双人桌的左边,或者坐在另一个左利手旁边,以避免胳膊肘的碰撞。

(6)如果需要抄写,孩子应该不用扭身就能看到黑板。

(7)桌椅应该放在适应孩子的合适高度。

(8)允许孩子出现笨拙、有污迹和不整洁的书写,进步时应多夸奖。

(9)握笔器的模具应适合大拇指和食指的形状,这样可以帮助孩子培养正确的握笔习惯。

(10)应该鼓励孩子轻轻地书写。

萨松(Sassoon,2003)讨论了这个问题的所有方面,包括整个学校的计划、课堂管理、从图例说明到实际练习的字母教学顺序、初始字体和草写体。

参考文献

1. Barnett, A., Stainthorp, R., Henderson, S. and Scheib, B. (2006) *Handwriting Policy and Practice in English Primary Schools*, London: Institute of Education.

2. DfEE (2001) *Developing Early Writing*, London: HMSO.

3. Jarman, C. (2002) *Twelve Rules for Good Cursive Handwriting*, on-line at http://quilljar.users.btopenworld.com/rules.html.

4. The Left-Handed Club, www.anythingleft-handed.co.uk.

5. Medwell, J., Strand, S. and Wray, D. (2007) 'The role of handwriting in composing for Year 2 children', *Journal of Reading, Writing and Literacy*, 2(1), 18-36.

6. Sassoon, R. (2003) *Handwriting: The way to teach it*, London: Paul Chapman.

7. Tibertius, S. (on-line) *Developing a Handwriting Policy for the Primary School*, Canterbury: National Handwriting Association, on-line at www.nha-handwriting.org.uk.

Happiness 幸福感

另请参阅:儿童福利,儿童,友谊,互动,关系,(儿童)自尊心,成功,教师职业

See also:child welfare,children,friendship,interaction,relationships,self-esteem(children),success,teaching profession

人生幸福是所有人的最终目标,很难想象会有任何一个家长或者教师不想让他们的孩子在生活中获得幸福感。许多教师开心地谈到他们看着学生享受校园生活、交朋友和每晚脚步轻盈地回家的体验。塞尔登(Seldon,2008)认为,学校通过发展以下重要的几点,“幸福的教育”是可行的:

(1)学校应该是学生喜爱的场所:他们应该对自己的学校、同伴和教师保持忠诚。

(2)学校应该全面发展学生的个性、才能,而不仅仅是发展智力;儿童应该学会认识自我,了解自己想做什么——不管是学习还是娱乐方面。

(3)他们应该知道如何去照顾自己,对他们的身体、情感和思想负责。

(4)家长应该完全投入整个学习体验中,社区也是如此。

(5)教师在学校应该受到重视和尊敬,学生应该礼貌、感恩地对待老师。教师应认

基于现有的自尊、情感和抑郁的标准,艾文斯(Ivens,2007)为8~15岁在校学生创制了一套有效、可信的心理测试法,他称其为“在校学生幸福指数(School Children's Happiness Inventory,SCHI)”。艾文斯强调,SCHI在评定校方对学生幸福感干预和影响的有效性方面尤为重要。

儿童协会(Children's Society)一项为期三年的研究(2007)——《良好童年的调查:幸福感》得出结论,成人对个人成功的疯狂追求是对孩子幸福和健康的最大威胁。研究团队认为,优先关注自身会剥夺孩子的生活乐趣,剥夺他们在家庭生活、学校生活,甚至休闲和消费中的快乐。重要的是使下一代孩子认识到,要为他人的福祉做贡献而非一心为己,要将人际关系的重要性置于财富积累和获取社会地位之上。诺丁斯(Noddings,2004)认为,大多数课堂中狭窄的课程范围发展了主次颠倒的文化知识,然而幸福和教育不仅可以,而且必须共存;每个相关的人都必须认真看待这个问题,这关乎我们的民主社会中是否能培养出令人满意的青少年。

麦克康薇儿(MacConville,2008)在2007年秋季西伦敦学校10~13岁学生的班级中,倡导实施一种所谓的“快乐课程大纲”,旨在帮助学生顺利地完成从小学到中学的过渡。这个项目设计旨在塑造学生的坚韧性,增强乐观主义精神,提高应变技巧,教给学生有效解决问题的技巧,他们教给学生排除消极、无助想法,以及体验积极情感的策略。在所有的活动中,他们强调培养学生的

精力应对当下,排除头脑中的杂念,不让对过去或未来的忧虑影响自己的学习;懂得感恩;拥有具体的、可实现的个人目标(也就说,并非学校的“目标”);接受挫折;把握自己的生活,让自己更快乐,也使学校成为一个更快乐的地方。

参考文献

1. Children's Society (2007) *Good Childhood Inquiry*: *Happiness*, London: Church of England Children's Society.

2. Ivens, J. (2007) 'The development of a happiness measure for schoolchildren', *Educational Psychology in Practice*,23(3),221 – 239.

3. MacConville,R.(2008) *Teaching Happiness*: *A ten-step curriculum for creating positive classrooms*, Milton Keynes: Speechmark Publishing.

4. Noddings, N. (2004) *Happiness and Education*, Cambridge: Cambridge University Press.

5. Seldon, A. (2008) 'Teaching happiness',*Ethos*,on-line at www.ethosjournal.com/this_issue/happiness.asp.

H

Head teacher 校长

另请参阅:关于学习的评价,社区凝聚力,课程,教会学校,董事会成员,课时教学,家校沟通,专业发展,学校生活

See also: assessment of learning, community cohesion, curriculum, faith schools, governors, lessons, parent communication, professional development, school life

所有关于学校的报道都强调学校领导,即"校长",甚至学校"高级主管"的重要性。校长负责日复一日的学校运营("学校生活"),而董事会成员负责具体执行。校长对达到设定的目标、保障学生课程权利、维持团体间的联系、通知家长孩子的进步,以及建立合理的学生评估方式负有最直接的责任。除了上述责任,校长还负责对员工的福利、培训、职业发展和评估的监督,并为内部晋升做出决定。

由于校长肩负的宽泛职责和政府的持续关注,英国许多地方征募校长存在困难的现象就不足为奇了。教育数据服务中心(Education Data Services,涵盖英格兰和威尔士教育数据)的约翰·豪森(John Howson)教授在2008年度职位空缺调查中发现,三分之一的小学和四分之一的中学在无法吸引合适的校长候选人之后,只好再次为校长招聘做宣传工作。招聘宣传资料的分析显示,小学和教会学校存在的问题最大。但是威尔士的情况要好一点,只有16%的学校需要再次发布招聘启事。在英格兰,自2009年8月起,所有初次任职的校长都要求获得国家校长专业任职资格证(NPQH)。此资格认定适用于申请前12—18个月内有意向竞聘校长职位的人,而不针对那些寻求进一步专业发展的人。《2005年校长资格认定和注册(威尔士)条例》禁止没有国家校长专业任职资格或同等级别资格证的人担任校长。然而条例不能阻止那些没有国家校长专业任职资格或同等级别资格证的人申请校长职务,或被任命为校长,虽然只有取得资格证后才能履行校长职务。

校长工作时间很长,需要付出很多,这些如今都反映在不断上涨的工资上。校长工作日的大部分时间都花费在处理行政工作、接见人员和参加会议上。除非学校非常小,否则校长不可能有大量时间投身教学。国家条例要求所有的校长和教师均应享有工作和生活的合理平衡,将他们义务的有偿

工作与工作之外的兴趣相结合（参见 Worklife Research Centre，网络资源）。然而人们普遍认为，如果校长的职责有什么不一样的话，那就是工作量在不断增加。所以除非做出调整来缓解这个问题，不然校长人选缺乏这一状态近期很难改变。此外，卢瑟福（Rutherford，2005）依据对长期任职的校长的采访，认为小学校长这一角色含义已从激动和期待感转变为一种渐增的失望和挫败感。

在《政策交流》（2007）一书中，作者认为校长这一角色确实举足轻重，但是他们的影响大多时候是间接的，因为他们中的绝大多数在学校直接教授的课程只占很少部分。因此，他们的影响力是通过一系列途径实现的：遴选职员、组织机构、学习监督政策、培训项目、劝导能力，以及示范可供他人效仿的高端专业标准（Smith，2002）。校长在与董事会成员、家长和督学协同工作方面起着至关重要的作用。这个“和外部打交道”的角色发挥着重要的功能，可以影响一个学校的成败，部分原因是校长所创造的理念。《政策交流》研究得出结论，学校里最重要的事情就是师生间的关系。可能校长可以为学生做的最重要的事，就是确保他们的课堂有优秀的教师。

1. Policy Exchange（2007）*The Leadership Effect：Can head teachers make a difference?* London：Policy Exchange Limited/Esmée Fairburn Foundation.

2. Rutherford，D.（2005）‘Head teachers’ reflections on primary headship from 1988 – 2003’，*Journal of Educational Administration*，43（3），278 – 294.

3. Smith，R.（2002）*The Primary Headteacher's Handbook*，London：Routledge.

4. Worklife Research Centre，Middlesex University/Institute of Education，University of London，on-line at www.workliferesearch.org/wl_site/hp_main.htm.

Health and safety 健康与安全

另请参阅：情感智能，教学管理，教学组织，教案，户外教育，直观教具

See also：emotional intelligence，lesson management，lesson organisation，lesson plans，outdoor education，visual aids

孩子的安全是每个在学校工作的成人首要考虑的事情。近年来，如何确保孩子免受危险和伤害（由于粗心、疏忽大意或无知造成的），已经得到了相当程度上的关注。明智的健康与安全预防措施不是有意限制学生的学习，或限制学生参与实践活动，而是使孩子自信、大胆地参与其中。因健康与安全问题相关诉讼增多，以及家长与当地教育机构和教师因此对簿公堂的曝光率增多，人们进一步认识到学生需要更多地保护。它还给学生从事任何有风险的活动营造出的官方“安全”认证能降低人们的担忧程度。

教师使用的大多数教学计划都包括“风险评估”种类，对儿童潜在的危险提前鉴定出来。对易受伤的学生，包括年纪非常小、身体有缺陷和有过敏症的儿童来说，这些问

题尤其重要。对年纪非常小的孩子来说,基本的清洁训练应该优先考虑;对年纪大一点的孩子来说,正确使用工具和设备可能是最重要的。也有一些共同的问题,如确保每个孩子清楚他们要做什么及时间限制,确保孩子有足够的空间来完成任务或做活动,知道他们的行为会影响到附近其他人,比如将颜料喷到他人身上。另外,确保将地面上的危险(例如溢出黏状物引起的危险)降到最低。

至少有十条健康安全条例是教师可以一直参考的。第一,人们必须能够在教室畅通走动,不受摆放不当的家具或地板上的物体等阻碍。第二,学生在进行需要大空间的活动时,必须腾出适当的地方,不能挤在一个狭小的空间里活动。第三,器材和资源应该放在学生能拿到的地方,不需要伸手够或从架子上拽下来。第四,用水的活动一定要限定在远离主走道的特定区域,渗水区域不得放置家具。第五,必须教会学生什么时候和如何彻底地洗手,比如在饭前、在脏乱的活动后,在玩土、接触植物或动物后。第六,教师需要确保学生看黑板和其他视觉教具的视线不受阻挡,不能使学生不自然地扭动或斜视。第七,座位安排必须保证学生不会坐在紧挨通风口的窗边、热暖气片旁,或很高的放着易掉落物体的家具旁。第八,学生只能在成人的监督下或经过适当的训练之后使用专业设备。第九,必须定期提醒学生勿吸入或放置小的东西到嘴里。第十,班规需要强调学生不能在教室奔跑。如果孩子参与的活动中需要加热或使用刀片,必须适当地训练和组织他们使用这些工具。一些实践课程要求在成人严密的监管下使用工具,这正是那另一双手的无价之处(成人的价值)。虽然在小学课堂中意外很少,但是教师必须知道正确处理伤亡人员的程序。即使教师和助教在正常情况下不允许在学校开药或采取专业措施,参加急救训练课程并定期补充新知识会给他们在处理紧急事件中快速反应的自信。如果事故发生,负责事件的成人必须在“事故本”上记录下来,这个本子常保存在校办公室或者急诊室。一些不同的活动同时在教室进行的情况下,教师必须确保所有活动得到恰当的监管。

健康饮食、个人卫生和对毒品危害的意识组成了小学教育中的一个重要部分(McWhirter,2000;Wetton,2000)。所有的孩子都需要有营养的食物、定期的锻炼和适量的休息和睡眠,以便机体在白天能够有效地运转,从而充分利用校内外所提供的学习机会。学校要鼓励学生吃水果,不吃零食,并且密切注意学校餐食的营养值。学校的安全方案往往反映成人对孩子安全的重视,比如事故预防,确保学生了解交通道路、火车及铁路线、电、火源和热源、机器、尖锐物体、药物、毒物等带来的危险。对孩子可能会受伤的担忧也导致了一度被认为绝对安全的运动项目的禁止,如传统的袋鼠跳和两人三足游戏。来自陌生人的危险在小学安全方案中也常常被强调。然而孩子可能更担心盗贼和暴力活动,年纪小点的孩子可能会担心想象中的危险,尤其是观看不适宜的电视节目后所想象出的危险。

健康与安全不仅仅是指身体健康,每个成人也都有责任注意孩子们的情绪状况。教育包含帮助学生了解他们在大千世界的定位、他们可以对社会做出的贡献,以及他们对他人的责任。花时间倾听儿童,理解他们的需求、希望和心愿,是小学教育应首先考虑的事情之一(参阅 Corrie,2003)。奥奎恩和加里森(O'Quinn & Garrison,2004)一致认为,“同情心、热情、奉献精神、耐心、不做作,以及倾听的能力,都与建立团结友爱的班集体所必需的信任是密切相关的”。

参考文献

1. Corrie, C. (2003) *Becoming Emotionally Intelligent*, Stafford: Network Educational Press.

2. McWhirter J. M. (2000) 'Evaluating Safe in the Sun: A curriculum programme for primary schools', *Health Education Research*, 15(2), 203 – 217.

3. O'Quinn, E. and Garrison, J. (2004) 'Creating loving relations in the classroom', in Liston, D. and Garrison, J. (eds) *Teaching, Learning and Loving*, London: Routledge.

4. Wetton, N. (2003) 'Growing up safely in a changing world', *Wired for Health*, *NHS Health Development Agency*, London: HMSO.

Health and safety (adults) 健康与安全(成人)

是和低年级的孩子一起,需要相当程度的身体运动,包括拉伸、弯腰和扭动。即使是简单的动作,如来回转身在黑板上写字,然后面对大家,都可能造成肌肉拉伤。电子设备的使用,如投影仪、电脑控制的交互式白板,都可以减少转身的频率。但要意识到,电子设备可能存在潜在的危险。一个用来改善颈部肌肉并增加头部运动的锻炼包括以下几个动作:脚分开站直,面向前方,然后边数三下,边轻轻地将头左转,慢慢复位;保持不动再数三下,重复刚刚的过程,把头转到右边。远离电脑定时休息、轻轻按摩眼睛、时时注视远方的物体等方式可以缓解眼部疲劳。只有指定人员才能在教室使用梯子去安装显示器或张贴海报。

Health and safety (computers) 健康与安全(电脑)

另请参阅:健康与安全(成人)

See also: health and safety (adults)

计算机设备的使用存在一些用电安全问题。教师要确认恰当监管儿童,规定液体不允许带到有电器设备的地方,让学生注意挂着的铅导线和导电线存在的潜在威胁。教师也要注意,学生不能花太多的时间坐在

脑),交互式白板

See also: displays, health and safety (computers), interactive whiteboard

学校里的成人需要确保能照顾自己的身体健康。和孩子一起工作是疲惫的,特别

由于过量的键盘操作造成的重复性劳损对在校学生来说通常不是严重的问题,但如果在家中成人不注意监管,这也许会成为一个问题。成人也需要谨慎,当他们在电脑上录入数据或者(特别是)撰写报告时,也需要遵守教室和电脑室那些相同的安全规则。

任何类型的电气(电源)设备,在没有专业电工检查及确认可以安全使用的情况下,绝对不能使用。

Health and safety (physical activity)健康与安全(体育活动)

另请参阅:课程,体育,操场

See also: curriculum, physical education, playground

在小学课程涵盖的所有学科中,几乎可以肯定,最容易受伤的是体育活动,如体操、跳舞、做游戏。

一般情况下,所有学生的衣服都会换成短裤和T恤,光着脚在室内活动。如果穿了鞋子,需要被重点考虑的因素是鞋的抓力而不是外观。一般不允许佩戴首饰——只有个别因宗教原因可以被允许,长发必须扎在后面。一般说来,引起受伤主要有以下几种情况:

(1)过于激烈的"热身"运动,让孩子四处乱跑,会存在严重碰撞的可能性;

(2)在适当的"热身"运动前,不协调的身体运动造成的肌肉拉伤;

(3)在剧烈运动后没有进行放松活动(慢慢平复身体,回到正常状态);

(4)不稳定或已损坏的器材;

(5)坚硬的器材,特别是木质的或硬塑料质地的拍子会打到孩子的脸上;

(6)允许孩子攀爬超出他们能力范围的器材;

(7)激烈运动间的长时间休息,会导致身体降温;

(8)噪声指数太高,以至于孩子听不到指令。

在操场上监管学生的成人,要最大限度确保学生避免碰撞、绊倒和摔倒的可能,但同时要给予学生奔跑、跳跃和"释放压力"的机会,并使两者达到平衡。这对最细心的成人来说,都是一项高要求的任务。

Health and safety (science) 健康与安全(科学)

另请参阅:科学

See also: science

大多数孩子都很享受科学实践环节,但热情有可能使他们忽略基本的安全问题。常见的潜在危险包括:

(1)被裂开的塑料和锯齿边缘划伤的危险;

(2)洒在地上的水;

(3)接触泥土和室外活动后需要彻底洗手的时候;

(4)紧紧裹住手腕或缠住脖子的绳索或电线;

(5)强光对眼睛的影响及高音量对耳鼓的影响。

Healthy eating 健康饮食

另请参阅:公民身份,儿童早期,个人、社会与健康教育,学习的社交和情感因素

See also: citizenship, early years, personal, social and health education, social and emotional aspects of learning

据估计,现如今6岁儿童中,每10个就有一个是肥胖者;15岁儿童中,每6个中有一个肥胖者。也就是说,根据身高和体型的标准,20%的男性和25%的女性超过了他们的理想体重。根据2000年英国政府对国民饮食和营养这两部分的调查,孩子们摄入的糖、饱和脂肪和盐是建议量的两倍左右。研究发现,92%的儿童和年轻人摄入的饱和脂肪量超过成人的最高标准,他们每天摄入的水果和蔬菜不到推荐量的一半(推荐每天吃五份左右的水果、蔬菜)(Office for National Statistics,2000)。这些结果在所有西方国家都是一样的,美国的情况甚至更极端。国家指导意见指出,经常食用零食(例如薯片)、糕点糖果(如巧克力棒和巧克力饼干)和肉制品(如香肠卷、馅饼和香肠),对身体是没有好处的。奥尔德顿和坎帕尔(Alderton & Campell)在2005年的一项研究表明,许多幼儿教师(照顾3~5岁的孩子)缺乏食物和营养相关的符合要求的知识,这就导致了他们缺乏有效的做法。布鲁顿和桑顿(Brunton & Thornton,2009)编制的手册为基础阶段的从业教师提供了关于运动、健康饮食、保持安全和情绪健康的建议。

的方法,以确保健康饮食的供应得以提升,包括确保午餐和其他食品(比如小卖部或课后俱乐部提供的食物)能达到基本的营养和食物标准。在许多种情况下,由个人、社会与健康教育(PSHE)的领导者,或者一位高级职员调整健康饮食计划。正常情况下,学生能定时供应到新鲜的饮用水,学校鼓励他们在体育活动后或炎热的天气下饮水。许多学校参加了"水果和蔬菜"计划,因此小学低龄儿童每天都能得到一份免费的水果。如果学生带了便当,学校会建议家长确保便当里的食物营养搭配均衡,一些学校不允许学生带碳酸饮料、巧克力和糖果,也不鼓励教师和助教用它们作为奖励。许多学校将健康饮食教育与诸如公民身份、学习的社交和情感因素(SEAL)、毒品教育和安全意识等课程相结合或联系起来。

参考文献

1. Alderton, T. and Campbell-Barr, V. (2005) 'Quality early education: Quality food and nutrition practices', *International Journal of Early Years Education*, 13(3), 197 - 213.

2. Brunton, P. and Thornton, L. (2009) *Healthy Living in the Early Years Foundation Stage*, London: Optimus Education.

3. Office for National Statistics (2000) *National Diet and Nutrition Survey* (Parts 1 and 2), London: HMSO.

Healthy Schools 健康校园

另请参阅:欺凌,《每个孩子都重要》,个人、社会与健康教育,体育,性教育

personal, social and health education, physical education, sex education

"健康校园"的推行基于如下证据:越健康的孩子学业表现越好;教育在促进身体健康方面起着重要作用,尤其是对那些社会

和经济上处于弱势的群体。“国家级健康学校”项目是由英国政府通过儿童、学校和家庭部(DSCF)发起的。项目要求学校满足四个核心主题的标准,这些主题不仅涉及教学课程,还涉及学校提供的促进学生身心发展与学习的环境。主题如下:

(1)个人、社会与健康教育(PSHE),包括性教育、人际关系教育和毒品教育;

(2)健康的饮食;

(3)体育活动;

(4)情感健康和幸福感(包括欺凌)。

“健康校园”是政府努力减少健康上的不平等、促进社会包容和提高教育标准的措施之一,要求学校通过实例来证明校园的各个层面实施核心主题的情况。学校督导会参照国家颁发的《每个孩子都重要》文件的前两条要求,来检验学校是否成为健康校园,即是否做到了保持健康与安全,并要求同时促成其他三个方面的成果:学生快乐且进步,做出积极的贡献,以及经济运行良好。

参考文献

1. DfES (2005) *Every Child Matters: Change for children*, London: HMSO.

Hearing impairment 听力障碍

另请参阅:体态语,班级管理,全纳教育,学校医疗,家长参与,身体舒适,社会化发展,说话方式

See also: body language, class management, inclusion, medication, parental involvement, physical comfort, social development, speech

尽管大多数儿童的学习通过听觉手段(即口语和听力)得到了增强,但他们中也有一小部分人由于听力障碍而困难重重,这种听力障碍有时会在很长一段时间内没有被发现。听力的暂时性减弱可能是由于感冒,或者病毒,或是“胶耳”造成的,其他患有慢性(长期)听力障碍的儿童则需要借助助听器。与听力受损的学生一起工作的成人,最开始往往会认为这是个“耳聋的孩子”,而不是“这个孩子听不见”。事实上,“听力障碍”“聋”和“听力受损”这些术语涵盖了各种各样的情况,这些情况时常影响到孩子的听力,以及教育和社会发展。

许多听力严重受损孩子的家长,更希望他们的孩子在当地学校上学,而不是去聋哑学校。这主要是因为,他们不希望自己的孩子被认为是“异类”;还有部分原因是,孩子在主流学校上学可以在本地生活,有助于自然形成可以继续在校外保持的友谊(详情见on-line,Hear-it)。贝蒂(Beattie,2001)指出,许多失聪的孩子有着各种各样的教育选择,从寄宿学校到一体化学校。此外,在这些教育背景下,语言和教学方法也是多种多样的,从听力或口语,到双语和双语文化。有些学校在校园内为失聪和听力障碍学生设立了专门的部门。

将失聪和听力受损的儿童成功地纳入主流学校,需要家庭、听力专家和学校工作人员的通力合作,对合理的教育与社会资源而做出决策(Marschank,2007)。在主流学校工作的教师通常在教授有听力障碍的孩子上经验有限,所以需要与专家合作来为学

校提供相应的信息和建议。无论在何种情况下，听力受损的孩子不能由于不良的心理及社会影响而被其他孩子孤立。因此，课堂组织必须确保达到可听性的最佳条件。在某些情况下，可以安装调频（FM）系统和循环线系统来增大教师的声音。听力差的孩子可以受益于能直接看到教师，当这个孩子正在学习唇读时，这一点尤其重要。

对听力敏感的孩子来说，教室并不总是一个能提供帮助的地方，因为教室噪音会是严重的问题，并对他们的注意力产生不利的影响。比如，几个孩子同时说话，椅子在地板上摩擦发出声音，同学们坐立不安，都会使他们感到困惑和心神不定。如果听力正常的孩子因为背景噪音勉强能听到教师的声音，那么听力受损的孩子要听到教师的声音几乎是不可能的。建议减少噪音，提高教室音响效果的策略包括：

（1）在桌椅腿下固定毡垫；

（2）维修家具，例如，吱吱作响的抽屉和摇摇晃晃的桌子；

（3）拉起窗帘或关上百叶窗；

（4）把木板贴在教室的墙壁上；

（5）铺地毯。

澳大利亚学者希尔林（Hearing，2005）

损儿童经常在课堂上出现的一些困难。例如，让学生座位靠近教师的位置，以更好地接收声音和视觉信息，同时也允许他们在需要的时候移到更好的听力位置。同样要确保学生对全班有清晰的认识，以便在小组活动中更好地参与。

教师还要记住，许多失聪的孩子一只耳朵的听力会强于另一只耳朵，所以当成人在教室来回走动时，他们可能需要移动位置。提高听力受损儿童教育机会的其他方面还包括：说话者脸上（而非后面）保持良好的光线，以便孩子更容易唇读。当成人讲话时，面向学生，且不走动；朗读时，确保书没有遮住脸，这样学生唇读时会更简单易懂。显而易见，如果教师在讲话时转身，唇读者就不可能听懂，然而这种动作在实际课堂的唇枪舌剑中很难避免。对于那些对视觉的依赖不亚于听觉的孩子来说，用视觉辅助工具尤为有价值。教师在开始说话、提问或分配任务时，需要确保听力受损的孩子是集中注意力在“倾听”（而不仅仅是“在听”），并明白了指令（比如通过让他们重复指令来确认）。可以让一个负责任的同学向听力受损的同学说明指令或讨论点。成人需要意识到，孩子们可能不愿承认他们听不懂，需要鼓励他们说出不理解的地方。此外，还要考虑到听力受损的学生比听力正常的学生听得更费力，因此他们可能很快会感到疲劳。以上许多策略——言语清晰、确保注意力、鼓励同伴支持等，在教学中普遍适用，因此可以作为指导所有孩子的模式。

参考文献

Impairment and School Children, on-line at www.mydr.com.au/default.asp?article = 3207.

2. Beattie, R. G. (2001) *Ethics in Deaf Education: The first six years*, London: Elsevier.

3. Hear-it, on-line at www.hear-it.org/page.

H

dsp?area = 677.

4. Marschark, M. (2007) *Raising and Educating a Deaf Child*, New York: Oxford University Press, USA.

Higher-level teaching assistents 高级助教

另请参阅:学习辅助教师,助教

See also: learning support assistants, teaching assistants

高级助教(HLTAs)与教师一起在学校工作,为教学和学习活动提供支持。高级助教在课程范围内担任某一特定学科或部门的专业助理,协助设计课时计划和开发辅助教材。设置高级助教职位的主要目的是,提供高水平的课堂支持,以确保教师能够专注于教学角色。在位的高级助教可能是其他辅助人员的部门管理者(例如助教、学习辅导教师)。高级助教可以在由教师提供适当指导的系统中承担一定的教学活动。一些高级助教很想朝着合格教师的职位努力,但这并不是对他们的要求。每个学校都确定了高级助教具体的工作细节。

History 历史

另请参阅:协作式学习,创意写作,发现式学习,探究,课时教学,诗歌,小学生视角,问题和提问,技能,故事,触觉型学习者,写作

See also: collaboration in learning, creative writing, discovery learning, enquiry, lessons, poetry, pupil perspectives, questions and questioning, skills, stories, tactile learners, writing

小学阶段的历史课程旨在帮助孩子了解真实事件的事实和意义,主要涉及有关人物、地点、时间和物品(文物)的考察。将具有历史意义的文物带进课堂,可以让孩子更好地理解过去的生活,并与现在的生活进行对比。历史的学习有助于提高一系列的技能,尤其是批判性质询、调查和对证据的评估,以及致力于寻求真相的态度(MacIntyre, 2002)。库珀(Cooper, 2004)坚持认为,正是历史学家提出问题和回答问题的方式使得历史成为一门学科。她描述的历史和历史学家具有如下特征:

> 历史关涉时间长河中变革的原因和结果,关涉过去的社会与现在的社会存在不同的方式和原因、引起变革的因素。历史学家通过解释过去的踪迹和证据来研究过去。

英国的小学教师讲解历史时会联系儿童早期的经历,包括他们的家庭、他们过去和现在生活中的事件;倾听和回应故事、歌曲、儿歌和诗歌;参与角色扮演;仔细研究事物的异同、模式和变化;对比、分类、匹配、排序和排列日常物品;讨论观察结果,通过提问获取事情发生的原因和方式的信息。年龄小的孩子关注亲友的近期生活经历和生活方式,以及更早时期的名人轶事,包括那些来自英国历史的人和事。年龄大一些的孩子主要关注当地、英国和国外近期和从前出现的人、重要事件和发展。低年级的小学生最好在可见、有形或能触摸的("有机会去看、触摸和感受")层面上学习历史,例

如，让孩子们通过绘画，标记他们辨认出的所观察文物的显著特点。教师还鼓励孩子带来家庭照片，以提高他们的观察能力，鼓励他们通过谈论“时间线”来呈现事件出现的顺序。在这样做的过程中，教师必须记住，20 年前的事情对于一个 5 ~ 6 岁的孩子来说就像一段古老的历史。让 5 ~ 7 岁的学生通过在附近走动，仔细观察当地和其区域的历史痕迹，这也是历史课程明确规定的一部分，比如观察历史标志物——不同年代的邮箱，参观历史建筑。当学生进入小学中高年级（关键阶段 2，7 ~ 11 岁），教师会鼓励他们提出问题、推测和分析例证，以此衡量各种不同解释的正确性。

林翰和墨菲（Leedham & Murphy，2007）指出，有必要深入理解历史人物的思想，理解他们当时对生活的感知，而不是把 21 世纪的解释强加于当时的情形上。他们指出，当今人们所痴迷的事情，对 50 年后的历史学家来说可能是陌生的。虽然让儿童从当事人的角度来描写历史事件和情景是很普遍的做法，但教师们也意识到，允许孩子发挥想象力存在损害事实准确性的危险，也可能会让一节历史课变为一堂拓展写作课。

历史课程的教学框架包括一个独立的学科（历史学科本身），还包含地理方面相关主题或话题涉及的历史部分。通过学科

大历史事件发生的编年顺序，以及影响这些事件的人物之身份地位。例如，其主要目的是不断传授如何甄别历史证据的原始资料价值。为达到这个教学目的，教师可能希望在前几节课，通过演示和传授、专家进课堂、播放视频资料等，给全班同学介绍史实的重要性。接下来一、两节课，将全班分成合作学习小组，审查档案资料。接下来的阶段，可能是汇总前面的学习内容，分享成果，提出问题，得出结论和记录结果。在这种情况下，“课时教学”的总体结构将涵盖许多阶段，因为没有任何一节课有足够长的时间，能涵盖所有达到既定目标所需的特征。

根据儿童的年龄，课程设置了国家、地方和世界的历史内容，特别强调在那个时期的人（如军事领导人）的生活、重大政治事件（如废除奴隶制）和经济趋势（如与“新世界”的贸易）。通过处理这些话题，历史教学提供了培养孩子的认同感的机会：学习英国、儿童原国籍、欧洲和世界其他国家的发展历史，也向他们介绍了解和解读过去所需要的各种信息。

历史协会（The Historical Association，www.history.org.uk）是英国一个独立的国家慈善机构。自 1906 年以来存在至今，它每年出版三次小学历史期刊。该慈善机构在 2007 年被授予皇家勋章，其成员包括教师、学者、当地历史学家和历史爱好者。

参考文献

1. Blyth，J.（1989）*History in Primary Schools*，Maidenhead：Open University Press.

2. Cooper，H.（2004）*The Teaching of His-*

3. DCSF Standards Site：*History at KS1 and KS2*，on-line at www.standards.dfes.gov.uk/schemes2/history.

4. Leedham，W. and Murphy，M.（2007）‘Joyful history’，in Hayes，D.（ed.）*Joyful Teaching and Learning in the Primary School*，

Exeter: Learning Matters.

5. MacIntyre, J. (2002) ‘Historical perspectives on the history curriculum’, in Johnston, J., Chater, M. and Bell, D. (eds) (2007) *Teaching the Primary Curriculum*, Maidenhead: Open University Press.

Hobbies and interests 爱好与兴趣

另请参阅：讨论，课外活动，唱歌

See also: discussion, extra-curricular activities, singing

许多家长希望他们的孩子在学术领域之外拓展自己的经历，这就是那么多孩子学习舞蹈、唱歌、钢琴、绘画等的部分原因，即使只有很少一部分孩子会成为职业的艺术家或音乐家等。大多数教师鼓励孩子在“展示和讲述”课中，或在讨论开始前，与同学分享他们的业余爱好。学校提供一系列的俱乐部和课外活动，例如，计算机俱乐部、各种运动和棋盘类游戏，以帮助孩子在轻松的环境下满足其兴趣爱好。

Home background and learning 家庭背景与学习

另请参阅：行为，期待，家校协议，数学，新生，家校沟通，阅读，特殊教育需求，特殊教育需求协调员

See also: behaviour, expectations, home-school agreement, mathematics, new entrants, parent communication, reading, special educational needs, SENCO

毫无疑问，孩子的家庭背景会显著影响他们的学习能力：一些刚入学的新生可能会因为被家长质问而感到沮丧，他们除了沉浸在电视节目和电子游戏之外得不到任何激励。而其他孩子可能早就得到过家长的强化教育与鼓励，促进了孩子的语言习得，增加了他们的主动性。研究结果明显表明，家庭背景相对贫穷的学生和那些生活在各种条件缺失地区的学生，他们在起步阶段的阅读和数学能力就低于平均水平。研究还表明，进入同一所学校的学生，如果贫困家庭背景所占比例较大，就会产生一种环境效应，它会降低学生进校的平均水平。

解决学生能力参差不齐的问题，接受来自不同家庭背景的孩子，对教师来说是主要的挑战之一。支持有特殊教育需求的学生不仅需要与家长合作，还需要与校外专业人士合作，例如，教育心理学家和地方权威咨询教师。他们通常教授听力受损和视障儿童，还有一些其他专家，如言语治疗师、物理治疗师、社会工作者、教育福利官员和医疗服务人员，偶尔也会为教师、学生及其家长提供支持。特殊教育需求协调员（SENCO）通常是学校里与这些机构保持联系的人，同时也为课堂教师提供持续的支持。

盖洛威（Galloway，1995）的一项有趣的研究表明，独立的观察者并没有发现来自贫困家庭的孩子比来自富裕家庭的孩子表现差。这一发现与对同一儿童群体负责的教师的观点产生了鲜明的对比。教师汇报说，来自贫困家庭的孩子，比来自其他家庭背景的孩子的捣乱率高。盖洛威研究得出的结论之一是，教师会受孩子家庭背景的负面的、不理智的影响，对这些孩子的行为和学

术潜力的期望很低。

参考文献

1. Galloway, D. (1995) 'Truancy, delinquency and disruption: Differential school influences', *Education Review (British Psychological Society)*, 19(2), 49-53.

Home education 家庭教育

另请参阅:在家上学

See also: Home schooling

Home-school 家庭—学校

另请参阅:课程,董事会成员,校长,家校协议,小学生入学教育,互动,家长参与

See also: curriculum, governors, head teacher, home-school agreement, induction of pupils, interaction, parental involvement

近年来,法规确定了家长的权利,以确保家长可以充分了解各所学校所提供的课程,以及通过报告和与教师之间非正式的接触来了解孩子的学习进展(Vincent,2000;Beveridge,2004)。由于每个学校的预算很大程度上取决于学生的数量,因此校长和董事会成员们会得到额外的激励,以确保家长部分。这种新型关系已经不可避免地导致学校重新评估他们与家长间的联系,并为解决或减轻家长的担忧建立了一系列工作程序。为家长设置特定区域是许多小学的共同特征,几乎每所学校都会定期与家长以家长—教师论坛的形式来见面,通常被称为家长教师协会(Parent-Teacher Association,PTA)、学校的朋友会或类似的名称。论坛经常促进筹款和学校活动,有时会对学校的政策决定进行评论,这些决定对孩子的福利和教育都有影响。

由于家长往往早上把他们的孩子带到教室,放学时来接他们,因此家长和学校员工之间互动最多的阶段便是幼儿园、学前班和小学低年级阶段(Fitzgerald,2004;Crozier & Reay,2005)。随着孩子在学校成长,与家长的接触往往会变得不那么规律,因为年龄较大的孩子会独自或和朋友一起去上学。不需要照顾年幼孩子的家长可能会找到一份工作,或者认为作为家长帮手已经“完成了任务”,在其他地方寻求满足感。小学阶段的孩子,有时发现自己的家长定期出现在学校会感到很尴尬,会要求他们离开。因此,虽然随着时间的推移,表面看上去家长可能对孩子的教育失去了兴趣,实际上仅仅是家长的兴趣角度发生了变化(Tizard,1988)。在儿童早期,家长们主要关心的是:

(1)我的孩子在学校开心吗?

(2)我的孩子在学校被照顾得好吗?

(3)我的孩子有朋友吗?

(4)我的孩子基本技能学得怎么样,尤其是阅读能力?

随后,家长可能更关心教学的某些具体方面,主要是:

(1)相对于其他同学,我的孩子在学习过程中有哪些进步?

(2)我的孩子被提供全方位的教育机会了吗?

(3)我的孩子在某一领域优先或者落后吗?

(4)我的孩子有能力在接下来的学习中成功吗?

家长需要再三确认,他们的孩子在学校里并不处于劣势,教师和其他学生对待他们都是公平的,他们被鼓励做到最好。因此,学校的成人与孩子互动时,他们不仅会影响到孩子,还会间接地影响到家长、家庭和朋友。虽然每所学校都有他们关于建立和维持与家长良好关系独特的想法,但在基础阶段(3~5岁的孩子)和关键阶段1的开始(5~6岁的孩子),家校联系经常包括:

(1)在孩子正式开学临近时,学前班的教师进行家访;

(2)主流学校的教师反复查看幼儿园苗圃和操场;

(3)家长在每天早晚接送孩子的时候,和教师进行非正式的谈话;

(4)家长参与课堂,帮助教学,在某些情况下,也帮助孩子从家庭到学校的过渡("入学")。

许多校长通过邀请家长和当地社会成员参与到学校生活的方方面面,来积极推动家校联系。从实际的、平凡的任务,如修补图书馆书籍,为特殊活动泡茶,打扫橱柜,到对教学和学校的有效性做出积极贡献(Wolfendale & Bastiani,2000;Campbell & Fairbairn,2005)。英国所有的学校必须执行一项家校协议(HSA,Home-School Agreement),即家长可以详细了解学校对教育承担的义务、儿童的福利状况,以及对家长和学生的期望。少部分家长不能或不愿意参加家校协议计划,但他们又不可能因此处于不利地位或受到歧视,这使得家校协议多少有点失去权威性。

家校—家庭援助(School-Home Support,www.schoolhome support.org.uk)是一个全国性的慈善机构,成立于1984年,位于伦敦东部的陶尔哈姆莱茨。在2007年8月,该慈善机构帮助了来自175所小学和中学、早期教育机构、特殊学校和学生转介单位中的41000名儿童、年轻人和家庭。它的目的是在家庭和学校之间建立桥梁,使青少年能够充分利用他们的教育。在伦敦、东米德兰、英格兰东北部、约克郡、亨伯赛德和布里斯托尔,家校援助最为活跃。

参考文献

1. Beveridge, S. (2004) *Children, Families and Schools: Developing partnerships for inclusive education*, London: Routledge.

2. Campbell, A. and Fairbairn, G. (eds) (2005) *Working with Support in the Classroom*, London: Paul Chapman.

3. Crozier, G. and Reay, D. (2005) *Activating Participation*, Stoke on Trent: Trentham.

4. Fitzgerald, D. (2004) *Parent Partnerships in the Early Years*, London: Continuum.

5. Tizard, B., Blatchford, P., Burke, J., Farquhar, C. and Plewis, I. (1988) *Young Children at School in the Inner City*, London: Erlbaum.

6. Vincent, C. (2000) *Including Parents? Education, citizenship and parental agency*, Maidenhead: Open University Press.

7. Wolfendale, S. and Bastiani, J. (eds) (2000) *The Contribution of Parents to School Effectiveness*, London: David Fulton.

Home-school agreement 家校协议

另请参阅：缺勤，行为，纪律，董事会，家庭—学校，家校沟通，小学生视角

See also: absenteeism, behaviour, discipline, governing body, home-school, parent communication, pupil perspectives

1998 年的《学校标准和框架法案》(第 110 款)要求所有国家资助的学校董事会批准一项家校协议(HSA)，学校董事会成员、家长、教师和儿童的权利、责任和要求都在该协议中体现出来。HSA 包含了对出勤率、行为和纪律、家庭作业、学术成就标准及与学校风气相关的其他问题(如着装规范)的要求。该协议由董事会与校长协商、起草，设定学校的目标和价值观、教师和家长各自的责任，以及学校对学生的要求。这些要求必须基本符合法律规定，特别是符合学校政策。在采用或审查协议之前，学校必须咨询家长、[illegible]、教师、其他学校工作人员和相关机构(Sweeney, 1999)。

董事会必须采取合理措施，确保所有已注册的 5 ~ 16 岁孩子的家长签署协议，表示他们理解和接受其内容。实际上，有时也让年龄较大的孩子和那些能理解协议含义的人签字。HSA 的一个相当令人不满的条件是，家长拒绝签署协议也不会造成任何不良后果，该协议不会成为入学的条件。这个声明往往会降低协议过程中的效力，因为从这种密切伙伴关系中获益的家长有时不愿意做出正式承诺。

参考文献

1. DCSF, *Home-School Agreements*, on-line at www.teachernet.gov.uk/management/atoz/h/home-schoolagreements.

2. Sweeney, D. (1999) 'Liaising with parents, carers and agencies', in Cole, M. (ed.) *Professional Issues for Teachers and Student Teachers*, London: David Fulton.

Home schooling 在家上学

另请参阅：主动学习，自闭症，纪律，发现式学习，戏剧，读写障碍，家庭—学校，少数族裔群体，音乐，(儿童)自尊心，开始学校教育

See also: active learning, autism, discipline, discovery learning, drama, dyslexia, home-school, minority ethnic groups, music, self-esteem (children), starting school

让儿童在家接受教育(在世界其他一些[illegible]学")，在英国已经成为越来越受家长欢迎的选择，特别是在部分英国白人中。但是宗教和文化原因是促成少部分穆斯林、基督徒、吉卜赛人和流浪者家庭在家里教育孩子的原因(Ivatts, 2006 for the DfES)。一项代表政府执行的研究表明，许多家长选择在家

教育自己的孩子,不只是因为担心公立学校存在的欺凌和纪律差的问题,还因为他们不满意公立学校的教育质量。其他人认为,孩子已被过早地要求接受正规教育。还有一种普遍观点认为,教育体系过于官僚化、僵化,被评估驱动,这违背了儿童的最佳需求。一些家长认为,他们孩子的特殊学习需求在学校没有得到充分的满足,包括那些有读写障碍、自闭症,以及天赋异禀的学生。关于探索如何通过政府的指导性政策、进一步的管理和立法,构建政府参与的在家教育社区,请参考麦金太尔-巴蒂(McIntyre-Bhatty,2007)的文章。

一些进行在家教育的家长使用正式的、非常规范的方法,严格依据国家课程,甚至聘请家教来教授某些科目。其他家长为了培养孩子的兴趣爱好,则支持更多的非正式活动,这样可以鼓励孩子去追求他们对音乐和戏剧的热情,而不是按照成人的计划行事。一些家长利用付费网上教学和《卫报》提供的学习资源网站。在许多情况下,家长利用各种环境,使用正规和非正规方法相混合的方式来教育儿童,例如,博物馆之旅。

支持在家教育的家长声称,在家受教育能给孩子带来更高层次的自尊心和自信;在家长(监护人)和孩子间建立亲密的关系;鼓励自主学习和主动学习("发现式学习");促进与同龄儿童相同或优于同龄儿童的技能的发展。然而在做关于在家教育的决定时,家长更应该注意各种各样的因素:

(1)准备课程、评估进步、组织实地考察、安排音乐课等所需的时间;

(2)家长几乎一直和孩子在一起,彼此没有私人时间;

(3)中等收入家庭的经济压力很大,因为家长一方如果专注于教孩子,可能就无法获得固定收入;

(4)需要确保孩子有机会和其他孩子接触和玩耍;

(5)意识到家庭活动安排可能会受到干扰,因为在家教育不可避免地会造成混乱;

(6)在决定继续进行家庭教育之前,家长或监护人需要花时间讨论会出现的问题和可行性;

(7)确保孩子承诺接受这一做法,并理解其意义;

(8)一次只花一年的时间,别把在家教育看作是一个终生承诺;

(9)教学过程中的各种要求和相关知识的要求,获取必要的资源和建议;

(10)其他家长开始探讨在家教育的原因。

(基于 About.com 在线网站的信息)

参考文献

1. About.com, *Homeschooling*, on-line at http://homeschooling.about.com.

2. Ivatts, A.(2006) *The Situation Regarding Current Policy, Provision and Practice in Elective Home Education for Gypsy, Roma and Traveller Children*, Annersley: DfES Publications.

3. McIntyre-Bhatty, K.(2007) 'Interventions and interrogations: An analysis of recent policy imperatives and their rationales in the

case of home education', *Education, Knowledge and Economy*, 1(3), 241 – 259.

4. York Consulting, for the DfES (2007) *The Prevalence of Home Education in England: A feasibility study*, Research Report 827, Annesley: DfES Publications.

Homework 家庭作业

另请参阅:能力,高级助教,家庭—学校,低年级小学生(5 ~ 7 岁),知识,学习,家长参与,阅读,阅读记录,拼写,助教,理解

See also: ability, higher-level teaching assistants, home-school, infants, knowledge, learning, parental involvement, reading, reading records, spelling, teaching assistants, understanding

家庭作业,顾名思义就是学生放学后的任务,一般在家里完成。一些学校会提供设施,让年龄大一些的学生在放学后立刻完成作业,学校会安排负责监管的成人提供帮助和支持,同时会提供可使用的基本设备(参考书、字典、电脑等)。每所学校都有家庭作业政策,但教师必须根据自己所负责学生的特定需要来理解它。大多数任务是用来巩固已有知识的(例如拼写的学习已经构成了语言活动的一部分),但有时他们会拓展知

是没有意义的,那些作业甚至需要有成人的支持,或需要复杂的设备或昂贵的资源。一些家庭作业就是当天课上未完成的任务,然而这就惩罚了做作业较慢的孩子,却对能力强的孩子帮助不大。可以给孩子们布置一些在一段时间内(如半学期)才能完成的活动任务。最简单的作业是把同样的任务布置给所有的孩子们,他们都能够在自己的理解和经验水平上参与其中,很容易评判最终的结果,或在课堂上与他人分享。对于 5 ~ 7 岁的儿童,课外阅读是经常布置的家庭作业,如果可能的话,需要成人(通常是家长)帮助,并在"阅读记录簿"上签名,以确认已经完成了。一些教师利用学生的现有知识布置作业,例如,要求孩子准备三分钟讲话,讨论自己最喜欢的玩具、爱好和最喜欢的假日。能力较弱的孩子可以借助图片和视觉教具协助报告;年龄较大的孩子可以选择使用更复杂的方法。这样的活动,强调的是享受其中而不是竞争。许多教师对一些孩子所拥有知识的深度感到意外和惊喜,它们可以作为进一步学习的平台。

由于时间限制和许多其他任务要求,教师并不总能对家庭作业提供形成性反馈(即旨在进一步促进学习的评论)。可以引导学生与同学分享自己的作业,但是这个表面上很简单的过程远比听起来的要困难得多,因

布置家庭作业时,教师要切记作业必须符合学生的年龄和能力,符合学校作业的目的(DfEE,1998)。

基德威尔(Kidwell,2004)等强烈认为,家庭作业必须是切实可行的,因为布置那些具有宏伟方案且孩子们不可能完成的作业

斯(MacGrath,2000)强调肯定孩子所取得的成就的重要性,而不是立即寻找纠正错误的教学机会,这种积极的方法导致将赞扬"从教导中分离出去,教导稍后进行"。教师有时候会利用助教,特别是高级助教(HLTA),批改作业,对教学难点提供建议,甚至联系

家长到学校。

伦敦大学教育学院(University of London's Institute of Education)的研究成果——《家庭作业:证据》(Hallam,2004)表明,帮助学生完成家庭作业会加剧或造成家庭矛盾。其中的一项研究结论是,家长如果严格控制孩子家庭作业的完成方式,而不是帮助孩子自己理解作业,这样会阻碍学生学习。作者得出结论:家长可以提供的最有效的帮助是为孩子提供精神上的支持;没有特别要求,便不要给孩子提供直接的帮助。这项研究承认家庭作业对学业进步有一定的好处,然而较聪明的和高年级的学生是主要的受益者。该项研究的作者苏珊·哈勒姆(Susan Hallam)声称,学校家庭作业俱乐部对学生有很大的益处,因为他们可以得到家庭以外的资源和见多识广的成人的帮助。尽管如此,家庭作业也会促使家长参与到孩子的学习中,以便增加孩子的独立性,为练习和发展技能提供机会。

参考文献

1. DfEE (1998) *Homework: Guidelines for primary and secondary schools*, Sudbury: DfEE Publications.

2. Hallam, S. (2004) *Homework: The evidence*, London: University of London, Institute of Education.

3. Kidwell, V. (2004) *Homework*, London: Continuum.

4. MacGrath, M. (2000) *The Art of Peaceful Teaching in the Primary School*, London: David Fulton.

Humanities 人文学科

另请参阅:课程,地理,历史,宗教教育,教师信念,价值观

See also: curriculum, geography, history, religious education, teachers' beliefs, values

在小学,人文学科的核心科目包括地理、历史,通常还包含少量的宗教教育(RE)。在能直接促成知识的发展和对人类行为的理解的所有课程领域内,人文学科是最重要的。当人文学科的学习通过主题活动组织时,通常情况下,三个学科领域中的一个处于教学的核心,另外两个学科作为辅助。然而历史、地理和宗教教育在小学高年级常常作为不同的科目学习,所以"人文"(humanities)这个词往往不用大写字母,表明它是一个笼统的描述性术语,而不是具体的课程科目。阿什利(Ashley,1999)主张,"人文学科课程"不仅仅是每周分配给学生学习这三个基本学科的那几个小时的课时,在教授人文学科的愿望背后是一种信念,即需要帮助学生成为全面的人或"全人"。阿什利认为,课程的任何部分都不可能是没有价值的,尝试将事实和知识与它们所代表的价值分开是错误的。人文学科的教师必须审视自己的价值观,并意识到他们会直接影响自己的学生这一事实。因此,教师有责任在阅读和解释课程时牢记这些原则。

如果不以人文学科为基础,小学阶段儿童的发展将会仅仅是训练他们阅读、写作和算术的基本技巧。正是因为人文学科提供了有意义的背景,才让我们教授和学习的一切变得有价值(Campbell & Little, 1989 前言)。作者还提道,人文学科的学习现已侧

重孩子与社会的联系,包括过去的社会和其他文化背景中的社会。人文学科还包括价值观学习,这包括对人的尊重、合作和民主化的决策。同样地,金伯莉等人(Kimberly et al.,1995)强调,思考如何帮助小学生在人物、地点、时间、信仰和价值观方面更好地理解人类的特殊之处是重要的。作者还请教师们依据一系列课堂实践课例,来思考自己的价值观。

参考文献

1. Ashley, M.(1999) *Improving Teaching and Learning in the Humanities: Developing primary practice*, London: Routledge.

2. Campbell, R. J. and Little, V. (1989) *Humanities in the Primary School*, London: Falmer.

3. Hoodless, P., Bermingham, S. and McCreery, E.(2003) *Teaching Humanities in Primary Schools*, Exeter: Learning Matters.

4. Kimber, D., Clough, N., Forrest, M., Harnett, P., Menter, I. and Newman, E. (1995) *Humanities in Primary Education: History, geography and religious education in the classroom*, London: David Fulton.

Humour 幽默

另请参阅:行为,厌烦,大脑功能,幸福感,互动,行为不端,关系,赏罚,教师角色,教学技能

See also: behaviour, boredom, brain function, happiness, interaction, misbehaviour, relationships, sanctions, teacher role, teaching skills

在课堂上运用幽默的手法是非常重要的,尤其是对那些有能力辨别微妙细节、巧言善辩的大一点的孩子来说更是如此。所有的情感都有感染力,如果成人能逐渐创造出一种有目的、宽松的气氛,那么“教学战斗”已是事半功倍。当孩子和教师一起微笑、大笑时(当然不是在对教师表示恶意时),不仅是件令人愉快的事,还能使他们有更好的心态去学习。笑可以促进大脑活动,让学生能更容易接受、吸收教师所教内容。

教师的自嘲式幽默是孩子们最喜欢的风格之一。那些对社会形态中的荒谬事情一笑置之,并予以接受的教师,能赢得更多孩子的好感。事实上,祖尔克和帕克(Zucker & Parker,1999)强调了许多荒谬的和含糊不清的教学——尽管其中一些(比如政治干预)具有严重问题。其次,随着教师经验的积累,他们会以更加完善娴熟的方式,越来越多地使用幽默,并逐步完善他们机敏的应答。其中,教师创造出一系列精心设计的角色,这些角色在任何时候都能发挥作用,用以引起学生的兴趣,化解潜在的失控局面,或发挥权威作用。

伍兹(Woods,1990,第7章)描述了在年龄较大的小学生中使用幽默的各种目的,以及学生的幽默是怎样和他们的个人身份及所属群体(例如“帮派”)的社会构成密切相[illegible]联合活动,比如抵消无聊时光,或想要惹恼教师,看他的反应。伍兹还解释道,学生和成人之间共享幽默的方式,可以增进彼此建立的关系,为学习的“车轮”加油。

劳伦斯(Lawrence,2006)提出了正确看待生活的一些合理建议,即教师们应该认真

H

对待工作,但也不能过度认真,以至于失去了幽默感。学校生活依赖于每个成员有效地发挥作用,所以在支持他人的过程中付出的努力对每个人都有益处。奎因(Quinn,1997)认为,在成人和学生之间通过说话和倾听达到的深度互动中,“每个人都能立即被爆笑所吸引到一起”。此外,一起真诚地大笑不仅能缓解紧张的情绪,还可以增进教师和学生之间亲密的情感。

学前班孩子更倾向于因某种情形,或某人无意识的幽默而发笑,而不是接纳幽默并做出回答。随着时间的推移,当他们能更好地理解幽默的潜在作用是可以吸引别人,也许会损害他人时,大胆的孩子可能会因为愚蠢(“行为不端”)而招致成人的不满。霍布德·科威特和麦克维迪(Hobday-Kutsch & McVittie,2002)指出,成人和高年级儿童会把幽默作为一种协商工具,来决定课堂权力的位置。他们在观察和采访的基础上认为,大多数新来的孩子和成人很快会意识到,某种形式的口语和话语是恰当的,而其他的则是被禁止的。然而也有少数学生用幽默来迎合同伴的反应,以及同伴随后的期待。还有一些脆弱的孩子,如果感觉自己在学校做的很多事情都是无关紧要、无聊乏味的,就会把幽默作为一种缓解紧张和度过一天的方法,尽管他们可能会因愚弄周围的人而招来惩罚。

参考文献

1. Hobday-Kutsch, J. and McVittie, J. (2002) ‘Just clowning around: Classroom perspectives on children’s humour’, *Canadian Journal of Education*, 27(2/3), 195 –210.

2. Lawrence, D. (2006) *Enhancing Self-esteem in the Classroom*, London: Paul Chapman.

3. Quinn, V. (1997) *Critical Thinking in Young Minds*, London: David Fulton.

4. Woods, P. (1990) *The Happiest Days? How pupils cope with school*, London: Routledge.

5. Zucker, J. and Parker, D. (1999) *A Class Act*, London: Sapphire Publishers.

I

Imagination 想象

另请参阅：艺术，敬畏感和好奇心，建构主义，深度学习，幻想，音乐，诗歌，问题解决，唱歌，直观教具

See also: arts, awe and wonder, constructivism, deep learning, fantasy, music, poetry, problem solving, singing, visual aids

想象是孩子们憧憬新事物的途径。很多教师把激发学生的想象力视为组织有教育价值的活动的前提。真正的想象可以引起儿童的积极行为，不同于希冀式的想象，这种想象把主动行为留给他人完成。想象力可以创造一种幻景，激励孩子无论面对多少挫折和失望，都能够坚决地行动，实现理想的目标。著名教育思想家基兰·伊根(Kieran Egan)认为，想象并非是可有可无的装饰，应该成为真正教育体验的核心。因此，想象应该是基本训练、学科思维，或理性探究的必要组成部分，而不是边缘部分，因为想象赋予了他们鲜活的意义。此外，他还认为，想象不仅仅是教育中的艺术范畴或休闲活动，而是所有领域学习的核心。伊根甚[illegible]用核心。参见伊根(Egan,1992)等。

名词“想象”(imagination)的词根是动词“imagine”，可以认为是一种记忆图像，或者在头脑中看到的画面。

虽然激发和提高儿童想象力的方法因孩子年龄而异，但仍存在一些可供教师共同使用的方法：

(1)提出能够引发孩子深度思考的问题或事件(“深度学习”)；

(2)通过真实的生活情景或虚构的情景来凸显一些重点；

(3)利用熟悉的事物，以不熟悉的方式，从不同角度看待一个大家都熟知的话题，或者作为敬畏感和好奇心的一种来源；

(4)使用有震撼力的音乐、有表现力的诗歌和生动的图片，来唤起孩子们的情感反应；

(5)课堂上给孩子们提供互相分享体验的机会。

通过讲故事、听歌曲、观看视觉资源等方式，开发小学生丰富的学习资源，激发孩子的想象力，对幼童来说，能给他们创造一个奇幻世界，使他们逐渐适应存在的现实世界。伊根(Egan，网络资源)指出，从传统观点上看，记忆力和想象力之间的联系是故事。之所以说故事有助于记忆，是因为故事会把要学习的东西变得有意义。故事可以[illegible]象力。

泰瑞尔(Tyrrell, 2001)提出了如何将幻想用于课堂，以激发学生的学习热情。他认为最值得注意的是媒介，特别是电视和视频游戏，可以激发学生的想象力，为儿童创造一个舒适的幻想世界(另见，例如 Belton,

2000)。通过对计算机游戏、幻想和学习之间关系的深入研究,阿斯加里和考夫曼(Asgari & Kaufman,2005)得出结论,幻想具有情感上的吸引力,在成功的计算机游戏中起着重要作用,并且有可能促进学习动机。作者建议,教师可以用幻想来强化教学目标,而不是把它当作教学目标的对立面;为学习提供适当的隐喻和类比;提供对学习者来说熟悉的虚构人物;接受性别差异;将幻想与所学内容联系起来。想象力可以使学习者参与在游戏当中,从而激活游戏的其他功能,如交互性、竞争性、控制性、好奇心、挑战性和反馈性。然而丘达科夫(Chudacoff,2007)指出,基于玩具制造商的许可协议,现在玩具业与电视和电影业已经密切联合起来。这引发人们担心,媒体产生的玩具会限制孩子的想象力,因为孩子们经常观看这些节目,已经熟悉了与玩具相关的故事情节。

赫伯特(Hebert, 2006)认为想象有助于学龄儿童解决问题,它帮助孩子们通过对不同情况下不同结果的思考,以及通过角色扮演的方式来应对困难或新的环境。他坚定地认为,想象力可以帮助孩子们练习和应用新的学习方法,还可以更好地理解技能是如何在现实世界中使用的。同时他还认为,当孩子们聆听真实的或者编造的故事时,想象力可以丰富孩子们的词汇,并帮助他们成为问题解决者、创新者和创造性思考者。佩利(Paley,2005)探索了孩子们在角色扮演和讲故事时使用的引人入胜的原创性语言。从孩子们自己的语言当中,佩利探索了这种自然的学习模式(即"任由他们自己想象")如何帮助儿童在自己的世界中建构意义。作者认为,儿童自己创造的内容能够用在成年后的生活中。

许多教师和幼儿家长们担心一个问题,那就是用可衡量的成果来判定是否成功的政治气候不能促进教师或孩子想象力的发挥,因为想象力这种品质是不能被量化的。然而想象力越来越多地被看作是支持和维持那种精力充沛地学习和追求更高标准的进取心的一种方法。另见格林(Greene,2000)一系列关于在通识教育、艺术教育、美学、文学,以及社会和多元文化背景中想象力作用的论文。

参考文献

1. Asgari, M. and Kaufman, D. (2005) *Relationships Among Computer Games, Fantasy and Learning, Faculty of Education*, Simon Fraser University, Canada.

2. Belton, T. (2000) 'The face at the window study: A fresh approach to media influence and to investigating the influence of television and videos on children's imagination', *Media, Culture and Society*, 22, 629 – 643.

3. Chudacoff, H. P. (2007) *Children at Play: An American history*. New York: NYU Press.

4. Egan, K. (1992) *Imagination in Teaching and Learning: The middle school years*, Chicago IL: University of Chicago Press.

5. Egan, K. (undated) *Memory, Imagination and Learning Connected by the story*, on-line at www.educ.sfu.ca/kegan/MemoryIm.html.

6. Greene, M. (2000) *Releasing the Imagination: Essays on education, the arts and*

social change, San Francisco CA: Jossey-Bass.

7. Hebert, J. L. (2006) *Imagination in Kids Is Important*, on-line via http://primary-school.suite101.com.

8. Paley, V. G. (2005) *A Child's Work: The importance of fantasy play*, Chicago IL: University of Chicago Press.

9. Tyrrell, J. (2001) *The Power of Fantasy in Early Learning*, London: Routledge.

Inclusion 全纳教育

另请参阅:算术,行为,戏剧,均等机会,公平,幸福感,学习与教师的影响,学习氛围,计算能力,身体舒适,体育,特殊教育需求,教学法

See also: arithmetic, behaviour, drama, equal opportunities, fairness, happiness, learning and teacher influence, learning climate, numeracy, physical comfort, physical education, special educational needs, teaching approach

教育工作者的普遍理念是,每个孩子都应该享有学习和社会交流的公平机会,都能被友善和同等地对待,都应该是幸福快乐的,他们的愿望都应该被满足。全纳教育关注的就是在利用学习资源和平等方面,减少

2005)。学校有责任使所有的孩子都接受教育,通过教师调整教学方法,利用人文关怀和教学资源,使每个孩子融入集体中去,并加入常规的校园生活(DfES,2001)。因此,在现在教育资源允许的情况下,学校有义务接收从前不愿接收有残疾或特殊学习需求的儿童(包括那些有情感缺陷的儿童)。智力正常的残疾儿童,由于身体上的限制而不能上学的情况不能被认同。另见,1998 年托马斯(Thomas,1998)关于整个学校的问题研究;2004 年琼斯(Jones,2004)给从业者的建议;以及 2004 年福克斯等人(Fox et al., 2004)对患有唐氏综合征儿童的相关问题研究。

教师们发现,大多数有身体缺陷的学生都可以轻松自如地加入学校的主要活动中,而那些情感脆弱的学生对教师来说是个更大的挑战。越来越多的事例表明,即使有助教参与提供学习帮助,捣乱的孩子还是对其他儿童的教育产生了负面影响——尽管弗洛里安(Florian,2006)持有相反的观点。学习困难较大、达不到行为准则的学生是教师的教学晴雨表,给教师的组织能力、讲解的清晰度,以及课程的相关性方面提供了有用的反馈信息,但他们因此耗费了相当多的时间和精力。

里德(Reid,2005) 指出,全纳教育必须要求教师为不同能力的学生采用多种教学方法、个性化结构、有意义的学习体验。以下是教师为所有孩子提供有效学习机会的三条基本原则:第一,教师必须为所有的学生设定合适的学习目标,包括能力差的学生和能力强的学生。第二,教师应通过创造利

多样化需求,并给所有孩子提供利用资源、参加活动、评估进步、设定合适挑战的平等机会。第三,教师要在必要时与其他同事合作,为有残疾的学生个人及小组、英语作为附加语言的学生,消除潜在的学习障碍。那些英语不是第一语言的学生,也许学会了讲

英语和写英语，但他们却不具有使得学习有意义的文化洞察力（Gregory,2008）。一些在英语学习上有困难的学生（包括英语是第一语言却语言贫乏的土著学生），可能在书面语或口语运用少的领域表现出色，如算术、戏剧和体育活动等。另外一些孩子不习惯于倾听，或者仅仅是因为沟通困难而不能理解成人说话的意思。

在学校工作的每一个成人都应该有意识地服务于全纳教育政策，这不仅仅是为了学生们的利益，同时也是因为自己能被学校“接纳”而感受到自身的意义和价值。纳特布朗和克劳（Nutbrown & Clough,2006）结合相关教育理论，研究了小学生、家长和教师的日常体验等问题。

参考文献

1. DfES (2001) *Inclusive Schooling*, London: HMSO.

2. Florian, L., Rouse, M. and Hawkins, K. B. (2006) *Achievement and Inclusion in Schools*, London: Routledge.

3. Fox, S., Farrell, P. and Davis, P. (2004) 'Factors associated with the effective inclusion of primary aged pupils with Down's Syndrome', *British Journal of Special Education*, 31(4), 184 – 190.

4. Gregory, E. (2008) *Learning to Read in a New Language: Making sense of words and worlds*, London: Paul Chapman.

5. Jones, C. (2004) *Supporting Inclusion in the Early Years*, Maidenhead: Open University Press.

6. Nind, M. (2005) 'Inclusive education: Discourse and action', *British Educational Research Journal*, 31(2), 269 – 275.

7. Nutbrown, C. and Clough, P. (2006) *Inclusion in the Early Years*, London: Sage.

8. Reid, G. (2005) *Learning Styles and Inclusion*, London: Paul Chapman.

9. Thomas, G. (1998) *The Making of the Inclusive School*, London: Routledge.

Individual education plan
个别化教育计划

另请参阅：交流，生活技能，家长参与，特殊教育需求，（儿童）目标设定

See also: communication, life skills, parental involvement, special educational needs, target setting (chilren)

个别化教育计划（IEP）是由班主任起草制定的，旨在帮助家长与学校确定特殊教育儿童的需求，确定特殊困难的目标领域，比如学习、交际、行为，或者感觉/身体缺陷等方面的困难。个别化教育计划展示支持孩子学习的实施步骤，并设定复习进度时间表。计划还列出孩子阶段性学习的具体目标，并指定帮助孩子的人明确组织学习的方式和可利用的资源。除此之外，计划还应呈现如何测量目标达成，以及家长在实施过程中给予的贡献。提供的帮助包括：专业教师（如语言训练）或教学助手的参与；小组活动；其他活动，如演讲与语言支持、辅导、生活技能训练、愤怒情绪管理。个别化教育计划目标的设定要求达到“SMART”标准，这个术语是由“具体的（specific）、可测的

(measurable)、可实现的(attainable)、可行的(realistic)、时间相关的(time-related)”这五个词的英文单词首字母组成的。个别化教育计划应该在和孩子一起讨论后制定，然后给家长一份复印本，家长将会被校方邀请参加会议并给出意见，他们回顾孩子在目前计划下取得的进步，同时设定下一步的学习目标。

Induction of pupils 小学生入学教育

另请参阅：行为，课程，友谊，家庭背景与学习，低年级小学生(5～7 岁)，中高年级小学生(7～11 岁)，新生，家长参与，操场，学前班，体育运动，转班及转学

See also: behaviour, curriculum, friendship, home background and learning, infants, juniors, new entrants, parental involvement, playground, reception, sport, transitions

入学教育是指一个过程，其间学生被反复灌输学校的运作方式，并通过有组织的支持和引导，让他们能更好地理解并应对学校既定的工作程序、惯例和隐性的日程安排。刚上学的孩子发现学前阶段享受的自由天性受到限制，而不得不遵循学校的特定规

少这种改变带来的影响，通常学前班教师(教新生)、学前教育工作者和家长之间会密切联系；小学毕业班教师和中学迎新教师在衔接时也会有类似的工作安排。

戴维斯(Davies,2006,第 19 章)建议，任何衔接阶段的目标都是在学生、学校和家长之间建立一座桥梁似的联系，这样的联系有三种类型：第一，“咨询桥梁”(pastoral bridge)。通过这种联系，学校确保学生在经历升级时有安全感，清楚地知道他们将要去哪里，谁会在那等着他们，以及他们将要做什么。第二，“课程桥梁”(curriculum bridge)。学生在先前环境中的学习，为新环境中的学习打下基础。第三，“忠诚桥梁”(loyalty bridge)。学校努力确保在家长和新学校之间，有一种建立在忠诚基础上的互信关系。戴维斯承认，无论学校如何妥善安排新生，总会有些很难安定下来的学生。一些孩子认为，从小学到初中的过渡非常痛苦。这种焦虑可以这样来减缓：员工之间密切联系；小学的公告栏上给出关于中学的信息；让学生能接触到新学校的宣传单及时事通讯；让小学生参与中学活动(比如运动会)；利用“伙伴”计划，让来自中学的志愿者访问“需喂食”(需要信息)的小学，并与即将升学的孩子们见面。来自中学的专业工作人员也可以给小学的教学提供帮助，并给规模小的学校提供一些他们负担不起的资源。

不管背景如何，所有儿童在同伴和教师的引导下，都会逐渐接受反映和维持学校生活的行为模式和认识。初到一所学校，确实很难了解一些难以对付的手续、惯例和仪式。毕竟除了学校，还有哪个地方需要你把

服的木地板上安静地坐上半小时，听一个成人阅读故事？只有在教室里，你必须请求教师允许才能离开房间；在攀岩大厅的大型设备前，和其他许多孩子一起穿衣或脱衣；或者在柏油碎石操场上忍受大风天气。所以毫不奇怪，那些刚上学的孩子需要时间来安

I

顿，他们有时会变得困惑，会犯错误，并感觉这段经历令人不安。尤其是那些来自高度流动家庭的孩子（例如旅行者），要定期地适应新环境，对他们来说是相当大的挑战。这些孩子没有与他人建立长久友谊的奢望。同样地，来自外国的孩子，他们的英语知识有限，所以需要密切的支持和关注，以防止他们产生孤立感和低成就感。

通过几个星期和几个月的适应后，这种不熟悉的感觉会逐渐消失，取而代之的是对学校多变生活的健康调整（Brooker，2002；Smith & Lynch，2005）。事实上，拒绝遵从有时候会转变成一种捍卫现状的强烈渴望。年龄稍大的低年级小学生和年龄稍小的中高年级学生，会相互竞争，通过对真相、指控和反指控进行激烈的争论，看谁能最有力地维护正义。对于没有安全感的儿童来说，还有一种困境需要我们考虑：当孩子们在争取最好的设备或队列里的位置时，他们会退缩，被动地接受其卑微的地位，并逐渐形成一种认识，即他们永远也无法和那些更强、更自信的同伴竞争。

在儿童目睹了学校和课堂里发生的事情后，他们会明白什么是重要的，什么是微不足道的，以及成人的地位和容忍度（Charlton et al.，1996；Cullingford，2002）。随着时间的推移，他们的直觉，以及对学校常规和各种关系的熟悉，会使他们警觉到教师的紧张不安——当某些重要的成人进入教室时，尤其是当他们穿着笔挺的西装，拿着附有纸夹的笔记板的时候。在操场上他们敏锐地意识到谁强谁弱、哪些人最受欢迎、哪些人是嘲笑的目标、谁是粗鲁又吵闹的人、谁总是被告状。他们会在心里记录，某某通常会因行为不端而被指责，不管真相如何；他们偶尔也会利用这一情况，以转移他人对自己顽皮行为的注意。有些孩子会发现如何接近教师的方法，以便获得同情或支持；少数孩子乐于抓住每一个机会利用成人，并享受这种暗中反抗的兴奋。

在新环境中，孩子们越是感到舒适和放松，家庭和学校之间的界限就越有可能变得模糊。告诫孩子“不要这样做，你不是在家里”的教师可能没有意识到，这种行为其实意味着对学生的入学引导已经成功完成了。

参考文献

1. Brooker，L.（2002）*Starting School：Young children learning cultures*，Maidenhead：Open University Press.

2. Charlton，T.，Jones，K. and Flores-Hole，H.（1996）‘The effects of teacher behaviour upon pupil behaviour’，in Charlton，T. Jones，K. and Cummings，M.（eds）*Pupil Needs and Classroom Practices*，Cheltenham：Park Published Papers.

3. Cullingford，C.（2002）*The Best Years of their Lives? Pupils’ experience of school*，London：Kogan Page.

4. Davies，S.（2006）*The Essential Guide to Teaching*，Harlow：Pearson Education.

5. Smith，J. and Lynch，J.（eds）（2005）*The Primary School Year*，London：Routledge.

Induction of new teachers
新教师入职教育

另请参阅：儿童学习评价，行为，欺凌，

班级管理,有效性,监控,家校沟通,家长日,计划(教学),试用期,专业发展,教育记录,学业报告

See also: assessing children's learning, behaviour, bullying, class management, effectiveness, monitoring, parent communication, parents' evening, planning, probationary year, professional development, recording, reporting

为了提升新教师的教学经验,入职培训项目在他们取得教师资格后的第一年安排进行,以帮助这些新教师过渡到常规教学。该项目旨在压缩的时间(大约 90%)框架内,为新教师提供目标明确的监控和帮助,培养他们树立可持续发展的专业精神。如果运行有效,培训过程能够帮助新教师很快地站稳脚跟,展现他们的潜力,并快速地进步,成为高效的从业者。与此同时,对学校的整体发展和进步也会产生影响(Hayes, 2000)。2007 年 9 月,英国教师专业标准的新框架开始生效,其中包括核心标准,新教师需要在培训期结束时完全满足该标准。

威尔士和英格兰之间的教师资格证是相互认可的,威尔士的教师资格证在英格兰和其他地区也是完全认可的。如果在英格兰获得教师资格证,在威尔士同样可以教书。同样,如果通过一个基于就业的培训计 [illegible]

在被获批苏格兰综合教育委员会(the General Teaching Council for Scotland, GTCS)正式注册教师之前,必须完成一段时间的试用期教学服务。这一规定是《麦克隆报告》(“21 世纪的教学工作”)的建议,于 2002 年 8 月首次实施。教师专业协会(the Professional Association of Teachers, PAT)的研究表明,该培训系统为苏格兰的预备教师提供了一个有保障的、为期一年的培训场所,给许多新教师带来了心理保障和继续工作的保证。对另一些人来说,在入职培训年的年底获得一个永久职位仍然是个挑战。目前,在英格兰和威尔士没有这样的协议。然而有传闻证实,苏格兰有保障的培训期不一定对整个行业有利,因为它为一些可能无法成功通过常规招聘程序的人开了后门。相比之下,威尔士和英格兰的许多新教师为了获得一些教学经验,承担了顶岗工作,但学校或地方当局都不保证这项工作将对他们的培训期有利(PAT, 2007)。在北爱尔兰,新教师是由他们的指导教师/部门主任评估的,或者可能是校长,他们为新教师安排在职业生涯开始时进行一年的入职培训。入职培训年和早期职业发展,是初期和早期教师教育形成综合性、以能力为基础的教育方式的重要阶段。

为了成功地完成培训年的标准要求,新教师必须寻求并利用与同事合作的机会,通过在学校中分享有效的实践来达标。他们必须确定自身需要提高专业知识、专业理解和专业实践的领域,从而在当前岗位上进行更有效的教学,同时彰显出他们对专业发展 [illegible] 越多的责任感和专业能力。新教师需要能够在计划、教学、班级管理、监测、评估、记录和学业报告,以及关注个别儿童的需要方面表现出能力。在实施学校政策(如应对欺凌和种族歧视)、自我职业发展规划方面对新

教师也有要求。

作为新教师发展的一部分，会有一名同事被指派为他们的入职导师（在北爱尔兰被正式称为“培训导师”或“教师导师”）。琼森（Jonson，2008）强调教师导师必须具备高质量的指导技能，如示范教学、积极观察与反馈的能力、非正式沟通的技巧、角色示范者，以及能够提供直接的帮助。在一个较大规模的小学里，培训导师很可能是一名高级教师，而在一所规模较小的学校里，往往可能是副校长或校长担任。除了提供一般的建议和鼓励外，导师还鼓励新教师为工作集体做贡献，并提倡他们参观其他地方的学校，以增加他们的基础教育经历。培训导师也可以对学校生活的不同方面提供建议，如时间管理、文书处理，以及如何对待问题孩子、如何与学生家长建立良好的联系、如何合理地平衡家庭与工作之间的关系（另见Bubb，2007）。

一般来说，不会要求新任教师承担很难的工作，例如不得不接管人数很多的大班或一群非常难以管理的学生。应该给他们提供获得更广泛经验的机会——通过与同事合作、观察成功教师的工作状况、学习有利于增强对小学教育问题与实践相关的认识和理解的课程。杰克林等人（Jacklin et al.，2006）指出，新教师担心与家长的关系，尤其是害怕家长可能会抱怨他们的教学质量。然而随着新教师对工作信心的增加，以及从家长日中了解了家长情感和心理方面的需求，许多类似的担忧会在一年中逐渐消失。

参考文献

1. Bubb, S. (2007) *Successful Induction for New Teachers*, London: Paul Chapman.

2. Hayes, D. (2000) *The Handbook for NQTs* (Primary), London: David Fulton.

3. Jacklin, A., Griffiths, V. and Robinson, C. (2006) *Beginning Primary Teaching: Moving beyond survival*, Maidenhead: Open University Press.

4. Jonson, K. F. (2008) *Being an Effective Mentor: How to help beginning teachers succeed*, London: Corwin Press.

5. PAT (2007) *Comparative Study of the Induction Period Placements for Newly Qualified Teachers in England, Scotland and Wales*, Derby: Professional Association of Teachers.

Infants 低年级小学生（5～7岁）

另请参阅：中高年级小学生（7～11岁），关键阶段，学前班

See also: juniors, key stages, reception

小学低年级部（infant school）是指接纳5～7岁孩子的英国学校。在低年级部学习结束之后，孩子们变成中高年级小学生（juniors）。5岁儿童在低年级部学习的第一年被称为学前班（the reception year）。近几年，用“低年级小学生”（infant）指代在低年级学部上学的孩子的说法，基本上被“关键阶段1（KS1）小学生”的术语所取代。虽然英国和威尔士的大部分小学生为5～11岁的儿童，但是规模较大的学校为了方便管理，有时分低年级和中高年级两个部。两个学校离得很近，为了保障孩子顺利升入下一阶段学习，两个部门的教职工之间通常保持密切的联系。

Information technology 信息技术

另请参阅：协作式学习，计算机房，核心学科，交叉课程，课程，地理，交互式白板，读写能力，数学，学业报告，写作

See also： collaboration in learning, computer suite, core subjects, cross-curriculum, curriculum, geography, interactive whiteboard, literacy, mathematics, reporting, writing

信息和通信技术（ICT）现已成为课程的组成部分，并且被认为是一门核心学科。信息和通信技术曾经在中学里只作为“电脑学习”的一部分，但是现在学校要求学前班儿童（5 岁）就开始学习。信息和通信技术课程的教育工作者们认为，“技术”没有“信息通信”那么重要。然而技术随时代的发展而变化，处理数据并转换成信息的概念在很大程度上是稳定不变的。学习信息和通信技术的要点包括：发现问题，发展思想，促使事情向前发展，交流和分享信息，以及回顾、修正和评估工作进展情况。

除了台式电脑，几乎所有学校的教学区都有交互式白板（IWB）。实际上，交互式白板就是一个能够通过计算机控制或者手指触碰操作的电脑屏幕。许多教师还在教室里放了一台数码相机和 DVD 录像机。大部分的小学都有专门的信息和通信技术教室，

[illegible]

基本技能、如何使用计算机的软件程序和网络。此外，有些学校还有无线“热点”网络，使大楼各个角落的设备都能更加灵活地使用。正常情况下，最小的学校除外，所有的学校都有一个懂专业、有时间的职员专门处理所发生的技术问题。另见 BECTA（2007）有关政策发展的更多信息。

在初等教育的早期阶段，重点是让孩子熟悉技术，学会运用设备，通过完成专门的计划任务更加适应计算机的使用，学会应用特殊软件完成专门的任务。在小学期间，学生学习如何使用各种程序来完成特定的任务，并给予相应的练习机会。学生可以通过诸如图片、图形和文本等形式的信息，来展示他们在某项调查研究中的发现；可以广泛使用包含声音和动画的基本软件系统，来撰写故事、分享研究和呈现信息（另见 Loveless，2009）。教师和学生可能会合作开展各种具有挑战性的多媒体项目，例如，制作动画电影，或使用电子表格输入计算项目中的数据。一些规模大的学校也会推动与邻近学校或更远学校学生的联系，并训练孩子们建立自己的网站。教师和管理人员利用信息和通信技术记录学生的学习进展情况，向家长提交报告，监督学生的出勤情况，并用图表总结学生的考试结果。

在规划如何教授信息和通信技术时，一些学校采用了交叉课程实施模式。该模式要求学科带头人将信息和通信技术学习目标融入各个学科的工作计划中（如地理），因此要求教师除了单一学科外，还要确定和评估信息和通信技术的学习目标。从单一

[illegible]

2006；English，2006）。

参考文献

1. BECTA.（2007）*How to Develop a Primary School ICT policy*, on-line at http://

schools.becta.org.uk.

2. English, R. (2006) *Mathematics and ICT in the Primary School*, London: David Fulton.

3. Loveless, A. (2009) *ICT in the Primary School*, Maidenhead: Open University Press.

4. Rudd, A. and Tyldesley, A. (2006) *Literacy and ICT in the Primary School*, London: David Fulton.

I

Initial Teaching Alphabet 初步教学字母

另请参阅：字母表，大写字母，读写障碍，小写字母，拼写

See also: alphabet, capital letters, dyslexia, lower case letters, spelling

初步教学字母（The Initial Teaching Alphabet，ITA）系统由詹姆斯·皮特曼爵士（Sir James Pitman，其祖父发明了彼得曼速写法）设计，以帮助幼儿学习快速阅读。1961年，一些英语学校引进了初步教学字母，该系统很快被美国和澳大利亚的一些学校采用。初步教学字母使用了标准罗马字母表的26个字母和另外14个字符，来表示像“oo”和“th”这样的发音。它一共有44个小写字母，每一个字母都有一个音值。用初步教学字母写的句子都是小写的。由于大约13%的英语单词不是按发音方式拼写出来的，该系统通过给孩子提供一套有逻辑的拼读系统，其中单词是由发音单位组成的，据称能帮助儿童消除文盲，特别是那些有读写障碍的儿童。一旦孩子达到7岁，他们必须恢复使用标准字母表和惯用的拼写。

使用初步教学字母的一个关键问题是：它是基于“标准发音”（有时被称为“皇家英语”）辨认的，所以有口音和方言的单词很难拼对。由于缺乏与初步教学字母使用相关的出版材料，加之在儿童7岁时向传统拼字法的转变存在困难，并造成了阅读和拼写上的严重问题，因此20世纪70年代末，绝大多数教育工作者拒绝接受这个系统。还有一个有趣的事实是，直到20世纪90年代中期，初步教学字母协会仍然存在于澳大利亚。

参考文献

1. Omniglot, *Pitman Initial Teaching Alphabet*, on-line at www.omniglot.com/writing/ita.htm.

Inspections 督导

另请参阅：英语作为附加语言，均等机会，少数族裔群体，新生，幼儿园，教育标准局，特殊教育需求

See also: English as an additional language, equal opportunities, minority ethnic groups, new entrants, nursery school, Office for Standards in Education, special educational needs

在英国，政府督导部门管控所有阶段和背景下的教育条款，从在自己家照管他人的孩子，到幼儿园、中小学，最后到高等教育的学院和大学，旨在帮助各个年龄段的学习者达到最高的标准。在英格兰和威尔士，从外部强制实施的正式督导机构是教育标准局（Office for Standards in Education，OFSTED），

2008 年更名为“教育、儿童服务与技能标准局”(Office for Standards in Education, Children's Services and Skills),其目的是提高教师和学生的志向,助力实现为所有人提供更好的生活机会这个长远目标。该机构坚信,教育、经济和社会的良好状态是一个国家成功的必要先决条件。教育、儿童服务与技能标准局承诺,他们会通过听取被服务方和服务方的意见,并与服务供应商沟通他们发现的结果,公平、真实地向政策制定者报告。

教育、儿童服务与技能标准局直接向国会、负责儿童和家庭法院管理的大法官报告。尽管政府有些官员用教育、儿童服务与技能标准局报告的结果来达到政治目的,但该组织并不直接正式地向政府官员报告。在苏格兰,皇家督学(HM Inspectorate)起着类似的作用;在北爱尔兰,充当该角色的是隶属教育部(the Department of Education)的教育和培训督察处(Education and Training Inspectorate),通常被称为“督察处”(The Inspectorate)。教育、儿童服务与技能标准局督导用四级评分系统评价所有受督等级:

一级优秀,
二级良好,
三级合格,
四级不合格。

行评分之外,在督察过程中的所有等级都使用四级分级量表,包括学习领域、学习促成区域、所有领导和管理、整体效果的等级。“合格”的表述逐渐莫名其妙地被解释为“不太令人满意”,所以只有前两级代表真正成功的结果。虽然学校督导的主要功能是检查教学质量,但也收集了学生的流动水平、学校所代表的少数族裔群体的身份和比例等统计数据,包括难民和吉卜赛人或旅行者家庭的学生,以及以英语为附加语言的学生,或者仍处于英语学习早期阶段的学生。督导会通过弄清学生是否受到尊重、学生的课堂表现是否得到重视和鼓励、教学方法和教学资源是否公平、是否满足所有学生的需要等方面,来评估教师如何促进机会均等。

督导对学校为使新生适应学校的步骤和学习习惯所做的入学教育也感兴趣。课程安排必须确保所有学生的均等性机会,并要考虑到学生的文化和宗教信仰、不同的种族背景、特殊教育需求、残疾儿童、天才儿童等因素。督导人员还要确定一所学校是如何采纳、重视,并对学生的观点采取措施,以及如何与家长、其他学校和社区进行合作。

学校督导工作的本质不可避免地成为人们争论和审视的焦点。菲尔丁(Fielding, 2002)将当时的督导安排描述为对民主的背叛,并指出了“作为表演的学校教育”之督导视角和需要强调“作为探究的教育”问题之间的不同。一个叫作西维塔斯(Civitas)的独立智库民间社会研究所,在一份报告中对教育、儿童服务与技能标准局评估的可靠性提出了质疑(Civitas, 2008)。该报告声

一位来自伦敦东部的小学校长的话说,督导“目前在一些最薄弱的学校造成一种‘恐惧文化’,这些学校最需要鼓励和支持”。

督导人员给学校职员造成了很大的压力,因为从接到督导的消息,到实际实施督

导，中间间隔的时间太长，经常会间隔好几个月。由于这种抱怨，现在通知等待的时间大大缩短了。无论给了通知或是在检查中，人们对督导工作的批评似乎有这样一种趋势，即最有能力的学校（如有序的文书工作、准确的程序、课程中的准确性）都被认为是最高效的。还有一点令人烦恼的是，督导部门在打分评级时，没有对正在“转型期”的学校的进步给予足够的承认。另一方面，督导工作是一个公开表扬好学校及其工作人员的好机会。不过公平地说，如果教师能免受督导的压力，他们肯定会高兴地放弃官方的表扬（参见 Jeffrey & Woods, 1997; Troman & Woods, 2001）。

参考文献

1. Civitas (2008) *Inspecting the Inspectorate*, London: Civitas.

2. Fielding, M. (2002) 'OFSTED, inspection and the betrayal of democracy', *Journal of Philosophy of Education*, 35(4), 695–709.

3. Jeffrey, B. and Woods, P. (1997) *Testing Teachers: The effects of inspections on primary teachers*, London: Routledge.

4. QCA: What School Inspectors Look For, on-line at www.qca.org.uk/qca_7283.aspx.

5. Troman, G. and Woods, P. (2001) *Primary Teachers' Stress*, London: Routledge.

Instruction 教学指令

另请参阅：纪律，有效性，信息技术，交互式白板，问题和提问，教学方法

See also: discipline, effectiveness, information technology, interactive whiteboard, questions and questioning, teaching methods

“教学指令”这个词在小学教育阶段并不常用，因为它让人联想到负面的形式主义和刻板的学习方式。尽管如此，教学指令是有效教学的必要组成部分，也是每位教师在学习和维持纪律方面的必备方式。作为学习的一个组成部分，教学指令有多种形式，比如解释、说明和演示等。解释是指教师以合理的、结构化方式提供信息、探究情境、论证决定和立场。解释这种指令常用示例来说明要点。教师解释时，要因儿童年龄的不同而采用不同的语言和术语，这样孩子就会有一定的时间来吸收教师讲的内容、思考其内涵、提出问题，并去澄清事实。像所有好的教学一样，教师的解释是建立在孩子们已有的知识和理解之上。

“阐述”是一种形式更加复杂的解释，包含图示、对工作或某一具体事件的某方面的评论及评判。从字面意思来看，阐述是从不同角度上“揭露”或揭示一个事件或价值观。在阐述时，教师通过有说服力的话语来彰显自己的个性，通常还会有点言过其实的夸张。例如，对年龄稍大的小学生，阐述可能强调土著居民受到的残酷剥削和压榨。在这种情况下，教师的例证详述可以包括外国干预前后的经济数据统计细节，以及对所产生的利益和损失的评论，教师可以鼓励孩子在仔细思考后提出自己的问题。对年幼的孩子来说，阐述可能仅涉及道路安全、健康饮食，或诸如与善良有关的道德问题。

“演示”包括阐述的内容，但使用更丰富的资源和设备，并配有与任务相关的技

术、技能或程序。例如教师演示正确的操作或技巧,如敲打乐器、访问索引、运动中的技巧等。演示要求教师对过程十分了解,能够在展示的同时向学生讲解涉及的概念,或实际程序的过程。

学生需要成人的帮助来区分指令性评论和邀请性评论。指令性评论预示着服从,而邀请性评论是建议而不是命令。有时候,经验较少的教师本打算要给出一个命令,结果展示出一种选择性的语气,最后这些教师发现,他们必须再返回到一种正式的指令上。原打算作为命令的话语,结果听起来像是一个选择或愿望,这是很可能发生的。比如,下面三句话有明显的差别:“你能安静地坐着吗?”是选择性的;“如果你静静地坐着,我会很高兴的。”表达的是愿望;“放下你的铅笔,静静地坐着。”是命令。

小学教师越来越多地使用信息技术来辅助教学,特别是交互式电子白板,使用它上网或进入学校的计算机系统。这项技术使得教师能够搜集、提取大量的信息,其中包括图表、图解、照片和其他数据;还可以在屏幕上给全班学生展示作为范例的学生作品(通过数码相机)。传统的黑板上呈现的学生作品很快就会被擦掉,但是电子白板却能把学生的作品永久地保存下来。

监控,《国家课程》,教育记录,测试和测试过程,课堂时间分配,话题式学习

See also: English, enquiry, instruction, mathematics, monitoring, *National Curriculum*, recording, tests and testing, time allocation in lessons, topic work

综合实践日作为一种组织学习的方式,很少强行规定教学课时,尽量不实行灌输式教学,让孩子们有机会以小组为单位同时进行不同的活动——尽管数学、英语和物理仍然作为独立学科进行教学。综合实践日一般和主题式学习相结合,曾经被小学教师普遍使用。但是现在,国家课程和相关测试的需求限制学校中太小的孩子进行综合实践日活动。与以系统教学为主导、教师决定大部分教学内容及任务和学习结果的正规教学情境不同,综合实践日允许学生对要学习的内容和学习方式做出更多选择。没有严格监管课时教学及规定内部课时结构和明确的学习目标,相反,这种松散的组织系统允许学生在不同学科领域之间进行多种方式的探究。尽管教师预先确定了广泛的学习参数,但孩子的自发兴趣和“探究需求”得到了满足和鼓励。实施综合实践日的优势在于,学生有足够的时间去探索问题,以他们自己的节奏学习,更直接地探究他们感兴趣的主题(即“探究式学习”)。因为教师不需要一步一步地授课,所以他们可以自由地监控学生的进步,给他们提供建议,关注学生的个体需求。举办综合实践日的不利因素是,很难保证出现偶发事件时有足够的

体验既有广度又有深度。

Integrated learning 综合性学习

另请参阅:创造力,交叉课程,课程,知识,学习目标,主题式学习

See also: creativity, cross-curriculum, curriculum, knowledge, learning objectives, thematic learning

大多数小学的课程时间表,尤其对于年龄较大的儿童,都是按具体科目制定的。然而近年来,按照主题整合的方式安排课程已逐渐成为明显趋势。也就是说,依据融合的两个或多个学科领域的主题(如艺术设计和地理)来安排课时。这一发展趋势在苏格兰和北爱尔兰比在英格兰和威尔士更为明显。不过,在国家课程实施前,由于强调教学和学习中的"创造性",重新进行交叉学科的实践已屡见不鲜。在这样做的过程中,小学教育工作者必须首先考虑到两者之间的矛盾:既要给学生提供跨越学科界限的自由度,又要保证实施与政府要求一致的课程结构。教师们发现,最理想的情况就是在这两者之间保持平衡:首先,预先确定的学习目标(教师希望孩子们学习的内容);其次,允许学生有学习的主动性和学习偏好,因为这可能会产生意想不到的学习效果。

课程融合受到过批评,因为它受到20世纪60至70年代时兴的话题式学习和项目式学习的影响,导致了更大的学习随意性。但经验表明,孩子们对"整合法"表现出积极的一面,尤其是因为孩子们可以把学习视为一个整体,而不是孤立的、碎片化的。事实上,利普森等人(Lipson et al., 1993)主张,综合性的知识基础(即多学科)能够导致更快的信息检索,多重视角能导致更加综合的知识基础、鼓励学习的深度和广度、促进积极的学习态度、为课程开发提供更多的时间。同样雷克(Lake,2001)指出许多教师的例子,他们把不同的学科领域联系起来,提供发展技能和知识有意义学习的体验,同时可以了解不同课程要素之间的概念关系。

参考文献

1. Lake, K. (2001) *Integrated Curriculum, School Improvement Research Series*, issue 16, on-line at www.nwrel.org/scpd/sirs/8/c016.html.

2. Lipson, M., Valencia, S., Wixson, K. and Peters, C. (1993) 'Integration and thematic teaching: Integration to improve teaching and learning', *Language Arts*, 70(4), 252-264.

Intelligence 智力

另请参阅:艺术,交流,智商,动觉型学习者,多元智能,音乐,口语能力,户外教育,儿童哲学,成见

See also: arts, communication, Intelligence Quotient, kinaesthetic learners, multiple intelligences, music, oracy, outdoor education, philosophy for children, stereotyping

许多年来,人们对"智力"的理解一直被智商(IQ)主导。人们常常将智商的高低当作衡量脑力和一般能力的指标。霍华德·加德纳(Howard Gardner)的研究对转变教育者的观念产生了非常大的影响。他认为,不能使用单一的智力测量方式去衡量个体的能力和潜力,而应考虑智力的一系列因素,即多元智能(Gardner, 1983, 1991, 1993, 1999)。加德纳把智力视为解决问题的能力,或制造产品的能力,其价值在一个或多

个文化背景中获得认可(Gardner & Hatch, 1989)。他起初列出了七种智能(第八种自然探索智能是后来加上的),前两个智能已经并入了学校教育,接下来的三个通常与更具创造性的艺术相关联,最后两个加德纳称之为"人事智能"。具体为:

语言智能指口头语言和文字语言的敏感性,学习语言的能力和使用语言去完成特定目标的能力。

逻辑数理智能指有逻辑地分析问题的能力,解决数学运算和系统研究问题的能力。

音乐智能几乎和语言智能并行,包括在表演、作曲和音乐模式鉴赏方面的能力,还包括识别和创作音调、曲调和旋律的能力。

肢体运作智能指用整个身体或部分身体去解决问题的潜能,及运用脑力与身体运动相协调的能力。

空间智能指识别和运用宽阔空间及限制性区域模式的潜能。

人际智能指理解他人的意图、动机和需求,并利用这种能力与他人开展有效合作的能力。

内省智能指了解自己,理解自己的感受、恐惧和动机的能力。

出的七种智能(自然智能和存在主义、哲学智能是后来又补充的),来诠释拥有这些智能可以在哪些方面帮助学生的学习。如下所述:

语言智能:帮助学生交流,以及通过语言理解世界。

音乐智能:帮助学生创造、交流和理解声音的意义。

逻辑数理智能:帮助学生领会抽象关系,运用演绎和归纳推理法,以及养成批判性思维。

视觉空间智能:帮助学生感知视觉或空间信息、从记忆中创造视觉图像。

肢体运作智能:帮助孩子使用整个或部分身体创造或解决问题。

人际智能:帮助学生区别他人的感受和意图。

内省智能:帮助学生辨别自己的情绪和感受。

加内特继续对以上分类中的每一单项提出了更全面的描述,摘要如下:

口头的/语言的——读、写、听和说("口语能力")…… 创作故事、使用暗喻、明喻、象征、概念模式 …… 幽默、笑话、双关语、文

测量。然而有越来越多的证据表明,不考察个体生活、工作、玩耍的特定情境,以及那个情境带来的机会和价值,智力是不能被精准了解或测量的。

加内特(Garnett,2005)用加德纳最初提

(学生)可能喜欢用轻音乐作为背景音乐来帮他们集中注意力。

逻辑/数理的——对这个智能有很强学习能力的学生可能喜欢发展策略、做实验、推理、与数字打交道,以及探索规律和关系。

视觉/空间的——学生往往有活跃的想象力，善于通过素描、油彩、雕塑、模型和色彩方案来表达他们的观点和想法。

肢体/动觉的——学生喜欢通过触摸、身体运动、操作具体物体、与环境互动，以及“动手做”。

人际智能——学生喜欢组织、合作和解决人际间问题；他们能注意到朋友的情绪，并给予恰当的回应。

内省智能——学生擅长对自己的学习负责；他们特别享受独自学习，在群体中可能会更不舒服，通常不会自愿为整个班级做贡献。

I

费希尔(Fisher,2005)认为，第八个智能(自然探索)可以被定义为我们探究自然世界的能力，它使我们用系统的方式去发现更多关于外部世界的知识。加德纳称其为“存在智能”的第九个智能，费希尔把它称作“哲学智能”，并陈述如下：“它在探究有关人类存在的深度问题(比如生命的意义、为什么我们会死亡)中表达了自己的观点。”(另请参阅本书儿童哲学章节)。费希尔承认，尽管多元智能的概念是有争议的，但它似乎符合人类对世界的反馈。他也指出，智力可能还以其他的形式出现，如精神智能(加德纳不认同这个概念)还没有被定义；再者，智力不一定是独立存在的，而是以不同的方式组合在一起。

加德纳的研究价值在于，它鼓励我们认同儿童的独特能力，并依赖天赋发展。然而将单一智力概念(智商)转向多元智能时，如果它仅成为给孩子智力贴标签的选择系统(形成“成见”)，加德纳的分类同样没有价值——这个方法与加德纳的意图正相违背。一个孩子仅仅是因为这样一个错误的想法“我没有这样、那样的智能”就拒绝尝试，这样的情况是很可能发生的。承认天赋能力和不承认弱势能力因坚持不懈的努力而增强的情况，两者是有天壤之别的。

多元智能理论暗示着学校运行和组织学习上的重大转变。它意味着要培训教师使用多种方式授课，包括通过音乐、协作学习、艺术活动、角色扮演、多媒体、户外教育，以及促进内部反思——虽然好教师已经经常采用丰富多彩的教学方法了。

参考文献

1. Fisher, R. (2005) *Teaching Children to Learn*, Cheltenham: Stanley Thornes.

2. Gardner, H. (1983, 1993) *Frames of Mind: The theory of multiple intelligences*, New York: Basic Books.

3. Gardner, H. (1991) *The Unschooled Mind: How children think and how schools should teach*, New York: Basic Books.

4. Gardner, H. (1999) *Intelligence Reframed: Multiple intelligences for the 21st century*, New York: Basic Books.

5. Gardner, H. and Hatch, T. (1989) 'Multiple intelligences go to school: Educational implications of the theory of multiple intelligences', *Educational Researcher*, 18(8), 4-9.

6. Garnett, S. (2005) *Using Brainpower in the Classroom*, London: Routledge.

7. Smith, M. K. (2002, 2008) 'Howard Gardner and multiple intelligences', *The En-*

cyclopaedia of Informal Education, on-line at www.infed.org/thinkers/gardner.htm.

Intelligence Quotient 智商

另请参阅：能力，差异化，期待，有天赋及有才能，智力，先天—后天，个性化学习，测试和测试过程

See also: ability, differentiation, expectations, gifted and talented, intelligence, nature-nurture, personalised learning, tests and testing

20 世纪初，法国心理学家阿尔伯特·比奈和西奥多·西蒙（Albert Binet & Theodore Simon）设计了“智商测试”，来区分和保护那些被认为有智力障碍的孩子，这项测试于 1904 年公布于众。据说，智商分值反映了从事智力任务的一般能力，比如解决一些语言和数学问题。人类智商均值是 100，并且智商是均值的人约占总人口的三分之二，约 13% 的人被视为低智商，13% 的人被视为高智商。根据智商测试，有很少一部分人的智商低于 70（约占据总人数的 2.5%），他们被认为有智力障碍；也有 2.5% 的人的智商值高于 140，被认为是天才或者几近天才（请参阅本书中的 Gifted and Talented 这一词条）。

相反的是后天智力[illegible]教育中产生了深远的影响。这是所谓的“先天”发展观，而不是“后天培养”的发展观。根据“先天”观，能力被视为是基因遗传得来的：它是一种学习驱动力，是普遍分布在人群中的特定数量的先天认知的能力。换句话说，若一群年龄相仿的学生把他们所有的精力放在学习上，由于他们先天智力的不同，学习的结果也会产生很大的差异。根据智商支持者们所言，先天智力不仅可以解释结果差异的原因，还可以作为是否成功的预测因素。于是“不那么能干”和“更能干”的概念出现，其产生的不可避免的结果是，成人根据他们对孩子能力的感知，对他们所照顾孩子的期望有所不同（Hart，2004）。

由于人们将智商测试作为一个可靠的能力预测，就导致了人为区分出了“学术型”儿童和“非学术型”儿童。这种情况往往会使成绩在中等以下或中等的学生被边缘化。一个单一测试能够达到这样一个宏伟目标的想法是让人严重怀疑的，至少可以说，即使是今天，人们也倾向于把它作为衡量潜力、解释缺陷和个人价值的标尺。事实上，卢卡斯（Lucas，2001）甚至认为，所有在学校中“缺乏创意”的表现都可以追溯到比奈所发明的智商测试。如此，“智商测试值作为智力水平的衡量标准，由于难于衡量艺术创造的水平，因此学术能力和艺术创造能力是很难区分的”。然而公平地说，目前的小学教师更倾向于关注每个孩子的潜能，而不是预测每个孩子都能做什么。为了支持博采众长的立场，霍华德·加德纳可能是最早声称“intelligence”一词直到最近（某种程

如，生活在西方的人，如果他们是敏捷的，或雄辩的，或智慧的，或具有科学精神的，这些人则被称为智力强的聪明人（另见，例如 Gardner，1991）。

小学教育者把注意力更多集中在语言发展和逻辑培养上，有时以牺牲其他领域的

能力为代价。在我们文化中，我们十分尊重口齿伶俐和有数学天赋的人。然而加德纳认为，我们应该平等地关注那些在其他方面学得很好的人——例如，艺术家、建筑师、音乐家、生物学家、设计师、舞蹈家、治疗师、企业家和其他人。依据传统的衡量标准，他们可能不会被公认为高成就者，但他们在很大程度上丰富了世界。加德纳（Gardner，1999）还指出，在其他文化中，顺从、行为端正、安静，或拥有特殊才能的人，很可能也被认为是很聪明的人。

大多数小学教师对考试普遍持怀疑态度，尤其是智商测试，因为低分数对学生成绩的期望值有负面影响，对孩子的自我价值感也有负面影响。虽然在大多数小学课堂上，组织集体学习是基础，但教学也可以“量身定制”，也就是教学满足每个孩子的需求（另见“个性化学习”）。在实际教学中，如果儿童被认为是“能力低下”，教师就会给他们设置适合其能力的简单任务和活动，相反的，教师会为能力比较强的儿童设置稍难的学习任务，以符合其自身的能力。从组织的角度看，这种做法——通常称为因材施教，具有很大的优点。同时教师切忌把学生按照不同的标签分类，贴标签的结果会使那些智商值低下的孩子永远一事无成，而那些聪明（有才能的）孩子将会收获多多。现在有越来越多的证据表明，在接受适当的教育和经过恰当的学习后，智力水平可以发展起来。这一理论与那种通过单一的正式考试就来确定对智力的固定看法和对进步的浅薄印象完全相反。

参考文献

1. Gardner, H. (1991) *The Unschooled Mind: How children think and how schools should teach*, New York: Basic Books.

2. Gardner, H. (1999) *Intelligence in Seven Steps, accessible online via New Horizons for Learning*, on-line at www.newhorizons.org.

3. Hart, S., Dixon, A., Drummond, M. J. and McIntyre, D. (2004) *Learning Without Limits*, Maidenhead: Open University Press.

4. Lucas, B. (2001) ‘Creative teaching, teaching creatively and creative learning’, in Craft, A., Jeffrey, B. and Leibling, M. (eds) *Creativity in Education*, London: Continuum.

Interaction 互动

另请参阅：体态语，协作式学习，交流，纪律，讨论，互动式教学，知识，学习与教师的影响，读写能力，数学，技能，理解，直观教具

See also: body language, collaboration in learning, communication, discipline, discussion, interactive teaching, knowledge, learning and teacher influence, literacy, mathematics, skills, understanding, visual aids

可以毫不夸张地说，有效的互动是小学教育的核心。在20世纪90年代末，英国政府就高度重视小学英语语言课和算术课上的互动（参见，例如2003年Hardman等人、2004年Smith等人、2006年Pratt所做的相关研究）。互动是一个用来描述许多情况的广义术语，如在课堂上教师与学生、学生与教师、学生同伴间产生的语言或非语言（称

为“体态语”)活动。互动是正式还是不正式的,随着情况的变化而有所差异。例如,在教师主导的授课阶段,互动通常是由教师正式发起和严密控制的。相比之下,课外互动通常是非正式的(除非需要施加严格的纪律),互动可以是由教师发起,也可以是由学生发起。莫伊尔斯等人(Moyles et al.,2003)研究了小学课堂理解和开展互动式教学相关的关键问题,涉及实践和理论两方面。他们特别提出了三个问题:①小学课堂中的“互动式教学”是什么?②小学教师和儿童如何有效地进行互动?③这种互动对教学和学习都有好处吗?

约翰斯顿(Johnston,2002)强调师生互动和生生互动作为有效早期学习基础的重要性。她指出,教师主要通过两种方式与学生互动,从而影响他们的学习。第一,教师为儿童提供一个榜样,并以身作则。例如,教师表现出对一项任务的热情。第二,教师可以集中孩子的注意力,并以提问的方式引出讨论的问题。约翰斯顿强调,通过与儿童的互动,成人应该学会与儿童一起学习,因为孩子们不把教师视为拥有全部的知识、理解力、技能的人,这是很重要的。

向学生提供直接信息和指导是互动过程中的一个关键部分。为了确保学生听到和理解教师所说的话,教师必须明确他们所[illegible]

式进行。[illegible]力较差的学生和年幼的孩子,因为这为他们提供了一个帮助理解的框架。在具体的一段时间内,孩子们所能掌握的信息量也是有限的,所以视觉辅助手段,如图画、图表,或汇总表,经常用来帮助提高儿童的记忆。

教师通常通过提问、肯定学生的回答、进一步评价已经提出的问题,或者提醒孩子们推理中的错误来与学生互动。有时候,教师要另一个孩子提供答案或观点。在最丰富的互动形式中,孩子们有机会提出问题,使所教内容更加清晰,并开阔他们的思辨领域。

在给定的时间内教授课程内容,意味着孩子们能主动发起对话的机会往往有限,这种时间限制所产生的后果是,教师占据大部分的课堂话语,并且限制学生回答的机会。此外,时间限定容易使教师加快上课“节奏”,减少学生使用过长时间思考的机会。有些年幼的孩子说得很慢,其他孩子需要思考、停顿,以及回顾自己的思考过程,甚至需要更多时间表达他们自己想说的内容。如果一个孩子使用了过长时间进行口头表达,剩余的环节就会相应地缩减,这种情况是影响预期教学成果能否达标的重要因素。由于要在限定时间内完成定量的课程内容,教师们通常没有信心给孩子们足够的时间进行观点辩论、探索问题和表达意见,除非孩子们可以非常简洁地完成回答。

尤其是幼儿教师,经常采用“圆圈活动”的方法,让每个孩子都有机会在一种认可的(即不批评的)氛围中发言和参与课堂。希望培养儿童口语表达能力的教师,有[illegible]

[illegible]想法之前,[illegible]告诉你的朋友”,或者让孩子们完成更多合作性的任务,许多孩子开始一起讨论想法,并提出建议,然后再进行深入探讨(另见,例如 Johnston,2004)。哈特等人(Hart et al., 2004)从一系列的课堂案例研究中得出结论:孩子们以他们的理

解、技能和对待目标的认真态度，不断给教育者带来惊喜。因此，在适当的条件下，随着时间的推移，所有孩子都可以成为他们自己学习的帮手。

参考文献

1. Hardman, F., Smith, F. and Wall, K. (2003) 'Interactive whole class teaching in the National Literacy Strategy', *Cambridge Journal of Education*, 33(2), 197 –215.

2. Hart, S., Dixon, A., Drummond, M. J. and McIntyre, D. (2004) *Learning Without Limits*, Maidenhead: Open University Press.

3. Johnston, J. (2002) 'Teaching and learning in the early years', in Johnston, J., Chater, D. and Bell, D. (eds) *Teaching the Primary Curriculum*, Maidenhead: Open University.

4. Johnston, J. (2004) 'The value of exploration and discovery', *Primary Science Review*, 85, 21 –23.

5. Moyles, J., Hargreaves, L., Merry, R., Paterson, F. and Esarte – Sarries, V. (2003) *Interactive Teaching in the Primary School*, Maidenhead: Open University Press.

6. Pratt, N. (2006) *Interactive Maths Teaching in the Primary School*, London: Paul Chapman.

7. Smith, F., Hardman, F., Wall, K. and Mroz, M. (2004) 'Interactive whole class teaching in the National Literacy and Numeracy Strategies', *British Educational Research Journal*, 30(3), 395 –411.

Interactive teaching 互动式教学

另请参阅：回答问题，对话式学习，讲授式教学，讨论，《国家读写战略》，政治介入

See also: answering questions, dialogue for learning, didactic teaching, discussion, *Literacy Strategy (the National)*, political involvement

互动式教学是一个被广泛使用，但又是一个定义宽泛的术语。它在官方文件中被视为教学策略的范例。不过教育者们指出，如果教师源于政治原因而被迫采用某种特定的教学方法，也会产生不利影响（如 Merry, 2004）。“互动”这个词由两个元素组成：“互相”和“主动”。“互相”代表两个主体之间的直接联系（在此指教师与学生），“主动”指接触中个性之间的动态关系。互动式课堂教学被视为一种积极的教学模式，能促进师生之间的高质量对话与讨论。我们期待学生通过提问、提出建议、向小组或班级其他人解释他们的想法、展示一个想法在实践中如何运作等方式来参与课堂。

高水平的互动会对维持一个有序的环境造成相当大的压力。教师不得不努力保持一种平衡，既能诱导出问题的答案，又能确保稳定的教学状态。大多数教师十分热衷于利用全班（或大组）互动式教学的优势，但他们认为，更可取的方法是在一开始采用说教式教学模式，只有当他们建立了教师权威的时候，才能逐渐让学生参与课堂。

波拉德（Pollard, 2005）认为，师生互动的特点和品质可以用教师参与度逐渐降低、学生主动性不断提高的统一体来说明。因此：

(1)教师参与度高、学生主动性低的课堂以教师为驱动,在这种方式下,教师管理学生的学习。

(2)教师参与度高、学生主动性高的课堂以学习为驱动,在这种方式下,学习过程得到强调。

(3)教师参与度低、学生主动性低的课堂以资源为驱动,在这种方式下,学习是通过资源来管理的。

(4)教师参与度低、学生主动性高的课堂以学生为驱动,在这种方式下,学生要为他们的学习承担相当大的责任。

相比之下,肯尼威尔和波尚(Kennewell & Beauchamp,2007)根据以下三个因素,对整个课堂教学中的互动进行了概念界定。

(1)教师/学生的控制度;

(2)互动的本质;

(3)通过对话提供支架的本质。

作者认为,互动的程度越高,就越有可能出现如下情况:达到集体反思;出现以双向对话为特征的反思性支架;学生积极参与,从而有更多机会影响课程的方向和内容。

随着教师对教学信心的增加,对儿童的

的教学方法,从而在一系列的课程中提高互动性。因此,在与小组或班级的最初几次接触中,教师会紧紧控制着进程,让孩子们该说话时才说话、轮到回答问题时才回答问题、回应需要他们确认的要求(如举手、点头、表达是或不是)。当教师对学生的知识、能力和个性了解得更多时,在保持对活动进程严格控制的同时,他们会邀请学生参与互动。如果教师和学生之间的互动达到了平衡,学生会更加自由地做出反应和主动发起话题。一些教师担心,他们可能会失去控制,或者学生的口语表达过于多样化,迷失了主要的学习目标。在课堂或大组的教学环境下,学生很高的主动性不会被无限制的自由所影响。教师在监督儿童的课堂参与和把握学习方向方面,起着中介者的作用。

通常情况下,缺乏经验或不够自信的教师渴望更平等的学习氛围,他们发现对活跃、热心的年轻人进行控制的挑战性太大,因而转向以教师指导为主的方法(讲授式教学)。然而布朗和莱布林(Brown & Leibling,2005)从数学的角度出发,建议教师应该进行教学实验,要有所创造而不是被动回应,要敢于冒险而不是用传统方法来寻求安全。

有些情况下,教师会指派一个儿童在交互过程中承担领导者的角色。例如,这个孩子会回答其他儿童提出的有关兴趣、爱好或经历的问题。这种情况下,被选择回答问题的孩子是从那些举手的孩子中选择的。另一种形式是,被指派儿童自己选择一个同学来回答问题。一旦给出答案,提问的儿童就可选择另一个儿童向被指派的儿童提问题,依此类推。

求较高,但无论是对学生学习还是学生关系,这都是十分有利的。因为这样儿童能学会轮流等待、倾听他人观点、评论观点、提出问题,以及对不同想法持有高度热情。这些技能对大多数儿童来说并不是自然获得的,所以教师必须事先花时间,在互动中阐明规则。关于教师对互动教学的理解和专业认识的进一步讨论，参见莫伊尔斯等人(Moyles et al., 2003)。

参考文献

1. Brown, T. and Leibling, H. (2005) *The Really Useful Maths Book: A guide to interactive teaching*, London: Routledge.

2. Kennewell, S. and Beauchamp, G. (2007) 'Features of interactive whiteboards', *Learning, Media and Technology*, 32 (3), 227 - 241.

3. Merry, R. (2004) 'Are we allowed to ...? Teacher autonomy and interactive teaching in the Literacy Hour', *Education 3 - 13*, 32 (3), 19 - 23; 31.

4. Moyles, J., Hargreaves, L., Merry, R., Paterson, A. and Esarte-Sarries, V. (2003) *Interactive Teaching in the Primary School*, Maidenhead: Open University Press.

5. Pollard, A. (2005) *Reflective Teaching*, London: Continuum.

Interactive whiteboard 交互式白板

另请参阅：注意广度，讲授式教学，学习动机，教学方法

See also: attention span, didactic teaching, motivation for learning, teaching methods

盖奇(Gage, 2004)将交互式白板(IWB)描述为计算机、投影仪与白板(或黑板)的混合体。她描述了由教师控制的计算机如何运行交互式白板，并在大屏幕上显示与电脑屏幕同样的图像。可以在交互式白板上使用像电脑鼠标一样的特殊用笔，但用手指在屏幕上也可以使用该系统。白板的屏幕上有键盘，可以直接输入文字。当交互式白板与互联网连接时，教师可以同时向全班展示信息。许多小学教师将数码相机与交互式白板连接，可以将学生的作业展示在屏幕上，修改和注释现有的书面文字草稿也是常见的做法。

交互式白板优于传统投影仪的地方包括：可以显示文本的某一部分，凸显关键字，导入和合并图像，并且可以随时保存和查看这些图像。巴贝等人(Barber et al., 2007)注意到，在学校和儿童早期的学习环境中，交互式白板变得越来越普遍，因此对于新教师来说——实际上，对所有教师而言，这是非常重要的：具备必要的技能和理解，以便有效地利用它们来促进学生学习。

对于交互式白板对教学和学习的价值，人们持有不同的看法。基于对大量文献的广泛调查，鲁德(Rudd, 2008)写道，毫无疑问，交互式白板已经显著地改善和扩大了教与学的实践，主要体现在以下方面：更好地展示设备、更清楚地解释和视觉呈现、对困难概念的建模和解释、更有效地吸引和激励学生、帮助延长注意力和集中思想。鲁德引用华莱士(Wallace, 2007)的观点，认为交互式白板和相关软件能使学习者与学习内容之间的联系更密切，使建模与模拟活动更容易展示，能增加课堂的“戏剧张力”，并创建更吸引学生的学习环境。他还提到了莫斯等人(Moss et al., 2007)的研究，声称交互式白板的使用也可支持即时收集和分析学生

的输入信息,这种方式在以前是不可能的。

另一方面,鲁德的研究表明,仅仅引入这些技术还不足以促进课堂互动,而且可能产生负面影响。特别是一些喜欢说教式教学方法的教师,他们使用交互式白板来增强控制课堂和互动的掌控权,将交互式白板变成维护课堂秩序的工具。鲁德的重要发现之一是,作为演示设备,在被很好地利用的情况下,交互式白板是一个万能的、动态的工具,教师可以相对轻松地用它来存储和检索工作,这对减轻教师工作负担存在潜在的积极影响(引用 Glover 和 Miller,2001,来自一所中学的经验总结)。然而很明显,交互式白板本身并没有改变现有的教学方法。

参考文献

1. Barber, D., Cooper, L. and Meeson, G. (2007) *Learning and Teaching with Interactive Whiteboards: Primary and early years*, Exeter: Learning Matters.

2. Gage, J. (2004) *How to Use an Interactive Whiteboard Really Effectively in Your Primary Classroom*, London: David Fulton.

3. Glover, D. and Miller, D. (2001) 'Running with technology: The pedagogic impact of the large scale introduction of interactive whiteboards in one secondary school', *Journal of*

4. Moss, G., Jewitt, C., Levaãiç, R., Armstrong, V., Cardini, A. and Castle, F. (2007) *The Interactive Whiteboards, Pedagogy and Pupil Performance Evaluation: An evaluation of the Schools Whiteboard Expansion (SWE) project* (London Challenge), London: Institute of Education, University of London/DfES.

5. Rudd, T. (2008) *Interactive Whiteboards in the Classroom*, *Futurelab*, on-line at www.futurelab.org.uk/events/listing/whiteboards/report.

6. Wallace, A. (2007) Presentation at: 'Do IWBs Have a Future in the UK Classroom?', *Promethean/Futurelab debate*, London, 24 May.

Intervention 干预

另请参阅:能力,注意广度,班级管理,习得性无助,教学组织,监控,阅读,教学策略

See also: ability, attention span, class management, learned helplessness, lesson organisation, monitoring, reading, teaching strategy

教师课堂工作的一个重要组成部分,是监控学生的进步:通过密切观察儿童如何应对既定的任务和活动,然后给予适当的帮助来进行干预。教师介入学生学习的必要性,可从至少五个理由中的任何一点进行说明。第一,课程导入不清晰、组织不明确或资源不足,意味着教师进一步的解释是必要的。

能,会导致困惑或不确定性。第三,儿童缺乏自信,会对学习产生迟疑。第四,儿童未能掌握所需要的东西,会导致他们不确定怎样完成任务。第五,儿童的注意力(注意力持续时间)不够,需要教师不断提醒他们注意当前任务。大多数学生对自己所做的事

情有担心或问题时,会让教师知道。不过,教师和助教一定要提高监控技巧,包括通过观察课堂,发现学生参与任务的方式和需要成人提供的支持程度。简言之,教师要创造一个关爱的环境,建立、维护和评估一种有助于儿童适应和茁壮成长的课堂氛围(Brehm et al., 2004)。

监控和干预之间的关系是不断变换的。有时教师可能会意识到学生有困难,但他决定不必立即干预,而让儿童有机会思考和解决问题。有些情况下,教师可能决定要非常具体、准确地告诉儿童该做什么。通过观察儿童的行为和从其书面作业中获得的信息来认识儿童的成长,可以对以下方面提供诸多见解:儿童对任务的概念性理解、处理既定任务的信心,以及最后他们取得成果的本质。在这方面,所有的小学教师都必须是熟练的儿童观察员,以及判断给儿童提供多少支持的敏锐的裁判员。

教师干预的程度取决于任务的特殊性或灵活性、对儿童坚持意愿的了解,以及儿童对任务的理解程度。如果学生不愿意坚持下去,那可能表明他们的学习态度或者学习能力差。如果学生们缺乏理解,那可能是教师想当然的假设太多,或者没有足够的解释。如果学生缺乏自信,教师在通过表扬和鼓励来帮助儿童建立自尊方面起到很大作用。如果最终的结果仍然令人失望,教师在对干预的类型和质量做出即时的判断时,必须认真地关注任务的明确性、学生缺乏理解、态度不佳,以及缺乏自信等问题。

除非在正式考试场合不允许提供任何帮助,每个教师都必须权衡给儿童提供指导的重要性,避免干预程度太高,导致儿童失去对任务的责任权。因此,教师的一项技能就是,知道什么时候介入,什么时候最好不要干预。有经验的教师有能力发现特殊事件,注意到那些需要立即关注的、可以稍后处理的、可以完全忽略的评论和行为。教师有时发现,让学生有时间去自我纠正而不是立即介入是很有效的,特别是如果课程目的主要是为了让学生能够钻研问题,而不是提供直接的解决方案。米希尔和沃伦(Myhill & Warren,2005)警告说,许多教学策略或师生的互动行为对学生学习都是明显的提示,甚至称得上是一种束缚。尤其是教师将重点放在确保儿童被引入关键概念或话题中时,这有时意味着独立学习的活动是不可能进行的,"支架"则成为一种控制手段,而不是临时的指导。当儿童遇到困难的时候,请"远离"他们。这一做法的背后原则是:他们需要学会自给自足,而不是增强他们对教师的过度依赖。

有些儿童很乐意由教师告诉他们答案,自己不用费劲思考问题。这就导致一种行为模式的出现,即儿童参与一项任务,遇到困难则立即寻求帮助和建议,而教师则尽职尽责地提供帮助。这种依赖被称为"习得性无助"(Seligman,1975)。然而这种行为模式可以逐渐改变,比如让儿童参与任务,遇到困难时认真思考解决方案,寻求同伴的建议,并将向成人寻求意见仅仅作为最后的解决手段。不过如果让儿童在没有成人的帮助下挣扎太长时间,就会导致学生不再对学习抱有希望,并产生不安分的行为,则会适得其反(Roffey & O'Reirdan,2003)。

对于那些被认为落后于同伴,或未能取得其力所能及的进步的学生,各种各样的国家方案已经出台，对他们实行“干预措施”。比如阅读是最需要实施干预的目标领域，采用了“阅读能力恢复”计划，更普遍的做法是在“阅读干预”的主题下进行。

参考文献

1. Brehm, K., Doll, B. and Zucker, S. (2004) *Resilient Classrooms: Creating healthy environments for learning*, New York: Guilford Press.

2. Myhill, D. and Warren, P. (2005) ‘Scaffolds or straitjackets? Critical moments in classroom discourse’, *Educational Review*, 57 (1), 55 – 69.

3. Roffey, S. and O’Reirdan, T. (2003) *Plans for Better Behaviour in the Primary School*, London: David Fulton.

4. Seligman, M. (1975) *Helplessness: On depression, development and death*, San Francisco CA: Freeman Press.

Invisible children 被遗忘的孩子

有些儿童一旦有机会，就会经常选择坐在远离成人管理者的地方；另一些学生则会坐在一边，远离教师的视线。皮耶(Pye, 1989)指出，想象在一个看不见的三角形中，教师位于三角形的顶点，而位于地毯或房间

这个三角形范围内的学生，处于教师直接观察的范围内，而三角形范围以外的学生，则最易被忽视不见。这在教学实践中意味着，坐在前排但位于讲台两侧的儿童，比其他学生更容易被教师忽视(这些儿童在三角形区域以外)。皮耶称这些故意使用这种策略来保持低调，并尽可能远离教学进程的学生为“被遗忘的孩子”。

参考文献

1. Pye, J. (1989) *Invisible Children*, Oxford: Oxford University Press.

Isaacs, Susan 苏珊・艾萨克斯

另请参阅：教学的情感因素，儿童发展理论，好奇心，发现式学习，儿童早期，环境研究，自然体验学习，教育记录

See also: affective dimension of teaching, child development theories, curiosity, discovery learning, early years, environmental studies, nature study, recording

I

苏珊・艾萨克斯(Susan Isaacs 1885—1948)，母亲姓费尔赫斯特(née Fairhurst)，是一名创业的小学低部教师、哲学家、心理学家，以及精神分析学家。这些领域的知识使她对年幼孩子的行为、学习和理解方式有着敏锐的认知。她在 1923 年开始了自己的精神分析职业，成为心理学家西格蒙德・弗洛伊德(Sigmund Freud)和约翰・杜威(John Dewey)的理论倡导者。艾萨克斯是让・皮亚杰(Jean Piaget)的儿童发展阶段论的首批批评者之一。从 1933—1943 年，她在伦敦

niversity of London)任教。

从 1924 年到 1927 年，艾萨克斯在剑桥创办了一所叫“麦芽屋”(Malting House)的实验进步教育学校。这是她在看到一个富有且标新立异的英国人杰弗里・派克(Geoffrey Pyke)的宣传广告后所创建的——

杰弗里·派克希望他的儿子戴维（David）拥有一个无忧无虑的童年，会自我发现和科学探索。麦芽屋学校强调直接教学，没有既定的课程设置。学校创办在剑桥市中心卡姆河畔一座宽敞的房子里，从1924年秋天直到1927年她回到伦敦，艾萨克斯一直在为麦芽屋学校工作。在第一个学期，有10个男孩，年龄在2岁8个月到4岁10个月；在1926—1927年，学生年龄范围在3岁到10岁5个月；最后一学期，据艾萨克斯的记录，有20个学生，年龄在2岁7个月到8岁6个月之间。在派克经历了严重的经济挫折后，学校在1929年底关闭。

与其他学校或家庭相比，麦芽屋在相对自由的条件下采取全面发展的形式，减轻了对儿童冲动的抑制程度。出于实际考虑，特别是对儿童安全方面的考虑，学校给学生的行为设置了一些限制，但是在体育活动上几乎没有限制，对儿童的言语表达、情感、观点和问题没有任何实质上的限制。比起普通学校，麦芽屋鼓励学生更加活跃，更具好奇心、创造力、探索性和创造性，学生在大厅、四个小房间（一个主要用作科学实验室）、一个有动物的大公园和淡水水族馆（用于环境研究）之间自由活动。在学校的最初两年里，艾萨克斯和她的助手们积累了大量关于儿童活动、语言和反应的轶事记录。这些笔记为艾萨克斯的两卷记录麦芽屋工作的著作——《幼童智力发展》（*Intellectual Growth in Young Children*，1930年）和《幼童社会发展》（*Social Development of Young Children*，1933年）打下了基础。

在1930年出版的著作中，艾萨克斯描述了儿童发现、推理和思考的能力。在1933年版的续卷中，她对儿童的社会关系进行了全面的描述：敌意与攻击、友好与合作、爱与恨、内疚与羞愧，以及同情与补偿的能力。在另一本著作《我们所教的儿童》（*The Children We Teach*，1932年）中，她强调了情感和认知的相互联系，基于的推测是：儿童的情感不可能得到真正满足，除非他们也能够学习；除非情感得到满足，否则他们不可能开始真正的学习。

参考文献

1. Drummond, M. (2000) 'Comparisons in early years education: History, fact, and fiction', *Early Childhood Research and Practice*, 2(1), http://ecrp.uiuc.edu/v2n1/drummond.html.

2. Gardner, D. E. M. (1969) *Susan Isaacs*, London: Methuen.

3. Institute of Education, London, *Isaacs, Susan Sutherland (1885 – 1948)*, Reference code GB 0366 SI, www.aim25.ac.uk/cgi-bin/search2?coll_id = 23 16&inst_id = 5。

4. Isaacs, S. (1930) *Intellectual Growth in Young Children*, London: Routledge.

5. Isaacs, S. (1932) *The Children We Teach: Seven to eleven years*, University of London, Institute of Education.

6. Isaacs, S. (1933) *Social Development of Young Children*, London: Routledge & Kegan Paul.

J

Janitors 学校管理员

另请参阅:大楼管理员

See also: caretakers

不同国家对“学校管理员”(Janitors)有不同的定义,但大体上定义为被雇来打扫或维修建筑或某个区域的人员。在北美,学校管理员的工作可能包括大楼看管人或维修工程师的角色(居民楼或公寓大厦),负责维持整栋楼的秩序。而在英国,人们一般用“大楼管理员”(caretakers)一词来称呼这一类人。

Job interviews 求职面试

另请参阅:交流,班级掌控,校长,信息技术,学习动机,专业发展,助教,实习教师

See also: communication, class control, head teacher, information technology, motivating for learning, professional development, teaching assistants, trainee teachers

牛顿等人(Newton et al.,2001)的调查[illegible]两个群体的观点相当一致。他们共同认为,工作热情、人际交往能力、口头交流能力,以及倾听能力都是最重要的。除此之外,最具参考价值的是较好的文笔和较强的专业学科能力。然而最关键的是,最有潜力的合格教师应具有的素质是,能够激发学生的学习兴趣、吸引学生的注意力。校长们还考虑到,良好的班级管理能力也是非常重要的。具备信息技术知识很重要,但相比而言,教师更应该具备确保能够成功传授知识的其他素质。

自 2001 年牛顿等人的调查研究之后,信息技术的重要性已显著提高。尽管他们发现校长和实习教师认为高效教师需要具备的基本品质基本一致,但他们还指出,在某些细小的方面,两者的观点还是不尽相同。比如某所学校也许有一套行为管理政策,也会让即便是重视纪律的候选人也感到难以接受。同样地对于激发学生兴趣、吸引学生注意力的最好方法,两组人群也存在明显差异。尽管存在这些差异,但原则很清楚:最有希望被聘用的未来小学教师,需要让人看到,他们对教学工作充满热情,善于交际,善于倾听,熟知所教科目知识,并且知道如何教授学科知识,明确纪律和掌控策略。在求职面试之前,求职者要通过仔细阅读学校简介来了解学校的“内部机制”,以及需优先考虑的因素。

为面试小组经常会让应聘者详细解释其求职信上的细节,尤其针对的是课堂环境、学生独立性、个体需求的差异和回应,以及上课中间意外出现的优先学习内容。面试小组通常向求职者提问有关学生目标的设置、学习进展的评估和学习结果的记录等,他们

还会询问求职者对其助理、同事、学生家长等其他成人的态度，以确保求职者理解学习中的同伴关系。

面试小组想知道求职者如何确保儿童实现他们的学习潜能，以及如何培养孩子们的合作能力、友善态度、良好习惯、自律性和创造性。学校也许要制定政策，或迫于压力让更多的孩子进入学校的主流课堂，面试小组希望听到求职者对以下各问题持有积极的态度，包括每个孩子被重视且接受最好教育的权利、对受过恰当培训的教学助理的需求、合适的资源的供应，以及教师专业发展。即使是新近取得资格的教师，面试小组也一样对他们在实践中取得的成果很感兴趣。所以求职者在面试时提供一些他们的实践案例来支持自己的看法是很明智的。基兹利克（Kizlik，2008）给新教师提供了有关面试时应该注意的事项：

(1)合适的着装可以给面试官们留下良好的第一印象，服装的选择可以体现你的很多特点。

(2)说话的时候要发音准确，语速适中（不要太快），避免在语句停顿时总使用“比如……”

(3)带上一个记录班级工作且井井有条的档案袋，并确保档案袋中的文件没有拼写和语法错误。

(4)想想你对教育的信念是什么，以及为什么持有这种信念。

(5)准备一些你曾做过的技术样本，如图形设计、演示文稿、电子文档等，以备面试小组审阅。

(6)传达一种自己掌握学科内容并了解它在课程中的位置的感觉。

(7)有一个明确清晰的纪律/班级管理系统，并且准备好在面试官面前解释它的合理性。

(8)讲话要清晰、明了，讲话的时候用眼睛注视着面试官，询问跟工作相关的问题，并要感谢他们给予的面试机会。

面试小组愿意相信，每个求职者是真正热切希望到他们学校工作的，而不仅仅是为了在任何学校得到一份工作。董事会里的学生家长成员可能会询问求职者对家长，以及发展和建立与家长关系的态度。学校年长的董事会成员可能会问及管理和纪律的问题，或者了解求职者对精神和道德问题的态度。如果这个学校是教会学校，求职者一定会被问及关于生活、个人信仰，以及接受学校信念的意愿等问题。

求职者通常都要为一组或一个班的孩子上一节课，如果需要这样做，他们会被提前通知。观察者会考察求职者是否能够和学生很好地互动，学科知识是否扎实，行为举止是否积极自信。聪明的候选人通常会预先对着一群孩子或同行的朋友们，或在心里默默地演练他们的教学。在面试之前，候选人偶尔会被要求就某个教育话题做一个简短的陈述（例如培养学生对阅读的热爱、影响同事采用一种特殊的教学方法、学习评价）。面试官不是在寻找一个教育天才，也不会被大量的专业术语和学术观点所打动，他们所欣赏的是能用简单明了、逻辑性很强的语言来表达观点，并且能够将理论与实践相联系的教师。

曾经有一段时间，在面试结束后，求职

者们都被聚在一个房间里,由校长或者指定的董事会成员宣布面试结果。最近几年,求职者面试结束后便离开,在面试当天的晚些时候,求职者会被联系通知面试结果。由于很多内定职位的存在,很多面试失败者会认为,面试的决定是预先决定的结果。事实上,校长和董事会成员总是想选择最优秀的人来做这份工作。参阅在线资源 DCSF,以了解更多关于面试准备的信息。

参考文献

1. DCSF, Preparing for Interviews, Teachernet, on-line at www.teachernet.gov.uk/teachingandlearning/library/prepforinterviews.

2. Kizlik, B. (2008) *Things to Say and Do at that First Teaching Interview*, ADPRIMA, on-line at www.adprima.com/interview.htm.

3. Newton, D. P. and Newton, L. D. (2001) 'Choosing and judging teachers: What heads and student teachers think matters', *Research in Education*, 66, 54 – 64.

Job interview (leadership posts) 求职面试(领导岗)

另请参阅:董事会,技能,测试和测试过程,劳动力改革

workforce reforms

应聘领导层职位的候选人需要为以下问题做好充分准备,例如,关于全国性考试或排名,关于高层领导、管理层及董事会之间的关系,关于劳动力改革,关于领导能力,关于整个部门、某个关键阶段或整个学校发展和繁荣的想法等。尽管工作面试的情境大致相似,但作为领导层的岗位,必须要又快又准地"读懂"董事会专家小组成员(governing body panel)的想法,以了解他们问题的合理性,及他们心中所珍视的东西。面试的目的是为了发现候选人在性格、技能和成就方面的不足之处,面试官会迫使候选人暴露缺点,并加以提问。不过面试也是给候选人突出自己的技能和成就、强项和志向的机会(详见 DCSF 在线资源——面试准备)。

参考文献

1. DCSF, *Preparing for Interviews*, Teachernet, on-line at www.teachernet.gov.uk/teachingandlearning/library/prepforinterviews.

Job satisfaction 工作满意度

另请参阅:关爱型教师,儿童,交流,课程,受过良好教育的儿童,有效性,董事会成员,幸福感,校长,督导,教学动机,组织学生学习,家长参与,教师信念,实习教师

See also: caring teachers, children, communication, curriculum, educated child, effectiveness, governors, happiness, head teacher, inspections, motivation for teaching, organising for learning, parental involvement, teachers'

人们选择教书的原因有很多,但最重要的原因是,他们沉浸在教学环境中能够得到快乐,与一群具有奉献精神的成人和儿童一起工作,共同致力于"教育事业",尽管这个事业的目标并不容易定义。其实,在海斯

(Hayes,2007)主编的文集中,撰稿人提供了令人信服的证据,证明所有学科领域的教与学都是"快乐"的。多数教师把自己的成就建立在与学生保持的一种安全、和谐的关系上,同样的事实是,一个重要人物的批评,例如来自家长的批评会扰乱教师的平衡感,对其教学和创新能力产生不利影响,因为批评通常会让人退而采取"求稳"的方法。难怪教师有时会感觉自己仿佛处于显微镜之下,因为他们总是要对不同需求做出反应,以满足来自学生、家长、同事、校长、董事会成员、社区和教育督导的不同期望。当教学进展顺利的时候,这些团体代表给出的认可是令人振奋的,相反,他们的反对也会给教师们带来痛苦,并使其失去信心。对个人能力的怀疑会留在他们的记忆中,削弱他们的斗志,限制他们的创新实践。对于能力不足的人来说,平和的心态并不是一个容易的选项,却是一个重要的必需项,它能确保教师的工作效率最佳化,同时确保教师成为有胆量的教育者,而不是平庸之辈。对实习教师来说,这些因素也会影响他们的思想状态,而班主任和指导教师(并非校长、家长或督导员)往往是能让他们感到宽慰的最佳选择。

学者们花费了大量精力,想探索人们决定参加教师培训课程的原因。斯皮尔等人(Spear et al., 2000)在一项关于激励教师因素的综合调查中发现,与工作满意相关的因素(按优先顺序)是:与孩子一起相处的机会、与同事的关系、发展与学生密切的关系。同样肖恩(Shann,1998)访谈了92名教师后发现,在工作中师生关系被列为满意度最重要的因素。英国最大的教学工会——全国教师联盟(National Union of Teachers)的一项民意调查发现,97%的小学教师认为,与孩子一起工作是他们工作的积极因素(Mansell,2000)。蒂里(Tirri,1999)也得出了类似的结论,她发现英国教师在学校面临各种道德抉择时,孩子的利益是最大的决定因素。奥伯斯基(Oberski,1999)认为,新入职教师与其说是渴望教书,不如说是渴望与学生建立起积极的师生关系。最近的一些数据印证了先前的研究,证明除其他因素外,坚持做一名小学教师的初衷植根于对孩子的关爱、对工作的满足,以及对社会的影响(Moran et al., 2001; Hammond et al., 2002; Thornton et al., 2002; Hayes,2004)。

上述的研究发现只是这类研究的一部分,证明了在职业群体中,教师"将工作的目标和人性中善良的东西联结在一起"(Katz, 1995)。事实上,尼亚斯(Nias,1996)认为,缺乏个人献身的教学会变得"失衡、缺乏思想,缺乏热情,最终不会成功",要认真看待这种奉献对教师的影响力,因为它最终捍卫了孩子的教育。同样阿克(Acker,1999)评论说,孩子在不经意间透露的对教师的喜爱、教师和班级之间的情感依恋,以及教师在教学时的工作感受等,都是支撑教师坚持这份工作的使命感。伍德和杰弗里(Wood & Jeffrey,1996)探索有效教学的核心,并得出结论:"教学是通过情感、关爱、信任、尊重、和谐进行沟通和联系的事情。它的特点是给人带来很多乐趣、激动和热情"。

麦克内斯等人(McNess et al., 2003)给出了一个重要的提示,教师们在情感方面对教学和学习有很深的投入。他们认为,在教师承担的复杂而艰巨的任务中,有许多方面需要教师进行思考和协商,其中包括对课程领域的掌握、计划和评价孩子学习时所需要的组织和教学技能,至关重要的是社交和情感因素。麦克内斯和同事进行的小学评价、课程及体验(PACE)项目的数据表明,社交和情感因素对教师具有重要意义。因此,教学的情感因素“严重依赖于教师与学习者之间的共同协商和密切的人际关系”。换句话说,优秀教学中的一部分乐趣,并不仅仅来源于扎实的学科知识,或是能够系统、清晰地向学生们传授知识,同时也来源于能与学习者产生共鸣,建立起有效的工作关系。参见海斯(Hayes,2009)的第一部分,其中更全面地描述了教师的素质和工作成就。

参考文献

1. Acker, S.(1999) *The Realities of Teachers' Work*, London: Cassell.

2. Hammond, M. (2002) 'Why teach? A case study investigating the decision to train to teach ICT', *Journal of Education for Teaching*, 28(2), 135 -148.

3. Hayes, D. (2004) 'Recruitment and retention: Insights into the motivation of primary trainee teachers in England', *Research in Education*, 71, 37 -49.

4. Hayes, D.(ed.) (2007) *Joyful Teaching and Learning in the Primary School*, Exeter: Learning Matters.

5. Hayes, D.(2009) *Primary Teaching Today*, London: Routledge.

6. Katz, L.G.(1995) *Talks with Teachers of Young Children*, Norwood NJ: Ablex.

7. Mansell, W.(2000) 'Teachers feel literacy strain', *Times Educational Supplement*, 7 January.

8. McNess, E., Broadfoot, P. and Osborn, M. (2003), 'Is the effective compromising the affective?' *British Educational Research Journal*, 29(2), 243 -257.

9. Moran, A., Kilpatrick, R., Abbott, J., Dallat, J. and McClune, B. (2001), 'Training to teach: Motivating factors and implications for recruitment' *Research in Education*, 15(1), 17 -32.

10. Nias, J.(1996) 'Thinking about feeling', *Cambridge Journal of Education*, 26(3), 296 -306.

11. Oberski, L, Ford, K., Higgins, S., and Fisher, P. (1999) 'The importance of relationships in teacher education', *Journal of Education for Teaching*, 25(2), 135 -150.

12. Shann, M. H. (1998), 'Professional commitment and satisfaction among teachers in urban middle schools', *Journal of Educational Research*, 92(2), 67 -74.

13. Spear, M., Gould, K. and Lee, B.(2000) Who Would be a Teacher? Slough: NFER.
Thornton, M., Bricheno, P. and Reid, I.(2002) 'Students' reasons for wanting to teach in primary school', *Research in Education*, 67, 33 -43.

14. Tirri, K. (1999) 'Teachers' perceptions of moral dilemmas at school', *Journal of Moral Education*, 28(1), 31 -47.

15. Woods, P. and Jeffrey, B. (1996) *Teachable Moments: The art of teaching in primary schools*, Buckingham: Open University

J

Press.

Juniors 中高年级小学生(7 ~ 11 岁)

另请参阅:低年级小学生(5 ~ 7 岁),关键阶段

See also: infants, key stages

小学中高年级部(junior school)指英国大多数为 7 ~ 11 岁孩子设置的学校。这个年龄段学生完成小学学习后,进入中学教育阶段。中高年级小学生(7 ~ 11 岁)(junior)这个词曾指就读于小学 7 ~ 11 岁的儿童,但现在基本上已被更正式的"关键阶段 2 小学生"(key stage 2 pupil)所取代。

K

Key stages 关键阶段

另请参阅:低年级小学生(5 ~7 岁),中高年级小学生(7 ~11 岁),《国家课程》

See also: infants, juniors, *National Curriculum*

自英格兰和威尔士引入《国家课程》以来,课程的覆盖范围便被划分为四个关键阶段(KS)。关键阶段 1(KS1)课程是为 5 ~7 岁儿童设置的,3 ~5 岁儿童结束基础阶段学习之后,到达学前班(reception)最后一年,便直接进入关键阶段 1。关键阶段 1 涉及一年级(5 ~6 岁)和二年级小学生(6 ~7 岁)。整个年龄段范围是 5 ~7 岁,包括学前、一年级(5 ~6 岁)、二年级(6 ~7 岁)——过去被称作"低年级小学生"(infants)。

关键阶段 2(KS2)在关键阶段 1 之后,是为 7 ~11 岁儿童设计的。这一阶段的课程内容适用于三年级(7 ~8 岁)、四年级(8 ~9 岁)、五年级(9 ~10 岁)和六年级(10 ~11 岁)小学生。关键阶段 2(KS2)儿童(3 ~6 年级)过去被称作"中高年级小学生"(juniors)。大多数小学会招收 4/5 ~11 岁儿童,也有少部分将小学分为 4/5 ~7 岁儿童的低年级部(infant schools)和 7 ~11 岁儿童的中高年级部(junior schools)。关键阶段 3(KS3)和关键阶段 4(KS4)的课程为中学生设计,分别适用于 11 ~14 岁和 14 ~16 岁的学生。

在英格兰,每一关键阶段结束时,学生都要参加法定考试,如广为人知的 SATs(standard assessment tasks/tests)学术能力评估测试,但更确切地指国家课程考试。尽管威尔士、苏格兰、北爱尔兰与英格兰在教育体制上有着细微的差别,但关键阶段的概念却贯穿在整个英国的教育体制中。

Kinaesthetic learners 动觉型学习者

另请参阅:主动学习,设计与技术,发现式学习,教学组织,数学,记忆力与记忆,幼儿园,触觉型学习者

See also: active learning, design and technology, discovery learning, lesson organisation, mathematics, memory and memorizing, nursery school, tactile learners

每个儿童学习的方式不尽相同,他们有自己独特的"学习风格"(learning style)。所有学生都接触到大量的听觉和视觉经验,并通过书面形式(手工或计算机)得以记录。然而除了这些学习偏好之外,大多数儿童还能从动觉(与肌肉和运动相关)中受益,触摸、感受和体验手头的材料。动觉型学习者通过移动他们的身体和激活肌肉,来达到最好的学习效果。当动作和学习过程相结合的时候,他们能更好地集中注意力,并且更容易进行学习。通常情况下,动觉型学习者

坐着的时候会摆动双脚,他们通常在运动或表演方面表现很好,如运动员、演员或舞蹈家。

动觉型学习和触觉型学习通常被视为相同的类型,但触觉通常被认为是一种更受约束的精细运动技能(手指触碰),而动觉则更多地表现为大肌肉动作技能。动觉型学习者习惯通过手和身体(动作和触摸)来记忆他们所做的事,他们喜欢运用工具,主动参与实践课程,并且在做过一次后能够回忆起自己是如何做到的(运动记忆)。

据估计,有 1/3 以上的儿童擅长通过动觉来学习,他们从动作游戏、手指韵律诗、角色扮演、戏剧、木偶剧、重新排列、剪切粘贴、系带、纸牌游戏、棋盘游戏,以及涉及拍手、轻击、跳跃和点头的学习活动中获益。经验表明,绝大多数接受幼儿园教育的儿童都是动觉、触觉型学习者,他们在学习过程中移动和触摸所有的东西。在小学中期,一些学生开始表现出通过视觉刺激学习的倾向。在小学后期,一些学生,尤其是女孩,会成为更强的听觉学习者。然而许多男性在成年后仍保持着对触觉和动觉敏感的能力。

动觉型学习者在完全参与学习(主动学习)时,表现最为成功,在参与建构活动、戏剧表演、野外考察、游戏或其他肢体活动时,他们能最快地获得信息。有强烈的动觉主导倾向的儿童,也可能被误诊为患有注意力缺陷多动障碍(ADHD)。被贴上这种标签的原因是,他们把注意力集中在任务的方法上往往被误解成不专心。这些儿童更喜欢站起来将一些事情付诸行动,而不是对这些事情进行口头或书面的解释,他们思考时需要移动自己的身体,或者在房间里来回走动——这样的行为,在其他人看来是令人分心的。这样的儿童被成人认为行为不端,因此惹上麻烦。

由于大量的动觉型学习者的存在,许多教师都认为,在整个课程中应该有更多的"动手操作"学习机会,而不是仅仅局限于设计和技术这样的"实践课"(Glynn,2001)。因此,课堂导入可能会涉及动作游戏,或学生的身体反应。除了常见的举手,孩子们还可以通过触摸鼻子来表明他们知道答案,或者转动肩膀来表明他们仍在思考。学生们承担的任务可以导向更多的发现式学习和调查研究,而不是系统的纸笔练习或讨论。

与所有的学习方式相比,动觉型学习是首选的学习方式,它不排除通过听觉、视觉或其他任何方法来学习。因此,把孩子贴上"动觉型学习者",或其他任何一个称谓的标签是无益的,但要洞察儿童有何趋向,并做出相应的对策。事实上,如果口头或书面解释清晰,大多数孩子在实际的参与性、激发身体运动的活动中都反应良好。沃林(Walling,2006)针对不同类型的学习者提出了写作课程的教学建议,其中包括动觉型学习者。克劳森·梅(Clausen-May,2005)研究了数学领域所有年龄段儿童类似的问题。

参考文献

1. Clausen-May, T.(2005) *Teaching Maths to Pupils with Different Learning Styles*, London: Paul Chapman.

2. Glynn, C. (2001) *Learning on Their Feet:A sourcebook for kinaesthetic learning across the curriculum*, Shoreham VT: Discover Wr-

K

iting Press.

3. Walling, D. R. (2006) *Teaching Writing to Visual, Auditory and Kinaesthetic Learners*, Thousand Oaks CA: Corwin Press.

Knowledge 知识

另请参阅:儿童发展理论,教师困境,有效性,学习,学习环境,乘法表,死记硬背,拼写,理解

See also: child development theories, dilemmas for teachers, effectiveness, learning, learning context, multiplication tables, rote learning, spelling, understanding

知识的范畴可以把握,但难以定义。知识的形式千差万别,比如有关事实、争议、局势、步骤,以及如何做人的知识。关于事实的知识不仅仅是一个记忆问题,它还包含对事物的崭新理解,例如,我们现在或多或少知道,地球是圆的,而不是扁平的。争议的知识包括对争议问题的基本信息的知晓度,例如,哥伦布是否发现了美洲。对道德困境的知识,需要对相关因素有广泛认识,并有对其重要性做出判断的能力。当需要有效地完成一项工作或做出一个决策时,对步骤的了解是必要的。想要在社会环境中获得成功,就需要做人的知识,等等。

当今的学生比上一代拥有更多的信息获取渠道,因此他们在选择和理解可得到的知识时,面临着巨大的机遇和挑战。据估计,世界上的信息量大约每 7 年翻一番,这对课程的内容和选择也产生了影响。儿童在使用知识时,要注意到恰当性、相关性,以及应用范围。教师的任务则是,帮助儿童为他们在社会环境中所学到的知识找到合适的位置,或者至少用案例研究来举例说明所涉及的原则。

尽管儿童在发展的某一阶段,也许有必要知道一些"真相",但随后可能需要向他们指出的是,事情并不像表面上看起来那么简单。例如,7 岁的孩子可以被告知,所有物体都以同样的速度下落,但是 11 岁的儿童应该明白,这个原理只适用于在一定的密度和正常的大气条件下的物体。一个 15 岁的青少年可能会对因气压、真空的影响等因素而产生变化的现象感兴趣。因此,知识会随着年龄、经验和语言使用能力的增强而不断发展和深化。

知识会被遗忘,就像电话号码,拨完之后一会儿就会被忘记。知识是自由出入的,如写作时回忆起一个拼写规则,但这段记忆却不会一直在脑海中停留。知识可以立即出现,无须特意思考便知道一个朋友的名字或者去学校的路线。大多数知识都需要信手拈来,比如记住乘法表来解决问题。但是儿童有时只能暂时记得某些知识,他们在早上学到的东西,似乎在午饭后却记不住。有时知识被锁在儿童的回忆系统中不能被使用,要么是因为它被储藏得太深,要么是儿童太累,要么是环境(比如压力)造成了记忆障碍。知识如果不与从前的学习联系起来,不过是机械地重复或"死记硬背"。例如,一个儿童能认真地学习一串拉丁文名字,并在考试中得到满分,却不知道这些名字的意思或内涵。

基于儿童早期研究者的视角,恩格丽斯(English,2002)指出,教师对儿童理解的认识是通过各种各样的认知发展理论所获得

的。她指出，俄罗斯心理学家莱恩·维果斯基(Len Vygotsky)帮助我们认识到，儿童的理解更依赖于体验，而不是认知心理所说的发展阶段。因此，儿童从最初模糊的理解向努力理解新知识转变，并将其与之前的学习联系起来。在教儿童学习时，从他们的角度去考虑知识是有益的：

接收性知识：我知道，因为我可以重复你所告诉我的知识。

描述性知识：我知道，因为我可以向你讲述这种知识。

解释性知识：我知道，因为我能解释它发生的原因。

应用性知识：我知道，因为我能理解它的应用所产生的影响。

沃克索和蒂斯(Walker & Soltis, 1992)使用了“运用中的知识”(knowledge in use)这一术语，并将知识阐释为三种形式：联想型知识、应用型知识与重复型知识。联想型知识使新旧知识产生联系，重复型知识能够在需要的时候记住和重现事实，应用型知识用来解决问题。作者认为，应用型知识是这三者中最重要的，因为它需要人们明白所知道的与想要达到的目标之间的联系，即知识的使用如何使学生从能够基本理解转变为能够分析和评估情况。最强大的知识形式包括更高层次的理解，从而使知识能够在不同的环境中使用，没有被理解的知识仅仅是信息。

最强大的知识形式有助于理解不同的情境，而不是局限于学习者在当前情境下所依附的理解。例如，麦克奎安(McKeon, 2004)指出，《国家早期教育与小学教育战略》(*National Primary Strategy*)(DfES, 2004)正鼓励学校设计能够在不同领域之间建立联系的广泛而丰富的课程，依赖读写能力和计算能力，发展口语和听力技能，并结合科学等学科。赞成知识具有整体性的小学教师会促进探究性学习，在这种学习中，儿童必须运用他们的知识去解决真正的问题。

最有效的教学方法兼容了知识的传授和知识的应用。波尔森(Poulson, 2001)发现，许多政策试图加强英国小学教师的学科知识。然而她建议政策制定者应该高度重视、深入理解隐性知识与形式知识之间的关系，重视教师的学习过程。

参考文献

1. DfES (2004) *The National Primary Strategy*, London: HMSO.

2. English, E. (2002) ‘Teaching for understanding: Curriculum guidance for the Foundation Stage’, in Newton, L. D. (ed.) *Teaching for Understanding Across the Primary Curriculum*, Clevedon: Multilingual Matters.

3. McKeon, F. (2004) ‘Teacher autonomy and subject knowledge’, *Education 3 – 13*, 32(3), 32 – 37.

4. Poulson, L. (2001) ‘Paradigm lost? Subject knowledge, primary teachers and education policy’, *British Journal of Education Studies*, 49(1), 40 – 55.

5. Walker, D. F. and Soltis, J. F. (1992) *Curriculum and Aims*, New York: Teachers College Press.

L

Large space activities 大空间活动

另请参阅:舞蹈,设计与技术,戏剧,组织学生学习,体育

See also: dance, design and technology, drama, organising for learning, physical education

大空间活动(如体育、舞蹈、戏剧、设计和技术任务)需要大量资源,如提前分发胶带和罐子,摆好黏土,重新摆放桌子等。同样为了安全性和可用性,必须在体育课之前对设备进行检查;戏剧道具必须放在正确位置;在舞蹈课之前,地板需清理干净;把电脑打开,设置好程序,放满打印纸。如果没有把一切安排就绪,课程则会受阻,因为准备资源的过程会占用教学活动的时间与精力,除非在资源准备中儿童的参与成为课堂的重要部分。例如,教师将戏剧活动的一个环节设置成学生整理设备或布置桌椅,或为团队活动准备资源。

Learned helplessness 习得性无助

另请参阅:行为,关爱型教师,失败,友谊,性别,进餐助理,培养儿童,小学生个性与成就,小学生视角,实习教师

See also: behaviour, caring teachers, failure, friendship, gender, mealtime assistants, nurturing children, pupil personality and attainment, pupil perspectives, trainee teachers

教师和助教想让儿童做到最好,并尽其所能来帮助他们实现这一目标。这一点与溺爱儿童不同,也不会妨碍他们获得独立和自主决策的能力。爱护儿童和用善意压制儿童,两者之间通常只有很细微的界限。及时协助儿童的终极目的是培养他们的独立性,而过度关注孩子虽让成人感觉安心,却不能帮助儿童自立。让儿童忽视自己的能力而过度依赖成人,其产生的最终结果往往被称为“习得性无助”(LH),这是马丁·塞利格曼(Martin Seligman,1975)提出的术语。“控制源”(locus of control)的概念对于理解习得性无助很重要。如果一个人相信某些事件的发生取决于自己的行为和人格,这种人会受“内部控制源”影响,如果有些人将其归因于运气、机会、命运或别人的行为,这些人会受“外部控制源”影响(Rotter,1975)。“无助”的儿童认为自己无力阻止失败,并服从于他人的决定和行动,戈登(Gordon,2006)令人沮丧地把这类儿童的状况总结为“尝试太痛苦了”。

麦克劳德(McLeod,网络资源)认为,家庭和善解人意的学校环境,其目的是提供一个保护儿童免受世事变迁之痛的育人环境,助力发展能使其走向独立的身体、情感和智力等能力。麦克劳德还认为,爱、同情、快乐和平和是至关重要的。爱,让儿童向世界敞开胸怀;同情,让儿童学会不害怕痛苦;快乐,使儿童对自己的能力有信心;平和,使儿童长大后可以自由发展。相比较之下,如果

儿童感受的是有条件的爱,那么这份爱引发的是担忧而不是同情,嘲笑而非快乐,是批判而非平和。在这种情况下,自我怀疑就会发生,儿童的自信心也会逐渐崩溃。

习得性无助会导致儿童不愿意应对挑战性任务或尝试解决问题。失败会强化儿童的消极自我形象,导致消极被动,不愿再尝试或坚持下去。因此,这些无助的儿童不仅在学习上落后,在社交和发展人际关系上也会遇到困难。他们感觉能力不足,并且确信自己无法掌握新材料,也无法成功地重新涉足以前经历过的困难领域。这种消极态度一旦成为主导,想要转变则尤为困难。简而言之,习得性无助限制了学习,导致了被动。长期处于这种情况下,它也可能导致抑郁和极度悲观(Howe,1999)。

如果儿童不停地要求成人提供建议,并渴望得到赞许,那么就可以合理地推断,他们已受到习得性无助的影响。要让儿童从这种令人窒息的状况的影响中解脱出来,需要成人花费大量的时间使他们安心,并逐步切断依赖。习得性无助可以通过三种策略来补救。首先,通过与儿童的交谈,透彻了解问题的真相和严重性,建立信任感。其次,帮助儿童发现导致他们自我挫败和扭曲观念的根源。最后,给儿童改变和反驳扭曲信念的工具,从而弥补其情感、动机和学习的缺陷。尽管我们应该强调成果或情况的积极方面,而不是强调失误,但儿童需要知道如何以积极的态度处理错误——成人可以在这方面给予示范。结果无须达到成人完美的标准,但应该使涉及的儿童满意。

成人角色的一个关键作用是给予儿童安全感,给他们一个清晰的信息,即所有的事情都在控制之中,以及他们可以信赖成人。可能不是每个儿童在学校外都能遇到这样的成人,可能还需要一些时间才能让他们相信存在这样的积极形象。有悖常理的是,一些年龄大点的儿童似乎觉得某些大人,特别是那些被他们认为没有能力的成人(尤其是进餐助理、清洁工和一些实习教师),可以被随意对待,顽皮的儿童很乐于把他们的耐心逼到极限。值得庆幸的是,大多数的小学适龄儿童都愿意相信成人,他们热情地享受学校的教育,并尽力做到最好。对相关的成人来说,这是一种特权,也是一种乐趣。

参考文献

1. Gordon, M. (2006) ‘The turned off child’, *Oregon LDA*, on-line at www.ldaor.org/Newsletter-Fall 2006.html.

2. Howe, M. J. A. (1999) *A Teacher's Guide to the Psychology of Learning*, London: Blackwell.

3. McLeod, K. ‘Learned Helplessness’, on-line at www.unfetteredmind.com/articles/helplessness.php.

4. Rotter, J. (1975) ‘Some problems and misconceptions related to the construct of internal versus external control of reinforcement’, *Journal of Consulting and Clinical Psychology*, 43, 56 - 67.

5. Seligman, M. (1975) *Helplessness: On depression, development and death*, San Francisco CA: Freeman.

Learning 学习

另请参阅:大脑功能,探究,普通教学委员会,想象,信息技术,知识,学习环境,学习与教师的影响,教案,记忆力与记忆,元学习,学习动机,小学生视角,学习中的记忆留存,技能,特殊教育需求,测试和测试过程,理解

See also: brain function, enquiry, General Teaching Councils, imagination, information technology, knowledge, learning context, learning and teacher influence, lesson plans, memory and memorizing, meta-learning, motivation for learning, pupil perspectives, retention in learning, skills, special educational needs, tests and testing, understanding

学习这个词说出来很容易,但产生学习结果(也就是,已经学会了)的过程却很难定义和解释。事实上,对小学教育者来说,主要的挑战之一是,知道何时可以确定一个儿童已经"完全"学会某种知识。儿童掌握概念和记住事实的时间存在差异,大多数儿童不会以一种平稳的、不受干扰的方式去学习。他们的学习像涌上海滩的潮水一样,潮水时进时退,偶尔奔腾向前。可以对学习的过程进行多样的描述:帮助学习者理解信息,并从中创造一些新东西;将当前的理解转化为一种更明了的形式;利用从儿童早期经验中获得的知识和见解,有效地应对新事物;离开某些已经完全掌握的知识,去探索那些不太熟悉的领域。罗伯森(Robson,2006)认为,很难区分学习和思考,但她认为学习是思考的结果。她还提出学习的宽泛概念,即学习还包括想象力的运用、活泼的性情、坚持不懈的毅力,以及与他人共同学习或向他人学习的能力。在学习过程中,儿童不是被动的接受者,而是积极的合作者和发起者。

因此人类学习是非常复杂的,并且形式多样:有时涉及智力,有时是情感,有时两者兼而有之。然而普遍的共识是,学习过程受益于内容丰富、方法优秀的教学。虽然我们会很自然地强调,一定要确保孩子在接受有计划的教育之后能够学到某种知识,但学习的本质因人而异。例如:

(1)有些儿童现在学会了,但可能很快就忘了;

(2)有些儿童一旦学会了,就永远不会忘记;

(3)有些儿童在一定范围内学会了;

(4)有些儿童学会了,但需要不断更新和巩固所学知识;

(5)有些儿童学习和理解得十分透彻,能够在不同情况下成功运用所学知识。

因此儿童有可能在低学年的时候学会如何使用电脑软件,但若缺乏练习,他们可能很快会忘记操作步骤。这种情况和上文第四条内容相关,这说明学习是暂时的和功能性的。再者,一个儿童可能会使用某技能来将两个数字相乘,但当以不同的形式给出同样的问题时,他会不知所措。这种情况和上述第三条所述内容相关。最理想的状态是让儿童掌握知识、技能和学会思考,可以利用他们现有的能力自信地开拓新的学习领域,即如上文最后一条所述。这种深入的学习方式,超越了因任务或活动而人为设定

的界限，可以广泛应用。

学习可以广义地被描述为受限型（功能性、短期的）或可转移型（适用于不同的环境）。以儿童学习使用软件程序为例，一些儿童无疑会熟练地使用这个程序，甚至可能会被教师安排去指导其他儿童。然而在同一组中，只有一部分知识面广的学生会举一反三，使用其他类似程序。再比如，儿童为了考试学习一套拼写方法，在考试时可能全部都写对了，而在自由写作中会出现一些单词拼写错误。当然学习的目的是确保儿童不仅掌握单词表，而且还能将所学词汇运用在各种写作情境中，在这种情况下，拼写只是学生要掌握的技能之一。

一些学习是短期的，还有些学习是为了实用的目的，需要被嵌入且永久地铭记于心（长期记忆）。参与学校戏剧表演的儿童将会仔细地记住台词，这种学习可能需要重复地背诵和频繁地提醒，但随着儿童对台词越来越熟悉，他们能将所死记硬背的内容转化为更自然的语言。演出几个月后，这些词可能大部分会被遗忘，除了一些奇怪的短语在脑海中浮现。与短期记忆力相对，阅读时的文字解释能力，经常在不同的环境（书籍、工作表、白板上的文本、屏幕）中使用的词或多或少地可以确保是永远不会忘记的，并且可以在任何时候被想起。

许多教育家指出，学习不止于学生完成指定的教案目标（Fisher，2005）。如果学生会使用恰当的方法而得到了正确的答案，那他们就学到了东西。因此，教师也可以采用同样的思维方式，并且相信任务完成是首要的学习目标。事实上，完成一项任务可能会、也可能不会涉及深度学习。太多所谓的基于探究的体验式课程（尤其在科学领域），除了机械地预测、测试和记录，并没有正确地提供支撑活动的原理或解决问题的技巧。麦克基尔斯特（MacGilchrist，2003）对学习的本质提出了五个重要观点：

（1）学习是主动建构意义的过程。学习者以他们理解的方式构建和整合新的知识。

（2）学习如何学习的知识（元学习）和对经验的理解是有效学习者的标志。学习者对正在发生的思考和学习过程的认识越来越清晰，因此对它们把握得更好。

（3）学习与表现之间的关系是复杂的，受到动机和自我形象的影响。有些儿童有能力完成任务（表现性取向），而不认真思考这个工作的意义，他们可以获得自我满足感，并不需在页面底部打钩（不在乎教师对试卷或作业的评价）。

（4）学习包括对情绪的理解和掌握，包括从个人和他人的角度看事物。发展社交技巧和坚持完成任务的意志有助于提高学习效果。

（5）学习是情境化的。学校和教室的社会环境对促进或抑制学习具有重要意义。

为解释学习的功能，布鲁姆和他的同事们在20世纪50年代（Bloom，1956）提出了为人所熟知的布鲁姆分类法。他们认为，从简单到复杂排列的六大种类学习的层次结构分别是：①知识；②理解；③应用；④分析；⑤综合；⑥评价。尽管形式上有些初级和直接，但在规划和教授学习计划或评估工作时，此分类法对教育工作者来说是很有吸引

L

力的,因为这为他们提供了一个粗略的标准,可以用来衡量加在儿童身上的需求水平。

另一种对于学习的解释从医学证据中获得支持,它认为不同类型的学习与大脑的左右部分相关联。左部主要处理语言习得、序列、分析和数字,可以分析信息,并对结构化和排序的学习做出最好的反应。大脑的右部解释图像、寻找模式、创造隐喻,并努力合成和巩固信息。大脑的两个部分之间的相互作用,对于深层理解、创造性表达和解决问题的发展是很有必要的。

没有理解而只有记忆的学习价值不大。例如,儿童可以被系统地教导正确朗读单词,背诵乘法表,或诵经宗教教义,但除非他们掌握了这些知识的意义与含义,否则学习仍然是肤浅的。完全功能性的学习,比如学习如何使两个数字相减,除非能在真实的生活环境中使用(比如购物),否则它的用处是有限的。沃特金斯(Watkins,2003)认为,有效的学习意味着学习者:①积极主动且有策略;②擅长与他人合作、对话、创造新的知识;③能够制定目标和计划;④监控自己的学习,并在不同的环境(不同的生活状态)中灵活变通。因此,学生需要通过与同龄人或成人的交谈来帮助他们反思自己的学习,这是学生发展的重要组成部分。促进有效学习的学校强调内部动机(内驱力)、社会关系,以及整体学习文化,在这种环境下,谈论学习就变成很自然的事情了。沃特金斯反对"快速修复"文化和使用工具策略,这只会让情况变得更加令人不满。取而代之的是一个更人性化、更着眼未来的方法,用"做"代替"学",并思考什么是值得去做的。

近年来,教育工作者也对所谓的"学习风格"或"学习模式"给予了很大的关注。据说,按照不同的学习模式,在3~4个或者5个种类中,个体学习者会在其中一方面表现得尤为突出。这一解释涉及三种风格,通常被称为VAK,代表视觉型学习风格(visual learning)、听觉型学习风格(auditory learning)和动觉型学习风格(kinaesthetic learning)。视觉型学习者通过观察(如图片、图表和示意图),学习效果最好;听觉型学习者通过聆听(例如听一首诗),学习效果最好;动觉型学习者通过动手做,学习效果最好。一些教育学家将动觉型风格与触觉型风格区分开,前者指的是"建构"(例如制作工具包,使用计算机程序),后者强调"触摸"(例如用黏土做造型)。还有一种书写学习风格,学生通过读写来表达自己。这些学习风格的定义都不是严密的,且有一定程度的重叠,但其基本原则都是,教师要考虑个人的学习偏好。

如果提供机会让儿童综合使用触觉感官、视觉刺激、仔细聆听、基于探究的活动、对话和纸笔练习,并在教师的解释支持下,通过个人或小组活动巩固,则孩子的学习效果最好。富有创新性和想象力的学习者,在有机会充分利用感官并探究为什么事情会发生的时候,他们的学习效果尤其显著。善于分析的学习者,倾向于通过仔细研究各种可能性来处理信息,在形成自己的想法并将其与所观察到的事情进行比较之前,他们会仔细思考和反思所涉及的问题。实用型学习者,在发现自己的想法是否在实践中起作用前,他们会先推测,并提出建议,然后相应地调整。学习能动性强的学生,在有机会尝试使用现有的信息并推测其他可能的方法时,他们的学习效果最好。教师在规划课程时,必须考虑到这些不同的学习偏好,比如有足够的自由来满足富有创新性的学生,有充分的智力挑战来满足善于分析的学生,有充分的实践活动来满足实用型学生,有大量的调查结果以满足好问的学生。教师还必须考虑有特殊教育需求(special educational needs,SEN)的儿童,以及那些英语不是第一语言的儿童的需求。

不同学习群体有不同的学习偏好,但教师不一定能识别、处理和迎合所有的偏好。他们只能组织多样性的学习环境,也就是说,提供区分不同群体、提供刺激和挑战的情境。例如,刺激可以包括照片、讨论、制作、做、说和听(Garnett,2005)。儿童需要有机会把学到的知识转移到新的环境中去,这是对是否完成深度学习的严峻考验。即使所有的群体或班级看似掌握了所学内容,一些学生仍需要定期复习。然而儿童越能看到他们学习内容的相关性和实用性,他们就越有可能积极地参与课程内容,并记住他们需要知道的内容。杰弗里和伍兹(Jeffrey & Woods,2003)高调地断言,"儿童个体要想真正学到知识,就需要通过亲身实践、积极参与,通过角色扮演,通过激发积极的学习热情。学习是令人兴奋、有趣、有启发性、有回报、激励人心的过程"。教师要获得这种信息,就需要深入学生中,与他们交谈、询问情况、让他们回答、提供建议和解释,并讨论学习过程中的下一步计划。请参见英格兰普通教学委员会(General Teaching Council,England)(GTC,2003)的信息。

多数的学习效果都是通过"体验"来获得或提高的,这种体验是直接的教授方式无法替代的。例如,探索林地灌木丛需要亲身去观察、去闻气味、去听声音,或者参观博物馆。同样听诗人和作家朗读他们自己的作品、观赏戏剧、摆弄建筑材料、触摸不同寻常的物品、从市场摊位购买蔬菜等,所有这些体验都能帮助儿童更好地理解世界。儿童的学习效果也能通过无特定结果的调查得到提高。例如,科学实验、调漆、图书馆搜索、计算机建模,都涉及有助于概念理解、技能获取和事实性知识掌握的调查。某些形式的学习与技能习得有关,如正确使用设备,使用技术,或获取书籍资源等。其他类型的学习包括理解过程,并要求遵循某个顺序,例如操作计算机软件。还有一些形式的学习与解决问题有关,例如在设计和技术方面,需要时间来探索和实现想法。

学习主要是为了让学生更有成效、更成功地生活。考试成功可能有助于满足学生的自我成就感,但教师切不可把考试分数看作衡量成绩的唯一标准。威廉姆斯和瑞安(Williams & Ryan,2000)认为,教师应该把考试看作是获取相关信息的机会,以帮助提升教学、提高标准。然而许多著名教育家都不同意把考试成绩作为学习的主要目的。例如,科恩(Kohn,2004)根据美国的情况提出,21 世纪的儿童测试达到了前所未有的程度,然而标准化的考试分数导致肤浅的学习方式,因为学生们完全专注于课程的内容,而忽视了其他的学习可能性。斯密斯(Smith,2006)认为,学生的个人力量是学习的一个关键因素,所有的儿童,包括那些有特殊需要的儿童,都应包含在两个层次的决策中。首先,也是最主要的,通过对其自身准备的有效性做出决定。其次,学生也可以在更广泛的层面参与决策,可对学校政策产生一定的影响。

参考文献

1. Bloom, B. S. (ed.) (1956) *Taxonomy of Educational Objectives, the Classification of Educational Goals–Handbook I: Cognitive domain*, New York: McKay.

2. Fisher, R. (2005) *Teaching Children to Learn*, Cheltenham: Stanley Thornes.

3. Garnett, S. (2005) *Using Brainpower in the Classroom*, London: Routledge.

4. GTC (2003) 'Social interaction as a means of constructing learning: The impact of Lev Vygotsky's ideas on teaching and learning', on-line at www.gtce.org.uk/research/vygotskyhome.asp.

5. Jeffrey, B. and Woods, P. (2003) *The Creative School: A framework for success, quality and effectiveness*, London: Routledge.

6. Kohn, A. (2004) *What Does It Mean to Be Well Educated?* Boston MA: Beacon Press.

7. MacGilchrist, B. (2003) 'Primary learners of the future', *Education 3–13*, 31(3), 58–65.

8. Robson, S. (2006) *Developing Thinking and Understanding in Young Children*, London: Routledge.

9. Smith, C. (2006) 'From special needs to inclusive education', in Sharp, J., Ward, S. and Hankin, L. (eds) *Education Studies: An issues-based approach*, Exeter: Learning Matters.

10. Watkins, C. (2003) *Learning: A sense-maker's guide*, London: Association for Teachers and Lecturers.

11. Williams, J. and Ryan, J. (2000) 'National testing and the improvement of classroom teaching: Can they co-exist?' *British Educational Research Journal*, 26(1), 49–73.

Learning and teacher influence
学习与教师的影响

另请参阅: 讨论,鼓励与表扬,交互式白板,学习动机,思考,直观教具

See also: discussion, encouragement and praise, interactive whiteboard, motivation for learning, thinking, visual aids

儿童在学校学习的方式,在很大程度上受到教师个人及其能力的影响。如果教师对学生采取积极态度,并且承认在寻找创造性解决方案时会遇到挫折,需要通过反复练习来巩固成果,则学生能够更有成效地学习。如果给予学生机会,让他们讨论所学内容,以及学习内容和他们目前理解力的匹配程度,则所有学生都会从中受益。因为不管教师如何认真呈现教学材料,不管材料形式如何有趣,如果学生不动脑思考学科问题,并自己领悟所学内容,则没有真正的学习发生。要做到这一点,就需要教师愿意花时间在教学上,鼓励儿童自己思考,不要过于依赖成人的知识(Wallace & Bentley, 2004)。学生往往是因为教师布置了任务才去完成它们,但是仅仅为了打发课堂时间而完成任

L

务，并不能保证深入的学习已经发生。教师在这个过程中的角色是，提供资源、指导和智慧，以帮助学生真正学习。这样的教学认可的是，学习不仅仅是将成人的高级智慧以线性方式传输给知识较少的学生，而是学生将新的理解与已有知识的融合。

当教师对课堂教学有明确的期望时，学习更容易发生。如果儿童面临的挑战是可控的，允许他们运用自己的知识、技能和理解来达到教学目标，理想状态是利用他们的主动性去进一步探索，儿童则会取得最大的进步。当课堂有趣并与他们相关时，学生的学习效果最好。儿童喜欢尽可能和朋友合作，并对精神饱满、尽职尽责的教师给予很好的反应，这些教师以一种独特的方式，通过各种各样的视觉辅助工具（不仅仅是交互式白板）、戏剧、诗歌、讲故事、提问等，向学生介绍他们的思想。尽管存在过分简化的风险，但可以公正地说，当教师和教学内容可以激发学生的学习动机时，学习效果最好，反之则是无效学习（参见 Howe，1999，第 7 章）。

参考文献

1. Howe, M. J. A. (1999) *A Teacher's Guide to the Psychology of Learning*, Oxford: Blackwell.

2. Wallace, B. and Bentley, R. (eds) (2004) *Teaching Thinking Skills Across the Middle Years*, London: David Fulton/National Association for Able Children in Education.

Learning climate 学习氛围

另请参阅：主动学习，行为，协作式学习，课桌，教室布置，全纳教育，互动，学习环境，错误与误解，学习动机，关系，教学法

See also: active learning, behaviour, collaboration in learning, desks, displays, inclusion, interaction, learning context, mistakes and misconceptions, motivation for learning, relationships, teaching approach

高质量的学习氛围或环境是指在此种情境下，源于成人的积极态度和学习者意向的影响，学生的学习动机较高，从而产生较高的成就。为了获得最大的进步，需要营造良好的学习氛围：学生的错误得到建设性的利用，鼓励儿童与成人或同伴讨论他们的学习，提供机会让他们探索挑战性的学习形式。当教师与儿童互动，鼓励他们去获取比其他同学更多的概念与更高层次的理解时，学生的表现水平达到最高。相反地，在任务中人为地给学生设置上限，会导致学生受挫。在这方面，密切关注儿童对学习环境的想法是很重要的（Pointon & Kershner，2000）。

莱科努和柯林斯（Le Cornu & Collins，2004）认为，学生的课堂参与和课堂融入程度与他们对自身的看法相关，也与他们在学校的人际关系和他们对所在班级的文化感受相关。例如，X 教师带领的 A 班的一名学生，可能比 Y 教师带领的 B 班的一名学生表现得更好或更差，这取决于学习任务的性质，但更关键是，成人与学生的关系。加德纳（Gardner，2006）提出一些提高学生学习质量的建议，策略包括使用木偶剧、双人口头游戏、角色扮演、歌谣和故事，以及直观、可触摸的资源，来创造丰富的语言环境，并促进学生的学习。

如果成人和儿童建立了相互尊重的关系,并且每个人都知道适当行为的界限在哪里,就可避免浪费时间去探索什么是可接受的、什么是不可以接受的行为。在充满冒险、没有成人指责、每个想法会被认真对待的环境里,儿童的创造力会得到蓬勃发展。相比之下,在不允许犯错、界限模糊的学习环境中,儿童会容易感觉受伤,他们的好奇心和想象力会受到影响,因为他们需要花费时间约束自己的行为,以免受到指责(参考McGrath,2000)。

学术成功的基石在于营造一个好的学习氛围,使身在其中的学生有自信,并在班上其他儿童的陪伴下感到轻松,同时能与教师轻松相处。教师通过建立和维持安静且充满期待的氛围,来促进积极的体验,并在这种环境下鼓励多样化的学习方法。学生们通过学习解决冲突、合作、反思、辨别、倾听和安静坐下的技巧来帮助自己。为提高学生的满意度,教师应确保课堂教学内容与学生相关,学生能力可达,形式引人入胜、生动有趣,通过组织课堂,使儿童全身心投入任务而无暇淘气。

经过精心布置的干干净净的教室,有助于儿童认识到自然环境的重要性,它比混乱、邋遢的教室无疑更有吸引力。那些看起来很惬意的房间,给人的印象是安全、高效、有目标地工作的地方。这种地方通常有互动展示,比如在墙上展示儿童的优秀作品,在走廊上装饰五颜六色的图案和引人入胜的图片。所有这些都需要花费大量的时间和精力来制作、安装和维护(Cooper et al., 1996)。为促进学生主动学习,大多数小学能提供积极的学习环境,并致力于公平教育,鼓励学生在学习中独立思考,树立高尚人格。

参考文献

1. Cooper, H., Hegarty, P. and Simco, N. (1996) *Display in the Classroom: Principles, practice and learning theory*, London: David Fulton.

2. MacGrath, M. (2000) *The Art of Peaceful Teaching*, London: David Fulton.

3. Gardner, J. (2006) 'Children who have English as an additional language', in Knowles, G. (ed.) *Supporting Inclusive Practice*, Exeter: Learning Matters.

4. Le Cornu, R. and Collins, J. (2004) 'Re-emphasizing the role of affect in learning and teaching', *Pastoral Care in Education*, 22 (4), 27 – 33.

5. Pointon, P. and Kershner, R. (2000) 'Children's views of the primary classroom as an environment for working and learning', *Research in Education*, 64, 64 – 77.

Learning context 学习环境

另请参阅:交流,期待,互动,学习氛围,学习动机,游戏,问题和提问,阅读,成功

See also: communicating, expectations, interaction, learning climate, motivation for learning, play, questions and questioning, reading, success

学校工作者都清楚地知道影响学习的三大因素:环境、动机和情感。若非如此,那学校和教师就没有存在的必要,直接用"教

学机器”即可完成教学工作。因为受到自然环境和社会环境的影响,每种学习体验都是“有情境的”。克拉克(Clarke,2008)建议,教室的每个角落布置都应带有目的性,这样学生在制订学习计划、进行探索、回答问题或收集信息时,才知道从何下手。像角色扮演、小小世界、创意工作坊、调查、延展剧等领域,可以以玩耍为主,而写作、科学、数学、图书角、艺术和手工领域,可以以课程为基础。因此,在自然环境中,每天发生在儿童和成人之间,以及不同儿童之间的无数次互动,会对学习的质量产生影响,因为①我们相互学习;②能量是通过人类互动产生的;③共同努力会产生团队合作感,从而提升学生的士气,这一目的有时也可通过竞争来达成。毋庸置疑,所有儿童都有权享受丰富多彩的、复杂多样的,并提供大量感官体验的环境(Thornton & Brunton,2005)。

特纳 - 比塞特(Turner-Bisset,2003)认为,课堂必须与时俱进,要考虑到当今背景下中小学教育的教与学的需求。另一方面,有一些教与学的需求历经几代保持不变,尤其是对安全、自我肯定和尊重的需求,这些需求设定在基本技能获取(比如有效阅读和交流)的框架内。教师动机与对学生不同程度的期望,会影响儿童选择不同的学习方式。儿童喜欢肯定他们成就的人,因为他们会赞美儿童的小成就,不强调小错误。安宁和爱德华兹(Anning & Edwards,2003)在儿童学习和成人学习之间建立了直接联系,认为“儿童与喜欢学习的成人在一起,他们也会喜欢上学习,因为他们处于一种鼓励自己学习的环境”。

学生的自我态度会影响学习质量,且他们的情感因素对学习的影响越来越大。虽然一定程度的期待会激励学生对成功的向往,但过多的焦虑则会阻碍学习。在课堂上很常见的情况是,有些儿童尽管有局限性,却会采取非常积极的态度,而另一些儿童尽管表现出明显的能力,却仍心存疑虑。帮助学生提升学习信心的三个条件是:安全感、了解规则、清楚地了解课时教学的意图。当教师提出问题或邀请学生回答时,学生需要安全感,胆小的儿童不太可能冒险回答,他们怕受到教师的严厉指责。那些认真对待所有学生的答案(包括不正确的答案),并鼓励学生努力尝试的教师,很快就会拥有一批积极主动的学生。耐心和理解可以把胆小儿童的犹豫不决转换为大胆的行动。那句格言“去试一下,探个究竟”(have a go and find out what happens),如果在一个安全的环境中得到提倡并实践的话,可以成为进步的起点。参阅弗赖贝格(Freiberg,1999)的编著,以便更全面地了解健康学习环境的组成部分,以及改善环境的工具。

参考文献

1. Anning, A. and Edwards, A. (2003) *Promoting Children's Learning from Birth to Five*, Maidenhead: Open University Press.

2. Clarke, J. (2008) 'Learning and thinking', *Early Years Update* (April), on-line via www.teaching expertise.com.

3. Freiberg, H. J. (ed.) (1999) *School Climate: Measuring, improving and sustaining healthy learning environments*, London: Routledge.

4. Thornton, L. and Brunton, P. (2005)

Understanding the Reggio Approach, London: David Fulton.

5. Turner-Bisset, R.(2003) 'On the carpet: Changing primary teacher contexts', *Education 3 – 13*, 31(3), 4 – 10.

Learning difficulties(origins) 学习困难(根源)

另请参阅:友谊,家庭背景与学习,学习动机,游戏,学习的社交和情感因素,特殊教育需求

See also: friendship, home background and learning, motivation for learning, play, social and emotional aspects of learning, special educational needs

尽管对许多儿童来说,学习相对容易,但有些儿童却必须花费很长时间才能理解。一些儿童似乎无法掌握最基本的原则,他们被认为有特殊教育需求,需要大量来自成人的帮助,以应付日常的学习。许多3~5岁幼儿游戏班(playgroup)负责人和幼儿园(nuersery)工作人员声称,他们可以发现儿童早期的学习障碍风险,因为他们观察到这些儿童词汇贫乏、社交困难,以及玩耍形式单一。那些学业上存在困难的孩子,通常会表现出缺乏动力和对生活普遍不满。

这类儿童,有的人几乎没有朋友,并有古怪行为倾向。因此除了学业成就之外,学习过程对儿童的情感和社交健康也有影响。父母介入学生的学习是十分重要的,尽管家长也许会遇到类似问题,并同样需要支持与建议。

Learning objectives 学习目标

另请参阅:发现式学习,教学计划,学习动机,成功

See also: discovery learning, lesson planning, motivation for learning, success

"学习目标"(learning objective)中的"目标"(objective)词根是object,该词可被定义为意图或目的。在教育术语中,它是指学习的产物或结果。因此,学习目标代表了教学的焦点,教师通过学习目标来组织和管理学生,使他们在学习的领域中获得新的或更深层次的进步。学习目标是正式课时教学计划不可或缺的一部分。然而在实践中,学习比教学计划呈现的线性模式要复杂得多,而不仅仅是①设计目标;②目标导向教学;③评价儿童知识掌握情况。波普汉姆(Popham,2004)提醒我们,goal和objective是可以互换的,像aims和intents这样的同义词也是一样。他还建议教育工作者在使用这些术语的时候,要区分其不同的含义,用goal表示广义上的intent(意图),而objectives(具体目标)代表goal的特定方面。

如今,许多主流小学主要采用以下的教学步骤:确定学生现有知识水平;以提高学生学习水平为目的进行教学和设置任务;评估结果。然而基于以目标为导向的教学模式的基础教育,必须与一个既定的事实相协调,儿童在有动机的情况下学习最好,应当鼓励他们探索和调查现象,在自然环境中使用口头语言。其结果是,以目标为导向的教学和对学习灵活性的需要,两者矛盾地搅和在一起。人们的担忧源于这样的认识,即对学生必须学习的东西过于精确化,会导致目

标过多，难以操作；如果过于追求这种精确，学习方法将会变得单调乏味。

关于保持学习目标的有效性，有三个具体的问题：首先，许多目标只能粗略地描述。例如，预期的学习结果可能是让儿童明白如何使用形容词，作为一种更准确地修饰名词的方法。然而理解水平可能停留在知道形容词也就是名词前面那个增加的词（add-nouns，增加名词的意义）；或可能涉及熟悉一系列形容词，为描述某个名词时提供选择；或者可能包括表达主谓关系的形容词（例如 evaporating liquid 蒸发的液体）或口语化形容词（例如 the cool attitude 很酷的态度）。同样在写作中，“更加准确”这个概念只是主观判断，需要读者理解所传达的意思。因此，看似明确的学习目标，实际上是复杂多样的，需要相当的技巧来解释和掌控。

第二个问题关系到特定学习目标的认定：教师很难量化学生现有的学习水平，因为所有的测试和测量都受制于所采用的测量方法。学习的许多方面无法做简单的评价，比如创新、洞察力、智慧和团队精神。目标驱动的学习是基于这样一个假设：不仅可以将儿童现在知道的东西具体化，而且可以精确地引导他们学习教师预期的内容。这就意味着，如果教师不能准确地辨别学生的需求，他们就不可能提供一套匹配的任务和活动来促进他们的学习。事实上，学生的学习需求与所分配的学习任务很难精确地吻合。

第三个问题是由目标驱动的学习过程引起的，即儿童有能力学习超出教师预期的内容。通过严格遵守设定目标的方法，并设计达到目标的任务，直至学生逐步达到学习目标，教师可能会不经意地抑制或限制不可预见的学习机会。以数学为例，普拉特和贝瑞（Pratt & Berry，2007）认为，教师过于详细地与学生分享学习目标可能会适得其反，因为它降低了发现的乐趣。许多学习目标都取决于课时教学目的。如果教学目的主要是和信息及事实性知识有关，容易定义和评估（如记忆历史上的重要事件），建议采用固定的学习目标；如果教学目的是探究性的，如涉及游戏、调查或问题的解决，学习目标的最终结果很可能是多样的，不是固定的。

大多数儿童和成人对学习都有一种“结果至上”（product）的态度。老师布置了学生要完成的任务或要进行的活动，孩子们努力完成这项工作，让老师满意。儿童很快就会意识到，如果他们完成了成人所期望的事情，自己就会得到表扬和赞许。如果儿童偏离了既定的任务，他们会被引导回到正确的道路上；如果他们坚持追求自己的喜好，就会受到责备。费希尔（Fisher，2005）认为，如果儿童对目标驱动的学习着迷，他们会倾向于表现出如下特征：

（1）认为成功是绝对的，要么完全实现目标，要么完全失败。对这样的儿童来说，没有中间的位置。如果他们没有达到或超过预期，就会感到沮丧。

（2）借口是用来解释工作中的缺点的。这类儿童认为，任何不完美，或低于他们对手的成就，都是一种个人的耻辱。

（3）学习某些东西的能力被认为是固定的，这些能力无法提升。这类儿童会说，自己在某些事情上不擅长，而在别的事情上很聪明。在回应教师的提示时,他们会拒绝接受提高自己在某方面的指导或训练。

(4)他们只想着困难,而不去想可能的解决方案。

(5)最初的失败或问题会导致情绪低落。以结果为导向的儿童,只依据是否达到目标来评价成功。他们不认可过程的重要意义,只有最终的结果才重要。

学习目标的建立,为教师提供了一种有效控制课时教学内容、涵盖课程内容的方法,并将学生的思维集中在特定领域的知识和理解上。学习目标也促进了对课程更密切的监控,因为它们提供了一种简单的方法来检查儿童是否掌握所学内容,或者是否还需要学习新的内容。然而严格遵守这种方法往往会把学习的复杂本质过于简单化。参见休斯(Hughes,2008)关于了解课堂实施的细节。

参考文献

1. Fisher, R.(2005) *Teaching Children to Think*, London: Nelson Thornes.

2. Hughes, P. (2008) *Principles of Primary Education Study Guide*, London: David Fulton.

3. Popham, W. J.(2004) 'Objectives', in Flinders, D. J. and Thornton S. J. (eds) *The Curriculum Studies Reader*, London: Routledge.

4. Pratt, N. and Berry, J.(2007) 'The joy of mathematics', in Hayes, D. (ed.) *Joyful Teaching and Learning in the Primary School*, Exeter: Learning Matters.

Learning outcomes 学习成果

另请参阅:儿童学习评价,课程,知识,问题解决,技能,成功,理解

See also: assessing children's learning, curriculum, knowledge, problem solving, skills, success, understanding

学习成果可以定义为学生在学习指定课程内容的一段时间内,有意或无意取得的成就。除非有一个具体且容易衡量的学习结果,否则想在一节课内达到学习目标是不可能的。比如儿童是否能识别字母的形状、用十进制计算,或拼写特定的单词。深度学习最好是在某一节课中开始,在随后的一节或几节课中继续深化,在大量的排练、练习、讨论、问题解决和调查之后再进行课上总结。通过完成布置的任务、正式测试、提问、观察他们的学习过程,或综合几种方法,来评价儿童的知识、理解力和技能习得,都可以获取学习结果是否成功达成的证据。

Learning styles 学习风格

另请参阅:儿童发展理论,讨论,读写障碍,性别,学习,阅读,电视,直观教具,视觉、听觉和动觉型学习

See also: child development theories, discussion, dyslexia, gender, learning, reading, television, visual aids, visual auditory and kinaesthetic learning

学习风格最初指的是,借助不同形式的教学和学习机会,以达到最好的学习效果。这个概念存在和风靡了几年后,大卫·科尔

伯(David Kolb,1984)发表了学习风格模型,带来了经验学习理论(the experiential learning theory,ELT)和学习风格量表(learning styles inventory,LSI),大力推动了学习风格模型的发展。科尔伯的学习风格模型和经验学习理论,被认为是我们理解和解释人类学习行为,并帮助他人学习的基本概念。基于四个阶段的学习周期,科尔伯的学习理论提出了四种不同的学习风格(或偏好)。四个阶段为:①具体经验(concrete experience,CE);②反思观察(reflective observation,RO);③抽象概念(abstract conceptualisation,AC);④积极实践(active experimentation,AE)。这个理论认为,该周期引导了学习风格四种类型的定义,每种类型都代表了两种风格的结合:发散(diverging,CE/RO);同化(assimilating,AC/RO);聚合(converging,AC/AE);适应(accommodating,CE/AE)。此外,科尔伯认为,人们对某种单一的学习风格有偏好,因为他们经历了三个阶段的发展:习得(acquisition)——从出生到青春期;专业化(specialisation)——学校和成年早期;整合(integration)——职业生涯中期及后期。他还指出,随着发展阶段成熟,我们对于顺应并成功地整合四种不同的学习风格的倾向会变强。参见吉文(Given,2000)对学习风格的历史概述。

近年来在教育领域,人们普遍将学习风格分成三种,即视觉型学习、听觉型学习和动觉型学习(缩写为VAK)。库克(Cook,2008)认为,儿童实际上有四种主要的学习风格:视觉型学习、听觉型学习、动觉型学习和触觉型学习(依靠触摸)。他认为,儿童的最佳学习效果通过一个或多个学习渠道实现,教师可以根据学生的一个或多个主要学习风格进行教授。如果教师在一堂课的教学中使用了所有或者多种学习渠道,我们可以将其称之为"多感官教学法"。库克根据如下所列特征(稍做修改),描述了每种学习偏好,注意有些描述(如"实地考察")适用于多个类别。

听觉型学习:大声朗读、辩论、小组讨论、非正式讨论、采访、讲座和演讲、有声读物、文字转语音、戏剧、无线电广播、音乐和歌曲。在典型的课堂中,涉及阅读和听力的听觉活动往往占据主导地位。阅读被归类为听觉活动,因为它涉及大脑的语言中枢和语言处理技能,这是听觉的本质。因此,当人们阅读时,他们会在脑海中"听"到这些词。

视觉型学习:电影、DVD、视频、电视、图片、海报、壁画、地图、图表、图形、实地考察、计算机软件、演示、戏剧、实验。库克还认为,尽管并非所有的视觉型学习者都存在读写障碍,但所有患有读写障碍的儿童都是强大的视觉型学习者。因此,如果教师使用直观教学工具,而不依赖于讲课、阅读和写作,这些孩子将会学得更好。患有诵读困难症的儿童,通过观看视频录像、电影、演出和示范来获取信息,并且还会通过身边的环境来汲取大量信息。患有诵读困难症的儿童尽管聪明好学,但很快就会被贴上"失败"的标签,因为他们主要通过基于听觉的学习风格来学习,而学校过于重视视觉教学。

动觉型学习:例如,游戏、模型、字母拼图、计算机软件、艺术和手工、动手实践、实验、实地考察。

触觉型学习:例如,艺术和手工、黏土造型、园艺、装扮、绘画、缝纫。

在大约四岁之后,儿童通过三个感官来获取大部分的学校信息:眼睛、耳朵和触觉。偏好听觉型学习的儿童通常在学校表现得很好,因为教师说话仍然是传播信息最普遍的形式;偏视觉学习的儿童往往在小学里表现得很好,因为学校注重通过图片、绘画和图像等直观手段进行教学;处于最弱势的儿童是那些倾向于动觉型学习的儿童,他们需要触摸、走动,以及有感情的回应。"触摸"和"感觉"两个词都是指情感和身体上的反应。儿童在椅子上摇摆,表现出焦躁不安,总是跳起来去拿东西,这不是他们太淘气,而是他们学习的必要部分。克劳森-梅(Clausen-May,2005)还指出,视觉型和动觉型学习风格的学生在学习书写课程时比较困难,特别是由于对印刷页面(文字、图表)的过度依赖,儿童可能会在数学上表现落后。多加强实践活动和讨论,可以帮助减缓这些劣势。

考虑学习风格时,教师必须考虑到女孩通常拥有比男孩更强的语言能力,而男孩往往拥有更强的空间思维能力。应对压力时,男孩和女孩也有所不同:女孩们经常寻求同伴的支持,而男孩则是"站起来斗争"(详细描述参阅 James,2007)。也有人提出,教师自身的学习风格可能会影响他们的教学方式,并可能与一些学生的学习风格相悖。例如,大多数教师都有很高的读写能力,并且能够很容易地进行口语表达,而学生们则可能没有这个倾向。

参考文献

1. Clausen-May, T. (2005) *Teaching Maths to Pupils with Different Learning Styles*, London: Sage.

2. Cook, S. L. (2008) *Learning Styles*, on-line at www.learningabledkids.com/home_school_info/ learning_styles.html.

3. Given, B. K. (2000) *Learning Styles*, Fairfax VA: Learning Forum Publications.

4. James, A. N. (2007) *Teaching the Male Brain: How boys think, feel and learn in school*, New York: Corwin Press.

5. Kolb, D. (1984) *Experiential Learning: Experience as the source of learning and development*, Englewood Cliffs NJ: Prentice Hall.

6. Norman, S. 'Learning and Thinking', *KVA-How Children Learn*, on-line at www.teachingexpertise.com/articles/kva-how-children-learn-621.

7. Pritchard, A. (2005) *Ways of Learning: Learning theories and learning styles in the classroom*, London: David Fulton.

Learning styles and teaching approach 学习风格和教学法

另请参阅:家庭背景与学习,家校协议,学习风格,教学法

See also: home background and learning, home-school agreement, learning styles, teaching approach

尽管 VAK 代表了视觉型、听觉型和动觉型的三种学习模式,但也可以把这三种学

习模式看作开拓学生学习兴趣的教学方法。教师可以为教学的任何阶段制定计划（如导入阶段、任务管理阶段、课堂复习，等等），来强调一种或多种的 VAK 模式。如下所列：

（1）教师讲解所学内容，学生坐着听教师讲（听觉）。

（2）教师讲解，但也用直观教具来解释或解释某个观点（听觉、视觉）。

（3）教师将直观教具作为教学的基础，在讲解时常常向学生展示（视觉、听觉）。

（4）教师讲解或示范某个技能，并邀请不同的儿童表达他们的想法（听觉互动）。

（5）教师示范某个技能，解释其重要性，并邀请学生上前协助（视觉、听觉、触觉）。

（6）教师花很短时间解释任务，给学生大量时间积极探索（听觉、触觉）。

（7）教师解释任务，让学生有时间积极地去探索，并鼓励他们给予反馈（听觉、触觉、听觉）。

不同的教学方法适用于不同的学科领域。例如，科学、设计和技术、手工制造及“形状—空间”方面的数学通常需要动手能力（动觉）。教师可能希望儿童通过游戏或使用各种材料做手工来积极探索某个主题，并为他们提供相当大的自由去实践。另一方面，教师可以组织实践活动、选择设备、制定活动步骤。在这两种情况下，学生都会接触到动觉型学习，但是由于学生享受不同程度的自由和自主权，他们的体验也会有所差距。然而许多教学都由听觉型教学风格——解释、呈现事实和问题——为主导，忽略了学科的主题领域，这不利于那些不适合这种模式的儿童。

教师必须认识到“学习风格”如何影响教与学的组织和管理方式。如果像某些教育家所言，儿童具有不同的学习风格，教师则不得不①辨别学生偏爱的学习风格的本质，②调整他们的教学方法，以适用学生不同的学习风格。然而富兰克林（Franklin，2006）认为，以学习风格偏好为基础来划分不同儿童群体的教学方法是行不通的。一种更现实的方法是，通过演练和强化来丰富所有学生的学习经验。伯德（Bird，2006）指出，当教师试图将学生的学习风格融入课堂实践时，他们会面临理论与实际的困难。他列举了五种不同的学习风格分类方式：

（1）视觉型、听觉型、动觉型/触觉型；

（2）反思者、行动者、理论家、实用主义者；

（3）创新型、分析型、常识型、动态型；

（4）场依存型、场独立型；

（5）顺序/全面型；视觉/言语型；感官/直觉型；主动/反思型。

伯德指出，以上分类对教师的启示体现在四个方面：

（1）使用一些策略，来确定学习需求，随后为有类似需求的小组或个别儿童提供帮助。

（2）确保有能力（或叫作“有天赋的”）的学生，有机会在某学科领域进行更具挑战性的任务，从而拓展他们的能力。

（3）采用更富想象力的方法进行分组，

例如,对不同的活动小组轮流配对,对学习有困难的学生进行强化辅导。

(4)特别注意来自特殊家庭背景的学生,他们可能得不到家庭足够的支持和鼓励。

上面提到的第四项必须非常认真地处理。也许需要助教关注这类儿童,并提供具体的支持,以帮助学生完成任务,同时不吝表扬,带给他们安全感和鼓励。对于那些在学习或行为方面需要特别帮助的学生,大多数学校都与他们的家长有着密切的联系,而且家庭与学校通常都有商定的措施来联系和合作,如家校合作"协议"。

参考文献

1. Bird, R. (2006) 'Personalised learning', *Secondary Headship*, November, 11 – 20.

2. Franklin, S. (2006) 'VAKing out learning styles', *Education 3 – 13*, 34(1), 81 – 87.

Learning support assistants 学习辅助教师

另请参阅:注意力缺陷多动障碍,注意广度,干预,习得性无助,读写能力,计算能力,学困生,助教

See also: attention-deficit hyperactivity disorder, attention span, intervention, learned helplessness, literacy, numeracy, slow learners, teaching assistants

学习辅助教师 LSA(learning support assistants)这个词通常指的是助教(teaching assistants, TAs)。他们在教室里与教师一起工作,帮助有特殊需求的儿童,尤其是那些常规学习中有"问题的"孩子,包括在具体的学业上(学困生)、情感方面(行为型)、身体残疾,或几个方面都有问题的儿童。助教可与儿童个人或一小群儿童一起学习——帮助他们发展和加强读写能力、计算能力等基本技能,在一些学校,他们的任务范围更为广泛。在一对一的情境中,儿童可能变得过于依赖助教(习得性无助),或者特别是年龄大一些的学生,对持续密切的关注会感到不自在,因为这些关注突出了他们的"不同"。为了缓解这种不适,助教有时会被安排去负责有特殊需求学生小组的工作。在课程最开始的时候,以及从全班活动转到小组活动的时候,学生最有可能需要额外的支持。当学生走神时,助教要帮助学生重新集中注意力,尤其是患有注意力缺陷和多动症的学生。

Left-handedness 左利手

另请参阅:智力,智商,测试和测试过程,写作

See also: intelligence, Intelligence Quotient, tests and testing, writing

教师需要知道班级里有多少左利手学生,以及如何帮助他们。可用资源包括软铅铅笔、左利手剪刀、左利手尺子、符合人体工程学的左利手鼠标或专门为左利手设计的鼠标,以及放在纸下面帮助他们正确书写和绘画的倾斜板。如果儿童坐在某一侧,则可能表明他的一只眼睛比另一只眼睛弱,或者

他有一个特别的空间偏好。左利手儿童写字时倾向于用力过度,可能会形成不良姿势。英国布里斯托大学(University of Bristol)“90 年代儿童”项目研究发现,左利手儿童在智力测试中得分较低,他们在学校考试中取得的成绩要比右利手的儿童低 1%(Gregg et al., 2008)。该研究小组比较了每个儿童在不同关键阶段课程结束后的考试成绩,以及智商测试成绩的数据。智力发展速度较慢的是双手混用的儿童,尤其是女孩。虽然左利手人群不再被视为特殊人群,但在主要为右利手人群提供服务的世界里,左利手人群在国家读写能力测试中仍处于劣势。随着儿童年龄的增长,这些差距不会缩小。然而一个有趣的现象是,在成年期,左利手人群的平均收入要高于右利手人群。

L

参考文献

1. Gregg, P., Propper, C. and Janke, K. (2008) *Handedness and Child Development*, Bristol: University of Bristol/ESRC/Leverhulme Trust, Working Paper 08/198.

Lesson continuity 教学连续性

另请参阅:学习目标,教学管理,教学计划,教学方法

See also: learning objectives, lesson management, lesson planning, teaching methods

尽管课堂导入、任务布置和结果评估是每个教学过程必要的环节,但教师需要对学习过程持长远的观点。课时教学并非总能在固定的时间刚好完成(比如说一个小时),想要达到教学目标,教师通常需要花费比课表上一个课时更多的时间来完成。连续性是指每节课与每节课的学习目标之间的密切联系,它将知识、技能和理解的主线贯穿在一系列课程中。每一堂新课始于对前一节课的一些重点的复习。对上一节课学习的评价,能使下一节课的计划更准确,学生对任务的回应、问题的回答和作业的完成,也可以作为后续课程的依据。在从这节课到下节课的连续推进中,学习中的各种主线相互交织,教学越来越关注儿童的需求,学生因此取得更扎实的进步。

教师在设计跨度为几节课的教学时,需要考虑三个因素。首先,短期的教学目标(每节课的)必须服务于长期的学习目标;其次,相关的课程必须合理地紧密结合,以促进连续性;最后,前一节缺课的学生需要有机会赶上来。采用严密的教学课时,以及学校督导报告中对系统课程结构重要性的强烈建议,阻碍了教师在组织教学中想象力的发挥。不过,跨度几节课的教学,让教师有机会自然且灵活地探究问题,而不是把每一个单元内容塞进人为设定的课时内。

第二类连续性是指小学和中学之间的“课程连续性”,即尽量减少学生在升学过程中发生的学习断层。在接收升学学生时,了解下列事实会令中学教师受益匪浅:学生在小学阶段学过的主题和文本、学生所拥有的技能,以及之前课程的教学风格。从理论上讲,中学教师可以利用这些知识组织和呈现课程,去复习之前的学习内容,并使学生的中学学习顺利进行。然而经验表明,无论教师如何努力确保学习过程无缝衔接,在学生适应新的学校环境和不同的教学方法过程中,学习会出现不可避免的断层。

Lesson management 教学管理

另请参阅:课堂小结,鼓励与表扬,健康与安全,学习氛围,教学组织,奖励,赏罚,成功,教学技能,时间管理

See also: concluding lessons, encouragement and praise, health and safety, learning climate, lesson organisation, rewards, sanctions, success, teaching skills, time management

课堂管理一直是一代又一代教师思考的问题,另请参阅阿诺德(Arnold,1902)。如果组织是促进有效教学和学习的结构,那么管理就是实现它的手段。迪恩(Dean,2001)坚持认为,每个教师都是学习的管理者,教师如何履行这一职责,不仅取决于教师的个人情况,还取决于与同事和学生建立的关系。雷格(Wragg,2001)认为,教师的某些技能十分重要,课堂管理无疑是其中一项。有效的课堂管理是影响教师成功的最重要因素(没有之一),是实习教师和经验丰富的教师都要不断提高的核心技能。"管理"(management)这个名词的词根是动词"manage",我们可以在各种各样的情境中用"manage"这个词来表达成功的结果。例子如下:

I managed to get it in on time. 我设法准时完成了。也就是说,我在截止日期前成功地完成。

She managed the final question. 她胜利完成了最后的问题。也就是说,她有足够的知识确保成功。

He managed to control the class. 他成功控制住了这个班。也就是说,在这种情况下,他有能力有效执行班级纪律。

这些表达指出了教师在日常工作中需要考虑的三个方面的管理:①时间管理;②信息管理;③人的管理。对教师来说,最熟悉的管理情境是有规律组织课堂、提供资源、商量学习方向。有效的课堂管理可以确保学生理解学习过程的各个步骤。如果教师能够明确说明他们的指示,准确说明他们对学生的期望,并在适当的时候让学生参与决策(Hayes,2003),则更容易形成有效的课堂管理。教师通过下列方式提高他们的管理效率:迅速开始课堂教学,表现出对教学内容的热情,确保学生掌握完成学习任务需要的信息,让每个儿童都能轻松获得资源。如果课堂节奏恰当,教师坚持认真教学,并且对儿童的努力和成功保持热情,此时良好的课堂管理便得到加强。

有效的课堂管理还应考虑到实际情况。比如一开始上课时,不宜让儿童在地毯上坐太久;避免同一时间组织太多零乱的活动;不要将活动进行到课堂的最后一刻,这样会没有足够的时间整理和讨论。在上课期间,教师还必须确保他们不会因给一组学生过多的时间和注意力而忽略其他组学生。尽管有些任务需要教师更多的参与,但流畅的课堂管理要求学生不能过度依赖教师,而是鼓励他们成为独立的思考者。

行为管理问题一直是教师工作中的首要问题,对上文提到的课堂管理其他方面的注意,能减少混乱的可能性,并促进形成有序的学习氛围(参见 Newell & Jeffery,2002;Nelson,2006;Haydon,2007)。因此,有效的课堂管理关注的是预防问题,而不是解决问题;

运用适当的教学技巧来促进学习;使用赞扬、奖励和处罚;还有一个教师们时时要判断的问题,即确定合适的噪音程度(Barnes,2006)。在课堂结束前的管理尤其重要,因为时间掌握得不好可能意味着拖堂,使儿童必须等到教室重归整洁后才能离开,导致学生去操场的时间推迟,或者导致下一堂课不能按时开始。无论是从纪律,还是从健康与安全的角度来说,有序地管理课堂结束都是至关重要的。

参考文献

1. Arnold, F. (1902) *Text Book of School and Class Management*, London: The Macmillan Company.

2. Barnes, R. (2006) *The Practical Guide to Primary Classroom Management*, London: Paul Chapman.

3. Dean, J. (2001) *Organising Learning in the Primary School Classroom*, London: Routledge.

4. Haydn, T. (2007) *Managing Pupil Behaviour*, London: Routledge.

5. Hayes, D. (2003) *Planning, Teaching and Class Management*, London: David Fulton.

6. Nelson, J. (2006) *Positive Discipline*, New York: Ballantine Books.

7. Newell, S. and Jeffery, D. (2002) *Behaviour Management in the Classroom: A transactional analysis approach*, London: David Fulton.

8. Wragg, E. C. (2001) *Class Management in the Primary School*, London: Routledge.

Lesson organisation 教学组织

另请参阅:差异化,节日,小组活动,学习氛围,课时教学,读写能力,新生,计算能力,座位安排,教学技能

See also: differentiation, festivals, group work, learning climate, lessons, literacy, new entrants, numeracy, seating arrangements, teaching skills

迪恩(Dean,2001)认为,儿童潜在成就的挖掘取决于教师的以下能力:组织儿童学习的能力;教师所具有的教学技巧;观察、选择、呈现材料及引导讨论的能力;评价和评估能力;反思自身表现的能力。凯莉(Kelly,2006)认为,教师的教学组织方式很大程度上反映了教师如何看待儿童的学习。

同事、家长,也许最重要的是儿童,他们通过总结你所负责的课堂生活的特点,能明白你所看重的是什么。比如你选择关注和关联的课程领域、你计划的课时和活动、你分配的其他成人在课堂中的角色、你如何给儿童分组和分配座位、你接受孩子自己做决定、你提供的资源和利用资源的方式、你如何展示课外知识和给学生机会学习课外知识。

组织良好的教学会带来稳定的学习环境("气氛"),从而改善小学生及成人的学习体验。教师很有必要建立清晰的课堂程序,并为新入学者在第一年打好基础(Moran et al.,2009)。班级授课组织模式通常与读写或算术的课程结构相关联,然而教学组织方法有许多其他的变化,其中有六种方法是

在小学常见的。为了便于参考，这些组织方式被称为：①线性；②循环式；③分段式；④轮辐式；⑤单一任务；⑥阶梯式。

线性教学组织包括一个简单的全班导入，接着逐渐增加任务难度，学生按顺序渐进开展学习。

循环式教学组织在两个重要方面不同于线性组织：①它依赖于小组活动；②它需要学生同步完成。循环式教学组织适用于各小组负责同一个课程领域（比如历史）的不同任务，或不同学科领域同一个主题（例如节日）的任务。它最常用于科学课，或其他基于探究的课堂。

分段式教学组织按照学生在同一时间段内不同科目方面显现出来的能力分组。对自信心和进取心强的教师来说，这是令人兴奋的、不同寻常的教学组织形式。例如，让一个小组研究数学，另一个小组研究书面英语，第三个小组研究艺术。如果这些小组是由具有不同学习能力的儿童组成的，那么在这些宽泛的组别中，能力区别就体现在一个分组内，而不是小组之间。

轮辐式教学组织可能是最常见的学习管理形式，它组织儿童进入能力小组，并为每个小组提供一个独立但相互有所关联的任务。在课堂导入阶段，把所有的儿童聚集在一起，目的是解释和探索某个话题，提出问题或疑问等，然后再让学生去做他们的活动。

单一任务式教学组织，指每个小组在某一特定的学科或领域内从事类似的任务。但教师对每个小组的期望不同，这取决于他们的能力和以往的体验。在对任务的介绍和解释之后，教师给每个小组分配相同的资源，并给予相同的时间，以完成问题、调查、实验或研究。

阶梯式教学组织方式在大空间课堂（体操、游戏、戏剧）最为常用，它需要教师详细解释和具体示范，随后学生承担更独立的活动。在阶梯式方法中，所有的儿童都被引入一项基本任务中，让他们在一段时间内进行探索或练习，然后教师介绍越来越复杂的任务，任务参与方式可以是个人参与、两人合作，小组合作。

L

大多数课堂都有一个基本的组织模式，但是教师要根据不同的情况有所变化。例如，为了分享大规模项目所需要的资源，可将桌子移在一起；为了在固定时间内完成各种各样的任务（比如科学课），儿童可能需要在教室里四处走动，因为每个任务都在教室的不同区域。如果儿童有特殊的学习需求，也有一些实际的因素需要考虑。例如，需要更多的空间让轮椅进入，或者专门为那些身体活动受限的人提供专门的工作台。

缺乏经验的教师有时在一节课中留不出足够的时间来完成计划内的所有事情，或者没有提前计划好哪些学生参加哪些活动。有经验的教师知道，在教学计划中，要考虑到课堂可能会出现中断的情况，而在任何重要事件（如集会或唱歌练习）的前后上课，都可能会影响可用的时间或学生的注意力水平。因为前面的课堂组织一直实施得很有效,便认为所有的事情都会毫无阻碍地顺利进行,这是不现实的。优秀的教师不仅要组织教学,还要确保有效管理课堂事务(监督、干预、指导、评估),以保证创造最有利的学习条件。

参考文献

1. Dean, J. (2001) *Organising Learning in the Primary School Classroom*, London: Routledge.

2. Kelly, P. (2006) 'Organising your classroom for learning', in Arthur, J., Grainger, T. and Wray, D. (eds) *Learning to Teach in the Primary School*, London: Routledge.

3. Moran, C., Stobbe, J., Baron, W., Miller, J. and Moir, E. (2009) *Keys to the Elementary Classroom*, Thousand Oaks CA: Corwin Press.

Lesson pace 教学节奏

另请参阅:封闭式问题,信息技术,交互式白板,教学管理,反思,教学法

See also: closed questions, information technology, interactive whiteboard, lesson management, reflection, teaching approach

教学节奏要求教学紧凑而富有成效,学生要保持精力集中。这是保持课堂纪律严明的一个重要特点。如果学生适当地忙碌,就没有多余时间去做课堂任务以外的事。对于那些成绩优异、能长时间应对严峻挑战的学生来说,教学节奏尤为重要。这类儿童喜欢生动活泼的教学方法,希望快速完成教学环节的前几个部分,从而有足够的时间来做挑战性活动。有经验的教师往往会平稳地导入教学,并逐渐地加快节奏,他们特别注意控制话语速度,而不会不加思考地滔滔不绝。在课堂开始时,教师用简洁的话语和有趣的事情抓住学生的兴趣,激发他们的想象力,然后再提高速度和强度。合适的节奏很大程度上取决于课时内容。与高强度师生互动相比,讲解新内容通常需要一个更稳定、更慎重的节奏。

在学生能跟上、不陷入困惑的情况下,教师要努力保持一个快节奏课堂,教师还必须注意,这种快节奏方法不能剥夺学生的思考和反思教学内容的时间。教师倾向于利用快节奏来解决大量的封闭式问题(只有一个正确的答案的问题),这吸引了自信和有能力的儿童,但却让学习速度较慢的学生感到不知所措。采用“暂停式沉默”的方法,即教师“暂停进程”,以及变化不同的语调、音量和侧重点等,有助于把学生拉回课堂,并提高他们对接下来的活动的期待。

为了保持课堂节奏和开发大脑的最大潜力,同时又不让教师和学生在上课结束时精神疲惫,下面给教师提供一些相关建议(基于 Smith,2007)。

(1)备课时考虑要学生做什么,而不是教师将要做什么。

(2)站在教室前面等待上课开始,等待学生做出反应并集中注意力。

(3)在黑板/白板上写下教学目标,给学生布置任务让他们立即开始。

(4)当学生想分享有趣的消息时,告诉他们课后再讲,不要因此延误上课。

(5)设计一个快捷且目标明确的导入

活动。

(6)把必要的资源放在桌子上,或者让早到的学生做这件事。

(7)不要因学生的要求、与任务无关的询问,或者管理性任务而转移注意力。

斯密斯还建议,在上课或学习的过程中,下列做法有助于保持课堂活力,保证教学的流畅进行:在黑板上写明下一个活动的准备内容;分配下一步教学的资源;对主要活动或关键学习点给出口头和视觉上的指令;在教室里放一个时钟,让所有人都看得见;营造并强化纯粹的学习环境;用交互式白板上的计时器来加强限时,或让一个学生做计时员,宣布任务的结束时间。其他有助于保持课堂节奏的策略包括:竞争、快节奏音乐、需要学生反馈的任务、在合作小组内进行角色分配(例如小组长、抄写员)、准时下课(以确保使下一堂课准时开始)。美迪威等人(Medwell et al., 1998)指出,在读写教学方面,轻快的课堂节奏最有效:"教师定期将儿童的注意力重新集中到手头的任务上,并使用清晰的时间框架让儿童完成任务。"

参考文献

1. Medwell, J., Wray, D., Poulson, L. and Fox, R. (1998) *Effective Teachers of Literacy*, *Final report*, *School of Education*, University of Exeter.

2. Smith, J. (2007) 'Injecting pace into lessons', *Learning and Thinking*, on-line at www.teaching expertise.com/articles/injecting-pace-into-lessons-2055.

Lesson planning 教学计划

另请参阅:关于学习的评价,课程计划,全纳教育,学习环境,学习目标,教学连续性,(合作)教学计划,学习进展,教学规划,终结性评价

See also: assessment of learning, curriculum plans, inclusion, learning context, learning objectives, lesson continuity, lesson planning (joint), progression in learning, schemes of work, summative assessment

教学计划的目的是为了制定有助于在一定时间内(例如一个小时)实施的系统化教学方案。教学计划要求教师认真考虑学生的具体学习需求和学习环境,考虑如资源、教室大小、儿童数量、能力水平、时间分配等影响因素。教学计划是主动积极的过程,需要教师了解学校现有的工作计划和日程安排(详例另请参阅 Butt,2006)。要制定一个成功的教案,教师必须遵循学校中期课程计划(通常跨越半个学期),与负责相同年龄组或相同学科的教师合作,通常一到两周正式合作一次。除此之外,还有更频繁的非正式讨论。尽管教师都很乐意参阅"现成的"上课方案,但是制定教学计划的过程使特定教学思想有机会适应特殊情况,使教案适合长期学习目标,使教师掌握儿童现有的知识水平,并为满足优等生或后进生的个体需要而做出修改。即使是经过试用和测试的教案蓝本,也必须针对不同的儿童群体进行修改。正如哈特(Hart,2000)所述:"课堂动态非常复杂,从开始上课的那一刻起,教师就很难预测,或完全控制课堂上即将发生的事情"。尽管如此,在上课前(教学组织)

和上课时(教学管理),教师考虑得越周详,成功的可能性也就越大。

为了实现有效、顺利的课堂教学,教师需要在课外做大量的准备工作,而在别人看来,似乎教师具备一些天生本领,可以毫不费力地开展教学。实际上,制定教学计划是一个积极主动的过程,需要教师熟悉学校宏观教育优先发展计划和儿童学习需求(详例另请参阅 Walker,2008)。如何把每个孩子纳入课堂,是教师设计一节课或阶段计划要考虑的重要因素。这也许包括为那些能力较差的儿童准备单独的任务,或者修改教学内容,这样他们可以完成一些基础的任务,并从中获得成就感,从而更有信心扩展他们的学习领域,完成更有挑战性的活动。如果能力较差的儿童被教师挑出来进行单独辅导,教师就必须考虑到他们回归群体后将如何融入课堂中去。设计学习计划比为学生寻找合适的活动所牵涉的东西要多得多,尽管学生通常更感兴趣的是他们在做什么,而不是为什么。

教师通过收集学生对任务的反应、问题的回答和活动完成等情况,进行课堂评估,从而能更准确为下一节课做准备。评估标准与学习目标紧密相连,在备课时要考虑并提供学生进步和成就的指标。尽管在每一节课上不可能密切观察每一个儿童,但教师经常采用直接的分类来表明学生对知识的反应,例如"处理得游刃有余""处理得费力""需要更多挑战"。这三个类别为更复杂的评估提供了一个起点,它通常依赖于儿童上交作业后,对他们书面输出的评价(有时被称为"终结性"评价或关于学习的评价,即 AOL)。教学计划通过从一个阶段到下一个阶段的继续,把学习的过程编织在一起,帮助学生循序渐进地学习。休斯(Hughes,1995)提供了对儿童在不同领域学习过程中所发生的短期和长期变化的见解。

参考文献

1. Butt, G. (2006) *Lesson Planning*, London: Continuum.

2. Hart, S. (2000) *Thinking Through Teaching*, London: David Fulton.

3. Hughes, M. (ed.) (1995) *Progression in Learning: BERA dialogues 11*, Bristol: Multilingual Matters.

4. Walker, L. (2008) *The Essential Guide to Lesson Planning*, London: Longman.

Lesson planning (joint) (合作)教学计划

另请参阅:课程计划,教学计划

See also: curriculum plans, lesson planning

在制定教案时,教师们会参考学校现有的中期课程计划(通常是半个学期),并与其他负责同龄组或相同科目的教师紧密合作(通常每隔两周就会制定计划和分享想法)。教师与同事保持步调一致,保证了教学稳定性和发展的框架,但同时也可能限制创新的机会。

Lesson plans 教案

另请参阅:能力,回答问题,关于学习的评价,差异化,学习目标,教学计划,教学总

结,助教

See also: ability, answering questions, assessment of learning, differentiation, learning objectives, lesson planning, plenary, teaching assistants

教案好比地铁线路图,使用彩色笔画出一张网线,可以找出从一个地方到另一个地方的最短距离。地图没有提供关于火车状态的信息、车站之间的确切距离和隧道内空气质量的信息,它仅指出了从开始到结束的最佳路线。教案与地铁图的原理相似,通过设定按时间顺序运行的步骤,使课程顺利进行。教案无法预测学生将会有怎样的行为细节,或是设备最终是否能够正常使用,也不会描述教室环境。然而如果要课程的“旅程”成功完成,教案就必须考虑到时间的限制,并预测可能阻碍或促进学习的因素。

教案建立在指定的学习目标上。学习目标可以帮助教师预测学生将要学习的内容,有时同样的目标也适用于几节连续的教学环节,只需要在教学的重点上做一些小小的调整。尽管这些目标大体上适用于每个儿童,但特定儿童的具体需求必须考虑词汇、问题和任务的差异化。学习目标与评价标准相联系,评价是检查教学有效性的手段。仔细观察儿童回答问题和动手完成任务的方式,能给教师提供许多关于他们对任务的理解程度的信息。

课时之间不是孤立的,教案必须反映与之前课时的联系,以加强连续性和体现学习的发展本质。教案应同时考虑到快速学习者与学习迟缓者、能力强与能力弱的学生,以及课堂上可能发生的突发事件。比如令人兴奋的戏剧表演课之后,是当天最后一堂短时课,其教学方法绝不同于这一天上过的其他的常规课。学生不参与备课,因此教师们必须向他们解释课上正在进行的事情,让他们充分参与其中。

资源包括实物资源和人力协助,所以教案的细节包括:①教学和学习的设备清单;②成人助手(助教或家长)的作用。教案的详细内容一定要包含学习助手的详细任务。如果设备使用需要特殊的培训,或涉及健康与安全等因素,那么在备课时都一定要考虑到,因为即使是常常使用的设备,如果操作不当,也会造成危险。例如,如果体育课使用的设备有部件松散,教师对此显然不能大意。

能力强和能力弱的儿童可以分配与大多数学生不同的任务。这样,能力弱的儿童可以在完成基础任务中获得成功;能力强的儿童通过开放式活动扩展学习,这类活动可以发展他们的推测、对比,以及评估等高阶思维能力。如果把能力较弱的学生从课堂里抽出来做个别辅导,教师需要考虑他们回到班级后如何重新融入课堂。此外,敏感对待每个儿童的个人需求越来越重要,例如通过课外班和计算机辅助学习的“助推”课或集中“辅导”等来满足个人学习需求。

教案通常包含重要的词汇和短语表,尤其是与学科相关的。每个老师都应该做出决策:小学生在多大程度上可以掌握主要的拼法?他们在多大程度上可以独立或在词库的帮助下尝试拼写单词?大多数教师鼓励儿童在询问大人之前先试着自己拼单词。重要的词汇和短语,特别是学科相关术语,都应在教案中提到。有些教师把包含关键词用法的例句写下来作为教学的一部分，这一策略加深了学生的学习。

在一节课的最后阶段（见词条“课堂复习”或“教学总结”），教师要总结所学的内容，整合本课学习的线条，包括学生错误和概念误解，为学生提供与别人分享课堂活动和收获的机会，并说明接下来的课时教学内容。

Lesson review 课堂复习

另请参阅：关于学习的评价，鼓励与表扬，课时教学，错误与误解，口语能力，教学总结

See also：assessment of learning，encouragement and praise，lessons，mistakes and misconceptions，oracy，plenary

课堂复习是学习过程的重要组成部分，因为教师可以利用这个机会鼓励学生谈论他们所完成的活动，提炼本节课的重点，指出失误、误解与错误。如果整个班级或小组在场，并参与复习过程，这个过程通常被称为“教学总结”（plenary）。有时候，复习只需教师花一两分钟时间总结刚刚进行的事情；有时候，是教师随机选择学生，让他们告诉班上其他人，自己发现了什么或做了什么；偶尔也会有一个儿童代表合作小组发言，解释他们在一起学习时发现了什么。其他策略包括：学生向每个人展示或大声朗读他们的作品；讲述学习过程中使他们感到惊讶或高兴的事情；投票决定他们喜欢哪一种想法或方法；告诉别人自己和同伴所做的事情。通过这些不同的方式，教师可以利用复习来确定学生学到了什么，这个过程被称为关于学习的评价（AOL）。

儿童通常喜欢有机会谈论他们的功课，展示他们的模型、图表、图片和图画。教师对凝聚班集体和激发学生热情起着重要的作用。无论采用哪种方法（或方法组合）让学生参与活动，重要的是教师需确保对学生的表现给予热情赞许。无论是不言而喻的评论，或是重复他人的话，孩子们的评述应得到认可、表扬和赞许。非常年幼或害羞的儿童，即使他们实际上没有开口说话，也需要让他们感觉到，他们已经为这节课的学习做出了贡献。比如教师让孩子们举手表达对一节课各个方面的意见，这样所有孩子都能参与提供意见，或找一个表现良好的学生做示范，让其他孩子也备感荣幸。其他复习总结的方法有：让儿童说出大家在课堂表现中让他们感到惊讶或高兴的地方，说出他们遇到了什么问题，或者让儿童阅读一篇文章的摘录。

一堂课快要结束时，教师可以提醒孩子们，在课间休息后或这门课的下一节课将会做什么。教师有责任叫停孩子们正在做的事情，尽量排除干扰，吸引全班同学的注意力，并突出学生的成就。除了在课堂结束时肯定学生这节课取得的进步，教师还可以在许多种情况下，利用一节课的最后几分钟，提醒学生下课后或者下节课他们要做什么。通过这些方法，课堂复习不仅强化了学习效果，而且为整个班级带来了成就感和安全感（另请参阅 Petty，2004，第 40 章）。

参考文献

1. Petty，G.（2004）*Teaching Today*，Cheltenham：Stanley Thornes.

Lessons 课时教学

另请参阅:交叉课程,课程,差异化,英语,好教师,教学管理,学习目标,教案,学习风格,读写能力,数学,计算能力,主题式学习,话题式学习

See also: cross-curriculum, curriculum, differentiation, English, good teachers, lesson management, learning objectives, lesson plans, learning styles, literacy, mathematics, numeracy, thematic learning, topic work

二三十年以前,"课时教学"(lesson)一般是指在中学教育的一定时间框架内教授不同学科。在20世纪末以前,小学教育课程主要通过"话题"(话题式学习)或"主题"框架(突出某个特别学科)来整合不同学科,通过交叉课程的方式强调学习的关联性。例如,数学和英语在被分开讲授的同时,又被共同纳入一个主题。近年来,对读写能力和计算能力(在较小的程度上,科学)作为单独学科的重视,已经使"课时教学"这个术语被应用于不同的学科。因此,课时教学获得了双重含义:①在一定时间内所涵盖的学科内容;②在固定时间表上专门内容的时间分配。所有的课时教学都建立在一门课程的基础上,课程宽泛地定义为教师想让学生学习的内容。课程可能反映为:①意向学习结果即为学习的过程,比如学习如何研究一个主题或学习除法。②学习结果与信息记忆有关,例如乘法表。③学习结果构成判断的基础,比如成为好朋友所需要的品质。④学习结果与运用知识和技能相关,比如写一个故事,通过调查和使用互联网来分析和解决问题(另请参阅Kizlik,网络资源)。

课时教学内容取决于教师打算让学生学习和理解的内容,直接授课可以使教师介绍学习的方向,分配任务让学生完成,并能迅速评估他们的成绩。课时教学结构必须考虑到学生的学习速度和学习方式,因为有些儿童能快速有效地学习,而有些学生则耗时费力。有些儿童喜欢先深入思考,然后继续前进;而另一些则是率性而为,渴望尽快完成任务。一些学生可以抽象地思考(也就是说,他们可以在头脑中思考);一些学生则需要借助视觉、语言,甚至是触觉的资源(比如用不同质地的材料来帮助有视力缺陷的儿童)来完成任务。教师还必须确保学生所承担的任务和活动有适当的差别,使儿童能够在上课时间内完成分配的工作。

课时教学必须加以管理,要有明确的学习目标,该目标通常与国家监督系统的要求相关联。大多数教师会与学生分享意向学习目标,他们通过口头或书面提醒,或者两者兼有。这样学生就能意识到,课堂教学任务和活动并不代表最终的结果,而是大的教育探索的一部分。

课时教学的概念不仅基于这样一种假设,即教学应该在分配时间内聚焦于可识别的学习结果,而且这个过程可以被精确地规划、组织和监控,并与分配的时间段相对应(Butt,2003)。麦卡伦等人(McCallum et al.,2001)的研究表明,优秀的小学教师需要掌握至少六种课时教学结构,但并不是所有的教师都有规律地使用所有技能。三段式课堂(教师导入、学生活动、复习总结)被普遍采用。导入阶段有时长达20分钟,用来回顾知识、给出示范、将新知识与已有经验相

联系、给出和重复指令。优秀的教师有时会重复"对他们有用"的课时教学结构,有时他们会改变课时结构,希望"理想地适应"被教授的课程。研究小组发现,如果实施得当,两种方法都能保持课堂节奏,提高学生参与度,挑战学生智力。

最富成效的课堂教学表现为:教师对儿童有很高(但理智)的期望,提供明确的指示,帮助学生确定他们自己的学习目标,鼓励他们就内容进行积极的、有目的的对话。相比之下,效果较差的课堂教学则表现为目标模糊、教师主导、一成不变或单调重复、节奏不合理。最好的课堂教学情况是:教师使用适当的教学策略(直接提供信息、利用信息资源、使用提问和回答、让儿童思考和反思),在儿童的能力范围内设置适当的挑战,监控进步,对儿童的学习进行敏感的干预。

L

参考文献

1. Butt, G. (2003) *Lesson Planning*, London: Continuum.

2. Kizlik, S. 'Lesson plans the easy way', *Adprima*, on-line at www.adprima.com/easyless.htm.

3. McCallum, B., Gipps, C. and Hargreaves, E. (2001) 'The structure of lessons', *Education 3 - 13*, 29(1), 33 - 37.

Life Education 生命教育

另请参阅:《每个孩子都重要》,健康校园

See also: *Every Child Matters*, healthy schools

生命教育(Life Education)(www.lifeeducation.org.uk)这个组织的主要工作是,借助当地的信托机构,与小学和家长一起合作来确保儿童发展他们所需的知识、技能和态度,以便孩子能对健康问题做出明智的选择,从而改善和丰富他们的生活。生命教育组织与《每个孩子都重要》、国家"健康校园"框架内的多种组织和机构合作,也和各种儿童与家长组织进行合作。

Life skills 生活技能

另请参阅:自由游戏,健康与安全,运动技能,家长参与,技能

See also: free play, health and safety, motor skills, parental involvement, skills

人们担心,对儿童的过度保护剥夺了其对"生活技能"的体验。有人说,忧心忡忡的教师和家长们正在培育一代"温室里的儿童",他们不敢爬树、骑自行车,甚至在没有人监护的情况下不敢过马路,因此他们无法获得基本的生存技能(《每日电讯报》,2008)。一些父母极力阻拦他们的孩子参加体育运动,因为担心会受伤。对陌生人和交通事故的警觉,使儿童缺少离开家进行自由活动的机会。由于这些担忧,一些儿童错过了前几代人认为理所当然的简单快乐,而且对儿童自由的限制,似乎与焦虑症发病率过早有关。与此同时,减少随意(自由)玩耍的时间,是在剥夺儿童完善基本运动技能的机会。例如,平衡和协调这些技能通常是通过玩耍来发展的。此外,许多富有想象力的游戏设备已经从公园中移除,因为如果发生事故,人们担心会发生诉讼。

参考文献

1. *Daily Telegraph* (2008) ‘Cotton wool kids losing basic skills’, on-line at www.news.com.au.

Listening 听力

另请参阅:注意广度,体态语,交流,口语能力,师生互动,电视

See also: attention span, body language, communication, oracy, teacher-pupil interaction, television

真正的听是主动的过程,它有三个基本步骤:倾听所言,理解说话者试图传达的内容,评估所讲内容的含义。在学校里,教师经常鼓励儿童“更仔细地倾听”。因此,如果学生误解了教师的意思,或者没能抓住任务的要点,就会受到指责。实际上,倾听需要掌握许多不同的技巧,例如,身体上“收听”;注意说话者说话的时间;注意语音语调、强调和措辞;留神肢体语言的线索(如眼动);区分真正的疑问和反问;理解暗喻、幽默和隐喻;理解说话者所用的词汇。另外,听者自己以前的经历、情感和倾向,都会影响说话者的话语如何被听到和解释。听者应该把全部注意力放在说话者的身上,专注于对方所说的话,让说话者把话说完,回应之前先思考,提取大意,通过提问澄清观点,并提供有用的反馈(Info Homework Centre,网络资源)。布希努(Bocchino,1999)将倾听的技巧描述为沟通技巧的基础,因为每个人都需要让听者理解他们的想法。同样听者也需要接受和理解其他人的语言表达。因此,交流的循环由表达和解释组成。表达的质量越高,就越有可能被正确地解释,而更仔细地倾听则会增加正确理解的可能性。

纳尔逊·琼斯(Nelson-Jones,2007)强调非语言信号的重要性,即通过所谓的“注意行为”建立适宜的听力氛围。因此,一个好的倾听者会给人一种强烈的印象:不急不躁,耐心倾听;张弛有度,但不分心。在匆忙的课堂生活中,这是不容易实现的,但却是有效沟通的必要条件。一个善于倾听的成人会采取一种放松但集中注意力的姿势,并避免发出紧张的信号,比如手臂交叉抱在胸前,敲击手指,左右摇摆。博尔顿(Bolton,1986)将这种放松而专注的姿势描述为“参与姿态”,他认为身体语言往往胜过言语表达。通过身体的坦诚,语言的交流效果会被提升。例如,身体稍微前倾,眼神接触保持柔和,面部表情做出回应(微笑一般比较合适,除非说话者太过激动或不高兴),频繁点头。

在正式的课程组织中,听力通常与口语结合在一起,即听说(口语能力)。据估计,小学生平均每堂课至少有一半时间在听教师讲话,总共算下来每天大约有两个半小时的时间在听,所以难怪一些儿童会注意力不集中。另一方面,儿童有能力在很长一段时间里保持注意力,集中地观看他们喜欢的电视节目或电影。听课和看电视的区别在于,后者可以被动地完成,而前者则需要回应和行动。

听力也与阅读有密切的联系。因为两者都是接收交流信息的手段,都需要对符号进行解释,用耳朵去听别人使用的词汇,用眼睛去看纸上的印刷字。此外,听力和阅读都需要注意主要观点、关系、序列,感知说话者或作者的心情和意图,并对其观点进行评估。教师必须教导儿童,要全神贯注于说话

者,而不能开小差。他们必须在说话者结束说话后再开口,这也是许多儿童难以做到的。教师应教导儿童,必须在聆听结束后才可以开始说话,因为如果他们忙于思考接下来要说什么,然后脱口而出的话,他们就不可能注意倾听。

鉴于听的复杂性,一些儿童很难理解别人对他们所说的话,也就不足为奇了。有些教师采用创造性的方法来教授沟通技巧,例如,使用木偶与幼童交谈。除了视觉吸引力,使用木偶的好处是儿童通过木偶将注意力转移到说和听,害羞的学生通过这种创新的方式得到了特别的帮助。教师也有责任通过下列方法将自己的意图和期望传递给学生:使用明确的语言;发出具体的命令;为儿童提供提出澄清问题的机会,而不用担心受罚。许多研究表明,学生认为耐心倾听是教师必须具备的重要的品质之一。

参考文献

1. Bocchino, R.(1999) *Emotional Literacy: To be a different kind of smart*, London: Sage.

2. Bolton, R. (1986) *People Skills*, New York: Simon and Schuster.

3. Info Homework Centre, *Speaking and Listening Skills*, on-line at www.infoplease.com/homework.

4. Nelson-Jones, R. (2007) *Basic Counselling Skills*, London: Sage.

Literacy 读写能力

另请参阅:交流,英语,英语作为附加语言,书写,读写一小时,《国家小学教育战略》,《初等教育评论》,阅读,助教,写作

See also: communication, English, English as an additional language, handwriting, literacy hour, *Primary National Strategy*, *Primary Reviews*, reading, teaching assistants, writing

总体来说,一个识字的人是具有读写能力的人。在20世纪末,"读写能力"这个词基本上取代了更为普遍的"英语"在小学里的地位,它被用来描述儿童识字的过程。读写教学一直是小学教育的首要任务,近年来更是得到了进一步的推动,尤其是在英格兰,政府启动了大量的课程改革,并将国家考试作为判断学校成功与否的关键指标。在英国,最具影响力的相关教育组织是英国读写协会(the United Kingdom Literacy Association, UKLA, www.ukla.org)。

儿童口头交流的机会越多,得到的鼓舞与激励越多,他们在语言能力上的进步就越快。对小学幼童读写能力发展的研究,主要集中在学校和家庭所做的重要贡献上,并确认了口语作为书写能力先决条件的重要性。另请参阅莱瑟姆(Latham, 2005)和摩洛(Morrow, 2002)关于帮助幼童阅读和写作的文献。

幼童面临着一个相当大的挑战,那就是理解印刷文本作为语言记录的手段这一概念。他们还必须明白,写作提供了从口头语言到书面语言转换的媒介。在理解口语和书面语之间的联系方面,一些学生面临着相当大的困难。据统计,这些困难在男孩中更为普遍(Bearne and Bearne, 2004)。

在任何一个班级,儿童在口语和书面文字上的已有经验都会大不相同。有些儿童

来自语言丰富的家庭，在这些家庭中，健谈的成人促进了儿童积极的口头表达；有些儿童来自不太重视阅读的家庭，父母的词汇量也很有限；有些儿童的第一语言并非英语，在这种情况下，英语便是一种附加语言(English as an additional language)。研究表明，这些儿童都是印刷文字的有效解码者，但他们可能会在词汇的语义变化上存在困难，很难理解文字的深层含义。教师在制定和实施教学计划时，必须仔细考虑学生的不同语言背景。英格兰《国家小学教育战略》(*Primary National Strategy*，PNS)读写框架提到了读写能力的12个方面：

(1)说；
(2)听和回应；
(3)小组讨论、互动；
(4)戏剧；
(5)辨认单词；
(6)单词结构和拼写；
(7)理解和解释文本；
(8)研读文本、做出回应；
(9)创造和形成文本；
(10)文本结构和组织结构；
(11)句子结构、标点；
(12)展示。

《国家小学教育战略》还整合了来自《罗斯评论》(Rose，2009年)的建议，认为最有效的儿童早期阅读教学建立在高质量的说和听的基础上，主要是基于自然拼读规则(基于语音系统，例如c-a-t，d-o-g，等等)，实行系统性、高质量的拼读教学。

为了给所有儿童提供最好的机会，使他们在交流、语言和读写中能得到有效发展，教师必须特别注意为儿童提供交流思想、意见和感受的机会，以及与成人和其他孩子建立关系的机会(Hancock & Mansfield，2001)。建议儿童体验丰富的读写形式，包括戏剧、故事、演讲和听力，还应高度关注把英语作为一种附加语言的学生，同时关注男生的需求。

教师一般会给儿童机会，让他们分享和欣赏各种各样的歌谣、音乐、歌曲、诗歌、故事和非小说类书籍，在有关动作的歌曲和歌谣中将语言和动作联系起来，让学生进行角色扮演和实际体验，比如烹饪和园艺。他们通过这些方法，创造能映射语言的重要性的学习环境，使用标识语、通知和书籍等为学生提供机会，让他们观察成人写作，然后通过做记号、个人书写符号和常规书写来尝试写作。在实践中，教师需要通过一对一或小组的形式和儿童对话，来帮助儿童提高口语能力，加强他们的语音意识。

即使是精心设计的教学方案也可能对儿童没有启发，除非教学环境强调努力能带来实用价值和乐趣。那些缺少家人鼓励，或者在阅读和写作学习方面存在困难的儿童，需要教师花很大力气来说服他们，这样的努力付出是值得的。与学习的其他方面不同，读写能力方面的弱势无法轻易隐藏，如果问题持续发展下去，他们很快就会变得情绪低落。对低龄学生的教师来说，相当大的挑战是，如果儿童在7岁时仍然感到读写困难，他们可能会在小学阶段甚至以后的受教育中，伴有学习障碍。麦布莱德·张(McBride-Chang，2004)详细描述了儿童如何学习阅读，并从生态学的角度对获得读写能力的研究和理论进行了批判性分析。吉基等人(Geekie et al., 1999)基于有效的师生行为,对读写能力的学习提供了解释,并论证了读写能力是如何在社会和交往中发展的。

助教在支持读写困难儿童方面发挥着重要的作用。有时会给所谓的低成就学生,开设额外的强化课程来提高他们的能力,从而使其在国家考试中获得更好的成绩。借助双语工作者、语言治疗师和参与人员之间的沟通,尽早发现并应对儿童语言发展中的任何特殊困难,也许是有必要的。也要特别关注使用其他交流系统的儿童,比如使用盲文或手语的儿童。

参考文献

1. Bearne, E. and Grainger, T. (2004) 'Raising boys' achievement in writing', *Literacy*, 38(3), 156-158.

2. Geekie, P., Cambourne, B. and Fitzsimmons, P. (1999) *Understanding Literacy Development*, Stoke-on-Trent: Trentham.

3. Hancock, R. and Mansfield, M. (2001) 'The literacy hour: A case for listening to children', in J. Collins, K. Insley and J. Soler (eds) *Developing Pedagogy: * Researching practice*, London: Paul Chapman/Open University.

4. Latham, D. (2002) *How Children Learn to Write*, London: Paul Chapman.

5. McBride-Chang, C. (2004) *Children's Literacy Development*, London: Hodder Education.

6. Morrow, L. (2005) *Literacy Development in the Early Years: Helping children read and write*, Needham Heights MA: Allyn & Bacon.

7. Rose, J. for the DCSF (2009) *Primary Curriculum Review*, London: HMSO.

Literacy hour 读写一小时

另请参阅:能力,按能力分组,英语,读写能力,阅读,助教,写作

See also: ability, ability groups, English, literacy, reading, teaching assistants, writing

自1998年9月以来,英格兰期望所有小学都按照《国家读写战略》制定和描述的教学框架实施"读写一小时"(literacy hour)。教师上课前要与全班同学分享学习目标,而后教师用大约15分钟时间给全班同学做示范,用放大的文本阅读,或者把学生必须照做的要求写下来。在接下来的15分钟里,教师与全体同学将注意力集中在特定的单词或句子上。然后学生进行大约20分钟的小组或者个人活动,完成与阅读、写作或单词和句子相关的任务,而教师则专门对一个或多个能力小组进行指导(即所谓的"指导下的活动")。年幼的儿童通常有助教来提供支持和指导。这节课的最后10分钟是反馈时间,让儿童针对本节课的目标,对自己所做的事情进行反馈。

尽管并没有学校必须实施"读写一小时"的规定,但由于担心学生处于劣势,或学校害怕被视为不愿意接受改变,大多数学校还是这样做了。几年之后,对于那些想要采用一种更具想象力和创造性的读写教学方法的教师来说,这种教学模式很明显是一种约束。"读写一小时"的基本结构是:教师分享这节课的学习目标,教师向全班进行讲授,小组合作或独立活动,本节课回顾(教学

总结)。值得注意的是,这种方式已经变成小学教育多种学科教学的常见模式,而不仅仅是读写教学。

Literacy Strategy (the National) 《国家读写战略》

另请参阅:读写能力,读写一小时,《国家计算战略》,《国家小学教育战略》

See also: literacy, literacy hour, *Numeracy Strategy(National)*, *Primary National Strategy*

1996 年,《国家读写战略》(*NLS*)在 14 个地方教育部门的学校进行试点,随后于 1998 年 9 月被引进英格兰的所有小学。这一方案要求教师每天教授“读写一小时”,包括 30 分钟的全班教学、大约 20 分钟的小组活动,以及复习和总结时间。最初教师严格按照规定的模式开展教学活动,但教师很快就发现,学生需要更加灵活的教学方法。2003 年,《国家读写战略》和相关的《计算战略》成为《国家小学教育战略》(*PNS*)的一部分。

Looked-after children 受照管儿童

另请参阅:《每个孩子都重要》,个人教育计划

See also: *Every Child Matters*, personal education plan

受照管儿童(LAC)是指那些受公共机构照顾的儿童,他们住在领养人的家中,或者住在父母或其他亲属家里。尽管他们的成绩常常并不理想,但这些儿童通常会正常入学(Cairns & Stanway, 2004)。根据《每个孩子都重要》条例的倡议(ECM, 2005),那些优先支持受照管儿童的各种学校,在支持安排方面有很大不同。大型小学和处于困境的小学,更有可能优先安排接受受照管儿童,但那些只有小部分学生有资格享受免费午餐的学校(英格兰和威尔士),以及学业水平高的学校,则不太可能做优先安排。政府指导部门期望经过他们的初次评审后,受照管儿童能获得个人教育计划(PEP)。这是儿童照顾计划的法定组成部分,每六个月或当学校发生任何变化时,将对计划进行监督和审查。

参考文献

1. Cairns, K. and Stanway, C. (2004) *Learn the Child: Helping looked after children to learn*, London: British Association for Adoption and Fostering.

2. DfES (2005) *Every Child Matters: Change for children*, London: HMSO.

Lower case letters 小写字母

另请参阅:字母表,大写字母,书写

See also: alphabet, capital letters, handwriting

小写字母(a b c d e f g 等)是字母表中非大写的字母。儿童通常会在学习大写字母前,先学会识别和书写小写字母。

L

M

Maintained schools 公立学校

在英格兰和威尔士，公立学校是指依靠政府税收而得以运转的学校。公立学校一般包括以下几种类型：

(1)基金学校(A Foundation school)

(2)社区学校(A Community school)

(3)受监管津贴学校(A Voluntary Controlled school)

(4)受津贴民办学校(A Voluntary Aided school)

(5)幼儿园(A Nursery school)

(6)特殊学校(A Special school)

Marshall，Sybil 西比尔·马歇尔

另请参阅：艺术，以儿童为中心的教育，交叉课程，探究，综合实践日，《普罗登报告》，实习教师

See also：arts，child-centred education，cross-curriculum，enquiry，integrated day，*Plowden Report*，trainee teachers

西比尔·马歇尔(Sybil Marshall)生于1913年11月26日，于2005年8月29日去世。她的职业生涯可以划分为三个阶段。第一个阶段从20世纪30年代早期一直到1962年，任芬兰小学(译者注：Fenland，指位于英格兰东部区域剑桥郡的芬兰区)的教师。这期间她独自经营一所只有一间教室的小学，学校中只有26名4～11岁的儿童。这段经历也被其写入1963年出版的《教育实验》(*An Experiment in Education*)一书中。

马歇尔热衷于探索和建立日常生活经验和教育过程之间的关联，这使她在1967年《普罗登报告》发表之前就已经在初等教育领域声名鹊起；该报告影响广泛，是对进步主义教育思潮的积极回应和支持。人们认为，马歇尔教育哲学中的驱动力是坚定的教育信念，而不是一种情绪化、易变的、理想化的目标。因而在教育实践的过程中，马歇尔不会被各种外在需求所约束，而是强调对儿童潜能的发掘，并使其最大化。

从1967年到1976年退休之前，马歇尔一直在萨塞克斯大学(Sussex University)的初等教育系任高级讲师，并参与了又一项教育试验：试验创设了一个新的课程，在这个课程里，研究生(即实习教师)对其在小学实习中的经历进行反思——小学实习在当时被称为“教学实践”，也就是现在的“学校实践”一词。需要注意的是，在那之前，他们学习的课程仅限于诸如英语和数学这样的传统学科。因此，这些致力于反思和评估实习教学实践的课程是具有革新性和创造性的。马歇尔选择了一些交叉课程(即模糊了学科的界限)的主题，而不是照搬严格的学科领域。

马歇尔向大家证明，儿童一旦拥有合适的动机和资源，他们就可以高效地、创造性地学习，但是她为课程的准备可谓殚精竭

虑,并利用了自己以往的经验,她希望教师同僚们也像她那样做。马歇尔曾有句广为人知的话:她不在乎是否开设综合实践日课程,她在乎的是培养"完整的人"。这样的课程涵盖儿童感兴趣的东西,从这个意义上可以说,它们是以儿童为中心的,但实际上,与马歇尔的主要理念相反,这种课程明显是在教师精心准备和引导下完成的。

在 1968 年,马歇尔出版了《创新教育探险》(*Adventure in Creative Education*)一书,书中绘声绘色地描述了一些校长在临时调任期间的所作所为。据说,当这些校长在约克郡罗瑟勒姆一个废弃的救济院中接受马歇尔的亲自辅导时,他们都惊讶于她的理念。她的教育理念得到了广泛的认同,尤其是随着"图画箱"(Picture Box)这一节目在格拉纳达电视台长达 23 年的播放,儿童观众的数量累计达到 3.24 亿人次。与此同时,马歇尔凭借 1981 年出版的《人人必备的英语民间故事书》(*Everyman's Book of English Folk Tales*),获得了"天使文学奖"(Angel Prize)。

退休后,马歇尔开启了她事业的第三个阶段。她写作了一系列小说,第一部小说是在 80 岁高龄时完成的。随后她在企鹅出版社(Penguin Books)出版了以她的人生经历为蓝本的自传体小说三部曲:《喜鹊之巢》(*A Nest of Magpies*)(1993)、《锋穿山楂树》(*Sharp Through the Hawthorn*)(1994)和《剥除柳树》(*Strip the Willow*)(1996)。而在她参加了著名的广播节目"荒岛电台"(Desert Island Discs)之后,她对教育领域的贡献才被更多的人所传颂。

参考文献

1. Lamont, W. (2005) 'Obituary: Sybil Marshall', *Guardian*, Wednesday 31 August.

2. Marshall, S. (1963) *An Experiment In Education*, Cambridge: Cambridge University Press.

3. Marshall, S. (1981) *Everyman's Book of English Folk Tales*, London: Everyman Publications.

4. Marshall, S. (1993) *A Nest of Magpies*, London: Penguin Books.

5. Marshall, S. (1994) *Sharp Through the Hawthorn*, London: Penguin Books.

6. Marshall, S. (1996) *Strip the Willow*, London: Penguin Books.

7. The Oakeshott Institute USA, on-line at www.oakeshott.org/SMBio.html.

M

Mathematics 数学

另请参阅:性别,家庭背景与学习,计算能力,阅读,理解,写作

See also: gender, home background and learning, numeracy, reading, understanding, writing

很少有学科像数学那样被两极化地对待:一些人一旦提及数学便表现出极大的热忱,而更多的人则表现出对数学的厌恶。有些优秀的教师也在努力实破学科教学方法,他们缺乏信心,往往需要外界的支持才能更好地真正理解数学,并且希望将数学从教学体系中移除(Haylock,2005)。而奇怪的是,较低的数学水平并不会像较低的阅读与写作水平那样让人难堪和耻辱。当教师普遍

认为“我在数学上无能为力”时，这种态度也会影响学生对这一学科的态度，这一现象在女生中更为明显。在斯特里特等人(Street et al., 2009)的研究中，将计算能力视作一种社会实践，并调查了学校、家庭和社区中人们对计算能力的应用及其意义。他们的研究结果表明，儿童在家庭中所获得的“文化资源”的差异性会显著影响儿童在学校中计算能力的发展，这种影响使得学生家庭资源与学校资源的相似程度与学生的计算能力呈正相关。

英格兰(DfE，2006)发布的《修订版数学学习框架》(*The Renewed Framework for Mathematics*)包含五条主旨：①鼓励灵活性；②增强教学的结构性；③更有效地利用评价；④提升对学生的期待；⑤加强、加深对教育学的理解。该《框架》指出了数学学习的七条新标准：

(1)学会在实践中运用数学；
(2)能够理解并会计数；
(3)知道并能够运用数字规律；
(4)能够展开数字计算；
(5)理解图形；
(6)学会测量；
(7)具备数据处理能力。

与英国政府1999年提出的旨在规范数学教学的《国家计算战略》(*National Numeracy Strategy*)相比，《修订版数学学习框架》更加重视学生学习中听与说的能力，并强调运用更具探索性和研究性的教学方法。并且该《框架》着重指出了创造性教学的重要性，并要求教师能及时发现和评估每一位儿童在每个学习内容中的进步。

数学在低龄儿童中的发展深受社会及环境因素所影响。比如除了基本的计数能力，父母对学科的态度及家庭对话中数学信息(有关数学的知识)的缺位，都会导致儿童在入学前对该门学科概念认知的不全面。还有一些儿童认为，数学是脱离其现实生活的学科，但其实这些儿童在进入小学时，头脑中已经形成了相关数学概念的图式，比如对数字的感知、简单的加法、减法和平分的概念。教师鼓励小学生通过游戏和经验分享的方式，在已有的知识体系的基础上进一步去探索新的知识。尽管小学高年级儿童已经具备一定的数学计算水平，在全国性的考试中也能获得较好的成绩，但是他们并不能运用数学技能解决不熟悉的问题，因为后者往往需要具备更高级的思维及理解能力。

相比于只要求完成数字计算，儿童在被要求运用数学知识解决问题时更喜欢数学。小学儿童不仅需要掌握加、减、乘、除等基本技能，还需要具备数学思维，以便使其更加具有创造性和解决问题的能力。众多的教学经验表明，只有保持新奇感并鼓励儿童运用知识解决问题的课程，才能够激励学生，并提升其学习知识的兴趣。但是在大多数情况下，受制于严苛的考试体系，数学课的教学更容易趋向大班灌输式的教学方式和高度系统化、齐一化的学习方式，这就导致那种更富有想象力和创造性的教学形态被边缘化了。

海洛克和科伯恩(Haylock and Cockburn，2008)指出，在语言、符号、实物、图片与关键思想之间建立起联系，才是儿童学习中最核心的问题。两位再次强调，教师应该帮助学生建立起自己对数学的理解，而不是简单地灌输解题的公式和步骤。同时教师可以通过故事、歌曲、想象游戏等方法，来提升儿童的数学感知力。为了更高效地促进儿童数学能力的发展，教师可以做以下尝试：鼓励儿童在日常生活及环境中注意观察数字和图形；鼓励儿童参与到交际性的教学活动中；为儿童创设具有想象力和充满乐趣的活动；鼓励儿童解决现实中的问题。此外，教师在日常教学活动中多运用数学词汇，并鼓励学生使用与学科相关的词汇。

参考文献

1. DfEE (1999) *National Numeracy Strategy*, London: HMSO.

2. DfES (2006) *Primary Framework for Literacy and Mathematics*, on-line at www.standards.dfes.gov.uk/primaryframework/mathematics.

3. Haylock, D. (2005) *Mathematics Explained for Primary Teachers*, London: Sage.

4. Haylock, D. and Cockburn, A. (2008) *Understanding Mathematics for Young Children*, London: Sage.

5. Pratt, N. and Berry, J. (2007) 'The joy of mathematics', in Hayes, D. (ed.) *Joyful Teaching and Learning in the Primary School*, Exeter: Learning Matters.

6. Street, B., Baker, D. and Tomlin, A. (2009) *Navigating Numeracies: Home-school numeracy practices*, New York: Springer.

Mathematics Primary Framework
《小学阶段数学框架》

另请参阅：数学，《国家课程》，计算能力，问题解决，学习进展，谈话

See also: mathematics, *National Curriculum*, numeracy, problem solving, progression in learning, talk

2006 年，英国教育部(DfES)在其网站上公布了修订后的《小学阶段数学框架》电子版，用以规范英格兰和威尔士的数学教育。政府鼓励学校不再使用 1999 年的版本，而开始实施新修订的版本，一些指导性的文件强调了教师进行如下转变的必要性：审核自己现在的数学教学和工作重点，使用新框架中能反映重点审核内容的要素。这一过程强调了新修订的版本之目的不在于完全取代 1999 年的《国家计算战略》，而是在对它的一些内容加以肯定的基础上进行修改。

1999 年的版本强调数学教学中数的概念和计算能力，其对教学目标的规定强调了对数学知识的学习而非数学过程。这与原来的英格兰和威尔士国家课程是不同的，后者更强调数学运用能力的培养，并要求教师通过鼓励学生参与具有问题解决、交际和推理特点的活动来提升儿童在实践中运用数学的能力。以上提到的三种活动与国家课程提倡的三种学习方式相一致，而且对数字、形状、空间和数据处理能力的重视，说明了数学教学应该通过儿童参与实践的、基于问题的任务而展开。1999 年版本的最突出特点之一，就是包含大量多元的心智计算策

略，并且展示了使用的方法。

修订版框架的目标之一，就是希望通过在现实中运用五个具有内在关联的主题，而使数学更加引起人们的注意。这五个主题是：①解决问题；②表征——分析、记录、实施、检查、证实；③探究——计划、抉择、组织、理解、推理、证明；④交流——描述、创造、应用、探索、预测、假设、测试；⑤交流——解释解决方案、选择、决定、推理。即在儿童解决问题或者回答问题的过程中，他们可以通过图片、物体、数字、符号和图表来表达他们的观点；可以展开推理和预测；并且能够运用书面或者口语的形式来与他人交流结果。

修订框架的另一突出特点，就是推出了网上电子版本，这样教师可以便捷、直接地获得大量教学资源，以便更加顺利地确定教学计划、教学过程和教学评价。为了简化目标，修订后的框架提出了学习的七个内容，这七个内容也概括了初等教育阶段数学课程的内涵。数学学习的目标与以下七个内容一一对应，明示了每个内容的进展：

(1)使用和应用数学；
(2)数数和理解数字；
(3)知道并运用数字事实(number facts)；
(4)计算能力；
(5)理解图形；
(6)测量；
(7)处理数据。

需要注意在以上七个内容中，有关数字事实的知识从计算能力中独立出来；计算的不同方法被合并起来了；测量与理解图形和空间分离开来；解决问题的能力被纳入了使用和应用数学这一内容中。教师也要鼓励学生在一个他们能够实践、探索、讨论他们对数学之理解的环境中发展他们对问题解决、推理和计算的理解。这样教师就可以引导小学生去发现规律、建立联系、确定关系；会用数字、图形、空间和度量单位；并学会计数、分类和比较。小学低年级的数学教师应该通过儿童自主的游戏提升他们的数学思想、数学概念和数学语言，并协助他们探究问题。具体可以参见汉森(Hansen，2008)对应以上七个内容所提供的实践案例。

新修订的框架强调，教师有必要在设计教学计划和实施教学的过程中，注重发掘不同数学思想之间的关联，并运用学科之间的自然联系。该框架建议教师关注不同数学思想之间的关联性，这样才能保证在教学中学生享有连贯性的学习经历。尽管在网站上教师和学生可以轻松地获得活动案例和各种教学资源，但是这些都需要他们重新改编，以适应不同儿童和教学的需要。

新修订的框架提出，所有的儿童在小学毕业前要能够运用传统的标准运算方法进行四则运算，对此很多人提出了质疑，认为这一要求过于刻板。这一新要求也与1999年的框架恰好相反，后者强调儿童需要用灵活的学习策略习得更简单易懂的运算法则，并指出儿童可以在特定的环境中选择一种解决方法的能力。

参考文献

1. DfEE(1999) *National Numeracy Strategy*, London: HMSO.

2. DfES (2006) *Primary Framework for Literacy and Mathematics*, on-line at www.stan-

M

dards.dfes.gov.uk/primary framework/mathematics.

3. Hansen, A. (2008) *Primary Mathematics: Extending knowledge in practice*, Exeter: Learning Matters.

Mealtime assistants 进餐助理

另请参阅:行为,董事会成员,校长,幽默,关系

See also: behaviour, governors, head teacher, humour, relationships

很多人认为进餐助理(mealtime assistants)非常常见,但却被错误地视为“学校的女膳食服务员”,且是学校里最不让人羡慕的工作。虽然他们中大部分人都非常负责和投入,但是由于他们缺乏权威性而导致其时不时需要和不配合的儿童做斗争,于是经常在学校午餐时听到他们发火的声音。现在越来越多的校长和董事会成员开始意识到,进餐助理在学校生活中扮演着极为重要的角色,因而值得花时间和精力来培训和监管他们。于是很多重要议题,诸如学生行为管理、建立自信、人际关系建立和急救知识学习等,都通过固定程序被提出来。鉴于此,进餐助理需要有幽默感、精力充沛,并且有鲜明的个性。但是由于工资较低,大部分的进餐助理是所在班级孩子的家长,还有一些是将其作为兼职工作。所以当午餐结束的那一刻,进餐助理就会离开学校,因为他们有充分理由不做没有薪酬的、多余的工作。一些进餐助理需要照顾一些具有特殊需要的学生,大部分进餐助理都要求重视寓教于乐,并应具备处理潜在的、容易引发争端的问题的能力。

考虑到小学儿童低龄的特点,一般情况下,进餐助理会在上午课结束前提早来到班级中,照顾那些留下吃午饭的学生。若遇到恶劣的天气(如下雨等),进餐助理则需要在大厅中照看所有学生,或者在不同的班级中来回走动,以安抚那些坐立不安的学生。进餐助理只对那些留在学校吃午饭的儿童负责,并不负责回到家中的儿童。而对于那些回家吃饭的儿童,教师一直要照看他们,直到父母来接他们。严格意义上讲,如果儿童在家中吃完午饭提早回到教室中,进餐助理并没有义务照看他们。

Medication 学校医疗

另请参阅:关爱型教师,健康与安全,家庭—学校

See also: caring teachers, health and safety, home-school

在小学教育领域,大家普遍达成共识,即大部分学生都偶尔会出现健康问题,以至于影响他们参加正常的教学活动。然而家长或者监护人必须保证儿童足够健康,能够参加正常的教学活动,学校的医疗机构只有在绝对必要的情况下才会介入。显而易见,若儿童出现健康异常的状况,他们则必须留在家中。因为学校没有法定义务要求员工去照看健康异常的儿童,他们这样做只是出于自愿。当学校同意医疗机构介入时,家长或者监护人必须与学校签订正式的书面协议,还要包括给予参与医疗照顾的学校员工的补偿。学校应积极应对小学儿童的健康需求,这不仅有利于有健康需求的儿童,也

会对整个班级和学校形成积极的影响。因为这样，大家就会认为学校的成年人非常重视儿童的健康福祉。学生对学校的医疗需求是多种多样的，有短期需求；也有的需要长期的日常照顾，以确保学生能正常上学。所有的学校都出台了明确的政策来指导学生的在校医疗，并形成相应的体系来保障有医疗需求的学生。学校医疗通常由校长负责，或者由一位具有医学背景和急救知识的专人负责。

Memory and memorizing 记忆力与记忆

另请参阅：注意力缺陷多动障碍，大脑功能，信息技术，智力，动觉型学习者，学习风格，学习动机，诗歌，故事，触觉型学习者，教学策略

See also：attention－deficit hyperactivity disorder，brain function，information technology，intelligence，kinaesthetic learners，learning styles，motivation for learning，poetry，stories，tactile learners，teaching strategy

记忆是一种复杂的现象，其中我们最为熟悉的就是，小学生在看到或听到什么东西时马上用到的主动工作记忆（working memory）。这个概念被广泛用来指称一种提供迅速记忆机制的工作系统，而该系统在日常生活中是必备的，如记忆电话号码、记住指令、记忆购物单上的物品等。工作记忆可以帮助儿童在头脑中储存和处理信息，比如在不借用纸笔或者计算器的情况下进行加法运算。大部分拥有较差工作记忆的儿童，无论在小学还是在中学，当他们学习阅读、数学和科学时都较为吃力（Gathercole and Alloway，2008）。一些心理学家指出，工作记忆是暂时存储信息的机制，随后转化为短期记忆（short－term memory），后者只维持较短的时间而不会完整地、长时间保留信息。所以儿童今天学习的知识，可能明天就忘记了，他们难以将信息转化到第二种记忆模式——长期记忆（long－term memory）中永久储存。在极端情况下，儿童不能将主动工作记忆中的信息长时间储存并转换到短期记忆。然而只有记忆力水平较好的儿童，才能较为轻松地实现信息由工作记忆到短期记忆、再到长期记忆这一完整的信息转换链条。人们普遍认为，儿童大脑和记忆力的发展与每晚他们的睡眠长度和质量紧密相关。

“情节记忆”（对事件的记忆）和“语义记忆”（对事实的记忆）对小学儿童而言都非常重要。一些在出生时脑损伤的儿童，很难精确回忆起每天发生的事件，但是依靠语义记忆，他们仍能够在诸如演讲、语言、阅读和写作等需要记忆有序事实的学科上达到平均水平。有学者声称开发出了评估记忆能力的工具，并指出学生在学校的较差表现并不能归因于其低智商，而是归因于其低水平的工作记忆。在杜伦大学（Durham University），一项由特雷西·阿洛维（Tracy Alloway，2008）主持的研究项目聚焦包括各个年龄层的共 3000 多名学生。研究发现，其中 10% 的学生工作记忆水平较差，这对他们的学习能力而非智力产生了较大影响。但是当面对学生不理想的课堂表现时，教师通常认为是学生的懒散而非较差的记忆力影响了他们的表现。

M

阿洛维和她的同事通过对教师的访谈制定出“工作记忆测评量表”(Working Memory Rating Scale, WMRS),这样就为教师提供了一个工具,可以迅速鉴定影响学生学习的工作记忆问题。利用工作记忆测评量表,能够在早期筛选出记忆力有缺陷的学生,教师可以根据班级学生的实际情况来调整教学计划。

相反,教师很容易发现记忆力水平高的学生,因为他们可以轻松、长久地记忆大量的、不同来源的信息。虽然这类学生通常可以积极地参加课堂讨论,并对一些复杂问题提供有趣的视角,但是他们在考试,尤其是包含写的考试中不一定会获得高分。这些学生——通常男生多于女生——对教师是一种挑战,他们通常需要成年人外在的帮助,或者需要定期依靠信息技术以获得资料上的支持。相反,记忆力较弱的儿童虽然看似理解了所讲授的概念,但是却需要大量重复、细致的解释,以及不断地通过问题解决和探究的过程来巩固概念的学习。

通常情况下,如果教师发现,儿童虽然能够表达自己的观点,但是在书面作业中出现顺序错误、单词缺失、语法错误,他们这时才会意识到学生的记忆力较差。如果小学生不能够有效地吸收口语交际中的信息,或者听力水平较差的话,就需要教师解释要求,或通过视觉手段助力(比如通过图表)。如果儿童存在视觉记忆的缺陷,他们可能会忘记他们的所读和所看,这就需要教师更为细致的解释,以及他们亲身实践(动觉/触觉的)的经历。

当儿童记不住知识时,教师很难判断儿童如此行为是因为他们记不住,还是因为他们不上心,且不愿持之以恒地研习信息和技能。而在教学中出现这样的状况,也可能是源于教师自身的问题,如教师解释能力不够、不能够用恰当的语言来激励学生,这些最终都会导致较差的学习氛围、乏味的学习过程和低落的学习动机。当话题与儿童紧密相关并且能够引发他们的兴趣时,学生更容易理解并记住这些教学内容。这就要求教师不断创新教学方法,通过创造性的、互动性的教学方法,使枯燥的课堂变得生动活泼起来,比如可以使用角色扮演、故事和图像等。

在小学阶段,教师可以运用一系列的策略来增强学生的记忆力。第一种策略就是给儿童创设常规练习的机会(比如学习记忆数字、练习拼写)。第二种策略是教师利用空闲时间为儿童强化相关的重要知识点,并多让其参与简单的活动来强化相关概念。第三种策略,阅读他们喜欢的书籍是小学生增强记忆力的一种方法,尤其是高声阅读可以使儿童接触语言,以便促进其解决问题、讨论、决断和理解能力的提升。当在儿童的要求下,教师一遍一遍朗读书籍时,不断重复的过程能帮助他们记住故事及事件顺序,也让他们因掌握了故事情节而获得喜悦感。第四种策略是教师让同学猜测故事的后续情节、总结故事的梗概,或者几人分组合作复述故事来增加他们的记忆力。这样小学生始终参与到活动中,但也没有过多的压力,他们可以身心放松,以便更清晰地思考。

波登(Burden,2005)的研究发现,患有注意力缺陷多动障碍的儿童和正常儿童在外显记忆(即回想和再认的过程)和内隐记忆(如根据词根完成单词和不完整图片的认

M

知过程，受年龄、记忆回溯和刺激物提示等的影响）测试中的成绩水平相当。但是具有注意力缺陷多动障碍的男生，似乎在与情景相关的记忆中表现不佳。

韵律和字母发音的教学是重要的语言技能教学，它广泛应用于韵文和诗歌学习中，也能促进儿童记忆力水平的提升。一些广为人知的散文，尤其是其中一些诙谐、有趣的篇章，深受小学儿童的喜爱，可以通过吟诵（单人或多人）的方式增强记忆。当大多数学生已经掌握时，集体诵读的方式可以使那些不自信的学生也参与其中，以隐藏个体的缺陷。对于所有儿童，尤其是那些记忆水平较差的儿童而言，运用多元的、有趣的学习方法可以促进学习，因为将这些方法整合后使用，可以提升学生们的学习和记忆效果。而那些动机强的儿童，则更倾向于与家人和朋友分享学校中发生的事情，他们分享和复述的过程也进一步强化了学习效果。

M

参考文献

1. Alloway, T. P., Gathercole, S. E. and Kirkwood, H. (2008) *The Working Memory Rating Scale*, London: Pearson Assessment.

2. Burden, M. J. (2005) 'Implicit memory development in school-age children with ADHD', *Developmental Neuropsychology*, 28 (3), 779 - 807.

3. Gathercole, S. E. and Alloway, T. P. (2008) *Working Memory and Learning: A practical guide for teachers*, London: Sage.

Meta-learning 元学习

另请参阅：协作式学习，学习

See also: collaboration in learning, learning

在过去几年中，关于“元学习”的概念在学界受到了广泛的重视。元学习是一个表述学会如何学习的复杂概念。该概念在1985年由约翰·比格斯（John Biggs）提出，以说明我们如何控制我们自己的学习。Meta-learning这个词中包含了一个前缀“meta”，它源自古拉丁语，是指“在……之后、伴随、超越”的意义。元学习的概念主要强调学习是一项可以不断习得、掌握和提升的技能，而不是学生拥有或不拥有的某种一成不变的特质。元学习能力始于儿童头脑中关于学习的意识的建立、对进步的表扬，以及为学生提供更为丰富的实践机会。在学习过程中可能出现一系列的干扰状况，包括学生的不成熟、压力和较差的身体素质（Cross 2006，第6章）。而且通过学会学习（元学习），儿童在其中能发现自己的偏好、抱负，以及能够激发他们兴趣的事物。如果元学习的概念扩充到合作学习的背景下，它也能让儿童认识到小组里的其他人是如何学习的。

参考文献

1. Cross, J. (2006) *Informal Learning*, Pfeiffer e-Books, on-line at www.pfeiffer.com.

Metacognition 元认知

另请参阅：学习风格，反思

See also: learning styles, reflection

元认知这个概念是指个体对其认知过程和策略的意识和思考（Flavell, 1979）。广义的元认知是指对自我思考过程的思考，它体现出每个人都具有的自我反思能力，也就是实现比普通人日常生活中的反思更高级的反思（Fisher，1998）。在学校中，教师鼓励儿童对自身的学习过程进行有意识的监控，而不是被成年人强制灌输。教师有很多种策略来达成这一目标，如在课程开始时与他们分享学习目标，在课程结束时让他们写下所思和所得。与此同时，在元认知领域有很多关于"学习风格"的研究，集中讨论了学生的学习效果，以及不同学生在多大程度上能从口语表达、视觉图像的运用和实践活动中受益最大。在学术研究领域，有关元认知的研究广受学者关注，但其不仅在学术上具有重要性，在真实的教育环境中也具有较大影响。鼓励儿童反思自己的思考过程，可以帮助他们在生活的各个方面都做出更为明智的抉择（Larkin，2009）。

参考文献

1. Fisher，R.（1998）'Thinking about thinking：Developing metacognition in children'，*Early Child Development and Care*，141，1－15.

2. Flavell J.（1979）'Metacognition and cognitive monitoring：A new area of cognitive developmental enquiry'，*American Psychologist*，34，906－911.

3. Larkin，M.（2009）*Metacognition in Young Children*，London：Routledge.

Middle schools 中学

另请参阅：一贯制学校

See also： First and middle schools

Minority ethnic children 少数族裔儿童

另请参阅：英语作为附加语言，期望，家庭背景与学习，家校沟通，同侪指导和评议，特殊教育需求

See also： English as an additional language，expectations，home background and learning，parent communication，peer coaching and review，special educational needs

最近几年，大量来自欧盟国家，以及其他国家和地区的移民涌入英国。他们的到来极大地加强了英国文化、知识和人才的多元性，但同时也为他们所到之地带来了一些严重的挑战。当移民儿童来到学校但却并不了解本土的文化习俗，而且多数情况下英语是作为其附加语言（EAL）时，教育和社会服务系统感受到了极大的压力。在这些儿童进入学校后，他们会很快地掌握英语，但是他们的父母——尤其是母亲——仍然只会讲其母语，并且很难适应当地的文化生活。在这种情况下，教师不得不面对和处理由此引发的一系列问题，如与这些儿童的父母联系，交流信息，并保持某种形式的日常交往（Gardner，2006）。

关于移民的福利问题，社会上关心此事的不同群体给出了很多建议（如 Joint Council for the Welfare of Immigrants，JCWI，www.jcwi.org.uk）。但是欲归纳总结这些建议是非常不易的，而且也是很不明智的，因为每一群体所提建议都是针对该群体内部儿童的需求而言的。有时课堂中只有一位来自其他国家的移民儿童，他会受到独特的关

M

照;但有时班级中会有一些有相似背景的移民儿童,而且他们对英语的掌握程度又是千差万别的。此外,在有些班级中,可能出现大量讲同一门外语的学生,这就可以形成英语阅读和写作的教学与辅导小组。也许对新教师最大的挑战是,在少数族裔教育中协调各种活动,以及相关人员与事物之间的关系。

国家级的调查显示,少数族裔儿童的教育情况极为复杂,这表明父母和社区参与儿童在学校的生活和发展意义重大。其中,教师所面临的困惑之一是,尽管他们为了确保双语儿童学习的有效性而积极投入其中,实施了统一的策略,并且给予他们极大的尊重和宽容,但不同族裔儿童之间的学业成绩仍是千差万别的。总体而言,在义务教育阶段,大量的非洲裔、孟加拉裔和巴基斯坦裔的学生,其表现比其他族裔儿童要稍差一些,这些儿童在教育上往往需要得到更多的关注,虽然在个别学校有例外情况。相反,印度裔和华裔的学生,表现得比其他族裔的学生更好。但是贝弗里奇(Beveridge,2005)指出,在教育上需要特别关注的儿童和被正规学校教育所排除的儿童这两个群体中,少数族裔儿童学业表现上的差异并不成比例。造成这些少数族裔儿童学业表现差强人意的原因,可能在于该族裔在社会物质和文化资源上的贫乏。但是这些因素和学业成就之间并不存在某种简单的、决定性的关系,因为学业成就上最大的差异存在于白人族裔之中。很显然,在讨论低学业成就时,要同时考虑到其他相关要素的影响。

那些在提升少数族裔学生学业成就上做得非常好的学校,通常对教职工和这些学生有着较高的期待,并且确保在最开始就建立和家长的良好关系,并一直维持下去。每一位教师和准教师都必须提出一系列关于他们的教学方法及面向所有学生的态度问题,包括:

(1)所有儿童都能从他们所接受的教育中挖掘自我潜能和实现自我价值吗?

(2)如果有些儿童学业成就较差,是什么原因导致了这样的结果?

(3)是因为缺少课堂上的表现机会才导致一些学生的低学业成就吗?

(4)我们应该/能够采取怎样的措施来应对这样的问题?

(5)一些来自特定群体的儿童,在受到特殊关照或对课程进行调整后,其学业成就是否能够有所提升?

成功融合所有新生的诀窍之一,就是正确且及早地评判他们的学习能力。美国作家海达(Heyda,2002)描述了她作为一名低年级学生的教师,在遇到不太会讲英语的少数族裔儿童转到自己班级时所采取的策略:

(1)用温暖友好的声音,笑容满面地欢迎新生的到来。

(2)任命一位讲英语的学生作为“密友”陪伴新生一整天。

(3)注意不要对其使用“婴儿式的语言”(baby talk),以防伤害到儿童的自尊;也不要对其太大声讲话,以防其认为自己被视作有听力障碍的学生。

(4)在早期便使用教辅人员。

(5)时常鼓励学生,并表现出积极的态度。

(6)将学生的错误视作是进步的起点。

(7)运用视觉图像来帮助学生理解和记忆概念,比如在词汇旁边画图、利用照片和图表来解释概念。

(8)给予孩子大量亲身实践的机会。

(9)在教室中张贴一些关键词。

多语言环境中,如果有很多少数族裔儿童都讲同一门母语的话,那么这些新同学融入班级的挑战,通常就比仅有一名少数族裔儿童讲这门语言的情况要小一些。尽管在校园中,不同语言的出现及语言教辅人员的介入都会引发学校在组织和管理上的问题,但是当出现以上这样的情况时,学校还是应该为这些少数族裔的儿童配备语言学习的辅助人员。

种族平等委员会(The Commission for Racial Equality)在其网站(www.cre.gov.uk)上为学校提供了非常实用而又详细的指导原则,可以从两个层面来监督学校,看它们在课程、教学、评价、学生的个人发展、成就及进步方面,是否考虑到了种族多元性和文化因素。课程指导原则为学校员工和管理人员提供了十四条指导建议;个人发展指导原则强调关心并珍视学生个体,以便他们能够充分利用自己的教育经历。

参考文献

1. Beveridge, S. (2005) *Children, Families and Schools: Developing partnerships for inclusive education*, London: Routledge.

2. Gardner, J. (2006) 'Children who have English as an additional language', in Knowles, G. (ed.). *Supporting Inclusive Practice*, Exeter: Learning Matters.

3. Heyda, P. A. (2002) *The Primary Teacher's Survival Guide*, Portsmouth NH: Heinemann.

Minority ethnic group underachievement 少数族裔学生的低学业成就

另请参阅:交流,英语作为附加语言,均等机会,少数族裔儿童

See also: communication, English as an additional language, equal opportunities, minority ethnic children

少数族裔儿童低学业成就的部分原因,是这个族群在物质和社交资源上的匮乏。但是经济资源上的匮乏与学业成就上的低水平之间并不是简单的因果关系,所以在考虑这些儿童的低学业成就时,要同时兼顾很多与学校相关的其他因素。

可以从以下三个方面着手来提升少数族裔儿童的学业成就:①达成一个可以贯穿其上学全过程的学习策略;②促进学生的高效学习和教师的高效教学,包括对双语学生提供帮助;③树立关于尊重的价值观念,明确应对种族偏见和行为的策略。同时积极鼓励学生家长和社区,全面参与到学校生活和发展中。

在与这些英语作为附加语言的少数族裔儿童交流时,教师要给予其更多的关注。比如可以运用沉着清晰的语言表达,给这些儿童包含有大量触觉(接触和感受外在世界)经验的活动;也可以尝试为他们创设全

M

体参与的、创造性的活动,且活动中英语口语对完成活动来讲并非必需。在 2007 年 10 月 1 日,英国的种族平等委员会(CRE)、残疾人权利委员会(Disability Rights Commission, DRC)和平等机会委员会(Equal Opportunities Commission, EOC),合并为新组成的平等和人权委员会(Equality and Human Rights Commission)。相关的网站也合并为同一网站(www.Equalityhumanrights.com)。多元宇宙(www.Multiverse.ac.uk)是一个服务性网站,可供力图解决不同文化背景儿童的学业发展问题的教师和准教师使用。

Misbehaviour 行为不端

另请参阅:注意广度,行为,家庭—学校,生活技能,家校沟通,赏罚,师生互动

See also:attention span, behaviour, home-school, life skills, parent communication, sanctions, teacher-pupil interaction

课堂上的行为不端,或者叫作"不合适的行为",是许多教师深藏内心的恐惧之事。可能发生的违纪行为对于教师和儿童都有影响:对教师而言,因为他们想要避免被羞辱,所以一直保持对儿童的"控制";对儿童而言,因为他们并不完全拥有一定的生活技能或策略,所以他们无法避免正面冲突、绕过困境,或者正面影响同伴的行为。同样重要的是,尽管教师可能抱怨这个班级的学生都很难管理,其实问题只局限在几个学生身上,但他们的影响会很快弥漫到班级的大部分群体中。不可否认,班级中总会有少数的学生不愿意服从,不听从成年人的管教。他们宁愿与其他学生为敌,也不愿遵从课堂生活的节奏,但大部分学生依然渴望从有效的纪律中获得安全感。"行为不端"(misbehaviour)这个词通常被用来代替"不良行为"(bad behavoiur),但后者暗含有价值判断在其中,而前者只是简单的描述性词语。

一些儿童性格多变、焦躁不安;一些儿童生来就不喜欢受到约束;一些儿童似乎很难久坐,并难以长时间地集中注意力在某一事物上;还有少数儿童乐于为老师制造麻烦,不断尝试刷新教师的底线。詹姆斯和布朗斯沃德(James and Brownsword,1994)提醒我们,并非所有儿童都知道什么是正确的行为。因此通过对儿童正确行为的正向强化,比如简短、真挚的鼓励语言,可以引导或激励其他儿童调整并优化自己的行为。两位作者指出,如果这些正确行为被记录和表扬,它可以向儿童展示什么样的行为才是被期待的行为。

梅德哈斯(Medhus,2001)强调儿童成长中父母与教师关系的重要性,并强调儿童在班级中担任职务的重要性。因为一旦儿童感受到应该对班级有所贡献时,他们就会注意自己的行为表现。如果可能的话,这些儿童被安排的职务应该与他们的行为问题相关。比如一位儿童若经常在班级中讲话,那可以让他辅助教师管理班级秩序;一位儿童若时常在班级队列行进时离队,则可以让他成为队列的领队。对儿童的教育而言,班级社交的成功及负责任行为的展现,与学业成就的提升一样重要。

不可否认的是,无论教师付出多大的努力,使得自己的课程有趣、与学生相关,并创造出积极的学习氛围,但仍有一些儿童会表

现出不合适的行为。对于这些少数的麻烦制造者,每所学校都有相应的赏罚措施,但这些措施又通常是耗时费力的(尽管通常是必要的措施)。但事实是,大部分教师在不必要的情况下,通常不会采取过于严格的措施,他们通常会说服、劝导和鼓励儿童设立预想达成的目标,通过这一手段来确保他们的学习和生活走在正轨之上。

哪怕只有一位具有破坏力的儿童,他也可以使得任课教师和本班学生的生活极为混乱。然而有可能的是,这个孩子适应了校外不同的行为规范,而校外的规范在严格性、对威胁的运用、话语交流音量的大小,以及赏罚措施等方面并不苛刻。这些来自家庭的情绪、经历和期待,逐渐积累并被带到学校中,因而儿童有时发现,面对新环境中的学习和生活,确实很难调整自我。查尔顿和大卫(Charlton and David,2003)致力于研究以下行为的理论背景:发展、评估和理解儿童的行为;儿童学习和行为问题之间的关系;情绪和行为困难之间的动态关系。在探讨影响儿童行为的策略时,他们强调人文关怀、校外机构的参与,以及与父母合作的重要性。

对儿童行为的解释不同于对成年人行为的解释,成人通常对其错误行为采取消极无力的措施;而对儿童行为,我们着重于解释行为背后的原因,并在决定合适的行动之前厘清所有的相关要素。有时教师必须考虑一周或一学期的某些特殊时刻,并留有退让的余地,如周一早晨(此时学生还没有从周末的相对自由的状态中调整过来)、每周上课的最后一天(此时学生已经较为疲乏,并期待周末的到来)和重要节日和事件之前的时间段(如学期中的休假、学校重大集会等事件)。尽管很容易对少数行为不端儿童的态度和行为持悲观态度,但是聪明的教师无论何时都会强调儿童行为中的积极方面。

参考文献

1. Charlton,T. and David,K.(eds)(2003) *Managing Misbehaviour in Schools*,London:Routledge.

2. James, F. and Brownsword, K.(1994) *A Positive Approach*, Twickenham: Belair Publications.

3. Medhus, E. (2001) *Raising Children Who Think for Themselves*, New York: Atria Books (Simon & Schuster).

Mistakes and misconceptions
错误与误解

另请参阅:交流,知识,数学,教学总结,关系

See also: communication, knowledge, mathematics, plenary, relationships

维多利亚时期的政治家 E. J. 菲尔普斯(E. J. Phelps),曾于 1899 年 1 月 24 日在伦敦市长官邸(Mansion House)演讲时说道,不犯错误的人通常是一事无成的人(Penguin Dictionary of Quotations)。但是在努力实现目标过程中所犯的真正的错误和由于不认真实现目标所犯的错误是有区别的。错误可以分为以下四个类型:失误(slips)、误会(misunderstandings)、误解(misconceptions)和误用(misapplication)。失误通常是

由于注意力不集中和回忆不起来所引发的，比如低年级儿童可能在拼写单词时颠倒字词的顺序，或增添、减少字母的数量。误会通常是采用了错误的方法，并导致错误的结果，比如学生可能搞混数学图表上的X轴和Y轴（参见 Spooner，2004）。误解指的是对完成某件事而必需的基本原则之理解和掌握不够，从而引发困惑，比如学生可能不理解热量丧失和隔热材料之间的关系。误用是指即便掌握了知识和使用策略，但是在操作中出现了错误，比如学生可能知道如何使用字典，但在使用时可能会从头开始翻阅，而不是估算可能出现的区域直接查阅。对教师而言，他们很容易花费大量的时间处理小失误和误会，而不是误解和误用。

教师教学中通常会尽力避免学生出现任何误解（有时被称为"完美无缺的交流"），但这在教学实践中很难完全实现。教师必须接受这样的现实，即学生会做出一些不一定非得是正确或恰当的结论。有些情况下，学生的误解是隐匿性的，除非教师给予更多的关注，并专门揭露出来。这样就形成了一种特殊教学风格，即教师通过仔细问询，并鼓励学生公开表达他们的困惑，来揭示并指正学生的各种误解。同时教师要在学生中培养一种态度：勇于表达自己，即便被指出错误，也要比害怕错误而犹豫不决更值得鼓励。哈特等人（Hart et al.，2004）认为，对于学习过程而言，建立自信和获得情感、安全感是非常重要的。所以"教师教学的中心任务之一，就是尽量让学生在参与学习活动中感受到，他们在情感上是放松的、舒适的、积极的"。

诺丁汉大学（Nottingham University）由麦克·艾斯丘（Mike Askew）和迪伦·威廉姆（Dylan Wiliam）创建的壳牌数学教育中心（Shell Center for Mathematical Education），实施了一项教学计划诊断（Diagnosis Teaching Project）项目。该项目的研究结果显示，在教学中指出常见的误解，学生的学习效果会更好（Askew and Wiliam，2004）。他们得出的第一个重要结论是，教师在教学中强调可能出现的误解，会提升学生的学业成就感，并强化数学概念在他们头脑中的长期记忆。与不给例子而干巴巴地解释某种错误相比，允许学生先犯错误，然后在与他们的讨论中引导他们发现和纠正错误，这种做法更能取得良好的教学效果。第二个结论是，在小组活动中，与学生参与课堂任务的时间长度相比，他们在合作性小组讨论中的参与程度，更能影响他们的学习效果。广泛、深入的小组讨论，意味着学生需要花费更长的时间在细小但是重要的教学知识点上，但与在相同时间内只是肤浅地记忆课程内容相比，这种方法会形成更高级的长时记忆机制。

在课堂的最后一个阶段，小学教师通常会带领全体同学（有时被称之为教学总结）总结掌握的知识，指正其中存在的误解，总结关键知识点和思想，与其他学科和领域建立起联系，讨论后续的学习进程，以及布置合适的家庭作业。

参考文献

1. Askew，M. and Wiliam，D.（2004）for the DfES，*Guide for Your Professional Development: Unit 2 appendices*，London：HMSO.

2. Hart，S.，Dixon，A.，Drummond，M. J. and McIntyre，D.（2004）*Learning Without*

Limits, Maidenhead: Open University Press.

3. Spooner, M. (2004) *Errors and Misconceptions in Mathematics at Key Stage 2*, London: David Fulton.

Mixed ability teaching 混合能力教学

另请参阅:决策,儿童早期,读写能力,数学,学习动机,组织学生学习,阅读,话题式学习,写作

See also: decision-making, early years, literacy, mathematics, motivation for learning, organizing for learning, reading, topic work, writing

混合能力教学,或者称为"混合年级教育"(non-graded education),是将不同能力层级的儿童集中在同一教室中开展教学的行为。这种教学模式在很多小学中都十分常见,有至少五十年的历史。在这种打破年级界限的教学中,儿童根据自己的学习水平和速度,从简单材料的学习逐步进入复杂材料的学习(Cotton, 1993)。十几年前混合能力教学的坚定支持者凯利(Kelly,1975)指出,"混合能力教学中,最为重要的是教师对教育过程的深刻认识",因为老师承担着更大的教学决策的责任,而不是仅仅依照教学大纲行事。不过,凯利也承认,当时为了兼顾不同儿童的能力差异而普遍采用的话题式学习,可能会导致一些学生浪费时间,而不是有计划地活动。因此他建议,在教学中要全过程、完整地记录每个孩子的表现,以控制整个学习进程。值得注意的是,凯利记录学生进程的原因与当前支持混合能力教学模式的原因是不一致的。前者强调,对学生成绩的记录和认可能够提升其学习动机,促进进一步学习;后者则将对不同水平和年纪的学生实施教学作为对教师进行评价的方式。不可否认的是,在现实中没有任何两个儿童的能力水平是完全一致的。因此,任何对学生的分组,都要依赖教师运用具体的、可识别的方法,对其阅读、写作、理解和数学能力进行评估。

对教师而言,组织混合能力教学是具有挑战性的,因为这要求教师能够对分组及不同班组学生所拥有的不同理解力和认知能力做出明智的抉择。在早年的混合能力教学中,多数情况下儿童被分配到不同的小组中,去完成教师布置的任务;若是低年级儿童,则通常在小组中会有助教来帮助他们学习,引导和鼓励他们开展活动。当他们升入高年级时,通常教师会以他们的数学和读写成绩来划分小组,以减少组内学生的能力差异。

参考文献

1. Cotton, K. (1993) *Nongraded Primary Education*, on-line at www.nwrel.org/scpd/sirs/7/cu14.html.

2. Kelly, A. V. (1975) ' Mixed ability groups-the key issues', in Kelly, A. V. (ed.) *Case Studies in Mixed Ability Teaching*, London: Harper and Row.

Modelling behaviour 行为示范

另请参阅:行为,学习氛围,学习与教师的影响,错误与误解,教师角色,教师信念,

M

思考

See also：behaviour, learning climate, learning and teacher influence, mistakes and misconceptions, teacher role, teachers' beliefs, thinking

每一位儿童都会近距离地仔细观察所有成年人的行为，包括他们的父母、亲人、教师和教辅人员，并且从其中甄别出所存在的不一致行为。通过观察和模仿他人的行为，儿童习得了世俗生活所接受和认可的行为。因此，当成年人为儿童树立良好的榜样时，他们就是在为年轻人养成负责任的行为打下基础。尤其重要的是，成年人要达成言语和行为的一致，因为即便是年幼的孩童，也能立即指出大人言行不一的表现。哈勒姆和罗杰斯（Hallam and Rogers，2008）建议，决策部门应该鼓励社会和媒体树立模范人物作为典型，这些人物能够对年轻人的态度和行为产生积极影响，而不是如同当前的一些名人一样，借助名人的光环，哪怕是行为不端，也同样得到肯定。行为示范可以包含很多方面，比如对人展现出热情和亲切、急他人之所需、热心关怀他人、奉献和毅力、耐心、厘清事情轻重缓急，等等。

内尔森-琼斯（Nelson-Jones，2003）从一个专业行家的视角建议，成年人的示范不仅包括行为，也包含思维。也就是说，一个人如此行事是受到了与自己类似的他人的思想、态度和行为的刺激。所以行为示范可能是行为技能、思维技能，或者是两者的结合。用卡尔·罗杰斯（Carl Rogers）的理论来解释，成年人要帮助儿童实现其潜能的最大化，而重点就在于与其建立真诚的关系（Rogers，2004）。

芬斯特马赫（Frenstermacher，2004）将示范行为视作一种表达高水准道德和智力特性的行为。比如一位教师可能展现出公平、关心、勇敢和坚持的优点，也有可能展现出不可靠、偏见、傲慢和自私的缺点，或者是两者混合的，既有值得肯定的一面，也有令人不满的行为。成年人在学校和家庭中的表现可能还存在差异，这让儿童也不知道该模仿哪种行为。比如家长可能不经意地使用淫秽的语言，但是教师被禁止使用这种语言。因此儿童要自己分辨哪种行为适合哪种环境。还需要强调的是，儿童在电视和电影中会看到、听到一些成年人的所作所为，但是其中有一些并不适合儿童的日常生活。

儿童所在班级的主要任课教师的行为尤为重要，不仅因为他为儿童提供了一个可供模仿（或拒绝）的范本，而且他的行为也显著影响着学校中儿童与成人之间的互动模式。所以不同的课堂环境差异万千：有的课堂中，教师欢迎学生提问，积极回应学生提出的问题，鼓励学生之间的讨论，并且不会抓住学生的错误不放；有的课堂中，教师强调模式化的、个体化的活动，而且着重于学生的正确率而不是进取心。前一种课堂中可能充满了学生的会话、笑声和热情，后一种课堂中则可能充斥着被压抑的沉默。

从其他视角看，教师也会展示一些他们想从学生身上看到的行为。比如准时上课，积极预习课程内容，当遇到不满的行为时可以隐藏自己的负面情绪，敢于直面和纠正他人的粗鲁行为。相反，教师若要坚定而又客气地提醒学生注意言行恰当，这反倒是一项有挑战性的任务（Dix，2007）。因此，教师要为儿童提供学习环境(学习氛围),使学生在其中可以安心地探索、发现新的事物,并且不怕被指出错误。

参考文献

1. Dix, P. (2007) *Taking Care of Behaviour*, Harlow: Pearson.

2. Fenstermacher, G. D. (2004) 'On the concept of manner and its visibility in teaching practice', in Wragg, E. C. (ed.) *Reader in Teaching and Learning*, London: Routledge.

3. Hallam, S. and Rogers, L. (2008) *Improving Behaviour and Attendance at School*, Maidenhead: Open University Press.

4. Nelson-Jones, R. (2003) *Practical Counselling and Helping Skills*, London: Cassell.

5. Rogers, C. (2004) *On Becoming a Person*, London: Constable.

Modern foreign languages 现代外语

在英格兰,现代外语(MFL)并不是《国家课程》(*National Curriculum*)所规定的小学必修课程,但是到2010年为止,每一位公立学校关键阶段2的学生(7~11岁的中高年级小学生),都有权利学习英语以外的另一门语言。在苏格兰,人们更喜欢使用"现代语言"这个词,而5~14岁儿童的现代语言学习框架为考察儿童所学的外语知识和能力提供了方式。这个框架提出了四方面应该达到的学业结果:听、说、读、写。

Monitoring 监控

另请参阅:儿童学习评价,促进学习的评价,反馈,形成性评价,干预,《国家小学教育战略》,奖励,特殊教育需求

See also: assessing children's learning, assessment for learning, feedback, formative assessment, intervention, *Primary National Strategy*, rewards, special educational needs

监控学生发展,是指教师和教辅人员通过主动、细致地关注学生而规范其学习的过程。监控离不开干预,紧随监控的干预是指教师给儿童提供直接而具体的指导,来改正他们的错误,拓宽他们的思维,并让其聚焦在具体的学习内容上。申请优秀教师职位的教师们,需要在监控、评价、记录、汇报及对学生、同事和父母负责任等环节上都表现良好,简称为MARRA(Headington, 2000)。密切监控学生发展是教学过程中最为重要的组成部分之一,因为监控的好坏与学生的学习质量有着密切的关系。在学校中,教师和助教通过定期与学生的互动而获得的信息,再加上通过一些其他渠道——如家长、其他相关人员、外部机构和学生本人所获得的信息,都为深入了解学生的学习需求提供了宝贵的材料。所有学校都会与学生教育相关的人员定期举行会谈,以共同促进学生的进步;对于有特殊教育需求的学生而言,所邀请的相关人员会更多;而对于学业成绩较好的同学而言,会谈通常只会涉及学校中的人员。

教师的监控和反馈过程中最为重要的一点是,教师要敏锐地意识到一些关键节点,即学生通过自己的言语和行动表示,为了更好地理解和学习某个主题,他们已经掌握了概念、学会了技能,并获取了一定的知

M

识。当学生出现以下四种行为时，教师可以趁机开展评价（开展“促进学习的评价”，或者是进行“形成性评价”）：①当他们回答完问题；②当他们完成了一项工作；③当他们试图向某一成年人解释某事物；④当他们在（小组）协作活动中分享成果之际。

监控及相应的干预行为，可以使教师及时提供反馈信息，从而帮助儿童形成思考，理解他们所进行的活动，并使其更好地理解所学内容（Angelle, 2004）。当儿童获得了内在满足（自我满足）和外在满足（来自外在的成年人的肯定）之际，他们会意识到学习本身就是值得做的，而不仅仅是要取悦于他人。教师也可以通过监控来确保儿童集中精力完成了相应的任务，并在课堂教学中表现出规范的行为。

在正式测验时，监控的过程包括确保儿童遵从相应的规定（比如保持安静、个体活动、集体合作等）。然而在大多数的小学课堂中，监控意味着在儿童遵从要求完成任务时，对其进行近距离的、仔细地观察。在给儿童解惑答疑的同时进行监控，则是一种积极的干预，能够为学生提供更细致的指导和更合适的建议，能够更有效地促进他们的学业成就。如果教师在布置任务和开展活动之前，就向学生阐明目标和期望，并详细解释任务或活动的细则和构成，那么监控会更直接有效，因为教师和学生有共同的目标。

当儿童和成人形成良好的合作关系时，在监控过程中，教师所提出的敏感但富有建设性的批评意见能够鼓励和激励他们掌握概念、完成挑战。但是若儿童认为这种监控是教师故意要抓住他们的“把柄”、揭露他们的短处，他们就会充满防卫意识和抵制心理。许多教师鼓励学生进行自我批评与评价，或者鼓励其展开同伴互评，这在师生之间、生生之间形成了一种默契的合作关系。英格兰的《国家小学教育战略》（*The Primary National Strategy*）鼓励教师经常使用“学生进步回顾会议”（pupil progress review meetings），其中可以包括以下几个方面：

（1）公开讨论学生所取得的成就，并评价教师的教学；

（2）认定每个儿童个体的进步；

（3）认定学生团体的进步；

（4）既要聚焦要监控的小组，也要关注特殊环境中处于困境的儿童；

（5）要依据他们的性别、特殊的教育需求和族裔，认定组内学生的成就；

（6）要观察教师干预活动之后的影响；

（7）认定儿童的行为要点。

以上的事项又引发出大量需要学校考虑的问题：教师的评价在多大程度上与国家考试结果相一致；被特别关注的小组是否达成了学校预期的目标；男孩、女孩、英语作为附加语言（EAL）的学生及有特殊教育需求的学生表现如何；什么是教育目标达成中的正确方法和障碍；结果能否显示（在英格兰），儿童在 7 ~ 11 岁之间，学业成就有所提升。

当今，学校广泛地运用计算机来追踪、策划和系统地记录学生个体的发展。因此，现代意义上监控的概念已经有所转变。早年间，每一位教师都需要细致地观察学生，指出其心理上和生理上的发展变化，并据此对教学计划做出合理的调整。而现在教师需要用数字化的统计数据展开个体化教学，为学生设置学习目标，为学校提供继续改进的证据和方法。如此转变所导致的结果之一就是，由于需要过于详细地记录细节，学校领导和专家教师会花费大量的时间处理这些事情，而缺少时间投入教学。人们担心这种现象有可能会引发过度管控，以及不必要的官僚主义。

参考文献

1. Angelle P. (2004) ‘Monitoring progress through feedback’, *School Effectiveness and School Improvement*, 15(1), 115－120.

2. DCSF Standards Site (2007) *Pupil Progress Meetings: Prompts and guidance*, London:HMSO. www.standards.dfes.gov.uk.

3. Headington, R. (2000) *Monitoring, Assessment, Recording, Reporting and Accountability*, London: David Fulton.

Moral choices 道德选择

另请参阅：行为，道德发展，惩罚，关系，奖励，规则

See also: behaviour, moral development, punishment, relationships, rewards, rules

美国心理学家劳伦斯·科尔伯格(Lawrence Kohlberg)对儿童道德选择之原因展开了大量研究，确定了儿童道德发展的六个阶段，其中前四个阶段覆盖了小学教育阶段(Kohlberg,1981)：

(1)服从和惩罚。这是儿童道德发展的最早阶段，尤其是对幼童更普遍。在该阶段，儿童认为规则是固定和不可变的。对规则的服从十分重要，因为它意味着避免惩罚。

(2)个人主义与交换。在这个道德发展阶段，儿童按照是否符合自己的需要，来进行价值和道德判断。

(3)人际关系。在这个阶段的道德发展中，儿童力求实现外在社会的要求和角色期待，重视从众、表现友好以及个人选择如何影响人际关系。

(4)维持社会秩序。此阶段中，儿童关注的是通过对规则的遵守、责任的履行和权威的尊重，来维持法律和道德秩序。

(5)社会契约和个人权利。在这个阶段中，个体开始意识到每个人都有不同的价值观、思想和信仰。

(6)普遍原则。在这个阶段中，个体会遵从自己内心的正义原则，即便这一原则会和社会的法律与规范相冲突。

参考文献

1. Kohlberg, L. (1981) *Essays on Moral Development 1*, San Francisco CA: Harper & Row.

Moral development 道德发展

另请参阅：关爱型教师，公民身份，道德选择，道德，家长参与，心灵教育，教师信念

See also: caring teachers, citizenship, moral choices, morality, parental involvement, spiritual education, teachers’ beliefs

著名的心理学家弗洛伊德(Sigmund Freud)指出，儿童与其父母关系的质量会较

大地影响他们的道德发展路径。同时社会学习理论指出,儿童早期的道德行为是通过模仿成年人(不一定是父母)的行为而形成的。相反,认知发展理论认为,儿童道德推理能力与其整体思维能力的发展相关联。尽管所有这些理论都不尽相同,但是它们都为研究儿童的道德发展提供了新的视角。桑格和奥斯古索普(Sanger and Osguthorpe,2005)对理解道德教育方法所面临的挑战进行了分析,并研究出应对这些挑战的框架。

从课程的角度看,道德发展通常与“伦理学”紧密相关,并在英格兰、威尔士和北爱尔兰的初等教育课程体系中构成了公民课程的一部分。在苏格兰,宗教和道德教育(REM)是相关联的。尽管社会普遍认为,宗教和道德教育并非道德教育的唯一内容,道德教育的一些内容应该分散在其他课程中,但是政府的指导意见提出,在初等教育课程中,宗教和道德教育的课程比例为15%左右,与健康教育课程、个人与社会发展课程持平。所有的课程都强调,不仅要满足儿童学业上的要求,也要满足其社交、精神和情绪上的要求。但其中的问题是,尽管学生的学业成就在提升,但是问题也随之增加:药物依赖、性传播疾病、自残行为、对学校和社会的不满,以及越来越多的年轻人倾向于诉诸极端的行为方式。甚至连小学阶段的儿童都会受到社会冲突和分裂的极大影响。初等教育的目标之一,就是帮助儿童理解他们在社会中所处的位置,并鼓励他们理解他人的看法,还要激励儿童发现自己的长处、爱好和天赋。

那种认为道德发展课程能够成功塑造“品德高尚”的学生的观点引起了激烈的争论。善于道德说教的人,不一定会做出相应的道德行为。大家普遍认为,自尊自爱、尊敬他人、尊重社会和敬畏环境这四个要素构成了呈现和讨论道德问题的有益框架。然而由于种种原因,这四种要素很难完全实现。第一,家长可能提出与学校相左的观念。第二,大部分问题都是复杂而难以轻松解决的。比如当我们鼓励儿童既要诚实相待也要懂得变通时,其实就连我们成年人也很难把握这种分寸。

在初等教育领域工作的人通常是基于“5E”(Lickona, 1999)原则展开教育教学的:示范(example);规劝(exhortation,“这么做是有好处的”);解释(explanation,“我想让你这样做是因为”);经历(experience);一个能提供稳定和关爱的环境(environment)。戴(Day,2004)总结道,“每一位教师工作的核心都应该是道德教育。这就要求他们对学生全身心地投入,而这种投入应包括但又远大于政府和学校对其的要求”。蔡特(Chater, 2002)更是直接询问如何促进儿童道德发展,并给出了几条解决的方法:直接告诉他们对与错;通过做正确之事而发现快乐、意义,以及理智和情感上的满足;或者鼓励他们自己去发现正误。他也为家长和教育者提出了一个尖锐的问题:“若没有成人的干预,儿童会实现道德发展吗?”

英国政府在招聘教师时所用的口号是“运用你的头脑来教学”,这一口号也体现了教师这一职业性质的转变,即教师成为具备知识和理性的专业人员。然而这一转变在一些基础教育从业者中引发了不安。他们认为,公众和政府对教师专业智能的强调,可能与教师本身哺育、照顾儿童的形象不相符合。所以对小学教师而言,达成专业标准的压力就在于,要在“获得好的学习成绩”与“促进学生的道德成长”之间取得平衡。奥斯古索普(Osguthrope,2008)指出,我们应该培养性格良好、具有较好道德素养的教师,因为他们的这些品质会直接影响到课堂教学和学生培养。在学校工作的成年人并不直接对学生的道德发展负责,每一名小学教师都要意识到,有一些领域是学生家长的责任,教师不要轻易越界。但是其实在每次教师训诫学生、告诉他们如何去做、为他们提供道德选择之际,道德立场已经树立,道德教育也已经发生了。无论此种方法还是其他方法,有意的还是无意的,教师对学生的性格发展都会有所影响,因而教师无形中已经成为某种道德权威。家长也逐渐意识到,学生会被某种精神所影响,并从其中获益,而这种精神多半是在学校的道德和宗教底蕴中显现出来的。

初等教育领域的工作者一直在思考,何种教育方法能够使儿童得到发展,他们渴望找到一种既能够提升学生的学业成就,也能促进其道德发展的合理、智慧之法。这一方法使他们不得不平衡课程要求与学生道德行为要求之间的关系。如果学校强制推行某种规章纪律,当约束还在的时候,可能会带来学生行为上的积极改变,但是这并不能为学生提供确定的道德标准,以保证他们走出学校后能对生活方式做出正确的选择。没有教师希望自己的学生是鲁莽和无知的,但是当代学校培养的一些学生,走向社会后却是鲁莽和无知的。很明显,学生仅有知识、好的成绩和对事情的理论认知,并不能有助于创造一个文明、公正的社会,除非他们具备了更为深刻的道德方面的认知。在小学工作的成年人,都发自内心地、像对待自己的孩子一样对待自己的学生,衷心地希望他们在学业上取得成功,也希望建立与学生良好的关系,并真心地为学生取得的成就而欢喜。教育工作者都希望通过自己的影响力向学生解释生活和人生的真谛,并试图告诉他们:通过坚持不懈的努力之后,他们不仅能够取得学业上的成功,也能够发现自己和他人的价值。

参考文献

1. Chater, M. (2002) ‘The child as spiritual citizen’, in Johnston, J., Chater, M. and Bell, D. (eds) *Teaching the Primary Curriculum*, Maidenhead: Open University Press.

2. Day, C. (2004) *A Passion for Teaching*, London: Routledge.

3. Lickona, T. (1999) *Educating for Character*, New York: Bantam Press.

4. Osguthorpe, R. D. (2008) ‘On the reasons we want teachers of good disposition and moral character’, *Journal of Teacher Education*, 59(4), 288 – 299.

5. Sanger, M. and Osguthorpe, R. D. (2005) ‘Making sense of approaches to moral education’, *Journal of Moral Education*, 34(1), 57 – 71.

Morality 道德

另请参阅:行为,道德选择,道德发展,规则

See also: behaviour, moral choices, moral development, rules

M

道德这个词涉及关爱的关系，还涉及规范行为方式、是非曲直和人格特点的普遍法则。儿童在发展自身认知技能的同时，也希望能够习得维系社会的道德法则。皮亚杰(Piaget)对道德评价进行了大量研究，其大部分研究结果都倾向于两阶段理论，即10～11岁以下的儿童通常根据结果来进行道德判断，而年龄更大的儿童通常基于动机进行价值判断。因此，年幼的儿童认为，规则是由成年人或者是上帝制定的，是固定的、绝对的；而年长的儿童则认为，只要获得大家的同意，规则可以改变，因而规则并不是神圣和绝对的，只是人类为了更好地实现合作而使用的一种工具而已(Crain，1985)。

参考文献

1. Crain，W. C. (1985) *Theories of Development*，London：Prentice Hall.

Motivation for learning 学习动机

另请参阅：好奇心，鼓励与表扬，学习，学习与教师的影响，行为示范，小学生视角，教育记录，奖励，成功，(儿童)目标设定

See also： curiosity，encouragement and praise，learning，learning and teacher influence，modelling behaviour，pupil perspectives，recording，rewards，success，target setting (children)

儿童并不是生来就对自我及自我价值有所了解，这往往通过数年与家人和朋友的互动，以及日渐丰富的社会经验积累才得以形成。尽管教师不能直接改变班上学生以前在校外及现在与成年人打交道的方式，但是可以通过以下六个方面的努力来促成学生的健康成长。第一，发现儿童已经知道和已经了解的内容。这个过程需要与学生交谈，倾听他们诉说，检查之前的学校记录单，并且观察他们如何运用自己头脑中的知识完成任务。第二，教师表现出积极的学习态度供学生模仿：对成功的赞许、对失败的惋惜、对新发现的兴奋、对抉择的细化，以及及时地提供帮助和指导。第三，对那些学习困难、焦虑、厌烦的学生给予特别的关注，因为这可能是由于学生对课程的不正确判断，或对失败的恐惧而造成的。第四，通过与学生讨论课程目标、设置可以达到的学习目标、邀请学生成为评价主体等方式，帮助学生融入学习过程中。第五，认可学生的思想，感知学生的情绪体验。第六，强调成功是可以达到的，也是值得珍惜的。

相关研究指出，儿童对其教育经历的满意程度随着年龄的增长而递减，当他们开始中学学习时，满意程度大幅度降低(Woods，1990；Cullingford 2002)。因此，大部分的小学生都十分认同自己的学校生活，但是只有约四分之一的中学生有同样的积极态度。当询问学生他们在学校的所学与所得的关联性时，小学生比中学生在动机差异方面表现更为明显。由于小学生仍保有好奇心，并且对学校生活更加积极，故而学习动机更强。所以教师和助教有责任为其建构一个动态的学习环境，使其能够有所进步，并热爱学习。在一些优质小学，学校会努力在不牺牲儿童探究精神和率真性的同时，帮助实现其学业成就的提升。在强调支持学生学习及鼓励其积极性的重要性时，埃利斯(Ellis，2007)如是说道：

我们需要发挥创造性，以维持学生的学习热情；需要运用灵活性，以满足他们当下的需要。我们需要点燃儿童心中热爱学习的“火焰”，引导他们进入课程学习的轨道，这将激励他们坚持终身学习。

卡茨和查德（Katz and Chard，2000）提醒我们，从儿童的视角出发，学校就是真实的生活，并不是某种精心设计的模拟世界。所以儿童就是将学习视作一种冒险的经历，时而面临挑战，时而令人疑惑，但总是充满期待。尽管一些课程并不吸引人，但教师应尽力为学生创设学习环境，为其提供多元的经历，激发其学习兴趣，并长久维持对学习的热情。如果学习的内容趣味盎然并与儿童生活相关；如果课程内容与设计充满了想象力；如果与学习内容相关的任务具有合适的挑战性；如果学业环境充满活力并令人鼓舞，学生便会认为学习是值得做的事情。对此，教师在其中要发挥重要的作用：

（1）向学生解释课程的有用性；

（2）教师可以通过变化声音语调、抒发激情、展示视觉图像、讲故事、语言交流、互动活动等形式，来激发儿童的想象力；

（3）教师设置分层任务，以便让每一位学生通过努力都有所收获，进而提升儿童的自我认知感和自我驱动力；

（4）教师通过运用目标明确、民主的教学方法来展开教学和答疑活动，使原来强调教学权威的课堂环境向充满活力的课堂环境转变。

课堂内容与儿童生活不相关的后果，在低年级儿童身上表现为，参与活动是否敷衍了事、昏昏欲睡、焦躁不安；高年级儿童有时也表现出此种倾向，但他们会阐明自己的看法，甚至会直接向教师质询活动的意义和目的何在。哈勒姆和罗杰斯（Hallam and Rogers，2008）建议教师用“赞赏—奖励”机制代替“惩罚”机制，以保证学生了解课堂规章制度，并认可其公正性，两位作者同时强调学生对自己行为负责的重要性。

对儿童的外在激励，并不会马上促使儿童由迷茫与不确定转向清晰与乐观。然而一种伴有适当的支持和引导的积极方法会让学生相信，总有来自成年人的“安全网”伴其左右。一段时间之后，这种轻松和积极的氛围会在整个班级中蔓延，再辅之一些外在的奖励（比如贴画、卡片等），就会极大地提升儿童对未来的期待，以及决断的能力。如果课堂中采用“我们能行”这种学习方法，那么自我认知的提升、高质量的学习和合作都会显而易见。动机不仅对学业很重要，而且也有助于学生为日后生活中及升入中学后应对来自社会的要求做好准备。

参考文献

1. Cullingford, C. (2002) *The Best Years of their Lives? Pupils' experiences of school*, London: Kogan Page.

2. Ellis, N. (2007) 'Foundation Stage: Expectations and vision', in Moyles, J. (ed.) *Beginning Teaching, Beginning Learning in Primary Education*, Maidenhead: Open University.

3. Hallam, S. and Rogers, L. (2008) *Improving Behaviour and Attendance at School*,

M

Maidenhead: Open University Press.

4. Katz, L. G. and Chard, S. C. (2000) *Engaging Children's Minds: The project approach*, Stamford CT: Ablex Publishing.

5. Woods, P. (1990) *The Happiest Days?* London: Falmer.

Motivation for teaching 教学动机

另请参阅:教育目的,信念、教与学,关爱型教师,道德发展,培养成人,关系,劳动力改革

See also:aims of education,beliefs teaching and learning, caring teachers, moral development, nurturing adults, relationships, workforce reforms

M

关于教学动机的诸多研究表明,利他主义、对儿童的爱、想要帮助儿童的欲望,以及对教育工作的热爱,是对新入职教师来说最为重要的品质。人们之所以想成为小学教师,是因为他们认为这是一份有意义和值得做的工作,能对社会的发展做出积极贡献。研究表明,驱动人们成为小学教师的动力根源于关爱、自我实现及对儿童生活的积极影响(Spear et al., 2000)。通过对新入职教师的研究发现,他们的教学动机在于,他们相信自己不仅能够提升儿童的学业成绩,也能够影响其道德发展和社会发展(Moran et al., 2001;Thornton et al., 2002)。在一项针对六所小学教师投入度的研究中,楚曼和拉吉(Troman and Raggi,2008)发现,教师教学的意向仍然强烈,并伴随对育人的强烈渴望,表现为对儿童炽热的爱与关怀的情感。这种利他主义的情感,并不意味着教师对良好的工作环境、较高的薪资和职业发展机会的排斥,但这都无法与因参与和影响每一位儿童的人生所获得的满足感相提并论。

在成功主要是由量化的考试结果所决定的教育氛围中,其中一个挑战是,教育牺牲了许多小学教师所追求的关爱和育人的氛围。“儿童中心”(child-centered)这一教育理念的赞成者认为,儿童全面成长所需求的关爱是教育成功的基石。秉持儿童中心理念的教育者认为,若教师的教育是出于对儿童的热爱,这会给他们带来坚持不懈的动机与决心,并能冲销近年来愈加繁重的工作带来的倦怠感。

近年来,为了招收更多的教师,教师培训与发展局(teacher Training and Development Agency, TDA,英格兰负责监管教师招聘和教师培训的政府机构,以前被称为 the Teacher Training Agency, TTA)的网站上充满了大量激励性的标语,比如“教育不同于其他工作。这是一项鼓舞人心、极具挑战、独一无二的工作,你教的每个孩子也是如此”,“与教师交谈,亲身感受他们的兴奋之情”,“你将与同样充满智慧、志同道合的同仁共同执教”。网站强调这些,是因为他们担心,之前的教师招聘过于依赖这样一种理念:认为利他主义情感是激励雄心勃勃的教师的主要动机,同时过去的做法也将那些寻求智力上的满足感、良好的服务条件,以及自我实现的潜在求职者挡在了门外。

根据刚毕业的241位小学教师的反馈,库曼(Cooman,2007)得出结论:教师们认为,根本性、利他性、交际性特点是他们选择这一职业的主要动力,而其他职业的从业者则更多地被利于个人的工作价值所吸引,比

如职业机会和行政权力。

根据儿童、学校和家庭事务部(Department for Children,Schools and Families,DCSF)在2007年发布的《新手教师第一年教学经验调查》(*Newly Qualified Teachers' Experiences of Their First Year of Teaching*)研究报告显示,新教师对以下项目的评分较高:与学生和同事的良好关系、第一年不断增长的专业自主感,以及同期对成功和改变的认知。他们对以下项目的评分较低:对教师角色的极端要求、工作劳累,以及与问题学生不断的周旋。此项研究结果与近期的另外一项研究结果(October,2007)并不一致,后者认为学校已经推行了工作改革,以改善教师的生活,尽管这不一定会提升教育水平。科泽(Kozol,2007)从一个美国研究者的视角出发,指出资深教师们通常表现出稳定的性格、彻底的无私精神,能够摸索出课堂管理细节和优秀的教学方法。因此,资深教师可以帮助新教师更好地处理与学生家长和当地社区的关系,因为他们已经熟知了曾经就读于本校的几代家庭成员。

参考文献

1. Cooman, R. D. (2007) 'Graduate teacher motivation for choosing a job in education', *International Journal for Educational and Vocational Guidance*, 7(2), 123 – 136.

2. DCSF (2007) *Newly Qualified Teachers' Experiences of their First Year of Teaching*, London: HMSO.

3. Kozol, J. (2007) *Letters to a Young Teacher*, NewYork: Random House.

4. Moran, A., Kilpatrick, R., Abbott, J., Dallat, J. and McClune, B. (2001) 'Training to teach: Motivating factors and implications for recruitment', *Evaluation and Research in Education*, 15(1), 17 – 32.

5. Spear, M., Gould, K. and Lee, B. (2000) 'Who Would be a Teacher? A review of factors motivating and demotivating prospective and practising teachers', Slough: National Foundation for Educational Research.

6. Thornton, M., Bricheno, P. and Reid, I. (2002) 'Students' reasons for wanting to teach in primary school', *Research in Education*, 67, 33 – 43.

7. Troman, G. and Raggi, A. (2008) 'Primary teacher commitment and the attractions of teaching', *Pedagogy, Culture and Society*, 16 (1), 85 – 99.

Motor skills 运动技能

另请参阅:技能

See also: skills

运动技能是一项后天学会的技能,指在完成某项任务时所触发的自发肌肉运动(与无意识运动或非自发运动不同)。运动技能包含了习惯性任务,如走路和咀嚼;感知性任务,如吹奏乐器和使用电脑键盘;精细化动作,如写作时握笔。

Multiple intelligences 多元智能

另请参阅:能力,智力,智商,问题解决

See also: ability, intelligence, Intelligence Quotient, problem solving

M

多元智能理论是哈佛大学教授加德纳(Dr. Howard Gardner)于1983年提出的,他认为基于智商(IQ)测试智力的传统方式过于简单。于是加德纳开始提出了七个领域的智能,后来修正为八个领域,以描述儿童及成人多样的潜能(Gardner,1983, 1993):

(1)语言智能,也被称为文字能力;

(2)逻辑-数理智能,也被称为数字/推理能力;

(3)空间智能,也被称为图画能力;

(4)身体-运动智能,也被称为身体能力;

(5)音乐智能,也被称为音乐能力;

(6)人际智能,也被称为人际交流能力;

(7)内省智能,也被称为自我能力;

(8)自然探索智能,也被称为自然能力。

阿姆斯特朗(Armstrong,1999, 2000)认为,该理论为我们提供了八个不同的学习领域,即①文字——语言智能;②数字和逻辑——逻辑-数理智能;③图画——空间智能;④音乐——音乐智能;⑤自我反思——内省智能;⑥身体体验——身体运动智能;⑦社会体验——人际智能;⑧自然界体验——自然探索智能。

加德纳认为,一位外星来客可能更感兴趣的是,人类如何在某些特定领域获得异常优异的成就,如围棋冠军、交响乐演奏演员、优秀的运动员等,而不会想要去探索他们到底具有怎样的智力水平。现实也的确如此,一些成功人士无疑是天资聪颖、智商超群的,但是传统的智商测量手段却难以对其进行真正的测量。在商业世界中,智商较高的人有时发现,自己赢不了智商较低的人,这也表明,我们当前的智商测量方式并不是十分准确与奏效的。加德纳对此有一句名言:你有多聪明并不重要,重要的是你如何展现你的聪明。人类蕴藏着多种技能,可以解决各种各样的问题,所以智商更应该被认为是人们解决问题的能力,以及在不同社会文化背景下有价值的创新能力。比如在农村,选择合适的时间去播种和收割稻谷被认为是一种重要的能力;而在城市中,懂得如何进行股票交易则被认为是一种重要的能力。因此,多元智能这一概念会重塑教育者对学生及其学习方式的认知。

参考文献

1. Armstrong,T.(1999) 7 *Kinds of Smart: Identifying and developing your many intelligences*, New York: Plume.

2. Armstrong, T. (2000) *Multiple Intelligences in the Classroom*, Alexandria VA: Association for Supervision and Curriculum Development.

3. Gardner, H. (1983, 1993) *Frames of Mind: The theory of multiple intelligences*, New York: Basic Books.

Multiplication tables 乘法表

另请参阅:数学,记忆力与记忆,计算能力

See also: mathematics, memory and memorizing, numeracy

乘法运算是几个相等的数字相加的简便算法。比如5+5+5+5(=20),可以通过5+5(=10),再加5(=15),再加5(=

20)实现。在数字比较小的情况下,这种运算方法是可行的,但是数字变大后便不再可行,比如难以想象如何运用上述的方法开展 25×34 的运算。运用乘法运算后就可以无须重复使用加法,并避免加法多重运算中的错误。根据“Answers.com”网络词典(www.answers.com)的解释,有关“乘法表”较合理的定义是:“一种将 1 到 12 各数字相乘结果列出、有助于记忆的表格”。

以前,儿童在很小的年龄便开始通过反复背诵(如一三得三,二三得六,三三得九)学习乘法表。如今,教师在确保儿童理解了加法和减法的概念之后才会引入乘法表,而且尽管儿童仍会通过歌谣的形式背诵乘法表,但是已不再像过去那样孤立地学习乘法表。赫米特(Hermitt)为教师的乘法表教学提供了一些建议(有改动,细节见网站):

(1)首先学习乘法表里有关数字 1 和 10 的乘法。

(2)通过歌谣学习有关数字 2、3、5 的乘法。

(3)通过逻辑推理的方法学习有关数字 4、6、8 的乘法。比如在进行 4 序列乘法的教学时,可用数字加倍的方法,如将 4 拆分为 2×2。这样,4×7 就是 2×2×7,先计算 2×7 为 14,再将 14 加倍得出 28。

(4)颠倒数字的位置以简化乘法运算。比如,2×8 是运用 8 序列的乘法,而要转化成 8×2 改为运用更简单的 2 序列的乘法。

(5)运用有节奏感的韵文。比如 7×7 是 49,可以通过韵文“七乘七,四十九,克里斯,记住它”(Chris remembered just in time that seven times seven is forty-nine)。

20 世纪后半叶流行的看法是,不值得花太多时间教乘法表。计算器的出现使得学生不再需要自己在头脑中计算,而只需轻轻敲击按键就可以获得结果。然而 90 年代后期,英格兰和威尔士的学校引入了广为人知的“算术时间”,转而强调“心算”的重要性——在头脑中计算,而不是通过计算器和笔计算。鉴于此,乘法表这种具有一定心算特征的方法再次受到了推崇,但是其在初等教育中不可或缺的重要地位已难以恢复到以前的程度了。

参考文献

1. Hermitt, A. *How to Teach the Multiplication Tables to Your Child*, on-line at www.ehow.com/how_2283448_teach-multiplication-tables-child.html.

Music 音乐

另请参阅:艺术与设计,注意广度,创造力,舞蹈,戏剧,卓越与快乐,记忆力与记忆,空间-时间推理

See also: art and design, attention span, creativity, dance, drama, excellence and enjoyment, memory and memorizing, spatial-temporal reasoning

音乐是社会的重要组成部分之一,音乐对个体的价值在不同的文化中都得到了承认,而这些不同文化又构成了儿童体验的世界。音乐,尤其是古典音乐,是提升儿童智力、激励其发展的重要手段,家长和教师都对此津津乐道,近些年的一些研究也证明了这一点。20 世纪 90 年代早期的研究表明,

儿童在听完古典音乐，尤其是莫扎特的作品后，他们的空间—时间推理能力提升了约三分之一。尽管这些观点没有得到普遍的认同，但是毫无疑问，音乐为儿童提供了机会，使其能够从现实环境中解脱出来，并且自由地运用想象力进入充满喜悦和满足的美好场景。音乐能够激发、提升和释放儿童的创造力。

背景音乐还有可能发展儿童的记忆力，当儿童记忆相关事件时，播放背景音乐有助于增强记忆效果。这一现象源于知识与音乐形式的关联，与某种香味引发对特定事件或场景的记忆这一模式十分相似。但是音乐对儿童注意广度的作用还不太清楚。然而哈勒姆等人（Hallam et al., 2002）在一项针对 10～12 岁儿童的调查中发现，课堂中有音乐相伴的儿童，其任务完成的水平要高于课堂中没有音乐的儿童。但那些令人兴奋的、劲爆的、不好听的音乐，会影响儿童的记忆水平，并会引发较差的行为表现。

《卓越与快乐》（*Excellence and Enjoyment*, DfES 2004）这本记述小学发展策略的报告指出，所有英格兰和威尔士的儿童都应该有机会学习乐器和声乐。然而相关报告却指出，尽管大部分学校的教学质量都较高，但是仅有不到一半的学校会为学生提供学习音乐技能的机会。2007 年 1 月启动的一项计划，致力于推动在小学中增加音乐教育的时间，进而促使儿童在音乐教育中变得更加自信。在 2007 年，霍华德·古德奥（Howard Goodall）被任命为英格兰国家歌唱大使。

5～14 岁儿童的音乐教育，构成了苏格兰课程中被称为“表演艺术”课程的一部分，这一课程还包括体育、戏剧及艺术和设计。威尔士的课程体系强调通过音乐教学来提高学生的沟通交流、信息技术、创造力、社会交往技能，以及对威尔士基础阶段课程（the Welsh Foundation Stage Curriculum）的理解，所有 5～14 岁的儿童都必须接受音乐教育。北爱尔兰音乐课程的主要目标是：通过聆听音乐和创作音乐来发展学生的音乐智能。音乐是 5～14 岁儿童的必修课。

大部分小学每周音乐课的时间少于一个小时，大约只有 13% 的小学儿童学习演奏乐器。很多小学教师也感到难以胜任音乐课的教学。然而如果儿童有如下表现，在课堂中可以增加使用音乐的机会：

(1) 跳舞和通过各种肢体运动来表达自我，如顿足、行进、摇摆、跳跃，以及晃动；

(2) 哼唱和跟着音乐唱歌来发展其语言技能；

(3) 运用教室中的材料或是回收的物品来发明自己的乐器，并能够为其他同学或者和他们一起演奏这一乐器。

每个月，教师会专门介绍一位作曲家，展示他的生平，并且播放其乐曲的选段。可以参考琼斯和罗宾森（Jones and Robson, 2008）对音乐课堂实践提出的一些建议。

在现实中，我们可以通过分析儿童的音乐选择来判断其性格与喜好，一些儿童会对喜欢的作品表现出强烈的情感。有些教师在课前或者午饭后，会开展持续几分钟的“音乐魔法”活动。这项活动的目的并不是分析音乐，而是让学生在听完音乐后根据教师给出的短句去表达自己的感受，比如这一音乐使我开心、悲伤还是没有感觉，或者进一步让学生通过完成句子（这个音乐让我……）来表达自己的情绪。还有一些教师会在大概两分钟的时间中，用音乐来带领学生进行拉伸、运动或跳舞等肢体活动，被称为“疯狂的音乐”“滑稽的扭动”或“随节拍跳动”，以强调其欢快的一面。

参考文献

1. DfES (2004) *Excellence and Enjoyment: A strategy for primary schools*, London: HMSO.

2. Hallam, S., VPrice, J. and Katsarou, G. (2002) 'The effects of background music on primary school pupils' task performance, *Educational Studies*, 28(2), 111 – 122.

3. Jones, P. and Robson, C. (2008) *Teaching Music in Primary Schools*, Exeter: Learning Matters.

M

N

National Curriculum《国家课程》

另请参阅:儿童学习评价,交流,核心学科,信息技术,关键阶段,道德发展,个人、社会与健康教育,宗教教育,《苏格兰课程》,心灵教育

See also: assessing children's learning, communication, core subjects, information technology, key stages, moral development, personal, social and health education, religious education, *Scottish Curriculum*, spiritual education

《国家课程》中的"课程",是指学生在学校中必须学习的课程。在1988年以前的英国,教师有权自主决定想要讲授的内容,其中只有宗教教育(RE)是必修课程。这导致不同学校之间的教学具有极大的差异,但同时也确保了教师能够根据学生的特点来调整课程。但是为了所有的学生都能获得较为均衡的课程,英格兰和威尔士在20世纪80年代末出台了《国家课程》(NC),规定教育的四个关键阶段:

(1)关键阶段1:7岁以前(1~2年级)
(2)关键阶段2:7~11岁(3~6年级)
(3)关键阶段3:11~14岁(7~9年级)
(4)关键阶段4:14~16岁(10~11年级)

前两个阶段覆盖小学阶段,后两个阶段覆盖中学阶段。《国家课程》规定了应该教授的学科及其内容,该课程也指出了儿童在7岁、11岁和14岁应该达成的学业标准。除去极少数特殊情况,所有5~16岁之间的儿童(私立学校的学生除外)都必须遵照《国家课程》的要求:①三门核心学科:英语、数学、科学;②九门基础(非核心)学科:设计和技术(DT)、信息和交流技术(ICT)、历史、地理、艺术和设计、音乐、体育(PE)、现代外语、公民教育(此门课程在小学阶段不是必修课程);③根据各地的课程大纲开展的宗教教育。当然,父母有权力决定儿童是否接受学校的这种课程体系。在讲威尔士语的小学中,威尔士语也是核心学科。在《国家课程》初版发布后,随后又有几个修订版本问世,课程内容一再压缩。在每一门学科中,学生都学习一系列特定的技能,这样就拥有了更广泛的技能,以便在学校、工作和生活的各个领域中都能游刃有余,比如交际、数字运用、信息技术、与他人协作、自我学习与提升,以及问题解决。学校必须全面提升儿童的精神、道德、交际和文化素养。

所有北爱尔兰的学校都执行《北爱尔兰课程》,这一课程体系与英格兰和威尔士的《国家课程》体系框架较为相似。当然,学校也可以根据自身的价值理念、学生特点、个别需求,以及具体情况添加其他课程元素,比如在讲爱尔兰语的学校中就有爱尔兰语课程。苏格兰有区别于英格兰、威尔士和北爱尔兰的课程体系。苏格兰没有国家课程标准,学校通过课程领域而不是学科的设

计来实现更综合、平衡的课程体系。其课程领域包括：语言、数学、环境学习、表达的艺术，以及宗教、道德和社会教育。然而北爱尔兰的学生学习以下五个领域：英语、数学、科学和技术、创造性与表达性学习，以及语言学习。同时在小学教育中还有四个交叉课程的主题式学习：文化教育、理解文化遗产、健康教育和信息技术（Hamilton and Weiner，2003）。

在英国（除了苏格兰），《国家课程》给出适用于四个关键阶段所有学科的结构和设计，这样就形成了各学科的学习方案，以确定每一门学科应该教什么。学习方案发布的同时，还附加了相应的学习规划、学科定义，以及本学科与信息交流技术和其他学科的联系。除此之外，还规定了每一学科所应达到的学业目标，并详细规定了能力不同、心智发育不同的学生在每一阶段结束时应该达到的所有目标。在小学阶段，每个学业目标包含了六个难度递增的目标层级；在中学阶段，上升到了八个层级。对于关键阶段1和关键阶段2的儿童，英语学科涵盖了三个学业目标：听说、阅读和写作。每一阶段的目标都描述了学生在这一阶段对所学内容理解的类型和理解的程度。教师应根据学业目标来决定哪些目标更适合自己的学生。就英语和数学学科来看，预计大多数7岁的儿童能达到二级的水平，大多数11岁的儿童能达到四级的水平，但是在英格兰，孩子们还要承受政府施加的得高分的重压。很多小学教师抱怨说，过于强调提升考试分数会让课程缩水，代价就是放弃更多的培养创造力的课程，比如戏剧和艺术。

在核心学科中，对于5～7岁的儿童，数学必须包含以下三层内容：①理解和运用数学；②数字和代数；③图形、空间和测量。除此之外，7～11岁的学生还必须学习数据分析的内容。科学学科也要包括四个内容：科学探究、生命过程和生物、物质及其特性、物理过程。读写能力（在国家课程中指的是英语）是《国家课程》和很多学校都十分关注的领域，而什么是阅读教学最有效的办法曾是争论的焦点，并引发了大量的思考与争论。所有其他的非核心学科就只有单一的内容。在《国家课程》文件中也有一些关于“个人、社会与健康教育”（personal, social and health education, PSHE）和公民教育的建议。同时，英格兰境内的小学课程还必须包括“现代外语”和“性教育”。

对于关键阶段1的7岁学生的评价，主要包括《国家课程》的考试和教师的形成性评价。针对关键阶段1的考试，学校具有很大的自主性，时间、地点及考试的规模都由学校自己来决定。对5岁的学生，教师根据他们对学生一年内在班级里学习状况的了解，对儿童的全面发展进行评价，判断每个孩子的进步情况。对7岁的学生，教师使用国家的统一考试，对学生的英语和数学水平进行测评。对11岁的学生，同样通过国家统一考试对学生的英语、数学和科学水平进行测评，同时各个学校的考试结果在英格兰（不包括英国其他地区）公开化。

参考文献

1. BBC: ‘What is the National Curriculum: Parents help’ (based on an article by Judith Puddic), online at www.bbc.co.uk/schools/parents/work/curriculum_guide/national_curricu-

lum.shtml.

2. Hamilton, D. and Weiner, G. (2003) 'Subject, not subjects: Curriculum, pathways and pedagogy in the UK', in Pinar, W.(ed.) *International Handbook of Curriculum Research*, New York: Lawrence Erlbaum.

National Governors' Association 全国学校董事协会

另请参阅:董事会成员

See also: governors

全国学校董事协会(National Governors' Association, NGA, www.nga.org.uk/index.aspx)是代表英格兰所有学校董事会成员的机构。它通过下列方式为董事会成员提供服务:支持各地的学校董事协会;游说政府官员和政策制定者;及时提供信息与建议;组织各种类型的活动和会议。董事会成员可以以个人名义加入全国学校董事协会,也可以以学校董事会成员的身份加入,还可以通过当地的学校董事协会加入。同时当地政府、各教育组织和各类行业协会,也可以作为合作伙伴支持协会的工作。

National Primary Strategy《国家早期教育与小学教育战略》

另请参阅:儿童早期,《每个孩子都重要》,卓越与快乐,基础阶段,读写能力,数学,阅读,《罗斯课程评论(2009)》

See also: early years, *Every Child Matters*, excellence and enjoyment, Foundation Stage, literacy, mathematics, reading, *Rose Curriculum Review 2009*

制定《国家早期教育与小学教育战略》(*National Primary Strategy*, NPS),是英国政府为了提升5~7岁儿童教育水平而采取的主要措施。其目的在于,通过综合各种元素,包括培训和材料、全面的教师发展课程、当地专家提供的支持等,保障所有的学校及儿童早期教育机构开展有效的教与学。这一战略的核心内容是《儿童早期基础阶段教育框架》(*Early Years Foundation Stage Framework*)和《小学教育框架》(*Primary Framework*),包含了如何在学校和机构进行课程教学的核心指导意见,主要着重于课程的设计与评价。《小学教育框架》意在指导教师和学校为学生提供高质量的教与学,它包含详细的关于小学和教育机构读写和数学教育的教学指导意见和教学资源。新修订的《小学教育框架》意在为每个致力于3~11岁儿童教育的成人提供一个机会,使他们可以将《每个孩子都重要》(*Every Child Matters*)、《卓越与快乐》(*Excellence and Enjoyment*)里面的原则运用于教学实践中。这样,"卓越的教学给予每一位儿童应得的发展机会……悦享生命是每一位儿童生来就应有的权力。但是最重要的是应该将两者融合为一。只有当儿童快乐并全身心投入其中时,他们才能更好地学习"(NPS, ref. 0377/2003)。

《小学读写和数学教育框架》(*Primary Framework for Literacy and Mathematics*)要努力使所有孩子享受到优秀的教学,以成为快乐、成功的学习者。新修订的框架针对的是1998年和1999年的框架所引入的读写与数学教育。新框架希望为读写能力与数学课的教与学提供新的动力与架构，而不仅仅是将旧有的框架重新打包而已。鼓励学校和其他教育机构理解新框架中的改变，并能够将其付诸实践，而不是仍依附于旧框架不做出改变。

早期阅读教学的重要发展已经被纳入新的框架中，这些发展源于早期阅读研究相关结果和《罗斯报告》里关于早期阅读教学的独立评论（Rose，2006）。《罗斯报告》对高质量的自然拼读教学提供了一些建议，这些建议被总结和呈现在一篇核心论文中，题为《自然拼读与早期阅读综述：针对儿童早期教育校长、学校读写课程带头人和教师、管理者和实践者》（*Phonics and early reading: an overview for head teachers, literacy leaders and teachers in schools, and managers and practitioners in Early Years settings*）。这些建议依据的所有原则都已融入《小学读写和数学教育框架》的修订版和新版《儿童早期基础阶段教育框架》，后者的修订版于2008年5月19日颁布。《小学读写和数学教育框架》电子版意在为教师提供全面、便捷、合理的教学指导和教学资源，以期满足每一位儿童的需求。《国家小学读写战略》（*the Primary National Strategy for Literacy*）很可能在2011年被取代。

参考文献

1. DCSF Standards Site (2008) Primary Framework for Literacy and Mathematics, on-line at www.standards.dfes.gov.uk/primaryframeworks DfES (2003) *Excellence and Enjoyment*, London: HMSO.

2. DCSF Standards Site (2005) *Every Child Matters: Change for children*, London: HMSO.

3. Rose, J. for the DCSF (2007) 'Independent review of the teaching of early reading', London: HMSO, on-line at www.standards.dcsf.gov.uk/ phonics/rosereview.

Nature-nurture 先天—后天

另请参阅：注意广度，行为，儿童发展理论，教学指令，培养儿童，家长参与

See also: attention span, behaviour, child development theories, instruction, nurturing children, parental involvement

先天与后天之争，关系到个体的“天性”（个体天生的内在性格）和后天的培养（个体经验的积累）之间的对立。人们的争论点在于，以上两种因素哪个更能决定和导致个体在身体和行为上的特性差异。现在大家普遍认为，两种因素都影响着儿童的发展，尽管不同人的观点仍然存在冲突。后天培养的思想是由美国心理学家提出的，他们认为，行为是在经验中习得并修正的。“天性”派理论在20世纪早期到中期得到蓬勃发展，是由欧洲的生物学家们提出的，如康拉德·劳伦兹（Konrad Lorenz），他最著名的工作是关于年幼动物印记现象的开创性研究。“天性”理论最受争议的地方是，该理论认为行为趋向是内在的，是不能够被外在的经历所改变的。这对于教育工作者和家长的暗示是，儿童会预先倾向于特定的行为和态度，而这并不能通过外在的干预所改变。不幸的是，这种观点已经被用来为种族低下言论辩护，并且被用来论证某种反社会

行为只不过是人们内在自然的外显反应。

认为人类全部或者几乎全部行为特性都是源于外部教养的观点,有时被认为是我们所熟知的“白板”理论(blank slate)。鲍威尔(Powell, 2006)指出,尽管人们知道基因决定了我们的面部特征,如眼睛的颜色,但它不能完全解释我们的性格、冒险精神及才能(比如会唱歌)是源于哪里,正是这些特点让即便是同一个家庭长大的兄弟姐妹都有很大的差异。她认为,尽管我们清楚个体的生理特征是遗传性的,但是用遗传性来解释个体行为时还是难以完全自圆其说。内在天性与外在培养之间的区分曾经被认为是对影响发展因素的合理分类,但是现在人们认为,两者通常是相互依赖、共同发挥作用的,所以当代很多心理学家认为,只极端化地强调一种因素的影响是极为过时的理论。

普赖西(Plessis,2000)认为,相比于动物,人类出生时并不具备良好的生长条件,因为除了天生的身体功能之外,如呼吸和本能反应,儿童必须学会理解和做一切事情。所以全部儿童都需要学会直立行走、讲话、利用刀叉进食、接住皮球、骑自行车、游泳,等等。同时儿童还需要学会保持注意力、倾听他人讲话、听从指令,以及遵守社会规范。不仅如此,作者还强调,为了长大后过上快乐、成功的生活,儿童还需学会养成这些品质:友好、感激、诚实、真诚、无私、尊重权威。学校尤其有责任,通过正规教育向社会提供合格的劳动力。然而父母才是儿童最主要的教育者,他们负有培养和引导儿童长大成人的最主要责任。

西尔科克(Silcock,2008)指出,儿童的天性与外在的培养对于其在校内外的成功都具有重要的影响力,但是他同时认为,基因遗传系统(先天)与外在环境(后天)对人类学习的影响在某种层面上是交互的,而这种交互关系很难解释。他提出,基因不仅通过对生理机制的调控而影响我们学习、思考和洞察的过程,也能够影响每时每刻的经验本身。人类的阅读能力、写作能力、解决数学难题的能力、提出科学假设的能力、运用电脑的能力,以及演奏乐器的能力,都需要在他人的指导下学习,所以这些都不能简单地归在天性的范畴中。然而同样重要的是,文化习俗也会加速或者减缓儿童的学习过程,比如成年人若是对儿童有较低的期待,就会低估儿童的潜能,从而限制了儿童全部才能的发挥。继而他对英格兰的一些课程提出了质疑,认为这些课程完全强调外在环境输入(后天培养)的重要性,而忽视了儿童基因层面上的先决能力(天性)。教育界的很多人都认为,如果教师与学生都付出足够的努力,在儿童头脑中灌输成人最想教授的内容,而不考虑先天因素,则所有小学生在主要学习领域都可以达到最高标准。基于此,政策制定者和教育顾问全面提议,所有的小学生都要学会如何成为独立的问题解决者,并具有创造力、共情能力、进取心等特性。教育环境中的教育者们尤其要明白,哪些方面可以轻松改变,因为那对相关儿童而言是自然发生的;哪些改变需要付出全部的努力,因为那不是自然发生的。

参考文献

1. Du Plessis, S. (2000) ‘Child development: Nurtured by love or matured by nature?’

On-line at www.audiblox2000.com/early_childhood/child_development.htm.

2. Powell, K. (2006) 'Nature versus nurture: Are we really born that way?' On-line at http://genealogy.about.com/cs/geneticgenealogy/a/nature_nurture.htm.

3. Silcock, P. J. (2008) 'Towards a biologically-informed primary school practice', *Education 3-13*, 36(2), 161-169.

Nature study 自然体验学习

另请参阅:环境教育,环境研究

See also: environmental education, environmental studies

自然体验学习运动(The Nature Study Movement)是由安娜·康斯托克和利博特·贝利(Anna Comstock and Liberty Bailey)于19世纪末在美国共同发起的。该运动希望鼓励儿童(或者成年人)近距离关注身边的世界,对自然生活做出仔细观察,并知悉其重要性,而不仅仅是坐在教室里盯着书本学习。如此一来,我们有理由相信,儿童的思维中能够具有环境意识,并能够自觉地保护环境。在该运动中,教师通常会带领儿童“在自然中漫步”(nature walk),仔细观察周围的世界,为制作“大自然目录”(nature table)而收集标本;也许还可以研究土壤标本、溪水和收集的各种植物群。最近几年,“自然体验学习”的概念逐渐被“环境教育”所取代。康斯托克(Comstock)于1911年出版的《自然体验学习手册》(*Handbook of Nature Study*)于1986年被康奈尔大学出版社修订和再版。

Naughtiness 淘气

另请参阅:行为,关爱型教师,纪律,行为不端,培养儿童,家长参与,学习的社交和情感因素

See also: behaviour, caring teachers, discipline, misbehaviour, nurturing children, parental involvement, social and emotional aspects of learning

淘气是一个有争议的概念,基于此区分出不同的教育主张。有人指出,在任何情况下都不能使用这个概念;其他人认为,这是一个可以接受的概念,但是不能以此为标签贴在某一类儿童身上;还有少部分人认为,淘气可以且应该被视为儿童的可接受的行为,是他们用于表达重要信息的一种方式。当前,人们普遍认为,儿童有越来越强烈的表达自我和控制环境的意愿,但通常他们又对来自外界的压力不具备控制权,这种矛盾性就会引发某些异常行为模式。所以通常我们只讨论“淘气行为”,而避免使用“淘气儿童”这样的负面表述,因为一个儿童不能永远淘气或永远表现良好。

到底一个淘气的儿童应被认定为故意捣乱还是不愿服从,我们最好去理解他们,而不是去评判他们。2008年8月份,英国国家教师联合会(National Union of Teachers, NUT)发布了一份名为《压力之下的教师》(*Teachers Under Pressure*)的报告,指出英格兰小学课堂中的纪律问题是老师们面临的一个重要问题(Galton and Macbeath, 2008)。报告发现,很多教师将学生的失范行为归咎于父母在家里对孩子缺乏约束(Garner, 2008)。许多小学生缺乏学校里必备的社交

技能，这主要是由于宽容的父母在家庭中为了追求和谐，或者没有其他鼓励或惩罚的办法而纵容孩子。高尔顿和麦克贝斯(Galton and Macbeath)在报告中指出，当前学校面临着严峻的考验，尤其是在一些欠发达的地区，对抗和冲突事件时有发生。

在一个专门为父母服务的网站 Minti (2006)上有一篇文章，认为用贴标签的方式可以约束学生在家庭及学校中的行为。于是班上淘气的学生成为替罪羊，被成年人全方位地监督，以防止各种越轨行为发生。另一种观点则将儿童视为“未完成的产品”(unfinished products)，认为他们充满了无限可能，但并不能完全意识到其行为的后果，也不能完全为其行为负责。所有的儿童在成长过程中都经历了各个阶段，其间充满了挑战、挫折以及各种需要解决的问题。一般来讲，儿童会厌倦循规蹈矩的生活，也厌烦成人或其哥哥姐姐为其所做的决定，并且不喜欢被冷落的体验。但同时他们也经历各种尝试，探索未知世界，打破行为可接受的边界，并努力去理解自己在世界中的位置。

当成年人尝试去寻找儿童淘气或者不守规矩的原因时，很容易忽视他们很多值得称赞的行为和成就。因此，纠正儿童不规范行为的可取办法是，多发现和奖励他们的优秀行为。实际上，学生表面上展现出蓄意的淘气行为，可能是他们不清楚何种行为是恰当的，对其在社会秩序中的位置感到焦虑，或者是缺乏安全感。另一方面，每位教师和大部分家长也明白，一些儿童就是淘气，与环境、家教或者约束其行为的意图无关。对于这些儿童中的大部分人而言，如果给予充满支持与关爱的引导，他们是可以改变自己的淘气行为的。

参考文献

1. Galton, M. and Macbeath, J. (2008) ‘Teachers under pressure’, *National Union of Teachers*, on-line via www.teachers.org.uk.

2. Garner, R. (2008) ‘Parents get the blame for naughty children’, *Independent*, 24 November.

3. Minti (2006) ‘Being naughty is not the same as being a naughty boy’, on-line at www.minti.com/parenting-advice/516.

New entrants 新生

另请参阅：开始学校教育

See also: Starting school

Non-core subjects 非核心学科

另请参阅：核心学科，基础学科，《国家课程》，宗教教育

See also: core subjects, foundation subjects, *National Curriculum*, religious education

非核心学科是指《国家课程》(英格兰和威尔士)中除了英语(读写能力)、数学、科学、信息和通信技术，以及宗教教育等核心学科之外的其他学科。这些非核心学科以前被认定为用处不大的基础学科。

Non-verbal communication 非言语交际

另请参阅：体态语

See also: Body language

Numeracy 计算能力

另请参阅:算术,协作式学习,互动式教学,学习目标,数学,《国家计算战略》,教学总结,问题解决,助教

See also: arithmetic, collaboration in learning, interactive teaching, learning objectives, mathematics, *Numeracy Strategy* (*National*), plenary, problem solving, teaching assistants

1959 年,由杰弗里·克劳瑟伯爵(Sir Geoffrey Crowther)主持的英国教育委员会创造了"计算能力"(numeracy)这个词。计算能力是指处理数字及应用相关数学概念的能力,计算能力强的人是指能够高效地进行计算的人。计算能力的另一种常用的界定是指,在计算过程中,包括在计数过程中运用数字的能力。教师们非常熟悉 1996 年所颁布的《数学教学框架》(*Framework for Teaching Mathematics*),因为该框架极为关注学习目标,且提供大量有用的实例,以便当教师不知如何开展教学时可以从中获得帮助(Suggate et al., 2001)。自从英格兰于 1999 年在小学中实施了《国家计算战略》,一些教师错误地将"计算能力"视作数学学习的全部。教师可以参考以下资源,来提升自身的计算能力教学水平:汤姆森(Thompson,1999)针对计算能力和信息与交流技术(ICT)两个学科高效教师的研究;国际小学教材的评估研究;评价研究;运用数学的研究;家庭计算能力。

《国家计算战略》的两个主要目标是:改善数学课堂教学;改善学校层面的计算能力教学管理。学校为教师提供年度的教学计划,以帮助他们为学生设置合适的学习目标,并且帮助教师切实了解学生在小学阶段应该怎样提升计算能力(Askew and Wiliam, 2004)。在 2006 年,《国家计算战略》被《小学读写和数学教育框架》(*Primary Framework for Literacy and Mathematics*)所取代——尤其是《修订版数学框架》部分。《小学读写与数学教育框架》包含了详细的教学指导意见和相关材料,以支持小学和其他机构(如幼儿园)的读写与数学教学。这一框架的电子版,连同各种描述和例子,在 www.standards.dfes.gov.uk/primaryframeworks 这一网站中可以找到。

计算能力课通常是以三个阶段呈现的。第一个阶段通常是"心智—口语"阶段,这个阶段通常为全班集体授课,多开展口头及心智演算的活动,并伴以互动式快问快答、数学游戏等形式引导学生深入思考,并将他们带入本节课的核心内容(详细内容请参考普拉特 2006 年的文章)。第二个阶段是一节课的核心阶段,用来在巩固旧知的基础上介绍新知,可以组织学生通过任务或者活动(通常被认为是"做算术")运用知识,加深对数学的理解,提升数学实践能力。对于小学低年级儿童而言,这个阶段通常需要将其划分为几个小组,每一个小组又需要一位助教加以辅助(Compton et al., 2007)。

最后一个阶段为全体学生都共同参与其中的总结阶段,即教师要引导学生巩固和复习学生这节课所学习的知识,并归纳出学生容易犯错的地方。大部分教师会运用最后的几分钟,来总结学习成果、解答学生疑惑,并引出下次课学习的内容。

教师在设计和开展计算能力的教学时，通常会关注以下几个方面的内容。第一，要认识到花一些时间明晰学生现有的知识和理解情况，能帮助厘清未来的学习需求。第二，要意识到儿童可能对数学语言不熟悉，因此必须通过详细解释和实际使用，使其逐渐接触关键词汇，以强化数学概念。第三，要保证对常规数字教学的强调，不能以牺牲学生探究性学习为代价，也不能剥夺学生通过直接经验获得发现的机会。第四，为低年级儿童提供探索学习的机会，并且教师要意识到，没有成年人的积极介入，上述机会不能保证理想的结果。第五，要意识到将感知转化为数学记号和符号这个过程，对于很多儿童而言是具有挑战性的。第六，与儿童交流数学知识，以引发学生学习的兴趣。第七，运用数学知识来解决真正的问题，并使儿童认识到，数学这一学科与我们的日常生活息息相关。

研究显示，那些花大力气聚焦理解和探索计算能力运用的小学老师，比那些忙于赶课程进度而徒劳无功的老师更容易获得成功。只有教师向学生提出具有挑战性的问题，给学生时间去思考并提出自己的见解，利用多种强化策略（重复、实例、合作及解决问题），才可以培养出具有进取心和较高数学能力的儿童。

参考文献

1. Askew, M. and Wiliam, D. for the DfES (2004) *Guide For Your Professional Development: Unit 2 appendices*, London: HMSO.

2. Compton, A., Fielding, H. and Scott, M. (2007) *Supporting Numeracy: A guide for school support staff*, London: Paul Chapman.

3. DfES (1996) *Framework for Teaching Mathematics*, London: HMSO.

4. Pratt, N. (2006) *Interactive Maths Teaching in the Primary School*, London: Paul Chapman.

5. Suggate, J., Davis, A. and Goulding, M. (2001) *Mathematical Knowledge for Primary Teachers*, London: David Fulton.

6. Thompson, I. (1999) *Issues in Teaching Numeracy in Primary Schools*, Maidenhead: Open University Press.

Numeracy hour 算术时间

另请参阅：家庭作业，课堂复习，错误与误解，《国家计算战略》，教学总结，《国家小学教育战略》

See also: homework, lesson review, mistakes and misconceptions, *Numeracy Strategy (National)*, plenary, *Primary National Strategy*

在英格兰1998年颁布的《国家小学教育战略》（*Primary National Strategy*）中，提供了英格兰小学数学教学框架，其中包含了非强制性“算术时间”。这种算术时间包含了三个部分：①全班性5～10分钟的口头和心算活动——有时候被奇怪地称为“脑—口”部分；②主要的教学活动大概持续30～40分钟，包含教师输入和儿童完成的各类任务与活动，形式有全班活动、小组活动、两人活动和单人活动。③教学总结（课堂复习）在最后10～15分钟，教师解释学生出现的错误和误解，指出他们的进步，归纳重要事实和观点，与其他内容建立联系，讨论下一步的教学,(有时候)布置作业。这个策略已经融入2003版的《国家小学教育战略》之中,数学教学框架于2006年更新。

Numeracy Strategy (National) 《国家计算战略》

另请参阅:算术,错误与误解,算术时间,《国家小学教育战略》

See also: arithmetic, mistakes and misconceptions, numeracy hour, *Primary National Strategy*

《国家计算战略》(*National Numeracy Strategy*,NNS)源于1996年的《国家计算能力项目》(*National Numeracy Project*);后者是由"计算任务小组"(numeracy task force)发起,专门研究数学教学中显见的不足,尤其是小学数学。他们特别关注如何通过计算和估算进行数字(算术)教学。英格兰小学1998年所引入的教学框架中包含了非强制性的"算术时间"。这个策略包含了详细的从新生到小学毕业(10~11岁,6年级)所有儿童分学期数学教学大纲。在2003年,这个策略被吸纳到更宏观的《国家小学教育战略》中,该数学教学框架在2006年被更新。

Nursery school 幼儿园

另请参阅:儿童早期,幼儿园教师

See also: early years, early years teachers

幼儿园通常招收3~5岁的、尚未能够进入正常的走读学校的儿童。第一批幼儿园于1907年在伦敦开业。幼儿园教师也可被称为儿童早期教育教师。

Nurturing children 培养儿童

另请参阅:成人行为,早餐俱乐部,关爱型教师,健康与安全,学习氛围,道德,教学动机,先天—后天,心灵教育

See also: adult behaviour, breakfast clubs, caring teachers, health and safety, learning climate, morality, motivation for teaching, nature-nurture, spiritual education

在20世纪70年代早期,为了淡化社会剥夺(social deprivation)现象对学校中儿童的冲击,马乔里·博克萨尔(Marjorie Boxall)在伦敦恩菲尔德区率先开始了儿童培养环境的建设运动。博克萨尔认为,若缺乏对儿童的培养,社会结构将面临危险。因为能培养儿童的人一代比一代少,致使更多的儿童不能被培养。她尤其热衷于推动各种培养团体的建设,使它们为孩子提供社交和情感的经验,以作为儿童在进入正式学校学习之前的先决条件。作为对博克萨尔观点的支持,一些学校的督导越来越认识到,当学校为学生提供了优质的培养环境时,教育的品质也就得以提升。培养团体逐渐被一些需要帮助有情感问题、行为问题和学习问题儿童的学校认可为一种有效的方式。据称,培养团体对那些早年间因为不利环境而发展受挫的儿童更具有帮助,它可以让这些儿童与细心负责的父母或护理员建立亲密关系,并在这种亲密关系中开展学习(Boxall,2002)。

以福斯特(Foster,2004)为代表的一些学者认为,儿童的精神发展会受到培养的影

响。相关的支持者提出，儿童生来就具有绝妙的目的感，所以他们对周围的一切都开放、包容、不评判、好奇，并保持敏感。福斯特认为，成年人在这个过程中发挥着极为重要的作用。所以：

> 儿童需要看到我们享受世界的点点滴滴：雨中漫步、在冬雪上画出天使、用床单和晒衣架搭建一个秘密洞穴、赞美彩虹的神奇、吹泡泡并观察其颜色的变换、观看日出日落、躺在床上倾听风声入耳、每天醒来都用笑脸迎接新的一天。

培养儿童的心灵，可以潜在地实现儿童对个体价值的认知，帮助他们厘清与周围世界的关系，并相信自己有能力享受喜悦感和成就感。雅各布和克罗利（Jacobs and Crowley，2007）将对儿童的培养视为一种提升其学习的好奇心和喜悦感的途径。其他一些研究者则从更为详细的道德层面展开了论说，比如卡特顿·艾伦（Catterton Allen）于2008年所做的相关研究。

教师认为，与学生的良好关系是十分重要的，可以帮助其维持课堂纪律，并取得更好的教学效果（Oberski et al.，1999）。大部分的小学教师，尤其是小学低年级教师都认同有关培养的理论，并指出低学业成就和较差的行为，似乎与有问题的家庭背景存在着一定的因果关系。要构建一个良好的培养环境，依赖于友好和温暖的学习氛围，在这样的环境中，每一位学生的学业需求、发展需求、行为和情感需求都会被认为是很重要的。同时学生的学习方式需要设定在一个合适的层级，而他们学习的内容应该是有意义的，并以有创造性的方式呈现出来，这样学生才能发现学习的乐趣，并悦享这一学习过程。几乎每一位小学教师都将儿童的快乐幸福视为激励其教学的重要责任，这也是教师这一职业的内在规定。

培养也包含健康和安全的考虑。比如一些儿童没有吃早餐，或仅仅摄入很少的食物便来上学，那么通过诸如上学之前的"早餐俱乐部"的方式提供食物供应，就可以保障学生的健康，并提升其课堂注意力。同样的，家庭作业俱乐部及课后看护中心的发展，可以为那些有特殊需要的儿童提供帮助。培养过程中另外需要注意的一点是，要尊重儿童的隐私权，并保障儿童具有不被打扰的权利。构建一个成人与儿童互相信任的环境，对于儿童行为的改变，以及良好学习环境的创设，都具有重要影响。

参考文献

1. Boxall, M. (2002) *Nurture Groups in School: Principles and practice*, London: Paul Chapman.

2. Catterton Allen, H. (ed.) (2008) *Nurturing Children's Spirituality: Christian perspectives and best practices*, Brockton MA: Cascade Books.

3. Foster, H. (2004) 'Nurturing children's spirituality', *Families South West*, on-line at www.families online.co.uk/article/articleview/477/1/19.

4. Jacobs, G. and Crowley, K. (2007) *Play Projects and Preschool Standards: Nurturing children's sense of wonder and joy in learning*, Thousand Oaks CA: Corwin Press.

N

5. Oberski, I., Ford, K., Higgins, S. and Fiher, P. (1999) 'The importance of relationships in teacher education', *Journal of Education for Teaching*, 25(2), 135 – 150.

Nurturing adults 培养成人

另请参阅:关爱型教师,有效性,家校沟通,小学

See also: caring teachers, effectiveness, parent communication, primary school

培养过程也延伸到了成年人之中,包括学校管理人员、员工和家长。为学校所有成员营造一个良好的、互相支持的氛围是小学的基本特征。运作高效的学校的典型特征是,在教师、教辅人员、家长和校外访客之间形成良好的关系。这种关爱的态度也为在校学生树立了正向的典范,使其能耳濡目染、竞相效仿。在这样的环境中,学校生活的方方面面都彰显出目标的影响,并为真正的努力和成功而庆贺,随之也带来了强烈的道德感和热情。

N

O

Observing children 观察儿童

另请参阅:回答问题,注意广度,走神,干预、问题和提问,教育记录

See also: answering questions, attention span, daydreaming, intervention, questions and questioning, recording

所有教师与助教都应该成为观察儿童的专家,至少是源于以下四个原因。第一,可以使教师了解学生的行为习惯,尤其是其社交习惯。第二,课堂上的观察能够了解儿童的注意广度和注意力水平。第三,可以让成人及时地了解学生是否有焦虑、负罪感、犹疑、大胆、自信、优柔寡断、无精打采等特点。第四,在仔细观察中才能确保与学生的眼神交流、热情的微笑和点头鼓励等行为。在问答环节中,可以观察哪些学生回答问题多,哪些学生从来都不回答,哪些学生非常依赖自己的同伴。有些教师将教室行为观察与正式的督导程序结合起来,以便发现某种行为和决定到底是有益的、有害的,还是无关痛痒的(Hargreaves and Wolfe, 2007)。相比之下,儿童观察是非评判性的,为我们教学提供可参考的描述。

教师必须能够判断为什么观察是必需的,应该观察哪些学生,以及什么时候进行观察。教师也必须考虑何时能够,以及如何能够不受打扰地进行观察,这在繁忙的课堂是很难实现的。同时也必须学会如何观察记录,注意记录的形式、清单、图表、图片、音频和视频。若要收集视觉形式的证据时,教师必须要考虑照相时儿童对光的敏感性。参见沙曼等人(Sharman et al.,2001)的研究、霍巴特和弗兰克尔等人(Hobart and Frankel et al.,2004)的研究,以及里德尔-利齐等人(Riddall-Leech et al.,2005)的研究,涉及为观察幼童所提供的策略支持。

有时可能需要对一名儿童在一段时间内进行系统化的观察,如在10分钟内,每隔30秒,就所观察到的儿童行为进行记录。然后教师对学生的行为写下总结性的评价:独自玩耍、全神贯注做任务、与同伴闲聊、发呆、与成年人对话、询问同伴问题,等等。在观察记录中,有一种较为复杂的方法,即对儿童每一种行为所持续的时间都进行记录。实际上,儿童可能同时进行多项事情,这样对课堂观察记录产生了更高的要求。当然对成年人而言,我们不可能窥探儿童头脑中到底发生了什么。因此,表面上看起来的走神可能实际是认真思考,闲聊可能是儿童确认或者探询某件事情的方式。小组活动时,教师也可以采取这种方法,来观察哪一位同学最积极、消极或充满自信,等等。教师们通常不愿意过早地干预学生的事情,因为他们更倾向于学生自己来解决问题,而不是依赖成人。但是如果小组活动中出现了霸凌或者强迫等现象,则需要教师介入并采取相应的措施。

参考文献

1. Hargreaves, L. and Wolfe, S. (2007) 'Observing closely to see more clearly: Observation in the primary classroom', in Moyles, J. (ed.) *Beginning Teaching Beginning Learning in Primary Education*, Maidenhead: Open University.

2. Hobart, C. and Frankel, J. (2004) *A Practical Guide to Child Observation and Assessment*, London: Nelson Thornes.

3. Riddall-Leech, S. (2005) *How to Observe Children*, London: Heinemann.

4. Sharman, C., Cross, W. and Vennis, D. (2001) *Observing Children: A practical guide*, London: Continuum.

Office for Standards in Education 教育标准局

另请参阅:督导,(儿童)自尊心

See also: inspections, self-esteem (children)

1993 年 9 月,一个新的、独立的督导机构建立起来,以便对教育标准局下属的每一所公立学校开展督导。督导组包括了至少一位来自教育领域外的专家,他们会和家长进行公开的会谈,从而产生出一个阐述学校的优点和缺点的报告,并且这一报告的副本社会大众都可以看到。督导报告的总结,以及要采取的各项措施,都已经融入学校未来的发展计划中,这也促使学校更仔细地检查学校的课程和教学方法。然而也有批评者指出,学校生活中的很多方面是无法通过观察或者测量的方法来评定的;但是这些方面却十分有助于提升学生动机和自尊心,比如宽容之心、规则意识、合作能力、决心、鉴别力、创造力,以及其他个人和社会品质。

Office for Standards in Education, Children's Services and Skills 教育、儿童服务与技能标准局

新的英国教育标准局(OFSTED)是 2007 年 4 月 1 日成立的,现在被称作"教育、儿童服务与技能标准局"(office for standards in education, children's services and skills)。该部门将早期独立的四个督导机构合并在一起,主要在于检查和规范对儿童及青少年的关爱情况,也同时针对各个年龄阶段学生的教育和培训工作进行督导。

Open evening 家长开放日

另请参阅:家长日

See also: Parents' evening

Open questions 开放式问题

另请参阅:封闭式问题,问题和提问,推断性问题

See also: closed questions, questions and questioning, speculative questions

当教师想要激发学生的兴趣并引导学生展开探究性学习时,通常会向学生提出开放式问题。这类问题通常以"为什么"(why)和"如何"(how)两个单词开头,比如"你认为我们为什么要节约用水?"或者"如何节约用水?"有时候,在封闭式问题(只有一个答案)后紧跟着一个开放式问题,以引

发在之前回答的基础上进行更加深入的思考。通常，当提出开放式问题时，需要给予儿童一定的思考时间，这样他们能够整理思路，以期更好地回答问题。一个好的开放式问题要求更宽泛的回答，不仅仅让学生回答“是”或者“不是”，而是要通过这个问题引发学生们的思考。比如以下这个问题，“如果我们不节约用水，会产生怎样的问题?”

Oracy 口语能力

另请参阅：体态语，协作式学习，交流，交叉课程，读写能力，《国家读写战略》，阅读，教师角色

See also: body language, collaboration in learning, communication, cross-curriculum, literacy, *Literacy Strategy* (*the National*), reading, teacher role

口语能力(oracy)这个词是从口语(oral)这个词根衍生出来的，它包含了言语交际中“听力”与“口语”两个部分。它的教育价值在于，人们普遍认为，若给予儿童充分的空间与时间，让他们就自己喜欢的话题展开讨论，从而整合他们的知识、理解和智慧，则会比学生独自练习能取得更令人满意的学习成果。听力与口语是人类交际中互相依赖的重要技能，也是读写教育中必备的技能要素，因为一些研究显示，探究性的交谈是用语言思考的有效途径，是构成读写能力的一个重要基础。

郝沃斯(Haworth，2001)在20世纪80年代到90年代选择了一种集中的口语能力进行研究，它是由教师控制且与读写能力有着复杂而又非主要关系的口语能力，结果发现了口语能力在交叉课程中逐渐磨蚀(erosion)的现象。关于国家口语教学计划的详细情况可以参见约翰逊(Johnson，1993)的研究。随后一些政府出版物在听说领域提供了支持，以便对英国1998年颁布的《国家读写战略》所设定的读写目标进行补充。这些材料都反映了对教师们的要求，即要在每一个学科中都拓展和加强口语与听力教学，它们都使用并扩展了1999年颁布的《关键阶段1与关键阶段2口语和听力教学》(*Teaching Speaking and Listening in Key Stage 1 and 2*；QCA，1999)中介绍的方法。该文件着重指出，只有为儿童提供合理创造的机会，让他们去探索问题、做出决定、实验想法、与他人合作而不是独自得出结论，才能真正挖掘出儿童的学习潜力。

与其他课程领域相比，口语能力在语言学习中有着更重要的地位，因为它既是交流的工具，又是传递的信息。口语能力对于低年级儿童尤其重要，儿童因此需要经常性的、密集的机会去听语言——被描述为“磨耳朵”(educating the ear)，他们这样才能确认、分辨、重现和再次使用这些新出现的语音，并在语音和书面形式之间建立联系。麦克劳德等人在一项针对159名6～13岁儿童的研究中发现，儿童听自己的声音与阅读中的识字能力存在一定的联系(Macleod et al.，2007)。

为了提升听力技能，教师通常鼓励儿童先要学会聆听别人说话。然而有效的听力不仅包括学会听懂和理解他人的话语，同时也包括对讲话者体态语的观察、解析字词背后的情感与意图、保持对话语线索的敏感性、根据语音和语调做出推断。这项技能可

O

以通过以下方法得到提升和完善：教师在课堂上不断重复和总结学生的发言，并挑选几位学生重复这样的过程。小学教师可以运用大量的技巧去吸引学生的参与，提升学生的听力技能，比如开展“跟我重复”（repeat after me）这个游戏，让儿童模仿示范者的语音、语调，讲同样的话。

在听力与口语教学中，教师除了通过组织双人或小组活动帮助儿童提升口语能力之外，还要扮演以下一种或多种角色：引导者、参与者和专家。作为引导者，教师可以通过这些方法确保准备工作的完善：解释练习的目的、提醒学生注意规则、引导他们逐步得出结论。作为参与者，教师可以参与到某个小组中去，并贡献一些想法和建议。作为专家，教师应在学生讨论问题时给予一定的启发性和专业性意见。

参考文献

1. Haworth, A. (2001) 'The re-positioning of oracy: A millennium project', *Cambridge Journal of Education*, 31, 11–23.

2. Johnson, J. (1993) 'The National Oracy Project', *Spoken English*, 26 (1), 25–38.

3. Macleod, F. J., Macmillan, P. and Norwich, B. (2007) 'Listening to myself: Improving oracy and literacy among children who fall behind', *Early Child Development and Care*, 177(6/7), 633–644.

4. QCA (1999) *Teaching Speaking and Listening in Key Stages 1 and 2*, London: HMSO.

Organising for learning 组织学生学习

另请参阅：行为，协作式学习，友谊，健康与安全，交互式白板，教学管理，教学计划，身体舒适，座位安排，时间管理

See also: behaviour, collaboration in learning, friendship, health and safety, interactive whiteboard, lesson management, lesson planning, physical comfort, seating arrangements, time management

优秀的教师应该对教学的每一个层面都进行井井有条的设计，并且能够回答以下的基本问题：我在做什么？我为什么这么做？达成目标的最好方式是什么？目标不明确、组织杂乱无章的教师通常也会培养出做事乱七八糟、缺乏条理性的学生；反之亦成立。黑斯廷斯和钱特里·伍德（Hastings and Chantrey Wood, 2002）指出，如果学习环境和学生要完成的任务之间能更好地匹配，则有利于优化学生的注意力和行为。组织学生学习包括以下过程：教师备课、确保有合适的资源、创设有利于学生高效学习的课堂环境。虽然学习管理（management of learning）仅限于教师的主动教学（active teaching）过程，但大部分组织工作在上课之前就已经开始了，并推动着教学顺利进行。

迪恩（Dean, 2008）指出，教师需要审视自己的“组织工作偏好”，并提出了十四个重要的领域：①日常教学模式；②教师对时间的掌控；③儿童对时间的运用；④活动的选择；⑤课程内容；⑥竞争性和合作性活动的选用；⑦学生的分组；⑧空间的运用；⑨教

室内器材的运用;⑩资源的运用;⑪记录与评价;⑫与其他教师的合作;⑬与学生家长的合作;⑭平等的机会。针对以上各个领域,迪恩给出了一系列可能的观点,以便与教师的观点、偏好和技能相结合。

迪恩对其中的时间管理做了说明。教师必须在课前进行充分的思考,提前决定哪些是重要的、哪些是必须的、哪些是不重要的。随后他们便可以决定哪些是紧急的、哪些是可以等待的。很明显那些既重要又紧急的内容要先开始,其他的都可以等待。然而如果太多的任务都是既重要又紧急的,则表明教师没有提前做好规划。尽管在小学高强度的工作中,有时的确会突然出现很多紧急的事情,会打乱精心准备的计划。

无论教室是全新装修的,还是具有维多利亚时期的风格,都要保障儿童能在其中安全地学习与移动。教师必须排除课堂中的大部分危险因素,确保教室中的物品摆放井然有序,并将教室视作学习的场所,而不是休闲娱乐和办公之地。大部分老师在一节课的大部分时间都将学生安排在固定的地方,除非他们出于特殊目的需要走动,比如需要小组合作的艺术项目或手工活动等。马蹄形(horseshoe pattern)的教室布置具有一些优点,如它使学生在课堂的问答和讨论环节可以看到彼此,但问题是,大部分小学的教室不够大,不能实现教室桌椅成马蹄形摆放。如果教师运用白板或者是其他可视化工具辅助自己的教学,马蹄形的桌椅摆放方式可以使学生听得、看得更清楚。在座位方式中,学生们喜欢和自己的朋友坐在一起,但是当学业成绩相当的学生需要分在一组时,这种座位方式就会使课堂组织复杂化。大部分教师都会尽量寻求一种平衡状态,一方面,当分组并不主要依赖于能力因素时(比如艺术类活动),则可以将朋友们安排在一个小组中;而当任务和活动有差异化要求时,教师则有必要将学生们的小团体打散。

麦克纳马拉和莫尔顿(McNamara and Moreton, 1997)提到了“差异化组织方式”,并基于不同任务种类及其所导致的不同类型的失败风险,构建以下的框架:

(1)高含糊/低风险:例如,解决一个复杂的数学问题。

(2)低含糊/高风险:例如,在他人围观下,完成小组任务(也许使用一套指令)。

(3)高含糊/高风险:例如,当教师在场时,在小组中讨论一个有争议的问题。

(4)低含糊/低风险:例如,常规性加法。

麦克纳马拉和莫尔顿之后指出,某些学习环境并不复杂,但是存在一定的风险因素,阻碍了儿童在完成任务中有效地交流和解决问题。比如一些学生在众人面前很难表达自己的思想。基于此,作者建议,在组织学生学习的过程中,教师可以创建低风险的环境来激发学生的学习潜能,比如利用两人一组或者人数较少的小组开展活动,以避免让这样的孩子面对整个班级。

除此之外,当前很多学校都配备了电脑、交互式白板,以及其他的教学设备来辅助教学。如果在教室之外配备了电脑,则需要教师考虑监管儿童在教室和电脑室之间的出入。如果电脑在教室中,则最重要的是,教师要保障每一位同学都平等地获得使用电脑的机会,因为一些强势的学生可能会霸占电脑的使用权。助教也要经常参与指导和监督儿童有效使用教学辅助设备,尤其是电脑,因此必须要与教师联合起来。同时一些现实中的其他因素也需要考虑,比如一些下肢功能受限而乘坐轮椅的儿童需要更大的空间,一些上肢功能受限的儿童需要特殊的、适合他们的课桌。

教师也应该提供适合儿童完成任务的资源,而一些探究性活动(例如科学课中的调查,或者数学课中的问题解决),有时候需要教师提供更加多元、丰富的资源,因为这类学习活动的方向更加不可预知。关于一些耗材的使用(比如纸张),教师一方面要保障学生有足够的资源可以使用,另一方面也应该使他们了解使用的时间和目的,因为如果资源被滥用,可能会引发一些贵重物品的损坏,并且也剥夺了其他学生使用的机会。健康因素的风险越高,成年人就越要快速地出现,正确使用设备需要有高标准的培训和纪律要求。

参考文献

1. Dean, J. (2008) *Organising Learning in the Primary School*, London: Routledge.

2. Hastings, N. and Chantrey Wood, K. (2002) *Reorganising Primary Classroom Learning*, Maidenhead: Open University Press.

3. McNamara, S. and Moreton, G. (1997) *Understanding Differentiation*, London: David Fulton.

Out of class 课外学习

另请参阅:差异化,综合性学习,个性化学习,阅读,(儿童)自尊心

See also: differentiation, integrated learning, personalized learning, reading, self-esteem (children)

即便一些学生在某些学科学习有困难(尤其是读写能力),成年助教就此为其提供特殊的或个性化指导会让他们受益,但这并不意味着他们可以脱离常规教学活动,或放弃其他社交活动,因为"与众不同"会伴随着某种耻辱。让学生脱离主要教学活动,也会使其更认为自己在学校中处于较低地位,并有可能损害他的自尊心和自信心,尽管有一些学生确实十分享受因与众不同而获得的注意力。学校活动越来越明显的趋势是,更多的活动是以全体学生为对象的,尽可能让所有学生待在一起,而活动内容具有一定的差异化。然而在小学低龄儿童中,在课堂外进行一对一的或者较少人数的小组课外教学还是十分常见的,因为他们需要特别的指导,尤其是在阅读方面。

Outdoor education 户外教育

另请参阅:发现式学习,环境研究,森林学校,健康与安全,关系,(儿童)自尊心

See also: discovery learning, environmental studies, forest schools, health and safety, relationships, self-esteem (children)

户外教育,简而言之,是指一切发生在教室之外的教育活动。也有其他一些定义,包括为丰富课程而将学习和教育活动安排在户外进行的策略。户外教育也可以被认为是一种体验式学习方法("发现式学习"),

在课堂外通过各种感官与自然环境的接触,取得个体的、社会的、教育的、治疗的和环境方面的目标。户外教育可能发生在各种场所中,如学校操场、城市空地、郊区或城市农场、公园、花园、森林、海岸边、户外中心、野外生存基地,等等。在英格兰,“教室外学习”(www.lotc.org.uk)组织的宗旨是,无论什么年龄、能力和背景,每一位学生都应该感受课堂之外的世界,这是学生个体成长与学习必须经历的过程。同样地,“户外学习机构”(www.outdoor-learning.org)这一组织则鼓励通过以下途径为儿童提供户外学习的机会:提供高质量的、安全的户外学习机会,支持并完善那些在户外有良好表现的儿童。森林学校(forest school)——按照字面意思解释就是建在森林中的学校——就是一个大家所熟知的、创新的户外学习机构之代表。

韦特和雷(Waite and Rea,2007)指出,让一个团队通过有形的、体验的方式共同解决一个问题,英国教育体系中的这种做法受到了贝登-鲍威尔勋爵(Lord Baden-Powell)的影响,他开启了童子军运动(scouting movement),同时这一教育现象也是源于库特·汉恩(Kurt Hahn)的户外运动理论,他也是户外拓展(Outward Bound)的创造者。这些发起人都有一个共同的信念,即经历并克服挑战是性格养成的重要因素。尽管承认小学面临巨大压力,而且还面对着来自家长期望和国家目标的挑战,克兰普(Cramp,2006)坚持认为,户外学习有很多好处,包括行为矫正、获得自尊、团队合作能力的发展,以及自我认知的提升。但是他指出,其中最大的收获应该是学习者个体的成长,因为学生培养了对老师的“多维视角”,从而获得“更具温情的人际关系、挑战贴标签行为的勇气,以及课堂中大胆尝试的潜力”。

户外教育的机会过去大多与某个话题的学习结合起来。比如“地方研究”(local studies)需要对当地的地理、历史和社会结构(比如休闲设施)进行深入的了解与研究,或者与科学研究相关活动结合起来,比如观察和记录学校或附近地点的自然现象,并对此进行分析。但是近几年,户外教育已经延伸到更广泛的领域,包括社区访问、有挑战性的体育活动(如皮划艇、攀岩),甚至是海外访问。尼克等人(Nicol et al., 2007)对苏格兰地区的户外教育进行深度调查,得出的一个结论是,户外教育不应该仅局限在探险、现场调查,或者仅视为地理、生物老师的责任。学生的年龄越低,户外学习越局限在当地,当学生度过小学阶段进入更高级阶段,他们会有更具挑战性的户外学习机会。

近几年,由于对健康、安全及与之相关的诉讼的担心,英国各地开展户外教育的深度与广度大大降低了,学校董事、校长和教师都对超过平均风险水平的冒险活动保持足够的警惕。最近这段时间,由于户外活动中心得到了认证,以及各地教育部门出台了户外教育的指导意见,教师们又开始重新开启一些户外教育活动。关于户外教育活动的形式等实际问题,比较全面的信息可以参考斯塔格等人(Stagg et al., 2009)的研究。

参考文献

1. Cramp, A. (2008) ‘Knowing me, knowing you: Building valuable relationships outside the classroom’, *Education 3 – 13*, 36(2),

O

171 – 182.

2. Nicol, R., Higgins, P., Ross, H. and Mannion, G. (2007) *Outdoor Education in Scotland: A summary of recent research*, Perth: Scottish Natural Heritage (SNH) and Learning and Teaching Scotland (LTS).

3. Stagg, C., Thomas, A. and Smith, P. (2009) *Off the Premises Handbook*, London: Optimus Education.

4. Waite, S. and Rea, T. (2007) 'Enjoying teaching and learning outside the classroom', in Hayes, D. (ed.) *Joyful Teaching and Learning in the Primary School*, Exeter: Learning Matters.

P

P scales 严重障碍学生学业评估工具

另请参阅:《国家课程》,特殊教育需求,触觉型学习者

See also: *National Curriculum*, special educational needs, tactile learners

一些学生(尤其是那些有特殊教育需求的学生)在学业上有很大的困难,甚至难以达到《国家课程》的最低水平。为了应对这一情况,教育部门出台了严重障碍学生学业评估工具(P scales)去记录他们的学业发展。这一评估工具一共分为从 P1(最低)到 P8(最高)的八级,其中前三个阶段不以学科进行区分。在极特别的情况下,儿童对人、事件、物体也许只能形成模糊的感知,严重依靠触觉(比如通过接触)才能做出反应,这一评估工具的第一级就适合这类儿童。

Paired work 结对活动

另请参阅:差异化,读写能力,自然拼读,阅读,拼写,写作

See also:differentiation,literacy,phonics,reading,spelling,writing

小学课堂的结对活动通常用在英语课上,特别是读写能力方面的教学上。托平(Topping, 1999)提到三种类型的结对活动:阅读、写作和拼写。让能力稍强的学生或成年人(即"指导者")帮助能力稍弱的学生(即"受指导者")发展更好的阅读技能,结对阅读被认为是一种简单易行、令人愉快的策略。在最开始的阅读中,结对的两人以能力稍弱的同学的阅读速度为主。如果出现了阅读错误,指导者应立刻停下,并将单词重复一遍,让受指导者跟读,然后共同继续阅读。

结对拼写活动又被称为"提示性拼写"(cued spelling)。通常每周进行几次,每次持续约十五分钟,持续大概六星期左右。在不考虑复杂性的前提下,受指导者选择一些其感兴趣的单词。结对的两人在字典里查一个单词的拼写,指导者将其记录在"拼写日志"(spelling diary)中。然后两个人共同朗读这个单词,受指导者找出记忆这个单词的提示,来帮助自己记住此单词的拼写结构。这里的提示可以是发某个音的字母组合(如 ship 中的"sh",或 loud 中的"ou"),可以是字母名称,可以是音节(如 working 中的"ing",或 content 中的"con"),也可以是单词中的其他要素。指导者鼓励受指导者选择自己能够理解且容易记忆的合理提示方法。两个人同时大声地读出"提示",指导者记录下来;然后,这个过程反过来,指导者大声说出提示,受指导者记录下来。最后,受指导者说出提示,并同时写下这个单词。通常在每周的开始,学生会检查自己能够拼出单词表上的哪些单词,并且让同伴为其进

行快速的测试。从周一到周四,学生每天都要从拼写单上选一个单词,并将其记录在日志上。他们每天利用十个步骤,以及提示,学习约五个单词。到了周五,结对的两人通过快速测试共同复习这周所学的二十个单词。如果其中有单词拼写错了,两人重复以上过程,直到能够正确拼写。

结对写作可以用到任何文本或题材的写作练习中。这个过程包括六个步骤:①观点生成;②写作草稿;③阅读;④修改;⑤誊写;⑥评价。托平等人(Topping et al.,2000)总结道,结对写作的方法证明是实用、有效的,可以灵活应用到不同的课堂环境中,有助于影响学生对写作的看法和写作技能的提升。作者还指出,老师若想寻求分层任务的方法,或者想避免机械的、刻板的教学方法,则可以考虑将这种方法运用到读写能力教学和跨学科的教学中。

参考文献

1. Topping, K. (1999) *Paired Reading, Writing and Spelling*, London: Cassell.

2. Topping, K., Nixon, J., Sutherland, J. and Yarrow, F. (2000) 'Paired writing: A framework for effective collaboration', *Reading*, 34(2), 79 - 89.

Parent communication 家校沟通

另请参阅:校长,家庭—学校,董事会成员,家长日

See also: head teacher, home-school, governors, parents' evening

校长和学校董事会成员通常都十分关注学生家长是否对学生的在校情况足够了解。比弗顿(Beverton,2005)指出,"现在的现实情况是,家长有权利知道有关孩子学校的相关情况,所以学校也有义务做出相应安排,以保证家长享受到这项权利"。而且在英国与美国当前出现的融合教育与社会服务系统的趋势,凸显了在整个社区的所有成员之间建立和保持良好关系的重要性(Allen,2007;McDermott,2007)。作为家校沟通网络中重要的一环,班主任(class teacher)有责任让家长及时获取学校生活的相关信息,并确保家长获得的信息不是矛盾的,或者让人摸不着头脑的。可以通过以下四种途径中的一种来传达信息:

(1)书面沟通,比如学校的通知或信件,尤其是涉及全组或全班同学时;

(2)针对单个学生的口头信息;

(3)手写的便签;

(4)少部分情况下通过电子途径。

教师发给学生的纸质通知应该是以多种语言呈现的。因为虽然儿童能够说流利的英语,但是他们的父母不一定能够如此。分发纸质信件可能会花更多的时间,因此在组织教学时要将此考虑进去,教师可以在一节课结束前留出几分钟,让助教帮忙分发。很多学校都会设置专门的告示牌,重要的通知都会张贴在上面,比如来自学校董事会的信息。

教师使用口头通知时也要十分小心。尽管教师在问儿童是否理解了通知的内容时,学生会点头,但很有可能是他们并没有完全理解,或者是不可能准确地记住。对于

那些母语不是英语的学生家长,教师应专门与他们进行有效的沟通。理想情况是寻找与他们讲同一语言的助教帮忙,但是这样的人员并不多见。

教师不一定经常有时间或者愿意给学生家长手写便条,但是如果教师这么做了,家长对此具有极高期待。若教师的笔迹潦草,或在其中出现错误,则为家长留下了极为不好的印象。教师手写的任何能进入大家视野范围内的东西,如教室里的展示品标签、单词表,都是如此。因此,教师对于送至儿童家庭的各种手写材料一定要格外小心。教师给出的错误的口头评价可能会被时间淹没,但是教师手写的信件通常会被保存,可能会被当作投诉的一手证据。另一方面,家长信是教师表扬儿童的一贯勤奋或某次特殊努力的良好机会,家长和孩子对于收到教师这样的直接评价都会十分开心。很多研究结果显示,对大多数学生来讲,后一种表扬方式取得的成效要比任何数量的加分和奖励卡片都更有效(Harrop and Williams, 1992)。施里夫(Shreeve,2002)所进行的一项大规模的调研结果显示,如果学生被自己的内在动机所激励,则学校的正式激励或惩罚制度都是不必要的。

通过电子手段与学生家长的交流明显依赖合适的技术条件。使用手机可以让学校及时与家长沟通学生在学校中的表现情况。但是除了那些规模极大、资源丰富的学校,由于私密性及技术操作等问题的限制,这种沟通方式无法在所有学校大规模使用。

与家长的交流质量既有可能促进,也有可能阻碍教师与家长关系的建构,也会极大地影响学生对学校的态度。第一次与学生家长会面是新教师面对的挑战之一,这种正式的会面被称为家长日(parents' evening)。从第一封家长信到最后与家长会面,在这一过程中,教师应该如何进行积极、高效的沟通?玛丽康达(Mariconda,2003)据此给出了丰富的建议。

参考文献

1. Allen, J. (2007) *Creating Welcoming Schools: A practical guide to home-school partnerships with diverse families*, New York: Teachers College Press.

2. Beverton, S. (2005) 'Collaborating with parents', in Arthur, J., Davison, J. and Lewis, M. (eds) *Professional Values and Practice: Achieving the standards for QTS*, London: Routledge.

3. Harrop, A. and Williams, T. (1992) 'Rewards and punishments in the primary school: Pupils' perceptions and teachers' usage', *Educational Psychology*, 7(4), 211 - 215.

4. Mariconda, B. (2003) *Easy and Effective Ways to Communicate with Parents*, New York: Scholastic.

5. McDermott, D. R. (2007) *Developing Caring Relationships Among Parents, Children, Schools, and Communities*, London: Sage.

6. Shreeve, A. (2002) 'Student perceptions of rewards and sanctions', *Pedagogy, Culture and Society*, 10(2), 239 - 256.

Parental involvement 家长参与

另请参阅:《每个孩子都重要》,家庭背

景与学习,家庭—学校,培养儿童,家长对学习的支持,特殊教育需求

See also:*Every Child Matters*,home background and learning, home-school, nurturing children, parents supporting learning, special educational needs

大众普遍认为,家长对儿童学习的兴趣及参与程度,对儿童充分发挥潜力有着重要的影响。有些儿童的父母积极参与到学生的学习活动中,与那些父母不参与学习过程的学生相比,这些学生很少出现行为偏差,更容易取得较高的学业成就,并且更有可能完成中等教育。家长为孩子的学习做准备的重要性已经被社会所承认,并且被广泛地讨论。几年以前,赫斯特(Hurst,1987)指出,负责照看年幼儿童的人就是儿童学习中的"重要资源",可以为儿童提供可兹利用、调整、发展的学习工具和资源,这对其后续的个人发展和教育都是必不可少的。

家庭或者养育环境(幼儿园、家庭托儿所、幼儿游戏班)为儿童的语言发展和其他交流形式提供了有力的保障,为儿童日后的常规学校教育打下了基础。然而人们也担心,家庭中以儿童发问为主的口头交流形式在儿童上学后会迅速被教师主导的交流形式所代替(Tizard and Hughes,1984)。很多研究也显示,那些家长参与程度更高的儿童会得到教师更多的关注,这样教师更可能会发现并帮助其解决成长过程中的问题。与学生家长建立起良好的关系已经成为教师必要及重要的功课,尤其是低年级和有特殊教育需要儿童的教师(Feiler,2003)。

当儿童与父母之间建立起温暖和积极的关系时,儿童的成长会更顺利,包括有更强的自尊心、更好的理解能力、较少的心理问题。同时家长的热情参与甚至可以鼓励儿童敢于并善于运用外界的帮助,并从中习得积极解决问题的能力。相反,如果父母的参与程度较低的话,儿童则容易形成孤独感,并易表现出敌意与攻击性,甚至会出现低道德感或者反社会行为。英国教育与技能部2005年颁布的《每个孩子都重要》(*Every Child Matters*)法案再次强调,"儿童与父母之间的关系会对儿童的生活形成最主要的影响。父母的养育方式对儿童的教育发展、行为和心智健康具有强烈的影响"(DfES,2005)。学校校长和董事会成员都敏锐地意识到,应与学生家长建立起开放的关系,方式包括:通过简报邀请家长参与;提供教育新方案的相关信息;在合适的条件下征求家长对重要事务的意见;积极支持家长—教师协会(Parent-Teacher Association,PTA)的会议。实际上,小学所有的工作人员都被要求协助提升与家长和其他社区人员的关系,要认识到儿童的经历和学习是由文化和语言传统、性别、家庭及社区所塑造的。对学校的督查大都包括家长的意见,有时会通过问卷调查的方式来询问家长对学校的家—校合作是否满意。通过不同形式收集的数据,都用于对全部学校的综合排名,因此这种督查比以往有更重要的作用。

最近几年,越来越多的家长开始注重与教师和学校的合作。出现这种现象的原因是多种多样的。比如很多报告强调了家—校密切合作的重要性;大众开始意识到家长所拥有的技能之重要性;课堂教学对成年人的需求越来越多。大部分学校都出台了政

策,要求家长参与学校的教学活动,并要求教师依照学校的指导纲要与家长积极合作(Wood,2005)。家长志愿者进入课堂中,既有可能提升教学效果,也有可能成为课堂教学的阻碍因素,这主要取决于家长选择的关注点是什么,以及他们所拥有的技能。高素质的家长加入其中可以提供有力的帮助,也可能提供促进学习的宝贵经验(Campbell and Fairburn,2005);素质较低的家长则表现出自高自大、爱挑剔,而且参与教学时极其随意,这些都为课堂带来麻烦。祖父母在课堂上则表现出稳定性,并提供了另一种看问题的视角,而且他们通常可以安抚那些身心俱疲的教师们(Kenner et al., 2004)。一些家长经常进出学校,还可能出于某种原因进出教职工工作区域,他们可能由此获取有关个别儿童或内部关系的信息,因而注意信息保密是学校教职员工的一项重要工作。

英国教育和技术局(British Educational and Technology Agency)是领衔国家力量,以保证技术在学习过程中得到有效和创新性应用的政府机构。该机构的一个项目致力于运用信息技术手段提升家长的参与程度,并通过在小学网站上插入新的工具包实现在线报告。这个工具包可以帮助小学教师利用信息交流技术(ICT)鼓励和优化家长对学校教育的参与。该工具包涵盖一张高密度视频光盘(DVD)和三个软件包:学校介绍、安装包、学校架构指南。

参考文献

1. Campbell, A. and Fairburn, G.(2005) *Working With Support in the Classroom*, Maidenhead: Open University Press.

2. DfES (2005) *Every Child Matters: Change for children*, London: HMSO.

3. Feiler, A. (2003) ‘A home visiting project for reception children predicted to experience literacy difficulties’, *British Journal of Special Education*, 30(3), 156 - 162.

4. Hurst, V. (1987) ‘Parents and professionals’, in Blenkin, G. M. and Kelly, A. V. (eds) *Early Childhood Education*, London: Paul Chapman.

5. Kenner, C., Arju, T., Gregory, E., Jessel, J. and Ruby, M. (2004) ‘The role of grandparents in children's learning’, *Primary Practice*, 38, 41 - 44.

6. Tizard, B. and Hughes, M.(1984) *Young Children Learning*, London: Fontana.

7. Wood, E. (2005) ‘Managing other adults in the classroom’, in Arthur, J., Davison, J. and Lewis, M. (eds) *Professional Values and Practice: Achieving the standards for QTS*, London: Routledge.

Parents supporting learning 家长对学习的支持

另请参阅:课程,家庭作业,家长参与

See also: curriculum, homework, parental involvement

在课外,家长可以通过很多途径帮助儿童学习:辅导家庭作业、询问儿童所学课程、聊一聊儿童在学校中的好朋友,或者探讨一下儿童在学校中感兴趣的活动。小学高年级的儿童通常更不愿意与父母分享学校生

活，除非学校中发生了不寻常的重大事件。但是除非家长自然、放松地与儿童交谈，否则他们会发现，很难协助儿童设立有效的目标、组织他们学习，或是检查他们的学习进度。如同一位好教师一样，家长应该赞扬学生真实的努力，而不要总是夸张地说起对儿童的期望，否则学生对家长的期待也会降低。很多家长发现，自己不知道如何指导和监督儿童完成家庭作业，因为有时候他们自己知道的还不如儿童多——有时候这的确是真的。另外一些家长，因道听途说而认为自己应该成为儿童的代理教师，但是作为儿童生命中的第一位教育者，他们在家中对儿童学习的支持可以视为此角色的延伸。

Parents' evening 家长日

另请参阅：行为，家长对学习的支持，（教师）声望

See also： behaviour, parents supporting learning, reputation(teachers)

教师与家长面对面的正式会谈通常呈现出不同的形式，如家长日或者是家长访谈。一些学校采取了单独会谈的形式，家长可以预约下午晚些时候或者是晚上的时间来到学校与教师会面。另外一些校长则愿意采用非正式方式，即家长被允许在教学时间漫步于校园和教室内外，并可以和任课教师随意交谈。还有一些学校做出了新的尝试，鼓励家长允许儿童参与家长与教师的会谈，给予儿童更大的自主权。还有一些学校鼓励家长来到课堂中听课，现场观察教师如何开展教学、儿童如何与教师互动。但是这一做法并不总是很成功，因为家长在课堂上的出现可能会影响儿童的正常表现，而且在低年级课堂上，儿童会想与家长坐在一起，这会带来一些管理上的问题。

无论采用哪种与家长交流的手段，几乎所有的教师都认为，第一次与家长交流时非常紧张与焦虑。过了一段时间后，这种感觉有所减轻，但永远都不是一件容易的事情。教师们将这一过程描述为令人畏惧、使人精疲力竭，但也是令人兴奋的——有时三种感觉交织在一起，但大家都认为这一过程是值得的。在第一位家长进入教室之前，家长日的准备工作就应该已经准备就绪。教师的性格、在教室中对儿童的态度、与家长接触中的热情、对儿童学习兴趣和方法探究的意愿，等等，都已经成为决定教师与家长沟通成败的重要因素。儿童在家中对教师的谈论，以及父母在学校门口接送儿童时对教师的评论，已经形成了教师的声望，而这一声望早在家长来到学校探访之前就已经形成，并开始影响家长的反应与偏好。有一些家长对学校怀有紧张情绪，偶尔也对教师整体持有一种负面态度，这可能是源于自身儿时就学期间对学校的不满情绪，或者源于他们幼时对成人的恐惧。所以这就很好理解，为什么有些家长来到学校后不能放松或者自然地与教师交谈。但是大部分家长来到学校还是源于对儿童学业的关心，并期待了解更多孩子在校的表现，包括学习上的和社交层面的情况。教师掌握着这些信息，因此与家长分享这些信息是十分有益的。

Passion in teaching 教学激情

另请参阅：教育目的，关爱型教师，好奇心，教学动机，教学法，教师信念

See also: aims of education, caring teachers, curiosity, motivation for teaching, teaching approach, teachers' beliefs

尽管我们用“激情”这个词语似乎有些脱离小学教学的语境,但是若我们将激情定义为个体对某项事业的热爱与享受则会更好理解一些。教学激情是评价教师的黄金准则,因为正是对教学的激情激励并鼓舞着教师和学习者。一些教师希望学生能够自己产生对学习的兴趣,但是教师自身却没能够做出良好的示范,也没有一个积极的态度去影响学生。然后他们会失望地发现,自己的教学对学生的影响甚小,于是就抱怨学生错误的学习态度。但是如果教师能够展现出好奇心、求知欲和探究的学习态度,那么学生也会逐渐形成学习的热情,并形成同样的方法。乐于发现和勇于探索是问题解决式教学的特征,而不是盲目地通过标准方法获得答案的教学方式。

儿童的好奇心在以解决问题、储存知识为形式的学习中最容易得到展现,所以教师可以通过提出开放式问题或推理性问题的方式,来将学生的眼界和头脑引领到更多的可能性上去。而且当学生与成年人分享自己的生活(如去一位朋友家玩耍的故事)、展示自己的珍贵照片(比如参观主题公园的照片)、带来自己的东西(比如一个生日礼物)时,成年人要表现出浓厚的兴趣。如此看来,成年人也应该学着变得天真一点(绝不是幼稚),并能够从儿童的视角看待问题。

戴(Day,2004)惋惜地说到,如今激情已经不再被认为是智力探索和奉献的核心。他强调一个事实,即教学对很多教师而言,不仅仅是一份工作或者是一个管理任务,而应该是最广泛意义上的教育,情感投入和关爱是其根本特征。戴(Day,2004)因此评论说,教师可以分为两类,即积极投入服务的教师和有激情或者希望有激情的教师。纳姆布拉尔(Namblar,2008)也坚定地指出,优秀的教师不仅是被金钱与责任驱动而教书的,更应该是被其内心真正对教育的爱与激情而驱动的。所以真正的教师应该将教育视为其唯一的、不可取代的职业,而不仅仅是一种可有可无的糊口的营生。教育也不仅仅是一种灌输知识与技能的职业,更是一种培育人健康成长的专业过程。

参考文献

1. Day, C. W. (2004) *A Passion for Teaching*, London: Routledge.

2. Namblar, S. (2008) *Teaching is a Passion*, on-line at www.razz-ma-tazz.net/2008/04/09/teaching-isa-passion.

Pedagogical framing 教学架构

另请参阅:思考

See also: thinking

教学架构是指对儿童学习经历的分析,包括制定计划、使用资源,以及建立常规,该概念是西拉杰-布拉奇福德和希尔瓦(Siraj-Blatchford and Sylva,2004)提出的。两位作者指出,有效促进学生发展的教育环境应该包含教学架构,以及教师与儿童的互动,这样才能真正导向儿童的思考和学习。

参考文献

1. Siraj-Blatchford, I. and Sylva, K. (2004) 'Researching pedagogy in English pre-schools', *British Educational Research Journal*, 30(5), 713 – 730.

Pedagogy 教学论

另请参阅： 创造力，课程，(教职工)性别，人文学科，教学指令，读写能力，计算能力，教学法，教学方法，教师职业

See also: creativity, curriculum, gender (staff), humanities, instruction, literacy, numeracy, teaching approach, teaching methods, teaching profession

人们对教学论有不同的定义：教学的专业或艺术；准备性的训练或指导(Free Dictionary)；教学的艺术、科学或专业(Merriam-Webster)；教师的专业或功能；教学，或教学的艺术或科学，尤其是教学方法方面的指导(Your Dictionary)。在教学论里使用的学科内容教学(content pedagogy)，专指教师用于传授专门知识或者学科领域内容的教育教学技能。

很多学者都尝试更加科学与精确地描述和理解教学论这一概念，并更好地厘清教学论对课堂实践的影响。比如维克·凯利(Vic Kelly)多年以来对课程和教学问题展开了详细的讨论。在他 2009 年(Kelly, 2009)出版的书籍中，他聚焦在课程的哲学和政治学层面，特别强调了不同形式的课程对社会和学校的影响。在书中他详细地讨论了在民主社会中，课程应以怎样的形成呈现出来，以提升教育水平。作者在书中再次强调，政治化的学校课程导致一些政策和措施的出台，但它们无法反映课程理论与实践的相关原则。与此同时，戈尔比(Golby, 1988)批评了他所描述的手段—目的教学模式(means-end model)：

> 教师通常被视为是某种供货系统的实施者，这个系统的主要商品就是"各门学科"。学习与玩耍是截然分开的。学生的学习是需要通过教师的教学而获得的……儿童，就目前情况来看，被视为脱离其社会性之源(家庭和社区)的个体学习者。除了教导和控制之外，教学再也没有其他的含义，也没有关于学校与外在世界的关系的论述。

摩尔(Moore, 2001)指出，教育政策对教师教学和学生学习的影响表现在以下两个方面：第一，关系到强制实行的学校课程和教学大纲的本质和内容。第二，关系到强制性或鼓励性的教学方式对班级容量、课堂组织，以及合适的教学方法指导的影响。亚历山大(Alexander, 2004)对教学论、创造力和课程提出了自己的观点，他认为教学论就是：

> 教学行为，以及与之相伴的教学话语。教学包含一个人需要掌握的知识和技能，从而借此做出各种不同的判断和决策，而教学过程就是由不同的决策构成的。课程只是其中的一个方面，虽然是最重要的那个方面。

亚历山大(Alexander)所提到的最重要的一点是，当前的小学教育复制了 20 世纪

中叶已经废除的初等教育系统所倡导的双轨制:一边是地位优越、受到保护、被过度测评的读写和算术课程;另一边是地位低下、无须测评、受人诟病,甚至可有可无的艺术与人文课程。亚历山大(Alexander,2004)严厉批评了他注意到的教师自主权的丧失,以及外在生成政策的强制推行:

> 就目的和主旨而言,政府推崇的教学法涉及的是判断,而不是根据和理由;涉及的是教学,而不是更广范围内以德育为目的、我们称之为教育的活动,教学只是教育活动的一部分。鉴于此,教师只是实施他人的教育思想与程序的技术工人,而不是自己对这些事情进行思考的专业人员。

伍兹和杰弗里(Woods and Jeffrey,2003)在他们的书中展示了库姆斯学校(Coombes School)的个案研究。这个学校的教师经常关注各种方法,以期提供不寻常的吸引力、激发学习热情、强调实践技能、促进学业成就,以及通过充满想象力、避免停滞不前的教学法激发思维。所以该学校的目的是创造性的学习,儿童在教师的指导下掌握自己的知识和技能,并在这一过程中进行自我总结、自我学习、自我监控。墨菲等人(Murphyet al., 2008)对传统的教师角色提出了挑战,他们认为,教育者在任何一个教育环境中都应该既是教师又是学习者,并能根据所在环境的特殊性,灵活地应对和调整。作者还指出,学习的过程还包括一种"身份的转变",这种转变的发生要通过协商与重新定位,通过全新的认同方式,通过不同的参与方式。他们还呼吁,应该在学习者的世界、他们的社区和教育机构之间建立一座桥梁。

斯梅德利(Smedley,2006)提出了一个重要的讨论话题,那就是男、女教师的教学实践是否存在差异,尤其是在小学算是少数人群的男教师,他们在教低龄儿童时不得不做出一些调整。在一项针对25位教师的研究中,奥林(Ollin,2008)指出,许多不同类型的沉默策略可以在教学实践中被创造性地使用。她列举了一些在观察教师使用沉默策略而不是说话时可以向其提出的问题,并总结道,教师基于他们对课堂发生事情的不断解读,而做出有意识的、用以排除干扰的决定。显然教学论是非常复杂的概念,绝不是有人认为的那样,可以把有效教学一律简化为从网站上下载的那些"有用的"或"效果最好的"教学课件。

参考文献

1. Alexander, R. (2004) 'Still no pedagogy? Principle, pragmatism and compliance in primary education', *Cambridge Journal of Education*, 34(1), 7-33.

2. Golby, M. (1988) 'Traditions in primary education' in Clarkson, M. (ed.) *Emerging Issues in Primary Education*, London: Falmer.

3. Kelly, V. (2009) *The Curriculum*, London: Sage.

4. Moore, A. (2001) *Teaching and Learning: Pedagogy, curriculum, and culture*, London: Routledge.

5. Murphy, P. F., Hall, K. and Soler, J. M. (2008) *Pedagogy and Practice: Culture and i-*

P

dentities, Maidenhead: Open University Pres.

6. Ollin, R. (2008) 'Silent pedagogy and rethinking classroom practice: Structuring teaching through silence rather than talk', *Cambridge Journal of Education*, 38(2), 265 – 280.

7. Smedley, S. (2006) 'Listening to men student primary school teachers and some thoughts on pedagogy', *Changing English*, 13(1), 125 – 135.

8. Woods, P. and Jeffrey, B. (2003) *The Creative School*, London: Routledge.

Peer coaching and review 同侪指导和评议

另请参阅:教学管理,专业发展

See also: lesson management, professional development

同侪指导是一个系统,同事在其中互相支持与合作,共同实现自身发展和专业发展,从而提升知识和技能的短板,强化长项。这种指导通常包括两位教师,他们时常交换意见,讨论当下的教学,并解决实践中的问题。两个人的关系应该是互相信任的,并创设一种安全、轻松的环境,使两人可以一起学习、共同成长;因而同侪指导不应该纳入学校的教师评价系统。同侪指导应该关注以下内容:对教师课堂活动管理的监控;教学的有效性;小学生的学习效果;教师的专业化学习。同侪指导可以帮助教师之间形成一个共同的话语体系,并使其对原本属于个人的问题获得更深的洞察力。不同于同侪指导,同侪评议是由一位更具经验和知识的教师与另一位经验水平稍差的教师共同组成的,这样,经验水平稍差的教师可以从另一位教师的专长中获益。

Peer mediation 同伴调解

另请参阅:行为,欺凌,冲突,学习氛围

See also: behaviour, bullying, falling out, learning climate

同伴调解是解决冲突的一种方法,学校可以用它来帮助学生自主解决,或者尽量少得依靠成人解决他们之间的问题。学校培养学生学会调解的技能与原则,从而帮助他们更好地解决同伴中的冲突,并找到解决摩擦的办法。巴金斯基(Baginsky,2004)指出,同伴调解会不经意间创设一种轻松和积极的学习氛围,尽可能地降低成年人参与学生冲突的程度,并大大降低由此所引发的儿童行为问题或欺凌问题的可能性——尽管有些学校也发现,某些问题在不断增加。

参考文献

1. Baginsky, W. (2004) *Peer Mediation in the UK: A guide for schools*, London: NSPCC.

Peer mentoring 同伴辅导

另请参阅:操场,阅读,自尊心,学习的社交和情感因素

See also: playground, reading, self-esteem, social and emotional aspects of learning

同伴辅导在被引入一些小学后,改善了学校的风气和咨询支持系统,因而受到了广

P

泛欢迎。在学校中,同伴的支持更能够潜在地促进儿童的个体发展与社会发展,能为学生完成学业任务提供额外的支持和鼓励,能帮助提升学生的自信心与自尊心,更能够促使其积极参与到学校生活中。一项由国家教育研究基金(National Foundation for Educational Research, NFER)进行的评估显示,同伴辅导对于其中的"导师"与"学生"两方的发展都具有积极影响,并为学生们提供了机会去提升他们的社会交往技能(DfEE, 2005)。学校利用同伴辅导(儿童与儿童之间)或结伴制来建立起高年级学生与低年级学生之间的联系,从而支持低年级学生的学习(比如在阅读方面)和整体身心健康(比如在休息时间),教辅人员对此进行总体的监管。一些学校发起了"垂直辅导"制度(vertical tutoring),将不同年级的学生组成同一小组,这样儿童可以得到来自班级和年级之外的同学的帮助,所以这一导师小组的活动通常是在学校的操场上,或是学校之外进行的。贝尔(Bell,2009)对那些培训学生进入同伴辅导系统(即支持同伴解决问题)的教师提出了建议,告诉他们如何使用消解冲突与问题解决的办法。英格兰的儿童、学校和家庭事务部(The Department for Children, Schools and Families, DCSF)也支持辅导与交友基金会(Mentoring and Befriending Foundation)在11~25岁的年轻人中推行同伴辅导制度。

参考文献

1. Bell, L. (2009) *Peer Support in the Primary Playground*, London: Optimus Education.

2. DfEE (2005) *Peer Mentoring*, London: HMSO. Online at Teachernet, www.teachernet.gov.uk/teachingandlearning/socialandpastoral/mentoring/.

Personal education plan 个人教育计划

个人教育计划(PEP)是一份描述行动方针的档案,用以帮助学生全面实现其学习和生活潜力,通常是在指定的教师、社会工作者和儿童看护者都出席的会议上形成的。也期待儿童自己能够参与制定计划,抑或在个人教育计划会议上被询问相关事宜;对于幼童,可以通过在会议外讨论的方式询问他们。该计划会定期进行评议,以监督其合理性,并评估其在帮助学生解决社交和学业问题方面的有效性。

Personal intelligence 人事智能

另请参阅:教学情感,智力,学习动机,教学动机,多元智能

See also: emotions of teaching, intelligence, motivation for learning, motivation for teaching, multiple intelligences

教学中情感与动机的重要性已经得到广泛的认同。但是有理论认为,有一种与传统智能无关的社交智能,它是一个相对较新的理论。基于美国的心理学家加德纳(Howard Gardner)提出的多元智能理论(multiple intelligence),情感智能(emotional intelligence, EI)的概念被另外一位美国心理学家丹尼

P

尔·科尔曼(Daniel Colelman)推而广之。科尔曼对情感智能的定义与加德纳对人事智能(personal intelligence)的定义十分相似(Gardner,1999)。人事智能包括两个部分:人际沟通智能(interpersonal intelligence)与自我认识智能(intrapersonal intelligence)。人际沟通智能是指能够理解他人的意图、情感和目的的能力。自我认识智能是指能够理解自己,以及能够接受自己的情感、恐惧和动机的能力。以上这些因素与教师的教学行为和情感都有着密切的关系。

参考文献

1. Gardner,H.(1999) *Intelligence Reframed: Multiple intelligences for the 21st century*, New York: Basic Books.

Personal, social and health education 个人、社会与健康教育

另请参阅:公民身份,健康饮食,行为示范,道德发展,自尊心,社会化学习

See also: citizenship, healthy eating, modelling behaviour, moral development, self-esteem, social learning

个人、社会与健康教育(PSHE)是不同的教育要素的结合,这些要素放在一起是为了完善课程的目标。最初只被描述为个人与社会教育(PSE),随后加入了健康教育的维度,强调对个体健康成长的重视。英格兰的儿童、学校与家庭事务部要求,个人、社会与健康教育应该能够帮助儿童,作为独立的个体或作为社会成员,成长为自信、健康和有责任感的人。具体而言,需要达成以下几个目标(经修改;DCSF,在线资源):

(1)帮助学生健康和安全地成长,帮助他们应对成长中要面对的精神、道德、社会和文化等方面的问题。

(2)能够反思自己的经历和生活的意义。

(3)长大后能理解并处理各种关系。

(4)能理解人的多样性和人与人之间的差异。

(5)能够促进学生健康、形成自尊心,鼓励他们相信自己具备成功的能力。

(6)使学生对自己的学习及未来的发展和职业选择负责。

在国家教育框架下,健康教育和公民身份教育合二为一,作为5~11岁儿童学习的一门课程。然而这门学科的广泛性与综合性特点,使人很难确定家长指导的终点和学校责任的起点,比如关于如何保证孩子均衡饮食这一问题。个人、社会与健康教育和"每个孩子都重要"(every child matters)这一政策之间有紧密联系,两者都强调儿童要健康、安全、快乐地成长,实现个体潜能,对社区的发展做出贡献,并尽量避免反社会行为的出现。这一要求对最勤奋的教师而言也是较难达到的。尼达姆(Needham,1994)指出了重要的一点:教师的所作所为,都被其注视的学生注视,都被其鼓励认真听讲的学生听到,都被其鼓励参与评价的学生评价,可能被——实际上会被——其鼓励提问的学生解读和挑战。

参考文献

1. DCSF, *Personal, Social and Health Education, on-line at www.teachernet.gov.uk/management/atoz/ p/pshe.*

2. DfES (2005) *Every Child Matters: Change for children*, London: HMSO.

3. Needham, J. (1994) 'Personal and social education', in Pollard, A. and Bourne, J. (eds) *Teaching and Learning in the Primary School*, London: Routledge/Open University Pres-s.

Personalized curriculum 个性化课程

另请参阅:课程,课程领导者,知识,教学计划,阅读能力恢复,技能,助教,理解

See also: curriculum, curriculum leadership, knowledge, lesson planning, reading recovery, skills, teaching assistants, understanding

在教学中,为了满足每位学生的个体需要,教师必须要为儿童设计很多任务和活动,因此,每一位教师都不得不考虑其需要的时间和资源。所谓的"个性化课程"或是"因材施教"的课程实际不太现实,除非班上的学生人数只有个位数。教学设计必须以儿童的合理分组为基础,因为只有小组合作才可能完成所要求的任务,个体才可以发展和提升自身有关本学科的知识、技能和理解。学校要分配助教,以便在较难的领域(如"阅读能力恢复")为儿童提供特殊训练或指导,但这一工作要由校长或负责那一领域(如对读写能力负责的课程领导者)学业标准的员工来负责。

Personalized learning 个性化学习

另请参阅:儿童学习评价,促进学习的评价,学习,特殊教育需求,(儿童)目标设定

See also: assessing children's learning, assessment for learning, learning, special educational needs, target setting (children)

"个性化学习"(personalized learning)这个词是在2004年由时任英国首相布莱尔(Tony Blair)和当时的教育大臣戴维·米利班德(David Miliband)提出的,并被视为教育中的又一个重要理念。"个性化"这个概念是基于一种理论,即可以准确评价儿童的进步和因材施教的教学,因此个性化教学可以满足儿童的需求,并使常规化"促进学习的评价"(assessment for learning, AFL)成为可能;个性化教学直接倡导清晰可辨的学习需要,而不是基于"一刀切"的理论。越来越多的证据表明,"个性化"概念的内涵始终在变化,人们对它的诠释也因时而变。儿童、学校与家庭事务部(Department for Children, Schools and Families, DCSF, 2008)将个性化学习定义为一个高度结构化和针对性的过程,要尽量照顾到每一位儿童和青少年的学习情况,以确保他们全员参与到学校活动中,并能够取得进步和有所收获。这就意味着教师要吸引儿童与家长作为伙伴加入学习过程之中,从而强化学习与教学之间的联系。抛开这个说法的政治色彩,"个性化学习"对于教师和学校领导也是一种有益的提醒,即在全班教学的过程中,虽然要保

持上课节奏，或者达成课程的直接要求，但也不能忽视儿童的个体需要。

伯德(Bird,2006)将个性化教育的模式比喻为组装摩托车的过程。在第一种模式中，每一位小学生都有相同的主要构件，包括框架、发动机、外壳、车轮等，但每位学生却又有一个独有的部分。在第二种模式中，同样每一位小学生都有相同的主要构件，包括框架、发动机、外壳、车轮等，但是每一位儿童组合这些构件的方式则是千差万别的，虽然表面上看起来极为相似。

"个性化学习"不应该与以往的"个别化学习"(individualized learning)相混淆。后者的特点是，每位儿童忙于单一的学习路径——通常由任务单主导，或者让儿童自主选择做的任务；但这样的风险是，他们可能会选择最简单的任务，而导致不能实现自身发展。而"个性化学习"鼓励小学生自己设定中期学习目标，同时认可国家确定的最终测试目标。哈格里夫斯(Hargreaves,2006)评论道，公共服务机构传统上要求个人满足机构要求，而不是相反的路径；但是他的研究显示，关于学习者的新观点对"个性化"有着重要的影响，也就是说，不是期待小学生去适应学校预先规定的结构、做法和常规，这些规定都可以被质疑，而且有必要的话，它们还要尽量适应学习者的需求。

在一项主要针对学校开展的"个性化学习"方式的研究中，塞巴等人(Sebba et al.,2007)详细描述了学校如何运用个性化学习方式，针对专门的对象进行干预，后来干预得到更广泛的扩展。如此一来，那些最初针对有确定的特殊教育需求学生的读写干预、课程和支持计划，以及针对英才儿童的保障措施，可以先面向一个群体，再逐步扩展到整个学校。进行个案研究的学校还利用"交流学习日"(review days)和教育信息技术(ICT)建立起学校—家庭的联系，并设计了一些活动，体现了家长的广泛参与。

一些学校专门设置了领导岗位或者教师岗位，来管理个性化学习事项，并传播好的经验，包括为家长提供信息和建议，以使他们更好地助力孩子的学习。具体可以参考韦斯特-伯纳姆(West-Burnham,2008)的主要研究和思考，他总结了学校领导如何将个性化和高质量的学习嵌入学校工作的方方面面。当前，学校在其管理系统中都保留很多关于儿童的评价性信息，这些信息可以提供给教职员工，也可以简化后提供给家长，以使其了解孩子们可测的学习成果。这对设计个性化学习至关重要。

但是目前关于个性化学习的实施，人们还是存在种种疑虑。首先，个性化学习的主张可能是难以达成的理想境界，因为没有教师，无论他们具备多么充足的知识与技能，能够为每一位学生制订各自的学习计划。其次，学习并不是仅仅依赖于教学方法，即便教师精心设计教学，也很难保证一定会达成目标。再次，个性化学习在模式上可能过于僵化，这反而会限制学生的创新精神。最后，无论最初的目的为何，任何学习方法的设计者都必须清楚，既需要使学生取得好的测试成绩，又需要满足督导检查的标准。

参考文献

1. Bird, R. (2006) 'Personalised learning', *Secondary Headship*, November, 11 – 20.

2. DCSF (2008) *Personalised Learning*:

P

A practical guide, London: HMSO.

3. Hargreaves, D. (2006) *Personalising Learning 6: The final gateway-school design and organisation*, London: Specialist Schools Trust.

4. Sebba, J., Brown, N., Stewart, S., Galton, M. and James, M.(2007) *An Investigation of Personalised Learning Approaches Used by Schools*, DfES report RR843, Nottingham: DfES Publications.

5. West-Burnham, J. (2008) *Leadership for Personalising Learning*, National College for School Leadership, on-line via www.ncsl.org.uk.

Philosophy for children 儿童哲学

另请参阅：圆圈活动，好奇心，辩论，教师困境，讨论，探究，问题和提问，教师角色，测试和测试过程，思考，思维能力

See also: circle-time, curiosity, debating, dilemmas for teachers, discussion, enquiry, questions and questioning, teacher role, tests and testing, thinking, thinking skills

儿童哲学（philosophy for children）是一种致力于提升儿童质疑、推理和对话能力的独特的教学方法。名为“儿童哲学”的教育运动发源于20世纪70年代早期，源于马修·李普曼（Matthew Lipman）发表的儿童哲学小说《哈里·斯脱特迈尔的发现》（*Harry Stottemeier's Discovery*）。这部小说描述了哈里和他的朋友，通过对一些哲学概念，如思维、因果关系、事实、知识、信仰、正确与错误、公平与不公等的质疑与思考，最终发现一些基本的逻辑概念和逻辑规则的过程。这个故事中并没有引用任何哲学词汇，甚至没有出现“哲学”这个词，却用儿童讲故事的方式将一些基本的哲学概念阐述清楚。

在儿童哲学这种方法中，教师允许小学生提出自己的想法，并鼓励他们与其他同伴一起对话和思考。该方法不鼓励教师直接给儿童提供答案，甚至不鼓励老师的所有问题都有答案，而是希望他们与学生一起分享不确定性，接受儿童出其不意的答案和提问，并在观察学生的互动中获得喜悦。这种方法意味着要摒弃传统的教师是知识提供者和答案给予者的角色定位，而要成为学生学习的推动者。

李普曼（Lipman，1991）后续的工作极大地影响和促进了这一方法的推广。他为大众提供了一种提升儿童质疑能力的具体策略，即在教室中布置一个每个人都可以看到对方的学习环境（一种称为“圆圈活动”的方法），通过口头方式创设一个询问的环境，以促进儿童与儿童、儿童与成人之间的自由对话。在这样的环境中，观点没有正误之分，教师鼓励多种声音与观点的出现。这样无论是主流观点，还是少数派的意见都受到重视，在班级中营造了一种轻松而非紧张和冲突的氛围（Haynes, 2007）。

教师通常会运用某种“刺激”来引发小学生之间的讨论与辩论，比如分享一张有趣的图片、讲述一个吸引人的故事、阅读幽默或是悲伤的诗歌、展示不同寻常或形象的图片、展示新闻标题、描述一种两难困境或是困难的问题，或者是引入学生感兴趣的事物。在这个过程中，学生可以安静地思考，也可以积极地回应；可以小团体合作，也可

P

以独自解决问题；可以记笔记，也可以只是认真听讲。教师在不给学生提示的情况下，帮助学生表达自己的看法，同时鼓励班里的其他学生给出回应；教师只是协调不同的观点，并对主要内容进行总结。

越来越多的证据证明，持续参加这种开放性的提问与讨论，会提升学生的自尊心，并对学生认知能力和推理能力的发展具有积极影响。据说，儿童哲学这一方法也能提升儿童的社交能力，在这个过程中，儿童学会考虑不同的观点，注意力变得集中，学会与他人合作，并认真对待他人的看法。赫克斯特布尔等人（Huxtable et al., 2009）坚持认为，作为教育者，我们有责任让小学生认识到他们自己到底是怎样的人、他们想要成长为怎样的人、如何增长对这个值得生活于其中的世界的理解、如何能够通过最精彩的人生为世界做贡献。假以时日，小学生会逐渐获得自信心，并发展质疑能力、推理能力、分析问题的能力，以及在同伴面前表达自我的能力。

引入儿童哲学这一方法是极具挑战的，尤其是要面对来自已经“拥挤不堪”的课程体系的压力，并要求教师从传统的角色定位中跳出来，去引领学生开展他们并不熟悉的教学实践。除此之外，教师还要保证，他们的学生也能在国家统一测评中取得好成绩，而这一测评并不包含反思和讨论。学生的学业成就会关系到学校的声誉和资金来源，任何教师对此都不能轻视，不管他们相信何种教育理念（Pritchard, 2008）。但是这一方法的支持者反驳道，对学生推理能力、判断能力、表达能力和思维能力的培养，会进一步促进儿童各个学科学业能力的发展。所以，花费时间运用儿童哲学这一方法是正确可行的。

参考文献

1. Haynes, J. (2007) ‘Thinking together: Enjoying dialogue with children’, in Hayes, D. (ed.) *Joyful Teaching and Learning in the Primary School*, Exeter: Learning Matters.

2. Huxtable, M., Hurford, R. and Mounter, J. (2009) *Creative and Philosophical Thinking in Schools*, London: Optimus.

3. Lipman, M. (1974) *Harry Stottlemeier's Discovery*, Upper Montclair NJ: Institute for the Advancement of Philosophy for Children.

4. Lipman, M. (1991) *Thinking in Education*, Cambridge: Cambridge University Press.

5. Pritchard, M. (2008) *Philosophy for children*, *Stanford University*, on-line at http://plato.stanford.edu/entries/children.

Phonics 自然拼读

另请参阅：字母表，阅读，拼写，综合式自然拼读，写作

See also: alphabet, reading, spelling, synthetic phonics, writing

自然拼读法可能是英语教学中最为大家熟知、运用最为广泛的阅读与写作教学方法。熟知字母的发音，以及字母位置对其发音的影响，是掌握阅读方法的重要途径，也是鼓励儿童进行独立阅读的基础（Williams, 2008）。这要求儿童首先学会字母表，并学会字母的名称及其发音。一旦学会了字母发音，他们便开始将两个字母混合在一起共

P

同发音，随后三个字母、四个字母，等等。最终他们能用单词组合成简单的句子。自然拼读法被广泛运用到小学低年级的常规教育中，当然它对高年级阅读困难的学生也具有一定的帮助。运用综合式自然拼读法(synthetic phonics)进行教学，可能在短期内具有一定的帮助，但是必须加入有意义的、服务于教学目的的文本和阅读活动。

儿童首先要知道，单词是由音素构成的，音素是人类语言中能区分意义的最小的语音单位，比如 cat 中的“c”，pin 中的“p”；他们应知道，音素是由字形表征出来的，即所有的字母和字母组合都表征相对应的音素，比如 f、ph 和 gh 都表征了音素/f/(如 fun，phone 和 laugh)；他们还要知道常见的辅音(字母表中除去 a, e, i, o, u 以外的字母)和所有的元音(a, e, i, o, u 及特殊情况下的 y，如“hymn”中的“y”)。基于此，儿童能够将它们组合在一起，读出简单的辅音—元音—辅音(consonant-vowel-consonant, CVC)组成的单词，并能够在阅读长单词中分割出它们。

随后，儿童逐渐能够将发音与字母相联系，能够读出字母表里的字母，认识字母的形状，并辨别字母的发音。然后他们学会听，并能按照单词中的字母顺序由左至右读出来。一段时间后，他们开始学习常见的字母组合——单词中的两个字母组合在一起发一个音，比如“ph”在 pheasant，或者“ea”在 seal 中，并且可以将一些高频词自动地读出来。之后，儿童开始辨识双音节或者三音节单词的构成，提升自己的阅读水平和拼写水平，并获得读出意义的能力。最终，他们学会将拼读知识和技能运用到识读更多复杂单词上，这样就可以阅读生活中大部分常见的单词。同时语音和学习拼写两者之间也建立了重要的联系(Pinnell and Fountas, 1998)。

尽管儿童应该在学校和家庭中开展阅读，也应在日常生活中学习和积累单词和词组，但是还是应该组织开展专门提升儿童阅读能力的活动，而拼读是其中必不可少的一部分(Starrett，2007)。教师可以同时并用两种教学方法。在分析式自然拼读法(analytic phonics)中，教师讲解由这些语音构成的单词，同时将这个单词展示给儿童。比如教师可以一边教授 flag 这一单词的四个字母的发音，一边让学生重复朗读这一单词。在综合式自然拼读法(synthetic phonics)中，学生先学习 44 个字母和字母组合的发音，然后才开始学习书上的单词。无论是分析式自然拼读的方法，还是综合式自然拼读的方法，都强调学习者首先具备语音意识(能够在口语中听懂、辨别语音的能力)，并且都有助于促进学生的发展。尽管大部分教师都混合运用两种方法，但是现在，综合式自然拼读这一方法在英国的学校中更受欢迎(Johnston and Watson, 2007)。

无论采用哪一种语音教学方法，教育者们已达成共识，即低龄儿童应该通过阅读那些包含他们感兴趣的、可以读出的常用单词的书籍，来提升自己的阅读水平和阅读效率。有时，儿童过于注重发音而忽视了单词的意义，那么教师应该提醒儿童重视单词的意义，可以通过展示表示单词意义的图片，或是包含单词的句子等方式，来达成这一目标。当儿童掌握了不同语音之间的联系，并且通过故事、歌曲和诗歌等学习单词之后，阅读将会变得很有意义。

系统化、高水平的自然拼读语音教学的目标是,使小学生习得重要的语音知识和技能,从而迅速地成长,以便进行独立的阅读和写作。这样当儿童习得了字母的音与形、能够独立和自信地解码和辨认单词、开始有意义和快乐地阅读之际,他们就从“学习阅读”变成了“通过阅读学习”。这样到 7 岁时,大多数儿童已经成长为流利的阅读者,可以自动解码文本中的内容。因而一些阅读专家辩称,英语中从拼写到读音的方法很混乱,以至于合并发音和将音读出很有可能导致混乱,而不是明晰;然而大多数教育家都相信,自然拼读在学会阅读的过程中有着极为重要的作用。

参考文献

1. Johnston, R. S. and Watson, J. E. (2007) *Teaching Synthetic Phonics*, Exeter: Learning Matters.

2. Pinnell, G. S. and Fountas, I. C. (1998) *Word Matters: Teaching phonics and spelling in the reading/writing classroom*, New York: Heinemann.

3. Starrett, E. V. (2007) *Teaching Phonics for Balanced Reading*, San Francisco CA: Corwin Press.

4. Williams, L. M. (2008) *How to Teach Phonics*, on-line at www.BetterDaysBooks.com.

Physical comfort 身体舒适

另请参阅:圆圈活动,课桌,教室布置,注意力缺乏儿童,互动

See also: circle-time, desks, displays, distractible children, interaction

很多研究结果及生活常识都证明了一个原则,即儿童生理需求和情感需要得到满足后,才会取得更好的学习成绩。马斯洛的需要层级理论(包括五个层级)经常被用来解释这一原则。最低层级是生理需求(如获得食物和水),而最高层级满足是心理层面的需要(如安全、友谊、自信等);只有满足了低层级的需求之后,才能获得高层级的满足。如果低层级的需求不能够被满足,则注意力会主要关注这些未达成之需求,但也不会永远退回到低层次需求上。所以当儿童饥饿、身体不舒服,或是感觉受到威胁时,就不能在学习上集中注意力,直到这些状况得到改善。马斯洛需要层级理论对我们的启示就是,成年人必须要考虑到自己及孩子的生理需求、安全和舒适,这样才能保证其学习顺利展开。比如教师要确保每一位学生在正常坐姿情况下,能够看到教师、黑板或屏幕,以及其他视觉材料。

大部分成人与低年级儿童的互动都是坐在地毯上完成的,教师坐在中间,儿童围坐在其周围,但是在大部分与高年级儿童的互动中,通常是教师站立,学生坐在座位上。在第一种情况中,儿童围坐在教师周围,这样教师与儿童的物理距离更近,教师与儿童之间会有眼神接触,并能够相互听清楚各自的话语。然而有些儿童可能会觉得不舒服,因而容易坐不住,易分心的儿童就会换姿势、拨动其他儿童,或者窃窃私语,因此教师在 10 ~ 15 分钟后应该让学生们站起来舒展一下。在一些低年级儿童的教学中,教师会在固定时间让儿童跟随音乐或者节奏韵律

活动身体。而在第二种情况中,儿童坐在椅子上,教师是走动的,师生的物理距离就拉大了,这就需要说话的人提高声音,以便其他人能听到。

另外,需要考虑的重要问题是,教师要照顾到有生理缺陷和特殊学习需求的学生。比如有视力缺陷的儿童需要在采光好的环境中;有听力障碍的儿童需要坐在能听清教师授课的地方,甚至需要看着教师进行唇读。需要坐轮椅或是肢体活动不便的学生,则肯定需要特制的书桌和较大的空间。除此之外,一些有特殊需求的学生可能需要一位成年人帮助,后者也需要拥有舒适的工作环境(例如尺寸适合的成人桌椅)。利曼(Leaman,2006)认为,整洁有序、欢快活泼的教室布置会让人神清气爽。然而她也提醒道,教室的布置应该是功能性的,要尽量让人感觉身体舒适。利曼同时认为,我们在预设和处理课堂行为时,也要着重考虑一个事实,即如果物理环境使教师感到不适,那么也同样会使学生感到不适。

特纳-贝斯特(Turner-Bissett,2003)立足历史的视角,从与近些年来课程改革和教学方法改革的关联中,对学习环境进行了调查。

参考文献

1. Maslow, A. H. (1943) 'A theory of human motivation', *Psychological Review*, 50, 370 - 396.

2. Leaman, L. (2006) *Classroom Confidential*, London: Continuum.

3. Turner-Bissett, R. (2003) 'On the carpet: Changing primary teacher contexts', *Education 3 - 13*, 31(3), 4 - 10.

Physical education 体育

另请参阅:交流,舞蹈,有天赋及有才能,健康与安全(体育活动),新生,体育运动

See also: communication, dance, gifted and talented, health and safety (physical activity), new entrants, sport

在关于关键阶段1(5~7岁儿童)和关键阶段2(7~11岁)的课程安排中,规定了六个领域的体育活动:舞蹈;游戏;体操;游泳和水上安全;田径;户外和冒险运动。大部分的小学教师并不是体育专业的,那么他们在进行体育运动的设计时就需要获得专业信息。体育课中的安全也是需要着重考虑的问题,因而所有的教师和教育管理人员都需要担负起自己的责任(Severs, 2003)。由于肥胖率的增加和饮食的不均衡,政府已经开始关注学校体育课,英格兰政府在2008年颁布了法令,要求英格兰所有学校中的所有儿童,每周都应该有两个小时高质量的体育课和体育运动。

小学阶段的儿童,将运动视作一种自我表达和交流的手段。教师有责任去帮助儿童明白各个身体部位的运动,并找到训练身体灵敏度的方法。儿童要逐渐学会鉴别不同身体运动的特点,以及自己如何进行这些运动,之后就可以尝试两人活动或多人小组活动。各种激励手段可以用于辅助运动,尤其是一些提示词,如跳跃、弯曲、伸展,等等。细心的教学能促进感性认识的发展(感觉),这将帮助儿童形成对自己和他人的理解(Rose,1989)。

P

格雷等人(Grey et al., 2000)描述了如何教导新生学会将一系列或一连串动作串联起来,以及对自己的表现进行简单评价。小学生利用室内和室外的环境,展现出在体育运动方面的热情与创意。低龄儿童刚进校时喜欢一个人进行体育运动,随后逐渐获得自信和人际交流的能力,以便与伙伴一起活动,并相互帮助。同时他们在运动的过程中,也意识到运动带给身体的变化,以及体育运动对他们身心的影响。

小学中高年级的学生继续发展他们的舞蹈、游戏和体操技能,并逐渐学会对自己的体育运动进行规划、实施和评价。他们在体育运动中学会了合作,但在一些涉及创造性任务、问题的解决以及做出决定等体育活动中,也更具有竞争性。教师鼓励儿童坚持练习某些单个和连贯性动作,以提升和完善其表现——比如控制和投掷球的方法——并且学习如何评价自己和别人的表现。他们具备长时间参与某项运动的体力与能力,并明白体育运动对自身发展的重要性,包括游泳。

尽管小学体育课的比重在上升,但是对学校而言,最重要的挑战是,不仅要保证儿童在校内体育运动时间的最大化,还要能够促使他们在校外参与一系列的体育活动,如跳舞、户外运动等(Jess, 2000)。其中最重要的问题之一,就是帮助儿童发展所谓的"运动素养"(movement literacy)——最基本的运动能力,可以为儿童之后进行较复杂的活动打下基础。此外,教师有责任帮助基本运动能力欠佳的小学生,也要满足那些熟练掌握基本动作、有体育天赋的小学生的需要。与此同时,要给予每一位儿童更多的机会,来练习和发展他们的基本动作。

赖特(Wright,2004)指出,任何了解体育课的人都认可,体育课最大的好处是为参与其中的儿童带来快乐。所以教师也要保持清醒的头脑,努力创建体育课与其他课程之间的联系。斯密和海斯(Sime and Hayes, 2007)也指出,跑步对儿童很有必要,跳跃和舞蹈能带来喜悦。他们评论说,对大部分教师来讲,"当看到孩子们满脸通红、气喘吁吁地在操场上或大厅里跑来跑去时,看到他们因为有机会探索自己的身体而抑制不住地兴奋时,教师内心会自然地产生一种别样的、真诚的激动与喜悦"。

一项针对英格兰学校的调查(OFSTED, 2009)显示,在小学阶段,儿童对体育课及相关体育运动的参与度非常高。格林(Graham,2008)从美国的视角,全面描述了开展体育课程的原则和实践,以及如何成为一名优秀的体育教师。

参考文献

1. Graham, G. (2008) *Teaching Children Physical Education: Becoming a master teacher*, Champaign IL/Pudsey: Human Kinetics Publishers.

2. Grey, J., Hopper, B. and Maude, P. (2000) *Teaching Physical Education in the Primary School*, London: Routledge.

3. Jess, M.(2002) *Improving Physical Education in Primary Schools*, Edinburgh: Edinburgh University Press.

4. OFSTED (2009) *Physical Education in Schools 2005 – 8*, London: HMSO.

5. Rose, C. (1989) ‘Physical Education

P

for the early years of schooling', in Williams, A. (ed.) *Issues in Physical Education for the Primary Years*, London: Falmer.

6. Severs, J. (2003) *Safety and Risk in Primary School Physical Education*, London: Routledge.

7. Sime, E. and Hayes, D. (2007) 'Running, leaping and dancing for joy', in Hayes, D. (ed.) *Joyful Teaching and Learning in the Primary School*, Exeter: Learning Matters.

8. Wright, L. (2004) 'Preserving the value of happiness in primary school physical education', *Physical Education and Sport Pedagogy*, 9(2), 149 – 163.

Piaget, Jean 让·皮亚杰

另请参阅：儿童发展理论，智力，智商，思考

See also: child development theories, intelligence, Intelligence Quotient, thinking

P

让·皮亚杰（1896 年 8 月 9 日—1980 年 9 月 16 日）是出生在瑞士纳沙泰尔的一名生物学家。他博士时期研究的是自然科学，随后在心理学实验室中工作一年，大量接触了心理学家弗洛伊德和荣格的理论。皮亚杰对当时智力测验的现状不满，随后开始在当地的小学对一些男孩展开研究，探讨他们推理和思维能力的发展过程。随后，他观察更小的儿童是如何获得与其生活环境相关的一些技能，他将这些技能称之为“图式”（schema）。皮亚杰描述了不同生理和心理行为中的认知模式，这些模式对应特定的智力领域，并与儿童的发展阶段相关。

皮亚杰将以上的理论称为“发生认识论”（genetic epistemology），因为他对人类如何获得知识的过程非常着迷。“认识论”（epistemology）是关于知识的来源、特性和限制所进行的研究（Collins Dictionary）。皮亚杰认为，儿童的认知发展分为四个阶段，分别是：①婴儿期；②学前期；③儿童期；④少年期。每一个阶段都有独特的认知结构，影响着儿童的思维发展。皮亚杰的这一理论对儿童教育有着较大影响（Bybee and Sund, 1990）。比如为低龄儿童创设令人兴奋的学习环境，提供一些可触摸的物品供其玩耍；而对年龄稍大的儿童，可以设计一些分类、排序类的学习活动，主要运用一些三维实物作为学习素材。辛格和瑞文森（Singer and Revenson, 1998）为教师、家长和学生提供了如何将皮亚杰的理论运用到现实中的详细说明。同时皮亚杰和英海德尔（Piaget and Inhelder, 2000）的《儿童心理学》（*The Psychology of the Child*）在 2000 年得以再版。

皮亚杰对于儿童教育十分看重，他认为只有教育才能拯救社会的沦落与崩塌。尽管他并不是一位教育改革者，但是他为当今许多的教育结构都奠定了基础，包括一些有争议的理论，即认为儿童需要为进入下一个发展阶段“做好准备”。皮亚杰著述颇丰，比如：

《儿童的世界概念》Piaget, J. (1929) *The Child's Conception of the World*, New York: Harcourt, Brace Jovanovich.

《儿童的道德判断》Piaget, J. (1932) *The Moral Judgement of the Child*, New York:

Harcourt, Brace Jovanovich.

《感知的机制》Piaget, J. (1969) *The Mechanisms of Perception*, London: Routledge & Kegan Paul.

《教育科学与儿童心理学》Piaget, J. (1970) *The Science of Education and the Psychology of the Child*, New York: Grossman.

《记忆与智慧》Piaget, J. and Inhelder, B.(1973) *Memory and Intelligence*, New York: Basic Books.

让·皮亚杰学会(The Jean Piaget Society)成立于1970年,有许多学者、教师和研究者成为其会员,他们都对儿童及人类如何建构知识的过程十分感兴趣(www.Piaget.org)。

参考文献

1. Bybee, R. W. and Sund, R. B. (eds) (1970) *Piaget for Educators*, Prospect Heights IL: Waveland Press.

2. Piaget, J. and Inhelder, B. (2000) *The Psychology of the Child*, New York: Basic Books.

3. Singer, D. G. and Revenson, T. A. (1998) *A Piaget Primer: How a child thinks*, Madison CT: International Universities Press.

Planning 计划(教学)

另请参阅:教学计划,(合作)教学计划

See also: Lesson planning, Lesson planning (joint)

Play 游戏

另请参阅:体态语,欺凌,儿童发展理论,创造力,发现式学习,基础阶段,自由游戏,家庭—学校,想象,运动技能,皮亚杰,游戏(高年级小学生),游戏性,游戏时间,技能

See also: body language, bullying, child development theories, creativity, discovery learning, Foundation Stage, free play, home-school, imagination, motor skills, Piaget, play (older pupils), playfulness, playtime, skills

游戏是教育过程的必要部分,也是学习的强大原动力。它是促进儿童发展的重要工具,因为它能帮助儿童建立社会关系,理解自然属性和物理属性,发展大动作和精细动作技能。在游戏中,对虚拟环境、人物和事件的模拟是培养其抽象思维能力的重要方式(Singer et al., 2006,也可以查阅2008年3月在www.A4pt.org网站上的*Play Therapy*栏目的导论)。游戏帮助儿童有效地利用口语或肢体语言进行表达。在学校的游戏中,小学生可以有机会和其他同伴有意义地交流,并了解到自己的语言与行为可以得到同伴各种不同的反应。大量的研究结果证明,游戏可以帮助儿童发展想象力,并最终帮助他们分辨幻想与现实。

奥哈拉(O'Hara, 2004)将儿童游戏分为四种类型:结构化游戏、自由游戏、探索型游戏、社交型游戏。结构化游戏是由成年人精心设计并发起的,自由游戏(free play)是儿童自发玩起来的,探索型游戏就是儿童利用各种工具、设备和资源(包括沙子和水)开展实验,社交型游戏给儿童提供"学习和实践各种社会规则、礼仪和规范的机会"。

奥尔(Orr, 2003)提供了一个很有说服力的理由,认为游戏是残疾儿童发展的重要

动力。加里克(Garrick,2004)认为,户外游戏的作用很重要。丘达柯夫(Chudacoff,2007)对越来越多的家长介入儿童游戏表示担忧,因为儿童的自由游戏本可以激发儿童的想象力,促使儿童之间自由地互动,从而锻炼一些重要的社交技能,如轮流参与、共享、协商、妥协等。他还感到焦虑的是,随着玩具的商品化,儿童的想象力受到了限制。

施密特(Smidt,2006)认为,“游戏”的概念有四个特点:①游戏是儿童自主选择要做的事情;②游戏通常是有趣的,并能够使儿童快乐地沉浸其中,我们总能看到儿童快乐地参与到自己选择的活动中,除非游戏是对痛苦经历的再现;③游戏中没有失败的风险,因为儿童可以完全改变玩法;④儿童注重的是游戏的过程,而非结果。布鲁斯(Bruce,2001)认为,游戏从以下几个方面帮助儿童学习:通过用一个事物代表另一个事物(比如用树枝当魔杖),因而学会使用符号;学会抽象思维,从而超越当下;发展心智理论,即理解他人的思想和感受,体恤别人;通过利用想象力和创造其他可能性,而对生活和事情做出改变;成为灵活的思考者,进而使智力终身得到发展。罗布森(Robson,2006)认为,她所谓的“假装类游戏”(pretend play)可能对心智理论的发展具有尤其重要的意义,因为在这类游戏中,“儿童要进出角色,重现情景,变换物体,谈论精神状态……还得与其他儿童协商意义和行动。”

著名的精神分析学家弗洛伊德强调了游戏的创造性本质:

> 儿童在游戏中创造了一个自己的世界,或者是将旧事物以他乐意的方式重新安排。我们难道不能因此说,每个玩游戏的儿童都是富有创意的作家吗?若我们认为儿童并没有认真、严肃地对待游戏,这可是大错特错了。相反,他们对待游戏非常认真,并投入大量感情于其中。与游戏相反的,不是严肃,而是现实。
>
> (Freud, 1908)

瑞士心理学家让·皮亚杰的理论极大影响了教师对游戏在学习中的作用的认识。关于概念如何从幼儿时期到成年时期发展起来,皮亚杰认为,当儿童在身体和智力得到发展时,他们就会分阶段扩大游戏的限制。第一阶段是感觉运动游戏(sensorimotor play),婴幼儿运用身体感官和运动去探索事物和人。随着儿童年龄的增长,他们习得更多的运动技能(即操控外在物体和自我身体的能力),并开始理解符号化的世界和物品的社会功能。所以他们假装给泰迪熊玩偶喂一勺食物,或是假装给成年人一杯饮料。第二个阶段是象征性游戏(symbolic play),在这个阶段儿童用简单的事物代替更加复杂的事物。一个三四岁的孩子可能将大衣视作超级英雄的披风,或者是将硬纸卷视作军刀;他们会将起居室椅子底下的空间作为自己的“洞穴”,将楼梯作为山峰。到了四五岁时,儿童的思想以及与直系亲属和更大范围的社会接触的经历,为他们的想象游戏提供了素材。许多新入学的小学生都喜欢建筑游戏、建造活动,以及自发的充满活力的游戏,比如追逐。皮亚杰将下一个阶段的游戏称为精通类(mastery),此时儿童对自己身体和动作的控制能力越来越强,同时将一些想象性游戏融入进去。比如熟练骑三轮自行车的情景，在儿童的头脑中会变成骑摩托车的惊险画面。随着儿童告别基础阶段（Foundation Stage，4～5岁的儿童）和进入关键阶段1（Key Stage1，5～7岁的儿童），他们开始对一些有规则的正式游戏更感兴趣，儿童双方或多方参加规则明确的活动，公平在这类活动中愈加重要。随着他们日益成熟，儿童开始更加抽象地思考，他们依靠自己的想象在头脑中解决问题，而不是依赖视觉刺激和与物体的实体接触。所以一名5岁的儿童可能需要扳手指来做加法运算，但是对于类似的运算问题，8岁的儿童可能不再需要实质性的帮助，而在头脑中便能计算出结果。

学校游戏地点的选择需要考虑儿童的年龄以及教师的教育理念。幼童喜欢不受约束类游戏中的那份自由，教师如果认同这一点，便可以在条件允许的情况下给儿童随意玩耍的机会。低年级儿童熟悉学校的常规安排，也能够适应更多的规定，所以可以按照轮流的顺序，或者作为努力学习的奖励来分配参与游戏的机会。不过，如果儿童意识到额外的游戏时间成了一种激励形式，他们可能会匆匆忙忙地把正式的任务完成。年龄大一点的儿童同样需要游戏的机会，虽然他们的游戏通常只限于课程表上的休息时间，但戏剧中熟练的即兴表演和角色扮演，在他们完成学业活动的同时，也提供了放松和愉悦的机会。游戏社会性的一面对于发展儿童的自我控制非常重要，即为他人考虑和同情他人的处境。在与同伴的经常性互动中，他们学会了分享、协商和对世界的理解。

对于小学低年级的游戏，教师与成年人在组织和管理活动时要考虑游戏的不同形式。比如在平行游戏（parallel play）中，小学生和其他孩子同时在玩，但彼此没有或很少有互动。儿童在游戏中希望独处是很正常的，只要不过分就好，因为对所有儿童来讲，保持独处类游戏和小组游戏之间的平衡是很必要的。小学生在小组游戏中学会了分享与合作等社会交际能力，这对儿童是很重要的。因此，若儿童大部分时间，或者一直都是坚持独自游戏的话，那就意味着可能存在某种问题（可以参见凯西2005年的研究）。对于小学高年级学生，当他们在创作即兴戏剧片段，以及表演虚构场面时，想象性游戏（imaginary play）的因素对他们也很重要。有经验的教师知道何时该介入儿童游戏，何时只是观察，而让儿童自己主导游戏（Call，网络资源）。当没人干扰时，儿童通常自发地游戏，并根据最常见的情况创造出非现实的情景（Duffy，1998）。

德雷克（Drake，2003）对基础阶段的游戏提出了一些建议，包括学习、资源、准备、词汇运用和活动这几个关键领域。最关键的是，德雷克提到了成人的角色，以及基于基本游戏活动上的后续活动思想。成年人在游戏中的主要任务是观察，并为游戏活动的发展和丰富介绍资源、建议不同的视角、鼓励儿童之间的合作（Broadhead，2004）。有时成年人决定参与到游戏中；有时他们只是在旁边观察，并思考如何提高学习质量，比如通过扩大词汇、指出和其他知识领域的联系、有声思维等。

小学的课间休息时间通常就是游戏时间，儿童在这段时间内可以自由地玩耍。但是这种由授课表时间严格控制的游戏，加上不确定的天气情况和担心身体伤害,是与自发、放松、有益学习的游戏理念大相径庭的。与学校的游戏时间不同,在校外儿童可以自由地选择游戏的时间、地点、内容等。

关于游戏的重要性,家长和教师之间,甚至教师之间,有时会存在不同的意见。有的家长指出,“她(学生)去学校只是玩游戏”“我们(学生)什么也不学,就玩游戏”。这些说法反映了大家对游戏的看法:作为没有教育意义的消遣活动,游戏在学校课程中是没有地位的。但是与之相反的是,大部分教师都认为,游戏是教育过程中不可缺少的部分,是学习强大的原动力。

参考文献

1. Broadhead, P. (2004) *Early Years Play and Learning*, London: Routledge.

2. Bruce, T. (2001) *Learning through Play*, London: Hodder & Stoughton.

3. Call, N. J. (1999) *The Importance of Play*, on-line at www.acceleratedlearning.co.uk.

4. Casey, T. (2005) *Inclusive Play: Practical strategies for working with children aged 3 to 8*, London: Paul Chapman.

5. Chudacoff, H.P. (2007) *Children at Play: An American history*. New York: NYU Press.

6. Drake, J. (2003) *Organising Play in the Early Years*, London: David Fulton.

7. Duffy, B. (1998) *Supporting Creativity and Imagination in the Early Years*, Maidenhead: Open University Press.

8. Freud, S. (1908) 'Creative writers and day-dreaming', in Strachey, J. (ed.) (1953 - 1974) *The Standard Edition of the Complete Works of Sigmund Freud*, vol. 9, London: Hogarth Press, p. 143.

9. Garrick, R. (2004) *Outdoor Play in the Early Years*, London: Continuum.

10. O'Hara, M. (2004) *Teaching 3 - 8*, London: Continuum.

11. Orr, R. (2003) *My Right to Play*, Maidenhead: Open University Press.

12. Robson, S. (2006) *Developing Thinking and Understanding in Young Children*, London: Routledge.

13. Singer, D. G., Golinkoff, R. M. and Hirsh-Pasek, K. (eds) (2006) *Play Equals Learning: How play motivates and enhances children's cognitive and social-emotional growth*. New York: Oxford University Press, USA.

14. Smidt, S. (2006) *The Developing Child in the 21st Century*, London: Routledge.

15. Thomson, S. (2003) 'A well-equipped hamster cage: The rationalization of primary school playtime', *Education 3 - 13*, 31(2), 54 - 59.

Play (older pupils) 游戏(高年级小学生)

另请参阅:晨会,戏剧,游戏

See also: assembly, drama, play

小学高年级的教师,通常会鼓励学生参加学校计划内的、严格限制在一定学习环境中的游戏(特别是通过戏剧)。游戏被用来即兴探索问题和直面生活中的选择。许多教师在设计此类游戏时,会要求游戏结束后

P

呈现出一个结果，要么向全班同学展示，要么在晨会时向全校学生和家长展示。

Playfulness 游戏性

另请参阅：创造力，幽默，想象，游戏，问题解决

See also：creativity，humour，imagination，play，problem solving

所有的儿童和很多成年人都喜欢游戏。在游戏中，人们可以释放压力，激发兴趣，以及产生新的想法。"好玩"（be playful）与"游戏性"是两个相关但不同的概念。"游戏性"指的是愿意稍微迂回地面对生活，愿意合理地处理事情，并乐于关注儿童或同事身上柔和的一面。幽默对学习有很重要的推动作用，但它与故意搞笑不同，也不等同于用不成熟的、尴尬的玩笑去哗众取宠，徒劳无功地修正其他问题。"好玩"是指教师能够看到情况轻松的一面；保持严肃但是不阴郁；能够全心付出，但是不过于执念；能志存高远，但在进展不顺时，也能保证会有令人舒服的结果。儿童用"超级有趣"或者类似词语描述非常"好玩的"成年人，但幽默感背后是深度的决断力和专业水准。那些既能够唱歌、跳舞，又能够提供极度需要的专业能力和知识的教师，是每个学生和家长都翘首期盼的。

但是科恩（Cohen，2006）的研究结果显示，如若想让儿童在游戏中取得学业的进步，则需要把游戏从"假装的"（好玩的）状态转到"严肃的"状态。作者认为，不是所有的游戏都是有益的，开始就混乱的游戏，可能会变成具有威胁性的活动；成年人需要警惕，儿童的活泼天性可能会恶化为欺凌。科恩认为，所有的游戏（成人的、儿童的）都应该看作是一种心理状态，而非一系列的行为。他区别了好玩的心态和严肃的心态：前者指个体能够在自由、想象的方式中探索和阐释各种技能，并对它们的局限性进行测试；后者则是目标导向的。科恩声称，与单独的目标导向的状态相比，在感觉好玩的状态下，儿童可以养成更多好习惯、掌握更多技能和知识。在严肃的状态下，儿童从游戏清单中做出选择，表达自己的观点。两种状态协同作用之时，学习才真正发生。换句话说，仅让儿童自由地开展游戏是不够的，而要期待他们能将获得的技能和视野转化为对世界更好的理解、自信的增加、新思想的产生、焦虑的降低，以及社交关系的强化。

帕克－里斯（Parker－Rees，1999）强调，无论对成年人还是儿童，游戏性都很重要，它是创造力、想象力和问题解决能力的基础。波拉德和科林斯（Pollard and Collins，2005）也指出，游戏性对于儿童的智力发展潜能十分重要，尤其是在小学低年级儿童中更为突出。针对帕克－里斯的看法，波拉德和科林斯（Pollard and Collins）考虑游戏性是否真的应该作为选拔教师的标准之一。

参考文献

1. Cohen，D.（2006）*Social Skills for Primary Pupils*，Birmingham：Questions Publishing.

2. Parker－Rees，R.（1999）'Protecting playfulness'，in Abbott，L. and Moylett，H.（eds）*Early Education Transformed*，London：Falmer.

3. Pollard，A. and Collins，J.（2005）*Re-*

P

flective Practice: Evidence-informed professional practice, London: Continuum.

Playground 操场

学校操场(在北美有时用“yards”来表示)通常是指校园空地上的沥青地面、草坪,以及一些大型设施的组合(如低级的攀爬设施)。虽然学校和当地政府投入了大量的人力和物力,希望提升学校操场的质量,但是一些学校的操场设计感差、维护水平低,对学生没有吸引力。有研究指出,当户外设施装备丰富时,会降低在这一场所攻击性行为的发生率。为了解决课间活动出现的问题,很多学校和当地政府已付出了努力,他们重新规划游戏区域的布局,留出一些儿童可以安静坐下的空间,以免受操场上各种运动和活动的打扰。

Playtime 游戏时间

另请参阅:休息时间,欺凌,友谊,游戏

See also:break time, bullying, friendship, play

在我们的小学,每节课之间设置强制性的休息时间是常见的。人们普遍接受课间休息这一事实,很少思考其存在的意义与作用。实际上,课间休息这一概念经常指的是游戏时间(play time,美国用“recess”一词),这一点对小学来讲是十分重要的。因为游戏时间的概念反映了一种教育理念,即游戏自发地始于课间休息开始之时,休息时间一结束游戏也就终止了。游戏时间可能与正常的课间休息时间重合,也有可能是由教师决定的,游戏时间有时候在教室内,有时候在临近教室的指定地点(适合低年级儿童)。布拉奇福德和拜恩斯(Blatchford and Baines)认为,儿童的游戏时间与学校中的其他时间是不同的,人们很少谈论前者的功能和重要性。

无论教师强调的是游戏时间本身,还是其目的,在游戏时间中总会看到儿童疯狂快乐地玩耍、追逐、争执,以及出现各种奇怪的行为和关系,当然这些还会受到天气情况的影响。在游戏时间,儿童可以在轻松的氛围中与其他班级的同学交朋友,也可以自发创造一些有趣的游戏。在这个过程中,儿童可以建立自己的社交网络,并有可能陷入与同伴的冲突,但可以想出各种策略,以避免或解决冲突。游戏时间对儿童而言,是一个脱离成年人监控而享受更高级自由的时间;也是在正式的学习环境之外,按照自己的行为规则、发起自己选择的活动、得以开展社交的机会。

课间的游戏活动也是具有一定挑战性的,主要因为学生从室内学习环境过渡到室外开阔的操场上,且只有较少的成人来监管。当天气条件特别恶劣时,学生们不得不在课间时间回到教室中,学生们会因被剥夺了出去游戏的机会而感到沮丧。同时还有另外一些学生,他们不喜欢在户外活动,所以在课间休息时间时,他们会找各种借口留在教室或图书馆中。一些学生不愿意到户外运动,是因为他们在家中就习惯待在极为舒适的室内,享受各种高科技装备、大屏电视机、舒适的房间,还有要完成的事情。

当游戏时间结束时,教师又面临着如何使儿童身体上和心理上都回归课堂的问题。

他们可能在课间游戏中存在未解决的冲突，衣服可能被弄脏或弄湿了，甚至还有同学在游戏中受了轻伤，这些都使学生很难较快地回归到学习氛围中。也许儿童身体已经回到教室，坐在了桌子旁，但他们的头脑中可能还在回味课间游戏中各种有趣的事情（Blatchford and Sharp，1994）。很多身体残疾的儿童仍在普通学校跟班就读，这就需要教师照顾到这些儿童的特殊需求，要在学校的组织、设施及社交等方面为他们着想。尤其是当成年人在课间游戏中的监督力度不够时，这些问题在操场上会越发明显和突出（Woolley，2007）。

很多学校都使用了各种策略来发展积极的游戏，比如提供大量的装扮服装和免费玩具；准备色彩明亮的装饰图案，以激发学生的想象力；为那些只希望放松和与朋友聊天的儿童，提供传统的合作类游戏和安静角落。而且为了保证游戏中每个孩子都不落下，学校流行的做法是，创建交叉年龄儿童小组，让他们互相照顾。推行"绝不说不"行为，也就是说，如果有人要求参加已有的操场游戏，不允许对他说不。

参考文献

1. Blatchford, P. and Baines, P. K. *Breaktime Project*, on-line at www.breaktime.org.uk/background.htm.

2. Blatchford, P. and Sharp, S. (1994) *Breaktime and the School*, London: Routledge.

3. Whitney, I. and Smith, P. K. (1993) 'A survey of the nature and extent of bullying', *Educational Research*, 35(1), 3 – 25.

4. Woolley, H. (2007) *Inclusion of Disabled Children in Primary School Playgrounds*, *National Children's Bureau*, *as part of the series*, *Understanding Children's Lives*, *Joseph Rowntree Foundation Report*, London: National Children's Bureau.

Plenary 教学总结

另请参阅：关于学习的评价，教学计划，教案，课堂复习，元认知，错误与误解，终结性评价

See also: assessment of learning, lesson planning, lesson plans, lesson review, metacognition, mistakes and misconceptions, summative assessment

严格意义上讲，教学总结就是学习过程中所有人聚集在一起的活动。实际上，大多数教学总结都是发生在特定时间的——经常在一节课的最后，作为课堂复习的一部分，当正式活动结束，教师带领学生回顾一节课或一个单元学习的内容。在教学计划中，教学总结基本上成为其中的必要环节，通常具有以下四个功能：①鼓励小学生关注学习过程中的某些重要方面；②对课程内容进行总结；③对课程中的疑惑和问题进行解答；④鼓励小学生对自己的所学进行反思，尤其对学习的方法进行反思（这一过程通常被称为元认知）。如果在教学总结中，学生不能很好地了解其中的内容，则可以采用下面一种或两种方式：①学生确实错误理解了其中的一些内容，教师认真解释这些内容即可；②误解，即学生没有明白，或者不清楚其中的一些内容，教师就需要花时间对其进行辅导，辅导经常会延续到下一次课。

P

教学总结可能对学生有很大益处,但同时也对教师有极高的要求。在教学总结中,教师必须保证小学生集中精力在其中,而不只是应付差事;关注学生意见,鼓励他们提出具有建设性的建议;教师要及时回应学生给出的评价或贡献;在学生无法说出时帮其总结,但不能有居高临下或使其难堪的态度。一个准备充足的教学总结应该帮助教师了解学生的掌握情况,以便对教学设计和教学法进行修正。比如有的教师可能意识到,他需要利用更多可视化的教学手段,减少自己讲授的时间,这样可以给学生更多的时间完成任务,或者给能力突出的学生更具挑战性的任务。同时,通过在总结环节认真倾听学生的反馈、评价和对课堂内容的掌握情况,教师可以获得对学生进行评价的重要信息(关于学习的评价或终结性评价)。

Plowden Report《普罗登报告》

另请参阅:儿童发展理论,发现式学习,有天赋及有才能,家庭—学校,低年级小学生(5~7岁),智商,学习环境,读写能力,混合能力教学,皮亚杰,教学法,助教

See also:child development theories, discovery learning, gifted and talented, home-school, infants, Intelligence Quotient, learning context, literacy, mixed ability teaching, Piaget, teaching approach, teaching assistants

在20世纪50年代后期,很多研究结果显示,小学在组织教与学中需要新的方法,研究结果建议小学采用很多低年级已经在采用的一些非正式的教学法。在1963年8月,时任教育大臣爱德华·波义尔爵士(Sir Edward Boyle)让英格兰教育咨询委员会(Central Advisory Council for Education England)考察初等教育的方方面面,以及从初等教育向中等教育过渡中涉及的问题。该委员会在主席布丽奇特·普罗登(Bridget Plowden)女士的主持下,在1966年10月向教育部提交了关于教育的报告,并最终于1967年发布了正式的《普罗登报告》。在威尔士,其教育咨询委员会(Central Advisory Council for Education England)在吉廷斯(G. E. Gittins)教授的主持下,也发布了类似的报告。

在《普罗登报告》形成的20世纪60年代,"分流"——基于能力或综合智力将学生分成不同班级——正在被混合能力教学(mixed-ability teaching)所取代。同时期,综合性的(非选择化的)学校和中学正在建立(Tidd,2007)。最终的报告中有很多重要的论断,最著名的包括:"教育过程的核心在于儿童""好学校应该关注个体发现(发现式学习),基于直接经验和创造性活动"。不仅如此,《普罗登报告》的团队认为,人类的知识不是散落在不同学科与部门中的,而是相辅相成、互为整体的;学习与游戏不是对立的,而是相互补充的。该报告还强调,教师要将儿童视为不同的个体,即便是在看似同质的班级中,儿童也是有较大个体差异的。报告还提醒人们,智商测试的结果不是判断儿童潜力的唯一不变的指标。该报告十分强调皮亚杰的儿童发展理论,即发展是按照年龄的变化有固定顺序的,因此要求教师应该按照儿童的不同发展阶段来开展教学。大力推广这一理论带来了一个意想不到的后果,即有一些能力超常的儿童,却只

能接受适用于这个阶段大多数儿童的教学方法,这样前者可能会停滞不前。

该报告极力提倡教师的课程自主权,但是也担心学校改革的步伐缓慢,较少将儿童的兴趣与热情视作课程制定的依据,而这却是儿童自觉学习的基础。报告中强调了与学习相关的关键内容:个体学习、课程的灵活性、游戏的核心地位、对环境的利用、发现式学习、对学生进步进行评价的重要性;但同时报告也警示教师,不是只有测量出来的数据结果才是重要的,还有更为重要的东西需要关注——这一理念即便是当前21世纪的政治家们也容易忽视。该报告还提出了一些建设性的意见:

(1)班级学生容量不应超过一定的限额;

(2)课程教学中应将个体学习、小组活动及班级活动都包含进去;

(3)招收更多的助教或是教学辅助人员;

(4)研究天才儿童的需求与成果,并提供相应的课程;

(5)学校的学制应该灵活;

(6)训练教师学会使用高科技;

(7)在教学中给予教师更多的话语权;

(8)在家长与教师之间创设互动的伙伴关系。

对《普罗登报告》中有关初等教育理念的反对声音从20世纪70年代开始便此起彼伏,很多人担心这一报告会对基础教学产生不利影响。一段时间之后,人们开始指责《普罗登报告》降低了学校的教育标准。实际上,很少有证据证明以上的观点,相反,大部分研究结果都显示,这一报告的推行提升了教育标准,尤其是使得英语读写和数学的教育标准在二战以后得到了提高。

尽管大众对《普罗登报告》有很多异议与批评,但是仍然有很多人关注它的许多结论。比如有迹象显示,教育的钟摆自此已从对《国家课程》的关注,转向了对儿童学习中创造性和自觉性的关注(Gillard, on-line)。艾伦(Aylen,2007)描述了过去四十年中班级助教角色的变化,指出《普罗登报告》倡导的建议最终得到了推行,包括助教应有更多责任、更好的培训机会,以及提升助教数量等。

参考文献

1. Aylen, M. (2007) 'From teacher aides to teaching assistants: How Plowden promoted parental participation in our primary schools', *Forum*, 49(1), 107 – 114.

2. Central Advisory Council for Education (1967) *Children and Their Primary Schools* ('The Plowden Report'), London: HMSO.

3. Gillard, D. 'The Plowden Report', *The Encyclopaedia of Informal Education*, on-line at www.infed.org/schooling/plowden_report.htm
Tidd, M. (2007) 'Whatever happened to Plowden's middle schools?' Forum, 49(1), 135 – 140.

Poetry 诗歌

另请参阅:戏剧,英语,读写能力,大声朗读

See also: drama, English, literacy, reading aloud

诗歌在儿童和成人中会引起各种不同的反应。引起这种不确定性的部分原因可能是,人们在学习诗歌时需要分析与研究文本,而不是纯粹欣赏诗歌本身。当前,诗歌只是被当作训练语言素养的文字材料,因此诗歌教学也遭遇了问题。与这种对诗歌的功利性态度相反,英国诗歌协会(UK Poetry Society, www.poetrysociety.org.uk)认为,诗歌在提升读写技能时有显著的作用。他们指出,如果读写能力不始于阅读一些能使你惊奇、大笑或是沉默的文学作品,那么人类可能就只愿意阅读账单、说明书和路牌了。诗歌协会建议,我们在开展诗歌阅读教学时,教学方法的关键词是沉浸、轻松、愉悦、有趣。只有把诗歌与愉快的体验结合起来,儿童才能感悟到这些思想家的思想,并延续这一传统。

卡特(Carter,1998)指出,每一位儿童生来就具有阅读诗歌的嗓音。教师不是要带领儿童进入诗歌的世界,而是要"让每一位儿童诗意的声音进入诗歌的环境中"。他认为,学生应该用自己的语言朗读诗歌,因此教师需要对儿童的表达给予同样多的反馈。卡特(Carter)担心诗歌过于严格的格律要求会抑制儿童的热情,也担心诗歌教学过于注重书面语形式而牺牲了口头形式的自我表达。佩吉特(Pagett,2007)指出,教师有时候对诗歌教学感到紧张,因为担心自己的这方面教学能力不够,然而她对此种态度持否定意见,她认为:

> 诗歌的力量可以是非常强大的——不是"锁在"从未翻开的书本中,而是通过被阅读和欣赏释放出来。诗歌可以让我们以全新的眼光看待平淡无奇的事情,能激发我们的情感,引发我们的思考。很多文本都具有这样的功能,但诗歌朗朗上口,更便于记忆,所以我们可以信手拈来。诗歌的修辞性语言在我们的脑海中创造一幅幅图景,诗歌的韵律在我们的耳边回荡,所以说,诗歌是一种可以在视觉与听觉双向上探索和创造意义的文学形式。

佩吉特对改善诗歌教学提出了很多实用性的建议,具体如下:①用心学习一首最喜欢的诗歌;②将学生需要阅读的诗歌片段做成诗歌海报,张贴在学校的各个地方;③教师富有想象力地为学生大声朗读诗歌;④借鉴现有的某种诗歌模式,学习写一首同样风格的诗歌;⑤将乐器用到诗歌表演中;⑥通过戏剧和艺术,支持儿童参与到诗歌学习之中。

尽管人们普遍认为,诗歌教学是有意义的,但是教育标准局(Office for Standards in Education, OFSTED)的督导员在2007年却指出,英格兰的小学教授了太多"无足轻重的诗歌"。学校被要求列出他们认为所有学生都应该学习的十首诗歌,结果显示,很多教师,尤其是低年级教师,似乎对诗歌缺乏足够的了解。低年级儿童在学校接触到的诗歌,主要局限在斯派克·米利根(Spike Milligan)、路易斯·卡罗尔(Lewis Carroll)和爱德华·里尔(Edward Lear)等人的作品上。这份诗歌清单也表明,少部分诗歌,包括阿尔弗德·诺伊斯(Alfred Noyes)的《强盗》(*The Highwayman*)、沃尔特·德·拉·梅尔(Walter de la Mare)的《聆听者》(*The Listeners*),以及罗尔德·达尔(Roald Dahl)的《反

P

叛的童谣》(*Revolting Rhymes*)等,已经主导了小学课程。督导员们对此总结道,尽管以上这些诗歌很值得学习,但是小学课程这么多年没有创新,没有加入新的诗歌。在小学,比较受欢迎的经典诗歌有威廉·布莱克(William Blake)的《老虎》(*The Tyger*),还有很少一部分教师在用的其他诗歌,如《水仙花》(*Daffodils*)、《古舟子咏》(*The Ancient Mariner*)和《花衣魔笛手》(*The Pied Piper of Hamelin*)。本杰明·泽凡尼(Benjamin Zephaniah)的诗作,为我们从其他传统理解诗歌提供了有益的帮助。这项调查向我们展示了当前在英国小学中最常出现的十首诗歌:

(1)阿尔弗德·诺伊斯(Alfred Noyes)的《强盗》(*The Highwayman*)

(2)斯派克·米利根(Spike Milligan)的《在一片呢喃哝声中》(*On the Ning, Nang, Nong*)

(3)刘易斯·卡罗尔(Lewis Carroll)的《胡言乱语》(*Jabberwocky*)

(4)爱德华·李尔(Edward Lear)的《猫头鹰和猫咪》(*The Owl and the Pussycat*)

(5)罗伯特·史蒂文森(Robert L. Stevenson)的《从火车车厢里看去》(*From a Railway Carriage*)

(6)沃尔特·德·拉·梅尔(Walter de la Mare)的《聆听者》(*The Listeners*)

(7)吉特·赖特(Kit Wright)的《魔法盒子》(*The Magic Box*)

(8)罗杰·麦克高夫(Roger McGough)的《收集声音者》(*The Sound Collector*)

(9)罗尔德·达尔(Roald Dahl)的《反叛的童谣》(*Revolting Rhymes*)

(10)艾伦·亚伯格(Allan Ahlberg)的《操场上的狗》(*Dog in the Playground*)

英国诗歌协会认为,如果只因为儿童没有能够获得诗歌的要义,就不给他们学习诗歌的机会,这是很可惜的事情,因为这种限制会剥夺他们在未来几个月或几年中体验理解和顿悟的机会,而这是伴随着其心智的成熟出现的。所以正如我们会在墙上画出儿童成长的痕迹,我们也应该在不同阶段给予儿童具有挑战性的诗歌,标记他们在思想和语言运用方面的成长。

英国广播公司(BBC)2009年举办了一次"英国诗歌背诵大赛"(UK Poetry Recital Champion),让教育者充分认识到了诗歌的重要性,也促使小学生对学习和背诵诗歌充满了热情。英国的每一所小学,都被邀请选送一名7~11岁的儿童代表自己的学校或地区参赛。

参考文献

1. Carter, D. (1998) *Teaching Poetry in the Primary School*, London: David Fulton.

2. Foale, J. and Pagett, L. (2008) *Creative Approaches to Poetry for the Primary Framework for Literacy*, London: David Fulton.

3. Pagett, L. (2007) 'The joy of learning poetry off by heart', in Hayes, D. (ed.) *Joyful Teaching and Learning in the Primary School*, Exeter: Learning Matters.

Political involvement 政治介入

另请参阅:早餐俱乐部,课程,英语,《每

个孩子都重要》，校外教育机构，数学，《国家课程》，新生，培养儿童，专业化，教学法

See also: breakfast clubs, curriculum, English, *Every Child Matters*, extended schools, mathematics, *National Curriculum*, new entrants, nurturing children, professionalism, teaching approach

政府部门认为，在公立学校存在一种适合所有儿童的教育方法。这一看法产生了一正一负两种影响。正面影响在于，可以保证全国范围内教育政策的持续性和稳定性。在全国的几乎所有学校，尤其是小学教育领域，都使用大体相似的教学大纲，采用类似的教学法。由于政府在教学法上的强力建议，尤其是英语和数学，学校虽然表面上没有强制性的遵守，但是大多数校长还是采纳了政府的建议。结果就是，不仅学校内部，甚至学校之间的课程与教学都是一致的。虽然也有不少人担心，这种一致性造成了千篇一律和个性的缺乏。其造成的负面影响在于，一些教师觉得，固定的课程和课堂模式使他们无法依据专业知识决定哪些是真正适合自己的学生的。一些教师对此是有怨言的，认为这样一种测试和检验方式，会不可避免地区分出成功者和失败者，而这忽视了儿童的社会需要，以及对儿童的培育。

学校政策的制定与实施一直在变化，这一变动频率令人疑惑，小学不得不执行两个修改后的《国家课程》、一种读写课程和数学课程的结构化教学方法，还有一个需要融合残疾学生和心理脆弱学生的全纳教育法案。不仅如此，学校还需要提升校内助教的数量和质量，为家长提供学生在校的详细发展记录，加强对新教师的培养，并展示出应用“创新性教学方法”的决心。新举措包括扩大学生参加各种活动的机会：体育锻炼、早餐俱乐部、课后俱乐部（为那些需要课前或课后看护的学生）、课后补习（为那些需要额外英语辅导的学生）和家庭作业俱乐部。再次当选的英国工党政府（2005 年 5 月）承诺不放松教育改革的步伐，在一定程度上而言，他们也的确兑现了自己的诺言。近几年来的教育改革持续进行，尤其是《每个孩子都重要》（*Every Child Matters*）这一法案的实施，进一步推动了教育和社会服务部门的融合，也带来了中等教育供给结构的主要变化。

人们难免会认为，教育改革带来的震动虽然对教育有好处，但更是政治上的权宜之计，因为所有的政党都声称，国民健康保险、国土安全和教育都是他们优先考虑的问题。然而正如布雷霍尼（Brehony，2005）所指出的，教育者如今很难辨别清楚，“哪些政策是真正为了解决问题的，哪些只是想要获得选票的筹码而已”。

参考文献

1. Brehony, K. (2005) ‘Primary schooling under New Labour’, *Oxford Review of Education*, 31(1), 29–46.

PPA time 准备、计划和评价时间（PPA 时间）

另请参阅：儿童学习评价，教学计划，现代外语，助教，劳动力改革

See also: assessing children's learning,

P

lesson planning, modern foreign languages, teaching assistants, workforce reforms

劳动力改革政策提出,公立学校的教师在校上班时间内,要保障把百分之十的课表教学时间预留出来,作为准备、计划和评价时间(preparation, planning and assessment, PPA 时间)。这项时间分配改革的目的在于鼓励教师们在学校集体协作,共同准备高质量的课堂教学,同时要保障工作与生活的平衡。对于在准备、计划和评价时间内的老师,通常由助教或者代课教师来监管其班级活动。尽管准备、计划和评价时间这一改革减轻了教师的教学责任,但同时也增加了他们更多的负担,因为他们被要求拿出更全面的计划和更细化的评价方案。通过提供合适的培训和支持,一些学校已经重新部署学校内部的人力资源,发掘一些员工未被充分利用的技能,比如现代外语能力和计算机专业技能。尽管准备、计划和评价时间这一改革得到了教师们的肯定,但是也有人质疑准备、计划和评价时间违背了初衷,增加了教师的额外书面工作,因为教师们要通过这些书面的东西努力证明,这些时间是有效的。

Praise 表扬

另请参阅:鼓励和表扬

See also: Encouragement and praise

Primary National Strategy 《国家小学教育战略》

另请参阅:英语作为附加语言,《国家读写战略》,《国家计算战略》,专业发展

See also: English as an additional language, *Literacy Strategy (the National)*, *Numeracy Strategy (National)*, professional development

2003 年 5 月,时任英国教育部长的查尔斯・克拉克(Charles Clarke)发布了《国家小学教育战略》(*Primary National Strategy*),并将业已存在的《国家计算战略》和《国家读写战略》也融入其中。《国家小学教育战略》认为当前的小学面临着七项挑战:

(1)学校为了发展和丰富学生的学习经验,必须要重新审视学校的课程、时间表和组织管理。

(2)学校必须设定一个持续增强学生读写和计算能力的方案和标准。

(3)学校要着力制定教师的专业发展计划。

(4)要突破自己学校的局限,从其他教育机构中借鉴经验。

(5)重新审视其将学生家长融入学生教育中的策略。

(6)在学生的学习和教师的教学中倡导积极的行为。

(7)重新审视对学校已有资源的运用方式。

《国家小学教育战略》中提到"英语作为附加语言"(English as an additional language, EAL)的课程计划,涉及和其他学校合作,为主要教职员工制定集中的职业发展课程计划。这一计划的目的在于,促进学校中双语学生的英语和数学学业能力的提升。

P

Primary Reviews《初等教育评论》

另请参阅:罗宾·亚历山大,艺术,公民身份,创造力,课程,学习情感,地理,历史,想象,读写能力,数学,计算能力,口语能力,阅读,科学,写作

See also: Robin Alexander, arts, citizenship, creativity, curriculum, emotions of learning, geography, history, imagination, literacy, mathematics, numeracy, oracy, reading, science, writing

两份关于小学教育的现状及未来政策建议的《初等教育评论》在2009年出版。第一份初等教育评论命名为《英格兰小学教育的现状和未来》(*The Condition and Future of Primary Education in England*),源于罗宾·亚历山大爵士(Sir Robin Alexander)主持的为期3年的独立研究,他代表埃斯米·费尔伯恩(Esmée Fairburn)基金会和剑桥大学进行该研究。《初等教育评论》明确了小学阶段的教育目标,尤其是小学阶段应该培养的价值观;小学应该提供的课程和学习环境;为了保证高质量的教育和达到未来儿童与社会的要求所需要的条件。该报告指出,初等教育课程的不足是源于一种错误的认识,即要保证数学、读写、算术等基础学科达到新的标准,就必须牺牲课程的广度。其结果是,历史、地理、科学和艺术被"挤出"了初等教育课程体系。该报告为未来初等教育课程发展提出十二个具体目标,划分为以下三组:

(1)个体的需要和能力:健康、参与、赋权、自主。

(2)个体与他人和外在世界的关系:鼓励尊重和互助;促进相互依赖和持续发展;强化本地、国家和世界公民身份;颂扬文化和社区精神。

(3)学习、了解和实践:知晓、理解、探索、领悟;培养技能;激发想象;开展对话。

这些目标可以在以下八个领域中得以实现:①艺术和创造力;②公民身份和道德;③信念和信仰;④语言、口语能力和读写能力;⑤数学;⑥生理和心理健康;⑦地点和时间(地理和历史);⑧科学和技术。

第二个报告是《初等教育课程评论》(*Primary Curriculum Review*),这是一个由英国政府支持、由吉姆·罗斯爵士(Sir Jim Rose)主持的政策评估报告。该报告没有对小学教育的专业特性进行明确阐述,但对小学课程的改革提供了大量建议:保证所有儿童在阅读、写作、口语、读写能力和计算能力等方面打下坚实的基础;对学校选择课程内容和形式给予大量的自主性;允许外语课程的发展;强调个性化发展;支持学校由基于游戏的学习向常规学习顺利转换;鼓励创新。《罗斯评论》提出了六个"学习领域",作为国家课程的基础:

(1)对人类、社会和环境的理解;
(2)理解身体健康和幸福;
(3)理解艺术和设计;
(4)理解英语、交际和语言;
(5)对数学的理解;
(6)对科学和技术的理解。

每一个学习领域都陈述了其对学习的

重要性;确定理解的关键思想;确定学生学习内容的技能和过程;学习进展;对儿童发展至关重要的课程机会。亚历山大的《初等教育评论》指出了国家测试方式对儿童的破坏性影响,并指出了重新思考的主要方向;然而罗斯的《初等教育课程评论》并没有考虑评价的问题。两个报告——尤其是罗斯报告——都很可能会对未来的初等教育政策、课程和实践产生持续的影响。

参考文献

1. Alexander, R. (2009) *The Condition and Future of Primary Education in England* ('The Primary Review'), Cambridge: University of Cambridge/ Esmée Fairburn Trust.

2. Rose, J. for the DCSF (2009) *Primary Curriculum Review*, London: HMSO.

Primary school 小学

另请参阅:初等教育,关键阶段

See also: elementary education, key stages

"Primary school"这一名称源于法语词组"école primaire",是指为儿童提供第一阶段义务教育的教育机构。在英格兰和威尔士,小学一般是为 5 ~ 11 岁的儿童提供教育,也就是为处于关键阶段 1 和关键阶段 2 的儿童提供教育。在苏格兰、澳大利亚和新西兰,小学接收的儿童为 5 ~ 12 岁。在美国和加拿大,"Primary school"等同于"elementary school"的前三个或前四个年级(4 ~ 8 岁儿童)(柯林斯字典)。

Private education 私立教育

英国的私立小学和中学,等同于美国的"非公立"(non-public)学校或者是独立学校,这些学校不依靠政府的财政支持,是以营利为目的的学校。在英国,私立学校(private schools)被称为"公学"(public schools),尽管该词通常专指中等教育。相反,在北美,公立学校(public schools)就是指那些依靠政府税收而得以运行的学校。

促使私立学校得以运行的资金主要来自学费。这些学校有自己的招生标准,尽管近几年因为社会上广泛存在对其慈善性质的质疑,一些学校也对此进行了改革,使得入学标准更为多元和包容。对许多教育家来说,私立学校一直都是有争议的问题,也有过一些想要将其根除的、不成功的尝试。一些社区提出,让辖区内的私立学校提供一些资源,以供社区之用,实际上,这是允许当地公立学校使用私立学校的体育设施和器材。需要指出的是,在 19 世纪教育大众化之前,所有的学校都是私立的。

Probationary year 试用期

另请参阅:普通教学委员会(苏格兰),新教师入职教育

See also: General Teaching Council (Scotland), induction of new teachers

在苏格兰,所有新入职的教师都要求完成试用期的考核,以保障他们能够达到教师正式入职的标准,能够承担教师应负有的责任。新教师有两种方式来完成试用期的考核:①通过"教师入职教育计划"(Teacher

Induction Scheme);②通过“替代路径”(Alternative Route)。“教师入职教育计划”为每一位从大学毕业并获得教师资格证书的新教师保障一年的培训机会。普通教学委员会(苏格兰)与苏格兰教育部门合力,共同负责“教师入职教育计划”的实施。虽然“教师入职教育计划”并不是强制的,但它可以让新教师在一个学年内(190 个教学日)被视为是正式员工。若不能参与“教师入职教育计划”或者中途退出的新教师,可以通过“替代路径”(约 270 天)完成试用期;后者可以让无法全职参加试用期培训的新教师兼职完成,也可以让新教师在独立的环境中或在苏格兰之外,完成试用期的培训。

参考文献

1. General Teaching Council Scotland (GTCS), Probation, on-line at www.gtcs.org.uk/Probation/probation.aspx.

Problem solving 问题解决

另请参阅:协作式学习,发现式学习,探究,信息技术

See also: collaboration in learning, discovery learning, enquiry, information technology

协作探究(有问题要解决,且有单一的解决办法)和调查(有很多种解决办法)之间有着显著的不同。问题解决中,需要小组成员提供大量的可行性方案,对结果进行预测,实验不同的方案直到找到真正的解决之道。“调查”的前半部分与“协作探究”的模式相同,但是最终通常会得到较多的解决方法,而不是单一的答案;一些“调查”是从“协作探究”开始的,但最终每位小组成员都得按照自己的预期得到答案。不过,“协作探究”和“调查”都要求学生尝试发现式学习。据估算,小学阶段的儿童采取协作式学习的时间大概不到总学习时间的百分之十五,但是这种协作式学习中大部分是双人合作的方式,而不是更多的人参与其中(General Teaching Council for England,2004)。当前,随着信息技术日新月异的发展,学校在协作式学习中有了更多可以实施的方案。

参考文献

1. General Teaching Council for England (2004) *Grouping Pupils and Students: What difference does the type of grouping make to teaching and learning in schools?* On-lineat www.gtce.org.uk/research/abilityhome.asp.

Professional development 专业发展

另请参阅:卓越教师,校长,教学论,专业化,反思

See also: excellent teachers, head teacher, pedagogy, professionalism, reflection

教师在从入职到退休的整个任职期间,都要求进行“持续的专业发展”(continuous professional development,CPD)。合格的教师通过在职培训(in-service training,INSET)来昭示他们专业方面的发展。“持续的专业发展”可以定义为系统地保持、提升与扩展知识和技能,同时也包括在职生涯中专业和实

践所要求的个人素质的发展。随着教师经验的积累,人们希望他们的知识水平得以提升,课堂管理更加高效,学习新的技能,学术实力不断增强,并且越来越受到家长的喜爱。但对教师而言,最大的挑战之一是,除了学生在标准化考试中的成绩外,当前学界和社会舆论尚未对教师专业发展的标准达成完全的一致。

教师通过自我评价提升自身素养,自我评价不仅在一节课或一个单元结束后展开(对行为进行反思),而在整个课程进行中便已经开始持续性的自我评价(行动中反思)。新入职教师最开始采用的教学方法通常是他们在实习期间自我探索的,或者是对其他优秀教师的模仿,但是随着他们教学生涯的展开,随着新的教学挑战的到来,他们在不断改变自己的教学方法。许多教师都想利用校内的人事变动提升自我,但是最终只有少数的教师可以达到学校的高层。可以参见尼尔和摩根(Neil and Morgan,2003)及巴布(Bubb,2004)对教师专业发展的研究。21世纪早期的英国,能够坚持到职业生涯结束的教师数量在急剧减少。

教师职业成长的一个重要部分是提供可靠的证据,证明学生从自己的教学中直接受益。因此,教师不得不诉诸学生学习中可测量的和可证实的部分。很多学校实施从"新手"教师到"卓越"教师的提升计划,意在使卓越教师留在课堂。这一计划产生了各种影响,很多申请的教师都获得了成功,因而不免使人对仅面向卓越教师的升迁原则产生怀疑。在英格兰成立的国家学校领导力学院(National College for School Leadership, NCSL, www.ncsl.org.uk)致力于输送和培训优秀的学科教师、副校长和校长,从2009年起,更名为国家学校和儿童领导力学院(National College for School and Children's Leadership),培训对象包含了儿童服务机构的领导。这个学院的存在清楚地表明,教师专业发展的进程愈发依靠于外在力量。马伦(Mullen,2007)探讨了在体验式学习语境下课程和领导力的概念,以便促进民主行动和批判性思维。

参考文献

1. Bubb, S. (2004) *The Insider's Guide to Early Professional Development*, London: Routledge.

2. Mullen, C. (2007) *Curriculum Leadership Development*, London: Routledge.

3. Neil, P. andMorgan, C. (2003) *Continuing Professional Development for Teachers*, London: Kogan Page.

Professionalism 专业化

另请参阅:普通教学委员会,行为示范,专业发展,助教,价值观

See also: General Teaching Councils, modelling behaviour, professional development, teaching assistants, values

很久以来,关于教师,尤其小学教师,是否如同医生和律师一样具有专业性,一直是人们讨论的热点。二三十年以前,中学教师的薪酬要远高于小学校教师的薪酬,因为人们认为中学教师的知识与技能要高于小学教师。然而直到1972年,新入职的中学教师才需要考取教师资格证书,几年之后,这

一条例才开始在小学教师中实施。在那之后不久,所有的新教师都必须达到最低的教学资质后才能入职,通常由组织教师培训的机构正式认定。

教师的专业价值观和实践包括:对全部学生的较高期待;尊重学生的社会、文化、语言、宗教和种族背景;致力于提升教育标准;关心学生的发展。只有合格教师的标准和国家教师培育体系的共同建立,才能保障和维持教师的完美表现。最近,小学助教数量的增加,以及他们到底是作为教师的替代还是辅助,又引发了关于教师是否具有专业性的新讨论。

通过普通教学委员会(General Teaching Council,GTC)建立教师职业准则,不仅需要考虑教师的专业水平、知识、技能和最低品质,还要考虑其行为表现。当前急需一个大家都认可的关于小学教师行为的标准,因为小学教师的行为要为小学生和所在社区树立典范。教师良好的品质包括对生活的积极态度、避免消极情绪、尊重他人的看法等。在具体实践中,则要求教师按时到校、与其他教师保持良好关系、懂得合理安排时间、拥有高效教育工作者的良好声誉。

为了保障并提高教师的专业知识水平,所有的教师都应该对自己的专业发展负责。他们应该熟悉最先进的教育科学研究趋势,了解最新的教学方法,基于学校政策理解自己在学校中的地位,理解学校中的宗教责任、学生的安全和学生之间的欺凌问题。教师不得不提升自我专业技能,这样才可能应对不同的“顾客”群体——学生父母、政府官员、校长、教育局,甚至中央政府,并能够解决各种类型的问题,如阅读标准问题、健康生活问题、学习环境问题、学生行为问题,等等。由此,教师必须清楚学校内外对其在社会、法律及文化层面的期待。

参考文献

1. *General Teaching Council websites*:

England, www.gtce.org.uk.

Northern Ireland, www.gtcni.org.uk.

Scotland, www.gtcs.org.uk.

Wales, www.gtcw.org.uk.

Progression in learning 学习进展

另请参阅:知识,学习,技能,测试和测试过程

See also: knowledge, learning, skills, tests and testing

学习进展是指学生需要在已有知识、技能和理解的层面上,继续系统地发展与提升的过程。对儿童学习进展最直接的检测方法,就是标准化测试所给出的分数,尽管深度学习还需要考察学生的复述、思想重现、概念探索和持续学习的能力。

Project work 项目式学习

另请参阅:协作式学习,技能,主题式学习,话题式学习

See also: collaboration in learning, skills, thematic learning, topic work

项目式学习是一种学习方法,它促使学生在任务驱动下,在自我兴趣的指引下开展学习活动。一个项目可能维持一周或者两

P

周,有可能是单一主题,也可能是多元主题——也被称为"主题式学习"。它通常是一项跨越多学科的探究学习,需要学生开展广泛的调查、收集资料和得出一个较为复杂的结果。项目式学习通常需要学生之间的合作、组织与管理资源和时间、掌握专门技能(包括使用电脑软件)、解决问题、总结发现。项目式学习通常也可以称作话题式学习。

Punishment 惩罚

另请参阅:教育考察,性别,学习动机,家长参与,关系,奖励,赏罚,教师信念

See also: educational visits, gender, motivation for learning, pavental involvement, relationships, rewards, sanctions, teachers' beliefs

尽管学校努力确保学生生活在一个平稳、积极、向上的学习环境中,但不可避免的是,时不时会出现各种不当行为,这就需要有各种惩罚措施出现,比如取消特权。一些教育者不喜欢用"惩罚"(punishment)这个词;很多教师认为,若是需要惩罚学生,则不仅意味着学生的行为不当,也同样意味着教师的课堂管理和对学生的激励是失败的。教师一般会在进行惩罚之前给予学生很多警告(如同足球比赛中的黄牌),这样是给学生自我约束和改正的机会。最终是想让儿童学会对自己的行为负责。

在1986年,全英国的公立学校都禁止有意把暴力作为惩罚方式,到1996年,英国所有的学校都禁止体罚,并以《学校标准框架法案》(*Schools Standards Framework Act*, 1998)为指导标准(1999年9月份开始实施)。任何一个学校职员都不能以任何名义实施体罚,即便是家长同意体罚也不行。教师体罚学生不仅违背了教师的职业道德,也违背了1998年颁布的《人权法案》(*Human Rights Act*)。体罚不仅包括运用诸如木棍、藤条、鞋等工具进行,也包括教师掌掴、推搡、摇晃、拧、戳、推、拉拽耳朵、捆绑儿童的嘴或身体、向儿童投掷物品等。

尽管有时面对激进的学生,或者是为了保护冲突中的学生,教师不得不使用暴力,但这一定是在特定情况所需要时,而且行为不能过激。但是即便是在被激怒的情况下,教师也不能对学生使用威胁性语言。任何教师,如果毫无缘由地对学生动武,都会被认定为是人身攻击,会面临来自普通教学委员会(General Teaching Council, GTC))的判罚,因此教师们都不会铤而走险。

一项由施里夫(Shreeve, 2002)主持的研究发现,女生往往比男生更少地受到惩罚。但是无论男生还是女生,他们都认为教师的课后留校、通知家长、额外作业、课间留堂,等等,是最有效的惩罚方式。女生认为,教师警告或者是赶出教室,是最没有效果的惩罚。可以参见戈德斯坦等人(Goldstein et al., 2003)的相关研究。哈罗普和威廉姆斯(Harrop and Williams, 1992)通过对奖惩的研究,对比了教师和学生所认为的不同种类惩罚的有效性,结果发现,两类人群的看法是相似的。该研究发现,学生认为,通知家长、被排除在集体旅行之外以及去见校长,是最有效的惩罚措施;教师认为,被公开批评、通知家长以及被私下批评,是最有效的惩罚措施。教师和学生关于惩罚的看法,最重要的差异是关于不允许参加学校旅行这

P

一惩罚的重要性;在学生那里重要性位于第二,而教师那里则位列第九。

教师必须意识到他们的决定对学生的影响力,必须允许学生对自己的行为进行解释和澄清。所有的教师都必须找到惩罚学生与抚慰学生情感之间的平衡。维利克(Willick,2006)反驳了一种说法,即“教师过于依赖赏罚措施,会造成师生之间、生生之间的不信任、恐惧和怨恨,不利于良好师生关系的塑造”。若是学生无意冒犯或是出现过失,最好通过对话,并设定一个目标,从而改变不好的局面。

参考文献

1. Goldstein, S. E., Tisak, M. S. and Brinker, S. R. (2003) ‘Children’s judgements about common classroom punishments’, *Educational Research*, 45(2), 189 – 198.

2. Harrop, A. and Williams, T. (1992) ‘Rewards and punishments in the primary school: Pupils’ perceptions and teachers’ usage’, *Educational Psychology*, 7(4), 211 – 215.

3. Shreeve, A. (2002) ‘Student perceptions of rewards and sanctions’, *Pedagogy, Culture and Society*, 10(2), 239 – 256.

4. Willick, S. (2006) *Emotional Literacy at the Heart of the School Ethos*, London: Paul Chapman.

Pupil numbers 小学生数量

对小学生数量的统计是十分重要的,因为学校财政预算的一大部分取决于学校的学生数量。少量学生的流失都会对学校的整体财政预算产生较大影响,尤其是小规模的学校,这会促使政府进一步削减对学校的人力资源和物质资源的支持。因而与学生家长和所在社区建立良好的关系,不仅是一种教育实践行为,也会进一步确保家长对学校满意,从而继续让自己的孩子留在这所学校,并会向其他人推荐这所学校。

Pupil personality and attainment 小学生个性与成就

另请参阅:行为,成见

See also: behaviour, stereotyping

学生的外显个性会左右成年人对他们的期望,可能会导致对他们产生偏见,因为教师往往通过学生的外在表现,尤其是其学习的意愿,而不是学生真正的实力与能力来评估学生。事实上,有些学生性格温和,乐于帮助教师,经常与教师聊天,但是他们可能并不是有能力的学习者。然而一些腼腆和被动的学生通常被教师低估他们实际的学习能力。当然,本文这种描述本身可能就会导致偏见的产生。有些拥有良好性格的学生的确也十分聪慧。一些缺乏自信、畏首畏尾的学生在学业上也确实存在困难,这也是他们羞怯的原因之一。所以教师要意识到以上这种行为本身的复杂性与不稳定性,不要轻易地对学生的能力和潜力做出简单的判断。有些外向的学生,表面上看起来很豁达,但内心深处可能藏有不安,这会导致其较低的学业成就。那些腼腆的学生可能缺乏自信,也可能是心思单纯、容易满足的人,因此并不想成为积极的学习者。成年人必须学会仔细观察学生,进而对他们的态度和动机做出更为全面和详细的判断。仅仅通过单一的考试,是很难得出这种全面判断的。

Pupil perspectives 小学生视角

另请参阅:儿童发展理论,核心学科,儿童早期,学生理事会

See also: child development theories, core subjects, early years, school councils

尽管当前有大量的关于中学生观点的研究(如 Woods,1990;Wood,2003;Harris and Haydn,2008),偶尔有些研究涵括了中学生和小学生(如 Rudduck and Flutter, 2004),但是很少有专门针对小学生观点的研究,而对儿童早期的研究几乎不存在。然而小学本身对儿童的研究通常都是局限在内部的论坛;或者是学生理事会偶尔对一些问题进行讨论,这其中通常包含学生自己选举出来的代表。

在英国,致力于开展小学生视角研究的是赛德里克·卡林福德(Cedric Cullingford)。在他诸多文章的一篇中,从不同层面描述了小学生如何缜密地应对问题,比如他解释了小学生如何在很早时候就具有分辨正误概念的能力,这个时间比很多儿童发展专家之前声称的要早(Cullingford,2006)。他同时指出,“儿童想要去聆听专家们的建议,或者是任何一位不以权威自居的人的建议。很多儿童认为,最好的教师是最好的人,而不是最好的管理者”。同样,胡德(Hood,2008)也尝试去研究,如果低幼儿童作为学习者意识到自身学习者的身份,他们会如何理解这一身份?这样一来,他们的自我身份认知就从作为数据源的小学生,转变为作为改变的主体的学生。那些分在混合能力小组的八九岁儿童,表现出如下特点:

> 能够说出或是写出作为学习者在不同层面的感受,能够很好地回答关于自我在课堂中表现的问题,也能很好地回答那些需要更多深入思考的问题。

鲁滨逊和菲尔丁(Robinson and Fielding, 2007)是亚历山大《初等教育评论》报告组的成员,通过对小学阶级儿童心声的研究,他们得出结论:《每个孩子都重要》这一法案所提倡的培养儿童全面发展的内涵,与当前小学教育中对某些重点科目学业成绩的强调是相互冲突的;因此未来考虑的重点应该放在何为小学教育的目标,以及如何让小学生、家庭和社区理解这一目标的探讨上。

值得一提的是,在 Wellcome 基金的支持下,由哈伦和泰姆斯(Harlen and Tymms, 2008)所主持的针对小学教育中科学教育的研究报告(与《初等教育评论》结果差不多同时发表)指出,小学生对科学的兴趣和理解已经被校内各种各样的考试所摧毁。鲁滨逊和菲尔丁也对不同学校之间儿童的参与度及儿童的看法被重视程度的区别进行了探讨。然而两位作者也指出一个事实,学校职员在不同程度上担心,随着向学生视角的转变,他们会失去对专业化的控制,或者专业化会被销蚀。然而更重要的是,两位学者断言,培养学习者身份在很大程度上依赖于学生与其教师的关系。英格兰政府于

P

2009 年出台了法案,禁止在学生 11 岁时对其实行科学考试,要求以教师评价取而代之。

参考文献

1. Cullingford, C. (2006) 'Children's own vision of schooling', *Education 3 – 13*, 34(3), 211 – 221.

2. Harlen, W. and Tymms, P. (2008) *Perspectives on Education: Primary science*, for the Wellcome Trust, on-line at www.wellcome.ac.uk.

3. Harris, R. and Haydn, T. (2008) 'Pupil and teacher perspectives on motivation and engagement in high school history: A UK view', on-line at http://eprints.soton.ac.uk/50812/ Hood, P. (2008) 'What do we teachers need to know to enhance our creativity?' *Education 3 – 13*, 36(2), 139 – 151.

4. Robinson, C. and Fielding, M. (2007) *Children and their Primary Schools: Pupils' voices*, *Primary Review Research Survey 5/3*, Cambridge: University of Cambridge Faculty of Education.

5. Rudduck, J. and Flutter, J. (2004) *How to Improve Your School: Giving pupils a voice*, London: Continuum.

6. Wood, E. (2003) 'The power of pupil perspectives in evidence-based practice: The case of gender and underachievement', *Research Papers in Education*, 18 (4), 365 – 383.

7. Woods, P. (1990) *The Happiest Days? How pupils cope with school*, London: Routledge.

Pupil questions 小学生的提问

另请参阅:好奇心,听力,读写能力,问题和提问,技能

See also: curiosity, listening, literacy, questions and questioning, skills

当学生与成年人讨论学习问题时,他们通常会提出一个又一个不同类型的问题。其中,大部分的问题都是有关活动过程的,他们想要弄明白教师让他们做什么。然而有些不自信的学生,有时宁愿纠结于不清楚,或者询问自己的同学,也不愿冒险去激怒教师;因为教师觉得这个问题他们本应该是清楚的。学生经常问的第二种类型的问题是关于他们应该怎样做,或者完成某项任务所需要的基本技能。此时,教师也通常面临着抉择:是否应该鼓励学生自己探索问题的答案?还是给予一定的提示与指导,再让学生解决问题?

几乎所有小学生都是极具好奇心的,而且(一旦兴趣被激发后)很愿意向成年人问一些有关"如何"及"为什么"的问题。有时教师必须明白,学生为什么会提出这样的问题。当一个 5 岁的小学生询问教师"我来自哪里?"时,这可能是她想去探索人类繁殖问题的开端,而不太可能是因为她的朋友说她来自伯明翰。去分析学生的问题是十分耗费时间的,但也是十分必要的,只有这样才能明白学生的问题和兴趣到底在哪里(Baumfield and Mroz, 2004)。无论小学生的年龄如何,教师都必须了解他们的好奇心所在,鼓励他们多提问题,并激发他们的学习兴趣。康迈拉斯和萨那(Commeyras and Sumner, 1998)的一项关于七八岁儿童读写能力

P

课程的研究发现，学生们乐于提出的问题，显示了他们需要什么、想要什么，去理解文学和人生。一旦给予他们书写的机会，他们就会写出大量的问题；他们认真倾听他人的意见，并且非常乐于去探讨各种问题。两位学者指出了一种趋势，即当儿童可以想出适合讨论的问题时，或者当他们有机会去询问他们感兴趣的、好奇的、疑惑的事物时，而教师却往往把自己对于什么是适合讨论的问题的看法强加给儿童。

参考文献

1. Baumfield, V. and Mroz, M. (2004) 'Investigating pupils' questions in the primary school', in Wragg, E. C. (ed.) *Teaching and Learning*, London: Routledge.

2. Commeyras, M. and Sumner, G. (1998) 'Literature questions children want to discuss', *The Elementary School Journal*, 99(2), 129 - 152.

P

Q

Qualifications and Curriculum Authority 资格与课程委员会(QCA)

另请参阅:关键阶段,《国家课程》,测试和测试过程

See also:key stages,*National Curriculum*,tests and testing

英格兰地区的课程与资格考试委员会(Qualifications and Curriculum Authority,QCA)是由儿童、学校和家庭事务部(Department for Children, Schools and Families, DCSF)资助的一个公共服务机构。这一机构的功能是,维护并发展英格兰的国家课程、相关评估、测验与考试。董事会由教育、培训和商业等领域的领导者组成,并对该机构实施管理。尽管QCA出版了大量在线课程的材料来支持一线教师,但因为QCA与关键阶段最终的测试紧密相连,只能艰难地维护着其所谓的“形象问题”。威尔士地区与QCA等同的机构是ACCA。2006年4月,ACCA与威尔士议会政府新成立的终身学习和技能教育部(Department for Education Lifelong Learning and Skills, DELLS)合并。在苏格兰,类似的机构是苏格兰资格认证机构(Scottish Qualifications Authority, SQA),负责除学位以外的发展、认证、评估和资格认证。在北爱尔兰的学校,大多数考试及其教学计划的制定,都是由课程、考试和评估委员会(Council for the Curriculum, Examinations and Assessment, CCEA)所设立。

Questions and questioning 问题和提问

另请参阅:回答问题,体态语,封闭式问题,幻想,想象,互动式教学,记忆力与记忆,开放性问题,小学生的提问,(儿童)自尊心,教师信念,教学技能,思维能力

See also: answering questions, body language, closed questions, fantasy, imagination, interactive teaching, memory and memorizing, open questions, pupil questions, self-esteem (children), teachers' beliefs, teaching skills, thinking skills

“问与答”是教师与学生互动过程的核心,是提高孩子学习能力的一种手段。提问技巧是教师在课堂与小组讨论中广泛使用的一种方法。据瑞格和布朗(Wragg and Brown, 2001)考证,教师在一学年里能问上千个问题,一天中就能问200~400个问题。因此,对于所有科目及面对各年级学生的老师而言,至关重要的是,要问巧妙的、刨根问底式的问题,要针对不同目的提问,要知道如何对待答案等。

“问题”有不同的分类方式,通常分为“低级”或“高级”,低级问题很少要求主动思考。还可以根据答案的形式将“问题”分

为"开放式"和"封闭式"。开放式问题即"多答案式",欢迎各种各样的答案;而封闭式问题只要单一的,或局限在小范围内的答案。还有一种分类方式是"即时性问题"(如脑海里首先想到的东西脱口而出)和"推测性问题"(假设是这种情况的话)。推测性问题鼓励孩子运用想象力做出理性猜测(Hayes,2009)。因此,老师可能会让孩子设想,如果不用"然后""那么"这样的连词,语言会如何变化。老师还会鼓励孩子设身处地地将自己假想成某个历史人物,想象一下今天的生活会有什么不同。摩根和萨克斯顿(Morgan and Saxton,1994)的著作包罗万象,特别关注如何让教师提出更有广度的问题;书中列举了大量不同类型的问题,来激励教师不断思考自己在提问时需使用的各种技巧和不同方法。

提问的关键技巧,是让大人帮助孩子更加细致地思考某件事及其实际意义。老师提问的目的可能是:考察他们记住的内容,复习之前所学,强化某个概念,探究某个主题,甚至就是为了提醒犯困的孩子。在理想情况下,有效地使用恰当的提问方式能激发孩子去思考和反思一些议题和难题,从而帮助学生加深理解、拓展思考范围、激发学生的主动性和创新性。关于如何让孩子扩展思维和想象力的问题,请参见斯多克(Stock, 2004)的著作。

老师可能会提出一些低水平的问题,目的是为了引导学生按照标准答案作答,而不是促进学生在高层次上的互动和认知。如果不考虑提问的目的,就会导致提问过程缺乏连续性和进阶性;一系列简单肤浅的问题不能帮助孩子增进理解;学生做大量只有唯一答案的问题,会对问题产生"疲劳"。老师有时会突然提出一个问题,然后像"放连珠炮"似的让学生一个接一个地回答,直到有人回答正确为止;这对有能力的学生来说很有趣,但更多孩子需要时间来思考。所以为了帮助学生应对更高认知水平的问题,必须要留有充足的时间来思考。

为了促进"思考"的氛围,老师会将自身的兴趣与学生分享;当老师自己对问题的答案没有把握时,会坦诚地提出质疑。为了激发学生的兴趣,老师往往会带一些足以引发神秘感与好奇心的奇特物品和趣味图书到学校,还会鼓励学生也带些类似新鲜东西来学校。为了让学生提高自尊心和自我认同感,有些老师会推选在某些业余爱好或消遣活动方面知识更丰富的高年级小学生扮演小专家,和同学玩一个叫作"难堪椅(hot seat)"的游戏(译者注:游戏规则是,一个同学被请到讲台上,然后让其他同学不停地向这个同学发难、提问题,他感觉好像是坐在了让他很难堪的椅子上)。"专家学生"向全班同学谈论自己的兴趣,并回答其他人的发问。同学们提的问题会越来越好玩,越来越离谱,最后让他难以招架。不管用什么方法,老师使用的问题类型能反映出他们自己关于问题合理性的信念(Bullock et al., 2002)。

面对水平差距很大的班级时,老师会发现,最好先提明确简洁、直截了当的问题,以便能让所有学生都参与进来;而如果先问艰涩难懂、挑战认知的问题,就会把有的孩子排除在外。但是太简单的问题又让孩子觉得太幼稚了,课堂气氛会变得沉闷,有的孩子还会起哄怪笑。过分使用只需学生回答

Q

“对”或“错”的事实性问题会有教育的局限性,因为这种问题往往会突然中止,缺乏连续性,无法与下一活动建立联系。教低年级的老师不要使用太多的反问句,因为这种问题可能只是老师的自问自答,学生往往只能做出口头回应。

和所有的语言交际一样,对孩子说话不要使用不合适的词,太高级、太模糊、太专业的词会让他们晕头转向、不知所措。新手老师常常表达不出所要提的问题,不会提主要问题中的次要问题,经常用双重否定。有经验的老师不会问一个会吓倒学生的问题,而是用绘声绘色的语调和夸张的肢体语言来帮助孩子理解。有些老师特别喜欢这种问与答的教学方法,甚至用这种方法代替直接教学。但其实还是直接告诉学生答案更好,而不是反复地问许多低水平问题,最后套出答案。老师必须在“提问学生”和“告诉学生”之间找到平衡:他们必须知道,虽然提问是一个重要的教学工具,但问题更应像“润物细无声”的毛毛雨,而不是倾盆大雨,所以少而精的问题比多而不当的问题更好。

孩子要想正确地回答问题,需要快速扫描、搜索自己的知识储备,提取问题的答案,并勇敢自信地冒着可能会说错的风险说出来。然而一个不回答问题的孩子可能也有一定的知识储备,只是在瞬间的压力下,无法从记忆库中把它调取出来;或者他对一个确定的答案不满意,正在思考着其他各种可能的答案,老师必须清醒地认识到,那些特别活跃、积极发言的学生,并不一定比腼腆羞怯、不爱说话的孩子能力更强或者更聪明。

一个看起来很简单的问题给孩子和大人带来的启示永远不会一样。例如,老师可能问一群10岁的孩子,美国早期的清教徒刚到美洲大陆时感受如何。老师希望听到各种各样的回答,包括庆幸、欣喜、快乐、恐慌的感觉。然而在西欧孩子的脑海中,可能会把美国与主题公园、飓风、印第安人、牛仔联系在一起,很难将这些流行元素从那些早期移民所经历的疲劳、疾病、恐惧和思乡的严酷现实中剥离出来。探索情感与情绪的问题,尤其是那些需要推己及人的问题,和涉及个人信息的事实类问题不同,他们肯定需要花费更多时间进行深层思考。

参考文献

1. Bullock, K., Stables, A. and Sahin, C. (2002) ‘Teachers’ beliefs and practices in relation to their beliefs about questioning at key stage 2’, *Educational Studies*, 28(4), 371－384.

2. Hayes, D. (2009) *Learning and Teaching in Primary Schools*, Exeter: Learning Matters.

3. Morgan, N. and Saxton, J. (1994) *Asking Better Questions*, *Markham*, Ontario: Pembroke Publishers.

4. Stock, G. (2004) *The Kids Book of Questions*, NewYork: Workman Publishing Company.

5. Wragg, E. C. and Brown, G. (2001) *Questioning inthe Primary School*, London: Routledge.

R

Reading 阅读

另请参阅:加速学习,字母表,读写障碍,英语作为附加语言,读写能力,学习动机,家长参与,自然拼读,大声朗读,阅读能力恢复,分级阅读方案,学困生,综合式自然拼读

See also: accelerated learning, alphabet, dyslexia, English as an additional language, literacy, motivation for learning, parental involvement, phonics, reading aloud, reading recovery, reading schemes, slow learners, synthetic phonics

对于成长在21世纪的孩子而言,阅读能力无比重要。为保证当代社会的正常运转,占据主导地位的是书面文字、电脑和互联网上的信息。在某种意义上,没有人能真正说"学会了阅读",因为阅读技能无法用"会了"或"不会"来衡量。它是一个连续渐变的过程,有人处于能够流畅阅读并透彻理解的一个极端,有人处于用尽全力也无法读出文字内涵、理解文章意义的另一个极端,还有很多人在两个极端之间的渐变过程中。

阅读过程涉及各个方面,包括识词、理解和流畅性,还需要强烈的个人动机,阅读也是所有学校教给学生最基本的技能之一(Poskiparta,2003)。英国有一份关于英语语言最全面的报告,被形象地叫作《一生的语言》。这本著作于1975年由当时的教育部(Department for Education and Science,DfES)出版;又被称为《布洛克报告》,以时任教育和科学部主席阿兰·布洛克爵士(Sir Alan Bullock)的名字命名。该书于第六章专门讨论阅读,开篇论述道:"没有一种方法、媒介、捷径、手段,或哲学,能够一举解决学习阅读过程中的所有问题。"报告强调指出,虽然阅读的教学方法可以改进,但问题的解决"并不在于能够成功地发现或重新发现一个特定的窍门"(DfES, 1975)。

约5%的学生能自己轻松掌握阅读;约25%的学生只要在系统规律的指导下,掌握阅读也没什么困难。忒斯特等人(Twist et al., 2003)比较了35个国家10岁儿童的阅读习惯,发现英国儿童在阅读成绩方面排名第三,但在态度是否积极方面低于平均水平(Shenton, 2007)。少数族裔学生将来必须克服的一个困难就是阅读。尤其是英语原本就不是母语的学生,再加上挣扎于"阅读障碍症"(所谓"词盲"),难度就更会大幅增加(Graham and Kelly,2000;Bell,2007)。过去经验表明,如果孩子刚上小学就阅读不过关,那么过了三四年后他依然会很吃力。

儿童从出生到8岁的年龄阶段是读写能力发展的黄金时期,经常接触书籍和故事是学习阅读的关键因素。父母要为孩子将来的阅读做好充分的准备,与年幼的孩子多在一起亲子阅读,多谈世上的奇闻逸事,多讲故事,多问问题,多回答孩子的问题。这样,当孩子5岁进入学校正规的学前班时,就已经学到了很多听说和文字的知识;在家

和其他地方玩耍过、探索过、发现过；看到了、听到了、参与到了与大人和其他孩子的互动。想知道更多给家长的建议，详见怀斯的著作（Wyse，2007）；想了解更多关于语言技能发展的重要性，详见内逊和斯诺林的著作（Nation and Snowling，2004）。

四种公认的阅读方法是：①“即看即读”法：孩子学习识别的是单词或句子，而不是单个字母的发音。②“自然拼读”法：需要孩子学习字母表中的字母名，及字母在单词中的发音规则，然后学习两个字母组合的发音，拼出简单的单词；再用三个字母、四个字母组成单词，等等。③“实际体验”法：用孩子自己的词汇帮助他们阅读。孩子说出一个单词或句子，让大人写下来；然后孩子自己大声读单词，并写出来。④“语境记忆”法：用孩子自己选的书学习。这种方法基于相信孩子会更喜欢读自己挑的书，而不是大人为他们选的书。虽然没有一种阅读方法能够满足学生所有的学习需求，但最有效的是要识别单词并理解它的意义。如果孩子只能读出单词，却并不理解它的意思和背后含义的话，那就像对着文字一通乱读，能念出来字却不解其意。

“双路线模型”是一个非传统的阅读过程训练，它基于一个原则，即熟练的阅读者不仅能识别字形，而且还能领悟字意。这个“领悟字意”的过程包括：将书写单词拆分为更小的单位——即“字素 graphemes”（音素的图形单位），其同等对应的发音就是“音素 phonemes”（英语语音中最小的单位）。[译者注：字素，是由语音学里的“音位”（音素）类推到文字学的。在拼音文字系统当中，“字素”是最小的、数量最少的区别性单位。] 比如，sport 一词由三个字素构成，即 sp、or 和 t；如果将这些字素连在一起念出来，就会接近单词的发音。在学习阅读与拼写的方法中，这个原则就是构成“综合式自然拼读”的一个重要基石。

要想学会阅读，孩子首先必须要能听会说，因为阅读的目的是为了帮助他们把从声音中获得的信息与文字对应起来，发现二者所包含的信息是一样的。这一原则意味着，英语为非母语的孩子如果不先提高听说能力，就很难学会阅读；相反的是，有许多几乎听不懂英语的孩子却能很快赶上，甚至超过了母语为英语的孩子。几乎可以肯定，少数族裔孩子快速进步的背后，一定有自己强烈的动力和父母的有力支持。

孩子还必须学会将单词的发音分解成更小的单位，即音素，这就需要熟悉字母的各种书写：小写、大写、印刷体、手写体。这些小读者慢慢就会明白，读英语的书要从左到右（并非所有语言都如此），这一原则不仅指的是单词之间的顺序，也指每个单词内部字母的顺序。孩子通过学习发现，字母与其发音之间存在高度对应的规则。他们还能从代表这些单词的字母和发音中，从单词形态和上下文提示等种种线索中辨认出这些文字：比如 aeroplane 和 puppy 写法很不一样；这样一组词组成的句子：“Tom likes to play…”如果要填一个词造成句，后面必须接一项运动的名字；如果要填几个词，应接 with his friends。阅读要求孩子探索各种可能，还要学会在字里行间猜测言外之意，分析句子说了什么，没说什么（Mills，1994）。老师在学校经常和孩子一起读书，包括读所谓的“大书”（书页开本很大，用大号字体，

R

这样孩子挤在一起时都可以看到书上的字，可以一起读）。

大多数阅读能力不佳的孩子都能通过干预训练将阅读能力提升到平均水平，这些干预训练往往结合自然拼读知识、流畅阅读训练、阅读理解策略。例如，英格兰有一个“让每个孩子都学会阅读”的方案，旨在将那些在还没学会阅读就辍学的儿童比例降至每年 5.5%。该计划资助市中心贫困学校参加“阅读能力恢复”项目的老师，以便尽可能去帮助那些最需要帮助的孩子。其愿景是，让每个需要提高读写能力的孩子都能尽早得到这一项目的支持，这样就会大大减少有读写障碍的大龄孩子。英国政府于 2006 年 12 月宣布，“让每个孩子都学会阅读”的项目将在全国范围内推广，自 2010—2011 年开始，每年将有 3 万名儿童受益。该计划始于 2008 年 9 月，在一级国家战略管理下与伦敦大学教育学院的“重获阅读国家网络”合作，纳入《国家小学教育战略》。为帮助他们赶上同学，学生在 6 周之内每天接受 30 分钟的一对一教学；约 60% 的学生是有社交障碍的男孩。早期研究结果表明，该计划成功的可能很大，因为在不到 6 个月的训练中，阅读年龄平均增加了将近 2 年（译者注：阅读年龄，指一个儿童与同龄儿童平均阅读熟练程度的比较结果）。

参考文献

1. Bell, S. (2007) ‘Factors affecting the integration of adult dyslexics in workplace environments in England’, in *Proceedings of The International Conference on Education Research*, Latvia.

2. Department for Education and Science (1975) *A Language for Life*, London: HMSO.

3. Graham, J. and Kelly, A. (2000) *Reading Under Control*, London: David Fulton.

4. Masha, B. (2007) *Learning to Read*, Cambridge: Pegasus Elliot Mackenzie.

5. Mills, C. (1994) ‘Making sense of reading’, in Bourne, J. (ed.) *Thinking Through Primary Practice*, London: Routledge/Open University.

6. Nation, K. and Snowling, M. J. (2004) ‘Beyond phonological skills: Broader language skills contribute to the development of reading’, *Journal of Research in Reading*, 27(4), 342 – 356.

7. Poskiparta E. (2003) ‘Motivational-emotional vulnerability and difficulties in learning to read and spell’, *British Journal of Educational Psychology*, 73(2), 187 – 206.

8. Shenton, A. (2007) ‘The joyful teaching of reading’, in Hayes, D. (ed.) *Joyful Teaching and Learning in the Primary School*, Exeter: Learning Matters.

9. Stainthorp, R. (1996) ‘Teaching reading in the primary classroom’, in Croll, P. and Hastings, N. (eds) *Effective Primary Teaching*, London: David Fulton.

10. Twist, L., Sainsbury, M., Woodthorpe, A. and Whetton, C. (2003) *Reading All Over the World*, Slough: NFER.

11. Wyse, D. (2007) *How to Help your Child Read and Write*, New York: Prentice Hall Life.

R

Reading aloud 大声朗读

另请参阅：大脑功能，想象，听力，读写能力，口语能力，诗歌，阅读，说话方式，故事

See also: brain function, imagination, listening, literacy, oracy, poetry, reading, speech, stories

大声朗读对孩子和大人都很有好处，因为它本身就是有趣的，能够帮助孩子成长为会学习、会阅读的人，能培养孩子对书面语和口语的热爱。大人也可借此机会重读小时候读过的书，发现自己喜欢的新故事。更重要的是，大声朗读有助于孩子基本语言技能的提高，让他们尽早实现自主阅读，为他们将来在学校的正规学习做准备，并受用一生（RIF 2008，网络资源）。讲故事与口头表达能力在许多文化中都至关重要，因为这种方式能将传统文化和道德规范代代相传。研究表明，儿童朗读能促进大脑神经的发展，增加他们对世界的了解，扩大其词汇量、熟悉书面文字；还能激发孩子对阅读的兴趣，为听力和专注力的提高奠定坚实的基础。大声朗读对英语为非母语的孩子尤其有用，因为这能让他们接触到新的词汇，还能使耳朵适应和熟悉英语的节奏和语音语调。对阅读和朗读问题的详细分析参见科特哈特等人（Coltheart et al.，2002）的研究。

黑斯兰和罗尔（Hislam and Lall, 2007）在书中写道：讲故事对孩子的创造力和想象力有很大帮助，能"打破传统语文教学中僵化、刻板教育模式的束缚"。大声朗读也能帮助孩子接触到各种各样的文体和结构、探索社会和道德问题、发现喜欢的作者和写作风格、激发阅读的动力。阅读配有不同风格的图画和插图的绘本，能促进年幼孩子对艺术的欣赏。小学生应该继续体验与阅读相关的愉快经历，学习词汇和语言，培养听力技能，扩大词汇量，讲述人物、背景和情节，将故事事件与自己的生活经历相联系，并学到百科知识。擅长讲故事的人能让孩子着迷，随着故事情节的展开，孩子获得的快乐一望而知。对孩子大声朗读本身虽不能立即让他们学会阅读，但有助于形成热爱书籍的氛围。因为孩子把这种活动与亲密、快乐和激发想象力联系在一起，也就更容易爱上文字。特来里斯（Trelease, 2006）的著作，对于想要更多了解"大声朗读"这一主题非常有用。

大声朗读诗歌能激发孩子的兴趣，有助于教孩子各种重要技能。将诗歌与学校课程的其他领域（如戏剧）相结合，以及让孩子通过公共演讲或朗诵来增强自信心，都有助于激发课程的活力。朗诵表演就是要孩子齐声模仿领读老师说话的语音语调，跟老师一字一句地读。诗歌的创新性运用还包括记忆、解读书面文字、思考作者的写作目的，以及在自己的文章中模仿其写作风格。想象力可称为心灵的肌肉，需要精心喂养、经常锻炼才能成长，而大声朗读的习惯对培养想象力起着重要的作用。瓦德尔（Vardell, 2006）在关于如何选择合适诗歌、如何设计吸引孩子的演讲等方面给出了很好的建议。

参考文献

1. Coltheart, M., Curtis, B., Atkins, P. and Haller, M.(2002) 'Models of reading aloud', in Cohen, G., Johnston, R. A. and Plunkett, K.

R

(*eds*) *Exploring Cognition*: *Damaged brains and neural networks*, Hove: Psychology Press.

2. Hislam, J. and Lall, R. (2007) 'Leaping oceans and crossing boundaries: How oral story can develop creative and imaginative thinking in young children and their teachers', in Moyles, J. (ed.) *Beginning Teaching*, *Beginning Learning in Primary Education*, Maidenhead: Open University Press.

3. RIF (Reading is Fundamental) (2008) *Tips for Reading Aloud with Elementary School Children*', on-line at www.rif.org/parents/readingaloud/ default.mspx.

4. Trelease, J. (2006) *The Read-Aloud Handbook*, London: Penguin.

5. Vardell, S. M. (2006) *Poetry Aloud Here*! *Chicago*, IL: American Library Association (ALA) Editions.

Reading debate 关于阅读的争议

另请参阅:记忆力与记忆,自然拼读,阅读,分级阅读方案,非教学类书籍,综合式自然拼读,教学方法

See also: memory and memorizing, phonics, reading, reading schemes, real books, synthetic phonics, teaching methods

哪种方法才是教阅读的最好方法？各家观点从未达成一致。二三十年前的孩子大多是通过“自然拼读”,再加上“见词能读”的整词识别法学会阅读的。也就是说,孩子必须记住单词的“形状”,识别字母本身和字母在单词中的读音。然而单词识别法对视觉记忆力和记性差的孩子不利。同样,只用“自然拼读”的方法意味着把注意力集中在字母或音素的读音上,这样就会削弱或丧失阅读流畅性和对文意的理解。在此引入了另一种“全语言”的方法来克服这个问题——包括阅读、写作、口语、听力,强调阅读非教学类书籍,而不只局限于分级阅读方案,全语言法常与以孩子为中心的教育哲学有关。遗憾的是,这种方法忽视了拼写与语音的对应,从而导致了新的问题,比如如何拆分多音节的长单词来获取词义。令人忧虑的是,直到 20 世纪末,依然有大量缺乏基本阅读技能的孩子。

虽然“自然拼读法”(尤其是“综合式自然拼读”)在当今英国很受重视,但教育者仍在努力平衡“拼读”与“全语言”两种方法。可以理解的是,即使有人声称找到了简单有效、完全可靠的阅读教学方法,教育者对这类观点总会持怀疑态度,因为多年来,有很多人教这样夸口。毫无疑问,拼读训练在阅读中占重要地位,而强调在上下文语境中学习的“全语言法”也不容忽视。此外,要建立跨学科体系,要为优秀学生提供超前阅读更有难度读物的机会,同时为落后学生提供“恢复阅读能力”的机会。很多教师每天都要花几分钟教“拼读”,抓住每个能激发学生爱上阅读的时机,并用各种方法和策略来鼓励孩子成为有能力并热爱读书的读者。

Reading records 阅读记录

另请参阅:示范行为,家长参与,阅读,奖励

See also: modeling behaviour, parental involvement, reading, rewards

阅读记录是一份学生、家长和老师记录孩子阅读的日志，包括对孩子阅读的质量和阅读时遇到的困难的评价。这样做的目的是为了激发阅读的欲望和兴趣，比如说，读书与每个人息息相关，它是一种有目的的活动。“奖励”必须针对阅读本身，任何外在形式的奖励（比如分数、钱）都会降低阅读的欲望和目的。大人有责任以身作则，给孩子树立爱读书的好榜样；同时要给孩子奖励与鼓励，而不是逼迫孩子去读（Price，网络资源）。很多学校都建立了一项“读书包”或“文件夹”的制度，让每个孩子准备一个“阅读文件夹”，专门用来装要读的书和读书记录，用于学校和家之间的交流。父母的支持是很重要的，比如父母要做到：①鼓励孩子在家阅读；②听自己的孩子大声朗读；③提供有效的帮助；④一起完成阅读记录；⑤确保每天收拾好“阅读文件夹”，带到学校。

参考文献

1. Price, R. *Reading Records*, on-line at www.egg plant.org.

Reading recovery 阅读能力恢复

另请参阅：阅读，写作

See also： reading, writing

阅读能力恢复的训练，是一种早期干预读写能力的项目，专为那些在小学一年级下有读写困难的孩子设计。它包括与专业教师进行一对一的阅读和写作训练，每日一次，为期 15 ~ 20 周。多数孩子在一个周期之后都能赶上同龄人，能阅读与自己年龄相匹配的读物，写作也达到了平均水平。

Reading schemes 分级阅读方案

另请参阅：学习动机，自然拼读，阅读，非教学类书籍

See also：motivation for learning, phonics, reading, real books

分级阅读方案是指使用一套按词汇量大小划分难度级别的图书进行阅读。该书系列以故事类内容为主，初阶读物中出现的词将反复在高阶中出现，各级别读物的词汇逐渐加深，形成体系，以此促进阅读。即使如此，每个故事仍然需要吸引读者，而不仅仅是出现“难度适合”的词汇。所以为了充分激发学生动机、提升学生兴趣，使用插图及偶尔出现超纲单词也是合理的。

分级阅读方案设计了一个核心阅读体系，但常与书目以外的读物一起使用，比如非故事类科普百科书籍，还有孩子自主选择的各类主题的海量书籍——所谓使用“非教学类书籍”的方法，同时在阅读中一直强调自然拼读的运用。许多学校已经不再依赖于阅读方案，而是采取更灵活的方法。有些教育者反对阅读方案中对词汇严格把控的形式，因为虽然学生看上去好像有了进步，但他们在阅读超出指定书目范围的书时，仍然会遇到困难（Solity, 2002）。

参考文献

1. Solity, J. (2002) ‘Reading schemes versus real books revisited’, *Literacy Today*, 31, 20.

Real books 真实书籍

另请参阅：自然拼读，阅读，分级阅读

方案

See also: phonics, reading, reading schemes

阅读非教学类的真实书籍是一种"全语言"教学方法。能让学生在阅读中体会到很多词汇(包括书面和口语)的用法和构词结构,而不是去孤立地背单词。这种方法鼓励孩子选择自己喜欢的书,而不是按分级阅读方案指定的书目一本接一本读下去。索利迪(Solity, 2002)推荐学生阅读非教学类书籍,因为孩子需要接触海量的各种主题的书,他们会在未来阅读中接触到这些书中暗藏的行文结构,还可以把学到的阅读技巧应用在其他不同主题和难度的书中。此外,孩子能在不同的上下文语境中,更好地感知理解词语独特且重要的属性。索利迪认为,只有在"分级阅读方案"比海量的非教学类真实书籍更加简单,且结构体系不同的时候,这种"阅读方案"才是有效的。另有教育者认为,阅读真实书籍的方法必须与系统的自然拼读教学相结合,这样就可以将分级阅读方案的核心思想整合进来。

参考文献

1. Solity, J. (2002) ' Reading schemes versus real books revisited', *Literacy Today*, 31, 20.

Reception 学前班

另请参阅:想象,听力,读写能力,幼儿园,游戏,唱歌,学习的社交和情感因素,故事

See also: imagination, listening, literacy, nursery school, play, singing, social and emotional aspects of learning, stories

在英格兰和威尔士,学前班教育指的是学校正规教育的前一年。这对父母和孩子来说是个激动人心的时刻,因为他们都为开始在"大学校"学习做着准备,作为新人迎接新的挑战和机遇。如果孩子 4 岁多时进入学前班,就叫作"未满 5 岁小学生"(rising fives)。多数孩子从 9 月初开始上学前班;还有"未满 5 岁小学生"从 1 月或 4 月开始上学前班,需要在上一年级前(5 ~ 6 岁适龄儿童)完成一到两个学期的课程,也就是他们进入学校的第二年。有的学校,孩子全年的上课时间是隔周:先是秋/冬出生的孩子,然后是春天出生的孩子,最后是夏天出生的孩子。还有的学校,规定那些在 9 月到 12 月 31 日之间出生的孩子,从 9 月开始上全天;在 1 月到 4 月之间出生的孩子,秋季学期只有上午上课,从 1 月开始上全天;4 月以后出生的孩子,春季学期只上半天学,从夏季学期开始上全天。另一个学校常用的学制是:所有"未满 5 岁小学生"都从入学到 12 月(圣诞节)上半天学,最后两个学期为全日制。多数孩子在上学前都上过幼托机构,有时这也被算作学校体系。老师需要用多种策略和教学方法应对这些年龄、教育背景、社会环境都有很大差异的幼儿,有些教学方法是基于游戏,并能激发想象力的。

为了使孩子具备识字能力,需要培养孩子在听、说、读、写方面的信心和积极的态度,而且要鼓励他们热爱学习。学前班是为孩子将来识字打基础的关键一年,其实孩子从出生,甚至有人说是出生前,就开始具备学习的能力了。越来越多的人意识到,全面

的教育不仅包括提供良好的教学,还包括关注儿童的自身成长、社交能力及体能发展。这种全面的方法对建立与培养学前儿童自身的专注力、与同伴合作、上课专心听讲、更加独立等能力都至关重要。学前课程的设计旨在促进孩子的社交能力和数学逻辑思维,这些活动包括故事、歌曲、童谣、棋类游戏、沙池、建筑模型、想象性游戏、户外游戏、做饭购物的游戏、搭建两维与三维的积木,以及在生活中观察数字、找规律等(DCSF 2008a)。

《教学框架》(*Framework for Teaching*)在"儿童学习的预期目标"一章,具体介绍了学前儿童的识字目标。目标强调了对孩子早期读写与计算能力、自我与社交发展等能力的要求,这些能力有助于孩子在其他课程中对知识的吸收、理解和学习能力的提高。为孩子将来的学习打基础,如下介绍了六个学习领域的目标:①自我与社交的发展;②培养语言和读写能力;③数学思维发展;④对世界的知识和理解;⑤体能发展;⑥创造性能力。孩子能够听懂并理解他人话语,还可以清晰表达自己的能力,对读写能力的早期和持续发展尤为重要。成绩超过"预期目标"的孩子,可以进一步扩展知识、理解力和学习能力。

R

过去的学龄前教育和学习专门由托儿所、幼儿游戏班、家庭保育园、儿童中心和特殊幼儿园提供,但是有些英格兰的小学能在学前班(reception)招收3~4岁的学龄前幼儿。所有3~5岁的孩子都推荐参加某种形式的学前学习和教育,每周可获得12.5小时的免费课程,当然不仅仅因为其免费。一个学前班不能超过30个学生往往只有一个有资质的教师,并配备一到两个固定助教。许多儿童教育学者和父母,害怕孩子会失去玩自发游戏的机会和天生的好奇心而质疑这种正规的、严密监控的课程。另有人指出,在阅读等方面为孩子建立坚实的基础,可以为他们将来的成功创造最好的机会。更多细节请参阅"如何进入适合你的学校"(网络资源)。

参考文献

1. DCSF (2008a) *Framework for Teaching Mathematics: How can we work in Reception?* London: HMSO.

2. DCSF (2008b) *NLS Framework for Teaching: Additional guidance for children of reception age*, London: HMSO, on-line at www.standards.dfes.gov.uk/primary/publications/literacy.

3. Get the Right School, *Reception Classes that Take Pre-Schoolers*, on-line at www.gettherightschool.co.uk/reception-classes-take-preschoolers.html.

Recess 课间休息

另请参阅:休息时间,游戏时间

See also: break time, playtime

Recording 教育记录

另请参阅:儿童学习评价,出勤,监控,幼儿园,观察儿童,问题和提问

See also: assessing children's learning, attendance, monitoring, nursery school, observing children, questions and questioning

以前,教师唯一须保留的教育记录是学生的出勤率和考试成绩,如学生对乘法表的掌握程度。现今,英国所有地区都要求对学生各方面的进步与成绩做详尽准确的记录(见 DCSF 2008)。各学校和当地政府都要求,无论是已请假还是未请假的缺勤,都要记入考勤记录。

《2005 年英格兰教育(学生信息)条例》(*The Education Regulations 2005*)要求所有公立的学校(除幼儿园和一些特殊学校)都必须保留每个学生的课程记录,如果父母要求,随时可调出这个记录。课程记录(curricular record)是一份学业成绩、能力、特长和进步的正式记录,它不得包含任何对学生成绩的评价,且必须能免费提取。在学生申请进入高一级学校时,毕业学校负责人必须根据要求,向录取学校负责人(包括私立学校)发送该学生课程记录的副本。学校也有责任将教育记录转到该生就读的新学校。其实,早在这条法规正式发布之前,很多学校就一直是这样做的。小学老师经常抱怨做这样详细的记录浪费了很多时间,因为录取学校很少或者根本就不按这些记录给学生分班或分级,而是用自己学校内部测试的数据。

分班测试与老师对学生的观察密切相关——学生如何回答问题、如何处理任务、如何表达想法等。老师须根据学生完成任务的成绩进行评估,并记录下清晰易控的数据(参见 Cavendish and Underwood, 1997; Ditchfield, 2007)。通常采用下列六种方式之一评估学生学业成绩及其进步:①提出具体问题,并关注孩子的反应;②观察儿童在自然状态下的行为特征;③与孩子逐一谈论他们所做的事,这个过程被称为“开小会”;④向一组孩子提出问题,让他们共同合作解决问题;⑤课堂作业评分;⑥在正式考试中设定具体的测试/任务。然而最后往往只记录上述最后两项的考试成绩,因为老师不知该如何记录前四项,应该记下什么、记下哪个细节。处理这样复杂的记录系统、储存这样庞大的数据材料费时费力,而且老师还要注意不能在这上面耗费太多精力,要不然会没有时间备课及处理其他事务。霍尔和希伊(Hall and Sheehy,2006)提出一种有效的方法:“让学生将做过的作业、论文、报告、试卷等整理成一个文件夹,作为自己学习的资料和记录。每个学生应该有一个读写文件夹,里面是读过的书目、读后感、论文写作、为故事画的插图等。”

学校的中心管理系统可以处理敏感有争议的记录。记录最好应包含那些已寄回家的正式报告的复印件、课堂测试成绩、父母的投诉,以及事件处理决定和所采取的奖罚。但每个学校留存记录的方式都不同,有些学校只保留考试成绩和报告的复印件,有些学校则保留更多信息。在法律上,学校唯一必须记录的欺凌事件就是种族歧视。

当老师思考应该如何记录孩子有哪方面进步时,心中要谨记:父母不仅关心孩子的学习成绩,同样也关心他的情感和社交能力。适用于 4 ~5 岁儿童的《基础阶段课程》对如何保持各种兴趣的平衡专门做了清晰的表述,不仅涉及一目了然的学业成绩,还包括孩子的情感健康,以及对学习、社交、专注、坚持的态度和倾向。孩子的性格特征比学习成绩更难测量,但老师必须确保自己在评价学生时,不会因为对某个学生性格的喜恶而产生偏见。

一旦父母或法律监护人提出书面要求，就有权复制自己孩子的学校记录(需支付复印费用)。任何需要父母接受附加条件(比如参加正式会议)才能获取记录的要求都是违法的。且该学校记录必须在15天内(不包括周末和假期)提供(参见2008年英国校园欺凌事件)。父母或监护人无权泄露其他学生信息的记录,他们无权查看的记录还包括:

(1)教师仅用于个人使用的记录;

(2)如果记录持有者认为,公开该信息会对涉事学生或其他任何人的身心或情感健康造成严重伤害;

(3)如果记录持有者认为,该记录涉及某学生现在或曾经是受虐儿童,或有潜在危险。

参考文献

1. Bullying UK (2008) *Access to Pupil Records*, on-line at www.bullying.co.uk/parents/pupilrecords.aspx.

2. Cavendish, S. and Underwood, J. (1997) 'Keeping track: Observing, assessing and recording in the learning relationship', in Kitson, N. and Merry, R. (eds) *Teaching in the Primary School*, London: Routledge.

3. DCSF *School Attendance and Parental Responsibility*, on-line at www.dcsf.gov.uk/schoolattendance.

4. DCSF (2008) *Pupil Records*, 'Teacher net', on-line atwww.teachernet.gov.uk/management/atoz/p/pupilrecords/.

5. Ditchfield, C. (2007) 'Assessment, recording and reporting on children's work', in Jacques, K. and Hyland, R. (eds) *Professional Studies: Primary phase*, Exeter: Learning Matters.

6. Hall, K. and Sheehy, K. (2006) 'Assessment and learning: summative approaches', in Arthur, J., Grainger, T. and Wray, D. (eds) *Learning to Teach in the Primary School*, London: Routledge.

Reflection 反思

另请参阅:问题与提问,思考,思维能力

See also: questions and questioning, thinking, thinking skills

人们普遍认为,“反思”的概念源于约翰·杜威(John Dewey, 1910—1997),指在学习新技能时所涉及的行为。虽然在教育领域中,反思与幻想/白日梦可能处于同一位置,但千万不要将两者混淆。杜威认为,学习有两种基本行为:第一种是惯常行为,由习惯或预想结果所控制;第二种是反思行为,受社会环境影响,涉及灵活性和自我评价。杜威于1910年出版的《我们如何思考》,对教育产生了独特的影响。这本书为广大教师而写,第一版就成为具有前瞻性包容心态教育者的“圣经”。唐纳德·施恩的著作近年来很流行,激发了人们对反思行为的兴趣。施恩于1983年出版《反思的实践者:教师如何思考》,书中指出:做同样一件事时,受到专家的帮助和鼓励,要比没有接受指导的人做得更好;这使人能够仔细思考自己所做的事,学得更深入(Donald Schon, 1983)。虽然这一见解在今天看来不足为

R

奇,但在数十年前却发人深省。施恩为理解学习理论及其行动做出了重要贡献。他创立了“学习型社会”“双环学习”和“在行动中反思”“对行动的反思”等概念,其前沿的创新思维已成为教育语言的一部分。

在英国,波拉德和坦恩(Pollard and Tann, 1987)出版的《反思的实践者》广受好评,并推广了教师反思的概念。书中归纳了反思性教学的四个特点:第一个特点是,反思性教学关注行动的目标和结果,同时关注采取的手段及其可行性;第二个特点是,反思性教学将可行性与开放心态、责任感和全身心投入的积极态度相结合;第三个特点是,反思性教学是一个周期性的、螺旋式的过程,老师根据自己的长处和短处,密切观察、评估和修正自己的行动;最后一个特点是,反思性教学基于老师自身的判断,一部分通过自我反思,一部分通过吸取教育领域中的其他理念。自1987年出版《反思的实践者》以来,波拉德一直著书不断,不懈地探索这一问题,尤其体现在影响深远的《反思性教学》(Pollard, 2005)一书中。戈亚提出教师作为“反思性学习者”的模式,以启蒙和赋权作为中心主题(Ghaye,2004)。

虽然“reflection”一词常被用作名词(反思),它也可以作状语使用(比如“反思地行动”);也就是说,在行动执行中应有持续的理性思考(在行动中反思),或是在行动结束后对其理性地反思(对行动的反思)。最重要的好处之一是,在行动中与行动后的反思可以提高教学有效性。人们都追求一种能帮助个人系统提高教学能力的方法(临床实践/技术师),而反思方法是解决这一问题的对策,它是学校和教师培训机构规定的教师必备能力。

这种反思的过程认为,教师应认真反思自己的工作,对课堂实践做出专业性判断,而不是被动地应对外界的要求。如果教师只是一丝不苟地执行国家的新政策、新倡议,虽然也会取得进步,但更应自己去思考、去评估政策、敢于挑战现状、敢于与领导协商自己的工作条件,并对教学方法和纪律等方面行使更多自主权,这样才能让自己的才智和潜力显现出来。

这种在国家级考试严格监管下的应试课程,以及以考试为目标导向的课堂教学,最终会培养一代丧失学习兴趣的孩子,他们也看不到学习与自己的生活有什么关系。教师的一个重要作用,就是通过提出开放性、推理性的问题,激发学生思考、分析、提出建议、表达不同的观点,从而帮助孩子提升自我反思的能力。

参考文献

1. Dewey, J.(1910/1997) *How We Think*, New York: Dover Publications.

2. Ghaye, A. and Ghaye, K.(2004) *Teaching and Learning Through Critical Reflective Practice*, London: David Fulton.

3. Pollard, A.(2005) *Reflective Teaching*, London: Continuum.

4. Pollard, A. and Tann, S. (1987, 1993, 1997) *The Reflective Practitioner*, London: Continuum.

5. Schön, D. (1983, 1991) *The Reflective Practitioner: How teachers think*, New York: Basic Books.

R

Reggio Emilia 瑞吉欧·艾米利亚幼儿教育体系

另请参阅:儿童,课程,儿童早期,教学指令,互动,家长对学习的支持,游戏,游戏性,阅读,写作

See also: children, curriculum, early years, instruction, interaction, parents supporting learning, play, playfulness, reading, writing

老师喜欢与学龄前幼儿待在一起的原因是,孩子们每天都有变化,而且肯定都天生渴望学习。瑞吉欧·艾米利亚的幼儿教育体系吸引了许多教育者,已引起了世界的关注。瑞吉欧教育理念认为,孩子是非常有能力的学习者,并以此为前提设计了一种以儿童为导向的课程模式:教师不是按照那种有严格体系的阅读与写作课程来教,而是遵从孩子的兴趣。孩子在快乐和谐的氛围中,通过与父母、老师和小朋友们的互动来学习;教室透过外观散发出的充满乐趣的气氛很重要。在美国、英国、新西兰、澳大利亚以及其他国家,6 岁以下的儿童都采用瑞吉欧·艾米利亚幼儿教育体系。

R

Relationships 关系

另请参阅:成人行为,行为,关爱型教师,幸福感,互动

See also: adult behaviour, behaviour, caring teachers, happiness, interaction

与孩子建立良好关系需要时间和毅力。教师应该通过自己的行动、知识与关爱尽快赢得尊重,而不是在第一节课上就要求学生自动地就尊敬自己。海登(Haydn, 2007)认为,老师应高度重视与学生建立良好关系:

> 它来源于老师与学生互动的感觉和老师的技巧,以及老师在多大程度上了解自己的学生,是否了解他们的课堂表现、每门课的学习情况、学习的积极性等。

很少有教师能保证自己被每个学生所喜爱,但他们有责任确保自己的性格不会妨碍孩子接受良好的教育。同样,虽然不能要求老师喜欢每个所教的学生,但这并不应妨碍他对每个孩子的帮助和关爱。如果家长不断教导孩子,“老师为了让你们接受更好的教育、有个美好的未来,随时都在那里等着帮助你们”,那么孩子和老师之间的关系就会变得更好。公平地说,孩子在家中有父母在场时的表现,会影响他们在学校对老师的态度和行为(《选择合适的学校》,2008)。

有些老师想知道,为什么在学校压力最大时,孩子们的总体行为水平反而会变得更低。这其实很容易理解,儿童对情绪和周围环境非常敏感,所以越是当老师感到紧张、有压力及无从应付时,孩子就越是会心浮急躁。因此,学校里每种人际关系的好坏都会激起学生平静或不安、满足或易怒的情绪。

一个新老师努力尝试与学生建立良好关系却被孩子拒绝时,就会很沮丧。也许是因为这个班的学生与别的老师有过不愉快的经历,所以就不相信所有的大人;又或是他们太喜欢以前的老师,不确定新老师是不是有能力代替以前老师的位置;也可能是有的孩子太害羞、害怕,在他们获得安全感之前就表现出消极冷漠的姿态,显得做作不自

然。甚至会有调皮的孩子以情感要挟的口气说:"只要你离我远远的,不要对我有任何期望,我就会让你看到我开心积极的样子,你满意了吧。"老师很容易让自己和孩子达成这种不成文的约定,但是莱特(Wright,2006)描述了成为一个"被动"教师的后果:

> 被动教师的特点是,为了让学生喜欢而讨好学生,情感脆弱敏感,受到批评就很沮丧。老师原本认真地备好了课,而一旦课堂出现混乱违纪的情况,就无法按教学计划继续上课。她只能停课,被动地应对突发事件,却总是处理不好,因为她不知该如何处理。

如果老师在处理问题时表现得正直、有原则,虽然可能会有一两个孩子不屑于老师的友好姿态,但大多数学生会愿意与老师建立良好关系。这时,老师就必须继续努力,与孩子建立起一种工作伙伴关系,在教学中施展才华;让学生清楚地知道什么是可接受的行为,好与坏、能与不能的界限在哪儿。矛盾而有趣的是,那些开始最不愿配合的孩子,反而最后会和老师的感情最好。

麦克格拉斯(MacGrath, 2000)认为,总的来说,如果温和而坚定、友好而尊重地对待孩子,多数孩子都会表现得更好;他们想得到认可和尊重,想让大人高兴,表扬和鼓励比批评的效果更好。如果活动有趣又好玩,他们会专心致志地完成任务。如果无须担心不利后果,大多数孩子的内心都是诚实、值得信任的,但孩子们也希望,关爱他们的大人会与自己保持一种温和而坚定的界限。

参考文献

1. Get the Right School (2008) *Relationship Between Child and Teacher*, www.gettherightschool. co. uk/TheRelationshipbetweenyourChildandtheirTeachers.html.

2. Haydn, T. (2007) *Managing Pupil Behaviour*, London: Routledge.

3. Macgrath, M. (2000) *The Art of Peaceful Teaching in the Primary School*, London: David Fulton.

4. Wright, D. (2006) *Classroom Karma*, London: David Fulton.

Religious education 宗教教育

另请参阅:晨会,敬畏感和好奇心,资格与课程委员会(QCA),道德发展,心灵教育,受津贴民办学校

See also: assembly, awe and wonder, Qualifications and Curriculum Authority, moral development, spiritual education, voluntary aided schools

宗教教育(RE)是英格兰和威尔士基础课程的组成部分,除非家长不同意,否则所有学生都必须参加。法律规定,所有学校每天都必须有集体敬拜,整个学年中至少有51%的学生必须是基督徒,但完全遵守该法规的学校数量尚不清楚。2004年10月,第一个关于宗教教育的非强制性国家框架得以启动。它由资格与课程委员会(Qualifications and Curriculum Authority, QCA)联合儿童、学校和家庭事务部(Department for Children, Schools and Families, DCSF),以及英国主要宗教团体和宗教专业人士共同研制。

这一框架支持宗教权利，阐释了对宗教学习教与学的期望，以及对教师的工作指导。全国教师工会（National Union of Teachers，NUT）于2008年提议，对未来宗教教育条款的修订应包括：父母应有权利根据自己的信仰为孩子择校；公立学校应邀请伊斯兰教、犹太教、基督教的牧师为学生讲授宗教课程。

在苏格兰，对于5～14岁的学生来说，宗教教育叫作“宗教道德教育”；对14～18岁的学生来说，叫作“宗教、道德、哲学研究”。其国家指导方针也阐明了对学生宗教学习的期望。尽管家长有权部分或全部地退出宗教课程及礼拜仪式，宗教教育依然是北爱尔兰课程的必修科目。学校的宗教课程必须符合四大教会制定的核心教学大纲，必须经由教育部认定。小学宗教教育最核心的要求是，新教师必须为其所教授的这门学科做好充分准备，同时也要考查老师自己的信仰和性格（参见 McCreery，2005；McCreery et al.，2008）。

在社区学校和受监管津贴学校，宗教教育遵照当地批准的教学大纲来实行。在有宗教性质的受津贴民办学校，宗教教育计划要先经董事会批准，通常是由校长和教职工将建议向董事会提请批准。宗教教育常务咨询委员会（Standing Advisory Councils on Religious Education，SACREs）及其他机构，可提供与非法定国家大纲和方案相一致的单元教学规划和建议。从5～7岁开始（关键阶段1），孩子开始接触基督教和至少另一个主要宗教，学习并讨论宗教故事，做与宗教相关的手工艺品和其他宗教材料，了解并学会用各种不同的方式表达信仰，并开始使用宗教词汇。学校会培养学生用想象力探索世界的好奇心和敬畏感，鼓励他们多问相关问题。宗教教育常涵盖多样的主题，如不同的人信仰的神和世界有什么不同，还有节日、不同宗教中的故事、庆典、不同符号的意义（如基督教中的十字架），以及每个人的独特性。

大部分被批准的宗教教学大纲（适用于7～11岁儿童）为了解和学习基督教及其他至少两种主要宗教提供了机会。有些通过了的教学大纲提供实地考察宗教社区的额外机会，这种社区在当地有很大影响，同时持有合理的世俗观点。通过各种广泛的主题活动，孩子们可以利用各种资源（如互联网）和经历（如参观宗教场所）来思考道德和伦理问题，并更好地认识自己在世界中的位置。高年级学生学习诸多主题，如朝圣、精神领袖、宗教、家庭和社区、生命与死亡之旅，以及信仰和全球问题之间的关系，如人权、正义和环保问题。关于如何教授宗教课程，参见贝斯泰德（Bastide，2006）为初等教育教师提出的实用建议：基础阶段、5～7儿童、7～11岁儿童。

参考文献

1. Bastide，D.（2006）*Teaching Religious Education 4－11*，London：Routledge.

2. Department for Children，Schools and Families，*Religious Education*，on-line at www.teachernet.gov.uk/teachingandlearning/subjects/re/.

3. McCreery，E.（2005）‘Preparing primary schoolteachers to teach religious education’，*British Journal of Religious Education*，

27(3), 265 – 277.

4. McCreery, E., Palmer, S. and Voiels, V. (2008) *Teaching RE: Primary and early years*, Exeter: Learning Matters.

5. National Curriculum for England and Wales, *Religious Education*, on-line at http://curriculum.qca.org.uk/key – stages – 1 – and – 2/subjects/religious-education.

Reporting 学业报告

另请参阅:家长日,(儿童)目标设定,测试和测试过程,直观教具

See also: parents' evening, target setting (children), tests and testing, visual aids

书面或口头报告学生的成绩与进步是小学教育中的一个关键点。人们总是错误地认为,学业报告主要是给家长看的,但其实更重要的是要让学生看,让孩子知道老师对其成绩和进步的反馈。低年级学生不太能理解老师的评语是什么意思,于是有些老师就用图形来代替,比如贴画或星星代表认可。学业报告最好是以谈话的形式反馈给各年龄段的孩子,这样学生可以提问,弄清楚老师说话的含义,一起讨论改进的方法。在有些小学高年级班级,学生用"目标本"来记录老师提醒需注意的地方,虽然坚持下来会很难。

所有老师都要在家长日上向学生父母或其他监护人提供一份关于学生成绩和进步的报告,家长日至少一年一次,又叫作"家长开放日"。报告的形式可以是直接向父母邮寄写有评语的信,也可以约谈见面。随着国家考试的临近和学生学业水平的提高,父母越来越关心分数和成绩了。在过去,仅仅用模糊的评语(比如优秀/良好/满意等)来报告学生的学业进步就行了,而现在用量化的分数来区分学生之间学业优劣的差异更有意义。在任何一场全国性考试中,学生个人的分数对学生、家长和教师都是保密的,但是所有家长都可以看到一个班级和学校的整体分数。

好的学业报告要写明学生学业最新的、最准确的信息。这样,尽责的家长就更清楚在家里应给予孩子什么样的帮助。小学教师既要给家长足够的信息,以满足他们的好奇心;也要让家长知道,信息量不用过大,知道哪些就够了。有些报告篇幅过长,详细地写着每门课程的内容,让人怀疑这样做是否是为了让学校更有面子,而并不在乎家长能否看到自己最感兴趣的条目。家长也同样关心孩子的社交发展、如何与同学相处、是否真心热爱学习等方面。

对以后要教这个班的老师来说,学生学业成绩的准确记录与进步的报告也很重要,因为有了这个依据,老师可以帮助学生规划和准备更适合他们的任务。尤其是当学生从小学升入中学时,这份报告须充分准确地反映学生的能力,帮助中学老师据此将学生分配到最适合的小组或级别中;但是中学老师普遍反映,他们并不是根据这份报告来区分学生的,其作用也很有限。

Reputation (teachers) (教师)声望

另请参阅:信念,教与学,(教师)勇气,着装规定,好教师,家校沟通,专业化,关系

See also: beliefs, teaching and learning,

courage (teachers), dress code, good teachers, parent communication, professionalism, relationships

有人说,名声是别人对我们的看法,而性格才是我们真正的样子。所以,虽然现在本词条为"声望",但也许叫作"性格"也合适。然而每位刚进校的新老师都要快速树立自己的声望,赢得同事和家长的尊重,受到孩子们的喜欢和爱戴。老师也应该知道,自己多年来的处事能力与办事风格,早已在别人心目树立起自己中的形象。提高声望的相关因素有:与学生的良好关系、备课充分、形象正面积极等。在不知不觉中,个人的衣着、行为、说话声调、面对困难的态度、与同事如何相处,都塑造了自己的形象。虽然经验少的老师不太关心别人如何看自己,更关注课程规划和教学方法,但建立良好声望有很多好处,应多加重视:

(1)孩子为自己的老师感到骄傲,从而建立起积极健康的学习态度。

(2)孩子在家夸自己的老师,学生父母受到鼓舞,全家都更有信心。

(3)一群家长聚在校门口,一个家长告诉另一个家长这个老师很有能力,这样所有的家长都希望这个老师能够教自己的孩子。

(3)同事们都对这个老师有信心,交口称赞。

(4)家长和学生都期盼着能上这个老师的课。

(5)校长在教育局局长、来访者、未来的学生家长面前赞扬这个老师。

好的声誉虽不易建立,毁掉它却轻而易举。老师必须非常谨慎,避免出现可能会招来麻烦的不当行为。比如要避免使用粗俗、威胁的言语,避免过分关注某个学生(尤其是异性学生)。另一方面,如果性格开朗、真诚友善,与各年龄段的人都能愉快地互助合作,你就能够赢得赞誉。

Restorative justice 修复性司法

另请参阅:行为,霸凌,纪律,行为不端,赏罚

See also: behaviour, bullying, discipline, misbehaviour, sanctions

与学校纪律和课堂管理截然不同的一种惩罚手段是修复性司法,它作为对青少年犯罪惩罚性判决的替代或补充,在 20 世纪 80 年代的司法体系中开始被采用。修复性司法的核心理念是帮助青少年"纠正错误",帮助犯错者了解自己不道德的行为对受害者的影响,并帮助这些侵犯过他人的青少年重新融入社区生活。在学校里,虽然惩罚也是必要的,但重点在于如何解决问题,而不是实施赏罚。必须帮助犯错者理解其恶劣行为的影响,看到其非理性行为的恶果,并与受害者和成人调停者一起讨论该如何正确处理事情。修复性司法适用于各年龄段的孩子,但有些孩子由于情感上太不成熟,无法应对正式法律程序,大人可以帮助他们理解别人遭到侵害时所受的伤害。与其他纪律法规一样,修复性司法必须与其他手段一起使用,因为它不是解决行为问题的唯一方法。

Retention in learning 学习中的记忆留存

另请参阅:注意力缺陷多动障碍,体态语,大脑功能,知识,记忆力与记忆,学习动机,教学法,视觉、听觉和动觉型学习

See also:attention-deficit hyperactivity disorder,body language,brain function,knowledge,memory and memorizing,motivation for learning,teaching approach,visual,auditory and kinaesthetic learning

大脑可以很快忘记刚刚在学校里学到的重要知识,却能很清晰地记着很久以前一支只听到的几句歌儿。这可真是个谜!但为什么会这样呢?答案是,这与“情感反应”密切相关。在遇到特定问题和事件时,它所激发的情感就是扣动这个“扳机”的关键。比如很多人在被问及某个数学问题时,都会因为害怕这个问题而感到头脑一片“空白”;相反,对孩子随口提起生日派对这个词,就会激发他滔滔不绝、手舞足蹈地说个不停。因此,理解情感对记忆起到了至关重要的作用,它能更好地利用大脑中无限的学习能力。

那些有注意力缺陷综合症的孩子,或仅是有杂乱无章习惯的孩子,不是他们不想集中注意力或习惯懒散,而是他们在将知识从短期记忆转移到长期记忆的过程中存在困难,或很难回忆起学过的知识(Stein and Chowdhury,2006)。瑞斯冯(Rathvon,2004)还指出,“这些孩子的阅读理解能力可能会很差,因为他们在记忆力、执行能力和其他相关能力的缺失,会影响其阅读和理解的能力”。在学习过程中,使用肢体语言似乎对记忆力的提高有帮助。

教学方法的选择会对孩子记忆的效率、理解力的提升有重大的影响。孩子若只是在不理解意思的情况下仅靠机械记忆是没用的。正是由于这个原因,孩子可能在考试中能把单词拼对,可同一个单词放在句子中却拼不对。根据以往的真实案例,有些知识如果能在大脑中呈现为画面或用联想法记单词,就可以记得更好、更牢固。

科希(Koshy, 2000)指出,数学教学中不同的方法在对孩子能记住的比例上有明显不同的效果。因此在正式的课堂教学中,虽然学生只记住了5%的内容,但如果加入其他策略方法,学生会记住更多内容:

(1)重复朗读同一单词或句子时,记住10%的内容;

(2)借助视觉及听觉手段时,记住20%的内容;

(3)将自己学到的知识给大家讲出来时,记住30%的内容;

(4)与大家探讨时,记住50%的内容;

(5)亲手操作实践时,记住75%的内容;

(6)将自己新学的知识教给别人时,记住90%的内容;

虽然知识存储只是学习的一个侧面,而且上述数字只是粗略估计,但这说明,只用直接灌输的教学方法不是最有效的。给孩子提供机会,让他们阅读相关文本、听到声音或看到图像、观察大人示范如何完成任务、与同学一起讨论学习内容、参与实践活动、充分利用同伴辅导的机会,这些都能提

升学习质量。

此外，如果儿童尝试使用“视觉、听觉、动觉（VAK）”等多种不同的方式来学习，则效果可能更好。因为有些孩子觉得理解文字信息更容易；有些孩子听别人解释会理解得更好；有些孩子喜欢图像；还有些孩子觉得用图表呈现更清晰。若将上述方法结合起来，多数孩子都会受益。尽管将学习风格分为“视觉、听觉、动觉”的类型（或类似模型）不甚准确，但它有助于孩子选择以什么方式给出自己的答案或发现。比如，如果孩子不愿意用文字写出答案时，老师可以让他用图片画出来或说出来的方式来替代。

毫无疑问，如果孩子（和大人）做事时有强烈的动机，记忆留存能力就会增强。令人惊讶的是，如果刺激足够强大，勉强被动的学习者会变得渴望学习、热爱学习、决心学习。就连那些大人不抱希望的孩子，如果学习动机被激发起来，也会表现出高水平的表达力、记忆力和创造力。

参考文献

1. Koshy, V. (2000) *Teaching Mathematics to Able Children*, London: David Fulton.

2. Rathvon, N. (2004) *Early Reading Assessment*, New York: Guilford Press.

3. Stein, S. M. and Chowdhury, U. (2006) 'The disorganised child', in Stein, S. M. and Chowdhury, U. (eds) *Disorganised Children: A guide for parents and professionals*, London: Jessica Kingsley Publishers.

R

Rewards 奖励

另请参阅：鼓励与表扬，学习动机，家长参与，小学，惩罚

See also: encouragement and praise, motivation for learning, parental involvement, primary school, punishment

在小学生和老师的心目中，奖励这个概念非常重要。使用奖励源于一种相信外部刺激能够改变行为的信念。如果长期使用奖励，学生会变得喜欢取悦老师和家长，会认为成功最重要的不是自己获得知识，而是为了让老师高兴，他们甚至将这种模式视为习惯。所有的孩子都应该被无条件地爱着，这是人的基本需求。就算他们没做好或没有达标，依然应该被关爱、被接受。科恩（Kohn，2006）认为，惩罚（包括“计时隔离”）、奖励（包括正面强化法）等传统育儿方式及其他形式的控制，都是在告诉孩子，只有当他们讨好大人或凭借优异表现得到大人认可时，才会被关爱。

教育心理学家哈罗普和威廉斯（Harrop and Williams，1992）对小学的奖励和惩罚进行了研究，发现小学生与老师关于合适的奖励的看法很不相同。在10种类型的奖励中，老师认为前三种最有效的奖励是：在其他学生面前受到表扬（孩子排名第七）；由老师授予荣誉（孩子排名第九）；在晨会上被点名表扬（孩子排名第五）。相比之下，学生的前三种选择是：把学生的良好表现告诉家长（老师排在第八）；优秀的书面评语（老师排在第四）；好成绩（老师排在第九）。哈罗普和威廉斯的研究表明，老师普遍认为，学校内部的认可（如大会表扬和荣誉）是最有效的奖励；而孩子更在乎的是校外的认可，尤其是父母的满意。

学生对学校奖励的看法排序如下：

(1)告诉家长学生在校表现很好；
(2)优秀的书面评语；
(3)优秀的成绩；
(4)作品被展览；
(5)晨会时受表扬；
(6)私下表扬；
(7)当着别的同学面受表扬；
(8)全班表扬；
(9)老师授予荣誉；
(10)被同学们称赞。

老师对学校奖励的看法排序如下：

(1)当着别的同学面表扬；
(2)老师授予荣誉；
(3)晨会时受表扬；
(4)优秀的书面评语；
(5)私下表扬；
(6)作品被展览；
(7)全班表扬；
(8)告诉家长学生在校表现良好；
(9)优秀的成绩；
(10)被同学们称赞。

在对11~12岁年龄段孩子的研究中，希瑞伍(Shreeve,2002)发现如果学生在校的学习动机来自学习本身和内在驱动力，那么外在奖励和惩罚制度往往并不必要。好的老师能激励学生、管好学生，并不需要使用奖惩制度。学生的良好表现和课堂秩序通过良好的师生关系、周密的教学计划和有趣的活动来支持，老师很少用惩罚来表示对某种行为的不满。

口头和物质奖励使学生变得被动。过多的奖励会减少实现自我满足的内在驱动力；过少的奖励又会使学习氛围僵化。有经验的教师会首先鼓励孩子为自己的成就感到骄傲，然后在必要时以外部奖励来肯定他们的成就——尽管马歇尔强调，学生获得个人满足感并不依赖奖励(Marshall,2001,第2章)。一个常见的做法是，老师通过表扬个人努力对团队或班级荣誉的贡献，以促进团队合作和共同努力。

老师也重视奖励，不仅包括金钱和证书形式的奖励；还包括通过培养学生对学习的热爱，来实现教师内心的“召唤”。因此，老师最看重的奖励是成功的课堂实践，以及对学生学业和社会发展所贡献的力量。对于所有致力于初等教育的人来说，看到孩子们快乐满足、享受学习、与同龄人友好相处，便是最强大的动力。

参考文献

1. Harrop, A. and Williams, T. (1992) ‘Rewards and punishments in the primary school: Pupils’ perceptions and teachers’ usage’, *Educational Psychology*, 7(4), 211–215.

2. Kohn, A. (2006) *Unconditional Parenting: Moving from rewards and punishments to love and reason*, New York: Atria Books.

3. Marshall, M. (2001) *Discipline Without Stress, Punishments or Rewards: How teachers and parents promote responsibility and learning*, Los Alamitos CA: Piper Press.

4. Shreeve, A. (2002) ‘Student perceptions of rewards and sanctions’, *Pedagogy, Cul-*

R

ture and Society,10(2), 239 –256.

Rising fives 未满 5 周岁小学生

父母及监护人在孩子年满 5 岁以后有义务送孩子去上学。如果学校有充足的位子，可以在法定年龄 5 岁之前就让孩子来上学，这时，孩子就被称作“未满 5 周岁小学生”。他们这就开始了学校生涯的第一堂课(学前课程)。诺曼·尼克尔森(Norman Nicholson, 1914—1987)写了一首题为《成长中的 5 岁》的诗，以小主人公这样一句坚定的宣言开篇：“虽然我不到 5 岁，但已经上学了。这是成长中的 5 岁，可不是 4 岁!”

Rose Curriculum Review 2009 《罗斯课程评论(2009)》

另请参阅:《初等教育评论》

See also: *Primary Reviews*

Rote learning 死记硬背

另请参阅:字母表，记忆力与记忆，乘法表，诗歌，唱歌，理解

See also: alphabet, memory and memorizing, multiplication tables, poetry, singing, understanding

死记硬背是一种无须理解其意义，只需通过不断重复以加深字面记忆的方法。支撑这一方法的理论是：孩子背得越多，就越能快速回忆出这些材料的含义。死记硬背常与贬义的“鹦鹉学舌”相提并论，因为尽管孩子能准确地背诵，但可能并不理解自己说的是什么意思。

小学教育中，最常见的死记硬背用于：背诵乘法表、字母表或诗歌；学生快速念出老师闪卡上的单词；一遍遍唱同一首歌，直到每个词都准确记住；在教会学校里齐声背诵宗教箴言。近年来，人们更注重学生对意义的理解，而不是仅仅记住表面字词。死记硬背的反对者坚持认为，不应该再强迫孩子死记硬背事实和数字，因为很容易在互联网和其他设备中查到这些信息。然而小学教育者一直在争论，是否应放弃一切形式的机械记忆。因为这种方法也有其自身的智慧和价值。

Rules 规则

另请参阅:行为，教育考察，健康与安全，学习氛围，关系，奖励

See also: behaviour, educational visits, health and safety, learning climate, relationships, rewards

规则是将有关适当举止和行为的原则转化为实践的条令。好规则的标准是，学生和成人都可以看得懂，能让双方都能更好地理解什么是可接受、什么是不可接受的。多数学校都制定了一套适用于所有学生的规则，无论学生在学校的哪个地方都会受到监督。这样，学生就要受到学校的规章制度和行为纪律准则监管。个别教师会先和学生商讨，再制定特别的教室规则，因为学生在教室里待的时间最长(见 Rogers, 2002; Rogers and McPherson, 2008)。关于学术访问和校外旅行，尤其是关于健康和安全方面的问题，还有更多的规则。

在表述规则时，虽然可以使用“不许、禁止”这样的词来规范学生行为，但如果用谆谆教导的语气告诉学生应该怎样做，学校希望看到的行为是什么样的，效果会更好。比如“请沿着走廊走”的规定就比“不能在走廊里追逐打闹”更有效。波拉德(Pollard, 2005)指出，不同情况下要有强度不同的“规则框架”。因此老师在第一堂课上立规矩，强调本学期的要求和学习内容时，需要一套强有力的规则；另一方面，当孩子自发地玩游戏时，需要一套不太强硬的规则，而在下雨天的课间时间，要求孩子只能在室内读书、下棋、画画时，则适用一套相对较弱的规则。波拉德还说，老师的行为、态度会反映出规则框架是强还是弱，比如，如果老师快步走进教室、直奔主题，则表明“赶快坐好，不能打闹”，学生会感到被严格的规则框架所要求(参见 Pollard, 2005)。

著名儿童教育家泰德·韦拉格(Wragg, 2004)指出，学校没有任何规则会导致混乱和危险。他按照管理校园生活规则的广度将其分为九大类：动作、谈话、学业相关、报告、安全、空间距离、材料、社交行为、衣着外貌。韦拉格还认为，不应将规则与人际关系分开来看，因为二者既密切相关，又有所不同。他指出，两人及多人关系在某种程度上受约定俗成的规则的影响。如果严格执行规则，并对违规者给予处罚，常常会因为没考虑具体情况而产生问题。比如一个平时温和的孩子突然发脾气、大哭起来，就与那些坏孩子想通过故意大哭大闹来操控局面有所不同，需采取不同的应对策略。有经验的老师常和孩子一起讨论自我控制的重要性及其带来的后果，尽量避免被公然挑衅或要手腕的坏孩子情感绑架。

许多学校对正面的积极行为有奖励机制，比如允许表现好的孩子在周五下午自由选择活动(有时被称为“黄金时间”)。那些总表现不好的孩子就会失去黄金时间，或其他类似机会；他们要和老师说自己怎么做错了，以及如何下定决心改正。如果学生有持续违规行为，就要告知其父母，请家长到学校与班主任或校长一起讨论商量，制定改正不良行为的计划。

参考文献

1. Pollard, A. (2005, 2008) *Reflective Teaching*, London: Continuum.

2. Rogers, B. (2002) *Classroom Behaviour*, London: Paul Chapman.

3. Rogers, B. and McPherson, E. (2008) *Behaviour Management with Young Children: Crucial first steps with children 3 – 7 years*, London: Sage.

4. Wragg, E. C. (2004) 'The two Rs: Rules and relationships', in Wragg, E. C. (ed.) *The Routledge Reader in Teaching and Learning*, London: Routledge.

R

S

Sanctions 赏罚

另请参阅:惩罚,关系,成见,师生互动

See also: punishment, relationships, stereotyping, teacher-pupil interaction

很多老师不喜欢用"惩罚"一词,而更倾向于用"赏罚",因为它不包含任何有意苛刻惩戒的意味。赏罚是对孩子不当行为的一种回应,而惩罚是因为表现不好所产生的后果,会给学生贴上坏孩子的标签,形成并强化负面印象。因此,赏罚是为了培养孩子的原则意识——"这种错误行为会导致这种结果",它尽可能不破坏大人与孩子之间的关系,同时确保有秩序的学习氛围。

SATs SAT 教育(英国标准课业测评考试)

另请参阅:促进学习的评价,关键阶段,读写能力,计算能力,问题解决,测试与测试过程

See also: assessment for learning, key stages, literacy, numeracy, problem solving, tests and testing

SAT 考试最先服务于"标准化评估任务",但很快就变成了"标准化评估测试",更准确的名称是"英国标准课业测评考试"。在英格兰,测试的时间是:二年级,即关键阶段 1 结束前(7 岁);六年级,即关键阶段 2 结束前(11 岁);九年级,即关键阶段 3 结束前(14 岁)。

SAT 考试可以用来比较同月份出生的孩子是否学习进程相同。考试常在复活节后举行,关键阶段 2 的成绩比关键阶段 1 更为正式、重要。老师对学生的评估是二年级考试的一个重要组成部分。根据其学习状况,每个孩子都被划分为一个"等级":

等级 W:向着第一等级努力;
第一等级:5 岁儿童的平均值;
第二等级:7 岁儿童的平均值;
第三等级:9 岁儿童的平均值;
第四等级:11 岁儿童的平均值;
第五等级:13 岁儿童的平均值;
第六等级:14 岁儿童的平均值;
第七等级:高于 14 岁儿童的平均值;
第八等级:只适用于数学学科。

尽管有这些"平均水平"作为参照,但学校期待一些六年级的孩子(11 岁)能达到第五等级(13 岁)的能力。英格兰的学校每年度都会公布成绩排名榜。为了让学生积极准备考试获得最高可能的分数,二年级和六年级的老师承担着很大的压力。威尔士和苏格兰不公布成绩排名。威尔士废除了 SAT 标准考试,但需要测试 10 岁学生的数学计算、读写水平及解决问题的能力。苏格兰的课程体系远没有那么严格和统一,在孩子按照从 A 到 F 六个等级的体系学习时,老

师和当地学校可自主决定是否需要测试，以及什么时候测试。

SAT 考试一直是众多老师和校长争论与焦虑的根源。很多人不喜欢在考前几个月为迎合考试不断缩小课程范围，也不喜欢为了考个好成绩而对孩子施加压力。关于英格兰的教育体制详情，请参见 www.Stasguide.co.uk。

Schemes of work 教学规划

另请参阅：课程，关键阶段

See also： curriculum，key stages

教学规划指的是，为整个学年和每个关键阶段规划出每门科目的教学结构和内容。具体学科的教学规划包括课程单元，以及与设计和教学相关的支持性信息。每个教学规划都写明学生在学习过程中应取得的进步、能让有特殊学习需要的学生融入的方法，以及与其他学科和领域的关联。很多学校都意识到学科之间的关联，并将两种或更多科目的教学规划单元结合起来，以巩固所学，为学生提供更全面的学习体验。

Schiller，Christian 克里斯汀·席勒

另请参阅：艺术，以儿童为中心的教育，《普罗登报告》，《初等教育评论》，专业发展

See also： arts，child-centred education，*Plowden Report*，*Primary reviews*，professional development

克里斯汀·席勒（1895 年 9 月 20 日—1976 年 2 月 11 日）是一位在初等教育领域推动进步主义理想和儿童中心论教学理念的重要人物。他曾在圣奥尔本斯附近的泰顿亨格洛奇预备学校（Tyttenhanger Lodge Preparatory School，St Albans）上小学。而后于 1909—1914 年就读于霍尔特的格雷萨姆中学（Gresham's School，Holt）；他在这所学校成为学生代表，擅长短跑，并获得剑桥大学悉尼苏塞克斯学院（Sidney Sussex College，Cambridge）的数学奖学金。第一次世界大战（1914—1918）后，他进入剑桥大学，于 1919—1920 年主修数学；后来，他在伦敦日间培训学院（London Day Training College）攻读教师资格证（1923—1924）。1946—1955 年，他在利物浦和伍斯特的皇家督学团就职，并任小学教育高级督学。1955—1963 年，他在伦敦大学教育学院担任小学教育高级讲师，为小学校长和骨干教师创办了为期一年的研修课，并为教师开设住校学习课程。

在《教育法》（1944）带来的重组之后，席勒于 1946 年被任命为小学教育的第一位高级督学。他继续钻研他一直热爱的小学数学教育，对教育中艺术与运动的热情也与日俱增。他经常与好友罗宾·坦纳（Robin Tanner）一起，继续为教师开办课程，同时推动进步主义的理想和实践。

离开教育部后，席勒在伦敦大学教育学院任高级讲师一职，在 1956—1963 年间，他专门为培训小学校长开设了一门为期一年的新课程。许多参加课程的人后来都成为初等教育领域的领军人物，如伦纳德·马什（Leonard Marsh）、约翰·科（John Coe）、康妮·罗森（Connie Rosen）和亚瑟·拉泽尔（Arthur Razzell）。席勒于 1963 年离开了教育学院，但仍然积极参与教育讲座、指导、视察

学校、担任校外考官和评估员。据 1967 年的记录显示,他在金史密斯学院(Goldsmith's College)任职时,也曾服务于普罗登(Plowden)委员会。

在 20 世纪 70 年代初,席勒作为领军人物在伦敦大学的金史密斯学院创建了初等教育研究生课程。在 1976 年 2 月 11 日去世之前,他一直都在伦敦肯顿的家中工作。他发表过数篇论文,并一直在撰写一本关于数字的书(未完成)。但他的主要贡献是,通过讲座和参与教师培训课程,将自己的教育理念传播给更多的人,对当时的思维方式产生了强大冲击。如今,席勒被公认为初等教育界的先驱。

参考文献

1. Griffin-Beale, C. (1979) *Christian Schiller: In his own words*, London: A&C Black/NAPE.

2. Institute of Education, University of London, *Papers of Louis Christian Schiller*, GB/366/DC/CS, on-line at www.ioe.ac.uk/library/archives/cs.html.

3. Institute of Education, *Schiller, Louis Christian*(1895—1976), GB 0366CS, on-line at www.aim25.ac.uk/cgibin/frames/browse2?inst_id = 5&coll_id = 2333&expand.

School attendance 出勤

另请参阅:缺勤

See also: Absenteeism

School climate 学校氛围

另请参阅:校长,督导,学习氛围

See also: head teacher, inspection, learning climate

人们在学校待一段时间就很快会发现,学校与学校之间大不相同,甚至连每间教室都各有特色。“学校氛围”一词泛指学校的感觉、气氛、基调、办学理念或周围环境。就像每个人都有不同的性格一样,所以学校氛围就可以看作是学校的性格(State University, 2009)。学校督导认为,学校与学校之间的氛围在多大程度上不同,主要取决于校长奠定的基调。比如当一所学校的校领导变化时,学校的氛围会忽然完全改变,每个老师和来访者都能证实这一点。

参考文献

1. State University (2009) *School Climate*, on-line at http://education.stateuniversity.com/pages/2392/School-Climate.html.

School councils 学生理事会

另请参阅:决策,求职面试,小学生视角,特殊教育需求

See also: decision-making, job interviews, pupil perspectives, special educational needs

学生理事会由同学们选举出的一些有威望的学生组成,代表着学校或教育场所全体同学的意见,是传递学生决策的渠道。学生理事会有各种形式,但基本上都是指校园中由学生创办运作的学生团体,在小学阶段是由老师协助的。学生理事会也有其他名称,包括“学生论坛”和“青年议会”。

2005 年,创新小队(当时叫作 DfES 创

新小队)资助了一个项目,由卫提(Geoff Whitty)、魏斯比(Emma Wisby)、戴克(Anne Diack)(伦敦大学教育学院)领头,专门为小学提供建立和运行学生理事会所需要的各种材料,这个项目是创新小组“个性化学习”计划的一部分。他们于2008年发布了一份题为《真正的决策?学生理事会在行动》的文件,提供了优秀实践的例子,以及学校分享想法的机会。作者提出了以下建议(修订):

(1)学校要非常清楚,为什么要为大众学生提供发表意见的平台,又为什么要特别建立学生理事会;

(2)必要时,学校应有改变自己价值观念及组织结构的意愿;

(3)如果学生议题关乎教学及学习的核心,不仅仅是学校环境和设施问题,老师的支持和学生建议至关重要;

(4)学校必须努力帮助所有学生表达自己的观点,而不只关注那些身在学校理事会中,或最愿意在学校事务中表达自己观点的同学;

(5)有特殊需要的学生如果想参与学生理事会,可要求特殊支持;

(6)如果想让学生有效参与决策,对他们的培训和支持非常必要。

《教育和技能法案》于2008年正式成为英国的法律,法案要求学校在影响学生的重大决策上要听取学生的意见。董事会负责邀请学生对各种问题发表意见,并予以考虑。与所有学生单独讨论每一个问题是不切实际的,所以可建立有效的理事会来代表学生提出意见。一种方法是设立各年级理事会,为每个学生提供表达自己观点或投票选择的机会。如果沟通渠道畅通,学生能从董事会成员和老师那里得到反馈,知道自己的观点被倾听且被认真考虑,他们就会更加自信。议题从改变校服款式,到变换午餐安排,到选择墙壁颜色均可。甚至可任命一组经过挑选的学生参与面试新教师的环节,但很多教师对此持怀疑态度,因为年幼的孩子不适合参与到正式的面试中。

许多团体都对学生在决策过程中是否应发表更多意见做出回应。教师协会(Association of Teachers and Lecturers,ATL 2009)指出,学生理事会并不是激发学生参与学校事务的唯一途径。学校可通过学生访谈、调查问卷来解决某个问题,也可在全校范围内定期咨询,学生与老师、校长和董事会成员还可以举行正式座谈。教师协会的结论是,尽管理事会发挥了有益的作用,但它自身并不是更多学生参与学校事务的唯一答案。

参考文献

1. ATL (2009) *Taking Pupils Seriously: Involving pupils in decisions that matter*, accessible on-line through www.atl.org.uk.

2. Schools Council UK: on-line at www.schoolcouncils.org.

3. Whitty, G., Wisby, E. and Diack, A. (2008) *Real Decision Making? School councils in action*, London: Innovation Unit, Institute of Education, University of London for the DCSF.

School library 学校图书馆

另请参阅:信息技术,阅读

See also: information technology, reading

图书馆与信息专家特许学院(The Chartered Institute of Library and information Professionals,CILIP)推荐出版的《小学图书馆指南》(CILIP 2002)指出,学校的主要图书馆应为单一用途区域,应位于学校的正中心,汇集整个学校的资源。无论学生有什么特别需求,所有班级和孩子都能最方便地走到这里。图书馆不应只包括故事与非故事类的书籍,还要能够使用 ICT(尤其是外网、内网、CD 光驱),应该有学习空间、可容纳全班的座位和随意阅览区。该指南将 4 ~ 11 岁学生视为独立的学习者和充满想象力的读者,并针对他们的需求,将学校图书馆纳入全校的教学和学习文化中。

参考文献

1. CILIP (2002) *The Primary School Library Guidelines*, on-line at www.cilip.org.uk.

School life 学校生活

另请参阅:示范行为,游戏时间,特别活动,教学法,师生互动

See also: modeling behavior, playtime, special events, teaching approach, teacher-pupil interaction

儿童原本对"学校生活"的定义很明确,但有时又感到困惑。他们会把精力充沛的玩耍行为带入课堂;他们会在着急回家时提前兴奋起来;由于在沉闷的学校晨会上无聊静坐的时间太长,他们一开始学习时就昏昏欲睡。这时,老师要默许这些奇怪的行为,不断调整教学方法和教学态度;同时在保持课堂秩序的情况下,既坚持基本的标准和态度,又没必要过于严格粗暴。有些缺乏经验的老师对意想不到的状况反应过度,紧张焦虑、烦躁不安。有智慧的老师会从容应对环境,能够区分出学生是故意破坏,还是精力充沛;是傲慢无礼,还是随意放松;是充满敌意,还是情绪高亢。

孩子们在有些课上彬彬有礼,并形成了一种友好合作的精神;而在另一些课上,似乎存在一种潜在的紧张气氛,以及由不健康竞争导致的愠怒和怨恨。理想情况是,同学们会相互支持帮助,为自己的成功和别人的成功同样感到高兴。老师要通过不懈的坚持来达到这种和谐的状态,要给学生示范出什么是对待同学的正确态度,不单以学业能力来评价他们。

每位教师必须假定,所有的孩子都能通过学校的学习被重新塑造。如果不是这样,教学作为改变人的原动力就失去了意义。学习包括通过亲身经历来改变行为,学生如果要想进步,很重要的一点是,要积极参与并专注于学习的过程。孩子会在学习过程中改变思维、不断进步,这一观点建立在一种假设之上,即孩子的变化和发展大体上是有规律可循的。然而老师都知道,偶尔会有孩子取得意想不到的进步,这会让他身边所有的人都高兴至极。

School secretary 学校教务秘书

来访者或家长到学校,见到的第一个人就是学校秘书,有时被称为学校"行政人员"。除了作为接待员外,秘书还在学校办

公室工作,并在必要时去学校其他地方处理事务。他们的文书工作包括:整理文档、接电话、打字、为主任老师写报告和备忘录、分发信件邮件、打印和复印、保存学生和老师的档案。今天的秘书大部分时间都使用电脑,还要管理财务;一些秘书负责给政府部门上报统计报表。在中等规模以上的小学,会有多个秘书分担责任。学校里的每个人都喜欢办事利落、性格友好的学校秘书。

Schoolyard 学校操场

另请参阅:休息时间,游戏,操场,休息

See also: breaktime, play, playground, recess

在北美和其他地方,学校操场(schoolyard)是指学校建筑旁边的场地,是孩子们课间休息时的玩耍场所,也是需要硬地面来做游戏的场地。在英国,更常用"操场"(playground)来指主要的游戏区,而用"运动场"(field)指有草坪的地方。

Science 科学

另请参阅:创造力,交叉课程,发现式学习,探究,环境研究,健康饮食,动觉型学习者,SAT 考试

See also: creativity, cross-curriculum, discovery learning, enquiry, environmental studies, healthy eating, kinaesthetic learners, SATs

很多小学生都对科学充满热情,不仅因为在这个学习过程中可以大量动手(运动型学习),还因为在调查探索时自己能够通过权衡做出决定。遗憾的是,近年来倾向于引导学生按事先规定的和程式化的方法做试验。老师为学生提出明确的任务和活动,并提供预先确定的结果。最后,孩子没有学会科学地思考,而是学会了系统地思考。也就是说,学生完成了实验,可以讨论并报告结果和发现,但未能掌握操控这些现象背后的科学原理。比如他们可以正确地设计电路、点亮灯泡,但却不能掌握电流或电路的概念。

对孩子来说,科学课最好的形式就是与日常生活紧密相关,因为他们不能理解从未见过的、抽象的东西,而更容易理解熟悉的、具体的科学概念。此外,孩子能有机会观察、实验、动手验证时,学习是最有效的。小学老师经常把科学作为与其他学科建立跨学科联系的平台。比如一节关于健康饮食的科学活动课可以包括这些内容:做营养的三明治、设计午餐盒上的图画主题、调查人们的食物偏好、上网调查不同馅料的营养价值等(Bennett et al., 2004)。

科学家高度认可的思维模式的特征是:冷静观察、理性分析、逻辑推理、做出假设并验证假设,以及通过以上各种手段,形成关于自然世界的理论表述(Brawn,2000)。然而除了教孩子用这种方式思考外,老师还必须鼓励他们凭借直觉和想象去思考。科学史中有很多例子,伟大发现的产生需要两种思维方式的结合,一种是一步步艰深的推理分析,另一种是丰富的创造力和想象力。只有这样才能找到解决方案,甚至还能再提出一套替换方案。经验表明,儿童只有在牢固地掌握相关概念与技能后,才能产生直觉,进而最有效地运用自己已有的科学知识。

从2010年开始，科学学科不再纳入英格兰年度课程测试(SATs)。

参考文献

1. Bennett, K., Crowther, P. and Johnston, J. (2004) 'Is there still a place for primary science?' in Johnston, J., Chater, M. and Bell, D. (eds) *Teaching the Primary Curriculum*, Maidenhead: Open University Press.

2. Brawn, R. (2000) 'The formal and the intuitive in science and medicine', in Atkinson, T. and Claxton, G. (eds) *The Intuitive Practitioner*, Maidenhead: Open University.

Scottish Curriculum《苏格兰课程》

另请参阅：儿童学习评价，课程

See also: assessing children's learning, curriculum

苏格兰为地方政府和学校制定了全国性非强制指导纲要，涵盖小学及中学前两年(5～14岁)所学课程的结构、内容和评估。课程分为五大类：语言、数学、环境研究、表现艺术、宗教和道德教育。每种类型的课程都有很多考核学业成绩的方法，每门课都有一系列需要学生学习体验的模块。为了让所有学生升入高一年级时都能稳步进步，针对5～14岁学生的课程目标是加强教学的多样性、连贯性和平衡性。在苏格兰，盖尔语不是核心科目，只有小部分学生可以自愿选修。苏格兰的课程不是由法律规定的，所以比较灵活，每个学校和独立的教育机构可自行负责。国家教育纲要会给出教学应涉及学科领域的建议，但是并没有详细说明具体应该教什么、怎么教。

苏格兰正在制定的"培优课程"将着手确定苏格兰3～18岁学生的教育价值观、宗旨和原则，这与国家优先培养目标相符合，比如应该重视所有少年儿童的安全、教养、成就、健康、积极心态、责任感，以及被包容和尊重。为了给学生设立标准的进度和难度，3～18岁学生的单独课程由课程质量评估系统提供支持，尤其是在幼升小、小升初的关键阶段(课程审查小组，2004)。在苏格兰5～14岁学生的课程中，多数模块都要达到第五或第六等级，即A－E或A－F。如果老师觉得某个或某组学生准备好了，就可以开始测试，看其是否能达到那个等级的要求，而无须整个班级或年级参加考试，老师可以用这种方法来确认学生的水平和进步情况。

参考文献

1. Curriculum Review Group (Scotland) (2004) *A Curriculum for Excellence: Purposes and principles for the curriculum 3－18*, London: HMSO, on-line via www.scotland.gov.uk/Publications.

Scottish Curriculum Framework 3－5《苏格兰3～5岁儿童课程框架》

这份文件为苏格兰儿童的学习和发展需要提供建议和指导，主要适用于3～5岁儿童的教育。新的《培优课程》指南将最终取代《苏格兰课程框架》，并将学前教育的

S

教学方法扩展到小学低年级阶段。

Seating arrangements 座位安排

另请参阅:讲授式教学,小组活动,被遗忘的孩子

See also: didactic teaching, group work, invisible children

老师喜欢什么样的教学方法,能在教室桌椅及其他设施的摆放中透露出来。只有像戏剧表演、小组讨论、合作解决问题等需要学生间高度互动的活动,才必须要求把座位围成圈才能进行。当需要个人集中注意力思考时,学生围坐是没有意义的。虽然教学楼和教学设施近年来已实现了一定的标准化,但教室的大小、资源、学生数量、散热器位置、窗户等都不同。座位安排可能会对教育质量产生重要影响。比如让学生坐成一排而不是围坐成组,往往会提高孩子的注意力和工作效率,却不能促进小组协作(Bennett and Blundell,1983)。

座位如何安排与老师喜欢的教学风格相关。小学高年级老师倾向于用直接的、说教的教学法,更喜欢学生面朝前方讲台坐;低年级老师,更喜欢让孩子围坐成一圈,由老师、助教或家长等大人指导小组活动(Hastings and Changtrey Wood,2002)。随着国家教育战略对读写和计算的重视,人们更强调两者混合的教学法:将直接的、说教的教学方式用在每节课开始和结束时;课堂主要活动则以小组讨论为中心。老师经常会为了拉近与学生的距离,让大家团团围坐在身边的小地毯上来开始和总结课程,这样能产生亲密感,也能更好地沟通。但有时因为教室的大小和形状、孩子的身高胖瘦,这样做会不方便。

老师可以用三种方式来安排教室桌椅:一行行成排的、一圈圈围起来的,或马蹄铁方形的。喜欢创新的老师为了适应教学的不同需要,会天马行空地变换桌椅摆放的方式,并引以为豪。比如,如果孩子要画几幅参展的大型壁画,就会把桌子推到一起,这样就会有更大的空间让孩子们一起作画;考试时,又会把桌子排成整齐的横竖排,过道留有足够的空间让老师巡视。给低年级孩子上课的教室常会有各种额外设施,用来安排实际活动;有些教室的屏幕可移动,这样就更加灵活方便。教室里的设施所占的额外空间,以及便于进出的空间,也必须计算并考虑进去。关于某些关键因素的有价值的概述,请参见普鲁克特等人的著作(Proctor et al.,1995,第 2 章)。

研究表明,当老师用提问-回答的方式给大班上课时,孩子之间的互动越小,他们的注意力就会越集中。当学生围坐在课桌旁,后背朝向讲台的学生必须扭着身子才能看到老师,或把椅子搬到面朝讲台的位置,这样的效果最不好。课堂中最重要的是学习,所有活动都让学生围坐在一起对教学和学习并不利。为了变换活动或学习体验而重新安排桌椅并不简单,因为这会出现嘈杂现象及小的干扰。

虽然正式安排座位严重挤压了"任务花费时间",但也未必就能提高学习质量。如果孩子只是被动、顺从地好好坐着,也有可能学习效率低、缺乏学习动机;有时他们虽然活跃喧闹,但也可能是在通过讨论而深入参与到学习活动中,从而更透彻地理解了某

个问题。

老师排座位时要考虑如何平衡孩子之间的竞争因素。首先,要决定学生应该学什么,以及怎样通过安排座位来帮助他们。其次,排成面向讲台的座位对学业和纪律有好处;排成圆圈的座位能促进小组合作,老师需要权衡二者各自的优缺点。再次,必须考虑到,孩子之间的互动越多,老师越需要干预,从而把他们重新拉回课堂,让其集中精力。最后一点很重要,越是不能自我控制的孩子,越需要老师不断纠正,因为负面行为可能会一犯再犯、不断升级。

参考文献

1. Bennett, S. N. and Blundell, D. (1983) 'Quantity and quality of work in rows and classroom groups', *Educational Psychology*, 3 (2), 93 - 105.

2. Hastings, N. and Chantrey Wood, K. (2002) *Reorganising Primary Classroom Learning*, Maidenhead: Open University Press.

3. Proctor, A., Entwistle, M., Judge, B. and McKenzie-Murdoch, S. (1995) *Learning to Teach in the Primary Classroom*, London: Routledge.

S

Security 安全

另请参阅:休息时间,健康与安全

See also: break time, health and safety

近年来,由于对儿童性骚扰的焦虑和对校园暴力事件的大规模报道以及学校董事会成员和教职工对自身法律责任的高度担忧,导致西欧和北美许多学校实施了儿童校内保护措施。21 世纪初,使用安全锁、密码、闭路电视、警察队巡逻已成为常态。此外,教师对接触儿童身体的恐惧、对急救的担忧,以及人们喜欢诉讼的这种社会文化现象,导致学校采取很多措施,以保护师生在休息时间及全天所有时间的身心安全。

Self-esteem (children) (儿童)自尊心

另请参阅:深度学习,鼓励与表扬,小学习动机与成就,学生个性,成功

See also: deep learning, encouragement and praise, motivation for learning, pupil personality and attainment, success

自尊心是一种受"自认为别人怎么看自己"所控制的心态。相关术语,如"自我信念、自我概念、自我效能感"包含自己怎么看自己的心态。有些教育学家认为,这些术语比"自尊"好,因为它们不取决于主观意见,而取决于能被证实的成就(Maclellan, 2005)。然而高自尊心态有助于学习出现"放松性警觉"现象,从而能使学生评估自己的长处和弱点,并尽可能增加学习深度,而不是浅尝辄止。

儿童关于自我的某种观点或者对自己价值水平的认识并非天生,这种认识最初是由他与家人交流的经验开始的,然后通过与更多的小伙伴相处来逐步形成。有些孩子似乎天生焦虑敏感;也有些孩子从小就表现出自信,比同龄人的自尊心都要强(Collins, 2001)。学生对失败的害怕,可能会让他们退化到幼稚无助的行为,或将这种挫折感发

泄在更小的孩子身上。缺乏经验的老师可能会认为,性格开朗活泼的孩子会很自信,安静顺从的孩子会对自我价值感到迷茫。事实上,两者并没有必然的关联(Merry,1998)。

大人的态度对孩子的自尊心有重要影响。比如两个老师检查孩子的作业,并提出改进建议:一个老师只关注错误,使学生沮丧;另一个老师为了让学生进步,细心思考如何对孩子说话,一步步精确引导,设定合理目标。哪种方法更能促进学习显而易见。然而有人担心,过分强调学生的自尊心会使学生过于自恋。

自尊心不足的学生在学习中不愿接受挑战,可能会花时间和精力去做一件特别简单直观的事,来获得大人的称赞和唾手可得的成功(比如一个对勾、一条好的评语、一个积分)。虽然这一策略会使自尊心短暂提升,但这也会导致孩子逃避困难,变得喜欢依赖外界鼓励来提高自尊。不太自信的孩子只愿意做那些特别保险、别人肯定会支持赞同的事情。如果想要他们打破这层心理防线、获得心灵的自由,教师就特别需要小心地培养他们的自尊心。

著名的美国教育家莉莲·卡茨认为,父母和老师至少可以通过如下七种方式来增强孩子的自尊心(Lilian Katz, 1995):

(1)帮助孩子与同龄人建立良好的关系;

(2)更清楚自己的价值观,能理解别人不同的价值观;

(3)让孩子知道父母永远无条件支持他们;

(4)要欣赏孩子所感兴趣的事,而不是仅仅赞扬或奉承;

(5)给孩子提供面对挑战与困难的机会,这些挑战本身也有乐趣;

(6)尊重孩子,认真对待孩子的观点,提出有意义的反馈;

(7)帮助孩子应对挫折,他们在失败中学到的经验教训是未来的优势。

参考文献

1. Collins,M.(2001) *Because We're Worth It:Enhancing self-esteem in young children*,London: Lucky Duck/Paul Chapman.

2. Katz,L.G.(1995) *How Can We Strengthen Children's Self-Esteem*, University of Illinois, ERIC Clearing house on Elementary and Early Childhood Education,on-line at www.kidsource.com/kidsource/content2/Strengthen_Children_Self.html.

3. Maclellan,E.(2005) 'Should we raise pupils' self-esteem?' *Education 3-13*,33(1),7-12.

4. Merry,R.(1998) Successful Children, *Successful Teaching*,Maidenhead:Open University Press.

Self-esteem (teachers)(教师)自尊心

另请参阅:教育目的,有效性,教学动机

See also:aims of education,effectiveness,motivation for teaching

自尊心(或自我价值)对教师来说非常重要,正如自信是有效教学的重要因素。教

S

师的自我价值感会影响他们的工作的态度及行为,进而影响学生的学习。当教师觉得自己有能力高效完成工作时,就能在心中转化为一种信念,并得到学生的积极响应。其结果是,学生感受到了老师树立的权威,就更有可能愿意合作和坚持。

小学老师对自我价值的判断往往源于工作上成功与否,工作如果不顺利就会影响他们校内校外各方面的生活。矛盾的是,关于教师如何教学生提高自尊心的书非常多,但针对教师自身如何提升自尊心的书却非常少。影响教师自我价值的因素似乎有很多:

(1)总体能力和技能;

(2)得到亲朋好友(如父母、配偶)的认可;

(3)得到同事的支持;

(4)深信教学对儿童的成长有积极的影响;

(5)坚定的道德信念,包括宗教信仰。

小学老师似乎总在抱怨他们工作中的各种不合理的要求,但还是会继续工作。这种自相矛盾的表现说明,他们的利他主义精神和教学动机超越了自我怀疑。

S

SENCO 特殊教育需求协调员

另请参阅:《实施条例》《每个孩子都重要》,外部机构,家校沟通,特殊教育需求,儿童特殊教育评估认定

See also: *Code of Practice*, *Every Child Matters*, external agencies, parent communication, special educational needs, statementing

特殊教育需求协调员(SENCO)负责协调满足本校学生的特殊教育需求(SEN)。在规模较小的学校里,校长或副校长可以承担这个责任。《特殊教育实施条例》(1994)中有对特殊教育需求协调员地位的定义,列出了四个主要职责领域:①为其他教师的培训工作提供建议和帮助;②为有特殊教育需求的儿童上课,并保存其学习记录;③与父母联络;④与其他机构,如教育心理服务、医疗与社会服务和志愿团体合作。特殊教育需求协调员必须密切关注每一项儿童事务的立法(DfES 2004a;参见 Cheminais, 2005),特别是在执行《特殊教育实施条例》(*SEN Code of Practice*)和起草《儿童特殊教育评估认定》过程中,要与同事密切合作,为有特殊需求的儿童提供教育及行为方面的支持和建议。特殊教育需求协调员应属于学校领导团队。

根据特殊教育需求协调员角色的不一致和不确定性,新的规章制度从 2009 年 9 月开始实施,规定协调员所需的资格和经验、管理机构的相关职能和国家认证培训计划。康尼(Cowne,2008)提出与三个主要政府出版物相关的信息和建议,即《消除成功的障碍》(DfES 2004b)、《每个孩子都重要:儿童的改变》(DfES 2004a)和《残疾歧视法案》(DfES 2005),特别是残疾人平等义务和无障碍计划。

参考文献

1. Cheminais, R. (2005) *Every Child Matters: New role for SENCOs*, London: David Fulton.

2. Cowne, E. (2008) *The SENCO Hand-*

book, London: Routledge.

3. DfES (2004a) *Every Child Matters: Change for children*, London: HMSO.

4. DfES (2004b) *Removing Barriers to Achievement*, London: HMSO.

5. DfES (2005) *Disability Discrimination Act*, London: HMSO.

Setting and streaming 分级与分流

另请参阅:能力,英语,性别,小组活动,数学,少数族裔学生的低学业成就

See also: ability, English, gender, group work, mathematics, minority ethnic group under achievement

中学老师普遍使用“分级”和“分流”这些词,而小学老师则很少使用。“分级”指的是学习成绩差不多的同学组成一个级别。比如根据学生正式考试的分数,将其分为在数学或英语等科目上的高、中、低级别。一个学生可能英语属于高级,数学属于中级。如果学生被分在明显错误的级别,可以在级别之间调整;比如如果某学生在数学上水平很高,就会从低级转到中级。因为实际操作中的困难,级别之间的调整并不常见。那些在某个学科领域特别有上进心的学生,常会被分到学生更少的级别中。“分流”一词很少使用,因为容易让人对不同级别的学生在所有学科上都产生固化印象,比如A级的学生地位很高,C级的学生让人瞧不起。一直以来,学生的分流基于阅读、写作和数学能力,而且相对固定,分流后就不容易经常变化调整。

教育界一直在争论:是不区分学生能力的混合班好?还是按学习成绩分级别的班好?二者的优缺点各是什么?虽然把某学科成绩差不多的学生集中在一起,按其需求调整教学计划似乎很合理,但即使是在同一级别中,学生也有很大差别。这种分级的教学方式可能会提高考试成绩,但没有一种分级方法能保证让所有学生同等受益。把那些成绩好、有天赋的学生分在同一级别的班中,大家都相信他们会取得很大进步;但是把学习差的孩子放在‘低能力’的班里,会导致课程更加窄化(明显地变成“基础知识”),学生积极性会降低,教师期望值也会降低;再加上纪律问题,学生很难进步。

将学生按照成绩分类也会潜在地造成社会阶层、性别、种族和年龄的分裂。因此,低水平班级往往包含了大量来自工人家庭的学生,以及男孩、少数族裔和夏天出生的孩子(译者注:有研究发现,夏天出生的孩子在班里年龄最小,常落后于同班大些的同学,在学习中常处于追赶状态。该研究一定程度上揭示了出生日期对自我认知、社交能力、情感发展,以及是否会受欺凌的影响)。这种结果与正常的人口比例严重不符。老师的出发点是,努力使每个学生都能在自己能力水平之内达到最佳学习效果,并以这样一种方式来规划课程和活动,但这个简单的想法并不容易实现。

Sex education 性教育

另请参阅:儿童,课程,家庭—学校,道德发展,家长参与,个人、社会与健康教育,《初等教育评论》,科学,话题式学习

See also: children, curriculum, home-school, moral development, parental involvement, personal, social and health education, *Primary Reviews*, *science*, *topic work*

在 2008 年以前,英格兰小学的性教育一直属于科学课的一部分。课程主要是让小学生了解身体主要的性器官;解释繁衍是生命的一个过程,对所有动物及人类来说,都是正常普遍的现象。2008 年,英格兰政府效仿北爱尔兰和威尔士,重新审查性教育课程。他们提出,过去的性教育是在道德真空状态下讨论"性与人际关系",如今必须挑战这一做法。所以,现在鼓励家长和学校共同努力,来探索如何教好这个话题。在他当时撰写的《初等教育评论》中,吉姆・罗斯爵士(Sir Jim Rose)曾经思考,如何在小学最好地实施个人、社会与健康教育(PSHE)(Rose,2009)。

很多人认为,小学生不仅需要知道与其年龄相符的性与生殖的生理知识,而且需要大人与孩子一起谈论青春期、性责任、情感和两性关系等话题。通过这种方式,上心的家长可以让孩子开始为自己成年生活的重要环节做准备。越早谈论性话题,越有助于让孩子十几岁时依然愿意与大人沟通(Victoria State Better Health,网上资源)。儿童对性问题感兴趣是正常的,典型行为包括:

(1)在父母面前赤身裸体感到羞怯和尴尬;

(2)喜欢交同性朋友;

(3)谈及异性时,常用"女孩病菌"或"男孩病菌"这样的词抱怨;

(4)与小朋友们一起做接吻或婚姻角色扮演等游戏;

(5)对性别差异、性交和怀孕感到好奇;

(6)孩子之间讨论性问题,准确程度有所不同;

(7)性游戏,如"扮演医生"。

虽然学校对孩子的性教育负有责任,但父母是最重要的榜样。如果孩子通过试探觉得无法接近父母,就会转向"朋友"这样更不可靠的渠道。理想情况下,谈论与性相关的话题应成为家庭日常生活中很自然的一个部分,开放、放松而有趣。大一点的孩子可能以为他们已经知道了所有与性相关的知识,大人可以仔细问问孩子,来了解他们认知上的不足。家长和孩子一起阅读与其年龄相关的关于性的书籍能学到知识,并可以以此为平台进一步探讨。

从 2009 年开始,英格兰所有 5 岁以上的在校儿童都必须接受性教育。在规定的课程中,5~7 岁的学生要了解自己的身体、同学间的差异、友谊,以及自己的情感管理。这样的基础有助于让 7~11 岁的学生了解青春期和"生活现实"。如果家长对课程内容不满,有权利让孩子免修某些课程。反对者认为,政府想要回避传统道德观,想在不让父母参与的情况下控制各年龄段的儿童,从而杀死儿童所剩的纯真。最强烈的批评者认为,政府资助的社会项目是一种狂热行为,会通过儿童过早的性教育腐化其思想。

"性教育论坛"属于英格兰和威尔士地区国家儿童局(National Children's Bureau, NCB)的一部分,是性教育与两性关系教育的国家权力机关(www.ncb.org.uk/sef)。论坛认为,接受良好的"性与两性关系教育(sex and relationships education, SRE)"是所有儿童、青少年的权利。为实现这一目标，本论坛正与其成员共同努力——包括宗教、家长、董事会、医疗和教育机构等组织。马丁内斯和库珀(Martinez and Cooper, 2006)为发展“性与两性关系教育”政策与实践提供了信息和建议，包括立法与指导纲要，以及要编入必修课程的教学方案。

参考文献

1. Martinez, A. and Cooper, V. (2006) *Laying the Foundations: Sex and relationships education in primary schools*, London: NCB Publications.

2. Rose, J. for the DCSF (2009) *Primary Curriculum Review*, London: HMSO.

3. Victoria State Better Health (2008) *Sex Education: Primary schoolchildren*, on-line at www.betterhealth.vic.gov.au.

Shared reading 分享式阅读

另请参阅：英语作为附加语言，互动教学，《国家读写战略》，示范行为，诗歌，阅读，故事

See also: English as an additional language, interaction teaching, *Literacy Strategy (the National)*, modeling behaviour, poetry, reading, stories

霍德威(Holdaway, 1979)首创了一种成人与儿童互动的“分享式阅读”模式，其中，老师和学生要同时大声朗读大号字、大开本的书。研究表明，读故事书是幼儿阅读发展中的一个重要因素，大号字、大开本、带插图的书(称为“大书”)能吸引儿童的积极参与。当老师大声朗读这本书时，孩子们可以随时看到书中的内容，并欣赏文字和插图。如果一起读童谣歌曲等孩子感兴趣的书，就能让他们更有参与感。当孩子再次读起自己喜爱的诗歌、短歌、歌曲和故事时，如果要特别关注某个单词、拼写和读音，就可以使用这种互动式教学和学习方式。可以以一个新故事为例来解释如何推测出新单词的意思，这样，分享式阅读就成为通向独立阅读和小组阅读的跳板。

在英格兰和威尔士的《国家读写战略》中，分享式阅读是指老师和一个小组或班级的学生一起阅读一本书。怀斯等(Wyse, 2007)认为，分享式阅读体验的关键特征包括：

(1)高于学生平均阅读能力的文本；

(2)共享文本，如“大书”或人手一册普通大小的书；

(3)与老师高质量的互动；

(4)对课文进行讨论，侧重意义、词语和句子；

(5)对阅读过程的示范；

(6)围绕教学(学习)目标；

(7)为主要活动做准备。

对英语作为非母语的学习者来说，分享式阅读的成功在于它的简单性，因为孩子不需要一开始就能流利地阅读。如果老师以一种有意义的方式，让孩子出于兴趣而阅读，这样的次数越多，参与阅读的小听众模仿这种行为的机会就越大。倡导者认为，“分享阅读”为幼小的英语学习者提供了社交机会，使他们获得自信、分享知识、自我纠正，并学会与其他学生合作，而不是一人孤

身奋斗。

然而老师一定要特别小心,有些孩子可能只是滥竽充数,他们不发言,也没弄懂故事的意思,老师却还以为所有的孩子都参与到积极的阅读中了。缺乏经验的老师带领全班同学读书时,往往会自己读得太快,除了几个好学生,其他学生都跟不上;有了经验之后,为了让全体学生都能积极参与,老师会以常速的一半朗读。

参考文献

1. DCSF (2008) *Shared Reading*, on-line at www.standards.dcsf.gov.uk/nationalstrategies.

2. Holdaway, D. (1979) *The Foundations of Literacy*, Sydney: Ashton Scholastic.

3. Houghton Mifflin Company (1997) *Shared Reading: An effective instructional mode*, on-line at www.eduplace.com.

4. Hyland, F. (2005) *The Concept of Shared Reading*, on-line at http://archive.gulf-news.com.

5. Wyse, D., Jones, R. and Bradford, H. (2007) *Teaching English, Language and Literacy*, London: Routledge.

S

Shared writing 分享式写作

另请参阅:创意写作,学习目标,读写能力,读写一小时,自然拼读,写作,写作框架

See also: creative writing, learning objectives, literacy, literacy hour, phonics, writing, writing frames

老师将学生的想法记在固定的黑板上或者互动式白板上,师生共同写一篇文章的过程叫作"分享式写作"。"分享式写作"是英国政府倡议的"读写一小时"计划的一部分,该计划最初颇有创意,现在却备受争议。自1999年以来,英格兰和威尔士一直在实施"读写一小时",旨在提高全民读写水平。教师使用分享式写作的方法,教学生如何将头脑中构建的写作计划转化为正式文字。这样写作方案就是孩子的想法与真正写作过程之间的桥梁。教学中要注意的事项包括:如何把话语转换成书面文字,文字如何发声(自然拼读意识)、字词如何组合(句法意识);如何选择合适的词汇(单词和短语);如何选择一系列连接词(如"但是"和"所以")来排列和组织文本;为了符合文本类型、目的和受众,应使用什么样的写作风格和发声方式。比如正式商务信函和节日贺卡需要使用不同风格的语言。

多数分享式写作的教学都以教师示范开始,老师要在清楚主要学习目标的同时,分析文本构成的模式。老师可以让孩子们围坐在自己周围,先讨论一个共同的经历,比如一件最近发生在学校的新鲜事,或一个流行的电视节目。老师提出问题,激发学生畅所欲言,同学们分享自己的想法和见解,同时老师借助电脑设备,以故事或(可操作的)书面文字形式做记录。老师记录时要讲解学生需要训练的技能,这些技能是以后的写作课必备的。教师将思考过程大声讲出来,在真正落笔前不断演练句子,对结构或词的选择做出调整,并解释为什么某个形式、某个词比另一个形式、另一个词要好。在学生提出自己的建议后,重新改写句子,再大声朗读出来;如果有必要的话,还可以进一步修改。

因为写作是用来传达思想的,而这些思想可以被人阅读和理解。所以“分享式写作”的过程有助于展示和探索写作过程,并与阅读建立直接联系。除了关注阅读中的解码,这种写作模式也有机会让孩子接触到各种不同的文本和体裁(即写作风格)。分享式写作鼓励合作;对训练学生的记忆力也很有帮助,比如记录一次班级外出活动或一件令人激动的事。当学生在老师的帮助下写出自己的文章时,就会逐渐觉得自己掌握了这些材料和这种方法,对学习会更有热情,这对不太擅长写作的学生来说尤其有用。然而公平地说,即使许多小学老师以前并不理解分享式写作的基本原理,他们也不自觉地使用了这种教学方法。

参考文献

1. DCSF (2008) *Shared Writing*, on-line at www.standards.dcsf.gov.uk/nationalstrategies.

Singing 唱歌

另请参阅:晨会,音乐,嗓音保健

See also: assembly, music, voice care

能有效运用自己的声音,是音乐最基本、最必要的技巧之一。儿童要学会控制自己的声音机制,从而能准确模仿,或掌握节拍、韵律、音高、节奏、动感、音调、音色等元素。孩子经验越丰富,就会越自信,技巧也越精湛,甚至会即兴唱起来、自己编歌曲。正确使用声音有助于健康发声。如果教学生站直,并用正确的方式呼吸,在长时间唱歌前热身,为嗓子做好准备活动,就会减轻嗓子的压力。最好鼓励孩子每天都唱歌,并通过参加音乐团队来感受集体力量。

史密斯(Smith, 2006)认为,导致儿童在唱歌方面需要帮助有很多原因:包括缺乏自信、听觉处理障碍、听力障碍,以及其他身体缺陷,如长期声音嘶哑。她认为,所有人唱歌都是为了表达超越言语所能传达的情感,即使是很小的孩子也能在歌曲中表达自己的情感。唱歌可以带来快乐、心灵慰藉和情感体验,是每个能正常说话的孩子与生俱来的权利。唱歌是一项可教的技能,孩子唱歌的机会越多,就唱得越好、越喜欢唱歌,甚至能自己创作出与众不同的音乐。反过来,这些经历能让他们终身受益,获得更丰富、更能满足自己情感的体验。关于如何培养孩子对唱歌的热爱,英国蒙特梭利教育研究所(www.mariamontessori.org)提出了以下建议,修改版如下:

(1)尝试每天都跟小朋友们一起唱歌;

(2)有些孩子喜欢先远远地听大家唱会儿,觉得放松了才会参与进来,不要过早强迫孩子跟大家一起唱;

(3)只选几首歌,保持每一次较短的唱歌时间,比如大约5分钟;

(4)做一个喜欢上课的有热情的老师;

(5)不要过多地纠正孩子的错误,尽量避免负面评论;

(6)如果孩子们不能集中精力或不守规矩,就应该快速而安静地结束这个活动;

(7)看着孩子们的眼睛,尽量少说话;

(8)让孩子一直唱歌,不要停顿;

(9)总是对孩子的要求积极回应;

(10)循序渐进地教孩子一首歌,可不断重复;

(11)如果可能的话,无伴奏清唱;

(12)为了让孩子多些参与,问问有没有小朋友记得前一天唱过的歌,或是记得歌词;

(13)集会时把唱歌作为唯一的活动;

(14)在图书馆的音乐区域,把孩子学过的歌曲放给孩子们听。

在为儿童编排节目时,老师需要考虑这个节目的目的,以及通过帮助孩子提高哪方面的能力,才能让孩子获得知识和技能,能和小朋友们一起唱歌时感到放松和有成就感。但是常有年龄稍大的男孩,因为觉得唱歌不适合男生而拒绝参加合唱,他们会觉得体育运动更适合自己。为了让所有孩子(无论男孩、女孩)都感到很舒服,老师要特别注意所选的音乐类型和演唱的背景画面。圣诞节或学期结束的特别演出为孩子们提供了当众表演的机会,每个人都能为自己是合唱团的一员而感到骄傲。然而细心周到的老师会让没有登台经验的孩子经常在熟悉的同学面前(比如晨会上)表演,而不是一开始就让他参加一年一度的大型演出活动。

1997 年初,为了提升英格兰小学的歌唱与音乐教育,政府宣布投入 1000 万英镑作为一揽子综合措施。剩余资金用于推动和组织全国歌唱运动,其倡导人是新任命为唱歌大使的作曲家霍华德·古道尔(Howard Goodall)。该倡议的目的之一是,促进歌唱活动,让有合唱团的学校加强与其他学校的紧密合作。该项目已经编撰出了一本适合合唱的 30 首最佳歌曲的集子,由老师和学生投票确定入选曲目。国家歌唱项目的名称是"唱起来"(Sing Up),这项方案确保歌唱是每个小学生的生活中心,让他们相信唱歌能改变人的生活,有助于建立强大的集体。

参考文献

1. Sing Up: on-line at www.singup.org.

2. Smith,J.(2006) 'Every child a singer: Techniques for assisting developing singers', *Music Educators Journal*,93(2),28 - 34.

Skills 技能

另请参阅:协作式学习,情感智能,信息技术,口语能力,体育,问题解决,阅读,思维能力,写作

See also: collaboration in learning, emotional intelligence, information technology, oracy, physical education, problem solving, reading, thinking skills, writing

儿童能让自己的生活有效运作的各种能力叫作"技能",这个词可以指胜任某项工作的能力,或通过训练和经验能把某事做好的能力。技能可分为两大类:

(1)孩子自己探索发现的能力,这能增强他们对已有知识的理解。

(2)孩子将来所需的,能不断推动学习向前的能力。

技能可指那些主要依靠大脑协调(与积极思考相关)来完成的事,比如表达自己观点的能力;也可指那些需要动手的能力(与身体协调相关),比如能准确投球或捏橡皮泥。二者的区别并不意味着手工技能不需要思考和判断,而是说此种情况下的主导学

S

习方式要通过即时结果体现出来。

习得技能的过程是,先单独掌握各种不同的能力,再将其结合,创造出新技能需要的能力。比如上网搜索信息的技能要求学生首先具备用鼠标点读页面的能力。有些技能是一种潜在的能力,可以通过学习、实践和专家指导而得到提升。比如通过大人的指导和训练,孩子可以在天生的基础上,提高画画、跑步、计算的能力。还可通过有目的地设计个人或小组活动来促进学生提高谨慎敏感力、判断力、理解力,从而增强学生的思考能力(Quinn, 1997; Haynes, 2007)。

很多学习需要同时用到一般技能和专业技能,包括实用型(如操作设备)、解决问题型(如在地图中定位或分析数据)、社交型(如团队协作)技能。在课程规划中,这种技能包括:①完成某项任务中用到的学生已掌握的技能;②在实际操作中新学的、不断巩固、不断修正的技能。

学生必须能运用所掌握的技能,否则这项技能就是无用的。比如,如果一个学生会翻书找到索引,但不会有效运用,那就没有任何收获。同样,研究球在空中飞行的轨迹很有趣,但并不能保证孩子会击中目标。技能的应用包括判断、决策和对其有效性的评估,以及最终结果的好坏。另外,要想达到最好的效果,需要谨慎与智慧地运用技能;比如"情感智能"是与人交流的技能,运用时必须非常小心谨慎,要充分意识到所说的每句话对听者有什么影响。

英格兰和威尔士的国家课程最初用"技能"一词表示在交流、计算、解决问题、个人和社会关系及信息技术等多种方面可迁移的能力。这些技能需要能用在各个学科及跨学科领域。比如孩子应该能在所有科目中用演讲表达自己的观点,能用电脑图画展示自己的研究发现。在教育、工作和生活中,还有六项"关键技能"可以更好地帮助学习者进步:

(1)沟通能力:能运用听说读写表达,包括考虑听者感受、理解对方观点、能参与小组讨论的能力;

(2)数字应用能力:包括计算、心算、数学应用,能用数学语言处理数据、解决问题、解释答案的能力;

(3)信息技术能力:学习利用各种信息资源和信息通信技术(ICT)工具的能力,并能够对何时使用信息通信技术工具获取信息、解决问题和创造性表达做出明智的判断;

(4)与他人合作的能力:包括在小组活动时能参与讨论、与他人合作的能力。这种互动交流需要社交技能和理解他人需求及观点的能力(参见 Cohen,2006)。近年来常出现人们因不会沟通而诉诸暴力的事件,正确认识并理解自己和他人的情绪尤为重要而紧迫。

(5)提升自己学业的能力:包括学生对自己学习各方面的反思和批判性评估、评价自己的表现、建立学习目标。很多学校要求学生自己设定目标,考察目标是否达到,从而监督自己的进步。

(6)解决问题的能力:包括识别和理解问题、规划解决问题的方法、监督解决问题的进度、检查解决方案是否合理。

到底是应该让学生在做一项活动之前掌握所有的基本技能,还是在做一项需要用到很多技能的活动过程中，不知不觉就学好各项技能？老师常常无法定夺。例如，老师可以教学生如何查字典这一技能，但只有学生自己经常查字典探索字词含义时，才会感受到查字典过程的复杂性。相反，如果想教孩子一种有潜在危险的技能，就必须先让孩子万无一失地掌握这个技能，然后再去充分探索。比如，不能让年纪小的孩子看一次怎么用锯子，就放手让他们自己动手来锯。老师在把握这个"度"上要不断权衡，在多大程度上控制学生的活动范围，又要在多大程度上老师后退一步，允许孩子在做活动中反复思考实践，走出自己的道路。

参考文献

1. Carter，J.（2002）*Just Imagine：Creative ideas for creative writing*，London：David Fulton.

2. Cohen，D.（2006）*Social Skills for Primary Pupils*，Birmingham：Questions Publishing.

3. Haynes，J.（2007）'Thinking together：Enjoying dialogue with children'，in Hayes，D.（ed.）*Joyful Teaching and Learning in the Primary School*，Exeter：Learning Matters.

4. Quinn，V.（1997）*Critical Thinking in Young Minds*，London：David Fulton.

S

Slow learners 学困生

另请参阅：注意广度，智力，记忆力与记忆，阅读，自尊心，特殊教育需求，（儿童）目标设定

See also：attention span，intelligence，memory and memorizing，reading，self-esteem，special educational needs，target setting（children）

除正式学习之外，学习慢的孩子（或称"学困生"）与普通学生在外表上没什么不同（无外在身体残疾），而且能胜任学业以外大部分日常生活中的事情，因而很难识别。学困生身体的灵活性正常，记忆力正常，基本常识与情感也与普通学生相当，只是在学业上落后。学困生的智力水平是同龄正常儿童的75%～90%，阅读能力比同龄人落后一年，学习速度大概是正常速度的80%～90%。他们发现自己解决问题很困难，尤其是需要多步骤解决的问题，而且测试中的成绩与分数一直处于较低水平。

抽象思维（如只在大脑中推理，无图像及其他辅助）对多数学困生来说非常困难。他们的注意广度常比同龄孩子窄；在应对不同情况和回答问题时，反应速度更慢；很难当众表达自己的想法；其自尊心也相应地非常脆弱。他们虽然也能像普通孩子一样学习，但理解能力不佳，需要花更长的时间来学会某项技能。他们不像那些需要特殊教育的孩子一样，能得到专业人士和成人的帮助，但他们至少有长时间用电脑的特权。由于学校普遍使用同样的课程表，要求学困生在相同时间内达到与能力更强的同龄人一样的学习目标是不容易的。虽然"学困生"（slow learner）这一称呼如今普遍取代了过去含有负面含义的"后进生"（remedial learner），但20世纪七八十年代，仍然出版了大量以学困生为主题的书籍。

Social constructivism 社会建构主义

另请参阅：建构主义

See also: Constructivism

Social development 社会化发展

另请参阅:健康与安全,新生,幼儿园,培养儿童,家长参与,学习的社交和情感因素

See also:health and safety, new entrants, nursery school, nurturing children, parental involvement, social and emotional aspects of learning

儿童的社会化能力分阶段进行发展,与情感的成熟程度有关。到了上学的年龄,所有的孩子都应该学会如何与他人分享、如何帮助他人,懂得健康与安全的重要性。毫无疑问,父母的养育和引导对孩子人生的最初几年有巨大影响,为孩子成为真正的小学生做好了准备,也帮助迎新的小学老师分担了责任。这个不容忽视的现实说明,幼儿园及学前班老师尤其需要与家长交流,并鼓励家长参与重要而艰巨的育儿工作。

Social and emotional aspects of learning 学习的社交和情感因素

另请参阅:教学的情感维度,晨会,情感素养,学习情感,友谊,学习动机

See also: affective dimension of teaching, assembly, emotional literacy, emotions of learning, friendship, motivation for learning

帮助学生增强情感意识、提升安全感是教师角色的重要组成部分。英格兰的学校引进"学习的社交和情感因素(SEAL)"的国家项目,来改善儿童行为及出勤率。学习的社交和情感因素项目用小组活动的方式来帮助学生的个人成长,用增强自我意识和动机的手段来发展人际关系。它能综合全面地增进社交、情感技能,是高效学习、良好行为、按时出勤和情绪健康的基础,可广泛推广于整个学校(DfES 2005)。目前,英格兰 80% 以上的小学采用这种方法(Humphrey et al., /DCSF2008)。

学习的社交和情感因素项目分为三个阶段对儿童实施干预:第一阶段聚焦于全校整体的发展,旨在营造出一种风气和氛围,最有效地促进社交、情感技能的提高。第二阶段包括对欠缺社交、情感技能的孩子实行简短的早期干预,这些孩子为数不多,在社交方面需更多帮助。可用下列五种方式帮助这些孩子:

(1)促进个人发展;

(2)深入探讨关键问题;

(3)让他们在安全的环境中练习新技能,尽情探索冒险,从而更了解自己;

(4)建立由己及人的共情心;

(5)促进反思。

(DfES,2006,经修正)

学习的社交和情感因素项目的最后一个阶段包括对儿童一对一的干预,因为第一阶段的全校干预与第二阶段的小组干预对这类儿童没有疗效。有潜在心理健康问题的儿童可能会在这一阶段显露出来。

学习的社交和情感因素包含五个关键维度:①共情心,②情感管理,③动机,④自我意识,⑤社交技巧。"情感素养"(Emo-

S

tional Literacy, EL)课程旨在帮助孩子将自己的情感、思维和行为联系起来,因为其前提条件是孩子的感受会影响其思维方式,思想也会影响情感。所以当孩子的想法和感受结合起来时,就会对自己的行为与反应产生强烈的影响。比如一个孩子最要好的朋友是小组长,却没有第一个选她。如果这个孩子认为,对方这样做是因为不想再跟自己做好朋友了,那么肯定会觉得很受伤害;而如果她觉得朋友这样的行为出于别的原因(比如先选新人是为了对自己好),她可能会感到失望,但不会那么伤心。如果这个孩子在情感上更成熟,就可能意识到自己过去也做过类似的事,从而理解对方。

哈登等人(Haddon et al., 2005)认为,情感素养并不是个人或者拥有,或者缺失的能力,而是存在于每个人身上的潜力,取决于个人与社会环境之间的相互作用。因此,要增进情感敏感度和学会与他人进行有效沟通,最好是使用真实场景,并讨论实际情况,而不是空谈理论。校长实施学习的社交和情感因素项目最好的时机是在晨会上。斯班德洛维(Spendlove, 2008)的著作设计了很多有助于培养学生情感素养的策略和课堂活动,对教师很有帮助。

S

参考文献

1. DfES (2005) *Excellence and Enjoyment: Social and emotional aspects of learning (guidance)*, Nottingham: DfES Publications.

2. DfES (2006) *Excellence and Enjoyment: Social and emotional aspects of learning–Key Stage 2 small group activities*, Nottingham: DfES Publications.

3. Haddon, A., Goodman, H., Park, J. and Deakin Crick, R. (2005) 'Evaluating emotional literacy in schools: The development of the school emotional environment for learning survey', *Pastoral Care in Education*, 23(4), 5–16.

4. Humphrey, N., Kalambouka, A., Bolton, J., Lendrum, A., Wigelsworth, M., Lennie, C. and Farrell, P. /DCSF (2008) *Primary Social and Emotional Aspects of Learning (SEAL): Evaluation of small group work*, Research Report DCSFRR064, University of Manchester.

5. Spendlove, D. (2008) *Emotional Literacy*, London: Continuum.

Social learning 社会化学习

另请参阅:协作式学习,互动,道德发展,关系,学习的社交和情感因素,社会化发展

See also: collaboration in learning, interaction, moral development, relationships, social and emotional aspects of learning, social development

不是所有的学习都体现为学业成绩。比如,如果小朋友们聚在一起学习或做活动,并表现出愿意坚持、愿意专注,他们的学习能力也会加强。学校与课堂的现行规范、对学生的期望,是促进或阻碍有效学习的重要因素。社会化学习包括与他人相处、处理人际关系、遵守社会规范、回应社会期望等。如果想让孩子理解共情心、同情心、坚定的信念等道德准则的意义("道德发展"),并以此指导自己的行为,那么社会化学习至关

重要。既可以通过正式课程学习,也可以在较随意的接触和交流中学习,老师可以鼓励学生互相协作,并帮助孩子学习各种日常生活中的社交策略。

Spatial-temporal reasoning 空间—时间推理

另请参阅:视觉型学习者

See also: visual learners

空间—时间推理包括能够想象出空间形状的透视能力,以及能在头脑中按时间顺序操控这种空间形态的能力。空间是指与空间相关或具有空间的性质,时间是指与时间相关或受时间限制。具体而言,空间—时间推理指的是一种能在头脑中想象图形、旋转图形的能力。这种方法对视觉型学习者(即喜欢通过看图片、图表和其他视觉形态来辅助学习的人)来说,可能是最有效的。

Speaking and listening 说和听

另请参阅:口语能力

See also: Oracy

Special educational needs 特殊教育需求

另请参阅:《实施条例》,外部机构,动觉型学习者,学习困难(根源),特殊教育需求协调员,助教,视觉型学习者

See also: *Code of Practice*, external agencies, kinesthetic learners, learning difficulties (origins), SENCO, teaching assistants, visual learners

特殊教育需求(SEN)儿童的教育在初等教育中越来越受重视,并影响到每位老师的工作。与此同时,令人遗憾的是,"特殊教育需求"已经成为某些孩子的负面标签,却没有人关注到他们的特殊需求。结果是,"特殊教育需求儿童"这样的不理想的表达方式已经进入我们的词汇。如果某位学生表现出学习上的困难,或因残疾不能使用学校为同龄儿童提供的教育设施,那么他就是有特殊教育需求的孩子。据估计,约20%的在校学生都会有一段时间存在特殊教育需求,有时是暂时的,对孩子的教育没什么影响;有时则是长期的,情况更加严重。

每所公立学校都必须配有一名专门负责特殊教育需求的协调员(SENCO)和另一名非专职负责人(一般是校长或校董成员),监督并管理特殊教育进程(参见 Szwed, 2004)。学校董事会设有负责特殊教育需求的专门部门,有义务向家长报告特殊教育的规定、政策和执行情况。虽然特殊儿童与普通学生在任何学校接受的教育大体一致,但特殊教育更需要专家的帮助、教学技巧和特殊设施。如果学生需要正式的干预,可以启动与特殊教育需求相关的《实施条例》。

无论以前、现在还是将来,总有一些孩子在学业上非常费劲,或者由于某些状况而不能充分发挥自己的潜能(参见 Heeks and Kinwell, 1997)。亚瑟等提醒我们,在小学教书育人本身就能获得乐趣,因为这项事业关系所有学生的进步(Arthur et al., 2006)。

如果老师在教学方法中能考虑不同学生喜欢的不同学习风格(比如视觉型或动觉型学习),学习就可以变得更高效、更有趣、更有挑战性。如果老师能跨学科旁征博引,

通过听取学生意见、认真对待学生观点、给出具体有效的反馈,成为孩子学习上的伙伴,孩子们就能获得更加丰富的体验。然而克拉克斯顿(Claxton, 2004)提醒我们注意,不能把学习风格看得过重,因为僵化的看法会给学生造成伤害。

英格兰的每个教师都应该熟悉《实施条例》,威尔士有类似的法律,苏格兰的规定却不太相同。在北爱尔兰,关于特殊教育的法律包含在《教育法》(1996)中,此后在《特殊教育需求与残疾法(北爱尔兰)》(2005, SENDO)中得到补充修订。该法律包含了如何确认残疾儿童身份的详细信息,并提出适当的应对方案。

对特殊需求儿童的规定强调的是预防,而不是补救,并考虑下列原则:

(1)对所有学生设定相对较高却切实的期望;

(2)为更好地支持家长,给出在家学习的建议和信息,并与外部机构联合(比如教育心理学家);

(3)提供适当资源,加强师资配备,尽量将特殊儿童纳入主流学校;

(4)促进学校和支持机构之间的密切联系,确保父母随时知情,除涉及虐待儿童的情况。

现在增加了许多帮助特殊儿童的助教。这样老师就有精力采用更复杂的模式来组织和管理课堂,因为实施这些模式需要大人额外的帮助,也需要学生具备各种不同的能力(Jacklin et al., 2006)。斯彭纳(Spooner, 2006)强调,老师的态度对有特殊需求的学生很重要,决定了孩子如何回应老师,以及对老师的期望。对老师而言,那些捣乱的学生带来的最大挑战是,他们不稳定的情绪和反社会行为,这是他们教育问题的根源。

让特殊需求儿童参加小组或双人的口头表达类活动非常重要。麦克那莫拉和莫顿通过很多实际案例发现,最好的学习方法是把学会的知识教给别人(McNamara and Moreton, 2001)。老师可给孩子提供机会,让他们至少在一门课中成为这个小领域中的"专家"。对于以前是"学困生"的孩子来说,这是个被人认可的好机会。找一个学生最感兴趣的题目,讲给几个同学或全班同学听,这是最好的开始方式。

在英国,国家特殊教育需求协会(National Association for Special Educational Needs, NASEN)可能是为所有需要特殊和额外支持的人提供教育、培训、进步、发展等帮助的最重要的机构。1992 年,国家补救教育协会(National Association for Remedial Education)与国家特殊教育委员会(National Council for Special Education)合并,成立了国家特殊教育需求协会(National Association for Special Educational Needs, NASEN)。2001 年春,该协会在威莱-布莱克威尔出版集团网站(Wiley-Blackwell)上创办了电子期刊《特殊教育需求研究》。

参考文献

1. Arthur, J., Davison, J. and Lewis, M. (2005) *Professional Values and Practice: Achieving the standards for QTS*, London: Routledge.

2. Claxton, G. (2004) *Burning Issues in*

S

Primary Education Teaching, no. 11, Birmingham: National Primary Trust.

3. DfES (2002) *Special Educational Needs Code of Practice*, Annesley: DfES Publications.

4. Heeks, P. and Kinwell, M. (1997) *Learning Support for Special Educational Needs*, London: Taylor Graham Publishers.

5. Jacklin, A., Griffiths, V. and Robinson, C. (2006) *Beginning Primary Teaching*, Maidenhead: Open University Press.

6. McNamara, S. and Moreton, G. (2001) *Changing Behaviour*, London: David Fulton.

7. Spooner, W. (2006) *The SEN Handbook for Trainee Teachers, NQTs and Teaching Assistants*, London: David Fulton/NASEN.

8. Szwed, C. (2004) 'The developing role of the primary SENCO', *Primary Practice*, 37, 36–42.

Special events 特别活动

另请参阅:(员工)协作,共治,节日,家长日

See also: collaboration (staff), collegiality, festivals, parents' evening

学校生活在一年中会历经许多阶段和多种形式(Brandling, 1982; Sedgwick, 1989; Smith and Lynch, 2005),比如交换最新收集的卡片、蹦跳、跳舞、唱歌、发型变换、幽默,以及古怪的新式电子小玩具和"必须有"的时尚物品。准备节日、聚会、运动会、教学参观和其他特别活动,都需要在常规教与学之外进行周密计划和烦琐工作。如果组织管理得当,就能促进学生间的协作、增进友谊、加强集体意识。孩子们整年都在热切地盼望着这个最开心的时刻。

参考文献

1. Brandling, R. (1982) *A Year in the Primary School*, London: Ward Lock.

2. Sedgwick, F. (1989) *Here Comes the Assembly Man: A year in the life of a primary school*, Lewes: Falmer.

3. Smith, J. and Lynch, J. (eds) (2005) *The Primary School Year*, London: Routledge.

Special school 特殊学校

特殊学校是为那些需要特殊教育的学生设置的。这些学生可能有学习障碍或身体残疾,普通学校的标准课程不能满足他们的学习需求。

Speculative questions 推断性问题

另请参阅:封闭式问题,读写能力,计算能力,开放式问题,问题和提问

See also: closed questions, literacy, numeracy, open questions, questions and questioning

推断性问题属于开放式问题的一种,不能用简单的"是"或"不是"来回答。学生需要考虑不同情况下会有什么影响、带来什么后果。常见的问题类型是:"如果发生了……你会做什么?"或"如果有……情况,会发生什么?"老师喜欢用这类问题试探学生运用逻辑、排列事件、运用想象力的能力,比如

“如果看到大楼里冒烟了,你会怎么做?”迈希尔和唐肯(Myhill and Dunkin, 2002)发现,推断性问题在读写课中比算术课中出现的频率高很多。在读写课中,有 21% 是推断性问题,而在算术课中则占 6%。在读写课中,孩子很少有机会说出自己的理解和思考过程(占总问题的 5%);相比之下,算术课却常要孩子说出自己的推理过程(占总数的 23%)。

参考文献

1. Myhill, D. A. and Dunkin, F. (2002) 'What is a good question?' *Literacy Today*, 33, 8 – 9.

Speech 说话方式

另请参阅:故事,嗓音保健

See also: stories, voice care

有的老师声音悦耳自然,听起来如同山间溪流般清晰、爽利、流畅;还有的老师声音像老旧汽笛一样尖锐、粗糙、刺耳。那些每天都必须忍受难听声音的孩子特别不容易。多数老师的声音介于两个极端之间,但所有老师都需要提升自己的音质和发声技巧,学会说话时保持放松——自然吸气,舒适地站或坐着。经常练习这个简单的方法会带来明显改观:放松肩膀;深吸气进肺,数到 5;然后,慢慢呼气,数到 5;再数到 10、15。聪明的老师会尽量少用声音,多用手势鼓励学生自己表达。听众会用说话方式的好坏来衡量老师的能力和诚意。有些老师在给孩子和家长讲话时,会用一种不自然的语调,听起来显得做作、傲慢。关于如何与家长成功互动的建议,请参阅塞拉和雅各比(Cera and Jacoby, 2005)的文献。

虽说只要能保证有效传达意义就行,没必要非得大声说话,但为了让所有孩子都能听清,声音小的老师要努力做到吐字清晰。为了使声音优美、洪亮,老师要使用自己的声带、口鼻这些天然共鸣器。声音产生于声带上,在口腔、鼻子周围放大。为了能不紧张地发出自然的声音,就必须从肺里把空气推出来(声音必须从胸腔深处发出,而不是卡在口腔里),这样就能产生足够大的能量,让口鼻中的声音共振器有效运作。有些老师在远离家乡的外地工作,带有明显的方言腔调,需要尽量让元音更饱满、辅音更清脆(Berkley,网上资源)。

讲课效果好的教师会变换说话方式,比如通过偶尔加速、减速、变化音量来强调关键词、提升对某个词组的注意,或者增加声调的特色。有时,一些小小的变化就能提高讲话的感染力,比如一个眼神的接触,或变换一下身体姿态。上课一开始的说话模式尤为重要,既要抓住孩子的注意力,又要激发热情;最重要的是,要考虑他们有没有听懂。老师在讲故事时可以绘声绘色,加入表情;在强调要点时,要语速放慢,刻意而坚定;在引入新话题时,要充满热情;在解释事物时,要措辞严谨、准确。

研究表明,身体疲劳会对声音产生负面影响。声音专家推荐水果蔬菜和全麦食物,因为这种饮食含有重要的维生素 A、E 和 C,有助于保持喉咙黏膜的健康。

参考文献

1. Berkley, S. (2002) *Soft Speaker RX: Top*

S

4 ways to let yourself be heard, on-line at www.ljlseminars.com/ SOFT_SPEAKER_RX. htm, extracted from The Voice Coach, www.great-voice.com.

2. Cerra, C. and Jacoby, R. (2005) *Teacher Talk: The art of effective communication*, San Francisco CA: Jossey-Bass.

Speech clarity 话语清晰度

另请参阅：晨会，诗歌，说话方式，嗓音保健

See also: assembly, poetry, speech, voice care

众所周知，含糊不清的话语不仅会影响沟通质量，还会让很多孩子沮丧，因为他们非常想知道老师和同龄人想要对自己说什么。讲话不清楚会让那些已经学习不好或没有学习动力的孩子产生更多问题，甚至会导致焦躁或粗暴行为。

为提高话语的清晰度，可避免使用随意、非正式的语言，特别注意辅音发音。具体而言，如果读单词时缺失了字母“t”和“d”的发音，念元音字母时没有张大嘴，那么声音就会像被蒙住了一样，很难让人听懂。这样，孩子把精力都花在努力听清每一个词上，却无暇顾及字词的意思及内涵。如果孩子想要老师再重复或解释一遍，老师还可能会责备他没有注意听。其实孩子不仅没听懂老师所说的内容，还被他说话的方式弄糊涂了。

海斯（Hayes，1998）在著作中强调了正确呼吸的重要性，认为应对任务的积极心态有助于减少紧张和焦虑，以及更好地控制呼吸。正确的姿势能避免肺部痉挛，从而更好地控制从肺到口腔的气流，这样就能更加清晰、从容地讲话。许多孩子不愿当众讲话，因为害怕被嘲笑。如果孩子不愿表达自己的想法，那就更严重了。大人可以鼓励孩子在讲话前想好自己要说什么，这样他们真正开口时就能更自信。可以用简单的“放松”技巧（如轻轻哼唱、震颤嘴唇），咬字清晰地练唱有韵律的诗或歌谣。对孩子而言，在公众面前讲话（比如在晨会期间）会特别紧张害怕，但如果充分准备，且最后获得成功，孩子的信心就会大大增加。

参考文献

1. Hayes, D. (1998) *Effective Verbal Communication*, London: Hodder & Stoughton.

Speed of work 任务完成速度

另请参阅：能力，协作式学习，深度思考，综合实践日，错误与误解

See also: ability, collaboration in learning, deep thinking, integrated day, mistakes and misconceptions

孩子们会以不同的速度完成各自的任务。对于需要多人参与的合作式或协作式活动，其中行动最快的学生的完成速度往往决定了活动的进展速度，而不是行动最慢学生的速度，因为更加坚定自信、行动迅速的学生会在活动中占主导地位。少数有能力的孩子做事虽慢，但有条不紊，不是因为缺乏能力，而是因为他们极度认真，并小心地避免犯错。也有些能力不足的孩子虽然速度很快，但只能在浅层上理解概念，还需要

鼓励他们更加仔细地完成任务。有能力的孩子需要时间和机会来拓展思维("深度思考"),而不是仅仅重复几乎同样的活动。尽管这种重复能保证不会出错,但最终会导致学习的停滞。有创造力的孩子会尝试各种想法,喜欢追求自己的兴趣所在,做一件事常比没想法的同学花更长时间。对认真却慢性子的学生来说,严格遵守时间表不利于学习,"综合实践日"的活动模式更适合他们。

Spelling 拼写

另请参阅:字母表,读写能力,结对活动,自然拼读

See also: alphabet, literacy, paired work, phonics

常听到有人承认自己对拼写一窍不通,也常听到雇主或大学老师抱怨,学生在拼写和基本读写能力方面真的很弱。有三种基本方法来教拼写:全词拼写法(whole-word)、音素拼写法(phonemic)、语素拼写法(morphemic)。每种方法都有各自的优缺点(请参阅文后文献"Teach Me NZ"中的分析)。

"全词法"不要求学生考虑拼写规律,就是机械地记住每个单词的拼写。比如"兔子"这个词的拼写就是 r-a-b-b-i-t,大声读出来,然后记住。全词法的优点在于,孩子能拼出像 tomb 这样不符合规律的单词;缺点是,必须逐个字母地教单词,或将拼写相似的单词(例如 ride, side, hide)放在一起去教。对工作繁忙的老师和助教来说,这种耗时的方法相当低效。

"音素"是有意义的声音中最小的单位,英语中有 44 个音素,包括 5 个元音和 21 个辅音。音素意识涉及从单词中听出并识别不同的音素(Mallett, 2008)。"音素拼读法"是基于声音与文字符号的对应关系,要教孩子一个字母在不同单词中能发出多种声音,比如/p/的声音拼写为字母"p"。"音素法"的优点是,能概括出许多拼写单词和单词音节的规律,对不太自信的学生来说很有帮助。但它不太适用于多音节单词,尤其是含弱读元音"uh"的单词,因为任何元音字母的发音都像弱读的"uh"。比如单词"relative"(rel-uh-tiv)中的"uh"可以拼写成五个元音中的任意一个。

"语素"是意义的最小单位。一个词可能只有一个语素,如"hand";或包含两个或更多的语素,如"handstand"(意为"倒立",包含"手"与"站"两个意思)。前缀和后缀也是语素,如 sub-human 和 comfortable。因此,"语素拼写法"教孩子如何拼写语素,再将语素组合成单词。使用语素(也叫"语素图形",morphographs)的主要优点是,可以用为数不多的语素组合在一起,拼出大量的单词,所以这种方法对拼写多音节单词(如 con/tent/ed)最有效。其主要缺点是,语素的拼写可能不符合发音规律,所以需要依靠有难度的"声音-符号对应法"和"全词法"去分析。

杨(Young, 2008)指出,许多研究一致表明,儿童需要经历如下几个阶段才能理解拼写,但对不同阶段的确切性质还存在分歧:

(1)用任意符号代表单词;

(2)能发出单词里的一些声音;

(3)能发出单词里的所有声音；

(4)能意识到单词拼写的正确形式；

(5)能应用音节的规则；

(6)能应用派生/意义的知识；

(7)大体上能正确拼写。

(Young, 2008)

琼斯(Jones,2002)认为,以下五个基本规则有助于准确拼写:①多练习,熟能生巧;②避免一次学太多单词;③不断复习;④练习时也要尽量拼对每一个字母;⑤在写作中不断尝试使用新学的单词。孩子可以通过描红、抄写、反复记忆等方法练习拼写单词;还可以大声读出单词,然后写下来,再有表现力地读出每个字母。把这个词再写一遍,但省略最后一个字母,然后省略后两个字母,再省略后三个字母等。也可以用同样的方法练习较长的单词(如 understanding),只是一个个被省略的不是字母,而是音节(under/stand/ing)。

有些词会造成拼写困难。比如“separate”这个词的难点是,不好判断位于单词中间的字母到底是“e”还是“a”。这类词有时就算在考试中能正确拼出,过会儿写句子时再遇到就又不确定了。有一种方法可以帮助学生记住如何拼写:把某个单词在纸上或电脑屏幕上写得大大的,把“易错部分”用不同颜色标识出来。这样学生就能在脑海中呈现出这个单词的图像,然后大声朗读单词、拼出每个字母,并特别强调易错部分(比如用轻声或用不同的声调说出来)。

20 世纪 90 年代,英国普遍采用一种叫作“结对”或“找线索”的拼写方法:两个学生结成一对互问互答,来操练特定的单词,这一方法受到托平等人(Topping et al., 1995; 1999)的热烈推崇。马林(Marlin, 1997)基于一项将“线索拼写法”用于常规课堂练习的研究,得出如下结论:这种方法很容易学会,且适用于不同年龄段的学生。他还声称,这种方法的好处是,拼错单词也不意味着失败,因为学生的进步是由自己所设目标决定的,而且这能让他们研究出相对独立的方法来提高拼写能力。“线索拼写法”的另一个优点是,它鼓励学生不断挑战拼写更难的单词,而不依赖大人、同伴、信息源等寻找答案,也不轻易放弃。其支持者认为,水平相当的孩子用这种方法一起合作学习更有效,学生可以用更多描述性的语言,用更复杂、更丰富的词汇互问互答,从而提高拼读能力。

参考文献

1. Jones, S. (2002) *Five Guidelines for Learning Spelling and Six Ways for Practising Spelling*, on-line at www. ldonline. org/article/6192.

2. Mallett, M. (2008) *The Primary English Encyclopaedia*, London: Routledge.

3. Marlin, R. (1997) *Improving Written Vocabulary Through Paired Spelling*, London: Teacher Training Agency, on-line at www.tda.gov.uk/ upload/resources/pdf/t/tta22. pdf.

4. Teach Me NZ, *Spelling*, on-line at www.teachme nz.com/spelling/index.html.

5. Topping, K. (1995;1999) *Paired Reading, Writing and Spelling*, London: Cassell.

6. Young, K. (2008) ‘Don't just look, listen: Uncovering children's cognitive strategies

S

during spelling related activities', *Education 3–13*, 36(2), 127–138.

Spiral curriculum 螺旋式课程

另请参阅:能力,布鲁纳,儿童发展,建构主义,课程,学习中的记忆留存

See also: ability, Bruner, child development, constructivism, curriculum, retention in learning

哈佛大学教授杰罗姆·布鲁纳(Jerome Bruner,1960)提出了"螺旋式课程"的概念,引起了广泛关注。该思想的提出,要围绕值得社会成员持续关注的重大问题、原则和价值观构建课程。接下来的几十年中,教育工作者们试图将这一理念贯彻于课程规划中。布鲁纳首先将其理论应用在儿童数学和社会科学课中(Bruner,1973),后来又把重心放在儿童语言学习上(Bruner, 1983)。布鲁纳认为,为了能让思维方式实现跨语境迁移,儿童不能只掌握浅层事实与信息,而是要学习学科的基本原理。他提倡探究式学习方式,让孩子能在老师的指导下加速思考;他还建议,无论教什么学科,都应在开始就强调凭直觉掌握基本概念。他相信在之后的学习中,课程里要反复出现那些基本概念,在此基础上不断增加新的内容,直到学生能够完全理解它们——这就是"螺旋式课程"的体系(GTC 2006)。强化、巩固的活动有时会集中在一节课中,但更常见的做法是在较长时间内不断复习巩固。比如老师尝试向一组6岁的孩子解释从蝌蚪到青蛙的变化阶段,再向一组11岁的孩子解释同样的内容。虽然两组儿童大体的学习目标一致(都是学习动物的生长变化过程),但是细节和难度则大不相同。在6岁孩子的心中种下一颗种子,当他能基于原有知识构建更多的概念时,就可以重新审视6岁时接触到的那个问题,从而理解得更加深刻——这就是"建构主义"的来源。

巩固以前所学最有效的方法是,给孩子们提供机会,让他们参与到各种能激发其热情的任务中,并在这个过程中发展、练习、实践来自他们的想法。老师可以通过这些方式帮助其巩固所学:利用每节课的导入环节提醒儿童以前所学的内容;通过提问激发学生的思考;指出前面所学带来的影响。同样,一个阶段的学习即将结束时,可详细复述整个教学的要点,并集中梳理这一系列课程中的各种线索。如果老师通过设计高要求的任务和挑战性活动来帮助学生巩固旧知、发展新知,有能力的学生可以充分发挥主动性,利用已有知识探索全新的思想。能力欠佳的学生可以用新方法处理熟悉的概念(比如用图表代替拓展写作),从而树立自信心和自尊心。

S

参考文献

1. Bruner, J. (1960, 1977) *The Process of Education*, Cambridge MA: Harvard University Press.

2. Bruner, J. (1973) *Going Beyond the Information Given*, New York: Norton.

3. Bruner, J. (1983) *Child's Talk: Learning to use language*, New York: Norton.

4. GTC (2006) *Jerome Bruner's Constructivist Model and the Spiral Curriculum for Teaching and Learning*, on-line at www.gtce.org.uk/research/romtopics/rom _ teachingandlearn-

ing/bruner_may06.

Spiritual education 心灵教育

另请参阅:儿童的提问,基金学校,道德发展,宗教教育,斯坦纳-沃尔多夫学校,教师信念

See also: children's questions, foundation schools, moral development, religious education, Steiner Waldorf, teachers' beliefs

通过亲身经历某种事实所带来的学习与改变,叫作"心灵教育",这可用多种方式来解释。有人强调,只有在"神""超验"或"上帝"中才能找到这种追求平静、内在满足的精神。艾瑞克尔等人(Erricker et al., 2001)认为,心灵教育能从根本上重塑我们的教育视野和实践,会对宗教和道德教育产生重大影响,所以要认真对待。他们坚持认为,教师应将精神、道德、社会、文化、情感和宗教教育视为彼此交织、相互依赖的因素。

约布(Yob, 网上资源)认为,不同流派倡议的心灵教育都能将学生与外部世界重新联系起来,使学生更加关注人类需要、生态环境、社会正义、资源分配、世界和平等议题。当然心灵教育是间接做到这一点的,首先需要帮助学生与其物质自我以外的东西重新联系起来,包括上帝、超验、终极命运、真理、内在力量等。

科尔(Coles, 1990)将儿童描述为真理追求者和年轻的朝圣者。他坚信,那些跨越文化、种族、宗教等界限的儿童是有灵魂、有精神的生灵,他们能够想象出上帝在万事万物上的显现,努力弄懂自身经历和周遭世界。教育是应该教给学生知识呢?还是让他们自己发现惊喜、解决疑惑呢?老师必须小心翼翼地在二者之间找出折中的方式,不能太主观地输入自己的价值观,否则家长和同事就会觉得那是强制灌输。除了那些有宗教基础的学校,斯坦纳-沃尔多夫学校也非常重视儿童的精神发展。

参考文献

1. Coles, R. (1990) *The Spiritual Life of Children*, Boston MA: Houghton Mifflin.

2. Erricker, C, Ota, C. and Erricker, J. (2001) *Spiritual Education: Religious, cultural and social differences*, London: Routledge.

3. Yob, I. M. Spiritual Education: A public school dialogue with religious interpretations, online at www.ed.uiuc.edu/eps/PES-Yearbook/94_docs/yob.htm.

Sport 体育运动

另请参阅:哮喘,竞争,健康与安全(体育活动),家长参与,体育,(儿童)自尊心,成功

See also: asthma, competition, health and safety (physical activity), parental involvement, physical education, self-esteem (children), success

英国所有学校都被要求增加学生的体育活动。英格兰的初等教育要求,公立学校5~16岁的学生每周至少参加2小时的高质量体育课和学校运动(2008年统计)。有批评者指出,特别是年纪小的学生,其实一半或一半以上时间都在换衣服、听老师讲解、看别的同学做示范,并没有多少运动的时

间。身体残疾或有健康问题的学生则更不利，比如英国哮喘协会（www.asthma.org.uk）于2005年发出警告：威尔士有多达三分之一的哮喘儿童没能参加每周一次的体育运动。

在老师心目中，非竞技的体育课和竞技的体育运动是有区别的：体育课常在学校大厅里上，涉及使用专业设备（如攀爬架）或小型游戏设备（如球或投圈），竞技运动多在户外上，有竞争性质。大部分英国的学校会在夏季举行运动会，邀请家长亲友参加。近年来，“运动会”成为一个有争议的话题，有的校长担心运动会具有太强的竞争性；有的校长则主张培养良性竞争：把学生分在不同团队，彼此成为对手，谁先完成任务谁就多得分，最后分出输赢等级。

体育运动对孩子自尊心的影响非常大，甚至高于在学习上的影响，因为父母有很多直接参与体育运动的机会，“因此能当场做出评判和解释”（Brustad et al., 2001）。体育不好的孩子可能会有自卑感、挫败感；他们也越来越能看出父母和朋友小心掩饰的失望。此外，商业体育获胜带来的高额奖金、无所不在的媒体曝光机会对年轻人的运动观产生了夸大的影响，比如体育运动对于他们个人地位和生活成就的意义。同学们会仰慕那些体育好的孩子，而那些不擅于运动的孩子有时会成为同伴嘲笑、讥讽的对象。

随着年龄的增长，有些孩子越来越热衷于竞技场上的成功——往往是受到家长的帮助和鼓动，甚至年纪很小就饱受各种体育伤病的折磨。特别是有些专攻某项技能的儿童，全年都要训练，或在不同球队重复同样的运动项目，他们尤其容易伤害到关节和生长板，而这些部位是儿童骨骼中最脆弱的部分，关系到骨骼组织的生长。常见的运动损伤包括胫骨劈裂、骨折、肘关节肿痛、膝关节及脚跟损伤（Bryant and McElroy, 1997）。令人担忧的是，在儿童长大成人参加竞技性运动队后，他们关注更多的是获胜，而不是健康。尤其是在美国和加拿大，运动能力强的人会获得更高的地位。然而电视转播的奥运会赛事也给全世界营造了“志在必胜”的氛围。

一般来说，孩子并非生来就有不惜一切代价要赢的心态，他们参与体育运动是因为喜欢玩这个游戏。据科克利（Coakley, 2000）调查，青少年运动专家一致认为，有些孩子8岁时的社交与认知的成熟度，已达到参加竞技体育所需水平，但是他们要年满12岁或者更大，才有可能了解游戏策略的复杂性。除了将体育运动作为健康的生活方式和减肥手段来推广，英国政府还倡议专门培养和拔高在体育方面有天分的学生，主要是为了备战2012年伦敦奥运会。

在小学阶段，学校之间的体育竞赛也可以看作是竞技模式的延伸，重点关注结果和获胜，而不是关注过程或平等参与和学习（Hellison and Templin, 1991）。其乐趣在于谁得第一，而不是公平竞争。因此，“体育行为”一词没有令人联想起积极的竞争态度，却常含有“缺乏决心”的意味。参阅弗兰克尔对相关问题的有益讨论（Frankl,2003），同样卡西迪、康罗伊（Cassidy and Conroy,2006）和麦克马宏（McMahon, 2007）在父母如何影响孩子自尊心方面提出了很好的见解。

在英格兰，有“英格兰残疾运动联合

会”(English Federation of Disability Sport, www.efds.co.uk),可通过 www.scottishdisabilitysport.com. 联系到苏格兰残疾运动协会,针对残疾青年的政策与活动,威尔士运动协会(Sports Council Wales)有相关链接,北爱尔兰残疾运动协会(Disability Sports Northern Ireland, DSNI)是国家主要的残疾人运动组织,可通过 www.dsni.co.uk 链接。

参考文献

1. Brustad, R.J., Babkes, M.L. and Smith, A. L. (2001) ‘Youth in sport: Psychological considerations’, in Singer, R. N., Hausenblas, H.A. and Janelle C.M.(eds) *Handbook of Sport Psychology*, New York: John Wiley.

2. Bryant, J. E. and McElroy, M.(1997) *Sociological Dynamics of Sport and Exercise*, Englewood CO: Morton.

3. Cassidy, C. M. and Conroy, D.(2006) ‘Children's self-esteem related to school-and sport-specific perceptions of self and others’, *Journal of Sport Behaviour* (Red Orbit on-line) accessed through www.redorbit.com.

4. Coakley, J.(2000) *Sport in Society: Issues and controversies*, oronto: Times Mirror/Mosby.

5. Frankl, D. (2003) ‘Should elementary school children take part in inter-school sports competition?’ *The New PE and Sports Dimension*, January edition, on-line at www.sports-media.org/sportapolisnewsletter16.htm.

6. Hellison, D.R. and Templin, T.J.(1991) *A Reflective Approach to Teaching Physical Education*, Champaign IL: Human Kinetics.

7. McMahon, R. (2007) *Revolution in the Bleachers*, New York: Gotham Books.

Sports days 运动会

另请参阅:竞争,体育运动

See also: competition, sport

在英国的学校中,运动会是学生参加田径、跨栏、跳高等竞技比赛的时间,常占用半天或全天。家长应邀来观看比赛已成为惯例。近年来,教育者一直在争论,学校运动会是否应借用成人竞技比赛的模式。结果是,许多学校大幅度减少了运动会的竞争因素,更多地嘉奖团队协作的体育项目。有时,运动会当天会变为“开放日”,家长可逛校园、参观专门的展览、同老师聊天,也许还能买到专门捐赠给运动会的物品。

Staffroom 教师休息室

教师休息室是可以让学校教职员工在课间休息的教室,老师能在这里批改作业、登记成绩,或处理其他工作。很多教师休息室都比较现代化,备有饮料、冰箱、洗碗机。在规模大的学校里,教师和后勤人员会有单独的房间。除特殊情况外,学生未经许可不得进入教师休息室。

Starting school 开始学校教育

另请参阅:公民身份,幻想,友谊,健康饮食,家庭—学校,小学生入学教育,互动,新生,幼儿园,小学,阅读,学习的社交和情感因素,社会化发展,说话方式

See also: citizenship, fantasy, friendship, healthy eating, home-school, induction of pupils, interaction, new entrants, nursery school, primary school, reading, social and emotional aspects of learning, social development, speech

不同国家的孩子开始接受正规教育的年龄有所不同。在英格兰、威尔士和苏格兰,5岁或不到5岁的孩子开始上学;北爱尔兰的孩子则在4岁时开始;美国和许多其他国家的孩子在6岁或7岁时才开始上学。总之,早期教育的模式各有不同。一些未满5岁的孩子刚开始在学校只上半天,这取决于他们是什么时候出生:夏天出生的孩子可能比秋天出生的同龄人晚上学。

正常情况下,孩子在开学前,至少要参观一次学校。有时学前班和小学在同一个地方,就可以直接过去。无论如何,对新学生来说,有机会参观学校至关重要。看看自己的新教室,认识新老师和助教,知道外衣和饭盒应放在哪儿、自己的座位在哪儿、厕所在哪儿,都非常重要。年纪小的孩子可能还不习惯有问题要举手,以及得到允许才能提问的规矩。家长和孩子在第一次参观时,会了解到每天的例行活动和要求,比如每天早上开始做什么,休息时间(游戏时间/课间休息)做什么。

S

家长常会担心,小孩上学就意味着自己会“失去”孩子,但他们一般很快就会长吁一口气,放心下来。近些年,很多父母需要外出工作,幼托班和学前教育机构不断增加,因此上学第一天给孩子和父母带来的分离焦虑比前些年要小,但对所有人来说,上学第一天仍然非常重要。柯蒂斯强调了这一时刻的重要性,他认为从学前教育到正规教育是“儿童生活中最重要的变化之一”;他还提到,“孩子和父母对新环境的态度,会对以后的学习进步产生深远的影响”(Curtis, 1998)。

儿童在四五岁时一般都学会了单腿跳、跳远、跳高、扔球、接球,以及轻松地爬楼梯;多数孩子在一年级时会自己系鞋带、扣扣子。这些新生也开始掌握一些更难的用词汇表达的概念,比如下面、上面、因为、为什么、之前、之后,他们的词汇量也在全面增加——尽管语言习得在多大程度上与家庭环境有关还存在争议。典型的刚上学的5岁的孩子基本词汇量可以超过2000,说话应该口齿清晰,能说出时态和结构正确的句子。在这个年龄的儿童,约10% ~20%的人会有说话或语言障碍(如咬舌),或需专家指导(译者注:lisping,咬舌,指把s音和z音发成th音)。多数5岁的孩子能写出字母表中几乎全部的字母,并识别字母对应的发音。虽然有些学前儿童已经开始读书,上学第一年依然是掌握阅读技能的关键期。

这个年龄段的孩子虽然喜欢打小报告,也很淘气,但他们已经开始分辨是非,并更加在意要做正确的事情。然而年纪小的孩子仍然在学习区分幻想与现实,所以有时出现将两者混淆的情况也是在所难免。对有人格障碍或者只是缺乏社交能力的孩子来说,与人交朋友很不容易。在英国,学校将大量的时间和精力投入到SEAL课程(学习的社交和情感因素)和公民教育课程方面,以培养和谐和宽容意识,但相关证据表明,这些课程只能产生有限的影响。

幼童喜欢玩耍,但多数孩子还远不具有

团队体育运动所需的体力和队员间交流的能力;但他们乐于接受游戏规则的教导,能在大人的帮助下享受体育运动。许多家长和教育者认为,最好从游泳、滑冰、跳舞等开始学习,因为在这些活动中,孩子更多关注的是自己的进步,而不是与他人的竞争。最近有证据显示,长时间户外运动和健康饮食对幼儿的健康非常重要,而教师和监护人也应负起责任,高度重视孩子的健康饮食和锻炼。

参考文献

1. Curtis, A. (1998) *A Curriculum for the Preschool Child*, *2nd edn*, London: Routledge.

2. Disney Family, *Child Development*, online at http://wondertime.go.com/learning/child-development/stages.

Statementing 儿童特殊教育评估认定

另请参阅:学习辅助教师,特殊教育需求协调员(SENCO),特殊教育需求,助教

See also: learning support assistants (LSA), SENCO, special educational needs, teaching assistants

如果某个孩子经过家长、校长、教育心理学家,以及当地教育部门的正式确认,认为需要在主流学校教育中提供专业帮助,当地政府就会发布正式的评估认定报告书。该报告描述了所需支持的性质和范围,往往意味着接受学习辅助教师(learning support assistants, LSA)的帮助。

由于会产生额外费用,"儿童特殊教育评估认定"的过程经常会拖延。特殊需求评估报告被拟定后的孩子很容易就被贴上"受认定儿童"的标签,尽管该评估报告只提到特殊教育供给的性质,并未描述孩子本人的情况。理想情况下,如果正式认定某学生有特殊教育需求,就应该根据其需求性质和严重程度,配备一个全天候或半天的助教。然而让一个大人从早到晚寸步不离地陪着一个孩子并不现实,除非这个孩子确实非常需要特别的帮助(比如失明),不得不让大人时刻看护。

Steiner Waldorf 斯坦纳-沃尔多夫学校

另请参阅:教育目的,儿童发展,课程,受过良好教育的儿童,节日,基金学校,全纳教育,培养儿童,宗教教育,心灵教育

See also: aims of education, child development, curriculum, educated child, festivals, foundation schools, inclusion, nurturing children, religious education, spiritual education

虽然多数公立学校主要关注学生的学业水平,但两种特殊类型的学校也十分注重加强精神层面的教育。第一种是19世纪英国国教或罗马天主教兴办的学校。这些"基金"学校紧密控制宗教教学,为非特权群体提供基础教育。近年来,其他教派和世界宗教建立了优先反映各自精神和道德的学校。

第二种类型是与鲁道夫·斯坦纳(Rudolf Steiner)相关的学校,被称作斯坦纳学校、沃尔多夫-斯坦纳学校、斯坦纳-沃尔多

夫学校。1913 年,斯坦纳在瑞士建立了一所“心灵科学学院”,这是当今学校的前身。“沃尔多夫”这个名字源于德国斯图加特(Stuttgart)的沃尔多夫·阿斯托里亚(Waldorf-astoria)卷烟厂,斯坦纳于 1919 年为那里工人的孩子们创办了这所学校。美国第一家沃尔多夫学校于 1928 年创办在纽约。目前,有超过 600 所沃尔多夫学校遍布于 32 个国家,约有 12 万名小学生和中学生(Carroll, 2003)。

斯坦纳设计的学校课程强调人类与自然及自然的节奏(即时令)之间的关系,包括重视节日、神话、古代文化和各种庆典。他坚信乐器演奏、纺织、木雕、编织和绘画等实践技能是儿童教育的重要组成部分。他相信每个人都是由身体、精神与灵魂组成的,孩子从出生到 21 岁要经过三个阶段,每个阶段都是七年,所以每个阶段的教育都应适合“每个阶段的心智”(Edmunds,2004)。斯坦纳相信,我们借助心灵才能理解知识,虽然人与人之间存在心理或生理的差异,但在心灵上都是没有区别的。他是肢体残疾及精神残疾者(这是当时的称呼,不够尊重)教育的先驱,今天称之为“全纳教育”政策。

斯坦纳提出的“音韵法”是课程中的独特之处,这是一种运动的艺术,试图把人体内在的语言用音乐的形式和姿态表达出来,被他人看到。斯坦纳教育的支持者称,孩子的经历如同播下的种子,通过培育茁壮成长,最终结成果实。所以,每个孩子都在不断长大,最终发展成有独特个性特征的人。因此,教育关涉的不仅仅是智力的增长,而是全人的成长(Clouder and Rawson, 2003)。

参考文献

1. Carroll,R. T.(2003) ‘Anthroposophy, Rudolf Steiner,and Waldorf Schools’,*The Skeptic’s Dictionary*, on-line at http://skepdic.com/steiner.html.

2. Clouder, C. and Rawson, M. (2003) *Waldorf Education*, Edinburgh: Floris Books.

3. Edmunds,F.(2004) *An Introduction to Steiner Education*, Vancouver: Sophia Books.

Stepping stones 成长基石

另请参阅:儿童早期

See also: Early years

英格兰儿童的早期学习目标确定为六个学习领域,并由“成长基石”计划引领他们达到那些目标。

Stereotyping 成见

另请参阅:能力,儿童学习评价,行为,男孩,鼓励与表扬,期待,性别,家庭背景与学习

See also: ability,assessing children’s learning,behavior,boys,encouragement and praise, expectations,gender,home background and learning

以偏概全地用孩子的某个特有行为来描述他的全部特征,叫作抱有成见或“贴标签”。负面标签和成见会对孩子产生持久的影响,不仅会伤害自尊,还会影响其成年生活。成见存在几种不同的形式。多数情况下,标签根据孩子的行为特征及是否符合大

人的要求来确定;比如用这些话描述一个孩子:“他真是个没用的人”,或“她真是个嘴甜的孩子”,或“他净惹麻烦”。另外,标签可以指学习潜力,比如“那个孩子真聪明”,或“别对他抱太大期望”,或“她什么都不懂”。标签也可以是社会性导向的,比如“他全家都一个样”,或“他哥哥也一样聪明”。我们也会给孩子的性别贴上标签:“她真是典型的女孩,数学一塌糊涂、毫无希望”,或“他真是典型的男孩,不爱干净、杂乱无章”。教师在对学生进行评价时,必须区分孩子们的真实成就和潜力,而不是在其整个求学阶段甚至以后,都一直将毫无意义的概括性评价绑定在他们身上。即使是表扬类的标签也不一定总是有用,比如一个总被夸赞“聪明”的孩子,可能在某些学习方面有潜力,但在其他方面却不行。

Stories 故事

另请参阅:注意广度,敬畏感和好奇心,体态语,想象,大声朗读,触觉型学习者

See also:attention span,awe and wonder,body language,imagination,reading aloud,tactile learners

所有孩子都喜欢听有趣的故事与儿童文学,里面有英雄、恶棍、精灵、仙女、妖精、怪物和海鬼。还有各种质感非常好的触摸图书系列得以出版,包括很多不同材质制成的彩色书(比如小羊的画用柔软的羊毛制成;有鳞片鳄鱼的画用纹理粗糙的皮子制成)。任何类型的故事对学生理解叙事都有帮助,包括马克·吐温的《汤姆·索亚历险记》(Mark Twain,1876)这样的“经典”,琼·艾肯的《维洛比山庄的狼》(Joan Aiken,1963)系列,还有伊妮德·布莱顿(Enid Blyton)这样的作家写的那种“爱他或恨他”类型的书,甚至还有漫画书——它们都能成为丰富的教育资源。那些优秀书籍以独特的方式把故事串联起来,同时提供崭新的视角,让读者有机会仔细审视人物和情节(Duncan, 2009)。

如果教师有激情地高声朗读故事,同时用身体和手的动作来表达感叹、停顿、担忧和快乐,孩子们就会对故事特别着迷、兴奋。教师这样做很重要,至少存在以下五个原因:第一,孩子们会觉得常规性、单调化的朗读枯燥乏味;第二,创造性阅读更能激发孩子的兴趣,让他们从头到尾坚持听完故事,而不会走神儿;第三,朗读者音调的强弱变化能让小听众辨别出关键词和短语;第四,可以鼓励学生参与其中,包括对故事可能的结局提出建议、说出对人物的看法、庆祝正义战胜邪恶;第五,一起读故事是连接成人与儿童及孩子们之间的纽带。

故事能借助一些手段创造出让人难忘且易于理解的结构。比如因果关系能帮助小听众理解情节、融入故事的世界,或者因为故事中解决了不可思议的难题,感到惊讶、敬畏和好奇。讲故事有助于传播世界文化,因为儿童通过故事知道了远方的人如何生活;讲故事有助于增强学习体验,因为孩子通过故事理解了人的行动和决定的意义;讲故事有助于儿童自我意识的萌芽与成长,因为孩子通过故事认识到世界并不仅仅围着自己转;最后,讲故事能让孩子体会口述文学本身的乐趣。马勒特(Mallett, 2008)认为,不管是老师讲,还是孩子讲,讲故事本身

不仅令人愉快,而且“在儿童口头语言发展中扮演着重要的角色,特别有助于增强儿童通过叙事这种方式组织思想和描述经历的能力。”马勒特还提出了很多建议,包括如何选取合适的文本,以及强化和利用故事促进学习的其他方法。

多数学生都能专心听讲、记住细节。但是尤其是年纪小的孩子,要想全面掌握故事情节,还需要老师的帮助。老师在讲完故事后可以通过提问来梳理重点、启发孩子思考、鼓励孩子推测人物感受和后面的情节,这种方法在历史研究中特别有用。故事不仅能激发学生的想象力,还可以让他们看到另一种生活模式,提醒他们避免做出愚蠢的决定,甚至可以激发他们采取实际行动,比如一个贫困儿童陷于困境的故事,可能让同学们发起筹款活动。

伊根(Egan,1986)认为,从故事的基本形式中提炼出一个通用“故事框架”是可行的,这个框架可用来教数学、科学、语言学、社会研究等任何学科的内容。使用这一方法的一个好处是,老师不会再将课时和单元视为一个个要达到的教学目标,而是将其看作“要讲的好故事”。作者建议,老师在备课时可以花一些精力,思考如何借助“故事框架”设计自己的教学,这需要教师清晰地意识到,故事包含的情感内容与信息内容同样重要。我们可以借助伊根提供的框架,像下面这样使用故事:

(1)识别重要性:这个话题哪里重要?它为什么重要?它在情感上吸引人的地方是什么?

(2)发现二元对立面:什么样的二元对立面最能表达和阐明这个话题的重要性?(注:二元对立的例子包括:好/坏、热/冷、文明/野蛮)

(3)按故事框架组织内容:为了进入话题,什么内容最能戏剧化地表达二元对立面?什么内容能让话题自然地融进一个有情节发展的故事框架中?(例如高温既是有益的,又是有害的,取决于如何使用)

(4)结局:什么是解决这些二元对立中巨大冲突的最好方法?对立面的调解在多大程度上最合适呢?(例如核能是一种能源,同时也是极具破坏力的武器;航空旅行促进了政治和贸易的交流,但也污染了大气层)

(5)评价:怎样才能知道学生有没有理解这个话题、是否掌握了它的重要性、有没有学习其内容?

对于他们喜欢或不喜欢的故事类型,孩子们一般会有确定的意见(Hislam and Lall,2007)。他们会跟小朋友们一起谈论自己最喜欢的角色;听到有趣的故事,他们就哈哈大笑;碰到紧张的情节,他们会听得如痴如醉。虽然孩子们喜欢书里的插图,经常要求老师把书中的图画翻给他们看,但有的孩子更喜欢老师绘声绘色地给他们讲故事,而不是照着书念;他们还能准确地给家人和小朋友复述故事,甚至自己会添油加醋地渲染细节。儿童这么喜欢听故事的原因是:讲故事时,省去了拿书和翻页的麻烦,也不用给幼童翻看插图,这样,和拿着书相比,讲故事者更有可能和小听众有更多的眼神交流,以及用上更丰富的面部表情、手部动作和姿态。

参考文献

1. Amit Gandhi, J. (2008) *Telling Stories to Children*, on-line at http://ezinearticles.com/?TellingStories-to-Children&id = 1145062.

2. Duncan, D. (2009) *Teaching Children' s Literature*, London: Routledge.

3. Egan, K. (1986) *Teaching as Story Telling: An alternative approach to teaching and curriculum in the elementary school*, Ontario: Althouse Press.

4. Hislam, J. and Lall, R. (2007) 'How oral story can develop creative thinking', in Moyles, J. (ed.) *Beginning Teaching, Beginning Learning*, Maidenhead: Open University Press.

5. Mallett, M. (2008) *The Primary English Encyclopedia*, London: Routledge.

Subject leadership 学科带头人

另请参阅：员工协作，交流，课程，有效性，卓越教师，校长，专业发展

See also: collaboration (staff), communication, curriculum, effectiveness, excellent teachers, head teacher, professional development

除了新取得资格的教师之外，所有的小学教师都要求成为学科骨干，但新教师有时可能会自愿担当带头人的角色，尤其是在规模较小的学校。这意味着新教师从一名负责订购教材、了解教学总体情况的学科协调员，转变为一个主管本学科的中流砥柱。学科带头人在帮助提高学校整体教与学的标准方面、参与家长协调等方面都发挥着积极的作用。贝尔和瑞奇（Bell and Ritchie, 1999）指出，学科带头人并不是一个新概念，最早可追溯到从1905年到1990年的《教育委员会指南》，学校督导当时认为，学科教学需要有个学校全局观。贝尔等人区分了当时的"学科协调员"与现在的"学科带头人"之间的差别，认为带头人显得更积极主动，表明其愿意监管和评估整个学校标准，从而帮助学校改善进步。相比之下，协调员则暗示对职位所赋予的责任和机会处于消极被动的立场。换句话说，有效的学科领导是为了促进学校的改进（Buster et al., 2000）。

《学科带头人的国家标准》（TTA/TDA，网上资源）指出，学科带头人应为本学科（或工作领域）提供专业的领导和管理，确保高质量的教学和资源的有效利用，提高所有学生的学习和成绩标准。国家标准分为五个部分：

（1）学科带头人的核心目的；
（2）学科带头人的重要成果；
（3）专业知识和理解；
（4）技能和素质；
（5）学科领导的重要领域。

如果学科带头人具有以下多方面的能力，则被认为是高效的领导者。包括：

（1）高水平的课程知识；

（2）能将学科与整个课程体系联系起来；

（3）牢固把握学校和学科的战略发展需要；

（4）为同事做出良好的实践示范；

（5）鼓励教师要相信学生能取得更大的进步，通过这一方式来领导教师团队；

（6）与员工、学生、家长有效沟通，并建

S

立良好关系；

(7)知道如何计划并实施变革；

(8)有效地管理资源；

(9)监督员工和学生的表现，并在可能的情况下给予客观的反馈。

上述标准的目标是，为了指导那些有志于提高效率的学科带头人，或希望承担这种责任的老师进行专业发展。虽然这些标准适用于所有的学校，但在不同类型、规模和学生学习阶段的学校中，应用和实施的方法会有所不同。例如小规模的小学需要有选择性地使用，因为校长可能会更多地承担这些角色，而在大规模的小学，则不需要校长参与。理想情况下，对学科带头人的培训和发展，应该能在领导能力和管理技巧方面打下良好的基础，以便在以后担任更多、更高级的领导和管理角色(见 Dean, 2003; Burton and Brundrett, 2005)。

参考文献

1. Bell, D. and Ritchie, R. (1999) *Towards Effective Subject Leadership in the Primary School*, Maidenhead: Open University Press.

2. Burton, N. and Brundrett, M. (2005) *Leading the Curriculum in the Primary School*, London: Paul Chapman.

3. Buster, H., Harris, A. and Wise, C. (2000) *Subject Leadership and School Improvement*, London: Paul Chapman.

4. Dean, J. (2003) *Subject Leadership in the Primary School: A practical guide for curriculum coordinators*, London: David Fulton.

5. Routledge 'Subject Leadership' series, on-line at www.routledgefalmer.com/series/frameloader.html?http% 3A//www.routledgefalmer.com/series/slh.asp.

6. TTA/TDA: *National Standards for Subject Leaders*, on-line at www.tta.gov.uk/php/read.php?resourceid = 1708.

Success 成功

另请参阅：竞争，反馈，幸福感，学习动机，奖励，(儿童)自尊心，学困者

See also: competition, feedback, happiness, motivation for learning, rewards, self-esteem (children), slow learners

每个教育工作者都希望所教授的孩子能成功。然而定义成功绝非易事。关于成功的定义一般可能会是这样："成功就是事情的结果和预期的一样好，或比预期的更好"，"实现你的既定目标就是成功"，"成功的定义是成长、发展、改善、变得更好"。在学校，学生常把成功与获得好成绩的快感、卷子上的对钩、赞扬声或有形奖励(如贴纸和班级积分)等同起来。有些孩子做作业全对会有成就感，有些孩子解决了某个实际问题就会很快乐，还有些孩子建立或加深一段友谊就会获得满足感。老师一部分的工作是帮助孩子认识到，小小的成就也可以创造幸福、满足和成就感：第一次写好某字母的形状；对某个问题深思熟虑后的回答；对某次辩论有理有据的贡献；对同学有益的鼓励；对某项任务充满创造力、想象力的回应；对事实本源坚持不懈的探求，等等。

仅仅依靠努力并不能保证成功。有的孩子努力学习，却收效甚微；有的孩子毫不

S

费力,却成绩优异。老师对后者的赞扬和对前者的批评,意味着成绩是衡量学生好坏的特别重要的标准。老师对每个孩子的态度反映出其评价成功的标准,老师无意中很容易传达这样一种价值观:学生作为一个人的价值取决于其在校成绩的好坏——聪明的同学每个老师都喜欢,学习差的同学招人烦。有些孩子喜欢用非常规的方法做实验,这样会比听话的同学犯更多错误,但他们却会藉此获得更丰富的学习经验。老师必须谨慎对待孩子表现出的积极主动性,当孩子通过实验获取正确结果时,更要予以重视。据说,伟大的发明家托马斯·阿尔瓦·爱迪生(Thomas Alva Edison)因为向老师提出太多问题而激怒老师,被贴上"无可救药"的标签后辍学在家。他母亲让他读了很多比同龄人水平高很多的书,因此爱迪生的知识面广泛,涉及哲学、英语、历史等学科。当他 11 岁时,在家中的地下室建立了自己的实验室,并通过做实验打磨出更精湛高超的技能。对于一个被叫作"学校失败者"的人来说,他干得不错!(想了解更多爱迪生童年的故事,请参阅 Guthridge, 1986 的文献)。

坚持不懈是成功的重要组成部分。多数孩子愿意持之以恒地做事是因为有如下三个原因:①为自己的满足感完成一件有价值的事;②为与同学竞争;③为了获得老师的称赞。有些孩子有很强的自我驱动力,通过自己的努力完成某件事会获得巨大的满足感,表现出一种想把事情做好的不懈努力,而且喜欢并珍惜向大家展示自己能力的机会。有些孩子有很强的竞争意识,每项任务都想超越他人。孩子一心求胜的上进心不可能也不应该被阻挡,因为它可以激励他们成功,但如果它变成主导因素,就会导致一种不健康的竞争:每个人都为做得最快、得分最高而彼此争夺。很多孩子都想要让老师喜欢自己,多数情况是因为孩子喜欢老师,少数情况是因为孩子害怕老师。

虽然儿童明显渴望大人的认可,但他们寻求自我成就感更重要——参见保罗·扎克为父母写的著作,本书引人入胜、暖人心脾(Paul Zucker, 1996)。因此,大人在以下方面起着重要的作用:鼓励孩子为自己的成就感到自豪;在没有敌意的情况下,允许一定程度的竞争;热情、由衷地赞赏他们的成就。奥斯古索普等(Osguthorpe and Osguthorpe, 2008)认为,当学生和老师都完成了从前觉得不可能的事时,教育就会变得令人振奋和成功。教育者有责任为学习者树立新的目标,通过鼓励孩子超越个人舒适区、承担可控风险,为他们注入新的能量和动力。

老师在评价孩子的学习状况和努力程度方面,要特别谨慎。一方面需要向孩子解释如何改进;另一方面特别紧迫的是,要充分鼓励、表扬孩子,尤其是那些过去学习不太好的学生。卡茨(Katz, 1995)建议,家长和老师至少可以通过七种方法培养和呵护孩子健康的自尊心(以下是修订后的清单):

(1)帮助孩子与同龄人建立良好的关系。

(2)明确教育者自己的价值观,也能接受别人不同的价值观。

(3)向孩子保证,大人永远无条件支持他们。

(4)要欣赏孩子所感兴趣的事,而不仅仅是赞扬;还要避免奉承。

(5)给孩子创造面对挑战机会的同时,

S

也让他们体会到乐趣。

(6)尊重孩子,认真对待孩子的观点,提出有意义的反馈。

(7)帮助孩子应对挫折,并学会将在失败中获得的教训转化成未来的优势(Katz,1995)。

参考文献

1. Guthridge, S.(1986) *Thomas A. Edison: Young inventor*, New York: Aladdin Books (Simon & Schuster).

2. Katz, L. G.(1995) How Can We Strengthen Children's Self-Esteem? Illinois: ERIC Clearinghouse on Elementary and Early Childhood Education, on-line at www.kidsource.com.

3. Osguthorpe, R. T. and Osguthorpe, L. (2008) Choose to Learn, Thousand Oaks CA: Corwin Press.

4. Zucker, P.(1996) Loving Children, Loving Ourselves, Canada: Global Life Enterprises.

Suitability for teaching 适合从教

另请参阅:新教师入职教育,教学动机,专业化

See also: induction of new teachers, motivation for teaching, professionalism

在教师这个行业中,存在一种根深蒂固的思想,即好教师是可以被"发现"的。因此,校长、入职导师和学校董事会成员会从培训一开始,就用主观意见(而非既定标准)评估新教师的潜力,很快就做出他是否有前途的判断。因此,面试官在确定是否要对某位候选人培训之前,必须对他是否适合从教做出初步评估,包括:是否具备一个好教师所需的学术水平及个人素质;是否能与孩子融洽相处;是否具有应付课堂持续压力的耐心和性格。参见康纳利和克兰汀关于"塑造职业身份"的一系列个案研究(Connelly and Clandinin, 1999)。

参考文献

1. Connelly, F. M. and Clandinin, D. J. (eds)(1999) *Shaping a Professional Identity: Stories of educational practice*, New York: Teachers College Press.

Summative assessment 终结性评价

另请参阅:儿童学习评价,关于学习的评价,形成性评价,测试与测试过程

See also: assessing children's learning, assessment of learning, formative assessment, tests and testing

"终结性评价"指的是,在一个明确的时间段(一天、半学期、一学年)结束时进行的评价;课堂教学结束时的评价叫作"关于学习的评价(assessment of learning, AOL)",这是当今流行的叫法。通过一段时间的学习,老师对孩子所学到的知识,及在不同学科的进步形成了初步印象,终结性评价是为了证实教师的判断;可采用书面或口头测试的形式,可在特定条件下进行,也可分割成一系列小任务。为考察孩子的能力水平,每个人都必须参加测试。最重要的终结性评价是国家级的任务与测试,必须确保每个孩

S

子的父母都能看到这种考试的成绩。有些学校每年向家长汇报一次老师对孩子的评价,包括他在所有课程学科中的成绩和进步。

Superficial learning 浅层学习

另请参阅:深度学习,螺旋式课程,写作

See also:deep learning,spiral curriculum,writing

学生年复一年地待在学校里,听老师讲课,做作业,甚至考试成绩也很好。很难相信,这样的学生对自己所学的科目只有浅层的了解。即使是老师自己相信,这些学生"取得了很大的进步",而实际情况也可能是,这些孩子只是在顺从大人的愿望,按大人的要求完成了任务,但他们从未真正沉浸在学习中。比如你可以教孩子构思和写一封正式的信,寄给一个重要的人,但孩子可能无法意识到,这封信①会被一个"真实"的人读到;②可能会让其他人看到;③读信的人会按照自己的理解做出解释;④这封信可能会带来改变,比如激发收信人口头或笔头回信的冲动。在这个例子中,孩子能够学会构思和写信的技巧(完成一项就打个钩),但并不能充分了解其深层含义。浅层学习与螺旋式学习("螺旋式课程")不能相混淆,因为在螺旋式学习中,随着孩子的成长和成熟,会在更深层次上对同一个思想进行不断思考。

Sure Start 确保良好的开端

另请参阅:"追求卓越的城市教育"计划

See also: Excellence in cities

Suspension and exclusion 停学与退学

另请参阅:出勤,行为,外部机构,家庭背景与学习,家校协议,在家上学,行为不端,家长参与

See also: attendance, behaviour, external agencies, home background and learning, home-school agreement, home schooling, misbehaviour, parental involvement

基里亚库(Kyriacou, 2003)提到三种类型的退学情况(exclusion):①固定期限内退学——也称为停学(suspension);②永久退学——也称为开除(expulsion);③隐性退学——涉及学校、学生和家长三方之间达成的非正式协议。停学(suspension)的主要目的是为了纠正学生的错误行为,而不是惩罚。停学让学生有时间在家长或监护人的督促下,反思自己的不当行为,承担导致停学的相关责任,并为了达到学校的要求,下决心今后做出改变。开除率在小学极低。校长不愿学生因违纪而被驱除出学校,不愿启动退学手续,至少因为如下原因:首先,这是学校失败的标志;其次,相关手续冗长烦琐、令人焦躁。然而有时学生的行为已对他人构成危险,或者侵犯了其他学生受教育的权利,而所有的补救方法都已用尽,这样就必须勒令学生退学。媒体已报道越来越多的攻击教师事件,人们担心,过分强调学生"权利",会导致教师权威越来越不受尊重。

还有人说,停学与退学数量的增加,是由于学校提高成绩的压力所致,因为老师没有时间顾及那些好捣乱的学生的需求。

某个学生可能在午餐时间被驱逐出校(停学),短时间内不允许这个孩子进入学校,停学期限结束时,该学生必须返回学校。如果孩子停学超过一天,老师一般就要着手给孩子补课,以免他们课业落后。如果涉及永久退学,学校有责任给学生提供其他形式的教育:确保学生在另一所学校注册;或经"学生转介单位(Pupil Referral Unit,PRU)"的批准,采取在家教育的形式;或者获得其他形式的家教补习。根据政府统计数据,极度贫困区域的儿童在小学阶段被开除的可能性要比富裕区域的儿童大得多。在贫困区域,即使是年仅5岁的小学生,每年要比最富裕区域的孩子多受到上千次的停学处分。

参考文献

1. Kyriacou, C. (2003) *Helping Troubled Pupils*, London: Nelson Thornes.

Synthetic phonics 综合式自然拼读

另请参阅:读写能力,自然拼读,阅读,拼写

See also: literacy, phonics, reading, spelling

综合式自然拼读来自人工合成的概念,意味着组装或混合。在阅读中,合成/组装/混合的是书上的字母所对应发出的声音。所以这个过程涉及儿童音素意识的发展(音素是最小的声音单位)。读者在学习这个解码(译者注:儿童能听懂话语却不识字,文字对他们而言就如密码,找到文字与声音的对应关系就是解码)的过程中,应熟悉44个音素及其相关的字素(音素对应的文字符号)。同一个音素可用不同的字母或字母组合表示,如 oa, ow, ough 都发/əʊ/的音。当然英语语言的这种复杂情况,造成了阅读和拼写学习中的极度困难。读者需先识别每个字素,然后读出单词中的每个音素,通过将所有音素连接、合成在一起,发出这个单词的声音。

约翰斯顿和沃森(Johnston & Watson, 2005)做了一项为期七年的研究,主要调查综合式自然拼读法对读写成绩的影响。这项研究的贡献在于,提醒人们认识到综合式自然拼读法在认读和拼写教学中的价值。在早期的研究报告(2004)中,他们发现,额外接受综合式自然拼读法训练的5岁儿童,在单词认读、拼写、音素意识等方面,都比额外接受分析式自然拼读法训练的儿童表现得更好(同样参阅 Johnston and Watson,2007)。有些最流行的综合式自然拼读教学方法,涉及高度系统化的全班教学课程,在小学低年级阶段便已开始。教师要在短期内快速、连续地教授声音与其对应的书写符号,每星期教5~6个音素。课堂会使用多重感官学习法,让孩子看到文字符号的同时,能听到声音,大声说出来,同时做出相应的动作。这种方法能帮助大多数学习者记住许多声音与符号的对应关系。

没有哪种最好的方法能帮助所有的学习者解码,而且能拼写出所有的英语单词,所以有人坚决支持在任何教学课程中都同时使用这两种方法。每种方法都训练和发展一套不同的技能,每种技能对快速、有效

地发展认读和拼写能力都非常重要。有证据表明,如果课堂使用更传统的基于语音的教学方法,男孩在阅读方面可以与女孩齐头并进,甚至会在某些测试中表现得更好,而且有些孩子就不再需要特殊形式的教育了。似乎还有证据证明,综合式自然拼读既适合来自贫困家庭的孩子,也适合来自富裕家庭的孩子。

参考文献

1. Johnston, R.S. and Watson, J.E. (2004) 'Accelerating the development of reading, spelling and phonemic awareness skills in initial readers', *Reading and Writing*, 17, 327 – 357.

2. Johnston, R. S. and Watson, J. E. for the Scottish Executive (2005) *The Effects of Synthetic Phonics Teaching on Reading and Spelling Attainment*, issue 17, on-line at www.scotland.gov.uk/library5/education/ins17-00.asp.

3. Johnston, R.S. and Watson, J.E. (2007) *Teaching Synthetic Phonics*, Exeter: Learning Matters.

4. Learning and Teaching Scotland, 5 – 14 *Curriculum: Synthetic v analytic phonics*, on-line at www.ltscotland.org.uk/5to14.

S

T

Tactile learners 触觉型学习者

另请参阅:注意广度,设计与技术,动觉型学习者,运动技能

See also:attention span,design and technology,kinaesthetic learners,motor skills

触觉型学习与动觉型学习之间具有密切的联系,两种学习风格都涉及肢体动作。然而与动觉型学习相比,触觉型学习更受限制,主要涉及触觉和精细动作,而不是在动觉型学习中观察到的那种全身大动作。倾向于触觉型学习的儿童,往往需要深入实际、亲自探索,才能真正学习,而不是单一地通过阅读相关主题的书籍,或一直坐着听报告,或听人口头解释如何完成某项任务。然而触觉型学习者可以从身体力行的实践机会中获益,他们能够利用活动中获得的信息做一些实际的事情,例如与艺术相关的活动——绘画、雕刻、建模;设计图表与思维导图;收集石头、旗子、邮票等物品;进行民族舞、唱歌以及韵律运动。触觉型学习者通过触觉和感觉来获得信息。儿童通常具有良好的手眼协调能力,拥有“灵巧的手指”。也就是说,他们喜欢摆弄物品上的零件、动手操作,什么都想尝试一下。触觉型儿童喜爱用手指作画,以及用各种各样的材料搭建模型。一些触觉型学习者在学校会经历一段困难的时期,由于他们的注意稳定性较弱,不能久坐,不能长时间在静止的情况下保持注意力集中,因此他们容易让老师恼火。但正如所有其他形式的学习一样,孩子们倾向于触觉型学习,并不意味着他们不能以其他方式学习。

Talk 谈话

另请参阅:协作式学习,交流,好奇心,辩论,对话式学习,讨论,想象,互动,干预,学习环境,口语能力,问题和提问,规则,推断性问题,说话方式

See also:collaboration in learning,communication,curiosity,debating,dialogue for learning,discussion,imagination,interaction,intervention,learning context,oracy,questions and questioning,rules,speculative questions,speech

学习说话大概是人类需要掌握的技巧中最重要的一项了。学习说话可以帮助儿童认识这个世界、表达自己的诉求,以及进行社会交往。孩子们渐渐学会根据所处的情境调节自己的说话方式,例如他们和父母的说话方式与朋友之间的说话方式是不同的。入学后,大部分儿童可以说出自己的姓名、年龄,有时能说出自己的家庭住址;能与父母和朋友交谈;能问许多问题;能谈论想象中的情景;能混淆真假;能编造虚虚实实的故事;能胡编乱造;能说一些俏皮话儿,并以此为乐。

绝大多数的学龄儿童都有说话、讨论和提出想法的能力,但是为了确保说话有效且对学习有帮助,儿童必须学会如何与他人高

效地进行交流，以及认真倾听他人讲话。对那些年龄尚小的儿童而言，习得这两个谈话技能并不容易，因为他们总是非常渴望表达自己的观点和分享自己的意见。教师可以通过提出有趣的、有悬念的问题，引导儿童大胆思索，并提出对事件和现象的推测，不断培养儿童的好奇心，让儿童渴望探索更多的事物。

经历了课程发展过程中的边缘化阶段之后，近些年来，提升听说能力（口语能力）的重要性在学校教育中受到密切关注。例如教育部（DfES）2003 年发布了一本小册子，介绍了如何将听说目标纳入教学计划，从而促进更系统地开展口语工作。这本小册子包含了从一年级（5～6 周岁）到六年级（10～11 周岁）的口语和听力的学习目标，按学期和年进行安排，以指导规划和强调学生的发展。研究表明，由于父母长时间工作及电视和电子游戏所产生的孤立影响，造成父母与孩子的交流减少，这也让人们更加担心孩子无法清楚地表达自己的想法。小学中普遍采用以下三种系统的谈话形式：①对话（两者之间）；②讨论（多人之间）；③辩论（在清楚的规则下进行正式的讨论）。

虽然语法规则支配着句子的结构，但是人们在彼此交谈时通常会使用语言速记的形式，前提是听者能够根据自己当下的理解来解码信息。默瑟（Mercer，2000）让人们意识到，人类拥有一种独特的能力，那就是能汇集他人的思想，从而提出更高明的方法，这是其他生物所不具备的。因此大多数伟大的成就都是由团队，而非个人取得的。在这个复杂的社会化发展和智力发展的进程中，儿童逐渐认识到，自己的观点之外还存在着其他的观点，并且逐渐明白，自己的观点和判断是要接受他人审视的，甚至是被批评。在合作解决问题的环节或调查中，所有形式的意见都可以被小组讨论接纳，甚至那些偶然出现的无意义的评论，也可以一定程度上缓解过于正式严肃的交流，对谈话起到帮助作用。详见埃克和李（Eke and Lee，2005）提出的一系列切实可行的关于教师培养小学生合作能力的方法。

成人有义务帮助儿童发展社会性，使其适应学校文化，并掌握会话规则：决定谁要发言、何时发言、发言的内容，同时表现出可以接受的沟通行为（Hobday-Kutsch and McVittie，2002）。与之相反，主流的学校文化，甚至物理空间（学习环境），可能会制约教师的言行举止。例如校长可能会坚持认为，教室是安静平和的地方，而一个性格外向的任课老师却不容易维持这种清静。儿童也不得不顺从老师的期待，在说话和用词上迎合老师。如果儿童未能理解或按照老师的要求去做的话，他们就会被贴上调皮捣蛋的标签，或遭到训斥。实际上，学生与学生之间、成人与学生之间都有权利进行协商。如果教师介入过多，连贯的对话可能会变得破碎；如果教师极少介入，那么谈话或许会偏离预期的主题，或逐渐变成一些烦琐的评论（Black，2004）。为了使课堂谈话更具有目的性，儿童必须了解轮流发表意见的规则，学会公开表达想法的策略。详见迈希尔等人（Myhill et al.，2006）的文献。

参考文献

1. Black，L.（2004）'Teacher-pupil talk in whole-class discussions and processes of so-

cial positioning within the primary school classroom',*Language and Education*,18(5),347–360.

2. DfES (2003) *Speaking,Listening,Learning: Working with children in KS1 and KS2*, *Annesley*, Nottingham: DfES Publications.

3. Eke,R. and Lee,J.(2005) *Using Talk Effectively in the Primary Classroom*, London: Routledge.

4. Hobday–Kutsch and McVittie (2002) 'Just clowning around: Classroom perspectives on children's humour', *Canadian Journal of Education*, 27(2/3), 195 –210.

5. Mercer, N. (2000) *Words and Minds: How we use language to think together*,London: Routledge.

6. Myhill, D., Jones, S. and Hooper, R. (2006) *Talking*, *Listening*, *Learning: Effective talk in the primary classroom*,Maidenhead:Open University Press.

Target setting (adults) (成人)目标设定

另请参阅:专业发展

See also: professional development

教师将目标作为管理自己专业发展的手段,并通过调整教学方法、听取同事的建议和参加适当的培训课程来调整目标。目标通常包括:与课堂实践成功相关的直接目标(得到听课人的认可)、经过长期验证的最终成果(由正式考试的结果所决定)。如果教师申请加薪或升职,那他们需要提供具体的成就证明(例如课程圆满完成),以及对校园生活的贡献(例如与家长联系紧密)。

Target setting(children)(儿童)目标设定

另请参阅:成绩,教育目的,年会,个别化教育计划,特殊教育需求,测试和测试过程

See also:achievement,aims of education, annual meeting,individual education plan,special educational needs, tests and testing

在小学教育中有三种目标被广泛运用。第一种目标类型是定量的,目标的达成取决于校内和校外考试成绩的数据。布雷姆纳和卡特赖特(Bremner and Cartwright,2004)在研究中发现,目标设立对促进"学校教育革新"(school improvement)具有一定价值,但他们也指出,如果给予学生过多的压力,以期取得更高的成绩,反而是有害的。第二种目标类型是定性的,主要取决于教师对学生课业的主观评价,以及一些其他因素,比如学生的行为。例如目标可能设定为:让学生熟练掌握某一款关于健康饮食的电脑软件,或者是让学生在楼宇里安静地行走。第三种类型基于学生对自己所取得的进步的评估,以及改进方法。这些目标都是课堂上的内部目标,由师生协商确定。有时是由教师正式记录,但教师会鼓励年龄大一些的学生自行管理他们的记录。

英格兰的小学需要为 7 ~ 11 岁的儿童制定读写和计算能力方面的总体目标。在提交给家长的年度报告中,需要呈现为学生

制定的目标,还要为那些需要特殊教育的学生创建目标,这些目标记录在学生的个别化教育计划中(IEPs)。尽管教育目标的设立普遍存在,但客观地说,它并不是教育进步的灵丹妙药,因为还有许多其他的因素需要考虑(Hewett,1999)。

马斯卡姆(Muschamp,1994)指出,要区分“长期目的”(long-term aims)和“短期目标”(short-term targets)。她指出,要与儿童分享教师的理解与期望,这一过程需要考察儿童的学习目的,否则儿童不一定会明白教师的期望。短期的个人学习目标是教师为整个班级或小组设定的总目标之外的目标。怀斯(Wyse,2001)断言,通过形成性评价(即评价学生现在的学习情况,以便为将来的学习提供信息)及口头对话来关注学生的个体需要,对于学生是大有助益的。因为这一过程中,他们不是被动地接受,而是密切地参与到这一过程中来。

所有目标都需要真实、可控、有挑战性,它要求借助以往的成绩来证明,同时也要求借助阶段性测验来加以评估。然而由于时间有限,目标需要清晰、简单、少量,且容易记录,而这可能导致目标过于简化。用“目标”这一概念可以让学生知道,这是教师提出的基本要求(必须要做的事),而不是对学生提出的一种学习期待(期待做的事)。

教师必须考虑以下三个关于设立有效目标的因素:第一,目标如果太空泛则不容易控制,难以检测目标是否达成。第二,目标如果太具体则会缩小学生的视野,导致机械学习的发生。第三,有些目标主要是让学生改进,而不是熟练掌握。第三个因素至关重要,终身学习的概念告诉我们,虽然学习过程存在可区分的不同阶段,但是进步的空间是无限的。事实上,小学时代的学习,更多的是为了让儿童“变得更好”,而不是“终止学习”。例如所有小学生都需要持之以恒地提高拼写能力和演讲能力,因此“在拼写方面做得更好”这样的目标表述是含糊不清的,而有效的目标应该明确具体要掌握的单词,并给出完成期限。

参考文献

1. Bremner, I. and Cartwright, D. (2004) ‘Target setting in primary schools: The big squeeze’, *Education 3 – 13*, 32(1), 4 – 8.

2. Hewett, P. (1999) ‘The role of target setting in school improvement’, in Conner, C. (ed.) *Assessment in Action in the Primary School*, London: Routledge.

3. Muschamp, Y. (1994) ‘Target-setting with young children’, in Pollard, A. and Bourne, J. (eds) *Teaching and Learning in the Primary School*, London: Routledge/Open University Press.

4. Wyse, D. (2001) ‘Promising yourself to do better? Target setting and literacy’, *Education 3 – 13*, 29(2), 13 – 18.

Taylor Report《泰勒报告》

另请参阅:年会,董事会,董事会成员

See also: annual meeting, governing body, governors

在20世纪七八十年代,家长和学校董事会成员开始扮演着一些新的角色。作为推动这一新形势的重要元素,《泰勒报告》(*Taylor Report*)被大家所熟知。该报告起源

T

于教育科学部部长和威尔士国务卿联合启动的一次调查,由汤姆·泰勒担任调查团主席(DES/Welsh Office,1977)。报告书中最关键的一条建议是让家长参与学校管理,这一决策随后被正式写入1980年的《教育法》(*1980 Education Act*)。1986年的《教育法》要求每年为家长和董事会成员举办一次年会。1988年的《教育法》通过开放式招生扩大了家长的权力——家长可以明确表示,希望自己的孩子去哪儿所学校上学。此外,家长有权利为学校投票,使其不受地方当局控制,而且能得到中央资金资助。

参考文献

1. DES/Welsh Office (1977) *A New Partnership for our Schools* ('The Taylor Report'), London: HMSO.

Teacher behaviour 教师行为

另请参阅:普通教学委员会,(教师)声望

See also:General Teaching Councils, reputation (teachers)

社会对教师有很高的期望。尽管英格兰、威尔士、苏格兰及北爱尔兰有各自的普通教学委员会(General Teaching Councils),分别对教师行为标准进行监督并提出建议,但值得注意的是,很少有教师被正式地要求对自己的行为负责。近年来,家长和学生对教师的投诉越来越多,却鲜有投诉得到证实。有时校长需要回应关于财务违规或暗箱操作国家考试的指控,但此类事件很少见,以至于无法成为轰动性新闻。同时,被正式问责、无限期停职或解雇的教师,人数极为稀少。

Teacher Learning Academy 教师进修学校

另请参阅:普通教学委员会,专业发展,教学技能

See also:General Teaching Councils, professional development, teaching skills

教师进修学校(TLA)是在英格兰普通教学委员会(GTCE)的领导下,旨在帮助教师提高课堂教学能力,并帮助他们获得专业认可的机构。普通教学委员会的要务之一,就是给予教师提升专业知识的机会。该委员会旗下的教师进修学校为教师们提供一个指导框架,来检验某种新的教学方法和技巧在课堂中的应用。教师进修学校适合所有发展阶段的注册教师,旨在协助在职教师拓展他们的教学技能:主要是通过向同伴学习的方式,并最终与本学校或所在地区的其他教师分享自己的发现。教师首先需要在他们的班级或者学校中找到一处他们想要改进的领域,之后每名教师和一名同事(辅导教师)合作,规划自己的"学习之旅"。教师使用教师进修学校提供的框架,在学校或学习中心进行基于课堂的小规模研究,从而获得有关所选调查领域的见解。同时教师会受邀报告他们的调查结果,并在可能的情况下,与更多的人分享他们的学习成果。一些学校的教职工通过培训,还成了教师进修学校的领导者或督察员。更多详细的内容可参阅以下网址 www.teacherlearningacademy.org.uk。

Teacher-pupil interaction 师生互动

另请参阅：回答问题，儿童学习评价，走神，互动，交互式白板，错误与误解，问题和提问，关系，助教

See also: answering questions, assessing children's learning, daydreaming, interaction, interactive whiteboard, mistakes and misconceptions, questions and questioning, relationships, teaching assistants

英格索尔和克莱克(Ingersoll and Kleucker)早在1971年就指出，师生互动是大多数课堂教学中不可缺少的一部分。其中，教师通过发表观点或提出有关课堂教学的问题来开启互动，然后由学生回答。积极的师生互动有两个主要目的，第一是鼓励学生规范地参与课堂活动；第二是为学生更好地理解和把握问题提供见解与帮助。迪恩(Dean, 2001)很好地总结了有效的师生互动：

> 显然，教师喜欢学生，并乐意与他们相伴；教师尊重学生的个体特点，而不是支配他们。对于学生们提出的观点和建议，教师会用积极的、鼓励的方式加以回应；因为教师能够从每个孩子的观点中看到有意义的内容，从而能够激励学生，并给每一名学生安排合适的活动。

教师能够提出探究性问题，并以此作为引发和鼓励学生回答的手段，对于增进学生的理解力、拓展知识的深度是十分重要的。一个常见的现象是，成绩优异的孩子往往在学习互动中占主导地位，而成绩不佳的孩子则往往比较消极，容易走神，或做出不恰当的行为。学生的消极行为不能为深入学习创造条件，除非在之后的任务和活动中，他们能够有机会解决问题和理解概念(Coultas, 2007)。

师生互动有助于评价学生的进步，也有利于激发兴趣，巩固学习过程。判断学生的回答是否有效，一部分取决于成人的直觉和经验(即锻炼一种捕捉孩子话语信息的能力)，另一部分取决于学习目标(即学生回答问题的状态多大程度上达成了学习目标)。在这一方面，助教有相当大的帮助，他(她)可以观察整个互动过程，并记录下孩子的回答和动作，特别是错误的理解。课后，教师和助教讨论学生有意义的反应行为，这种反应往往需要细致的分析，例如一个学生一直在举手，也许表明了他回答问题的热情，而不是表示他理解或掌握了准确的知识。

在衡量学生回答问题的质量时，教师需要考虑这样一个事实，即小组活动与全班活动引发的问题会有所不同(Baines et al., 2008)。小组活动中，同伴之间更亲密，互动更频繁，容易出现随意性行为。因此，教师需要让学生了解，此种行为到什么程度是可接受的。教师应该注意，不要让学生举手时间过长而得不到回应，同时要寻找除学生个别回答之外的其他方式来讨论答案。比如建议"把你的想法悄悄告诉一个朋友"，或者给学生两种选择，让他们通过某种简单的表决方式任选其一。

因为交互式电子白板(IWBs)被广泛地用作提高班级互动的教学工具，史密斯等人

(Smith et al., 2006)实施了一项调查,研究在培养7~11岁儿童读写能力和算术能力时,交互式电子白板对于师生互动的影响。该项目以全国小学教师为样本,在两年多的时间里细致观察了184节课中的互动方式。调查结果显示,交互式电子白板对整个课堂的师生互动有一定影响,但是这种影响并没有这项技术所鼓吹的那么深远。尽管如此,电子白板在课堂上的使用正在迅速增加,这使得小组活动的时间变少,集体的参与变多。

在一项关于优秀小学教师的素质结构的深入研究中,吉普斯等人(Gipps et al., 2000)写道,有些小学教师发现,"有其他儿童在场时,一些孩子很难向老师提问,比如在面向整个班级时"。教师们都努力让学生感到安全,使他们不必担心受到老师和其他学生的嘲笑。然而师生间的交流越活跃、互动性越强,一些学生就越容易兴奋过度,以致言行不当。在这种情形下,教师通常不是变得激动和烦躁,而是愿意采用一定的手段来维护秩序,哪怕是舍弃互动带来的某些好处,他们还会心平气和地解释,为什么某种态度是无益的。

参考文献

1. Baines, E., Blatchford, P., Kutnick, P., Chowne, A., Berdondini, L. and Ota, C. (2008) *Promoting Effective Group Work in the Primary Classroom*, London: Routledge.

2. Coultas, V. (2007) *Constructive Talking in Challenging Classrooms*, London: Routledge.

3. Dean, J. (2001) *Organising Learning in the Primary School Classroom*, London: Routledge.

4. Gipps, C., McCallam, B. and Hargreaves, E. (2000) *What Makes a Good Primary School Teacher*, London: Routledge.

5. Ingersoll, G. M. and Kleucker, J. (1971) *Analysis of Teacher-Pupil Interaction: Reacting to pupil responses*, Washington DC: Office of Education (DHEW).

6. Smith, F., Hardman, F. and Higgins, S. (2006) 'The impact of interactive whiteboards on teacher-pupil interaction in the national literacy and numeracy strategies', *British Educational Research Journal*, 32(3), 443-457.

Teacher retention 教师留任率

另请参阅:教学动机,劳动力改革

See also: motivation for teaching, workforce reforms

教师的留任比教师的聘用更加具有不确定性。在培训期间放弃教师职位,或取得教师资格后却在几年内离任的教师大有人在,给政府管理带来了巨大的挑战。在21世纪初期进行的一项调查表明,大约有三分之一取得教师资格的实习教师并没有从事教学工作,另有五分之一的教师在三年内离职。总的来说,近一半的教师在五年内离职。尽管原因多种多样,其中最普遍的原因是教师自身愿望与外部要求之间的差异。尤其是过多的文书工作、严格规定的课程、教学方法的审查,以及测评管理制度,成为教师职业理想破灭的主要原因。

虽然立法者和政治家承认,小学教师近

年来承受着新法律带来的最大压力，但教师们对改革方案的反对意见，被普遍视为教师不愿意接受21世纪现实的表现。然而基威等人（Kivi et al.,1998）很早就警告说，"任何涉及大量文书工作或是额外工作的新举措，都将注定失败"。他提倡，应该评估所有新提出的举措在完成过程中将涉及多少额外工作。在20世纪90年代末期，这类警告被湮没在歇斯底里式"提升标准"的状态中，以及当时英国首相提出的"教育、教育、教育"的口号中。最近的有关新任正式教师的调查显示，繁重的文书工作已经与违纪学生并列成为教师对工作不满的首要原因。戈拉德等人（Gorard et al., 2006）提供了一个详细的关于发达国家教师的聘用、资格认证、培训及留任的解决方案，可供未来参考。门特等人（Menter et al., 2002）对英格兰关于提升教师留任率的一些项目进行详细分析，报告了哪些项目真正有效及原因。波德森（Podsen, 2002）提出了留住美国不同地位、不同职业生涯阶段教师的各种策略。

参考文献

1. Gorard, S., Huat See, B., Smith, E. and White, P. (2006) *Teacher Supply: Key issues*, London: Continuum.

2. Kivi, M. (1998) *Take Care Mr Blunkett*, London: Association of Teachers and Lecturers.

3. Menter, I., Hutchings, M. and Ross, A. (eds) (2002) *Crisis in Teacher Supply: Research and strategies for retention*, Stoke-on-Trent: Trentham.

4. Podsen, I. J. (2002) *Teacher Retention: What is your weakest link?* Larchmont NY: Eye on Education Publishers.

Teacher role 教师角色

另请参阅：忙碌状态，（员工）协作，共治，健康与安全，家庭—学校，监控，教学动机，计划（教学），关系，助教，时间管理

See also: busyness, collaboration (staff), collegiality, health and safety, home-school, monitoring, motivation for teaching, planning, relationships, teaching assistants, time management

教师角色（更准确地说，是各种角色）涉及多个层面，但主要由功能层面决定，包括课程实施、教学计划、教学评估及编制报告。比如利他主义、同情心、对孩子的爱及在学校工作的成就感等激励因素，有时必须从属于这些实际的考虑。对大多数教师而言，只有一半左右的时间是用在积极教学上的，其余的时间则被会议、管理及其他的学校工作占据。同时教师还必须在课堂之外的领域发挥作用，包括维持与辅助人员的人际关系、接待家长和来访者、在健康和安全问题上表现出主动性，以及在学校内外表现出正面的形象等方面。

影响小学教师工作的因素主要有以下六个方面：第一，学校紧张的生活节奏让教师缺乏深入思考的机会，由于工作任务繁重需要不断考虑任务的优先次序。第二，教师要迅速处理日常生活中的各种事件，比如解决学生之间的争执、回应家长关心的事情、安慰受伤的儿童及安排器材维修。第三，教师要为同事提供帮助，以维持和谐的同侪关系，促进彼此合作。第四，无论工作的时长和强度，教师都需要在有限的时间里完成所

T

有需要完成的任务。第五,由于忙碌的学校生活,同事之间有时会疏于沟通和联系。第六,教师有大量的组织任务,主要包括参加会议、联系家长、管理资源、计划教学、安排参观和参加其他一些特别的活动,有时还需要联络其他学校的教师。

所有的教师通过制定和维护规则框架,将对学生的期待清楚地告诉他们,并鼓励他们对自己的行为负责,进而扮演着守护者的角色。芬斯特马赫(Fenstermacher,2001,2004)将"教师的行为举止"作为教师开展道德发展活动的示范,强调教师通过课堂教学促进学生道德发展的责任。教师角色的社会维度对儿童积极态度的培养至关重要,因为教师可以使学生相信,通过良好的行为表现,他们可以得到更多,而不是失去更多。守护者的角色意味着在处理学生之间的违规行为时,具体的处理方式要根据事情的严重程度而定。教师需要预测扰乱情况的潜在原因,然后根据大家同意的奖惩方法,预先采取措施,而不是随心所欲的惩罚。教师作为守护者的职责也包括保护弱者,以及使更弱小的儿童不被伤害(比如欺凌),并且帮他们制定策略,使其变得更加自立和自信。

尽管许多其他因素占据了教师的时间,但是课堂教学仍是教师工作的核心。所有教师都在这方面责任重大:通过帮助学生处理信息,从而发展他们的一系列智力技能,特别是思考的策略;同时发展他们的概念理解力,使学生能够组织新的经验,并逐渐掌握其中蕴含的意义。学生有望广泛地吸收信息和知识,所以学校的教师必须帮助学生建立起组织归类系统,以便之后在新情境中进行检索和应用。

关注学生的进步是教师角色的一个基础方面。每名教师都需要善于判断儿童的理解程度、诊断学生理解不足的领域,以及寻找最好的解决方案。所有的关注都依赖于对孩子的密切观察、仔细倾听他们所说的话,并通过巧妙的询问来洞察他们内心的意见和想法。最好的教师不仅要发现学生的问题所在,还要调查他们为什么会出现这样的问题,以及如何解决问题。

来自中央政府的外部要求,以及与教育政策制定者的最新举措保持同步的要求,使得教师肩负起了很大的责任,这也使得很多人难以跟上步伐。教师角色构成的"责任网"意味着,教师若要成功管理多种需求,就需要特别注意评估和调整每天的优先工作事项,同时还要保持教学或其他任务的正常进行。各种各样的要求也使一些教师长期处于疲惫和紧张的状态,特别是当研究报告表明教师本人是影响学生进步的主要因素这一观点时,使得这种情况更加恶化。详见克莱尔和伍兹(Carlyle and Woods,2002),以及伍兹和杰瑞(Woods and Jeffrey,2002)的文献。尽管如此,教师角色在工作中为教师带来了相当大的个人和专业方面的满足感,几乎所有小学教师都认为,自己从事的工作是有价值的,并能改变儿童的生活。详见代伊等人(Day et al., 2007)和海斯(Hayes,2009)对教师工作和生活更有深入的描述。

参考文献

1. Carlyle,D. and Woods,P.(2002) *Emotions of Teacher Stress*,Stoke-on-Trent:Trentham Books.

T

2. Day, C., Sammons, P., Stobart, G., Kington, A. and Gu, Q. (2007) *Teachers Matter: Connecting work, lives and effectiveness*, London: McGraw-Hill International.

3. Fenstermacher, G. D. (2001) 'On the concept of manner and its visibility in teaching practice', *Journal of Curriculum Studies*, 33(6), 639-653.

4. Fenstermacher, G. D. (2004) 'The concept of manner and its visibility', in Wragg, E. C. (ed.) *The Routledge Reader in Teaching and Learning*, London: Routledge.

5. Hayes, D. (2009) *Primary Teaching Today*, London: Routledge.

6. Woods, P. and Jeffrey, B. (2002) 'Teacher identities under stress: The emotions of separation and renewal', *International Studies in Sociology of Education*, 23(1), 89-106.

Teachers' beliefs 教师信念

另请参阅:以儿童为中心的教育,儿童,教学动机,游戏,教学法

See also: child-centred education, children, motivation for teaching, play, teaching approach

泰勒(Taylor,2002)揭示了一个有趣的关于小学教师教学观念的现象。他在研究中发现,在一组55岁有经验的教师群体中,超过百分之八十的人会持有一种信念,这种信念被广泛地定义为"以学生为中心"(Doddington and Hilton,2007),呈现出以下特点:

(1)学习对儿童来说是自然而然的。

(2)儿童/学生学习是因为他们想要学习,而不是被要求去学习。

(3)游戏和学习是分不开的。

(4)学习是一种共同的活动,而不是个人的活动。

(5)教学的主要目的是培养一个完整的人(学术的、社会的、精神的)。

(6)课程应该与学生或儿童的需要相联系。

(7)教师应该鼓励学生发展自己的学习模式。

泰勒注意到,这些信念与二十五年前小学教师的信念几乎完全相同(转引自Ashton et al., 1975)。在泰勒的样本中,仅有五分之一的教师同政府的观念一致,他们认为:①学习从不简单;②儿童需要被强制性要求学习;③游戏不是学习;④学习是一件独立的事情;⑤教学的主要目的是发展智力;⑥课程要与社会的需要相联系;⑦教师的工作是激发和指导学习。与之相反,泰勒关于教师的儿童中心取向的研究结果,同样在其他人的研究中有所反应,包括海斯(Hayes, 2004)关于英格兰卓越小学教师的研究和曼纽尔和休斯对澳大利亚中学生(Manuel and Hughes,2006)的研究。他们都证明,利他主义和帮助儿童的愿望是大多数准教师最强烈的教学动机。实际上,曼纽尔和休斯(Manuel and Hughes)总结指出,许多未来的教师进入教育领域时"都有一种改变年轻一代生活的使命感,并且通过学习和交流为学生打开了成长的机会大门"。

T

参考文献

1. Ashton, P., Kneen, P. and Davies, F. (1975) *Aims into Practice in the Primary School*, London: Hodder and Stoughton.

2. Doddington, C. and Hilton, M. (2007) *Child-Centred Education*, London: Sage.

3. Hayes, D. (2004) 'Recruitment and retention: Insights into the motivation of primary trainee teachers in England', *Research in Education*, 71, 37 -49.

4. Manuel, J. and Hughes, J. (2006) 'It has always been my dream: Exploring pre-service teachers' motivations for choosing to teach', *Teachers Development*, 10(1), 5 -24.

5. Taylor, P. H. (2002) 'Primary teachers' views of what helps and hinders teaching', *Education 3 -13*, 31(2), 34 -39.

Teaching approach 教学法

另请参阅:关于学习的评价,儿童发展理论,讲授式教学,纪律,发现式学习,讨论,有效性,探究,信息技术,课堂复习,学习动机,组织学生学习,教学总结,关系,学习的社交和情感因素,任务完成速度,(儿童)目标设定,教学方法,教学策略

See also: assessment of learning, child development theories, didactic teaching, discipline, discovery learning, discussion, effectiveness, enquiry, information technology, lesson review, motivation for learning, organising for learning, plenary, relationships, social and emotional aspects of learning, speed of work, target setting (children), teaching methods, teaching strategy

T

教学法包括教师促进学生有效学习的方法和策略,反映了他们对教育和学习本质的信念。每一种教学法都是基于对儿童发展的理解,以及对学习理论和实践的把握。如果有确切的需要,良好的教学法能够在教学过程中灵活地改变教学的方向,以适应不同学习速度的学习者,并且能够获得令人满意的结果。

在选择合适的教学法时,教师必须在努力提升教学法实效性的同时,决定到底是需要独裁或专制,还是保持一种信任和友好的感觉,成为儿童的“良师益友”。教学法不是死板的(具体的教学方法也非如此),而要随着时间的推移,并根据所教学生的情况,允许和容纳观点的变化。因此,一名教师可能认为,学生们如果有机会通过小组形式探讨问题,此时学习效率最高。而另一名教师可能确信,学生们在独自完成与自身需要密切相关的任务时,他们学得最好。某位教师或许会大量使用直接传授法,运用重复事实的方式进行回答,但另外一位教师会采用问题解决的方法,鼓励孩子们提出自己的问题,并找出自己的解决方法。某位教师的教学风格或许是轻松随意的,具有强烈的互动性,老师谈吐幽默、妙语连珠,而另一位教师也许会采用相对冷漠的风格,避免过于亲切。比如比较一下由坎特等人(Canter and Canter,2001)提出的“纪律鲜明”的教学法和麦克格拉斯(McGrath,2000)提倡的“和平教学的艺术”。

帕特森和易思卡特·沙利斯(Paterson and Escarte-Sarries,2003)通过采访一线教师发现,他们更喜欢使用基于学生回应和反馈的交流方式,而不是强调“单向”的讲授

式训练。对“协商理解”和“深挖意义”的尝试,使大家注意到“互动交流与合适的课堂气氛或环境之间的重要联系,因而间接揭示了学生社交和情感的需要”。大多数小学教师很重视与学生之间的关系,将其视为提高教学与学习质量的一种方式。但是这种做法是基于一种理解:最终的教学评定者是成人,而不是儿童。虽然小学教师通常会说,希望学生积极回答问题,主动表达他们自己的观点,但是完成课程任务,以及考试得高分的压力(尤其是高年级学生),可能会阻碍教师这种愿望的实现。

教学法之间存在的一个最显著的差别就是运用纪律。优秀的教师会很自然地和孩子们说话,而不是挖苦他们;他们真心对孩子们说的事情感兴趣;在必要的时候,他们会积极地回复学生,从不向学生喊叫,或羞辱学生;他们在惩罚学生之前会给出解释,并公开表扬良好的行为。如此这般,儿童被给予成长和发展的空间,并且被鼓励去表达怀疑、不确定和保留意见。教师提供意见和建议,并使学生相信,只要他们足够努力地去尝试,就没有什么是超出他们能力范围的事情。在这一方面,英格兰一位经验丰富的小学前任校长大卫·温克利(David Winkley)把成功的教学法比作优美的爵士乐。他认为成功的教学法应该是结构鲜明又有教学机智的,如同利用现有的最好的乐器和主题,但是以独特的、原创的方式加以运用(Winkley,2002)。伊根(Egan,2005)强调,激发学习者的想象力和情感是进行有效学习的一个基本的先决条件。然而受推荐的与读写相关的教学法已经渗透到其他教学领域,因此许多课程现在使用相似的模式:由教师主导的整个班集体的导入,然后进行具体教学;给每组学生布置独立的任务;在复习阶段总结课程要点(就是所谓的“教学总结”)。

一种教学法的采用也涉及课堂组织与教学管理的基本问题。一方面,教师发现集体教学是可取的,因为这样比较节省时间,并且避免了向不同小组的学生重复相同的一套指令和解释的需要。另一方面,班级内学生能力水平和成熟程度方面存在较大差距,意味着教师需要持续地关注不同学生注意力的稳定性、掌握的概念、词汇及以前的学习经历等方面的差异。因此在通常情况下,教师根据环境及想要达成的目标,混合使用集体教学、小组合作教学及独立学习的教学法。实际上,所有教师都必须回应每个学生个体的需要,但是出于课堂组织的目的,为了方便进行教学,教师趋向于将学生分成若干小组。在英语和数学课上通常会根据学生成绩进行分组,而其他科目则会基于社交或实际需要进行分组(比如资源的使用)。

低年级和高年级的小学教师往往会采用不同的教学法。在密切监控教学任务完成的过程中,低年级教师依赖于大量的视觉图像、故事、重复和指导,对更加年幼的儿童来说,则会提供大量进行游戏的机会。教师会鼓励学生进行探索、调查,以及动手操作实物,比如建筑材料(“发现式学习”)。随着学生年级的升高,教师逐渐采用更加直接的集体教学、提问与回答、使用信息技术,以及班级讨论。他们会鼓励学生抓住问题,深入思考某些议题、困境及疑难问题。同时,教学任务通常用于最后的评价中,作为检测学生的理解水平的手段(学习评价,美国在线服务公司)。与此同时,高年级的学生可能会和教师一起制定他们自己的学习目标。

参考文献

1. Canter,L. and Canter,M.(2001) *Assertive Discipline*,Santa Monica CA:Canter & Associates.

2. Egan,K.(2005) *An Imaginative Approach to Teaching*,San Francisco CA:Jossey-Bass.

3. McGrath, M. (2000) *The Art of Peaceful Teaching in the Primary School*, London: David Fulton.

4. Paterson, F. and Escarte-Sarries, V. (2003) 'Digging deeper: A typology of interactive teaching',in Moyles,J.,Hargreaves,L., Merry, R., Paterson, F. and Escarte-Sarries, V. *Interactive Teaching in the Primary School*, Maidenhead: Open University.

5. Winkley, D. (2002) *Handsworth Revolution: The odyssey of a school*, London: Giles de la Mare.

Teaching assistants 助教

另请参阅:教育考察,高级助教,学习辅助教师,计划(教学),阅读,阅读能力恢复,儿童特殊教育评估认定,劳动力改革

See also: educational visits, higher-level teaching assistants,learning support assistants, planning, reading, reading recovery, statementing,workforce reforms

近年来,小学使用助教的情况有了很大的发展。多年来,大型的小学多聘用助教负责一般事务,但是助教现在逐渐开始承担小学生学习的任务。助教的大幅增长是为了支持班主任工作,以提高教学质量。雇用助教的目的是为了使学习模式和教学模式更加灵活。助教的工作可以缓解大量日常任务给教师带来的压力,从而使教师能够集中精力处理教师专业相关的工作,特别是关于学生学习的计划、准备和评估的工作(援引自 PPA time)。这种策略的应用,需要对助教进行适当培训,以确保他们具备补充教师工作的适当技能(详见 Kerry,2005)。

在小学里,助教有 7 种及以上的职责:①成为学生活动的真正参与者;②作为旁观者,观察学生完成任务;③帮助书写困难学生进行抄写;④做一系列琐碎的工作;⑤检查学生正在做什么;⑥了解学生想要老师给他们读什么书,告诉他们内容,并一起讨论;⑦帮助学生们复习功课。通常情况下,一个全职助教的常规职责如下:

(1)听学生朗读,并做好阅读记录。

(2)协助数学拓展小组。

(3)与需要帮助的儿童进行一对一学习。

(4)在教室和走廊里组织展示学生的作品。

(5)在教师的要求下制作一些教学道具。

(6)带着学生去图书馆选书,以及做一些其他的图书馆基本工作。

(7)当学生在校园内外活动时,协助教师看护学生。

(8)保存事件报告记录,并且对学生的健康与安全进行监督。

(9)为学校演出设计和制作布景。

(10)收集和分配点心,包括饮用水。

（11）自发地创建课后手工小组。

一些助教可能只负责满足一个孩子的学习需要，这些人在过去常被称为学习支持助教（learning support assistant，LSA）。而在现在，助教更多是被称为教学助手（TA），或高级助教（higher-level teaching assistant，HLTA），因此，学习支持助教这种头衔往往会与他们的任务联系在一起，而不是他们的地位。尽管所有的助教都有一种或多种职责，但事实上，高级助教可能和教师在教学工作上有更加紧密的合作（Burnham，2006）。特殊需求助教也是“学习支持助教”的一种，他们专门负责急需学习支持的儿童。这些儿童的学习需要是由“儿童特殊教育评估认定”（statementing）程序正式认定的，这一程序涉及家长、学校、教育心理学家及地方教育当局（详见 McVittie，2005）。特殊教育评估认定是一份正式的文件，其中明确了儿童的特殊需求，以及支持这些需求相应的行动计划。助教（TA）整日只跟着一个需要帮助的孩子的观念正在变得过时，取而代之的是，不论教室内外，儿童跟助教集中的学习只有一小段时间。

虽然助教有明确的工作内容，并且对他们自身的职责范围有清晰的认识，但实际的工作内容取决于教师每一天、每一节课的具体期望。在早年的课堂上，助教清晰认识职责需求尤为重要，因为额外的成人支持与日常教学的组织息息相关。若和高年级的学生一起，助教要对那些落后或有困难的儿童进行强化辅导，或者被分配去监督一组学生，并且指导他们完成任务。无论助教的具体职责是什么，教师要与助教一起紧密协作，并重视他们的专业知识。坚持这个原则是建立良性工作环境的基础。如果对助教的能力及责任心有不合理的猜测，或利用他/她的善意，则会迅速削弱助教的奉献精神（详见 Hancock and Collins，2005）。

有相应技能的助教可以参与协助使用信息技术，提供“阅读能力恢复”（reading recovery）方面的帮助，甚至与学校的儿童权益倡导者（child advocate）一起担任咨询师。儿童权益倡导者是指定的人员，负责接待希望倾诉心中忧虑或不满的儿童，特别是与成人有关的事情。比如说当助教可以指导一组有能力的孩子解决数学问题时，却要求她去洗画笔，这对于助教来说就是不合理的安排。

越来越多的全职助教有了资格证，并且几乎都参加了额外的在职课程，以提高他们的专业知识（详见 Watkinson 2003a，2003b；Cousins et al.，2004）。对于希望继续深造的助教来说，他们可以通过职业途径进入教师队伍。事实上，据估计，大约有 10% 的助教是训练有素的教师。当高级助教需要在教师的指导下承担起教导一组学生或整个班级的责任时，提高助教的专业知识就变得十分必要。例子详见罗斯（Rose，2005）、卡琳福德（Cullingford-Agnew，2006）的文献。然而当助教可以承担更大的教学责任时，对于他们基本技能的培训，更多地是帮助其获得更多的管理小组或全班学生行为的经验（Bentham，2005）。助教在其他的学习活动中也扮演着支持教师的重要角色，例如参观剧团、户外活动、修学旅行，以及学校节目制作。

详细信息可以在 Teaching-Assistants.co.

uk 查询,这是一个致力于帮助助教求职及机构雇佣助教的网站,比如招聘代理机构、学校、幼儿园和课后辅导班(www.teaching-assistants.co.uk)。

参考文献

1. Bentham,S.(2005) *Teaching Assistants' Guide to Managing Classroom Behaviour*, London: Routledge.

2. Burnham,L.(2006) *101 Essential Lists for Teaching Assistants*, London: Continuum.

3. Cousins, L., Higgs, M. and Leader, J. (2004) *Making the Most of your Teaching Assistants*, London: PfP.

4. Cullingford-Agnew, S. (2006) *Becoming a Higher Level Teaching Assistant: Primary SEN*, Exeter: Learning Matters.

5. Hancock, R. and Collins, J. (eds) (2005) *Primary Teaching Assistants*, London: David Fulton.

6. Kerry, T. (2005) 'Towards a typology for conceptualising the roles of teaching assistants', *Educational Review*, 57(3), 373 - 384.

7. McVittie, E. (2005) 'The role of the teaching assistant', *Education 3 - 13*, 33(3), 26 - 31.

8. Rose, R. (2005) *Becoming a Primary Higher Level Teaching Assistant: Meeting the HLTA standards*, Exeter: Learning Matters.

9. Watkinson, A. (2003a) *The Essential Guide for Competent Teaching Assistants*, London: David Fulton.

10. Watkinson, A. (2003b) *The Essential Guide for Experienced Teaching Assistants*, London: David Fulton.

Teaching methods 教学方法

另请参阅:发现式学习,反馈,教学指令,错误与误解,分级阅读方案,视觉型学习者

See also: discovery learning, feedback, instruction, mistakes and misconceptions, reading schemes, visual learners

教学方法与教育中的指导原则以及传授知识或技能的活动有关。“方法”这个词的使用,意味着有一个特定的、系统的方式去做一些事情,包括按照逻辑顺序排列的、明确的步骤。在教学过程中,学生需要熟练掌握课程内容,并在教学过程的每一步或每一阶段都展示出程度大致相当的成果。教师将课程材料划分为简易的单元,并在单元教学结束时设置形成性评价测试。有些教师有可能照本宣科,他们会避免通过提问和循循善诱的方式来展开讨论。某种教学方法如果偏重于视觉手段(使用照片、图表等)及听觉手段(学生根据听来学习)的学习方法,它就不可能赞同“做中学”的方式(即发现式学习)。

在布鲁姆的教学模式中(Bloom,1976),教学方法是以学习者接受个性化教学为前提的,因此学生们都能掌握课程材料。凯勒的个性化教学系统(personalized System of Instruction)或简称 PSI(Keller,1968)有与之不同的四个特点:第一,教师不是通过口头的方式呈现信息。与之相反,他们选择和/或创造适当的阅读材料、学习目标和研究问

题,并准备多种形式的测试,来检测学生进步,并提供反馈。第二,基于对人们的不同学习速度的认识,学生可以根据自己的节奏完成作业。第三,进入下一个学习阶段之前,学生必须在测试中展现出能够熟练掌握知识,或能够纠正不足之处。第四,教学资源可以帮助学生解决他们的学习需求,不论是缺少知识,还是概念不清或是误解。第一、第三和第四个特征反映在许多外部施加的接受式教学法的要求中,然而第二个特征(按自己的速度完成)受制于严格的课堂教学时间设置。有种教学方法最有可能被小学教育工作者用于类似于早期分级阅读方案,在这种阅读计划中,阅读某一系列的下一本书之前,有必要掌握前一本书的词汇内容,同样儿童也可能会得到有关技术软件使用的系统指导。

参考文献

1. Bloom, B.(1976) *Human Characteristics and School Learning*, New York: McGraw-Hill.

2. Keller, F.(1968) 'Goodbye teacher...', *Journal of Applied Behaviour Analysis*, 1, 79－89.

Teaching profession 教师职业

另请参阅:普通教学委员会,专业发展,专业化

See also: General Teaching Councils, professional development, professionalism

奥恩斯坦(Ornstein,1977)提出,一种工作的专业化有以下要求:它需要有明确的知识体系,而这些知识体系是业余人员无法掌握的;控制认定标准和/或准入资格;在工作选择范围内有自主决定权;较高的声望和经济地位。长期以来,教师一直认为教学工作是一种专业,就像律师或医生一样。然而与中学教师相比,小学教师更难被认为是“专业人员”。这主要有两个原因:①因为他们应对的是年幼的儿童,被认为比大孩子“更容易”教育;②在小学的课程里,学科的界限比较模糊,比如小学教师不像中学的地理教师一样,被认为是“学科专家”。直到20世纪后半叶,小学教师才和中学教师一样有了相等基础的工资和荣誉奖。直到近期,5岁及以下儿童的幼儿园和“基础阶段”教师才被视为“真正的教师”。尽管在地位和晋升机会方面仍然存在着不正常的现象,但是所有党派都热衷于灌输所有教师都是专业人员的信念。对此,持有怀疑的人声称,这种热情与其说是一种赞赏,不如说是政府实施控制的一种方法。而政府通过主张“一个真正的专业人士要顺应体制,以及我们倡导的优先事项”,有效地抑制了个性化、消除了不同的声音(详见 Richards,2001;Silcock,2002)。

戈登等人(Gordon et al., 1983)和时事评论员琪兹力克(Kizlick,在线资源)认为,专门的职业是与工作相关的社会分工制度,其创建和维持的目的是为了向个人和社会提供基本的服务——这也是教学工作的一个显著特点。成为专业的其他特征包括:关注确定领域的需要或职能;拥有系统的知识、一整套的行为和技能;专业人员代表委托人做出决定——就教师职业而言,教师代表了学生和家长。

职业必须建立在一个或多个学科的基础上(对教师而言,比如儿童发展),从这些

T

基础学科中建立起应用于本专业的知识和技能,并融入一个或多个专业协会,在广泛的社会责任范围内,专业协会被给予工作自主权和相关条件——大多数的时事评论员都认为,与前几代相比,现在的小学教师拥有更少的自主权。同样,职业准备和入职培训必须系统化,这在教师专业中十分明显。在英国的每一个地区,都有教学专业委员会来监管和帮助维护职业标准。

专业就职人员或个人从业者必须有高度的公信力和自信心,他们具有强烈的服务意识和终身对能力的追求——教师持续专业发展(CPD)证明了这一点。职业应该有着相对的自由,不受直接的在职监督,也不受个别人的直接公开评价——显然,教师面临的高频审查并不符合这一点。薪酬应该与其工作要求和职责的水平相当,能体现出胜任这一工作所需要的专业知识——教师职业有高要求的职责,应当获得相当高的薪酬。

在英国,助教人数的增加减轻了教师的各种重复性和常规性工作,使得这些教学"专业人员"的工作重点更加突出:他们需要制定计划、实施教学、开展评估,并记录学生的进步,以确保儿童在学业和社会性发展中都获得最适宜的进步。在21世纪,人们已经不再关注小学教育是否是专业的争论,取而代之的是对有效/优秀教师的特点、学校在国家测试和考试成绩方面的改进等问题的关注。

参考文献

1. Gordon, P., Perkin, H., Sockett, H. and Hoyle, E. (1983) *Is Teaching a Profession? Bedford Way Papers 15*, London: Institute of Education.

2. Kizlick, B. 'Characteristics of a profession', on-line at www.adprima.com/profession.htm.

3. Ornstein, A.C. (1977) 'Characteristics of the teaching profession', *Illinois Schools Journal*, 56(4), 12-21.

4. Richards, C. (ed.) (2001) *Changing English Primary Education: Retrospect and prospect*, Stoke-on-Trent: Trentham.

5. Silcock, P. (2002) 'Under construction or facing demolition? Contrasting views on English teacher professionalism from across a professional association', *Teacher Development*, 6(2), 137-155.

Teaching skills 教学技能

另请参阅:回答问题,纪律,互动式教学,问题和提问,规则,师生互动,直观教具

See also: answering questions, discipline, interactive teaching, questions and questioning, rules, teacher-pupil interaction, visual aids

基里亚库(Kyriacou,1998)声称,作为教师,发展教学技能既是为了增加和扩展教学决策的类型,也是为了执行这些决策。他认为教学技能有以下三大特征:

(1)它们包括目的性和目标导向性的行为;

(2)专业水平表现为准确性、流畅性以及对语境的敏感性;

(3)可以通过练习和培训得以提高。

T

尽管教学技能要根据课堂中所发生的情况逐渐得到提升，教师必须清楚地知道，在各种情况下，什么是最合适的教学技能。直接传授型教学方式（direct transmission teaching，DTT）是将知识和内容传递给学生，传递成功的程度取决于教师是否能有组织地传递信息，并使用恰当的词汇、丰富的语调和适当的语速来吸引儿童，还能在恰当的地方使用视觉教具。

第二种教学技能是交互式教学（interactive transmission teaching，ITT），它同样基于直接的信息传递，但是其中穿插了教师与学生的互动问答。交互式教学是一种比直接传授型教学更难的教学技能，因为教师在传授知识的同时，还要关注学生回答问题时给出的答案。好的教师要确保儿童能够区分需要他们回答的问题和不需要回答的问题（思考时的自问自答），否则教师必须处理大量不必要的答案，尤其是在面对低年级学生时。

第三种教学技能是参与式教学（participative teaching，PT），它提倡学生的积极参与，不仅是回答问题，还可以提出见解、建议和范例。参与式教学需要教师具有高水平的教学技能，如果学生没有一定的自律能力，不能安静地等待回答、听取同学的想法及保持适当的音量，那么这种方法很容易引起课堂的混乱。教师必须努力说明规则，让学生明白他们什么时候可以参与讨论、如何讨论及怎样有礼貌地回应他人的观点。

无论什么样的教学技能，教师在选择时都必须考虑学生的能力水平、经验及学习速度，给予学生机会，让他们在不同的情境下应用学会的方法，或设法应对新挑战。如果要求学生调查或是解决问题，教师必须要事先确认完成任务所需的一系列技能，以确保学生有能力，并会以认真的态度应对挑战，避免因忽视必需技能而受到阻碍。例如，如果要求学生设计一个学校里的花园，他们需要具备设计、绘画、测量的技能，以及思考可行性所必需的思维能力，除此之外，还要具备植物和土壤条件相关的知识。关于更多的教学技能，详见沃特金斯和阿伦菲尔特（Watkin and Ahrenfelt，2006）的文献，包括设计具有挑战性的课堂教学、确保学生有兴趣专注于任务，以及组织教学以控制挑战性行为。

参考文献

1. Kyriacou，C.（1998）*Essential Teaching Skills*，Cheltenham：Nelson Thornes.

2. Watkin，N. and Ahrenfelt，J.（2006）*100 Ideas for Essential Teaching Skills*，London：Continuum.

Teaching stance 教态

另请参阅：（成人）健康与安全，学习氛围，学习环境，身体舒适

See also：health and safety（adults），learning climate，learning context，physical comfort

教师应该保持在一个固定的位置和学生进行交流，因为这样可以给他们一个集中注意力的焦点，而教师不断地来回移动，往往会导致学生分神。另一种极端的情况是，教师的姿势非常僵硬，这就很难告诉学生本节课的教学将是令人激动或者值得密切关注的。然而教师可以通过故意地改变站位，

T

或者偶尔地做出新姿势,促使学生关注教师的变化,从而帮助学生保持对课堂的警觉和敏感。如果教师变换站位的同时,轻微调整了教室中的另一因素(例如调整椅子的位置),就会明显影响学生的注意力。当学生们正看向教室前方时,如果教师站在教室后面说话,这是维持有序的学习氛围的有效策略。然而多媒体技术应用的课堂教学中,出于操作方便或安全原因,教师只能在有限的范围内活动。

Teaching strategy 教学策略

另请参阅:注意广度,体态语,纪律,互动式教学,学习环境,学习动机,专业发展,说话方式,师生互动,教学技能

See also: attention span, body language, discipline, interactive teaching, learning context, motivation for learning, professional development, speech, teacher-pupil interaction, teaching skills

教学策略是有效地利用教学技能的方法。例如,维持学生注意力时,可以使用停顿的策略;以学生熟知的经验作为示例,引导学生参与课堂活动;把教科书上的书面语言转化成儿童易于接受的语言来解释学习目标。同样,促进倾听的策略可能包括:降低音量到耳语的程度,或提高音量;通过故意强调辅音,使发音变得多样;眼睛可以从微闭双眼变成睁大双眼;与儿童一对一的互动时,可以用舒适的方式缓慢地向儿童移动。高效利用实体教具的策略可能包括:选择不同的学生来操作仪器;展示一张“令人感到惊奇”的照片,以增强信息技术的运用;助教也可以请儿童回答问题,等等。

教师通常使用多种多样的策略,以维持纪律和调动学生的积极性。他们会使用奖励机制,来奖励那些努力和超越教师预期的儿童,他们也会使用各种各样的惩罚手段,来惩罚那些拒绝参与活动或行为失范的学生。例如,如果儿童开始变得坐立不安,为了维持秩序,一位教师会让他们默读,或安排几分钟的时间进行分享式阅读(齐声),或唱一首大家熟悉的歌谣。而另一位教师或许会选择使用短暂的身体活动作为转移注意力的方式,随后迅速地让学生回到学习中。经验丰富的教师知道哪一种技巧更有效,可以把它分享给同事,但是每一位教师都必须找到对于他/她来说最有效的办法。

许多在职训练(也指持续性专业发展,CPD)课程和工作坊会提供策略(通俗地讲是“小贴士”)教师可以用在课堂上实现某些目标。近几年,人们更加强调以研究结果为依据的教学策略,而不是教师的直觉和来之不易的教学经验。即便如此,研究人员并不总能对有效的方法达成共识,因此教师仍然要根据他们所处的教学环境选择最合适的策略。政府热衷于提供关于教学策略的“建议”,当教师被提醒注意这些“建议”时,他们通常将其理解为要求,并纳入实践。但很少有教师有信心按照政府提出的“建议”说的去做。

Teamwork 团队活动

另请参阅:协作式学习,(员工)协作,协作式问题解决

See also: Collaboration in learning, Collaboration(staff), Collaborative problem solving

Television 电视

另请参阅：注意广度，交流，幻想，家庭背景与学习，想象，互动，读写能力，数学，行为示范，游戏

See also: attention span, communication, fantasy, home background and learning, imagination, interaction, literacy, mathematics, modelling behaviour, play

几乎所有小学都使用电视（TV）来传递知识和信息，电视能使儿童接触各种社会环境，并且能发展他们的读写能力和数学概念（Huston, 1992）。电视里不同角度的声音、图像和叙事，尤其是现实生活中无法接触到的内容，能够开阔学生眼界和鼓舞学生。学生们一般会在自己的教室中或者在一个专门的房间里观看节目，一些学校也会把电视节目和其他技术结合使用。

电视能够促进有效教学的观点引起了相当多的争辩和审视。反对电视教学的理由（Casey et al., 2002）有以下五点。第一，人们广泛地认为，电视是为了满足娱乐目的，而非教育目的。第二，看电视被认为是一项被动的活动，不需要太费脑筋。第三，电视是单方面的信息流向，儿童几乎没办法控制它的节奏或传递。第四，电视大部分使用的是口头语言和视觉影像模式，而忽视了书面文字。第五，电视节目制作的材料是改编过或是编辑好的，这样做剥夺了学生在提取、优先排序和组织复杂信息以使其易于管理方面做出决策的权利。一些节目制作人回应了这一系列的质疑，并引入了一些方法，让儿童可以和电视内容互动（可能是使用信息技术），回应内容中的要点，并激发学生们的各种想法。

修斯曼等人（Huesmann et al., 2003）进行了一项长达15年的研究。这项关于儿童观看暴力电视节目的研究表明，无论是男孩还是女孩，他们对具有攻击行为的与其性别相同的电视角色的认同，以及他们认为电视中的暴力是现实的观念，都会导致青年时期的攻击行为。研究者声称，这一研究结果体现在任何家庭的任何一个孩子身上，不论他最初的攻击倾向、知识能力、由家长的教育和工作决定的社会地位、家长的攻击性、父母的教养方式如何，这一研究结果始终成立。其他的研究也得出了电视媒体对行为的影响的不同结论。不过人们更担心，儿童更容易模仿那些想象中的人物，而不是现实中的成人。小孩子在学习区分现实和想象时会混淆这两种状态，并在课堂上做出不恰当的行为。儿童模仿成人（父母、朋友、教师、名人、英雄等）的程度仍需研究，唯一可以肯定的是，每个成人对儿童都有一定程度的影响，成人要以此来提醒自己注意这一责任。

在《出卖美国儿童》一书中，沃尔什（Walsh, 1995）调查了青少年基础道德和价值观的缺乏程度。他指出，在电视和电子游戏出现之前，儿童道德水平发展的途径主要是对父母、家庭成员和其他的社区成员的观察和模仿。相比之下，在过去的几十年里，电视和电子游戏越来越普遍，许多儿童在看电视、打电子游戏上花费的时间远远超过了在阅读、玩耍或和父母面对面交流上的时间。因此，当下儿童学习的很多东西都来自媒体，尤其是电视。教师和家长有责任保护儿童远离电视中潜在的负面影响，但不是单

纯地阻止儿童接触电视中所有的信息和观点。

虽然媒体兼具娱乐和教育的功能,但是媒体的主要目的不是教育或培养年轻人,而是通过博取观众的眼球来赚钱,让他们在广告插播之前全神贯注于节目,包括使用暴力、性暗示和幽默等手段。据估计,18 岁之前,儿童已经在电视上平均看到了 200000 起暴力活动。尽管围观暴力活动和参与暴力活动是两回事,但是研究表明,暴力娱乐和反社会行为之间或许存在着联系。这一研究结果对学校和其他学习中心维持稳定的教学环境具有明显的影响(Ozmert et al., 2002)。

海斯等人(Heins et al., 2007)对 9 ~ 10 岁德国的儿童进行了一项有趣的调查。结果表明,28% 的儿童在工作日的晚上九点之后才睡觉;16% 的儿童每天看电视的时间超过三小时;11% 的儿童每天玩电脑或电子游戏的时间超过三小时。假设小学生需要在工作日的早上七点起床,那么只有 25% 的儿童有 10 小时的充足睡眠。这种生活习惯给儿童目前的发展和未来的良好生活习惯养成造成了负面影响。研究者得出结论,如果儿童要有充足的睡眠,就需要减少看电视和玩电脑的时间。小学的看护者和家长需要关注睡眠缺乏带来的各种影响,包括儿童学习成绩下降。

T

参考文献

1. Casey, B., Casey, N., Calvert, B., French, L. and Lewis, J. (2002) *Television Studies: Key concepts*, London: Routledge.

2. Heins, E., Seitz, C., Schüz, J., Toschke, A. M., Harth, K., Letzel, S. and Böhler, E. (2007) 'Bedtime, television and computer habits of primary children in Germany', *Gesundheitswesen*, 69(3), 151 – 157.

3. Huesmann, L. R., Moise-Titus, J., Podolski, C. L. and Eron, L. D. (2003) 'Longitudinal relations between children's exposure to TV violence and their aggressive and violent behaviour in young adulthood', *Developmental Psychology*, 39(2), 201 – 221.

4. Huston, A. (1992) *Popular Television and Film*, London: BFI/Open University Press.

5. Ozmert, E., Toyran, M. and Yurdakok, K. (2002) 'Behavioural correlates of television viewing in primary school children evaluated by the child behaviour', on-line at www.archpediatrics.com.

6. Walsh, D. (1995) Selling Out America's Children, Fairview TN: Fairview Publishers.

Tests and testing 测试和测试过程

另请参阅:能力,创造力,有效性,英语,督导,关键阶段,数学,政治介入,SAT 教育(英国标准课业测评考试),科学,教师信念

See also: ability, creativity, effectiveness, English, inspections, key stages, mathematics, political involvement, SATs, science, teachers' beliefs

近几年出现了一种考试制度,通过该制度严密检验学生对知识的掌握和理解,并以考试结果衡量教师的工作效率。其导致的结果之一是,小学课程变得更加局限,仅仅

关注数学、英语成绩的提高。有大量的证据表明,这种对成绩的推崇的代价,就是牺牲了更具有创造性和创新性的方法。即使如此,也有人认为,如果能恰当地使用考试制度,则有可能激励学生更加努力,并能够更好地检验教师教学的效率。

几乎所有英格兰主流学校的小学生都被要求在六年级(10 ~ 11 岁)参加国家考试。这些考试通常被称为 SATs(英国标准课业测评考试),其基础是 20 世纪 90 年代初首次引入国家测试的标准评估任务。这一测试的官方名称是国家课程测试(National Curriculum Tests,简称 NCTs),但这一简称很少使用。有些儿童由于有特殊的学习困难,可以不必参加国家课程测试。

英格兰儿童以前在二年级(7 岁、关键阶段 1)结束时也要接受正式的考试。但是从 2005 年开始,教师自己对于学生学习情况的评定成为主要的证明。学生仍然要参加关键阶段 1 国家课程考试中英语和数学的考试,但不再是固定的考试时间,而是全年都可以参加。关键阶段 1 英语和数学的国家考试由各学校进行评分,各学校的考试结果在地方范围内公布。相比之下,关键阶段 2(KS2)的英语、数学和科学(2010 年新增)的国家考试是由外部进行评估,并且学校的考试结果在全国范围内公布。在部分地区,文法学校(grammar school)各种类型的入学考试都由外部进行评估,但考试的结果是保密的。2002—2005 年间,在威尔士,学生可以自主选择参加关键阶段 2 的英语、威尔士语、数学和科学的国家考试,但是自 2008 年起,计算能力、读写和解决问题方面的新技能测试成为强制性的考试。

在北爱尔兰,文法学校转学考试中的英语、爱尔兰语、数学和科学与技术的成绩由外部评价,成绩保密。然而这项考试制度在 2008 年结束。在苏格兰,英语和数学的国家考试大致分为关键阶段 1、关键阶段 2 和关键阶段 3(14 岁),由教师判断和决定学生是否可以进行测试。然而不同于英格兰的考试系统,苏格兰测试的成绩是由学校内部评定的,并且成绩不公开。

英格兰关键阶段 2 的考试结果会影响学校在全国的排名。然而许多校长强烈反对考试结果在学校声望、教师的士气及未来督导检查等方面的决定作用。尽管家长无疑会对当地学校的排名感兴趣,但许多调查表明,很多家长认为,过多的考试、随之而来的家庭作业量的增加和学校任务对家庭生活的影响,会导致孩子压力过大。其他人则认为,尽管这些考试并不完美,但是为家长提供了最公平的方法来比较学校,并显示了一所学校是否能为儿童提供良好的教育。

《独立报》(2008 年 2 月 8 日)的一篇文章评论了《初等教育评论》(由罗宾・亚历山大主持)的初步调查结果,这些调查结果对英格兰的"测试制度"提出了强烈批评。这一调查表明,问题的核心在于,他们的测试文化是出于政治目的,而不是出于教育的目的。政府的部长、大臣们之所以喜欢测试和测试产生的一系列结果,是因为这使他们在与媒体打交道的时候,可以展示他们所宣称的教育标准的提高。10 ~ 11 岁儿童的教师抱怨说,他们被要求耗费大量时间准备和演练考试,这牺牲了更多有趣的和有创造力的活动(详见,例如,Reardon,2004)。2008 年夏,在 100 余名中学教师中进行调查后,

T

西维(Civitas)发现,其中只有10%的教师发现学生的现实能力与他们一年前小学考试的成绩相当。值得注意的是,将近80%的教师发现,三分之一的学生的真实能力其实更低。而"分数膨胀"的主要原因是,小学教师大量的时间都花费在帮助学生准备考试上。这一系列的批评导致英格兰2009年出台了一项临时政策。根据这一政策,教师可以根据对学生准备程度的判断,决定学生参加考试的时间,而不是在一个固定的年龄进行统一考试。

来自美国的测试批判家科恩(Kohn,2000)认为,标准化测试已经像老旧恐怖片里的怪物一样膨胀和突变。他说,虽然上一代的美国学生不得不坚持考试,但是考试从来没有如此频繁,也没有在学校里占据如此重要的地位。他也解释说,其他非可控因素同样会影响学生考试成绩的变化。因此,家庭成员的人数,以及他们的教育背景、社区的种类和贫困率混合形式的因素,也在影响学生成绩的因素中占据很大比例。科恩也坚持认为,常模参照的考试并不能衡量学习和教学的质量,相反还会导致片面的思考。诺丁斯(Noddings,2004)主张,高利害关系的考试可能与许多值得称赞的目标是不兼容的,比如批判性思维。她同样质疑《不让一个孩子落后》(*No Child Left Behind*,美国)的目标是否合理。她主张,如果该法案目标不合理,那就没有正当理由去强制惩罚或制裁那些没有达到目标的儿童和学校。

参考文献

1. *Independent newspaper* (2008) 'An oppressive system that is failing our children', 8 February, on-line at www.independent.co.uk/opinion/leading-articles.

2. Kohn, A. (2000) 'Standardised testing and its victims', *Education Week*, 27 September, on-line at www.alfiekohn.org/teaching/edweek/staiv.htm.

3. Noddings, N. (2004) 'High stakes testing: Why?' *Theory and Research in Education*, 2(3), 263 - 269.

4. Reardon, T. (2004) 'Key stage 2 reading tests: What the teachers really think', *Education Journal*, 79, 28 - 30.

Textbooks 教科书

另请参阅:课程,英语,地理,数学,师生互动

See also: curriculum, English, geography, mathematics, teacher-pupil interaction

教科书是一种与具体学科领域相关的范本或指导手册,是应教师和其他教育者的需要而产生的。小学数学、英语和地理科目中使用的教科书是最常见的形式。数学教科书往往包含计算实例和与学习内容有关的练习(例如平面图形);一本书可能涉及一个特定的主题,并包含难度逐渐提高的问题;或者一套书中的每本书都根据难度水平分别编号。最常用的英语教科书是字典、拼写列表和理解练习,供高年级学生或者能力较强的低年级学生使用。一些教师发现,教科书为教与学提供了一个有用的框架,而且还能够成为"替代教师",减少教师在教学活动中的直接管理(教师干预)。教科书价格不菲,并且需要定期修订和替换。虽然大

T

多数教科书仅仅以印刷格式出版，但现在许多教科书都有了网上电子版，并越来越多地出现了扫描版。

Thematic learning 主题式学习

另请参阅：公民身份，协作式学习，交叉课程，小组活动，学习风格，数学，组织学生学习，阅读，科学，话题式学习

See also：citizenship，collaborating in learning，cross-curriculum，group work，learning styles，mathematics，organising for learning，reading，science，topic work

主题式学习是一种围绕主题或话题组织教学的方法，使整合阅读、写作、数学、历史、科学和艺术等核心领域的教学成为可能。通过设计主题单元来鼓励儿童更深入地钻研主题，从而培养他们对学习领域之间的联系的认识和理解。主题式学习使阅读、数学、科学等基础学科与生命周期、热带雨林、马戏团、能量的使用等广泛话题的学习整合起来。通常情况下，一个主题强调一个学科领域占据主要位置，其他学习领域为次要位置。例如一个关于“当地社区”的主题很有可能强调历史、地图工作（地理）和公民，然而“令人毛骨悚然的爬行动物”可能是以科学为基础的。特里提出使用主题单元的十大理由：主题单元的使用，可以：

（1）提高使用计算机和信息技术的效率；

（2）使课程紧凑；

（3）展示学习的跨学科性；

（4）提高学生学习兴趣和专注的时间；

（5）扩展你的评价策略；

（6）利用合作和协作进行学习；

（7）注重学习者对目标的掌握；

（8）将文字处理技能整合到创造性活动中；

（9）为学生示范如何使用调查资源；

（10）控制学生的网络访问。

通过使用主题单元，教师为学生提供了一种将不同学科领域扎根于现实生活问题的方法。因此，社会研究、科学、教育环境及个人成长和发展，都会关心世界如何运作及其功能的相关认识。因为主题教学整合了不同的学科领域，它使学生能够长时间记住适用于整个课程的概念，而不仅仅是和特定科目相关的事实。如果组织和管理得当，内容广泛的主题教学就能给予学生更多的机会，让他们去发现自己感兴趣的关注点，并且可以使用不同的学习方式和教学方法。例如，如果儿童经常在一个小组里学习，他们就会沉浸在合作学习（即每个成员的贡献都是为了相同的成果）和团队责任中。同样，教学往往通过提供资源和指导来促进学生学习，而不是成为说教式教学（也就是“教师讲解”）。

主题式学习没有被广泛运用的主要原因有三点：第一，目前的关注点在核心学科上，特别是读写能力和数学上。紧张的课程安排减少了完整地探索和研究一个主题所需要的时间。第二，在强调测试结果的教学中，学生很少能自主选择学习的兴趣所在。第三，有些在“主题式教学”的前身——“项目式学习”（project work）名下的那些效果不明显的实践，使得主题式教学被污名化。［英国小学教育《罗斯评论》（Rose，2009）避

免使用“主题”一词,建议可以有六个广泛的“学习领域”,而不是单个的科目。]罗斯(Rose)认为,对于单一科目的教学和不同主题的教学(跨学科)之间的区分存在误解,两者是可以同时进行的。该评论声称,不同学科的核心理念可能会有部分重叠,比如学习人类定居地点可以涉及历史和地理学科。

参考文献

1. Rose, J. for the DCSF (2009) *Primary Curriculum Review*, London: HMSO.

2. Terry, P. J. *Using the Net to Create Thematic Units*, on-line at www.techtrekers.com/Thematic.htm.

Think-pair-share
思考—结对—分享

另请参阅:讨论,问题解决,问题和提问,思考

See also: discussion, problem solving, questions and questioning, thinking

“思考—结对—分享”这种结构最早由佛兰克·莱曼(Frank Lyman)于1981年在马里兰大学为大学生们提出,并在随后的几年被许多教育学家应用于合作学习领域(Lyman,1981)。这种教学方法引入了合作学习的同伴互动元素中“等待和思考”时间的概念,这一过程已被证明能提高学生对问题的反应能力。实施这种教学方法时,首先由教师提出一个开放式问题,儿童在和其他同伴进行讨论之前,有时间和机会独立思考问题。在互相分享完想法之后,同伴之间进行讨论,澄清和质疑彼此的观点。适当讨论一段时间后,小组之间进行交流,交换和质疑彼此的观点或结论。“思考—结对—分享”的模式更能保证学生的积极参与,比在一大群人面前讲话能够使学生感觉更安心自在。这一策略特别适用于高年级的小学生,并且能鼓励那些缺乏自信的孩子提出意见,参与讨论。

约翰逊等人(Johnson et al., 1991)提出一种基于“思考—结对—分享”模式的变体,叫作“构思-分享-倾听-创造”模式,可以用于需要多种方法处理习题和问题的情况。在这一模式下,小学生要先独立构思一个问题的答案。然后和一个同伴分享,再仔细倾听同伴的答案,记录同意和不同意的观点。最终确定一个囊括所有观点的回答。“创造”是指小学生整合所有同伴的观点,并且提供一个达成共识的最佳问题解决的方案。

参考文献

1. Johnson, D. W., Johnson, R. T. and Smith, K. A. (1991) *Active learning: Cooperation in the college classroom*, Edina MN: Interaction Book Company.

2. Lyman, F. T. (1981) ‘The responsive classroom discussion: The inclusion of all students’, in Anderson, A. (ed.) *Mainstreaming Digest*, College Park: University of Maryland Press.

Thinking 思考

另请参阅:大脑功能,好奇心,想象,多元智能,新生,儿童哲学,问题解决,思维能力

T

See also: brain function, curiosity, imagination, multiple intelligences, new entrants, philosophy for children, problem solving, thinking skills

近年来,人们对利用思维作为提高课堂学习质量的一种手段越来越感兴趣,他们认为直接教授辅助思维的策略有助于发展学生解决问题、调查和探究的能力,这些能力可以应用于所有学习领域,并与每个孩子的需求相关。从儿童成为新生进入小学的那一刻起,他们就可以接受复杂思维方式的教学,但前提是,观点和概念能以直观且富有想象力的方式呈现(Fisher,2005)。科斯特罗(Costello,2000)表明,思维能力的教授是儿童(3~5岁)早期教育中必不可少的内容,儿童通过在各种情况和场景下发言,使这种能力得到促进。思维能力和策略也为智力发展开辟了新的途径,它使学业能力强的孩子能够提出复杂的、原创的、富有洞察力的观点和工作方法,从而获得认可。

罗伯特·费舍尔(Robert Fisher)同样完成了一系列关于诗歌、游戏、故事的书籍,以及第一个与思考有关的系列故事,能够协助教师去帮助学生建设思考和学习的群体(Fisher,1996;1997a;1997b;1999)。西米斯特(Simister,2004)研究了向一组10岁的小学生教授25课时"思维能力"框架的效果。研究结果表明,通过特定的技能教学能够全面提升小学生的好奇心、创造力、讨论技巧、在特定情况下横向思考的能力,以及理解决策过程的能力。西米斯特提出了一种双管齐下的思维能力培养方法,即首先在一个适合儿童的、无考试的环境中教授思维技能,然后将其纳入整个课程。弗兰根海尔(Frangenheil,2006)强调,思考应该,并且能够让儿童感到有趣,同时也是学习所必需的。

思考作为促进学习的一种方式,对在规定的课程表和学校制定的学习目标下工作的小学教师提出了挑战。教师可能想提升儿童创造性思维的能力,但由于要遵守课程表的要求而受到限制。尽管教师渴望给学生提供更多的机会去抓住灵感,让学生仔细思考这些灵感的含义,提出创新的解决方案,但教师时常感到犹豫不决,因为他们害怕教学进度的落后,会打乱与同事共同商定的教学计划,或妨碍学生准备正式考试。

小学生必须理解有建设性的论证和无意义的争吵之间的区别。批判性思维专家维克多·奎因(Victor Quinn)提出,教师和家长需要帮助提升孩子四种关于论证的认识,主要包括:①关于事实的经验论证;②关于词语含义及观念之间联系的概念性论证;③与他人需要和利益有关的态度、判断和道德关怀的评价性论证;④关于建立联系和训练性思考的逻辑性论证(Quinn,1997;Haynes,2007)。

纽卡斯尔大学的史蒂夫·希金斯和珍妮弗·米勒(Steve Higgins and Jennifer Miller,2005)将思维能力的培养方案分为三大类:第一种他们称为哲学方法,强调质疑和推理,特别是在面对一组儿童或全班同学的时候。因此,一个议题或问题是由教师或者和学生一起界定的,这一问题能够通过讨论被解决或阐明。在问题解决的过程中,教师扮演引导者的角色,去支持或质疑学生的推理。这类思考能力的主要基础是"儿童哲学",是20世纪60年代美国的马修·利普曼(Matthew Lipman)所开发的一种学习方法。第二种思考的方式是通过所谓的基于大脑的学习,这种方式借鉴了关于人脑如何运作及其对教师和学校的影响的研究。大脑学习研究领域中非常著名的爱德华·德·波诺和埃里克·詹森(Edward de Bono and Eric Jensen)都声称,学校的教学方法还没有充分利用有关大脑功能的信息,而关于加速学习和多元智能的思想借鉴了大脑的相关研究,以引发在实际课堂中使用的技术和活动。第三种方法是认知干预,通过教授基于教师所设计的有目的的活动和技巧,来提高学生的思考能力。

大多数教育者认为与思维能力相关的方法和技术需要被整合或"融入"课堂中,而不是作为单独的技能,或通过专门传递技能的课程教授。然而"圆圈活动"提供了一种场合,让孩子有机会公开地表达深思熟虑后的观点,且不受斥责。在这种放松的、熟悉的场合中,思维可以得到针对性的发展。赛奇威克(Sedgwick,2008)强调了这样一种观点,即在没有"整个学校"政策的支持下,教师很难进行思维的启发和哲学的探索。他认为,如果隔壁班的教师把孩子视为要被填满教师想法的"空容器"或白板,那么把孩子视为具有思想的人的教育将会失败。因此,思维技能的发展应该促使学生成为学习的伙伴,而不是被动的接受者。

参考文献

1. Costello, P. J. M. (2000) *Thinking Skills and Early Childhood Education*, London: David Fulton.

2. Fisher, R. (1996) *Stories for Thinking*, Oxford: Nash Pollock.

3. Fisher, R. (1997a) *Poems for Thinking*, Oxford: Nash Pollock.

4. Fisher, R. (1997b) *Games for Thinking*, Oxford: Nash Pollock.

5. Fisher, R. (1999) *First Stories for Thinking*, Oxford: Nash Pollock.

6. Fisher, R. (2005) *Teaching Children to Think*, London: Blackwell.

7. Frangenheim, E. (2006) *Reflections on Classroom Thinking Strategies*, London: Paul Chapman.

8. Haynes, J. (2007) 'Thinking together: Enjoying dialogue with children', in Hayes, D. (ed.) *Joyful Teaching and Learning in the Primary School*, Exeter: Learning Matters.

9. Higgins, S. and Miller, J. for the DCSF (2005) *Thinking Skills in Primary Classrooms*, on-line at www.standards.dfes.gov.uk/thinking-skills.

10. Kelly, P. (2004) *Using Thinking Skills in the Primary Classroom*, London: Paul Chapman.

11. Quinn, V. (1997) *Critical Thinking in Young Minds*, London: David Fulton.

12. Sedgwick, F. (2008) *100 Ideas for Developing Thinking in the Primary School*, London: Continuum.

13. Simister, J. (2004) 'To think or not to think', *Improving Schools*, 7(3), 243 – 254.

Thinking skills 思维能力

另请参阅:创造力,深度学习,想象,思考

See also: creativity, deep learning, imagination, thinking

罗布森(Robson,2006)声称,“思维是人类的基本特征,是我们一直在进行的一种活动:从我们出生的那一刻开始,甚至更早的时候开始”。有以下五种思维能力一直被认为是重要的,它们能够帮助孩子了解“怎么做”及“为什么”:①信息处理;②推理论证;③提问技能;④创造性思维;⑤评价技能。信息处理技能使学生能够找到并收集相关信息,进行整理、分类、排序、比较和对比,以及分析部分/整体的关系。推理论证能帮助学生:给出意见和行动的理由;举一反三;用精确的语言解释他们的想法;通过原因或证据做出判断和决定。提问技能使学生能够:学会提问;提出、界定问题;计划做什么和怎样研究问题;预测结果和预知后果;验证结论和优化观点。创造性思维让学生能够:产生和延伸思路;提出假设;运用想象力;寻找其他的结果。创造性思维的关键词是想象力,它能够使孩子们受到积极的鼓励,摆脱思维定式的束缚,提出新的思维方式和活动方式。例如,卡特(Carter,2002)在书中提到的关于创意写作的想法;卡拉夫特(Craft,2005)在书中提到的更全面地审查问题。评价技能使学生能够评估信息,帮助他们判断读到、听到和所做的内容的价值,制定判断自己和他人工作或想法价值的标准,并且使学生对自己的判断抱有信心。这些关键的技能被认为是孩子们最难掌握的。如果要深入掌握这些技能,不仅需要学生具有一定的经验,也需要一定的成熟度(Quinn,1997)。

对儿童而言,拥有并发展思维能力是至关重要的。因为实践技能的应用只涉及少量的思维活动,这会导致惯性和被动性的形成,限制了孩子进行更广泛、更有想象力的思考能力。因此,知识、理解和思维技能是相辅相成的。威纳姆(Wenham,1995)生动地表达了三者之间的关系:“没有理解,经验是盲目的;但是没有经验,知识和理解是空洞的;没有思维技能,它们都是无用的”。

参考文献

1. Carter, J. (2002) *Just Imagine: Creative Ideas for creative writing*, London: David Fulton.

2. Craft, A. (2005) *Creativity in our Schools: Tensions and dilemmas*, London: Routledge.

3. Quinn, V. (1997) *Critical Thinking in Young Minds*, London: David Fulton.

4. Robson, S. (2006) *Developing Thinking and Understanding in Young Children*, London: Routledge.

5. Wenham, M. (1995) 'Developing thinking and skills in the arts', in Moyles, J. (ed.) *Beginning Teaching: Beginning Learning in the Primary School*, Maidenhead: Open University Press.

Three Wise Men 三智者

另请参阅:以儿童为中心的教育,期待,督导,学习成果,教学法,话题式学习

See also: child-centred education, expectations, inspections, learning outcomes, teaching approach, topic work

在20世纪80年代末，一些政府官员猛烈抨击由地方教育主管部门(LEAs)和师范学院推动的所谓以儿童为中心的进步主义教学。这些官员试图恢复以学科为基础的正式的班级授课制，让学生坐在一排排座位上，而不是分组围在桌子旁。政府任命了三个人，后来被称为“三智者”——首席初等教育皇家督学吉姆·罗斯(Jim Rose)、教育学教授亚历山大·罗宾(Robin Alexander)、国家课程委员会首席执行官克里斯·伍德黑德(Chris Woodhead)。他们主要负责检查、督导当前的研究和结论，并提出建议。时任教育部部长肯尼斯·克拉克(Kenneth Clarke)渴望推动“回归基础”的议程，他期待最终的报告将建议全面转变小学教育的方向，结束主题式教学和个性化学习。事实上，该报告促生了一种平衡的办法，既对儿童寄予厚望，又专注于(可衡量的)学习成果。他们三人也对当时盛行的课堂教学和课程组织提出了质疑，并劝告教师要以开放的态度审视流行的教学实践。“三智者”的报告上写道，教师应有能力和自由，为特定课程的特殊目的选择最佳的方法。事后看来，这份报告为政府对教学的干预开辟了前所未有的道路，这在今天仍然影响深远。

Time allocation in lessons 课堂时间分配

另请参阅：学习目标，教学计划，教案，监控，时间管理，任务花费时间

See also: learning objectives, lesson planning, lesson plans, monitoring, time management, time-on-task

学校作为对时间高度敏感的机构，为了确保秩序，并且能够适应于所有的教学和学习经验，特别使用按课程表上课这样一种手段。在课堂上，教师有一整套教学的计划，其中包括介绍教学内容、回顾旧知、解释课堂教学目标、分配任务、监督课堂教学进度、引导一节课进入尾声、回顾课堂所学，最后有秩序地结束。在上课之外的时间，教师和他们的助教必须与同事保持联系，处理行政工作，完成他们的监管职责(例如操场值班)，并有短暂的休息时间。

在一项经典的关于课时分配的研究中，亚历山大(Alexander,1997)列举了三个教学时间不足一小时的案例。第一个案例中的班级包括38名以上5～6岁的儿童。(注：现在英国，已经很少见到30名以上这个年龄段的儿童组成的班级)每个部分的时间分配大致如下：

2分钟：游戏时间后，教师使班级恢复平静；

2分钟：分配任务；

2分钟：和一个语言小组一起活动；

1分钟：为无人管理的数字小组分配任务；

16分钟：和语言小组一起活动；

2分钟：监督一个小组完成拼图；

5分钟：和监管人离开的写作小组一起活动；

5分钟：监督自由选择活动的过渡时间，再负责数学小组和两个语言小组；

3分钟：监督整理物品；

3分钟：让儿童坐在图书角唱歌；

9分钟：教师讲一个故事；

5分钟：用非正式的活动总结这堂课

(例如打节奏)。

虽然年幼儿童的课堂时间分配由许多短小的片段组成,而在一个36名7~8岁儿童的班上,片段次数减少,各个片段的时间相应地延长。

8分钟:教师上课点名,然后描述和分配任务;

14分钟:监督所有的小组,并帮助需要帮忙的个别学生;

7分钟:和语言小组一起活动;

8分钟:和科学小组一起活动;

2分钟:监督语言小组和数学小组的活动;

7分钟:给数学小组分配新的任务;

11分钟:和科学小组一起活动,并解决个别学生的求助。

在一个有29位8~9岁孩子的班上,显示出片段持续变少的趋势,这反映出孩子们注意力稳定性的增强。

3分钟:教师与全班同学一起,讨论一位孩子带来的一枚维多利亚时代的便士,以及早期自行车的故事;

7分钟:梳理为下午的课做的分组选择;

11分钟:为当前的课分配任务;

11分钟:和数学小组一起活动;

16分钟:监督所有小组的活动,并回应个别学生的求助;

7分钟:监督整理物品。

近年来,有人一直强调教师主导的课堂教学的重要性,强调信息技术的使用和结构严谨的教学,使课堂上的每一分钟都被精确规划。然而越来越多的人认识到,虽然学习需要合理的系统化和结构化的安排,但是学习并不能总是被完美地分配在时间段内。几年前,彼德(Pinder,1987)请读者想象"年龄较小的学生经历过的沮丧:当他即将解决问题、即将理解的时候,教师却命令结束任务、上交作业,或者把作业留到其他时间完成"。在鼓励学生提出自己的想法、讨论各种选项和探索问题上,要比"讲授式教学"(didactic teaching)花费更多的时间,包括教师讲授、为学生安排要尽快完成的任务、对学生所做事情的高度控制。

参考文献

1. Alexander, R. (1997) *Policy and Practice in Primary Education*, London: Routledge.

2. Pinder, R. (1987) *Why Don't Teachers Teach Like They Used To?* London: Hilary Shipman.

Time management 时间管理

另请参阅:注意广度,有效性,教学情感,师生互动,教师角色

See also: attention span, effectiveness, emotions of teaching, teacher-pupil interaction, teacher role

成功的小学教师的特征之一,是能够高效地组织管理时间。几乎每位教师都发现,除非已经决定事情的优先顺序,并果断地采取行动,否则时间转瞬即逝,而关键的事情

T

仍然没做,反被意想不到出现的琐碎问题吞没(Papworth,2003)。井井有条的日常活动有助于提高学习水平,以及减轻教师的压力。因此,学习时间的合理规划,对于孩子和成人都大有益处。优秀的教师往往能够取得比同事更高的成就,即使在忙碌的状态下,也能够以高标准完成工作(Timperley and Robinson,2000)。

在20世纪90年代早期,一项由326名小学教师参与的详细研究表明,教师用于直接和班级相关的工作时间不足五分之三。在学校的一天中,有15%的时间是与班级没有关系的,甚至一天中有25%的时间完全与学校没有关系(Campbell and Neill,1994)。超负荷的工作,是存在于教师身上的一个问题,也是外界强加的需求导致的问题,因为他们需要不遗余力地去满足政府政策决定的各种不断变化且繁重的要求。坎贝尔和尼尔(Campbell and Neill)也指出,教师在课堂教学的开始和结束,花费了大量时间在琐碎的任务及不需要高水平技能的活动。英国政府于2004年进行的劳动力改革,招募了大量助教,试图缓解琐碎的任务给教师带来的工作压力,让教师能专注于他们所认为的教学中的“真正的工作”。

马蒂和史蒂芬·斯威姆(Marty and Stephen Swaim,1999)为美国的教师、家长和学校管理者写了一本书,描述了他们所认为的所有学校中最基本的要素,即《一位好教师的时间分配》。他们认为,学习者需要得到每位教师更多的时间,而教师也需要花更多时间在每位学习者身上:备课、批改作业,以及选择资源。矛盾的是,这种积极的改变,只有在教师教较少的班级时才会出现。不过值得注意的是,师生之间交流的次数和时长不一定等同于学习的质量,尤其是因为儿童注意力的持续时间非常短暂。

为了避免被工作所淹没,教师常常在心里对同一主题下的一系列任务进行分类,例如不紧急且次要、紧急但次要、紧急且重要、不紧急但重要。对教师来讲,花费时间做不紧急又不重要的事是不明智的,即使这些事情是有趣的。另一方面,紧急但相对不重要的任务仍然需要被尽快解决。如果任务紧急,且意义重大,显然应该放在最优先的位置。如果有很多紧急且重要的任务,就是一个警告,提醒老师到最后期限之前的时间太少了。因此,使用具有临时目标的时间计划表,有助于避免最后时刻带来的恐慌。

工作量的加强,以及日益增加的社会期待,给教育者施加了更大的时间压力,并且加剧了无助感和无法应付的感觉。戴等人(Day et al., 2007)告诫说,这些情况导致了“休闲和进修时间的减少,可能导致长期的、并且持续的工作负荷,同时也降低了服务质量”。教师可能会因为自己的努力而觉得自己做得很好,但实际上这种想法是虚幻的。尤其是高级教师和校长要小心,不要淹没在机械的管理任务中,以至于丧失了积极处理学校事务的机会。

参考文献

1. Campbell, R. J. and Neill, S. R. St John (1994) *Primary Teachers at Work*, London: Routledge.

2. Day, C., Sammons, P., Stobart, G., Kington, A. and Gu, Q. (2007) *Teachers Matter*, Maidenhead: Open University Press.

T

3. Papworth, M. (2003) *Every Minute Counts*, London: Continuum.

4. Swaim, S. C. and Swaim, M. S. (1999) *Teacher Time*, Lebanon IN: Redbud Books.

5. Timperley, H. and Robinson, V. M. J. (2000) 'Workload and the professional culture of teachers', *Educational Management and Administration*, 28(1), 47 – 62.

Time-on-task 任务花费时间

另请参阅:注意力缺陷多动障碍,注意广度,大脑功能,协作学习,走神,对话式学习,互动,学习动机,课堂时间分配

See also: attention – deficit hyperactivity disorder, attention span, brain function, collaborating in learning, daydreaming, dialogue for learning, interaction, motivation for learning, time allocation in lessons

任务花费时间被定义为学生直接花费在课程活动上的时间。克罗尔(Croll,1996)认为,由于多种原因,这对教师来说很重要。第一,任务花费时间是影响学业成就的因素之一。当然还有很多别的因素,例如学生动机与成人动机、工作相关性、行为和纪律、健康状况,等等。第二,一个实际原因是,有大量闲余时间的孩子,通常会找到无益的分心物,使得纪律的维持更具挑战性。简单地说,忙碌的孩子不会像那些闲聊的孩子一样有更多淘气的机会。第三,高水平的任务花费时间,等同于高水平的整体课堂互动,活动投入会引起来自整个班级的高度的热情和回应,而不是仅仅来自几个聪敏的孩子。不仅如此,与同学们当观众,教师一直讲授相反,当教师和全班互动时——通过提问、询问意见、提供反馈、总结矛盾的观点,以及对同学们的想法表现出浓厚的兴趣——不仅能让学生们在互动阶段保持较高的任务完成率,而且在随后的个人活动中也是如此。换句话说,如果教师花了更多时间在整体课堂互动上,孩子们在独立学习时也会更专注于任务。

然而孩子们注意力集中的时间是有限的,教师最好给他们更多时间,特别是在探究性课堂(发现或探索问题)或是团队合作发挥重要作用时。如果教师做了很多努力来组织一项活动,但在学生取得任何有价值的成果之前就终止活动,并告诉学生把东西"打包带走",这是没有意义的。在学生必须完成任务之前,需要收到一个时间提醒,如还剩五分钟或一分钟。对于那些行动慢以及急于完成他们手头任务的孩子,则还需要加上一到两分钟的弹性时间,因为他们已经准备好去面对老师的怒气,而并不想过早地结束活动。

人们普遍认为,广泛接触电视和电脑游戏,往往会导致大脑系统趋向于注意力转移,而不是集中。更重要的是,孩子们应该接受积极的思考和学习训练,以建立越来越强的神经(大脑)联结。原因很简单,成熟的注意力广度来自成熟的大脑。积极的训练形式可能包括实际制作 2D 或 3D 产品、口头反馈,以及面对多项选择做出决策。在整个学年中,儿童的大脑不断发育,注意力广度很大程度上取决于所接收的外部刺激的"训练"类型。研究表明,儿童平均的正式注意力广度(以分钟为单位)和他们的年龄大致相同。也就是说,一个五岁的孩子通

常只能管理五分钟的不间断注意力,也就是任务花费时间。

有意思的是,媒体利用视觉刺激的外部控制来轰炸孩子们的感官,与孩子们在课堂上需要的内部控制和约束形成了鲜明对比。不断地干扰(特别是视觉上引人入胜的干扰)会使孩子们脱离"内在对话"(inner dialogue),即发生在孩子们头脑中的自己和自己的对话。其结果是,专注力和持续注意力会变得越来越支离破碎。更加活跃的孩子,注意力会从一个活动跳跃到另一个活动,不停地寻找下一个刺激,而不能坚持完成一项任务。因此,孩子们的注意力广度会缩小,因为他们会逐渐变成旁观者,而不是学习中积极的参与者。另外,没有人可以持续集中注意力,偶尔的走神是可以允许的,特别是对有注意力缺陷综合症的儿童。

参考文献

1. Croll, P. (1996) 'Teacher-pupil interaction in the classroom', in Croll, P. and Hastings, N. (eds) *Effective Primary Teaching*, London: David Fulton.

2. Hayes, D. (2009) *Primary Teaching Today*, London: Routledge.

3. Healy, J. (1991) *Endangered Minds: Why our children don't think and what to do about it*, New York: Simon and Schuster.

T

Time-out 计时隔离

另请参阅:自闭症,行为,纪律,全纳教育,儿童特殊教育评估认定,助教

See also: autism, behaviour, discipline, inclusion, statementing, teaching assistants

"计时隔离"是一种纪律维持策略。通常是指,如果儿童无法应付问题而变得情绪低落,或引起其他孩子情绪低落,这时可以把他们从主流课堂或教育环境中转移到一个可靠、安静、安全的环境中。"计时隔离"区域可以是一个独立的、安静且开放的空间,也可以是在另一间功能教室中,有另一名成人/教师陪护。"计时隔离"的目的是,帮助孩子们恢复冷静,接受成人的适当照顾,并尽快再次进入自己的班级。因此,这是一种建设性的策略,而不是一种惩罚。但瑞迪克和查普曼(Readdick and Chapman, 2000)通过调查发现,幼童若被"计时隔离"则会进行非常消极的自我归因,例如感觉孤独、不被教师喜欢、被同伴忽略,同时带有悲伤和恐惧情绪。与成人的意图相反,小孩子常常将"计时隔离"视为一种惩罚。

一些家长和教育者质疑"计时隔离"程序的有效性和可接受度。一些教育者认为,这种策略越来越频繁地被用于惩罚行为不良的孩子——并且可能弊大于利。有人特别担心"计时隔离"策略对于残疾儿童和弱势儿童的适用性,因为将这些孩子从课堂的积极方面分离开来,会单纯凸显他们与其他孩子的不同。尤其是孤立患有自闭症的孩子(其特点是沟通能力较弱),这种做法很可能会适得其反。原因很简单,自闭症的一个特点,就是希望与他人分离,孩子可能为了逃离课堂而故意做出消极行为。

在英格兰和威尔士,对于那些已经在家长和学校之间就针对特殊需求的正式声明(即所谓的"特殊教育评估认定")达成一致的儿童来说,"计时隔离"或许已经成为正式管理他们策略的一部分。如果是这样,分

配给该学生的助教很可能会陪同他们到指定区域进行情况监测。

参考文献

1. Readdick, C. A. and Chapman, P. (2000) 'Preschoolers' perception of time out', *Journal of Research in Childhood Education*, 15, 81 – 87.

Topic work 话题式学习

另请参阅：深度学习，基础学科，自由游戏，想象，信息技术，元学习，学习动机，非核心学科，游戏，问题解决，项目式学习，宗教教育

See also: deep learning, foundation subjects, free play, imagination, information technology, meta-learning, motivation for learning, non-core subjects, play, problem solving, project work, religious education

皮德尔(Pinder, 1987)很有见地地把话题解释为"正在讨论的事情或正在调查的议题，而这个词自然而然会与时下关注的事情有关"。小学的课程要求教师为学生提供广度学习和深度学习，保证核心学科(英语/读写、数学、科学)有充足的教学时间和投入度，同时也要足够重视其他学科(非核心学科)的学习，如信息通信技术(ICT)和宗教教育(RE)。一些学校会选择在"话题"或与学科相关的主题中组织历史、地理、艺术与设计的教学，有时还会涉及体育内容，这些话题融合了各学科交叉的知识与信息。与常规的单科教学不同，话题式学习法遵循的原则是，教学不必局限于学科界限，而是更具有包容性和广泛性。

尽管教师可以及时地调节和监管话题式学习，但其理想形态存在于以学生为主导的学习中，特别是存在于自由想象的游戏中。然而即便是当话题式学习在英国学校普遍推行时，贡宁等人(Gunning et al., 1981)也提出告诫，根据孩子的兴趣组织学习可能具有误导性，因为教师会"在学生身上找到他们所希望发现的东西"。此外，让课堂或小组里所有的孩子都拥有共同的兴趣是不可能的。因此，教师或许可以抓住一个孩子的兴趣，但不能抓住所有孩子的兴趣，尤其是那些情感冷漠、反应迟钝，又不准备参与活动的孩子。

卡茨和查德(Katz and Chard, 2000)认为，教师应该努力创造一个能为儿童提供多样化体验的学习环境，激发孩子们的兴趣，并尽可能地调动他们的热情。就其本质而言，一个话题可以涵盖任何学习领域，但常见的例子可以包括很多主题，如道路安全、家庭、校园探秘、小型野兽(小动物)和颜色。因此，对一个 8 岁儿童而言，有关道路安全的话题学习可能会涉及地理(道路布局、计划路线)、数学(速度和方向)、信息通信技术(规划地图)、戏剧(演绎过马路的情景)和艺术/设计(设计警示海报)。对仅达到学前班年龄的儿童而言，关于颜色的话题学习(如绿色)可能包含科学(自然和人造物体)、艺术(基于绿色阴影绘制的虚构场景)、文学(讨论可怕的绿色怪兽)、地理(丘陵的形状)和自然(田野间的野生动物)。

尽管话题包括各种各样的学科领域，但大多数话题都将重点指向一个特定学科，通常是历史、地理、科学或是宗教教育。儿童

往往使用艺术、设计、舞蹈、戏剧和科技作为工具,来探索和创建各个学科间的联系。因此,一个11岁的儿童也许用信息通信技术来再现历史事件,用舞蹈和动作来审视文化因素对这一事件的影响,以及通过宗教教育和公民身份讨论与冲突有关的问题。

话题式学习和“综合实践日”(integrated day)的概念紧密相关,在综合实践日中,传统的时间表被悬置,而是采用一种更灵活的方式组织学习。话题式学习经常涉及团队合作、展示和表演,作为呈现学习结果的方式。

话题式学习方法的批判者担忧儿童会不断从一件事“跳跃”到另一件事,仅仅只是浅显地理解了一些学习内容,而不能在寻找下一个兴趣点的过程中磨炼自己的学习技能(“学会如何学习”或“元学习”)。然而儿童几乎总是被话题式学习所提供的探索和创造的自由所激励。教师的一个重要的角色,就是确保工作圆满完成,并且不以牺牲深度学习为代价,依然让孩子们的热情占据主导地位。尽管在英格兰和威尔士,代表儿童、学校和家庭事务部的《罗斯报告》(*Rose Report*)(Rose,2009)已经建议引入“兴趣区域”,以取代严格定义的单一学科。然而实际上,遵循国家课程和相应的内容规定还是一定程度上限制了教师回应孩子的时间。明智的教师在确保规定的课程被覆盖的同时,会为学生提供选择,让他们可以最大限度地深入学习相应的内容。

参考文献

1. Gunning, S., Gunning, D. and Wilson, J. (1981) *Topic Teaching in the Primary School*, London: Croom Helm.

2. Katz, L. G. and Chard, S. C. (2000) *Engaging Children's Minds: The project approach*, Stamford CT: Alex Publishers.

3. Pinder, R. (1987) *Why Don't Teachers Teach Like They Used to?* London: Hilary Shipman.

4. Rose, J. for the DCSF (2009) *Primary Curriculum Review*, London: HMSO.

Trainee teachers 实习教师

另请参阅:关爱型教师,普通教学委员会,新教师入职教育,教学动机,劳动力改革

See also: caring teachers, General Teaching Councils, induction of new teachers, motivation for teaching, workforce reforms

在英格兰和威尔士,见习小学教师——也称作“实习教师”,是指通过正式教学途径(“初级教师训练”)获得合格的教师资格证(QTS)或是同等资格证书的人。在苏格兰和北爱尔兰却没有教师资格证。但像在英格兰和威尔士一样,苏格兰和北爱尔兰的所有教师都被要求在当地普通教学委员会总部登记,普通教学委员会只考虑给具有教师资格的毕业生(如 PGCE 或是 PGDE——Professional Graduate Diploma of Education,教育专业毕业证)进行注册登记。在苏格兰,毕业生必须经历一年的试用期(相当于英格兰和威尔士的上岗培训)。在英国,教育学学士(Bachelor of Education, B. Ed.)是一个公认的教育学学位,受训者在课程期间进行教师培训,并在毕业时获得合格资格。要获得教育学士学位,通常需要一般为三年或四

T

年的全日制学习，或是大约五年的非全日制学习。文学学士（B. A.）和理学学士（B. Sc.）的主要学位课程也和教师训练有关，所以实习教师在毕业时可以获得“带教师资格证”的理学学士（B. Sc.）或文学学士（B. A.）学位。

在进行研究生学历的初始教师培训时，要求学员有相关学位或是同等资格。通常需要花费一年时间来完成研究生课程，并取得资格证书。小学实习教师一年中至少要有 18 周在学校度过，而中学实习教师一年则要有 24 周。一些少见的情况是，有些学校借助“研究生教师课程”和“注册教师课程”，帮助那些尚不具备教学资格的受雇人员实施个人培训计划。研究生教师课程包括一年的研究生学习培训，而注册教师课程要求实习生已经顺利完成两年的高等教育，并在至少两年的培训期内，取得相关的教师资格（QTS）学位。

实习教师的年龄分布显示，大部分学生开始攻读第一学位课程是在十几岁或二十岁早期，研究生实习生通常在二十多岁或是三十多岁开始。然而这批学生中有很大一部分是比较成熟的学生，特别是在儿童早期研究课程（针对 3 ~ 5 岁的孩子）和低年级课程（针对小学低年级范围）中表现会更加成熟。例如邓肯（Duncan，1999）就做过关于成年女性进入教师职业的案例研究。

在英格兰，所有的实习教师都必须通过文学、计算和信息通信技术（ICT）的“技能测试”，然后才能被推荐给提供初始教师培训的机构，获得教师资格证书。他们还必须符合教师资格的标准，该标准陈述了包括实习教师必须了解、理解且能做到的事情，特别强调了课堂实践。培训机构有一定程度的自主权，可以决定如何组织，以及回应实习教师的个人需要，不过在对机构进行督查时，这些培训项目需要被严格检查。

研究表明，实习教师都希望有一份多样化又有成就感的工作，能为学习开辟道路，且在智力上和实践上都具有吸引力。施梅森（Smethern，2007）、曼纽尔和休斯（Manuel and Hughes，2006）的研究证实，利他主义和对孩子们的关怀之心是最强有力的诱因。作者声称，许多准教师进行教学时“怀有一种改变年轻人的生活，并通过学习和联系，为成长提供机会的使命感”。布朗和海洛克（Browne and Haylock，2004）阐述了由家长、孩子自身、政府机构、社会和专业人士提出的对于小学教师的一些专业要求。尽管存在这些压力，但是几乎所有的教师之间都达成了共识，认为即使在学校工作困难重重，令人情感干涸、心力交瘁，但这份工作仍然是非常值得做的。

史密瑟斯和罗宾逊（Smithers and Robinson，2009）的研究发现，超过四分之一的实习教师从未进过课堂，也许是源于“文化冲击”所致，40% 的教师以学生行为不端和工作量过重为主要理由，在短短几年后就离职了。另一方面，作为教师的一个最大乐趣，就是看到成功的教学作用于孩子们身上，从而获得满足感和成就感。

T

参考文献

1. Browne, M. and Haylock, D. (2004) *Professional Issues for Primary Teachers*, London: Paul Chapman.

2. Duncan, D. (1999) *Becoming a Pri-*

mary School Teacher: A study of mature women, Stoke–on–Trent: Trentham.

3. Hayes,D.(2009) *Learning and Teaching in Primary Schools*, Exeter: Learning Matters.

4. Manuel,J. and Hughes,J.(2006) ‘It has always been my dream: Exploring pre-service teachers’ motivations for choosing teaching’, *Teacher Development*, 10(1), 5–24.

5. Smethern, L.(2007) ‘Retention and intention in teaching careers: Will the new generation stay?’ *Teachers and Teaching*, 13(5), 465–481.

6. Smithers, A. and Robinson, P.(2009) *Good Teacher Training Guide 2008*, Buckingham University, Centre for Education and Employment Research.

Transitions 转班及转学

另请参阅:欺凌,公民身份,友谊,家庭作业,小学,关系

See also: bullying, citizenship, friendship, homework, primary school, relationships

转班,特别是转学,对学生来说是一件很重要的事,除了兴奋之外,还可能让孩子们感到非常不安。当过渡期临近时,他们变得焦躁不安,有时甚至不配合。在儿童进入新的班级时,他们会经常回想起之前班级学习的日子,也会经常抱怨说不喜欢新的老师,更喜欢原来的老师。师生关系的稳固,以及儿童对新教师的方法、表现和观点的适应,都需要花费一段时间。教师可以回顾他们所教的上一堂课,将其与新一堂课做比较。因此,在新老师和新班级接触的早期过程中,学生不仅充满了希望和期待,还有一定程度的不确定和试探性。教师网站上提供了转校对儿童的影响的相关内容,特别是如果在学期中间转校(由于搬家),而没能经历结业仪式、告别仪式和"离校"程序等——这些仪式能为学生带来情绪上的缓冲。

因此,每次转班既会带来令人兴奋的新环境和潜在的新友谊,又会带来强烈的情绪体验,尤其是失去友谊的悲伤和对未知而产生的恐惧。除了保持友谊和结交新朋友,学生还需要考虑一些实际的问题,比如适应新的时间表,记住何时携带游戏套件,并确保完成家庭作业。有一些儿童由于家人被迫害或心怀恐惧,不得不在短时间内离开自己的祖国,他们在学习新语言的同时,还要设法克服对政权的疑虑。新学校的学习要求和行为期待与学生原先学校之间存在差异,所以就造成了更大的不确定性,学生需要时间来调整适应。在关键阶段 1 和 2 的指南里,涉及英国的公民权利部分,可以找到名为"继续前行"的文件,那是研究学生过渡期问题的一个资源,包括诸如"建立友谊"(结交一个特别亲密的朋友)、欢迎新同学、发现并应对变化等。可以点击以下网址:www.standards.dfes.gov.uk/schemes2/ks1-2citizennship/cit12/。

兹迪克和加拉赫(Zeedyk and Gallacher, 2003)开展了一项研究,调查小学生、中学生、家长和教师对过渡期的看法。他们发现,欺凌是所有群体关心的主要问题,其次是害怕迷失、学习量增加以及同伴关系。作者认为,如果想改善过渡期儿童的体验,就

必须考虑小学生和家长的观点。最后,作者不无担心地提到,教师只是注重形式主义的安排,并没有根据儿童的个人能力对其过渡期采取不同的措施,这也给儿童带来了一定程度的无助感。

学生的转学经历也因其社会经济背景不同而有所差异。在一项针对英格兰公立学校的小学至中学儿童转学过渡的重要研究中,来自12000多所小学、2000余所中学和大约40万名学生的数据表明,11岁的贫困学生的转学经历,完全不同于家境良好的同龄学生的转学经历(Burgess et al., 2008)。该研究结果表明贫困小学生在11岁时,在同龄人群体里关系更容易破裂,而且这些学生后来发现,他们几乎都进入了低质量的中学。研究结果表明,"小学内"的差异导致了学生在中学阶段不同的划分。研究者们认为,这是本调查最重要的发现之一。

很多工作的开展都是为了确保学生可以尽可能顺利地度过转学的过渡阶段。尽管实际情况不同,小学的"培养"教师和中学的"交接"教师应该密切联络,小学教师传递的信息包括孩子的学业成就和社交技能、交友模式、行为和出勤情况。政府最关心的是学校之间在学生正式成绩上的交接,比如国家课程测试成绩的主要信息,但是中学教师更为关心的是每名学生的性格和学习态度。中学一般会组织新生的内部测试,并以此划分能力小组,但这也使得小学教师认为,中学教师未能充分利用他们传递的关于学生的数据。

参考文献

1. Burgess, S., Johnston, R., Tomas, K., Propper, C. and Wilson, D. (2008) 'The transition of pupils from primary to secondary school in England', *Transactions of the Institute of British Geographers*, 33(3), 388 - 403.

2. Teachernet (2007) Individual Pupil Transition, on-line at www.teachernet.gov.uk/teachingand learning/library/individualpupiltransition.

3. Zeedyk, M. S. and Gallacher, J. (2003) 'Negotiating the transition from primary to secondary school', *School Psychology International*, 24(1), 67 - 79.

Trust 信任

另请参阅:儿童的提问,道德,家长参与,关系,教师信念

See also: children's questions, morality, parental involvement, relationships, teachers' beliefs

信任是每一种关系的基石,尤其是在父母、儿童和教职工之间。儿童喜欢把他们生活中重要的事件和时刻告诉他们信任的成年人,特别是那些特别热情地回复他们的人。然而教师在与学生交流时,必须谨慎区分"和蔼可亲的"(讨人喜欢又有魅力)表现和"私人化的"(亲密的)表现。儿童对教师的私人生活十分好奇,尤其是教师在运动或音乐方面的成就。如果教师愿意与学生分享一些学生感兴趣的事情和(可能是)教师自己的家庭情况,学生会感到非常高兴。然而教师在刚接手班级的早期阶段,基本上都

很担心会泄露太多的私人信息。渐渐地教师会透露一些他们私人生活的小片段，以提高他们的声誉，激发孩子们的好奇心，并培养师生之间的亲密关系。那些过度谈论自己情况的教师，或许会被同事认为是幼稚的，学生可能也会感到无趣。

如果儿童向成人询问对某个有争议或敏感问题的意见，明智的成人会首先列出选项。然后他们会告诉儿童“有些人会相信这个，有些人会相信那个，但是我相信……”或者承认他们仍需要思考。紧接着他们会询问提出问题的儿童的想法。在有关道德的问题上，儿童的回答可能会反应出家长的信念。心思细腻的教师会包容所有的观点，无论孩子们的想法看起来多么奇怪。因为敏感的儿童在被拒绝或是遇到困难的问题后，可能不再愿意表达自己的想法。家长相信，教师会公正且富有同情心地对待他们的孩子，并给每个儿童平等的机会去挖掘他们的潜能，让儿童在校园中快乐地生活。

U

Understanding 理解

另请参阅：好奇心，深度学习，家庭背景与学习，知识，问题和提问，螺旋式课程，教学技能

See also: curiosity, deep learning, home background and learning, knowledge, questions and questioning, spiral curriculum, teaching skills

"明白了吗?"是教师经常问学生的问题之一。大多数情况下，学生们都会异口同声地回答："明白了"，教师便会得意于自己的讲解能力，然后继续进行教学。但是教师必须想办法来确认学生是否真正理解，这就要求教师首先要明确"理解"的含义。

理解首先需要的是清晰的意识，因为很多儿童根本没有确切地意识到需要理解的内容。儿童意识的提高往往伴随着他们兴趣水平的上升，这可能是由于儿童天生具有较强的好奇心。教师需要通过提出相关问题，或是引发儿童对某一情境的思考来培养儿童的好奇心。儿童强烈的好奇心会让他们提出自己的问题，此时教师的讲解能力就显得尤为重要。因为不仅要解决他们的困惑，还要对误解给出正确的解释。随后给予儿童探索、发现、验证想法的机会，论证其观点并提出新的问题。由于意识和兴趣的提高，教师和儿童都会提出更进一步的问题，周而复始，直到达到学生理解的极限。

豪(Howe,1999)指出，教师会使用多种方式，来帮助儿童理解新奇且陌生的材料："教师提出问题，展示他们自己的好奇心，帮助儿童预测故事后面会发生什么，并尝试让儿童回忆起已有的知识经验。"儿童的理解是逐渐形成的，因为它需要不同层面概念的基础，并需要经过一定程度的巩固，在真实的问题环境中进行应用，然后才能够彻底地解决问题。

沃斯尼阿多(Vosniadou,2001)声称，当知识仅仅被浅显地记住时是很容易忘记的，但当被理解后便不会轻易忘记，并能迁移到其他的情境中。为了让儿童理解他们正在学的是什么，必须给学生机会，让他们思考自己正在做什么，去与他人讨论，去阐释所学内容，理解如何在各种情境中应用该知识。作者为教师提供了以下策略：

(1)要求学生用自己的语言解释某一现象或概念。

(2)向学生展示如何举例说明某一原理的应用，或某一法规的运行。

(3)给学生机会去解决某一学科领域中的典型问题。

(4)教学生如何从典型案例和具体事例中抽象概括出一般性原理。

知识和理解是密不可分的。例如幼儿通过系统地观察便能发现，在一定条件下，种子可以长成具有根和茎的植物。通过学校教育后，儿童不仅会知道根部系统的重要

性，以及不同类型土壤的作用，还能够对这些事情发生的原因做出解释。5 岁的幼儿注视着蚕豆，惊叹于它的生长速度，并兴奋地谈论着它。到了 11 岁时，他不仅能描述正在发生的事情，还能利用证据来说明其中有关光照、温度和土壤条件影响的基本原理。从 5 岁时仅仅对所见现象感到惊讶，到 11 岁时能对内隐的生物过程提出见解。这种稳定的进步证明，如果得到足够的指导和机会，儿童便能获得不同层次的理解（参见螺旋式课程，Bruner，1973）。在课程的每个领域，都能找到这种发展的例子。因此，理解力的发展涉及智力、成熟度（抽象思维能力），以及探索内心想法和自由选择的机会等综合影响。更高水平的理解来源于实验，以及探索内心想法、讨论发现、调查可能性的机会。详情请见本书的布鲁姆的目标分类学。

罗布森（Robson，2006）强调，思考和学习（“社会理解”）的社会语境、文化语境、情绪语境，受制于当时所处的文化环境。此外，“儿童对自己是思考者和学习者的认知，取决于他们的自我形象、自尊和对自己作为周围社会环境的一分子的看法”。

罗布森接着强调了在社会性理解的发展中，其他人扮演的角色所起的重要作用。因此，“关键似乎在于儿童和家人及朋友间的关系。正是在儿童和父母、照顾者、兄弟姐妹及朋友间的关系中，他们的理解能力得到发展，并体现出来”。

参考文献

1. Bruner，J.（1973）*Going Beyond the Information Given*，New York：Norton.

2. Howe，M. J. A.（1999）*A Teacher's Guide to the Psychology of Learning*，London：Blackwell.

3. Robson，S.（2006）*Developing Thinking and Understanding in Young Children*，London：Routledge.

4. Vosniadou，S.（2001）*How Children Learn*，Educational Practices 7，Geneva：International Bureau of Education.

Uniform 校服

另请参阅：着装规定

See also： dress code

近年来，在学校中掀起了一股坚持要求学生穿着校服的浪潮，这样做是为了避免小学生在游戏或是上体育课时更换衣服的麻烦。大部分校服由“上装”（可能印有学校的名称和徽标），以及灰色或黑色的裤子或裙子组成。有一小部分的学校出于对学生健康和安全的考虑，倾向于选择“夹式”而不是打结式的领带。支持穿校服的人认为，穿着校服看起来更精神，避免了为争论上学着装适宜性问题而浪费时间，并加强了同校的友谊和集体身份的认同感。而反对穿校服的人认为，穿校服侵犯了家长和学生自我表达的权力，同时增加了额外的开销，并会产生一种服从的氛围，这最终可能会适得其反。意见调查显示，大多数家长是支持孩子穿校服的，尤其是因为它可以避免为孩子早上穿什么而发愁。

United Kingdom Literacy Association 英国读写协会

另请参阅：交流，读写能力，阅读，助教，写作

See also： communication，literacy，reading，teaching assistants，writing

英国读写协会（UKLA），之前被称为英国阅读协会（UKRA），字母 R 表示"阅读"（Reading）。这是一个已注册的慈善协会，它的唯一目的就是在校内外及教育的各个阶段促进识字教育。英国读写协会的成员包括授课教师、助教、学校读写协调员、读写顾问、教师培训专家、研究人员、督学、顾问、出版社，以及图书管理员。英国读写协会致力于成为有活力、有包容性的学科协会，其活动包括会议、专业发展活动、出版活动、研究和国际项目。英国读写协会的网址是 www.ukla.org。

V

Value-added 增值

另请参阅：有效性，好教师，家庭背景与学习，督导，家长参与，教师角色，教学策略

See also: effectiveness, good teachers, home background and learning, inspections, parental involvement, teacher role, teaching strategy

国家关于教师效能的评判标准很大程度上依赖于“增值”因素。也就是说，从学生受到教师影响的那一刻起，直到脱离这种影响，他们所表现出来的可衡量的进步。尽管在原则上是合乎逻辑的，但用测量增值的方法来评价教师效能略显粗糙，且有很大的局限性。因为学习上的进步，并不像购物清单一样可以逐项列出、一一核对。此外，工具主义教学观认为，技能和策略是明确的、独立的，像是作为一件无缝长袍的一部分来予以实施的。该观点掩盖了教学的复杂性，忽略了教师无法控制的影响知识获得的许多其他因素（尤其是家庭环境）。然而近年来对教师能力的陈述很多都集中在成就上，这种观点认为，教师的成就直接取决于教学的有效性（例如 Muijs and Reynolds, 2005）。家长会受到督导官方认定的优质学校的极大影响。这种影响体现为：在考试结果遥遥领先的优质学校，所在地区的房价居高不下，家长争相要求将孩子送进自以为最好的学校。

参考文献

1. Muijs, D. and Reynolds, D. (2005) *Effective Teaching: Evidence and practice*, London: Paul Chapman.

Values 价值观

另请参阅：行为，关爱型教师，受过良好教育的儿童，《每个孩子都重要》，道德发展，道德，关系，学习的社交和情感因素，心灵教育，教师信念

See also: behaviour, caring teachers, educated child, *Every Child Matters*, moral development, morality, relationships, social and emotional aspects of learning, spiritual education, teachers' beliefs

价值观是决定人对人类行为的态度的基本信念或基本原则，它指导着对正确或错误的判断，并将注意力集中在重要的内容上。斯里达尔（Sridhar, 2001）认为，所有良好的教育本质上都是一个全面发展人格的过程，包括智力、体力、社交、伦理道德各方面的发展。在每一个有历史记载的时期，伟大的思想家们都倾注了大量的精力，致力于研究性格和价值观在生活中的重要性，以及各种教育机构在促进青少年形成价值观上所发挥的作用。索恩伯格（Thornberg, 2008）认为，价值观教育多数情况下都是应激性、无计划的，并且内含在学校的日常生活中，聚焦于学生在校的日常行为。这些行为有

些是,或者说大部分都是无意识的行为,而不是有意为之的。在学校里,价值观反映了个人的关注点和偏好,有助于构建小学生与成人之间的关系。

教育立足于五个方面关键的价值观:精神的、文化的、环境的、审美的、政治的。这些价值观包括:与自我相关的个人价值观;关乎尊重他人的道德价值观;涉及影响社区的社会价值观。艾福德(Eaude,2006)认为,教师角色和教师作为人具有的本性是紧密相关的。因此,当教师把个人的价值观带进班级,用他人的期望和所拥护的观念影响孩子们时,至少会与他们直接教学生时所带来的影响相当。

在二三十年以前,一位杰出的教育作家杰弗里斯(Jeffreys,1971)声称,教师必须让个人道德趋向于公平正义,正如思想的自由并不意味着有权持有任何随意的观点。因此,教师带进班级的价值观不应是随意的信念,而应是深思熟虑后的结果。最近,理查兹(Richards,2009)提出,教师的意义无比重大,他的教学有助于在儿童发展最敏感的时期,帮助儿童塑造对学习的态度。尽管如此,罗萨诺(Rossano,2008)认为,虽然大多数儿童长大成人后能够发展出合格的道德技能,但一小部分人却没有做到这一点,并且很少有人的道德能够发展到较高的水平。因此,专门技能的获得必须经过深思熟虑的道德实践,而宗教参与似乎为促进这种实践提供了基本要素(Rossano,2008)。

小学教师最主要的满足是来自与儿童互动的乐趣和对这些年轻生命的影响,而不是对于金钱奖励或地位的欲望。教师的价值定位的基础是,他们需要去爱与关怀、服务学生,需要培养学生的能力,并使其受益。因此,小学教师在评估自己的工作时,会不断地追问,作为教育工作者,自己所做事情的根本目的是什么。教师的个人价值观,及其接受的关于教育和总体人生的观念,都是塑造课堂实践的重要因素。实际上,教师把课堂看成是广阔未来社会蓝图的缩影,学生可以在其中发展分析能力、综合能力、评估能力、有效的沟通能力和共情能力。亚瑟等人(Arthur,2006)对其中许多关键问题的实际影响进行了广泛报道。

参考文献

1. Arthur, J., Davison, J. and Lewis, M. (2005) *Professional Values and Practice: Achieving the standards for QTS*, London: Routledge.

2. Eaude, T. (2006) *Children's Spiritual, Moral, Social and Cultural Development*, Exeter: Learning Matters.

3. Jeffreys, M. (1971) *Education: Its nature and purpose*, London: Allen and Unwin.

4. Richards, C. (2009) 'Primary teaching: A personal perspective', in Arthur, J., Grainger, T. and Wray, D. (eds) *Learning to Teach in the Primary School*, London: Routledge.

5. Rossano, M. J. (2008) 'The moral faculty: Does religion promote moral expertise?' *International Journal for the Psychology of Religion*, 18(3), 169 – 194.

6. Sridhar, Y. N. (2001) 'Value development', *National Council for Teacher Education (NCTE)*, Value Orientation in Teacher Ed-

ucation conference, New Delhi.

7. Thornberg, R. (2008) 'The lack of professional knowledge in values education', *Teaching and Teacher Education*, 24(7), 1791-1798.

Visual aids 直观教具

另请参阅:推断性问题,视觉、听觉和动觉型学习,视觉型学习者

See also: speculative questions, visual, auditory and kinaesthetic learning, visual learners

当教师采用视觉教学手段时,可能会决定使用一张有趣的大图片或相关实物,或是许多不常见的物品,从而激发儿童的好奇心和兴趣。通常情况下,当教师展示准备好的视觉教具时,儿童会自然地产生积极的回应,或是引发喋喋不休的评论、哄堂大笑、惊奇的叫声。教师可以解释与视觉教具有关的特征,或邀请学生提出建议,或是问一些通过仔细观察才能回答的具体问题。教师可以鼓励学生推测这些教具的用法、来源、内涵,或是表达他们对教具质量的感受。随着课堂教学的展开,教师需要考虑是否做出如下决定:

(1)是自己控制教具;或是将教具在小组内传递,让学生去触摸和感受。

(2)是学生坐好后就分发教具,并告知任务;或是在坐好之前安排好一切;再或是在助教的帮助下,为学生提供一份文字使用说明。

(3)是提供一个预先准备好的操作框架(如活动表);或是让任务更加开放,引入一种问题解决的方法,例如调查某种物品在家庭中可能有多少种有效的用法——但是这样需要更长的时间。

Visual, auditory and kinaesthetic learning 视觉、听觉和动觉型学习

另请参阅:听觉型学习者,动觉型学习者,学习,学习风格,阅读,说话方式,触觉型学习者,直观教具,视觉型学习者,写作

See also: auditory learners, kinaesthetic learners, learning, learning styles, reading, speech, tactile learners, visual aids, visual learners, writing

视觉、听觉和动觉型学习模式或者风格简称为VAK,具体包括视觉型学习模式(用看的方式学习效果最好)、听觉型学习模式(用听的方式学习效果最好)和动觉型学习模式(用动手的方式学习效果最好)。有些学者还增加了一项分类:读/写(R)——指喜欢使用文字信息,这样就创造了一个首字母缩写词VARK(详见Flemig and Mills, 992)。毫无意外,很多学生对读写模式有强烈的偏好,该模式强调基于文本的输入,以及通过各种形式的读写进行输出。

视觉、听觉和动觉型学习模式的支持者认为,每个儿童都必须要学习阅读和写作,所以不用将"读/写(R)"单独归为其中一类。其他理论学者(如Cook,2008)则认为,应该把"动觉"从"触觉"中分离开。他们认为,前者是以"体验式"活动为标志,如玩游戏、做模型及户外活动;后者则涉及直接的动手经验,如黏土或是园艺。值得注意的

V

是，部分研究者（如 Sharp，2008）声称，神经学科知识的发展给我们理解学习过程带来很大的希望，但它目前仍未提供实用的教学建议。学者们注意到，许多视觉、听觉和动觉型学习模式的支持者对他们自己所提供的证据基础，总是逃避和不予批判，而有关学习风格的其他"弱势"模式也几乎，甚至没有证明其合理性。

通常情况下，视觉型学习者的特征是能够进行快速阅读和评论，如"我觉得挺好的"，他们喜欢写作、观察、绘制图表及想象各种可能性。富兰克林（Franklin，2006）非常肯定，每个儿童都能从视觉图像中受益。听觉型学习者更喜欢接受信息，并为他人讲解，他们倾向于坐得笔直，目视前方，他们可能也会发表诸如"据你刚刚所说"之类的评论。动觉（触觉）型学习者经常表现出不知疲倦的精力，注意力集中时间短。他们喜欢动手制作和"鼓捣"周围的事物，他们同样会倾向于避免眼神接触，并从颜色、动作及实际任务的完成中获得灵感。

当不擅于视觉型学习的儿童被要求观察某物时，他们通常会产生各种幻想，并不能发现重要的细节，而不习惯于听觉型学习的儿童可能会容易走神，并开始和朋友窃窃私语，乱涂鸦，或是随意讨论。当不依靠动觉学习的儿童被邀请成为志愿者时，他们会选择退缩，让团队里的其他人主导活动，同时（对于年龄较小的儿童而言），他们可能会拒绝参加较为烦琐的活动。

实际上，当教师使用一种综合的学习方法组织教学，并尽可能地考虑到每个学生的学习倾向时，他们的学习效果是最好的。仅仅给儿童贴上视觉、听觉和动觉型学习中的一种标签是错误的，因为把他们归为任何一类都是无益的，并且人为地限制了儿童的学习潜能。

当教师决定采用某种最好的并与视觉、听觉和动觉型学习相关的教学方法时，需要考虑很多的实际因素。例如，如果视觉教具很小，在后排的学生可能会难以看清，或根本不愿意参与其中。另外，大屏幕上的电子图片在很多教学情境中是有帮助的，但它不能让学生通过亲身体验来学习——如触摸、测试、嗅觉，等等。最关键的是，不管针对哪种学习模式，在任何情况下，教师说话的声音始终应该是清晰的，因为清晰的咬字和适当的语速是有效教学的必要特征。

参考文献

1. Cook, S. L. (2008) *Learning Styles*, on-line at www.learningabledkids.com/home_school_info/ learning_styles.html.

2. Fleming, N. D. and Mills, C. (1992) 'Not another inventory, rather a catalyst for reflection', *To Improve the Academy*, 11, 137.

3. Franklin, S. (2006) 'VAKing out learning styles', *Education 3 - 13*, 34(1), 81 - 87.

4. Sharp, J. G., Bowker, R. and Byrne, J. (2008) 'VAK or VAK-uous? Towards the trivialisation of learning and the death of scholarship', *Research Papers in Education*, 23(3), 293 - 314.

Visual learners 视觉型学习者

另请参阅：想象，阅读，视觉、听觉和动觉型学习，写作

See also: imagination, reading, visual, auditory and kinaesthetic learning, writing

有很多学习要依靠视觉辅助工具及示意图和图表此类表现形式。所谓的“视觉型学习者”更喜欢看到图片、幻灯片或是其他形式中所呈现的想法。因此,视觉型学习者得益于使用曲线图、概念地图(一种以视觉方式呈现知识的网络图)和诸如维恩图(用来表示多个集合之间逻辑关系的图示)之类的插图,从而增强他们的思考和学习能力。能力强的视觉型学习者也可以通过想象,从文字描述中重构一个场景或情形。有些教育学家喜欢把视觉型学习者分为两类:第一类是视觉语言学习者,他们能通过书面语言获得最好的学习效果,例如阅读和写作任务;第二类是视觉空间学习者,他们在书面语言的学习上有更多困难,更喜欢使用图表、演示、视频和其他视觉材料。

Voice care 嗓音保健

另请参阅:交流,健康饮食,说话方式

See also: communication, healthy eating, speech

嗓音可以说是教师最宝贵的资源,所以需要好好保护(Hayes, 1998; Kovacic, 2005)。同样,格兰特·威廉姆斯(Grant-Williams, 2002)也坚持认为,嗓音是人体的发电站,必须予以高度重视。突然转变说话的音调,会给嗓音带来巨大压力,比如从正常的说话音调转变为高亢的或有力的音调,教师应当尽量避免这一点。还要避免吸烟和处于受污染的环境中,避免吃不合适的食物(如过于辛辣的)。另外,用鼻子吸气(和用嘴吐气)的呼吸方式是有利于保护嗓音的,可以少量饮酒和食用乳制品。说话前小声地哼唱(使嘴唇震动)、站直,并均匀地呼吸,可以改善整体健康状况。教师也应尽量减少清嗓子的次数,因为清嗓子会造成声带碰撞,导致磨损;也要避免说话太快,因为这会导致呼吸不足,增加胸腔紧张状态;还要避免产生不自然的音调,或强行降低音量。要想做好嗓音保健,教师上课时需要注意一系列问题,包括:控制音量,以避免其逐渐增大;学会倾听自己的声音;避免大声叫喊——说话严厉则是另一回事;控制音调,而不是被它控制。

在上课开始之前便吸引儿童的注意力,这一基本的课堂技巧减少了教师必须提高音量的可能性。教师也可以在上课时走近学生,以最大限度地降低提高嗓音的需要。此外,为了帮助自己保护嗓音,教师还可以使用喝水、深呼吸到肺部最深处等方法,并在嗓子疲惫或嘶哑的情况下,尽可能用放松的方式,而不是强有力的方式讲话。

参考文献

1. Grant-Williams, R. (2002) *Voice Power*, New York: AMACOM.

2. Hayes, D. (1998) *Effective Verbal Communication*, London: Hodder & Stoughton.

3. Kovacic, G. (2005) 'Voice education in teacher training', *Journal of Education for Teaching*, 31(2), 87-97.

V

Voluntary aided schools 受津贴民办学校

另请参阅:教会学校,董事会,宗教教育,受监管津贴学校

See also: faith schools, governing body, religious education, voluntary controlled schools

受津贴民办学校,也称作宗教学校或是教会学校,其特点是学校的用地和建筑属于慈善机构——通常是宗教组织,如教堂,但董事会负责管理学校。该学校部分是由当地政府资助的(在北爱尔兰,是教育与图书馆委员会),部分是由董事会和慈善机构资助。董事会负责雇用教职员工,但由当地政府提供支持服务。招生政策是由董事会成员与地方当局,以及该地区其他相关学校共同协商后制定与监管的。与受监管津贴学校一样,学生必须学习国家规定课程。

Voluntary controlled schools 受监管津贴学校

另请参阅:董事会,宗教教育,受津贴民办学校

See also: governing body, religious education, voluntary aided schools

受监管津贴学校,也可称作宗教学校或是教会学校。区别在于,其用地和建筑是属于慈善机构的——通常是宗教组织,如教堂。由教堂指定部分董事会成员,当地政府(在北爱尔兰是教育与图书馆委员会)负责学校的运作和出资、雇用教职员工,以及提供支持服务。招生政策通常是由当地政府制定与监管,学生必须学习国家规定课程。

Warnock Report《沃诺克报告》

另请参阅:《实施条例》,全纳教育,特殊教育需求,儿童特殊教育评估认定,助教

See also: *Code of Practice*, inclusion, special educational needs, statementing, teaching assistants

1978 年发布的《沃诺克报告》(*Warnock Report*)及 1981 年颁布的《教育法》,彻底改变了英格兰、苏格兰和威尔士关于特殊教育需求(SEN)的概念,因为它们提出了全纳教育的理念,即基于对所有儿童的共同教育目标,不管他们是健康还是残疾,同样让他们能够独立、获得乐趣,并得到理解。1981 年的《教育法》要求学校和当地政府明确并满足所有特殊教育需求条件下儿童的需求。沃恩(Vaughan,在线资源)指出,这个里程碑式的报告之所以广为熟知,是因为其充分重视残疾儿童的父母关于子女在主流学校接受适当教育的看法。该报告宣布,残疾儿童的父母掌握着关于自己子女的重要信息,因此必须将这些信息纳入和使用在儿童的评估、分级和教育过程中。这样《沃诺克报告》自然变成了公众和专业人员意见的转折点。事实上,越来越多之前在特殊学校接受教育的儿童,在成人助手的帮助下,现在已经融入了主流生活。尽管沃诺克女士本人曾经表示,以她的名字沃诺克(Warnock,2005)来命名这份报告有不妥之处,但不可否认的是,她对特殊教育需求儿童相关立法的贡献,一直到今天,仍然给那些特殊儿童的生活带来积极的影响。

参考文献

1. Vaughan, M. *Milestones on the Road to Inclusion*, on-line at http://inclusion.uwe.ac.uk/inclusion week/articles/milestones.htm.

2. Warnock, M. (2005) *Special Educational Needs: A new look*, London: Philosophy of Education of Great Britain.

Welcoming environment 友好的环境

另请参阅:体态语,交流,学习氛围,少数族裔儿童,教态

See also: body language, communication, learning climate, minority ethnic children, teaching stance

教师和教辅人员通常都会尽力向学生表示友好和欢迎。对于新生,教师使用“温柔”的眼神交流、微笑和鼓励性评语尤为重要。沙普兰(Chaplain,2003)认为,眼神传递了两种讯息。第一种是显示交流的线路已经开通,表明他们已准备好和别人交流;第二种是表现出对他人或人群的兴趣。特别是来自寻求庇护或外来移民家庭的儿童(通常简称为“移民”家庭),他们在融入新班级时,需要更加亲密的支持。通常使用的策略

包括给他们分配助教,以及让他和另一个说同语种的孩子结伴,后一种是更理想的方法。

在实践中,教师可以去操场,或是站在门边的位置迎接孩子们的到来。教师需要和孩子们保持亲密的接触,特别是对于幼儿来说,如果教师愿意蹲下来平视儿童,模糊正式的师生或家校之间的界限,但同时保持师生关系的核心,就可以提高师生之间交流的质量。和儿童之间"模糊正式的界限"意味着教师权威地位的减弱。而"保持核心"意味着,尽管两者之间的界限有所模糊,但如果儿童试图利用不合理的方式破坏师生关系,则成年人在任何特定的时刻,都有恢复正式界限的权利。教师有时担忧,对儿童过于友好,会失去对他们的控制,并导致不良行为。然而事实上坚持礼貌又合理的行为,会最大限度降低这些不良事件发生的可能性。一个有吸引力、多彩的"儿童友好型"环境——或许伴随着轻柔的背景音乐,可以帮助安抚那些焦虑的孩子们,让他们享受学校时光。

参考文献

1. Chaplain, R. (2003) 'Managing classroom behaviour', in Arthur, J., Grainger T. and Wray D. (eds) *Learning to Teach in the Primary School*, London: Routledge.

Wet playtime 雨天游戏时间

另请参阅:操场,助教

See also: playground, teaching assistants

雨天游戏时间是小学中常用的一个名词,指的是在课表规定的户外活动时间里,由于天气原因无法进行户外游戏的情况。学生通常会留在自己的教室里,或是聚集在学校礼堂,由助教和至少一位正式教师负责监管。有些学校让学生用雨天游戏时间玩棋类游戏和使用电脑。很多文献都提供了如何让孩子们有效利用雨天游戏时间的想法,例如可以参见莫斯利和索内(Mosley and Sonnet,2005)的著作。

参考文献

1. Mosley, J. and Sonnet, H. (2005) *Wet Playtimes Games*, Trowbridge: Positive Press.

William Tyndale controversy
威廉·廷代尔争议

另请参阅:艺术,发现式学习,自由游戏,校长,家庭—学校,教育标准局,教学方法

See also: arts, discovery learning, free play, head teacher, home-school, Office for Standards in Education, teaching methods

威廉·廷代尔中学(William Tyndale Junior School)于1974年建立在伦敦北部的伊斯灵顿。该学校的一些员工做出了极端的自由主义行为,最终导致秩序混乱和当地社区极大的敌意,由此引起了媒体的高度关注。戴维斯(Davis,2002)认为,学校由于内部教学方法的争论而瘫痪,一部分原因是源于当时伦敦教育局(ILEA)内部普遍存在的压力,另一方面则是由于管理不善。伦敦教育局内部对教师自主权的尊重,导致学校采

W

用了冒险而又极端的教学方法,包括在课堂和学校里给予学生极大的自由,而这一点是大多数家长不能接受的。

此次事件暴露了所谓的激进派(新教学方法)教师与传统派教师之间、教师与学校管理者(董事会成员的前身)之间、教师与家长之间,以及持不同态度的家长之间,甚至是当地教育局与伊斯林顿伦敦自治市之间产生的激烈分歧。威廉·廷代尔争议很复杂,但其结果归咎于学校"进步主义"教学方法显而易见的失败,并最终引发政府对于学校课程、教学方法、纪律标准采取了更多干预的手段。同时一个意外的结果是,全国地方政府的操控力和自主权遭到了削弱。

"威廉·廷代尔事件"("William Tyndale affair")为批判家们提供了有力的证据,他们以此为基础,来证明进步主义教学法是失败的。然而关于此次事件的报告表明,这既是教育系统和学校内部管理不善的问题,也是教学方法使用不当的问题。有些人声称,这些不尽如人意的状况是《普罗登报告》(*Plowden Report*)(Central Advisory Council for education,1967)提倡的自由的进步主义教育政策所导致的必然结果,但是这种说法是不合理的。经过细致分析可以发现,这些问题可能是由于校长不称职、学校管理者(学校董事会成员)软弱无力和地方当局无能造成的。威廉·廷代尔中学成为论证什么是有效的教学方法及如何监管教育政策和实践的试金石。这些问题仍然在争论中,值得注意的是,在威廉·廷代尔中学使用并被批判的一些所谓"进步主义的"教学方法——例如发现式学习和探索("自由")游戏——在今天特别受到低年级小学生的欢迎。

值得一提的是,当代的威廉·廷代尔学校是所小学,现在(截至2009年)仅招收3~11岁的儿童,并且被认为是一所专门教授艺术的优秀学校。这所学校在教育标准局(OFSTED)的报告中一直得到正面的评价,学生的表现也高于全国平均水平。目前这所学校生源充足。

参考文献

1. Central Advisory Council for Education (1967) *Children and their Primary Schools* ('The Plowden Report'), London: HMSO.

2. Davis, J. (2002) 'The Inner London Education Authority and the William Tyndale Junior School Affair, 1974 – 76', *Oxford Review of Education*, 28(2 – 3), 275 – 298.

Workforce reforms 劳动力改革

另请参阅:高级助教,助教,教师职业,时间管理

See also: higher-level teaching assistants, teaching assistants, teaching profession, time management

在2003年1月,大部分工会领导和当地政府工作人员(尽管不是所有人)签署了一份政府政策文件,名为《提高标准和减轻工作量:一项全国协议》(*Raising Standards and Tackling Workload: A national agreement*)。该协议的目的在于对教师的工作条件及所谓的劳动力"重组"进行一系列重大变革。这些变革成为《学校教师工资和工作条件文件》(*School Teacher' Pay and Conditions Doc-*

W

ument)的一部分,该文件自 2003 年 9 月开始,一年一次,分三阶段发布。这些改革同时强化了学校辅助人员的作用,尤其是拓展了助教的使用途径。这次劳动力改革的关键因素包括减少教师的工作时间,以及引进新的工作和生活平衡条款。自 2005 年 9 月起,出现了"教师受保障专业时间"(guaranteed professional time for teachers)的概念,教师可以用这段时间进行准备、计划和评价活动(通常称为 PPA 时间:准备、计划和评价时间)。实际上,劳动改革改变了助教所承担的责任。通常情况下,当教师不在教室时,助教可以负责监管班级。尽管只有高级助教(HLTAs)才能真正对儿童实施教学,不过仍需要在教师的全面指导下进行。详见伯吉斯(2006)对于这项规定的评价。

在 2008 年,伦敦大学教育学院发布了《学校辅助人员的有效使用和影响及国家协议的影响》(*Deployment and Impact of Support Staff in Schools and the Impact of the National Agreement*)这一报告,研究了学校中更广泛的劳动力的部署,涉及从助教到管理岗位的职工。该报告指出,有 88% 的教师认为,教辅人员对他们的工作满意度有积极影响;有 77% 的教师认为,教辅人员帮助他们减轻了压力;有 59% 的教师认为,辅助人员减轻了他们的工作量。教师很重视教辅人员带来的帮助,包括他们能够帮助学生学习,以及缓解教师的教学压力,使其避免在相对琐碎的任务上浪费大量的时间。

参考文献

1. Burgess, H. (2006) 'The butterfly effect: Teaching assistants and workforce reform in primary schools', in Webb, R. (ed.) *Changing Teaching and Learning in the Primary School*, Maidenhead: Open University Press.

Wragg, Ted 泰德·莱格

另请参阅:行为不端,混合能力教学,政治介入,分级阅读方案,教学策略,电视,实习教师

See also: misbehaviour, mixed ability teaching, political involvement, reading schemes, teaching strategy, television, trainee teachers

爱德华·泰德·康拉德·莱格(Edward 'Ted' Conrad Wragg)生于 1938 年 6 月 26 日,于 2005 年 11 月 10 日突然离世。他曾在谢菲尔德的爱德华六世文法学校(King Edward VI Grammar School in Sheffield)接受教育,并在德国的达拉莫大学(Durham University)取得了一等学位。他先后在瓦克菲尔德和莱斯特任教,之后还在莱斯特大学获得了教育学硕士学位。在 20 世纪 70 年代初期至中期,他在诺丁汉大学担任了 5 年的教育学教授,于 1978 年回到了埃克塞特担任教授。在这里,他指导了很多研究课题,涉及课堂过程、教学策略、课程评估、评价、优秀的和不称职的教学,以及与绩效相关的薪酬等。在他的整个学术生涯中,他尽可能多地抽出时间,每周都去教一个班的学生,这样他能一直不脱离实际的课堂教学。莱格还是具有杰出沟通能力的广播员和记者,他捍卫教师的权利,并极力呼吁保护教师的专业素质免受政治干扰。

莱格极力反对政府干预教育,他支持让专业人员自己决定对他们有用的内容。他

对历届政府在20世纪80年代到90年代及进入21世纪期间强行实施的学校督查制度嗤之以鼻。在30多年里,他为《卫报》和《泰晤士报教育增刊》(TES)撰写专栏文章,并使用诙谐有趣、经常是连讽带刺的话语,对混合能力教学和自然拼读等问题展开评论。然而莱格还热衷于传播优秀的教学实践,他于20世纪70年代晚期主持的"教师教育项目"至今仍是英国有史以来规模最大的教学方式研究之一。莱格的教育理论知识渊博,但也从未忽略课堂实施的实际情况。

自1997年资格与课程委员会(Qualifications and Curriculum Authority)成立至2003年间,莱格一直担任资格与课程委员会成员,他对课程和教学论的独到理解得到了同事们的交口称赞。他撰写了50多本关于各种教育主题的书籍,制作出一份包含120本书的阅读计划,录制了两张CD、一张关于教师问题的DVD,以及许多录像带和录音带。莱格为"教师频道"吸引了许多新观众,特别是在第四频道系列节目《孺子不可教也》中,他领导了一个专家小组,大胆地尝试如何吸引一群调皮捣蛋的学生。尽管莱格与一些资深政治家关系密切,但在其一生中,他始终是一个独立且有感召力的教育家形象。毫无疑问,莱格是20世纪晚期最具影响力的教育家之一。

参考文献

1. Wikipedia:http://en.wikipedia.org/wiki/Ted_Wragg.

2. Woodward, W. (2005) 'Obituary: Ted Wragg', *Guardian*, 11 November.

Writing 写作

另请参阅:创意写作,英语,书写,信息技术,读写能力,写作框架

See also: creative writing, English, handwriting, information technology, literacy, writing frames

写作与阅读、口语和听力一起构成读写能力的基本要素。儿童曾经使用大量的时间写他们感兴趣的话题,或是创作虚构的故事。近年来,人们越来越强调"有目的的写作"和"写作框架"——根据规定的形式来组织写作,以帮助儿童收集、组织和记录他们的想法。教师经常利用计算机技术来帮助儿童起草和重构他们的想法,从而完成更完善的作品。在写作前,他们的脑海中就已经确定了目标读者,如编写简单的故事与低年级学生分享,或者围绕影响学校生活的一些当地问题写信给法律顾问。有人批评说,过于强调功能性写作会导致儿童失去充满乐趣的想象性写作的机会。马力特(Mallett,2008)对于写作和作家的发展进行了深入的分析。

参考文献

1. Mallett, M. (2008) *The Primary English Encyclopaedia*, London: Routledge.

Writing frames 写作框架

另请参阅:创意写作,反馈,读写能力,教学方法,写作

See also: creative writing, feedback, literacy, teaching methods, writing

写作框架是一种提供整体文本结构的大纲及标题、短语、句子等其他语言支撑的架构。写作框架能够帮助儿童消除在空白纸上进行写作的恐惧。它也可能有助于学生去尝试使用一种更具挑战性的写作体裁(即“形式”)。每个完整的写作框架都为儿童积累了良好的写作经验,是帮助他们迈向独立计划和写作扩展性语篇的一步。教师可以通过与学生一起研究写作结构、提供范例、展示如何组织信息来为学生“模拟”整个过程;或者教师可以为学生提供一个框架,并要求依此创作一篇作品,最后给学生提出润色和改进的建议。写作框架被认为有助于学生进行写作,因为它们提供了一个“悬挂”想法的架构,即使是写作能力较弱和缺乏自信的学生也可以使用合适的句子开头。

写作框架的批判者认为,写作框架可能会导致课堂教学单调,无法让有能力的学生进行拓展,同时又创造出了一个与日常写作任务毫无相似之处的人造模式。教师们现在对此达成了共识,他们认为使用框架是有益的,特别是作为一个最初提示与发展写作的脚手架,但是它不应该用于限制或压制学生的创造力和天分。

Y

Yearly class systems (UK)

(英国)学制

另请参阅:低年级小学生(5～7 岁),中高年级小学生(7～11 岁)

See also: infants, juniors

英格兰和威尔士对每个年级学生的划分有一套固定的命名系统。4～5 岁的孩子在学前班(R);5～6 岁的孩子在一年级(Y1);6～7 岁的孩子在二年级(Y2);7～8 岁的孩子在三年级(Y3);8～9 岁的孩子在四年级(Y4);9～10 岁的孩子在五年级(Y5);10～11 岁的孩子在六年级。有时,三年级和四年级(7～9 岁)被通俗地称为“低年级段学童”(lower juniors),而五年级和六年级(9～11 岁)则称为“高年级段学童”(upper juniors)。中等教育的第一年是指 11～12 岁孩子所上的七年级。

北爱尔兰使用“P”加一个数字,来表示初等教育阶段的年级。中等教育阶段一旦开始,他们便会改变命名方法为“年”,例如,11～12 岁的孩子上的是八年级。因此,P1/2 基本上等同于英格兰和威尔士的学前班/一年级,P2/3 等于一年级/二年级,P3/4 等于二年级/三年级,P4/5 等于三年级/四年级,P5/6 等于四年级/五年级,P6/7 等于五年级/六年级,P7/8 等于六年级/七年级。

苏格兰的初等教育在 12 岁时结束(而英格兰、威尔士和北爱尔兰是 11 岁)。他们用“小学”(primary)一词描述学制,因此,小学一年级的是 4～6 岁的孩子,小学二年级的是 5～7 岁的孩子……到小学七年级结束,指的是小学阶段最后一年,孩子们是 11～12 岁(即相当于英国其他地方中等教育的第一年)。

Z

Zone of proximal development
最近发展区

另请参阅:互动,干预,学习,监控,思维能力

See also: interaction, intervention, learning, monitoring, thinking skills

教师角色的一个重要方面,就是确定孩子们学习的广度和深度。俄罗斯著名心理学家列夫·维果斯基(Lev Vygotsky,1896—1934)认为,儿童常常会模仿成人示范的行为,他们最初会依赖成人的帮助、建议和支持,然后能力逐渐获得发展,直至脱离帮助或协助就能完成任务或活动。维果斯基过世后不久,他的最负盛名的著作《思维和语言》(维果斯基1934年出版,1986年修订)得以出版。他首次提出了一种语言发展理论,认为幼儿在与成人及周围世界的互动过程中,语言和逻辑思维会获得发展。他的一个基本理念是,思想和语言有着千丝万缕的联系。

维果斯基提出了著名的"最近发展区"(ZPD)理论,认为儿童的发展存在两种水平:一种是独立完成任务时所能达到的水平,另一种是儿童在知识经验丰富的教师(成人或儿童)的指导下完成任务的水平。两者之间的差异就是"最近发展区"。当成人尝试缩小儿童的最近发展区时,他们对于学习的积极干预和帮助就好比建房时放置在房屋周围的脚手架。当儿童掌握概念并获得基本的理解时,"脚手架"(scaffolding,即成人的帮助)的数量就可以减少,一旦儿童能够独立完成任务,这些"脚手架"就可以完全移除。因此,了解儿童的已有知识和理解能力对于教师来说至关重要,还要能够认识到他们的局限之处,从而明确给儿童提供哪些支持机制,以促进儿童成为独立的思考者和学习者。

参考文献

1. Vygotsky, L. S. (1986[1934]) *Thought and Language*, ed. A. Kozulin, trans. E. Hanfmann and G. Vakar, revised edn, Cambridge MA: MIT Press.

致　谢

这本《小学教育百科全书》的撰写工作，并非只是源自我一时的心血来潮。它的问世来源于数不清的互动、对话、信息碎片、参加会议、聆听讲座、访问网站、查阅书籍和其他资料，以及我自己作为小学和大学教师在教育领域积累的难得经验。虽然无法感谢到每一个曾经影响了我的思维和观点的人，但我必须要特别提到小学教育研究协会（ASPE）执行委员会的同事，以及与我一起在埃克塞特课程研究协会工作的同事，尤其是协会名誉秘书迈克尔·戈比（Michael Golby）。我还非常幸运地受到了许多开创性思想家的影响，包括詹妮弗·尼亚斯（Jennifer Nias）、彼得·伍兹（Peter Woods）和科林·理查兹（Colin Richards）。

我要感谢我在英国埃克斯茅斯前罗尔教育学院（Rolle School of Education）的许多同事，感谢他们的支持、智慧和见解，以及愿意与我分享他们对关键教育问题的理解。特别要向肯·劳森（Ken Lawson）和斯蒂芬·豪沃斯（Stephen Howarth）表达我发自肺腑的感谢，感谢他们多年来花费大量的时间和我讨论教育问题，并让我明白首先要珍视一个人本身而非其成就的重要性。作为教育辅导教师及实习代课教师的导师，通过与数百名教师交流与教学工作相关的技能、实例和情感，我的收获简直无法估量。我衷心感谢他们所有人，感谢他们为孩子们做出如此巨大的奉献，感谢他们使我坚定了自己的信念：做一名小学教育工作者，既是一种职业，也是一种使命。

最后，感谢我的家人和朋友，让我有时间和空间完全投入到本书的编写中。成为作者的代价之一，就是需要成为某种隐士，特别是在提交稿件的截止日期临近之时。不可避免的是，闲暇时间会消失，人际关系也会暂时受到影响。非常感谢他们的耐心！我相信，我已经充分回报了他们对我的包容。

译后记

2017年底,清华大学谢维和教授向我和李敏老师推介了《小学教育百科全书》(*Encyclopedia of Primary Education*)一书。在翻阅了这本书的内容后,我即刻邀请了首都师范大学初等教育学院英语教研室的几位教师,他们不仅精深于英语语言文学,而且积极累了多年小学教师教育的经验,也邀请了小学教师教育的年轻博士参与其中共同组成了小学教育百科全书翻译小组,希望能够尽快将这本汇集了小学教育领域诸多重要概念、话题、理论等内容的工具书带到我国小学教育研究者和实践者面前。近四年来,翻译小组花了巨大的时间和精力投身这本书的翻译、研讨、核校工作,对每一个基本词条进行了尽可能精准、专业的翻译与核准。在涉及不同国家在小学教育发展的不同历史时期、不同做法、不同称谓等方面有着诸多差异性表达时,翻译小组更是不辞辛苦,多次请教国内外大学、研究机构的专家和学者,同时查阅了国内外大量文献,多方面、反复地进行查证和核准。

翻译辞书是一项异常辛苦的工程,但参与这本辞书翻译工作的译者团队没有丝毫怨言和退让。周琳教授、张允副教授更是投入了大量的心力和时间,组织多次会议进行全书审读,又与负责不同部分翻译工作的老师一一对接,反复推敲每一个翻译上的细节。其他老师也是在工作、家庭负担相当繁重的情况下,认真严谨地对待这项翻译工作,不断琢磨和修改,直到拿出自己满意的译作。可以说,这本辞书中文版的面世凝聚着翻译小组每一个成员四年来的心血和汗水。我对每位老师的付出表示真诚的感谢!特别感谢李敏教授在本书的组织协调、推进出版、全书统校和教育学科把关等工作所做的贡献。

小学教育百科全书翻译工作的具体分工如下:

(1)王智秋教授:组织和推进整体翻译工作,并负责全书统稿。

(2)周琳教授:负责翻译任务分配和协调,负责词条名称定稿,参与全书校对,负责词条 H－I－J－K－L 的翻译。

(3)张允副教授:负责封面、衬纸、序言、致谢、前言、词条 A – B – C 的翻译,负责词条名称定稿,负责全书统稿、校对。

(4)孟海蓉副教授:负责词条 D – E – F – G 的翻译。

(5)杨艺媛博士、熊艳艳博士:负责词条 M – N – O – P 的翻译。

(6)丁怡萌副教授:负责词条 Q – R – S 的翻译。

(7)李敏教授:负责翻译出版联络和协调,负责词条 T – U – V – W – Y – Z 的翻译,并负责一校和统校。

感谢清华大学谢维和教授,对首都师范大学初等教育学院作为小学教育研究重地的信任与支持。

感谢天津人民出版社的林雨和武建臣编辑,为这本书的顺利出版所做出的大量工作。

虽然我们投入了大量的人力、心力,但一定还会有一些疏漏未能被及时发现和更正。期待读者的理解和批评。我们会一直保持对这本辞书的高度责任感,不断对之进行完善和提升。

王智秋

2021 年 5 月 21 日于首都师范大学